Thèmes 2021
Concours des IRA

Ouvrage coordonné par Georges Moracchini
Mohamed Abalhassane
Philippe de Casabianca
Étienne Douat
Frédérique Miailhe

Studyrama
Réussir son avenir

GROUPE Studyrama

Le groupe Studyrama, partenaire de votre avenir.

En tant qu'acteur référent du monde de l'orientation et de l'aide à la réussite aux examens et aux concours, notre vocation est de vous accompagner et de vous conseiller tout au long de votre parcours étudiant et professionnel.

Convaincus que la formation est la clé de votre employabilité, nous avons créé un écosystème pertinent pour vous aider dans les décisions déterminantes pour votre avenir.

- Chaque année, nos 140 salons permettent à plus de 500 000 jeunes de trouver la formation et l'établissement qui les mèneront vers la réussite.
- 4,5 millions de lycéens, étudiants et professionnels trouvent chaque mois, sur nos sites web et applis, les réponses à leurs questions grâce à des contenus d'experts sur l'orientation, la formation, les révisions, l'évolution de carrière, l'efficacité professionnelle...
- Nos ouvrages, rédigés par les meilleurs spécialistes, facilitent le choix d'orientation de nos lecteurs et apportent un soutien efficace dans la préparation des concours et des examens.
- Le service d'accompagnement sur-mesure de notre réseau de conseillers d'orientation tonavenir.net guide des milliers de jeunes afin qu'ils trouvent la voie du succès.

Notre démarche est fondée sur trois objectifs majeurs : fournir une information de qualité et actualisée, créer les rencontres décisives pour votre évolution et vous offrir les meilleurs conseils d'experts et services personnalisés.

Et comme c'est ensemble que nous avançons, nous sommes à votre écoute permanente pour optimiser nos produits et nos offres, afin d'être le partenaire de votre avenir à chaque étape de votre vie !

Pour découvrir l'univers de Studyrama :
Le site référent de l'orientation : studyrama.com
L'agenda de nos 140 salons :
studyrama.com/salons
Nos conseillers d'orientation dans toute la France :
tonavenir.net
Nos maisons d'édition : librairie.studyrama.com

Pour nous contacter : info@studyrama.com

Sommaire

PARTIE II

PARTIE III

Avant-propos

Les années se suivent et se ressemblent.

Durant l'été 2020, nous avons refondu l'ouvrage de préparation aux concours des instituts régionaux d'administration pour tenir compte de la réforme des épreuves.
Nous avons travaillé sous pression, en raison du délai faible depuis la publication de l'arrêté du 28 mars 2019 réformant le concours, et dans l'incertitude sur le profil réel des sujets à venir :

- nous avons fait des choix pour préparer, un peu à l'aveugle, le cas pratique et les QCM, dont nous ne connaissions pas les contours exacts ;
- personne n'avait ni n'a encore de certitudes sur l'approche pédagogique efficace pour acquérir les connaissances nécessaires aux QCM.

Au moins, nous caressions l'espoir de travailler avec plus de sérénité, à la lumière de la première session, attendue pour mars 2020.
Hélas, les auteurs proposent et la pandémie dispose.
L'ouvrage que vous tenez entre les mains a donc été mis à jour, sous pression et avec le même sentiment d'urgence, après la session des IRA reposant sur l'épreuve de QCM et les oraux de juin 2020.
Cependant, il exploite les acquis de notre pratique de préparation avant et pendant la pandémie. Durant l'année 2019-2020, nous avons proposé et corrigé, à l'IPAG de Montpellier comme à l'université de Corse, de nombreux sujets de cas pratiques. Nous nous sommes rencontrés, y compris en visioconférence, ce qui nous a permis d'échanger sur les écrits et les oraux. Et les six derniers mois ont été riches en péripéties et en interventions de la puissance publique, au point d'inspirer de nouveaux sujets.

Les sujets d'entraînement portent sur :

- les objectifs de la loi d'orientation des mobilités (LOM) du 24 décembre 2019 ;
- l'impact de la pandémie de COVID-19 et de la crise économique sur les finances locales ;
- la mise en place du télétravail ;
- l'organisation de la rentrée universitaire en tenant compte du risque COVID-19 ;
- la lutte contre la concurrence déloyale dans le secteur du transport routier de marchandises ;
- la définition d'une doctrine de port des masques dans les lieux publics afin de se prémunir de l'augmentation du risque de contagion et de circulation de la COVID-19.

Avant-propos

Faute de disposer d'une doctrine assurée, nous avons bâti une pratique dont cet ouvrage est le témoignage...

À la fin du mois d'août, la DGAFP a déposé sur son site le sujet de l'épreuve supprimée le 18 mars 2020. Vous le trouverez dans ce livre, avec notre proposition de correction rédigée... *in extremis*.

Comme, décidément, pour les concours des IRA, rien n'est jamais simple, nous avons appris il y a quelques jours le report des épreuves du 13 octobre et leur renvoi au 17 novembre 2020.

Cela donne aux candidats un mois supplémentaire pour se préparer.

Sauf surprise que nous réserverait le destin...

Georges Moracchini

Introduction : Une préparation spécifique pour le nouveau concours des IRA

1. Pourquoi ce manuel ?

Un manuel renouvelé, adapté aux attentes de l'arrêté du 28 mars 2019

La première édition de ce manuel, inaugurée pour la session 2014 (concours de février 2015), répondait au changement introduit dans le programme du concours par une réforme de 2012. En effet, jusqu'alors, la nature, la durée et le programme des épreuves des concours d'entrée aux instituts régionaux d'administration étaient fixés par un arrêté du 6 juin 2008. Mais depuis un arrêté du 27 juillet 2012, il était prévu un « programme annuel » de révision, sous forme de thèmes : « *Avant le 1er septembre de l'année précédant celle des épreuves écrites du concours concerné, un arrêté du ministre chargé de la Fonction publique fixe, sur proposition du jury, la liste des thèmes à partir desquels est proposé par le jury le sujet de l'épreuve.* »

Ainsi, tous les candidats aux concours devaient se préparer à partir de thèmes qui pouvaient changer chaque année et qui constituaient une sorte de socle de leurs révisions de culture générale. Si la préparation était articulée désormais autour de « thèmes » connus, ils n'étaient connus que quelques mois à l'avance. Cela laissait relativement peu de temps aux candidats pour se préparer et les premières versions de ce manuel étaient faites précisément pour les y aider.

Depuis l'arrêté du 28 mars 2019 fixant les règles d'organisation générale, la nature, la durée, le programme des épreuves et la discipline des concours d'entrée aux instituts régionaux d'administration, ainsi que le format des épreuves ont totalement changé. À la place de la dissertation et des questions à réponses courtes (QCR), les candidats affronteront une épreuve de cas pratique et une série de questions à choix multiples (QCM). Tous les candidats, externes, internes ou 3e concours, subiront les mêmes épreuves sur les mêmes sujets.

Le principe des thèmes d'actualité subsiste, et un arrêté annonce la date du concours et la liste des thèmes[1] :

- enjeux de cohésion sociale, de développement durable et de diversité des territoires dans les politiques publiques ;
- finances publiques et intervention économique ;
- évolution des services publics : enjeux de transformation, notamment numérique ;
- le système éducatif, du premier degré à l'enseignement supérieur ;
- enjeux européens et internationaux des politiques publiques ;
- organisation territoriale de la France.

On observera qu'ils sont en partie proches de ceux du concours 2018-2019, ce qui procurera un sentiment de familiarité aux candidats malheureux des années précédentes. Mais en une année, la législation a pu changer, les débats publics se sont emparés de tel ou tel thème de l'action gouvernementale ou administrative, la doctrine a pu connaître des inflexions... Quant aux nouveautés radicales, ce manuel est fait pour aider à les aborder. Le programme est connu fin juin, le concours arrive au mois de mars suivant : cela laisse relativement peu de temps aux candidats pour se préparer... et aux auteurs de cet ouvrage !

2. Quel contenu ?

Des conseils de méthode concis et clairs, des connaissances et des corrigés types ciblés sur le prochain concours

L'idée de ce manuel de préparation aux IRA est venue du renouvellement annuel des thèmes du concours. Elle s'appuyait fortement sur les rapports des jurys et se voulait tournée vers l'avenir puisqu'elle ne traitait pas des annales mais offrait des sujets prospectifs, balayant les thèmes. Cette version apparaît après un renouvellement total du sens comme des épreuves du concours des IRA et reste dans le même esprit, à ceci près que, faute d'historique, elle ne dispose pas des conseils du jury.

En effet, l'épisode de la COVID-19 a vu la session de mars 2020 déplacée à juin et modifiée dans sa substance. Le concours a été réduit à l'épreuve de QCM, l'épreuve orale a vu sa durée allongée, et dans la troisième semaine d'août, le rapport des jurys n'est pas encore disponible.

1. Arrêté du 24 juin 2020 fixant la liste des thèmes d'actualité de la première épreuve d'admissibilité de la session de printemps 2021 des concours d'accès aux instituts régionaux d'administration (épreuves de mars 2021).

Cet ouvrage s'adresse aux candidats aux trois concours d'entrée aux IRA : externe, interne et de 3ᵉ voie et les aide à préparer :

- la première épreuve écrite du concours : la résolution d'un cas pratique, à partir d'un dossier portant sur un ou plusieurs thèmes d'actualité des politiques publiques relevant de l'État ;
- la deuxième épreuve écrite du concours : un QCM visant à vérifier les connaissances du candidat en matière de culture administrative et juridique, de finances publiques, d'organisation, de fonctionnement et de politiques des institutions européennes et de culture numérique, ainsi que son aptitude à la décision par le biais, le cas échéant, de mises en situation ;
- l'épreuve d'admission : un entretien avec le jury visant à évaluer les aptitudes du candidat et sa motivation à exercer les fonctions auxquelles prépare la formation délivrée par les instituts régionaux d'administration et, le cas échéant, à reconnaître les acquis de son expérience professionnelle.

Cet ouvrage est résolument pratique. Il n'est pas un énorme « pavé », lourd de textes officiels et de préconisations méthodologiques qu'on retrouve un peu partout et qui n'apportent que peu de valeur ajoutée. Les candidats y apprendront l'essentiel :

- une méthodologie du cas pratique, des QCM et de l'oral ;
- une sélection de documents annexes opérationnels ;
- une révision du contenu des six thèmes ;
- un exemple de sujet et de corrigé de cas pratique par thème ;
- un sujet d'annales de cas pratique corrigé ;
- une analyse des QCM posés lors de la session de juin 2020.

Cette révision est à la fois panoramique et fouillée, au travers d'un aide-mémoire (rappel des éléments clés qui structurent le thème) et d'une bibliographie ou d'une « sitographie » volontairement brèves, et surtout au travers des sujets par thème.

Des sujets traités, avec des corrigés sous forme rédigée

Naturellement, par rapport au précédent format du concours, il a fallu faire des choix et tantôt proposer des sujets remaniés d'après des annales de concours, tantôt créer des sujets. La grande liberté de forme laissée par les organisateurs du concours nous a conduits à proposer des corrigés variés dans leur structure et dans leur articulation : vous trouverez des notes en deux parties et deux sous-parties, mais aussi des notes en trois parties...
Il en est de même pour les apports de connaissances dans les six thèmes. Il nous a semblé que les « enjeux de cohésion sociale, de développement durable et de diversité des territoires dans les politiques publiques » ainsi que les « enjeux européens et internationaux des politiques publiques » méritaient un développement important. Les « finances publiques et intervention économique » ont bénéficié d'une remise à plat. Le « système éducatif, du

premier degré à l'enseignement supérieur » a été mis à jour en tenant compte des derniers textes parus. Enfin, les thèmes comme l'« évolution des services publics : enjeux de transformation, notamment numérique » et l'« organisation territoriale de la France » ont été traités avec clarté, en indiquant les tendances de transformation, mais avec prudence, car ce sont des domaines extrêmement mouvants, avec des arbitrages en cours.
Même s'il est constant que les sujets du concours portent toujours sur des questions de politique publique prises dans le court ou moyen, voire le long terme, et jamais sur la seule actualité immédiate ou très récente, il appartiendra aux candidats de se tenir informés des évolutions marquantes entre leur début de préparation et la date des écrits.

À l'automne 2018, nous attendions une réforme constitutionnelle et les innovations annoncées pour la loi de finance 2019. Et nous avons eu la crise des Gilets jaunes ainsi que le gel de la réforme constitutionnelle. En 2020, nous avons vécu la crise de la COVID-19, le confinement, la sortie du confinement, le travail ou l'enseignement à distance...
Nous verrons ce que la fin de l'année nous réserve.

Considérez donc, chers candidats, que, peu ou prou, chacun des thèmes traités ici est en cours d'évolution :

- il faudra continuer à suivre le débat sur la réforme des retraites, la septième depuis le début des années 1990, ou la huitième si le projet s'écarte du précédent ;
- la carte du système éducatif reste en mutation. La création du recteur académique, doté de pouvoirs lui permettant de modifier l'articulation des services des académies de son ressort dans le cadre territorial régional, n'a pas encore produit ses effets ;
- la place de l'État dans les territoires est, encore une fois, en débat, avec un projet de redistribution des compétences, un discours réévaluant l'importance du département et de la commune. On ne saisit pas encore bien la part faite au périmètre de l'État ou à la collectivité départementale dans ces projets, ni à la relation entre commune et intercommunalité ;
- une réforme de la fiscalité locale se profilait, dans un contexte de déflation de la présence des services fiscaux, on se demande ce qu'il en restera ;
- en 2019, à la même époque, les préfets sont chargés de faire des propositions de transformation des directions régionales et départementales et de clarification de l'action territoriale des services publics. Ces démarches sont en suspens.

L'équipe de rédaction a fait de son mieux pour que ce livre soit utile à tout candidat soucieux de maximiser ses chances de réussite. Mais il faudra l'enrichir avec une activité de veille continue : c'est une attitude professionnelle bienvenue pour les cadres administratifs que vous souhaitez devenir.

Comment se tenir au courant de l'actualité et se forger une culture administrative ?

En consultant les portails de l'administration

www.vie-publique.fr
Créé en 2002, le portail Vie-publique.fr est un service édité par la Direction de l'information légale et administrative dans le cadre de sa mission générale d'information et de documentation sur l'actualité politique, économique, sociale et internationale. Il facilite l'accès aux ressources et données utiles pour appréhender les grands sujets qui animent le débat public. La politique éditoriale de Vie-publique.fr obéit à un souci d'information et de documentation. Les traitements documentaires et éditoriaux opérés sont fondés sur des exigences d'impartialité et de neutralité constitutives d'un service public.

www.service-public.fr
Créé en 2000, le portail Service-public.fr a pour mission d'informer l'usager et de l'orienter vers les services qui lui permettent de connaître ses obligations, d'exercer ses droits et d'accomplir ses démarches administratives. C'est le site officiel de l'administration française, le portail unique de renseignement administratif et d'accès aux services en ligne, réalisé en partenariat avec les administrations nationales et locales. Organisé en fonction des besoins des usagers, le site répond à des questions concrètes comme l'aide au logement, les démarches et le coût d'un passeport, la demande d'aide juridictionnelle…
Service-public.fr est structuré en trois espaces dédiés à différents publics :
- pour les particuliers : www.service-public.fr ;
- pour les professionnels : www.service-public.fr/professionnels-entreprises ;
- pour les associations : www.service-public.fr/associations.

Il comprend aussi un espace « Annuaire » référençant l'ensemble des administrations et services publics nationaux (institutions et juridictions, ministères, autorités indépendantes, ambassades…) et de proximité (mairies, préfectures, services sociaux, tribunaux…) : https://lannuaire.service-public.fr.

En vous abonnant à des newsletters

www.acteurspublics.fr
C'est un média spécialisé dans l'information dédiée aux acteurs publics des trois versants de la fonction publique. Il est multimédia, avec un mensuel papier et un site web réactif ainsi que des émissions de webTV. La newsletter vous permet de suivre l'actualité et d'accéder, sur abonnement gratuit, au contenu des articles à la une 24 heures après leur parution.

www.lagazettedescommunes.com
La newsletter de La Gazette permet une veille sur l'actualité des collectivités, leurs compétences, leurs services publics et leur rapport aux services de l'État.

www.banquedesterritoires.fr/localtis
Localtis est une publication quotidienne proposée par la Banque des territoires.
Chaque jour, une dizaine d'articles est consacrée à la veille juridique et à l'actualité des politiques publiques : développement économique, transports, social, numérique, organisation territoriale, finances.

3. Quels auteurs ? Des enseignants, praticiens de l'administration et de la préparation aux concours

Mohamed Abalhassane
Sous-préfet de Bar-sur-Aube, ancien élève de l'IRA de Bastia, intervenant régulier auprès des IRA de Bastia et de Metz.

Philippe de Casabianca
Lauréat des IRA, ancien journaliste, spécialisé dans la communication institutionnelle, DESS de diplomatie et administration des organisations internationales (Paris-11).

Étienne Douat
Agrégé de droit public, professeur à l'université de Montpellier-1, doyen honoraire de la faculté de droit de Rennes, spécialiste en finances publiques, auteur de nombreuses recherches et publications, chercheur au centre de recherches et d'études sur l'administration de Montpellier (CREAM), directeur des études de l'IPAG de Montpellier (www.ipag-montpellier.com), membre du jury de l'ENA (2016-2018).

Frédérique Miailhe
Attachée principale d'administration de l'État actuellement en poste en DREAL Occitanie, ancienne membre du jury aux concours d'entrée de l'IRA de Bastia, maître de conférences associée à l'IPAG de Montpellier, formatrice pour la préparation aux concours internes au sein de centres de formation de l'administration.

Georges Moracchini
Professeur des universités en sciences du langage, université de Corse, responsable de la préparation aux concours administratifs de l'université de Corse, vice-président ingénierie pédagogique, élu local.

PARTIE I

Présentation des épreuves et attentes du jury… en l'absence des rapports habituels

1 Un concours totalement rénové

Les épreuves des concours d'accès aux IRA ont été réformées par l'arrêté du 28 mars 2019 fixant les règles d'organisation générale, la nature, la durée, le programme des épreuves et la discipline des concours d'entrée aux instituts régionaux d'administration.

Les réformes du concours et de la formation reposent sur l'approche par les compétences. Cela inclut les compétences que les candidats détiennent déjà avant leur entrée en IRA : formation académique et connaissances universitaires, expérience professionnelle, expérience paraprofessionnelle dans la vie associative, politique, syndicale, mais également, le cas échéant, participation à des travaux de recherche.

En l'espèce, les nouvelles épreuves entendent réduire la place attachée à la vérification de connaissances et compétences considérées comme déjà validées au cours du cursus antérieur, notamment pour les candidats externes, lors de l'obtention d'un diplôme. Ces nouvelles épreuves s'attachent davantage à la détection des compétences et aptitudes nécessaires à l'exercice des fonctions d'un attaché d'administration de l'État, compte tenu des apports qui seront délivrés durant la période de formation en IRA.

Cette réforme est donc marquée par trois caractéristiques :

- des épreuves communes aux trois concours ;
- des épreuves écrites centrées sur la détection des compétences, avec un cas pratique et des QCM ;
- une épreuve d'entretien avec le jury dont le caractère d'entretien de recrutement sera renforcé.

Les épreuves sont refondues, et même fondues, car les modalités sont devenues identiques pour les trois voies du concours. Cela démontre le caractère commun des attendus, en termes de compétences et d'aptitudes, à l'entrée en IRA.

2 Une épreuve de résolution de cas pratique

L'épreuve de résolution d'un cas pratique, à partir d'un dossier portant sur un ou plusieurs thèmes d'actualité des politiques publiques relevant de l'État, a pour objet de sélectionner les candidats dont les productions révèlent les meilleures aptitudes ; elle dure 4 heures avec un coefficient 5. Cette première épreuve d'admissibilité est considérée comme « *un exercice de projection professionnelle dans l'activité même d'un attaché d'administration de l'État, adapté aux exigences pouvant être formulées vis-à-vis d'un futur élève d'IRA* ».

À partir d'une commande et d'un dossier, on attend du candidat qu'il expose le fruit de sa réflexion par le biais d'une courte note « *présentant les points saillants de la problématique et les propositions argumentées tendant à y répondre, qu'il devra soutenir en les illustrant par les documents annexes à visée opérationnelle qu'il choisira de concevoir* ». Le résultat sera une copie composite, comprenant :

- une note argumentée « *de 3 pages environ* », présentant la démarche suivie pour traiter la problématique et formuler des propositions de solution pratique ;
- des documents opérationnels visant à mettre en œuvre les propositions formulées (courrier, fiche de procédure, projet de courriel, rétroplanning, organigramme, outil de communication, etc.). Le choix des documents à produire est laissé à l'initiative du candidat, qui devra mettre à profit créativité et appréciation des formes les plus adaptées pour répondre à la commande.

Outre l'effort de synthèse, de hiérarchisation des données et de rédaction efficace, habituel dans les épreuves sur dossier, il faut démontrer des savoir-faire tout en y associant la connaissance des politiques publiques et de leur sens, dans un contexte administratif.

Le dossier, de 30 pages maximum, portera sur un ou plusieurs thèmes d'actualité des politiques publiques, connus à l'avance.

Les compétences que veut vérifier l'épreuve du cas pratique sont les suivantes :

- savoir rédiger ;
- savoir lire rapidement ;
- savoir analyser et synthétiser ;
- proposer des solutions de manière argumentée et organisée ;
- mobiliser toutes les ressources à la disposition du candidat : indications du sujet, dossier documentaire, connaissances extérieures dont les acquis du parcours académique et professionnel.

Une épreuve de résolution de cas pratique

La Direction générale de l'administration et de la fonction publique (DGAFP) prévoit que plusieurs documents seront progressivement mis en ligne sur le portail de la fonction publique :

- un sujet dit « zéro » de cas pratique ;
- la grille d'évaluation différenciée reflétant, pour chaque catégorie de candidat au concours, les compétences requises et le niveau attendu ;
- des copies type sélectionnées parmi des productions des élèves des promotions 2018-2019 des IRA ayant accepté de prendre part à une phase de test du sujet « zéro », accompagnées d'exemples de documents annexes opérationnels.

Les candidats peuvent également prendre connaissance des fiches métiers des attachés d'administration.

3 Une épreuve de QCM

L'épreuve de QCM est destinée à vérifier l'acquisition d'un socle minimal de connaissances exigées pour pouvoir suivre la formation en IRA dans de bonnes conditions. Elle consiste en un QCM « *visant à vérifier les connaissances du candidat en matière de culture administrative et juridique, de finances publiques, d'organisation, de fonctionnement et de politiques des institutions européennes et de culture numérique, ainsi que son aptitude à la décision par le biais, le cas échéant, de mises en situation* ». L'épreuve comprend un nombre maximal de 120 questions, à traiter en 1 h 30. Les deux tiers, au plus, relèvent de la culture administrative et juridique (droit constitutionnel ; institutions administratives ; droit administratif ; droit de la fonction publique) et des finances publiques. Un tiers, au moins, des questions portera sur les deux autres domaines (organisation, fonctionnement et politiques des institutions européennes et culture numérique).
L'épreuve dispose d'un programme explicité dans l'annexe I de l'arrêté du 28 mars 2019 ; d'une durée de 1 h 30, l'épreuve de QCM est affectée d'un coefficient 2.

Attention :
- le programme de culture numérique permet d'évaluer les candidats à propos de l'utilisation des outils numériques mais aussi dans la connaissance de l'administration numérique ;
- certaines questions pourront être formulées sous forme de mini mises en situation.

Les compétences que veut vérifier l'épreuve de QCM sont :
- les connaissances de base sur les quatre domaines faisant l'objet du QCM ;
- l'évaluation de l'esprit de décision des candidats.

4 Quelle évaluation ?

Les différences entre les voies et les caractéristiques propres à chaque catégorie de candidats sont prises en compte lors de l'évaluation de leurs prestations, à travers une différenciation du niveau de compétences et d'exigences attendues. Il y aura ainsi une évaluation propre à chaque voie, externe, interne, 3e concours, en fonction des attendus des épreuves. La DGAFP annonce que des grilles d'évaluation spécifiques seront publiées sur le portail de la fonction publique.

De même, pour l'épreuve d'entretien avec le jury, le référentiel des attentes du jury sera actualisé au regard de l'évolution de l'épreuve, et également mis en ligne. Les supports pour l'entretien avec le jury, fiche individuelle de renseignements pour le concours externe, dossier de reconnaissance des acquis de l'expérience professionnelle pour le concours interne et le 3e concours étaient déjà différenciés et le demeurent. Les modèles de fiche et de dossier figurent en annexe de l'arrêté du 28 mars 2019 et seront, comme auparavant, publiés sur le portail.

5 L'épreuve de résolution d'un cas pratique : grilles d'évaluation

Cette grille d'évaluation est utilisée par le jury pour évaluer, pour chaque catégorie de concours, les productions des candidats.

<table>
<tr><th colspan="3">Compétence / capacité recherchée</th><th>Externe</th><th>Interne</th><th>3e concours</th></tr>
<tr><td colspan="3">Analyse - Compréhension de la commande</td><td colspan="3">Satisfaisante</td></tr>
<tr><td colspan="3">Identification des points saillants de la problématique</td><td colspan="3">Attendue</td></tr>
<tr><td rowspan="5">Capacité à mobiliser des ressources pour répondre à la commande</td><td colspan="2">Utilisation des indications du sujet</td><td colspan="3">Satisfaisante</td></tr>
<tr><td rowspan="2">Utilisation du dossier documentaire</td><td>Bonne compréhension des documents</td><td colspan="3">Satisfaisante</td></tr>
<tr><td>Appui sur des documents-clés</td><td colspan="3">Satisfaisante</td></tr>
<tr><td colspan="2" rowspan="2">Mobilisation des connaissances acquises (hors dossier documentaire)</td><td>Attendue :
• Connaissances scolaires, universitaires</td><td>Très attendue :
• Expérience administrative</td><td>Attendue :
• Expérience professionnelle et/ou extraprofessionnelle</td></tr>
<tr><td>Valorisée :
• Expérience professionnelle et/ou extraprofessionnelle
• Curiosité, ouverture d'esprit</td><td>Valorisée :
• Expérience extraprofessionnelle
• Curiosité, ouverture d'esprit
• Connaissances scolaires, universitaires</td><td>Valorisée :
• Connaissances scolaires, universitaires
• Curiosité, ouverture d'esprit</td></tr>
</table>

Compétence / capacité recherchée	Externe	Interne	3e concours
Esprit de décision : note de proposition claire en réponse à la commande	Attendue : • Vérification qu'il ne s'agit pas seulement d'une synthèse des documents. • Perception, dans la note, d'une vraie initiative et pas d'une solution « vague » ou « bâclée ». • La rédaction doit laisser paraître la préoccupation opérationnelle (se faire comprendre du lecteur), davantage qu'une préoccupation personnelle (montrer son savoir).	Très attendue : • Vérification qu'il ne s'agit pas seulement d'une synthèse des documents. • Perception, dans la note, d'une vraie initiative et pas d'une solution « vague » ou « bâclée ». • La rédaction doit laisser paraître la préoccupation opérationnelle (se faire comprendre du lecteur), davantage qu'une préoccupation personnelle (montrer son savoir).	Attendue : • Vérification qu'il ne s'agit pas seulement d'une synthèse des documents. • Perception, dans la note, d'une vraie initiative et pas d'une solution « vague » ou « bâclée ». • La rédaction doit laisser paraître la préoccupation opérationnelle (se faire comprendre du lecteur), davantage qu'une préoccupation personnelle (montrer son savoir).
	Valorisée : • Capacité à « explorer les possibles », sous réserve d'expliquer le contexte et les conditions d'opérationnalité.		
Logique du choix des propositions argumentées et des documents annexes opérationnels	Attendue : • Proposition, dans la note, d'une solution logique et adaptée à la commande.	Très attendue : • Proposition, dans la note, d'une solution logique et adaptée à la commande.	Attendue : • Proposition, dans la note, d'une solution logique et adaptée à la commande.
	Valorisée : • Choix des annexes et argumentation de ce choix. • Opérationnalité des annexes.		

Compétence / capacité recherchée	Externe	Interne	3e concours
Méthode et organisation	Attendues : • Cohérence du raisonnement, de son énoncé et de son argumentation. • Fluidité de la rédaction facilitant l'appropriation des propositions par le destinataire. • Esprit d'analyse et de synthèse.		
Qualités rédactionnelles	Attendues : • Syntaxe, orthographe. • Texte agréable à lire.	Attendues : • Syntaxe, orthographe. • Texte agréable à lire. • Présence d'un certain formalisme administratif	Attendues : • Syntaxe, orthographe. • Texte agréable à lire.
Qualité intrinsèque témoignant d'une prise en compte du destinataire	Attendue : • Présentation, « esthétique ». • Adaptation au destinataire visé (destinataire de l'écrit, date, références documentaires…).		

Concours d'accès aux IRA – Épreuve de cas pratique –
Grille d'évaluation différenciée (20/09/2019)

Dans la notation sur 20, une répartition des points en 14 ou 15 pour la note de proposition et 5 ou 6 pour les deux annexes est envisagée (soit 2,5 ou 3 points par annexe). La décision ne semble pas encore fixée sur le poids relatif de la note de proposition et des annexes ; le poids relatif des annexes pourrait être moins élevé pour les candidats du concours externe et du 3e concours ; ceux du concours interne ont déjà eu l'occasion de voir plusieurs documents du type des annexes dans leur expérience professionnelle. **Toutefois, le barème relève du jury. On ne peut donc pas l'expliciter dans une grille d'évaluation diffusée avant les épreuves.**

Toutes les épreuves sont obligatoires et toute note inférieure à 5 sur 20 est éliminatoire (précédemment, les épreuves d'admissibilité comportaient une note éliminatoire de 1 sur 20).

6 Une note de cadrage pour l'épreuve de résolution de cas pratique

La rénovation du concours a conduit la DGAFP à produire une note de cadrage (NDC) afin d'aider les candidats à se préparer, les membres du jury à évaluer et les formateurs à s'approprier les nouvelles attentes des épreuves. Il faut cependant garder à l'esprit qu'elle n'a qu'une « *valeur purement indicative, elle ne constitue pas un texte réglementaire dont les candidats pourraient se prévaloir* ». Diffuser une note de cadrage, c'est une pratique habituelle dans les concours et examens professionnels de la fonction publique territoriale. Sauf erreur, il s'agit d'une innovation pour la fonction publique d'État.
Le projet de NDC rappelle d'abord les modalités réglementaires de l'épreuve, définies à l'article 2 de l'arrêté du 28 mars 2019 :

> *La première épreuve d'admissibilité consiste en la résolution d'un cas pratique, à partir d'un dossier portant sur un ou plusieurs thèmes d'actualité des politiques publiques relevant de l'État. Cette épreuve vise à* **vérifier les qualités rédactionnelles des candidats**, *leur* **capacité d'analyse et de synthèse** *ainsi que leur* **aptitude à proposer des solutions** *de manière argumentée et organisée.*
> *La résolution du cas pratique prend la forme d'une note argumentée visant notamment à introduire les propositions de solution pratique du candidat. Ces propositions prennent la forme de documents annexes opérationnels de son choix (rédaction d'un courrier, fiche de procédure, projet de courriel, rétroplanning, organigramme, outil de communication, etc.).*
> *L'argumentaire utilisé par le candidat peut faire référence aux acquis de son parcours académique et professionnel.*
> *Cette épreuve, d'une durée de quatre heures, est affectée d'un coefficient 5.*
> *Le dossier, qui ne peut excéder trente pages, porte sur un ou plusieurs thèmes d'actualité choisis par le jury parmi une liste fixée par arrêté du ministre chargé de la Fonction publique.*

La NDC présente les attentes générales évoquées plus haut d'un « *exercice de projection professionnelle dans l'activité même d'un attaché d'administration de l'État, adapté aux exigences pouvant être formulées vis-à-vis d'un futur élève d'IRA* », la nécessité d'exposer « *le fruit de sa réflexion* » dans « *une courte note* » comprenant « *les points saillants de la problématique et les propositions argumentées tendant à y répondre* » que le candidat « *devra soutenir en les illustrant par les documents annexes opérationnels qu'il choisira de concevoir* ».
À l'image des notes de cadrage de la fonction publique territoriale, cette NDC fait un lien explicite entre la production en concours (la note et les documents annexes opérationnels) et le contexte de recrutement d'un attaché d'administration. Elle illustre ce lien en prenant appui sur les missions principales des attachés, fixées à l'article 3 du décret n° 2011-1317 du 17 octobre 2011 :

I. – Les attachés d'administration de l'État participent à la conception, à l'élaboration et à la mise en œuvre des politiques publiques ministérielles et interministérielles.
À ce titre, ils sont chargés de fonctions de conception, d'expertise, de gestion, ou de pilotage d'unités administratives.
Ils ont vocation à être chargés de fonctions d'encadrement.
Ils peuvent également exercer des fonctions de sélection, de formation, d'orientation ou de conseil technique.
Ils peuvent être chargés de fonctions de traitement de l'information.
Ils peuvent être chargés de concevoir et d'utiliser des outils documentaires ainsi que de missions de rédaction, de traduction et publication.
Ils peuvent être appelés à remplir les fonctions d'ordonnateur secondaire.

Selon le ministère dont ils relèvent, les attachés d'administration de l'État peuvent se voir confier des missions plus spécifiques, prévues à l'article 3-1 du même décret :

1° Ils peuvent se voir confier des fonctions de contrôle mentionnées aux articles L. 6361-5 et L. 6363-1 du code du travail. Dans l'exercice de ces fonctions, ils prennent l'appellation d'inspecteur de la formation professionnelle ;
2° Au sein des juridictions administratives, y compris financières, ils apportent leur soutien aux membres de ces juridictions pour la conduite de l'instruction, pour les contrôles et enquêtes, ainsi que pour la tenue des formations d'instruction et de jugement ;
3° Lorsqu'ils sont affectés dans les établissements publics relevant de la tutelle des ministres chargés de l'Éducation nationale, de l'Enseignement supérieur et de la Recherche, dans les établissements publics locaux et nationaux d'enseignement et de formation professionnelle agricoles ainsi que dans les établissements d'enseignement supérieur agricole publics, ils peuvent se voir confier, sous l'autorité du président, du directeur ou du chef d'établissement, la gestion administrative, matérielle, financière et comptable d'un ou de plusieurs établissements. Ils peuvent également se voir confier des fonctions d'agent comptable d'un établissement ou d'un groupement d'établissements, ou de représentant de l'agent comptable. Lorsqu'ils exercent la fonction d'agent comptable d'un groupement d'établissements, ils sont affectés dans l'établissement siège de l'agence comptable, exercent les fonctions d'agent comptable de tous les établissements rattachés à cette agence et assurent la gestion de l'établissement d'affectation.
Sauf autorisation délivrée par l'autorité académique, les attachés d'administration de l'État chargés de la gestion matérielle et financière d'un établissement ou des fonctions d'agent comptable ou de représentant d'agent comptable sont alors tenus de résider sur leur lieu d'affectation lorsqu'il s'agit d'un établissement d'enseignement ou de formation ;
3° bis Lorsqu'ils sont affectés dans un établissement public relevant de la tutelle des ministres en charge de la Jeunesse et des Sports, ils peuvent se voir confier des fonctions d'agent comptable ;

3° ter Lorsqu'ils sont affectés dans un lycée professionnel maritime, ils peuvent être chargés de fonctions de direction et d'agent comptable ;
4° Lorsqu'ils exercent à l'Office national des forêts, ils peuvent être chargés de fonctions de vérification et de contrôle dans le cadre de la certification ainsi que de missions commerciales et d'études de marché. Ils peuvent également exercer des fonctions d'agent comptable secondaire ;
5° Lorsqu'ils sont affectés à la Caisse des dépôts et consignations, ils peuvent exercer des fonctions exigeant des connaissances particulières en matière de maîtrise d'ouvrage et analyse des processus informatiques, d'analyse financière et de techniques bancaires, ainsi qu'en matière de pilotage d'entreprises et comptabilité privée. Ils peuvent également participer à la conception des travaux et études se rapportant à ces techniques ;
6° Lorsqu'ils sont affectés à la Direction générale de l'aviation civile, ils peuvent être chargés de missions de contrôle des compagnies aériennes et des exploitants d'aérodromes ;
7° Lorsqu'ils sont affectés à l'Office français de protection des réfugiés et apatrides, ils peuvent être chargés de l'accomplissement des missions confiées à l'office par le code de l'entrée et du séjour des étrangers et du droit d'asile. À ce titre, ils assurent notamment l'application des engagements internationaux auxquels la France est partie en matière de protection des réfugiés et apatrides. Dans l'exercice de ces fonctions, ils prennent l'appellation d'officier de protection des réfugiés et apatrides ;
8° Lorsqu'ils sont affectés dans les services exerçant des missions de contrôle dans le domaine des affaires maritimes sous l'autorité ou à la disposition du ministre chargé de la Mer, ils prennent l'appellation d'inspecteur des affaires maritimes.

La commande est précise

Du côté du sujet, le candidat est placé dans un contexte professionnel donné, afin de répondre à une commande « *généralement passée par un supérieur hiérarchique, en vue de répondre à une situation donnée. Il est acteur d'un processus de décision* ».
Cette commande :

- mentionne les questions devant être traitées face à cette situation ;
- invite le candidat à présenter, sous la forme d'une note, le contexte et son analyse ainsi que les propositions tendant à y répondre ;
- demande au candidat d'illustrer ses propositions en concevant des documents annexes illustrant la mise en œuvre concrète des propositions, susceptibles d'être directement appropriées par le destinataire de la note.

Selon le sujet, dit la note de cadrage : « *toutes sortes de documents sont susceptibles d'être produits : plan d'actions, rétroplanning, carte des acteurs, schéma, graphique, budget, plan de financement, déroulé d'une réunion, courrier, courriel, communiqué de presse, appel à contributions, page de site internet, plan d'un guide, etc.* »

Cependant, le sujet proposera : « *une liste de documents, parmi lesquels le candidat pourra exercer son choix, ainsi que le nombre de documents recommandés, pouvant être au nombre de deux. La phase de choix et de conception doit donc être prise en compte dans la gestion du temps de l'épreuve.* »

Le dossier documentaire n'est pas la seule source d'information

Sur le plan formel, le dossier comporte au maximum 30 pages, de nature diverse : extraits d'ouvrages, de journaux, de rapports, communiqués de presse, graphiques, illustrations, textes juridiques, sans que cette énumération soit limitative.

La NDC livre des informations qu'il faut interpréter et d'autres à mettre en pratique.

- « *tous les documents ont leur importance* » semble indiquer qu'il n'y aura pas de document piège ;
- « *le candidat devra faire plein usage du dossier. L'ordre de présentation du dossier est sans lien avec l'ordre d'étude des documents qu'une bonne analyse de la commande* » invite à choisir ; ce qui souligne le risque, pour le candidat, d'une lecture littérale sans hiérarchisation ;
- comme pour toute épreuve sur dossier, « *il est conseillé de privilégier l'analyse précise de la commande afin d'identifier les informations à rechercher ensuite dans le dossier documentaire* », ce qui rappelle la nécessité d'une réflexion sur le contexte administratif de l'exercice ;
- enfin, « *l'ordre de présentation du dossier ne correspond pas nécessairement à l'ordre d'étude des documents qu'une bonne analyse de la commande invite à choisir* », ce qui est un constat bien connu en matière de travail sur dossier.

La NDC rappelle le sens et la portée de l'épreuve, qui permettent des apports personnels :

- le sens, car si l'objectif apparent est de « *pouvoir, en temps limité, savoir où chercher une information et la repérer à partir d'une lecture active et attentive* », l'objectif principal est de « *répondre à la commande* » ;
- la portée, qui est de démontrer que le candidat dispose des compétences et aptitudes nécessaires à l'exercice des fonctions d'un attaché d'administration, car il est capable de ne pas se limiter aux données du dossier. Le dossier ne doit donc pas être envisagé comme un apport initial de connaissances. En effet, le candidat peut présenter des apports extérieurs au dossier, notamment « *issus des acquis de son parcours académique et professionnel* ».

1. La mobilisation de connaissances et de savoir-faire

L'épreuve de cas pratique porte sur un thème d'actualité des politiques publiques relevant de l'État, choisi par le jury parmi une liste de thèmes fixée par arrêté du ministre chargé de la Fonction publique. Le candidat est invité à mettre à jour ses connaissances sur ces thèmes, afin d'en tirer parti lors de l'écrit. En effet, maîtriser l'arrière-plan d'une politique publique et connaître ses tenants et aboutissants, c'est mieux comprendre la commande, analyser plus activement les documents du dossier et déterminer quels apports personnels de connaissances sont pertinents.

Les six thèmes de l'épreuve de cas pratique des concours de printemps 2020 ont été fixés par arrêté du 28 juin 2019. Ils correspondent à des éléments fondamentaux de culture dont doivent être pourvus les cadres de la fonction publique. Un futur cadre doit connaître les politiques publiques transversales territorialisées, européennes ou internationales, maîtriser les principes des finances et de l'économie, être conscient de la transformation vécue par les services publics, être au courant des enjeux du système éducatif et de l'organisation territoriale de la France.

Pour réussir cette épreuve, le candidat doit être capable de mettre en action ses connaissances en utilisant ses savoir-faire. Les principaux savoir-faire sollicités par l'épreuve de cas pratique sont les suivants :

- savoir rédiger : la note doit témoigner des capacités rédactionnelles attendues d'un futur attaché, sans longueurs, sans lourdeur, avec pertinence mais sans négliger la neutralité attendue d'un fonctionnaire s'exprimant dans un contexte professionnel ;
- savoir lire rapidement, faute de quoi le temps de l'épreuve va s'écouler sans permettre de produire un devoir complet ;
- savoir analyser et synthétiser, car il n'est pas question de répercuter toutes les informations du dossier. Le cadre informe son commanditaire, il ne le noie pas dans les détails inutiles ;
- proposer des solutions de manière argumentée et organisée, afin de convaincre son commanditaire, au sein d'un processus de prise de décision. Les documents opérationnels en annexe ne suffisent pas à donner un caractère opérationnel à la réponse ;
- mobiliser toutes les ressources à la disposition du candidat. Outre les indications du sujet et le dossier documentaire, les connaissances extérieures issues des acquis du parcours académique et professionnel du candidat sont les bienvenues.

En effet, la rédaction d'une note assortie de documents annexes opérationnels poursuit quatre objectifs :

- informer le destinataire des principaux éléments de contexte d'une situation qu'il découvre, de façon rapide, efficace et opérationnelle ;
- lui présenter une analyse des informations, instruments, outils et acteurs pouvant être mobilisés pour y répondre au regard du contexte ;

• lui proposer des solutions afin de prendre une ou plusieurs décisions au sujet de cette situation ;
• lui fournir des documents prêts à l'emploi pour la mise en œuvre des propositions.

La note doit être d'un format équilibré, « *courte et s'attacher à aller à l'essentiel* », « *sans être ni trop technique ni trop allusive* ». Elle a une nature pratique qui doit permettre au destinataire de comprendre rapidement :

• l'état de la situation ;
• ses enjeux ;
• les solutions à sa disposition pour prendre une décision ;
• et la mettre directement en œuvre grâce aux documents annexes opérationnels qui lui sont proposés.

La note comprend plusieurs parties destinées à répondre à chacun des trois premiers objectifs mentionnés ci-dessus. Elle comporte par conséquent :

• une introduction : « *succincte destinée à annoncer le sujet et le plan* » ;
• une présentation du contexte, « *montrant notamment la capacité du candidat à prendre du recul par rapport à la situation* » ;
• une analyse « *des éléments à disposition pour répondre à la commande ainsi contextualisée* » ;
• une présentation des propositions « *destinée à montrer pourquoi elles sont appropriées, comment elles s'attachent à apporter une solution face à la situation, et qui introduise les documents annexes opérationnels qui les mettent en œuvre* ».

On attend des documents annexes opérationnels qu'ils constituent des illustrations de réalisations concrètes permettant de mettre en œuvre de « *manière pertinente, adaptée et appropriée les propositions tendant à apporter une solution à la situation donnée* ». Le choix des documents annexes opérationnels appartient au candidat. À lui de choisir « *les types de livrables* » qu'il soumet au destinataire. La note de cadrage reconnaît que « *toutes sortes de documents* » ont leur place dans cette épreuve :

• plan d'action ;
• rétroplanning ;
• carte des acteurs ;
• schéma ;
• graphique ;
• budget ;
• plan de financement ;
• déroulé d'une réunion ;
• courrier ;
• courriel ;
• communiqué de presse ;
• appel à contributions ;
• page de site internet ;
• plan d'un guide ;
• etc. car la liste n'est pas limitative.

.... Une note de cadrage pour l'épreuve de résolution de cas pratique

L'évaluation des documents produits sera effectuée de manière différenciée, de façon adaptée à la situation particulière des candidats externes, internes et au 3e concours. La commande « *peut recommander l'élaboration d'un ou de plusieurs documents* », et la phase de choix et de conception « *doit donc être prise en compte dans la gestion du temps de l'épreuve* ».

2. Une articulation entre les propositions et les documents annexes opérationnels

La contrainte posée sur les propositions formulées dans la dernière partie de la note est une obligation de pertinence. Elles doivent pouvoir être mises en œuvre, « *sans autre étape que celle de la décision du destinataire* », afin d'agir concrètement sur la situation en cause. Elles doivent donc être « *argumentées, justifiées, étayées et aboutir sur l'introduction du ou des documents annexes opérationnels* » pour que ceux-ci matérialisent les actions à entreprendre.

Le candidat a le droit de hiérarchiser les différentes propositions, « *s'il s'agit par exemple d'introduire un plan d'action comportant des solutions alternatives ou, au contraire, échelonnées dans le temps* ». La motivation des propositions est relativement libre, pourvu qu'elle soit présente : aspects juridiques, financiers, politiques, de ressources humaines, logistiques, de communication. Il n'est pas interdit de s'appuyer « *sur des expériences passées ou en cours, voire des projets* ». Du moment qu'il s'agit de permettre un passage à l'action, les propositions doivent « *envisager les avantages et forces, les inconvénients et limites* ».

Le candidat pourvu d'une expérience, tout particulièrement au concours interne et au 3e concours, peut s'en servir pour soutenir ses propositions, à condition de respecter la forme impersonnelle attendue dans la note.

3. Les exigences de forme de la note

Ce qui est obligatoire

La note doit :
- être intégralement rédigée ;
- être structurée en paragraphes ;
- proscrire le style télégraphique ;
- respecter les règles d'orthographe et de syntaxe.

Cette note doit être autonome par rapport au dossier documentaire, n'y faire ni renvoi ni allusion. L'exploitation des documents évite le piège du résumé.

Ce qui est simplement recommandé pour la note

- Une dimension de trois à quatre pages, selon la taille de l'écriture du candidat.
- Des qualités de clarté esthétique ou visuelle pour faciliter la lecture rapide et la compréhension instantanée des éléments clés.
- « *Le candidat veillera donc à en soigner la présentation.* »

Ce qui est libre

- Présenter la note sous la forme administrative (timbre du service, lieu et date, destinataire, objet, etc.).
- Proposer un plan apparent mais dans ce cas, « *le plan doit s'attacher à faire ressortir les idées clés de chaque partie ou sous-partie* ».
- Citer le contenu d'un ou plusieurs documents « *si nécessaire* ».

4. Les exigences de forme des documents annexes opérationnels

- Être présentés de façon « *claire, structurée et finale* », quelles que soient la ou les formes retenues.
- Être présentés sous forme de documents livrables, donc soignés et courts, d'une dimension d'une à deux pages le plus souvent.
- Pouvoir être utilisés de façon autonome, « *tant entre chacun d'eux que par rapport à la note* ».
- « *Ils seront donc présentés sur des pages distinctes.* »

La note de cadrage ne fait pas l'impasse sur la nécessaire harmonisation de l'évaluation des documents annexes opérationnels :

- les productions écrites seront variées, car le « *choix de recourir à tel ou tel document annexe opérationnel pour illustrer et mettre en œuvre les propositions formulées à l'issue de la note est laissé à l'appréciation du candidat parmi les propositions figurant dans le sujet* » ;
- au candidat de faire la preuve de ses « *qualités d'initiative, de créativité et de décision à l'égard des formes les plus adaptées pour répondre à la commande* ».

La note de cadrage nous avertit donc que « *les productions des candidats ne seront pas évaluées au regard d'un modèle type de document attendu mais davantage au regard de critères liés à la clarté et à la pertinence de la production vis-à-vis de la proposition qu'elle s'attache à mettre en œuvre, outre ses qualités de présentation intrinsèques* ».

PARTIE II

Les conseils de méthode

1 Le cas pratique

1. Présentation de l'épreuve

Article 2 de l'arrêté du 28 mars 2019 fixant les règles d'organisation générale, la nature, la durée, le programme des épreuves et la discipline des concours d'entrée aux instituts régionaux d'administration :

> *La première épreuve d'admissibilité consiste en la résolution d'un cas pratique, à partir d'un dossier portant sur un ou plusieurs thèmes d'actualité des politiques publiques relevant de l'État.*
> *Cette épreuve vise à vérifier les qualités rédactionnelles des candidats, leur capacité d'analyse et de synthèse ainsi que leur aptitude à proposer des solutions de manière argumentée et organisée.*
> *La résolution du cas pratique prend la forme d'une note argumentée visant notamment à introduire les propositions de solution pratique du candidat. Ces propositions prennent la forme de documents annexes opérationnels de son choix (rédaction d'un courrier, fiche de procédure, projet de courriel, rétroplanning, organigramme, outil de communication, etc.).*
> *L'argumentaire utilisé par le candidat peut faire référence aux acquis de son parcours académique et professionnel.*
> *Cette épreuve, d'une durée de quatre heures, est affectée d'un coefficient 5.*

2. Résolution du cas pratique sous la forme d'une note

À partir d'une situation professionnelle concrète et probable, le candidat doit analyser des documents du dossier (30 pages maximum) qui permettent d'aboutir à des propositions d'actions au sein d'un service de l'administration. L'idée est de donner des informations pratiques et fiables au supérieur hiérarchique, qui vont lui permettre de prendre la (les) décision(s) adaptée(s) ou lui donner les éléments nécessaires à la préparation d'une réunion. Le cas pratique est un exercice générique qui peut recouvrir différentes formes. Pour l'écrit du concours des IRA, l'arrêté précise que la résolution du cas pratique prend la forme d'une note administrative, ce qui implique de respecter le formalisme prévu pour ce type de document et notamment en construisant un plan.

Les conseils de méthode

La rédaction du cas pratique a pour objectif d'informer :
- informer un destinataire : le candidat doit répondre purement et simplement aux questions posées. Il ne s'agit surtout pas de faire une dissertation ni une note de synthèse ;
- informer précisément : les informations données doivent être précises, jamais allusives ; le candidat ne peut pas se contenter de faire référence à des textes et des informations du dossier. Sont communiquées les informations utiles et nécessaires pour son destinataire sans que ce dernier ait besoin de relire le dossier ;
- informer avec des éléments fiables : vos développements doivent reposer sur des bases juridiques et techniques avérées susceptibles d'être réutilisées à l'écrit ou à l'oral sans se reporter aux documents.

En théorie, le destinataire ne dispose pas du dossier, il n'a que vos réponses pour appréhender le sujet.

Analyse du sujet et de son contexte

L'objectif de cette étape est fondamental. Il faut cerner la situation concrète dans laquelle le candidat est placé et le contexte professionnel dans lequel le cas pratique doit être résolu. Une mauvaise analyse peut entraîner des erreurs d'interprétation et conduire au hors sujet. Le sujet, c'est toujours :
- un énoncé qui comprend la mise en situation concrète ;
- une liste de questions ou de demandes ;
- une liste de documents ;
- les documents eux-mêmes joints.

Proposition de découpage temporel en 3 heures (+ 1 heure pour les commandes opérationnelles) :
- analyse du sujet : 5 minutes ;
- détermination de la commande et de la nature des documents : 20 minutes ;
- lecture des documents : 1 h 15 ;
- rédaction des réponses : 1 h 10 ;
- relecture : 10 minutes.

Préconisations : il faut lire attentivement et plusieurs fois le libellé du sujet. À ce stade, il est préconisé d'écrire le sujet avec les mots-clés sur une feuille de brouillon qui restera dans le champ visuel du candidat tout au long de l'épreuve. Après avoir pris le temps de lire et relire l'énoncé du cas pratique, il est conseillé, au brouillon, de répondre à cinq questions :
- qui suis-je dans la mise en situation professionnelle ?
- dans quelle administration suis-je en poste ?
- qui est mon supérieur ?
- que me demande-t-il ?
- pourquoi, dans quel but ?

Cet exercice préalable est fondamental pour mieux cerner la commande initiale. À chaque étape de l'analyse, il faut se demander : « *Suis-je bien en train de répondre à ce qui m'est demandé ?* »

Analyse des documents

La liste des documents est jointe juste après le sujet du cas pratique. Cette liste permet d'identifier le nombre de documents et leur nature pour percevoir le type de supports d'appui qui permettront de produire la note. Une première phase consiste à parcourir rapidement le dossier pour mesurer son ampleur : longueur des documents, dates, sources... Il faut ensuite identifier les pièces selon :

- leur hiérarchie : elles n'ont pas toutes la même valeur juridique ;
- leur chronologie : bien relever les dates des documents ;
- leur intérêt : pièces principales/pièces complémentaires/pièces inutiles.

Attention : on évoque souvent, un « document pivot » qui contiendrait l'essentiel des informations à utiliser. Ne perdez pas de temps à le chercher : ce serait trop simple, et à quoi servirait alors le reste du dossier ?
Les « documents intrus » sont devenus quasi inexistants.

Préconisations : il vous appartient de définir un ordre de lecture des documents et de préférence de commencer par les documents les plus généraux et faciles à comprendre : articles de presse, informations sur des sites internet, notes, fiche, guides... et finir par les plus techniques comme les documents juridiques. Pour les documents juridiques : les circulaires aident souvent à comprendre un sujet donné et balaient tous les champs réglementaires inhérents au thème abordé. Attention : une circulaire est un document d'organisation interne pour l'administration, elle n'est pas opposable aux tiers. Il convient de se référer en priorité aux sources réglementaires comme les lois, décrets et arrêtés.
Il est conseillé de matérialiser la nature de chaque document en mettant en valeur sa date, ses mots-clés, ses articulations logiques. Différentes techniques existent : surligner ou souligner, mettre une marque distinctive sur chaque passage de documents considérés importants, écrire les mots et idées importants de chaque document au brouillon.

Prise de notes

Il n'existe pas une méthode mais des méthodes. Il est conseillé de s'entraîner avec plusieurs sujets en alternant différentes techniques pour déterminer celle qui vous convient le mieux et qui vous permet de maîtriser le temps, l'objectif le jour J étant de finir l'épreuve dans les quatre heures.

Prise de notes par document

Dans l'ordre de lecture que vous avez fixé au début de l'épreuve, vous notez les informations importantes contenues dans chaque document, de préférence en reformulant les idées phare avec vos propres mots. Il est important de noter le numéro de page du dossier pour vous y référer éventuellement au moment de la rédaction. Il est important d'identifier les idées dans chaque document :

- en fonction de la logique d'ensemble du texte ;
- en fonction des autres textes.

Après ce premier travail, les informations devront être retraitées : il faut vérifier qu'il n'y a pas de redondance et que tous les sujets ont été identifiés. Il faut ensuite regrouper les idées pour commencer à faire émerger un classement puis un plan.

Prise de notes par thème à aborder

Cette méthode oblige le candidat à travailler avec méthode, rigueur et précision. Il convient en premier lieu de déterminer les sujets qui vont être abordés dans votre cas pratique. Dans ce but, la lecture initiale attentive du sujet vous aura permis de définir la nature des réponses à apporter comme : définition, enjeux, objectifs, modalités, contraintes, points forts, propositions de solutions pratiques...

Après avoir identifié les items généraux auxquels il est attendu de répondre, chacun sera inscrit sur une feuille distincte. À la lecture des différents documents, il convient d'intégrer les idées importantes sur la feuille correspondante.

Cette méthode implique :

- un travail de synthèse en ne retenant que les informations principales (grandes lignes d'une réglementation, les modalités d'application, un fait, un chiffre significatif pour l'argumentation) ;
- un travail de reformulation : au lieu de recopier passivement des extraits du document, le rédacteur s'efforce de les reformuler, c'est-à-dire de les réécrire en les résumant de la façon la plus claire, la plus concise et la plus explicite possible.

Construction d'un plan et respect du formalisme

La commande prédéfinie est de rédiger une « note argumentée », ce qui implique de bâtir un plan de préférence en deux parties structurées, elles-mêmes divisées en deux sous-parties, le développement étant organisé de manière équilibrée. Le candidat s'appuie principalement sur les informations contenues dans les documents joints et peut apporter des références théoriques ou des connaissances liées à son vécu professionnel. Il ne s'agit pas de faire un résumé des documents, mais de les utiliser pour répondre à la (aux) question(s) posée(s) dans le sujet.

Sur la forme, le candidat est invité à faire apparaître sur la copie la forme administrative de la note comme en situation professionnelle réelle. De manière générale pour la note, un certain formalisme est à respecter : vous pouvez rappeler *a minima* l'objet et le(s) destinataire(s) :

> **EXEMPLE**
>
> Note à l'attention de…
> Objet : …
> Références : …

Le plan peut ou non être apparent sur la copie ; le lecteur doit cependant pouvoir identifier aisément les deux parties du développement de la note. Enfin, le candidat doit veiller à une gestion rigoureuse du temps pour rendre une note achevée, structurée et équilibrée.

Rédaction du cas pratique

L'efficacité d'une rédaction d'un cas pratique repose sur sa concision. Le style est celui de l'écrit administratif, c'est-à-dire qu'il doit être clair, concis et objectif. L'utilisation du « je », « on », « nous » est à proscrire et il n'est pas attendu de jugement personnel.
L'introduction a vocation à poser le contexte de la demande, annoncer la problématique et le plan retenu de manière succincte.
Le développement doit permettre au lecteur de comprendre la problématique et ses modes de résolution en étayant les affirmations à l'aide d'arguments divers contenus dans les documents joints : références réglementaires, données chiffrées, outils méthodologiques... Les solutions pratiques attendues pour l'exercice considéré devront être pertinentes et plausibles.
Pour ce type d'épreuve, la conclusion a vocation à être brève. Elle peut rappeler l'idée-force de la note en une phrase et/ou ouvrir sur les perspectives à venir.
Le conseil majeur est d'éviter au maximum la paraphrase des documents, d'où l'importance du travail de reformulation indiqué plus haut. Il convient :

- d'utiliser un style neutre et un ton sobre ;
- de respecter une rédaction de trois à quatre pages maximum ;
- de terminer l'épreuve par une relecture attentive ;
- d'écrire lisiblement : privilégier l'effaceur plutôt que les ratures, aérer les paragraphes et aller à la ligne chaque fois que vous abordez une idée nouvelle. La lisibilité est d'autant plus importante que les copies sont scannées après les épreuves et transmises aux correcteurs sous forme dématérialisée. Le blanco sous toutes ses formes est interdit pour ne pas entraver le processus de numérisation.

La copie doit être intégralement rédigée. Les qualités rédactionnelles sont essentielles, pas de paraphrase, de style télégraphique ou de prise de notes. Si vous utilisez des acronymes, vous devez les expliciter à la première occurrence dans votre copie. La copie doit être structurée avec un enchaînement logique des idées. Il faut apprendre à sélectionner les informations importantes et les ordonner en étant clair, précis, concis. La copie doit être concise : une copie de huit pages est à proscrire, il convient d'élaborer un document synthétique.

3. Le traitement le plus simple est souvent le meilleur

Objectifs le jour J

- Finir l'épreuve dans les temps impartis.
- Faire un devoir clair et structuré qui répond aux commandes de la hiérarchie.
- Communiquer des informations fiables susceptibles d'être utilisés ultérieurement.

Documents annexes opérationnels

La dernière partie de l'épreuve est consacrée à la production de documents opérationnels permettant d'apporter des solutions pratiques portées par le candidat. L'arrêté du 28 mars 2019 précise que ces solutions seront laissées au choix du candidat. Après avoir bâti la note, le candidat complétera la commande en fournissant des documents annexes opérationnels (« de son choix » dit l'arrêté du 29 mars 2019, « pouvant être au nombre de deux » dit la note de cadrage) sur le sujet abordé et traité précédemment. Ces documents opérationnels peuvent revêtir différentes formes dont certaines sont indiquées dans l'arrêté : rédaction de courrier, fiche de procédure, projet de courriel, rétroplanning, organigramme, outils de communication... Afin de finaliser l'ensemble du cas pratique, il est préconisé de consacrer 45 minutes à une heure à cette dernière étape.
La méthodologie des différents types de supports est présentée plus loin dans ce livre. De manière générale, ces outils ont vocation à donner des informations dans un cadre simplifié permettant une appréhension concrète et rapide du sujet dans un objectif déterminé : informer la hiérarchie, un collectif (agents, usagers, élus, professionnels...), proposer un outil de travail pour réaliser un projet ou établir un document de suivi.
Le choix de la forme est déterminant suivant la nature des informations à communiquer pour donner une information adaptée et concrète permettant la mise en œuvre d'actions opérationnelles dans le cadre de vie administrative. Il est conseillé de présenter les livrables sur une à deux page(s) distincte(s) chacun sans établir de lien entre eux. Faire apparaître un

titre pour chaque support en préambule est recommandé, le titre doit être synthétique et clair. Différentes couleurs peuvent être utilisées seulement si elles sont utiles pour simplifier la compréhension de l'outil proposé. Mieux vaut éviter l'intérêt purement esthétique. Enfin, l'élaboration de ces documents doit répondre strictement aux attendus de l'énoncé du cas pratique.

2 Typologie des documents opérationnels

L'arrêté du 28 mars 2019 définit le contenu de la première épreuve d'admissibilité. Elle consiste à résoudre un cas pratique, à partir d'un dossier portant sur un ou plusieurs thèmes d'actualité des politiques publiques relevant de l'État.
Le cas pratique vise à vérifier les qualités rédactionnelles des candidats, leur capacité d'analyse et de synthèse ainsi que leur aptitude à proposer des solutions de manière argumentée et organisée. Il prend la forme d'une note argumentée avec des propositions de solution pratique émanant du candidat : « *Ces propositions prennent la forme de documents annexes opérationnels de son choix (rédaction d'un courrier, fiche de procédure, projet de courriel, rétroplanning, organigramme, outil de communication, etc.). L'argumentaire utilisé par le candidat peut faire référence aux acquis de son parcours académique et professionnel.* »
Nous avons choisi de présenter le sens d'un certain nombre d'objets utilisables en contexte professionnel. Ils ont été classés en trois grandes catégories, selon leur destination principale : informer, donner des instructions, aider à la décision. Il est évident que les frontières entre les catégories ne sont pas totalement étanches : un courriel peut servir à donner des instructions, un organigramme peut aider à la décision et un rétroplanning peut informer. Par ailleurs, nous avons exclu d'autres outils, en raison de leur manque d'intérêt en situation de résolution du cas pratique. Un compte rendu, un procès-verbal ou un rapport d'étonnement n'ont pas grande pertinence par rapport à un dossier de 30 pages et compte tenu de la rédaction d'une note. De même, a été exclue la catégorie des convocations et des ordres du jour, que l'on peut traiter comme une variante de la lettre administrative.

Intention	Dénomination
Informer	Les éléments de langage
	Le communiqué
	La lettre administrative : lettre en forme administrative / lettre en forme personnelle
	La présentation
	Le courriel
Donner des instructions	La fiche de procédure
	La note de service
	L'organigramme
	La matrice RACI
Aider à la décision	La fiche financière
	Le rétroplanning
	La fiche actions
	La matrice SWOT

1. La présentation

Intention

Informer.

Dénominations

Présentation, PowerPoint, slides.

De quoi s'agit-il ?

Une présentation, appelée aussi diaporama, est un document numérique, créé à l'aide d'un logiciel et destiné à être projeté pour illustrer une prise de parole. Les diapositives ou slides peuvent contenir du texte, des images, des sons et des vidéos nécessaires.

Dans quel cas est-ce utile ?

Les diaporamas sont utilisés face à un auditoire pour présenter une politique publique, des produits, des services, des projets ou un plan d'action. Ils sont aussi utilisés pour faire des formations, présenter des outils de travail, des données budgétaires.

Comment faire ?

L'impact réel de la présentation ne repose pas que sur le recours à un vidéoprojecteur mais aussi sur la clarté et la hiérarchisation des éléments projetés. Ce qui peut justifier de produire une esquisse de présentation, en version papier lors du concours, c'est la volonté d'illustrer les éléments sur lesquels communiquer.
Avant tout, il est important de définir le ou les messages à faire passer. Pour viser l'efficacité, outre le respect d'une charte graphique, il faut :
- concevoir une page de garde rappelant l'institution, la date, l'objet de la présentation ;
- concevoir une page présentant éventuellement le locuteur, son titre, sa fonction, ses compétences, son périmètre administratif ;
- choisir deux ou trois messages, explicités dans les slides, précédés d'une slide dédiée au plan, suivis d'une page de conclusion et d'une page identifiant un contact à qui s'adresser ;
- sélectionner les données chiffrées, les définitions, les dates, les procédures dont il est important de parler ;

- organiser ses idées, de manière progressive et linéaire : le spectateur ne doit pas avoir besoin de retour arrière pour suivre l'exposé ;
- écrire le moins possible de texte sur chaque slide. La présentation est un art de synthèse et plusieurs niveaux de puces imbriquées passent mal. Avec un logiciel, on trouve des conseils empiriques préconisant six points par slide et six mots par point. À l'écrit, sans le soutien d'images, on a intérêt à limiter le nombre de points (trois par page), ce qui permet des paragraphes plus nourris ;
- soigner l'orthographe.

Exemples

Présentation aux élus référents lors d'une réunion de sécurité routière

Les premières slides montrent la structure du reste de la présentation. La suite sépare le commentaire des données et les mesures de prévention routière. Les diapos les classent par cible : principes, protection des piétons et des cyclistes, éthylotest anti-démarrage, équipements de contrôle de vitesse, réduction à 80 km/h, place des élus, aménagements routiers, actions de prévention et de sensibilisation.

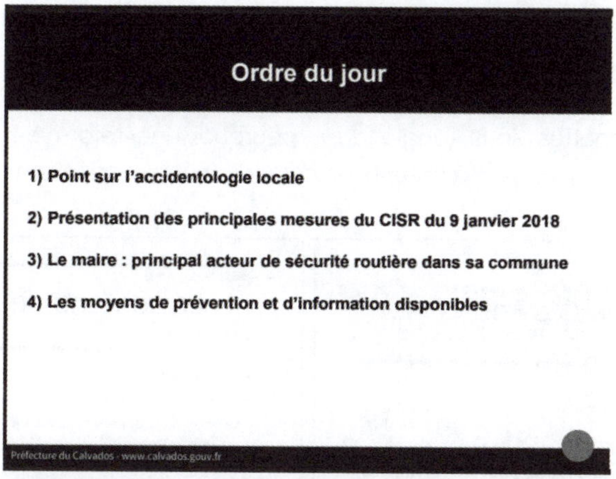

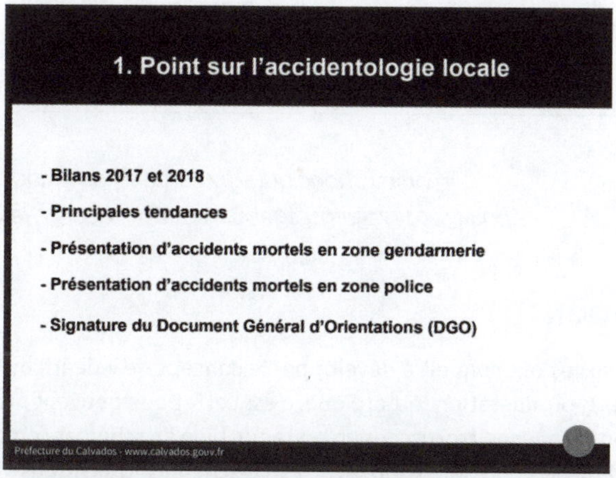

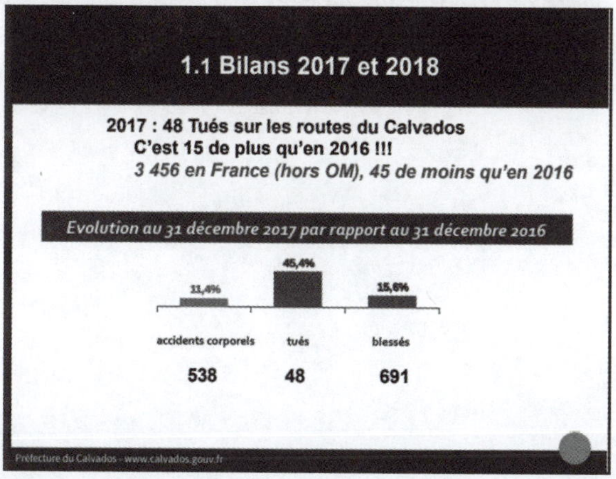

www.calvados.gouv.fr/IMG/pdf/presentation_journee_elus_referents_securite_routiere_vdefinitive.pdf

Une présentation un peu plus ancienne qui porte sur la réforme des collectivités territoriales (2010-2011)

Les premières vignettes sous l'angle du « pourquoi une réforme ? » ; les suivantes fractionnant les informations de contenu, de calendrier et renvoyant à un site plus complet.

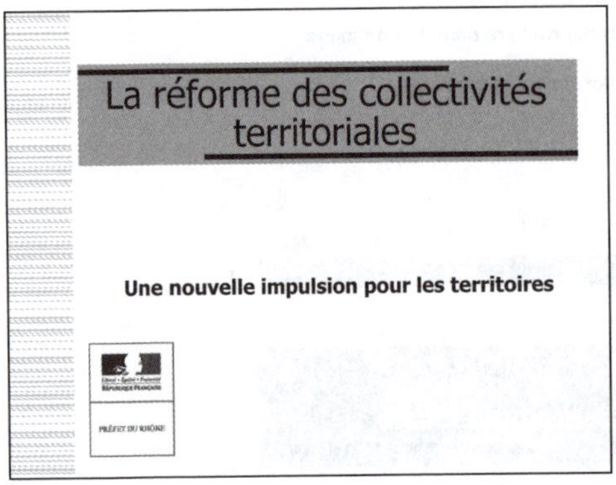

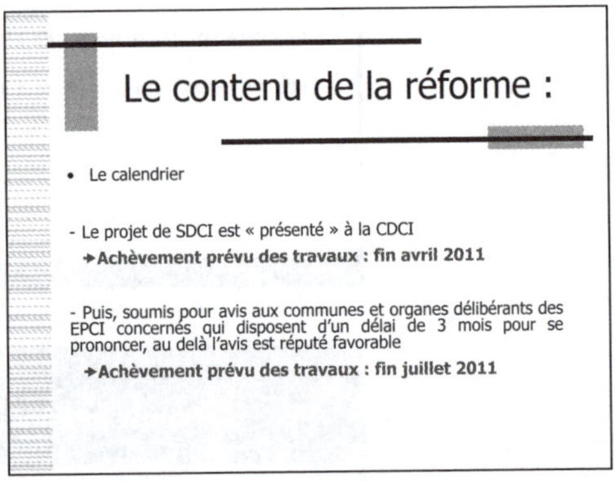

www.rhone.gouv.fr/content/download/5661/33110/file/p944_a917715ef91519eb64941e8957dccf92Reforme_des_CT_.ppt

ATTENTION !

Certains excès ont conduit à développer le concept de « death by PowerPoint ». Cette mort, ou sidération léthargique, c'est l'effet que peuvent produire les présentations trop verbeuses, trop riches en textes ou bien en schémas complexes. La virtuosité du créateur de la présentation, avec force schémas, transitions visuelles et sonores, ou la simplicité de grands pavés de mots font perdre le fil au spectateur. La présentation est un outil de communication, pas un exercice en soi.

Elizabeth Bumiller, « We Have Met the Enemy and He Is PowerPoint », 26 avril 2010, www.nytimes.com/2010/04/27/world/27powerpoint.html

2. Le courriel

Intention

Informer.

Dénominations

Courriel, mail, courrier électronique.

De quoi s'agit-il ?

La messagerie électronique est le mode de communication le plus utilisé aujourd'hui dans l'administration pour transmettre des informations en temps réel. Les échanges sont nombreux, que ce soit en interne ou avec les partenaires extérieurs. Le courriel n'exige pas de formalisme particulier mais impose le respect de règles simples.

Dans quel cas est-ce utile ?

Au quotidien, le message par mail permet d'échanger et de partager des informations.

Comment faire ?

Le mail est un mode de communication immédiat mais doit répondre à différentes règles simples.

» Le respect de la politesse dans le mail

- Commencer un mail par un « Bonjour » ou « Madame, Monsieur ». « Bonjour » plutôt pour des personnes avec lesquelles vous avez l'habitude de travailler, « Madame » ou « Monsieur » pour les personnes extérieures ou la direction de votre administration.
- Finir votre message par une formule de politesse sobre comme : « Cordialement », « Très cordialement ». La phrase de politesse classique employée en fin de lettre personnelle ne s'impose pas dans la pratique dans les mails.

La rédaction simple et claire du mail

- La rédaction doit être simple et claire. Il est recommandé d'utiliser un style direct en utilisant des phrases courtes. Le style personnel en utilisant le « je » est accepté dans les messages professionnels.
- Le style énumératif est tout à fait possible pour communiquer des éléments descriptifs, tout n'est pas obligatoirement rédigé.
- Le mail doit être assez synthétique pour être rapidement compris.
- Si le mail a vocation à expliquer un sujet complexe, il faut organiser les idées dans des items bien identifiés et visuellement apparents.

Sur le fond

- Il est important de donner les informations essentielles sans être trop long dans le texte pour éviter que votre message ne soit lu que partiellement.
- S'il s'agit de répondre à des interrogations de l'émetteur, appuyez-vous sur les bases réglementaires en les citant pour éclairer le lecteur et conforter vos propos.

Les destinataires

- Pour : le mail s'adresse en priorité à la personne destinataire soit pour lui répondre soit pour l'interpeller.
- Copie pour : mettre un destinataire en copie revient à lui faire part de l'information sans attendre de sa part qu'il réponde, se mobilise ou devienne actif au regard du sujet du mail. Le destinataire en copie qui a connaissance du sujet n'est pas directement interpellé.
- Copie cachée : cette possibilité place le destinataire en mode invisible pour les autres receveurs du mail. Il peut être utilisé quand la liste de diffusion des destinataires est importante pour éviter la transparence totale de la transmission de l'information et éviter l'utilisation du « Répondre à tous » par un ou plusieurs destinataires.

Exemple

Vous répondez par mail à votre directeur qui vous demande un point sur le compte personnel de formation (CPF).

Expéditeur : [redacted]
Pour : le Directeur
Copie à : le n+1
Sujet : point sur le compte personnel de formation (CPF)

Paragraphe | Largeur variable

Monsieur le Directeur,

Suite à votre demande concernant le compte personnel de formation (CPF), je vous apporte les premiers éléments de réponses suivants:

- Tout fonctionnaire a la possibilité de bénéficier d'un CPF depuis le décret n°2017-928 du 6 mai 2017. Il en est de même pour les agents non titulaires et les ouvriers employés par l'Etat s'ils ont au moins un an de services effectifs au 1er janvier de l'année considérée.

- Il appartient à chaque agent d'ouvrir son CPF en ligne sur le site : https://www.moncompteactivite.gouv.fr/cpa-prive/html/#/connexion

- Le CPF est mobilisé à l'initiative de l'agent et en accord avec son autorité de tutelle qui vérifie l'éligibilité au CPF.

- Le CPF est alimenté sur le compte d'activité que chaque agent crée à raison de 24 heures par an jusqu'à 120 heures, puis de 12 heures par an jusqu'à un maximum de 150 heures.

- La mobilisation du CPF est formalisée par un imprimé de demande de mobilisation du CPF

Je me tiens à votre disposition pour tout complément d'informations.

Cordialement,

le chef de bureau

ATTENTION !

Une fois envoyé, un courriel est susceptible d'être transféré… il vous échappe.

3. La lettre administrative

Intention

Informer.

Dénominations

Lettre administrative, courrier.

De quoi s'agit-il ?

La lettre administrative est un document écrit destiné à informer un destinataire ou à lui faire part d'une décision. Elle peut expliquer des procédures ou des obligations, questionner sur une situation, attribuer ou refuser, contraindre ou sanctionner. La lettre fait partie des moyens d'action de l'administration, ce qui l'engage. Le code des relations entre le public et l'administration définit les règles que l'administration doit respecter dans ses échanges avec les particuliers.

Dans quel cas est-ce utile ?

Traditionnellement, on distingue deux types de lettres administratives :

- la lettre en forme administrative est utilisée lors d'échanges de courrier entre des structures administratives, ou à destination de personnes appartenant à l'administration. Cette forme de lettre est également utilisée dans le cadre d'une même entité administrative et portant sur un objet personnel. Par exemple, si un agent dépose, sous couvert de son supérieur immédiat, une demande destinée à être traitée par une autorité plus élevée. Il n'y a pas de formule d'appel ni de politesse. La lettre en forme administrative n'est jamais adressée directement à un fonctionnaire subordonné, mais à l'autorité responsable ;
- la lettre en forme personnelle est employée quand le correspondant n'appartient pas à l'administration, mais également entre deux services pour donner un caractère personnalisé et courtois à la correspondance. La formule d'appel est celle du courrier privé : Madame, Monsieur, Monsieur le Maire... La formule de politesse reprend la formule d'appel. Exemple : Veuillez agréer, Monsieur, l'expression de ma considération distinguée.

Le cas particulier des lettres aux élus :

- en forme personnelle si c'est une lettre adressée à l'élu en tant qu'individu, comme une invitation ;
- en forme administrative si la lettre concerne le rôle administratif joué par l'élu. Par exemple, une lettre au titre du contrôle de légalité.

Comment faire ?

Avant toute chose, il faut retenir que la lettre doit identifier l'administration dont elle émane, désigner le service concerné et, sauf raisons de sécurité, la personne suivant le dossier. Elle comporte obligatoirement une date, ce qui fait courir des délais ou des droits, et une signature. De plus, le signataire doit disposer de la compétence pour agir, puisque le document peut faire grief. Elle peut mentionner des références rappelant des documents antérieurs ou des sources légales, et des pièces jointes. La voie hiérarchique est souvent

mentionnée, car cette procédure informe les échelons intermédiaires avant que le courrier ne parvienne à l'autorité supérieure ou parte vers le destinataire.
On ne déroge à la voie hiérarchique que pour des circonstances urgentes. Dans ce cas, l'original de la lettre est transmis par la voie hiérarchique et une copie du document est directement adressée au destinataire avec la mention : « Copie transmise directement vu l'urgence. »
Le timbre, dans l'angle supérieur gauche ou au centre permet d'identifier l'administration dont provient le courrier. Le lieu et la date sont dans l'angle supérieur droit : la ville, suivie de la date d'expédition en entier avec le mois en toutes lettres.
Dans la lettre en forme administrative, sous le lieu et la date figure la suscription, c'est-à-dire l'indication de l'autorité responsable de la lettre (émetteur) et l'intitulé et l'adresse de l'autorité destinataire. On y fait apparaître la voie hiérarchique avec la formule s/c pour « sous couvert de ».
Dans la lettre en forme personnelle, la suscription peut figurer au même endroit ou bien en bas et à gauche de la page : prénom, nom du destinataire, fonction, adresse postale.
Sous le timbre, à gauche, la mention « Affaire suivie par » permet d'identifier l'interlocuteur et comporte le numéro de poste et le courriel.
« Objet » est à gauche et mentionne l'affaire traitée. On ne fait qu'un objet par lettre.
« Références » sous l'objet.
« Pièces jointes » au bas de la première page donne leur nombre et elles sont jointes en annexe.
La signature est apposée au bas et à droite du document, par le détenteur de l'autorité ou un autre signataire par délégation, par autorisation ou par ordre.
On rédige la lettre en choisissant un plan favorable à la hiérarchisation des informations :

- en ordre chronologique ;
- du cas particulier au cas général ;
- du plus visible au moins visible ;
- des observations au diagnostic.

En pratique, il y a trois parties :

- l'introduction rappelle l'objet de la correspondance, mentionne un courrier précédent ou l'affaire concernée, présente les contours de l'affaire en cause. Une formulation rapide mais exacte favorise la compréhension de la situation par un destinataire qui n'a pas forcément connaissance de ces éléments. Dans le cas où la lettre est une réponse, on y reformule la demande ;
- le développement examine le fond de l'affaire, expose les arguments ou la réglementation. C'est ici que l'argumentation s'appuie sur des textes législatifs ou sur les faits. L'exposé doit être progressif, du moins important au plus important, avec des paragraphes équilibrés ;
- la conclusion marque un aboutissement logique et présente, sans ambiguïté, la position ou la décision de l'administration.

Exemples

Lettre en forme administrative

République française
Préfet

Le XX juin 20XX

Préfecture
Direction des libertés publiques et des collectivités territoriales
Bureau des collectivités territoriales et des Élections
Affaire suivie par : M. / Mme X
Tél. :
Fax :

LE PRÉFET
À
MONSIEUR LE MAIRE

Objet : Installation des compteurs LINKY
Réf. : Délibération du XX juin reçue le XX juin 20XX

Par délibération visée en référence, le conseil municipal a voté le refus du déploiement des compteurs LINKY sur le territoire de la commune.
Or, la directive européenne 2009/72/CE du 13 juillet 2009 a chargé les gestionnaires des réseaux publics de distribution d'électricité de mettre en place des compteurs dits « intelligents ».
Ces dispositions ont fait l'objet d'une codification aux articles L. 241-4 et L. 341-5 du code de l'énergie.
J'appelle également votre attention sur le fait que les compteurs d'électricité sont la propriété des autorités organisatrices de la distribution d'électricité et non de la commune.
En l'état actuel de la législation, les collectivités ne peuvent pas faire obstacle à l'application des dispositions législatives qui imposent le déploiement des nouveaux compteurs LINKY.
En conséquence, je vous saurais gré de bien vouloir inviter le conseil municipal à retirer la délibération en cause.

Pour le préfet et par délégation
Le secrétaire général
Préfecture de XX
Tél. :
Horaires d'ouverture au public de : de 8 h 30 à 11 h 30 et de 13 h 30 à 16 h 00

Lettres en forme personnelle

République française
Préfet de police des Bouches-du-Rhône

Le XX décembre 20XX

Préfecture de police
Direction de l'administration générale
Bureau des activités professionnelles réglementées
Service des débits de boissons et des casinos
Tél. :
Fax :

LE PRÉFET
À
MONSIEUR LE MAIRE

Monsieur,

En exécution des dispositions de l'article L. 3332-15 du code de la santé publique, j'envisage de prescrire une fermeture administrative à l'encontre de votre débit de boissons dénommé « XX » sis X, place… à Marseille (13XXX).

En effet, au cours d'une patrouille de surveillance, un équipage de la police nationale a constaté, le 19 novembre 20XX à 22 h 40, des troubles à la tranquillité publique occasionnés par un fort bruit de musique amplifiée, émanant d'un orchestre installé dans votre établissement, audible de la voie publique par l'ouverture des portes.

De plus, ces nuisances sonores étaient accentuées par l'attitude bruyante d'une cinquantaine de clients installée à l'extérieur.

En conséquence, je vous demande, en application de l'article L. 122-1 du code des relations entre le public et l'administration, de bien vouloir, dans un délai de quinze jours à compter de la réception de la présente, formuler vos observations sur cette infraction, de préférence par retour de courrier sous le présent timbre. Ces observations pourront être accompagnées de tout justificatif que vous estimerez utile à mon appréciation des faits.

Dans l'attente, je vous prie d'agréer, Monsieur, l'expression de ma considération distinguée.

Monsieur le préfet de police des Bouches-du-Rhône
Monsieur X
Gérant de l'établissement « XX »
X, place…
13XXX Marseille

République française
Préfet de la Corse-du-Sud

Ajaccio, le XX février 2013

Le préfet
Monsieur le Professeur,
Par courrier du 24 janvier dernier, vous avez eu l'obligeance de m'adresser votre ouvrage *Un préfet dans la Résistance* consacré à votre oncle, le préfet XX. C'est avec grand intérêt que j'en entame la lecture.
En 2013, la Corse célébrera le 70e anniversaire de sa libération. Les deux thèmes qui seront mis à l'honneur à cette occasion sont la Résistance et l'apport essentiel des troupes supplétives d'Afrique du Nord.
Dans ce cadre, une présentation de vos travaux trouverait toute sa place parmi les nombreuses manifestations prévues en septembre et octobre prochains. Mes services prendront contact avec vous afin de convenir des modalités d'organisation d'une conférence.
Je vous prie d'agréer, Monsieur le professeur, l'expression de mes salutations distinguées, et de mes sentiments les meilleurs.

XXX
Monsieur X
Professeur associé
XXXX
75XXX Paris

ATTENTION !

Depuis la loi n° 2013-1005 du 12 novembre 2013 habilitant le gouvernement à simplifier les relations entre l'administration et les citoyens, l'absence de réponse à une lettre au bout de deux mois vaut décision implicite d'acceptation. Sauf exception et hormis le cas des relations entre l'administration et ses agents, à la suite d'une demande, l'administration doit envoyer un accusé de réception comportant les mentions suivantes :

- date de réception de la demande et date à laquelle, à défaut de réponse écrite, celle-ci sera considérée comme acceptée ou rejetée ;
- désignation, adresse postale, si nécessaire adresse électronique, numéro de téléphone du service chargé du dossier ;
- l'accusé précise aussi si l'administration peut répondre à la demande par une décision implicite de rejet ou d'acceptation. L'accusé de réception mentionne les délais et les voies de recours en cas de décision implicite de rejet. En cas d'annonce d'acceptation implicite, l'accusé de réception mentionne la possibilité de demander à l'administration une attestation.

4. Le communiqué

Intention

Informer.

Dénominations

Communiqué, avis, déclaration, notification, proclamation.

De quoi s'agit-il ?

Le communiqué est un court message, émanant d'une autorité politique ou administrative, à caractère officiel, destiné à informer ou à renseigner le public, à diffuser une prise de position ou des consignes de sécurité, à promouvoir un événement ou le résultat d'une action.
Synonymes : annonce, avis, bulletin, communication, note, prière d'insérer.

Dans quel cas est-ce utile ?

Le communiqué est destiné à être repris par les médias, sans modification, en tout ou en partie ou bien à appeler l'attention de la presse pour qu'elle s'intéresse davantage au sujet. On parle de « kit de presse » lorsque des photos ou vidéos sont données aux journalistes en plus du communiqué de presse. Avec Internet, la pratique du kit de presse s'est répandue.

Comment faire ?

Le communiqué est un mode d'information rapide qui ne doit pas dépasser une à deux pages.
Le communiqué doit comporter les éléments suivants :
- la mention « communiqué de presse » en tout début ;
- le logo de l'institution ;
- la date est obligatoire pour situer l'information dans le temps ;
- un chapeau de deux lignes peut être utile pour présenter l'essentiel selon le questionnement QQOQCP : qui, quoi, où, quand, comment, pourquoi ;

- le texte du communiqué, présentant l'information sous forme de paragraphes clairs, du plus important au moins important ;
- la présentation de l'institution, son adresse, numéro de téléphone, courriel avec un lien vers le site internet, les comptes Twitter et Facebook ;
- les coordonnées d'un responsable pour le contact avec la presse.

La forme est importante
- le communiqué doit être agréable à lire et simple à comprendre. Il ne faut pas noyer le lecteur ou annuler l'intention informative du message ;
- les phrases gagnent à être rédigées à la voie active, à la troisième personne du singulier et, sauf historique, au présent de l'indicatif ;
- pour la partie la plus informative, la phrase est simple : un sujet, un verbe, un complément ;
- sans faute d'orthographe ;
- les acronymes doivent être explicités à leur première occurence, le vocabulaire professionnel expliqué, les données chiffrées mises en valeur.

Il faut identifier le contenu du message à mettre en avant, au service d'une seule information, donnée sous forme structurée. Exemples :
- la réponse à un nouveau besoin : les objectifs à remplir, les acteurs impliqués, l'impact pour le public ;
- l'annonce d'un événement : l'intérêt, le public concerné, les suites attendues ;
- un appel à l'action ou les raisons d'une politique : les avantages que l'on peut en attendre, les actions concrètes qui en découlent ;
- un projet : la synergie entre partenaires, les résultats obtenus, les perspectives d'avenir.

Exemples

» Communiqué d'information destiné à être repris dans la presse

Source : www.interieur.gouv.fr/Actualites/Communiques/Experimentation-de-l-usage-de-cameras-individuelles-par-les-sapeurs-pompiers-dans-le-cadre-de-leurs-interventions

Expérimentation de l'usage de caméras individuelles par les sapeurs-pompiers dans le cadre de leurs interventions

19 juillet 2019
Le ministre de l'Intérieur avait annoncé en juin un plan ambitieux de lutte contre les agressions visant les sapeurs-pompiers en opération.
Christophe Castaner, ministre de l'Intérieur, et Laurent Nuñez, secrétaire d'État auprès du ministre de l'Intérieur, se félicitent de la parution du décret relatif aux conditions de l'expérimentation de l'usage de caméras individuelles par les sapeurs-pompiers dans le cadre de leurs interventions.
Trois fois par jour, les sapeurs-pompiers sont victimes d'agressions partout en France.
Face à ces comportements intolérables envers celles et ceux qui nous protègent, le ministre de l'Intérieur avait annoncé le 15 juin 2019 un plan ambitieux de lutte contre les agressions visant les sapeurs-pompiers en opération.
Ce décret permet l'expérimentation du port des caméras-piétons sur les tenues d'intervention. Dans ce cadre, il sera dès lors possible aux sapeurs-pompiers d'être équipés et de filmer les agressions dont ils pourraient être victimes. Les services d'enquête auront accès à ces images et pourront ainsi identifier les auteurs. Il s'agit d'une mesure attendue et d'un pas supplémentaire pour mieux protéger les sapeurs-pompiers et assurer que ceux qui les agressent soient interpellés et traduits en justice.
Dix services d'incendie et de secours et la Brigade des sapeurs-pompiers de Paris sont d'ores et déjà candidats à l'expérimentation du dispositif jusqu'au 5 février 2022.
La mesure s'inscrit au sein d'un plan plus vaste contre les agressions visant les sapeurs-pompiers qui inclut notamment plus de simplicité lors des dépôts de plaintes et une importante campagne de communication à la rentrée.
Christophe Castaner, ministre de l'Intérieur, déclare : « La sécurité de nos sapeurs-pompiers, ce sont des actes. Je suis fier d'avoir porté ce projet. Le port de caméras-piétons, c'est à la fois une protection supplémentaire pour les sapeurs-pompiers, un message de fermeté envers ceux qui les attaquent, et la garantie qu'aucune agression ne restera impunie. Nous continuerons sur cette voie et nos sapeurs-pompiers peuvent compter sur mon engagement et celui de Laurent Nuñez, pour garantir leur sécurité. »

Annonce

Liberté • Égalité • Fraternité
RÉPUBLIQUE FRANÇAISE

PRÉFET
DE LA RÉGION
GRAND EST

Communiqué de presse

Strasbourg,
le 31 juillet 2019

Allocation pour la diversité dans la fonction publique 2019/2020 – dépôt des dossiers jusqu'au 15 septembre

L'allocation pour la diversité dans la fonction publique est reconduite pour l'année universitaire 2019 / 2020.

D'un montant annuel de 2000 €, elle vise à permettre, sous certaines conditions, à des étudiants ou demandeurs d'emploi de préparer des concours de la fonction publique de catégorie A ou B.

Les étudiants et demandeurs d'emploi se portant candidats à l'allocation doivent être titulaires d'un diplôme leur permettant de se présenter aux concours de catégorie A (BAC +3) ou B (BAC).

Les candidats se préparant seuls sont éligibles à ce dispositif sous réserve d'être inscrits à une formation à distance dans un organisme proposant des cours de préparation aux concours administratifs. Ils joindront obligatoirement à leur dossier la charte de tutorat dûment signée par le demandeur et le tuteur encadrant les obligations respectives de chacun (document à télécharger) : http://www.prefectures-regions.gouv.fr/grand-est/Actualites/Recrutement/Allocation-pour-la-diversite-dans-la-fonction-publique

Les critères d'éligibilité sont ceux qui s'appliquent aux demandes de bourses sur critères sociaux.

Un jury sélectionnera les bénéficiaires parmi les personnes éligibles en tenant compte de leurs résultats scolaires et universitaires, de leurs difficultés sociales, avec **une attention particulière pour les personnes domiciliées et/ou ayant été scolarisées en quartier prioritaire au titre de la politique de la ville ou en zone rurale à revitaliser**.

Le paiement de l'allocation, effectué en deux versements, est conditionné à la préparation assidue de concours. Des attestations d'assiduité devront être fournies.

L'allocation pour la diversité est cumulable avec une bourse sur critères sociaux.

Service de la
communication
interministérielle

Mail : pref-communication@bas-rhin.gouv.fr
Tél. : 03 88 21 68 77

Twitter : @Prefet67 **Facebook** : Préfet de la région Grand Est

Le dépôt des dossiers se fait exclusivement en ligne via le site démarches simplifiées à l'adresse suivante :

https://www.demarches-simplifiees.fr/commencer/allocations-diversite-2019

Les dossiers en format papier ne seront pas acceptés.

La date limite de dépôt des dossiers a été fixée au 15 septembre 2019 minuit.

Contact presse

Aurélie CONTRECIVILE

Tel : 06 73 85 16 45
Mail : aurelie.contrecivile@bas-rhin.gouv.fr

Service de la communication interministérielle

Mail : pref-communication@bas-rhin.gouv.fr
Tél. : 03 88 21 68 77

Twitter : @Prefet67 **Facebook** : Préfet de la région Grand Est

Source : www.prefectures-regions.gouv.fr/grand-est/content/download/60544/398241/file/CP+-+Allocation+pour+la+diversit%C3%A9+dans+la+FP+Grand+Est.pdf

Bulletin d'alerte météorologique adressé aux maires et aux services publics, sous forme de communiqué de presse

Liberté • Égalité • Fraternité
RÉPUBLIQUE FRANÇAISE

PRÉFET DE LA HAUTE-CORSE

Bastia le 14 juillet 16h0

PREFECTURE
DIRECTION DU CABINET
SERVICE INTERMINISTÉRIEL
DE DÉFENSE ET DE PROTECTION CIVILES

COMMUNIQUE DE PRESSE

VIGILANCE JAUNE SITUATION MÉTÉOROLOGIQUE A SURVEILLER POUR LES PHÉNOMÈNES : ORAGES

Le Préfet de la Haute-Corse communique :

Météo France a diffusé une vigilance météorologique de niveau jaune situation météorologique à surveiller pour les paramètres :

« Orage » à compter de **Validité : du Lundi 15 juillet 2019 à 05H00 (heures légales) au Mardi 16 juillet 2019 à 06H00 (heures légales)**

Validité : du Lundi 15 juillet 2019 à 05H00 (heures légales) au Mardi 16 juillet 2019 à 06H00 (heures légales)

Un système pluvio-orageux va concerner la Corse à partir de la fin de nuit du lundi15 juillet. Il va durer toute la journée de lundi et une partie de la nuit du lundi au mardi 16 juillet. Les orages les plus forts toucheront principalement la Haute-Corse. Les cumuls sur 24h monteront jusqu'à 70/80 mm.
Des cellules peuvent être ponctuellement violentes avec de très fortes intensités de pluie, de la grêle et une forte activité électrique

La population est invitée :

- A éviter autant que possible, les déplacements et les activités extérieures de loisirs
- A ne pas s'engager, à pied ou en voiture, sur une voie immergée
- A ne pas utiliser de téléphone ou de matériel électrique, à l'extérieur
- A éviter les promenades en forêt et les sorties en montagne
- A suivre les consignes des services de sécurité (diffusion par les médias - RCFM)
- Dans les zones inondables, à mettre hors d'eau le mobilier
- Sur la route, s'arrêter en sécurité et ne pas quitter le véhicule
- Ne pas se promener le long des berges de rivières situées à l'aval de barrages

Il est conseillé de s'informer de l'évolution de l'épisode :

- ✔ Soit en appelant le service vigilance météo au 05 67 22 95 00
- ✔ Soit en se connectant au site http://vigilance.meteofrance.com

Contact Presse
Marie-Dominique FORNESI - Service Communication
20401 BASTIA CEDEX 9 04.95.34.51.63 /06.80.38.45.01
marie-dominique.fornesi@haute-corse.gouv.fr
Site Internet Départemental : http://www.haute-corse.gouv.fr/ @prefet2b

ATTENTION !

Un bon communiqué de presse est simple à comprendre et l'information saute aux yeux du lecteur.
Dans le cas d'un communiqué de crise, la communication doit être aussi immédiate que possible. Quitte à avouer que l'institution sait encore peu de chose, sous peine de sembler manquer de transparence :

- il faut éviter de propager des informations incomplètes ou erronées et ne dire que la vérité, sans mentir ni omettre des faits ;
- il faut en rester aux faits, simplement et précisément ;
- en cas de crise, on s'adresse au public concerné, en pensant d'abord aux victimes directes ou indirectes, puis aux dommages matériels.

5. Les éléments de langage

Intention

Informer.

Dénominations

Éléments de langage, argumentaire, mots-clés, fiches.

De quoi s'agit-il ?

L'expression « éléments de langage » désigne une argumentation sur un thème donné, conçue explicitement, destinée à un public précis et répercutée dans un processus contrôlé de communication, très souvent oral. Ce terme est devenu d'usage courant à partir de la présidence de Nicolas Sarkozy. On peut y voir une adaptation de la communication politique à la multiplication des médias, comme les chaînes d'information continue, Internet et les réseaux sociaux.
Synonymes : foire aux questions, FAQ, questions-réponses, mots-clés, argumentaire.

Dans quel cas est-ce utile ?

Dans les situations où il existe une volonté hiérarchique ou bien un besoin objectif d'assurer la cohérence des prises de parole. Cela peut être nécessaire pour :

- diffuser des informations ou des idées dans le strict respect d'un cadre officiel, politique, scientifique ou juridique ;
- laisser le moins d'espace possible à la polémique ;
- contrôler la réception du message par le public visé.

On attend des éléments de langage qu'ils soient précis, qu'ils anticipent les attentes du public sans mettre en danger le porte-parole. Ils ont pour finalité leur diffusion par de multiples acteurs :

- auprès des médias lors d'interviews, de conférences de presse, d'émissions de plateau ;
- lors de réunions de travail ;
- auprès de relais d'opinion, de soutiens politiques ou militants.

Comment faire ?

La forme prise par les éléments de langage peut être très variée :

- E-mail à usage interne indiquant des arguments à faire valoir ;
- PowerPoint explicitant les expressions à utiliser ;
- questions et réponses développées ;
- terminologie, arguments ou chiffres à introduire dans l'intervention.

Sous des formes diverses, ces messages ont en commun une légitimité assise sur leur cohérence mais une efficacité qui dépend de leur appropriation par autrui. Ces deux points communs sont paradoxaux. D'abord, les éléments de langage enseignent quoi dire et comment le dire. Ce caractère normatif et didactique et leur intention persuasive leur donnent une forte cohérence. Par ailleurs, leur devenir en diffusion les rend susceptibles de reprise en segments détachables, ce qui justifie la construction de briques élémentaires de contenu et d'argumentation.

Pour des éléments de langage réussis, il faut :

- relever et hiérarchiser les contenus essentiels aux éléments de langage, retenir ce qui doit absolument être dit ;
- s'appuyer sur des définitions ou des descriptions, parce que ce qui doit être dit doit être expliqué ;
- produire un message simple, compréhensible par tous, ce qui rend souvent pertinente une trame sous forme de questions et de réponses.

Le questionnement de Quintilien

Le questionnement de Quintilien permet de se poser les questions qui délimitent les arguments à développer et définissent l'angle d'attaque du sujet. Les questions sont à envisager sous l'angle de l'explication de la situation, mais aussi de sa prise en charge. QQOQCP, pour « Qui ? Quoi ? Où ? Quand ? Comment ? Pourquoi ? », est le sigle résumant cette méthode empirique de questionnement. On peut lui ajouter « Combien ? ». Sa simplicité, son caractère logique et systématique font que beaucoup l'utilisent aussi pour structurer la restitution des résultats de leurs analyses.

- Qui ? permet de déterminer qui s'exprime, sous la forme du « je », du « nous », ou de façon plus neutre encore. Mais aussi « qui est concerné ? », acteur ou victime, par le problème, par un projet, une réforme.
- Quoi ? le cœur du message, décrit le phénomène, la mission, le problème. Cela permet de dire de quoi il s'agit, de donner les caractéristiques, les conséquences, un état de la situation, des risques et des avantages.
- Où ? c'est le lieu où s'exprime le discours officiel, mais aussi le service, le domaine ou la circonscription administrative en question.
- Quand ? on peut expliquer depuis quand le problème ou le phénomène existe, a été projeté ou découvert, le détail de son déroulement, sa durée, les délais, sa fin.
- Comment ? sert de base pour décrire la manière dont se produit tel phénomène ou la manière dont on va y répondre. Comment se produit ou se manifeste le phénomène ? Quelles en sont les circonstances ? Les procédés, méthodes ou moyens pour y répondre.
- Pourquoi ? on peut poser cette question à part, après toutes les autres, pour motiver son action ou rappeler des valeurs et des principes. Il est souvent très pertinent d'y répondre en renfort de chacune des autres questions. Quoi ? puis pourquoi ?... Qui ? Pourquoi ?
- Combien ? s'il s'agit des effets du phénomène, de son coût et de sa portée en termes de personnes concernées, on peut considérer que la question « qui ? », permet déjà de les envisager. Combien ? permet d'évoquer les valeurs en cause, leur degré de répétition ou de survenance, les quantités, le budget...

Les éléments de langage tiennent compte du contexte de leur utilisation. En effet, tout message est lié au contexte dans lequel il doit être livré.

- On ne tient pas le même discours si on s'adresse à des agents, à une assemblée élue, à des usagers inquiets ou revendicatifs. La prise de parole du préfet devant une assemblée d'élus, exemple fréquent dans les sujets qui passent commande des pièces annexes, est une occasion dont la formalité ne tolère pas l'à-peu-près.
- Le type de message a beaucoup d'importance : s'agit-il d'informer, de motiver à mettre en œuvre une politique publique, de convaincre ou de rassurer ? Y a-t-il un risque de polémique à évacuer ? Dans tous les cas, on comprend l'intérêt de construire un argumentaire aussi clair que possible, favorisant le consensus autour de données techniques ou juridiques, une chronologie ou un constat partagés.

Exemples

Source : www.cantal.gouv.fr/IMG/pdf/3_decembre_2011-_Remise_des_medailles_de_bronze_pour_actes_de_courage_et_de_devouement_a_l_occasion_de_la_Sainte-Genevieve_cle791cda.pdf

Éléments de langage de M. le préfet du Cantal
Remise des médailles de bronze pour actes de courage et de dévouement à l'occasion de la Sainte-Geneviève

Messieurs les récipiendaires,
Mesdames et messieurs les élus,
Mon Colonel,
Mesdames et messieurs les officiers, sous-officiers et gendarmes adjoints, réservistes et personnels civils de la gendarmerie nationale,
Mesdames, Messieurs,

Je suis particulièrement heureux de pouvoir vous décorer à l'occasion de la fête de la Sainte-Geneviève, vous, gendarmes, qui vous êtes particulièrement illustrés au service de la sécurité de nos compatriotes.

Depuis mon entrée en fonction en tant que préfet du Cantal en novembre 2010, j'ai pu constater le professionnalisme des forces du Groupement de gendarmerie du Cantal.

Je rappellerai qu'en 2010 notre département figurait au deuxième rang national en matière de sécurité derrière le département de la Creuse.

Concrètement, cela signifie que, d'année en année, la délinquance de proximité, et la délinquance générale diminuent.

Cela signifie autant de vies sauvées, et de drames évités. Cela, mesdames et messieurs, nous vous le devons. Vous êtes conscients de votre rôle, vous savez l'assumer en toutes circonstances, ainsi que vous l'avez démontré dans les moments les plus délicats.

À chaque fois que j'ai eu besoin de vous, vous avez su répondre de manière efficace et précise aux dangers qu'ont rencontrés nos concitoyens.

Votre professionnalisme et votre engagement sont connus et reconnus par l'État, qui sait pouvoir compter sur vous dans les situations les plus périlleuses, pour mener à bien notre tâche commune : préserver l'ordre public, sécuriser nos campagnes et préserver des vies humaines.

Au-delà de l'État, vos qualités humaines et professionnelles sont connues et reconnues par les élus de ce département mais aussi, et c'est là l'essentiel, par la population dans son ensemble.

Dans l'exercice des missions de sécurité publique, il est des hommes et des femmes qui, par leur courage et leur professionnalisme, sont à l'origine d'actions particulièrement méritantes.

Les actions forcent le respect et les honorent. Surtout, elles démontrent l'efficacité et le savoir-faire de toute une profession.

Particulièrement attentif à votre travail, je suis toujours ravi de constater, semaine après semaine, que les qualités dont vous savez faire preuve dans l'exercice de votre métier ne vous quittent jamais.

Tous les mardis matin, lors des réunions dites de police, le colonel Laurent Gerin me fait part de vos actions, des plus classiques aux plus éclatantes, et qui concourent à la sécurité quotidienne de nos concitoyens.
Léon Blum disait qu'« il n'y a pas d'exemple dans l'histoire qu'on ait acquis la sécurité par la lâcheté, et cela ni pour les peuples, ni pour les groupements humains, ni pour les hommes ».
Votre présence ici en est une preuve irréfutable.
Vous avez su, par votre courage, par votre intuition, par votre sens du devoir, faire progresser de manière décisive certaines enquêtes que d'aucuns auraient estimées inextricables, porter secours à des femmes et des hommes que d'aucuns auraient pu croire perdus.
En un mot, vos actes contribuent au travail remarquable de la gendarmerie et font honneur à la nation tout entière.
C'est pour cela que nous nous retrouvons aujourd'hui ; je tenais à vous féliciter personnellement pour ces actes méritants.

★

Je crois, mesdames et messieurs, que vous faites l'un des métiers les plus beaux du monde, et sans nul doute l'un des plus utiles à la collectivité.
Mais je sais aussi ce que ce métier suppose de mobilisation, de disponibilité et de prise de risque.
Dit autrement, je sais ce que ce beau métier représente en absence de la table familiale, en absence la nuit et le week-end.
Je sais ce qu'il représente en angoisse parfois pour les familles. C'est pourquoi j'ai voulu que vos conjoints soient associés à cet hommage.
Alors, pour y contribuer, mais également pour vous illustrer ma gratitude, et ma reconnaissance, à laquelle s'associent toutes les personnes ici présentes, j'ai souhaité que les félicitations que vous méritez soient publiques.
Tout le monde doit savoir ce qu'il vous doit.
Aussi, j'ai décidé de vous remettre la médaille de bronze pour actes de courage et de dévouement, pour récompenser officiellement votre courage, votre dévouement, votre sang-froid remarquable et votre totale abnégation qui font honneur à la gendarmerie nationale.
Je vous remercie.

★

Récipiendaires et motifs de la décoration

★

Capitaine Jean-Paul Adamkiewicz,
Adjudant Alexandre Coulon,
Votre intervention le 28 juin 2010 à Ytrac, menée avec courage, détermination et sang-froid, en dépit de risques certains, a permis la mise en sécurité d'un enfant de deux ans et l'interpellation du forcené, évitant ainsi le pire et vous vaut d'être tous deux décorés de la Médaille de bronze pour acte de courage et de dévouement.

★

Seul le prononcé fait foi

Projet de loi engagement et proximité : Tout comprendre en 12 mesures

Source : www.cohesion-territoires.gouv.fr/sites/default/files/2019-07/PJL_Engagement%20%26%20Proximit%C3%A9_dossier%20de%20presse.pdf

Rétribuer à son juste niveau l'engagement des maires, notamment dans les zones rurales

Aujourd'hui

Les indemnités des élus sont encadrées par une grille rigide avec des effets de seuil parfois inéquitables. Par exemple, le maire d'une commune de 495 habitants touche 661 euros bruts d'indemnités, alors que celui d'une commune de 505 habitants touche 1 205 euros bruts. Par ailleurs, ces indemnités sont souvent insuffisantes au regard des responsabilités des maires, notamment dans les communes rurales où les services administratifs sont moins importants.

Demain

Les conseils municipaux pourront, sur leur budget, moduler librement les indemnités jusqu'au niveau actuellement applicable aux communes de 3 500 habitants. Les effets de seuils seront ainsi atténués.

En contrepartie, le conseil municipal aura une information complète sur la totalité des rémunérations (indemnités, syndicats, SEM...).

Force de la mesure

Verser des indemnités à la hauteur des responsabilités et de l'investissement des maires. Les collectivités auront une vraie autonomie pour s'adapter à leurs réalités locales.

À noter : cette mesure a fait l'objet d'une concertation spécifique et qui continue avec les associations d'élus et sera discutée lors du débat parlementaire.

Cas concret

« Je suis maire de ma commune, qui comptait 520 habitants. Désormais, elle ne compte plus que 490 habitants. Cela fait passer mes indemnités d'un maximum de 1 205 € à un maximum de 661 €, quasiment deux fois moins. Au-delà de la complexité administrative, c'est un manque de valorisation de notre engagement au quotidien. Avec cette mesure, l'ensemble des communes rurales seront traitées sur un même plan d'égalité. »

Autorisation de sortie du territoire pour les mineurs à partir du 15 janvier 2017

www.mayenne.gouv.fr/content/download/26151/198993/file/AST-elements-de-langage.pdf

Éléments de langage
Autorisations de sortie du territoire pour les mineurs à partir du 15 janvier 2017

Pourquoi rétablir une autorisation de sortie du territoire ?
Dans un contexte international marqué par des départs de Français – dont certains mineurs – en Syrie, le Parlement a prévu un dispositif d'autorisation préalable à la sortie du territoire français des mineurs, à l'article 49 de la loi n° 2016-731 du 3 juin 2016 renforçant la lutte contre le crime organisé, le terrorisme et leur financement, et améliorant l'efficacité et les garanties de la procédure pénale. Cet article est codifié à l'article 371-6 du code civil.

Quelles sont les conditions de circulation hors du territoire national pour les mineurs à partir du 15 janvier 2017 ?
À partir du 15 janvier 2017, les mineurs quittant le territoire national, non accompagnés d'un titulaire de l'autorité parentale, devront être munis :

- d'une autorisation individuelle de sortie du territoire (AST), complétée et signée par le titulaire de l'autorité parentale ;
- d'une copie de la pièce d'identité du titulaire de l'autorité parentale signataire de l'AST.

L'AST ne dispense pas le mineur de l'obligation d'être en possession d'un titre de voyage. En fonction des exigences des pays, le mineur doit présenter soit un passeport valide, accompagné d'un visa s'il est requis, soit une carte nationale d'identité valide.
Le mineur ressortissant d'un pays tiers et non bénéficiaire de la libre circulation devra également être muni d'un document permettant son retour en France – il s'agit notamment du titre d'identité républicain (TIR), du document de circulation pour étranger mineur (DCEM), ou d'un visa long séjour.

Quels mineurs sont concernés ?
L'AST sera exigible pour tous les mineurs résidant habituellement en France, quelle que soit leur nationalité.

Pour quelles sorties du territoire ?
L'AST sera requise en cas de voyage individuel ou collectif (sortie scolaire, séjour linguistique ou centre de vacances) dès lors que le mineur voyage sans un titulaire de l'autorité parentale et devra être présentée pour toute sortie du territoire.

Comment établir cette AST ?
Il n'est pas nécessaire de se déplacer dans un service de l'État ou une mairie. L'AST prend la forme d'un formulaire CERFA (n° 15646*01) accessible sur le site www.service-public.fr
Ce formulaire est complété et signé par le titulaire de l'autorité parentale et remis au mineur.

Durée de l'AST ?

La durée de l'AST est fixée par son signataire (durée d'un voyage ou période fixe). Toutefois, l'autorisation est délivrée pour une durée maximale d'un an. Il s'agit ainsi de prendre en compte la situation des mineurs amenés à franchir quotidiennement une frontière, par exemple pour la durée d'une année scolaire.

Comment s'articule le dispositif avec les IST ou les OST ?

L'AST n'a pas pour effet de faire échec aux mesures d'opposition à la sortie du territoire (OST) ou d'interdiction de sortie du territoire (IST).

Qu'est-ce que l'interdiction judiciaire de sortie du territoire (IST) ?

L'interdiction de sortie du territoire peut être décidée par le juge aux affaires familiales ou le juge des enfants. Les parents sont informés de cette décision. Elle permet d'inscrire le mineur au fichier français des personnes recherchées (FPR) et au fichier équivalent pour l'espace Schengen (SIS). Les personnels de la police aux frontières et des compagnies aériennes sont sensibilisés à ces cas de figure.

Est-ce qu'une IST peut être aménagée pour une sortie scolaire par exemple ?

Lorsqu'elle a été prononcée par le juge aux affaires familiales, une interdiction de sortie du territoire peut être levée temporairement par les parents (par exemple pour un voyage scolaire).

Aucune formalité particulière n'est nécessaire lorsque les deux parents accompagnent l'enfant dans son voyage.

En revanche, si l'enfant voyage sans l'un de ses parents, l'autre parent doit avoir donné son autorisation ; si l'enfant voyage sans ses parents, chacun des parents doit avoir donné cette autorisation. Dans ces cas, la décision parentale de levée temporaire de l'IST est recueillie, sur présentation personnelle, par un officier de police judiciaire de la police ou de la gendarmerie nationale, au plus tard 5 jours avant le départ.

En cas de circonstances exceptionnelles dûment justifiées, le recueil de l'autorisation peut intervenir jusqu'au jour du départ.

Lorsqu'elle a été prononcée par le juge des enfants, l'IST a un caractère absolu et ne peut être levée que par une nouvelle décision du juge.

Quelle est la procédure de l'opposition à la sortie du territoire (OST) ?

En cas d'urgence et face à un risque avéré, l'un des parents peut s'opposer à la sortie du territoire de son enfant mineur. C'est la procédure d'opposition à la sortie du territoire (OST).

Deux procédures existent.

- l'une est une procédure conservatoire, relevant de l'administration. Son but est de prévenir le déplacement illicite d'un enfant dans l'attente d'une décision de justice. L'un des parents peut présenter une demande d'opposition à la sortie du territoire (OST) en s'adressant à la préfecture (ou, en dehors des heures ouvrables, au commissariat de police ou à la brigade de gendarmerie). Sa demande est examinée par le préfet qui peut décider de son application immédiate. L'OST mise en place est valable 15 jours au maximum et ne peut pas être prorogée. Elle permet d'inscrire l'enfant au FPR. Si le parent n'avait pas saisi la justice auparavant pour obtenir une IST, le préfet qui a accordé l'OST saisit le procureur de la République aux fins d'engager la procédure judiciaire ;

- l'autre est une mesure prise pour une durée de 6 mois pour toute sortie sans titulaire de l'autorité parentale. Elle vise à accompagner l'exercice de l'autorité parentale, lorsque les parents constatent que leur enfant, objet d'une radicalisation idéologique soudaine, souhaite partir à l'étranger, vers une zone de conflit armé.

La demande est également présentée à la préfecture, au commissariat de police ou à la brigade de gendarmerie. La décision du préfet permet l'inscription de l'enfant au FPR.

ATTENTION !

En situation réelle, la construction des éléments de langage est un exercice collectif et rarement individuel. Leur diffusion est soumise à validation.

Faut-il des éléments de langage exhaustifs ou pertinents ? Allez consulter les documents aux liens suivants. À votre avis, quel est le pire document pour celui qui va s'exprimer sur ces sujets :

- www.gers.gouv.fr/content/download/17498/133404/file/Elements%20de%20langage%20IDE.pdf
- https://web.ac-toulouse.fr/automne_modules_files/pnews/public/r2443_8_discours_de_m._le_prefet.pdf
- http://cities.reseaudesvilles.fr/cities/302/documents/zvhyxfsop9uil8.pdf

Les inconvénients des éléments de langage proviennent de leur caractère préconstruit et répétitif, ce qui peut rendre le message stéréotypé, édulcoré ou le faire sembler manipulateur. Si le message doit être répercuté par de nombreux acteurs, il y a intérêt à fournir des briques de sens plutôt que des formulations entièrement rédigées.

Les éléments de langage sont souvent caricaturés :

- par des artistes (Franck Lepage, www.youtube.com/watch?v=oNJo-E4MEk8) ;
- ou anonymement car on trouve régulièrement des tableaux de production de langue de bois, adaptés aux événements politiques qui leur sont contemporains : lire colonne par colonne en choisissant n'importe quelle case…

1	2	3	4
Mesdames, messieurs,	la conjoncture actuelle	doit s'intégrer à la finalisation globale	d'un processus allant vers plus d'égalité.
Je reste fondamentalement persuadé que	la situation d'exclusion que certains d'entre vous connaissent	oblige à la prise en compte encore plus effective	d'une restructuration dans laquelle chacun pourra enfin retrouver sa dignité.
Dès lors, sachez que je me battrai pour faire admettre que	l'acuité des problèmes de la vie quotidienne	interpelle le citoyen que je suis et nous oblige tous à aller de l'avant dans la voie	d'une restructuration dans laquelle chacun pourra enfin retrouver sa dignité.
Par ailleurs, c'est en toute connaissance de cause que je peux affirmer aujourd'hui que	la volonté farouche de sortir notre pays de la crise	a pour conséquence obligatoire l'urgente nécessité	d'une valorisation sans concession de nos caractères spécifiques.
Je tiens à vous dire ici ma détermination sans faille pour clamer haut et fort que	l'effort prioritaire en faveur du statut précaire des exclus	conforte mon désir incontestable d'aller dans le sens	d'un plan correspondant véritablement aux exigences légitimes de chacun.
J'ai depuis longtemps (ai-je besoin de vous le rappeler ?), défendu l'idée que	le particularisme dû à notre histoire unique	doit nous amener au choix réellement impératif	de solutions rapides correspondant aux grands axes sociaux prioritaires.
Et c'est en toute conscience que je déclare avec conviction que	l'aspiration plus que légitime de chacun au progrès social	doit prendre en compte les préoccupations de la population de base dans l'élaboration	d'un programme plus humain, plus fraternel et plus juste.
Et ce n'est certainement pas vous, mes chers compatriotes, qui me contredirez si je vous dis que	la nécessité de répondre à votre inquiétude journalière, que vous soyez jeunes ou âgés,	entraîne une mission somme toute des plus exaltantes pour moi : l'élaboration	d'un projet porteur de véritables espoirs, notamment pour les plus démunis.

6. La fiche de procédure

Intention

Donner des instructions.

Dénomination

Fiche de procédure, règle de procédure.

De quoi s'agit-il ?

Une procédure est définie comme la manière spécifiée d'effectuer une activité ou un processus. Une fiche de procédure est donc un document qui décrit la manière d'accomplir cette activité ou ce processus.

Dans quel cas est-ce utile ?

Dans une démarche qualité, il est important de rédiger des fiches de procédure afin de rendre constant et objectif ce qui doit être fait. Souvent, elles sont rédigées en réaction à un comportement (erreurs fréquentes dans une tâche) ou après une analyse de risque (après des contrôles). Elles ont un rôle normatif mais également formatif et de conseil, et facilitent l'intégration de nouveaux personnels ou des remplacements. Les fiches de procédure doivent permettre à un agent de réaliser une activité de façon autonome et sécurisée, sans recourir à d'autres documents ni à un collègue.

Comment faire ?

Une fiche de procédure doit fournir les informations qui permettent de réaliser correctement une activité ou un processus. Elle couvre toutes les situations. Une bonne fiche est datée, claire, sans ambiguïté, adaptée au contexte et aux destinataires, exacte, contrôlable. Elle est également à jour car sa forme structurée permet une révision facile.
Le contenu de la fiche de procédure répond aux questions qui, quoi, quand, comment ?

- Qui doit faire quoi : le poste qui traite l'activité, la nature des travaux réalisés.
- Quand et comment il le fait : la liste d'instructions ou d'opérations, précisant l'enchaînement dans le temps, une date butoir.
- Les interdictions doivent être rappelées.

- La fiche peut aussi décrire les moyens et les outils utilisés, les documents de référence.
- Elle rappelle la nécessité de signaler les changements de méthode ou de processus à intégrer dans une version révisée.

La forme est importante :

- des phrases simples, courtes, avec des verbes à l'infinitif ;
- des schémas, des pictogrammes ou des photographies sont préférables à des descriptions rédigées.

Souvent, le logigramme est une forme adaptée et compréhensible. L'utilisation des éléments suivants suffit.

Le rectangle arrondi définit le début ou la fin de la procédure	
Le rectangle symbolise une action	
Le losange une question, une décision	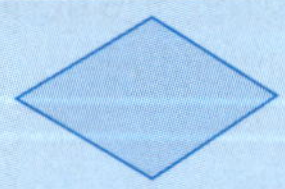
Cette icône représente un document	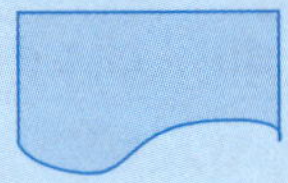

Exemples

Guide du plan communal de sauvegarde

Vous pouvez consulter, à titre d'exemple de démarche opérationnelle, le Guide du plan communal de sauvegarde, publié sur le site de l'Irma, l'Institut des risques majeurs.
www.irma-grenoble.com/05documentation/04dossiers_articles.php?id_DTart=40&id_DT=3
La fiche 24 rappelle la codification des étapes et présente un exemple de logigramme d'aide à la gestion des appels entrants en cas de crise.

www.irma-grenoble.com/PDF/05documentation/00dossiers/03PCS/Guide_PCS/fiche24.pdf

Procédure de déclaration de sécurité d'un événement récréatif, culturel ou sportif

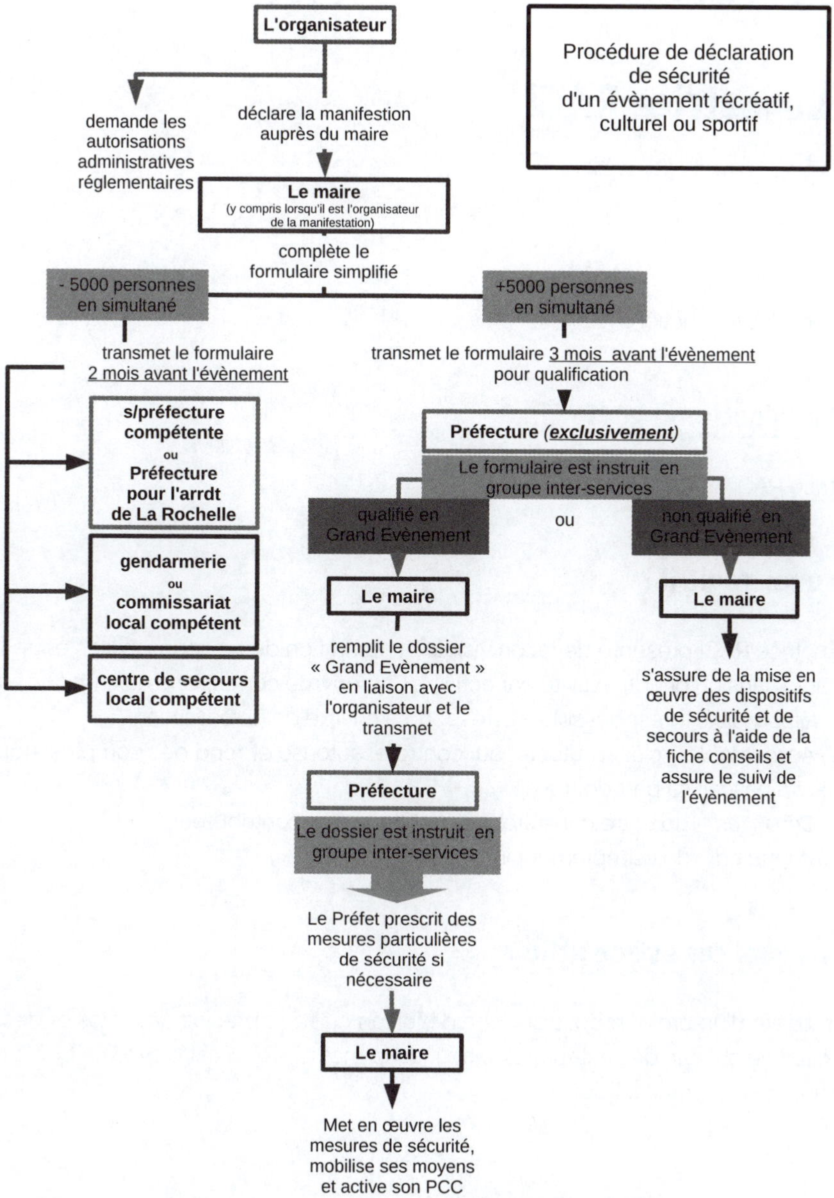

Source : www.charente-maritime.gouv.fr/content/download/30307/199035/file/logigramme_GR.pdf

> **ATTENTION !**
>
> Une bonne procédure est une procédure qu'on ne peut pas contourner. Les fiches de procédure sont particulièrement pertinentes pour normaliser les situations où l'hygiène et la sécurité sont impliquées.

7. La matrice RACI

Intention

Donner des instructions.

Dénomination

Matrice RACI, matrice des responsabilités.

De quoi s'agit-il ?

La matrice RACI présente de façon visible la répartition des responsabilités entre les intervenants dans un projet, activité par activité. L'acronyme correspond aux notions suivantes :

- R : *Responsible* – responsable, correspond à chargé de la réalisation ;
- A : *Accountable* – c'est l'autorité, qui contrôle, autorise et rend des comptes, notamment si R n'a pas fait sa part de travail ;
- C : *Consulted* – doit être consulté, il conseille ou est contributeur ;
- I : *Informated* – doit simplement informer.

Dans quel cas est-ce utile ?

La réussite d'un projet repose sur une définition claire et précise des rôles et des responsabilités de chacun des acteurs. L'objectif de la matrice RACI est d'éviter le trop-plein ou la dilution des responsabilités.

Comment faire ?

La matrice RACI cartographie les activités et détermine le rôle des parties prenantes. C'est une synthèse visuelle du périmètre d'action de chacun. Elle permet un partage des tâches à chaque étape d'un processus. La matrice comporte :

- en ligne, les activités du projet ;
- en colonne les acteurs, individus, services ou équipes ;
- à chaque case, on affecte un ou plusieurs rôles de l'acronyme RACI.

Le rôle A d'autorité ne doit être attribué qu'à une personne dans une activité, plusieurs peuvent être chargées de sa réalisation, mais il faut au moins une personne. La plupart du temps la personne qui approuve l'activité, A, est le supérieur hiérarchique de celle qui la réalise, R.

	Individu X	Individu Y	Individu Z
Activité 1	A	R	C
Activité 2	A	R	R
Activité 3	A R	C	I

Exemple

Selon le ministère dont ils relèvent, les attachés d'administration de l'État peuvent se voir confier des missions plus spécifiques, prévues à l'article 3-1 du même décret :

Phase	Description	Services métiers OSS	Services SI OSS	Bureaux métiers État	Bureaux SI État
1/ Commande politique ou métier	Formuler la commande sans préciser les modalités de réalisation de l'objectif	C		RA	I
2/ Identification des questions clés SI	Identifier qui porte techniquement la mesure, quels organismes sont concernés pour sa mise en œuvre et quelles questions structurantes SI elle pose	I	C	AC	R
3/ Analyse des adhérences possibles avec les SI des OSS	Mener des travaux préalables d'analyse impact SI de type SWOT afin de mettre en exergue les points saillant à prendre en compte dans l'élaboration de la mesure	I	R	I	AC
4/ Formalisation d'un projet de réforme/ mesure	Rédiger un projet concret précisant les modalités de mise en œuvre	C	I	RA	I
5/ Analyse d'impact SI détaillée	Mener les études nécessaires visant à mesurer les impacts sur le SI (organisationnel, technique et financier)	I	R	I	AC
6/ Échanges bilatéraux DSS/ Métiers/SI	Mener un dialogue sur les points d'amélioration du projet de mesure sur le fondement de l'analyse d'impact SI	CI	R	A	C

7/ Stabilisation du projet de réforme/ mesure	Conclure sur les modifications à apporter à la mesure	C	I	RA	I
8/ Validation de la réforme/mesure	Valider la mesure qui sera proposée	I	I	A	I

R : Responsable, A : Autorité, C : Contributeur, I : Informé

Source : www.securite-sociale.fr/IMG/pdf/ssi-secu_2018.pdf

ATTENTION !

La matrice RACI est un outil de management des tâches, il faut veiller à la qualité de la définition des activités et des rôles, sous peine de divergences d'interprétation.

8. La note de service

Intention

Donner des instructions.

Dénomination

Note de service.

De quoi s'agit-il ?

La note de service est un document administratif officiel, d'ordre interne et hiérarchique. Destinée à circuler à l'intérieur d'une même entité administrative, la note peut être prise à tous les niveaux lorsque le besoin se fait sentir pour traiter une affaire courante, clarifier une situation ou donner une instruction.

Dans quel cas est-ce utile ?

La note de service est adressée à tout ou partie des agents pour informer ou enjoindre, en attirant l'attention sur un fait, par exemple : travail à réaliser, respect des horaires, port des équipements de protection, mesures de sécurité, procédures à respecter, changements portés à connaissance.

Comment faire ?

La présentation de la note de service obéit aux règles de validité des documents administratifs : le timbre, l'objet, les références, la date, la signature de l'autorité dont elle émane. Elle est souvent numérotée. Pour faciliter la lecture et la réception du message, la note de service ne traite qu'un sujet à la fois, ce qui lui permet d'être courte, concise et structurée :

- exposé du problème ou des faits ;
- arguments ou références légales ;
- décision ou préconisation.

Le style est impersonnel et direct, sans formule d'appel ni de politesse.

La note de service est portée à la connaissance de ses destinataires et, souvent, affichée.

Exemples

Direction générale de la police nationale
Commissariat de sécurité publique de Montceau-les-Mines

Montceau-les-Mines, le 5 avril 2016

Note de service n° 22/2016
Objet : Du bon usage de la graphie française

Il apparaît fondamental de réaliser un rappel opportun sur l'usage de l'abréviation conventionnelle « Monsieur » dans les différentes communications internes et/ou externes que nous pouvons tous être menés à réaliser.

En effet, la graphie « Mr » qui peut être observée sur différents documents désigne le récepteur des minéralocorticoïdes, le gène « morula », ou « Mister » en anglais. La graphie « Mr », en français, est quant à elle obsolète. L'abréviation conventionnelle de « Monsieur » est « M. ».

Il est fort inconvenant que, par exemple, sur un rapport qui m'est adressé, une mauvaise graphie m'associe à une famille de stéroïdes, une drosophile ou présuppose d'origines anglo-saxonnes.

Je vous remercie de faire parvenir à ma connaissance et sans délai toutes les difficultés que vous pourriez rencontrer dans l'application de cette présente note.

XXX
Commissaire de police,
Chef de circonscription

X
Note de service

Le 23 juin 2017

Directrices et directeurs de la ville de X
et de la communauté urbaine de X
S/c directeurs généraux délégués
et du délégué général aux territoires

Pôle ressources
Direction de la vie institutionnelle
Service des assemblées

Réf. :
SA-NS-2017-19
Organisation des horaires de travail des services administratifs et techniques en cas de fortes chaleurs

Pôle ressources
Direction des ressources humaines

Le nom de la directrice

Pour les services administratifs : En cas de déclenchement de l'alerte canicule par le préfet du département, et afin de tenir compte des conditions de travail dans les services administratifs durant les périodes de fortes chaleurs, les directeurs ont la possibilité de déroger aux plages de travail habituelles dans les limites suivantes :

- début du travail : 7 h 30 au plus tôt (le début de la page fixe reste à 9 h 00) ;
- fin de travail : 15 h 30 (au lieu de 16 h 30).

La coupure de travail d'une heure dans la journée de travail devra être respectée.
Les horaires d'ouverture des services habituellement pratiqués sont inchangés.
Les directeurs sont responsables de l'application de la présente note.

Pour les services techniques (activités physiques soutenues et/ou en extérieur) : eu égard à la diversité des tâches et des situations, les modalités d'aménagement des horaires sont laissées à l'appréciation du directeur, après validation de son directeur général délégué ou de son délégué général aux territoires, et information de la direction des ressources humaines (service Gestion des conditions de travail).

Le directeur général des services

La présente note de service devra être communiquée à l'ensemble du personnel et émargée sous la responsabilité du supérieur immédiat.

ATTENTION !

Les notes de service en matière d'hygiène et de sécurité sont un indicateur de la qualité des mesures prises et sont particulièrement scrutées lors de l'enquête qui suit un accident. Leur contenu est étudié, mais on vérifie aussi qu'elles ont été communiquées aux agents.
Une « note d'information » ne présente pas le même caractère obligatoire.

9. L'organigramme

Intention

Donner des instructions.

Dénomination

Organigramme.

De quoi s'agit-il ?

Un organigramme est un schéma d'organisation qui permet de mettre en évidence les différentes composantes d'un ensemble complexe.
Synonymes : ordinogramme, plan, modèle, diagramme.

Dans quel cas est-ce utile ?

L'organigramme d'une structure a vocation à mettre en évidence les liens organisationnels et fonctionnels qui existent entre les différentes entités dans le but d'informer. L'organigramme le plus commun est celui qui présente l'organisation interne d'un service de l'État dans ses composantes principales : direction, services, divisions, unités... Il apporte des renseignements sur l'organisation de la structure et les liens hiérarchiques entre les différents acteurs et peut être nominatif.
L'organigramme peut également être un support pour mettre en évidence les différentes étapes nécessaires à la réalisation d'un projet ou à la description d'un processus. Il permet de faire apparaître les différentes étapes ou pistes de travail pour aboutir au but à atteindre.

Comment faire ?

C'est un outil de communication et d'information précieux pour les partenaires extérieurs que sont les usagers, les entreprises, les autres administrations et les collectivités locales.
Sur la forme, il n'existe pas d'organigramme type : tout dépend de l'objet et du nombre d'informations à intégrer en choisissant un schéma qui sera le plus lisible possible.
Vous devez identifier à l'aide du dossier du cas pratique :

- l'objectif poursuivi pour réaliser un organigramme ;
- les composantes utiles à mettre en valeur dans l'organigramme ;
- les mots-clés dans les documents du dossier du cas pratique pour les retranscrire dans votre schéma.

L'organigramme sera réalisé sur la copie en prenant suffisamment d'espace pour qu'il soit visuellement compréhensible pour le correcteur. Il faut identifier l'organigramme avec un titre décrivant son contenu ; des couleurs différentes peuvent être utilisées mais l'essentiel est de présenter un schéma d'organisation clair et donnant envie au lecteur de le détailler et l'assimiler.

Exemples

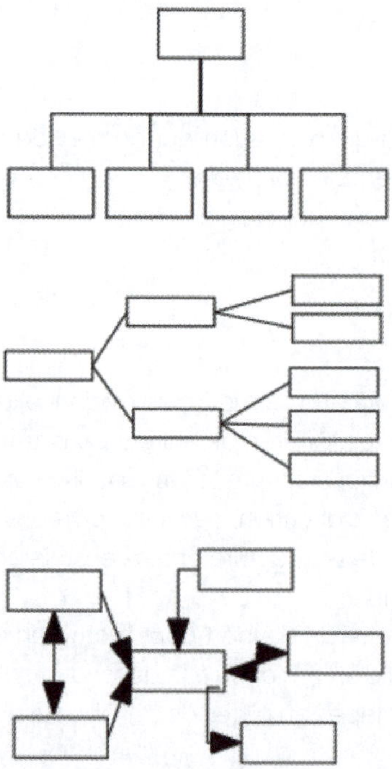

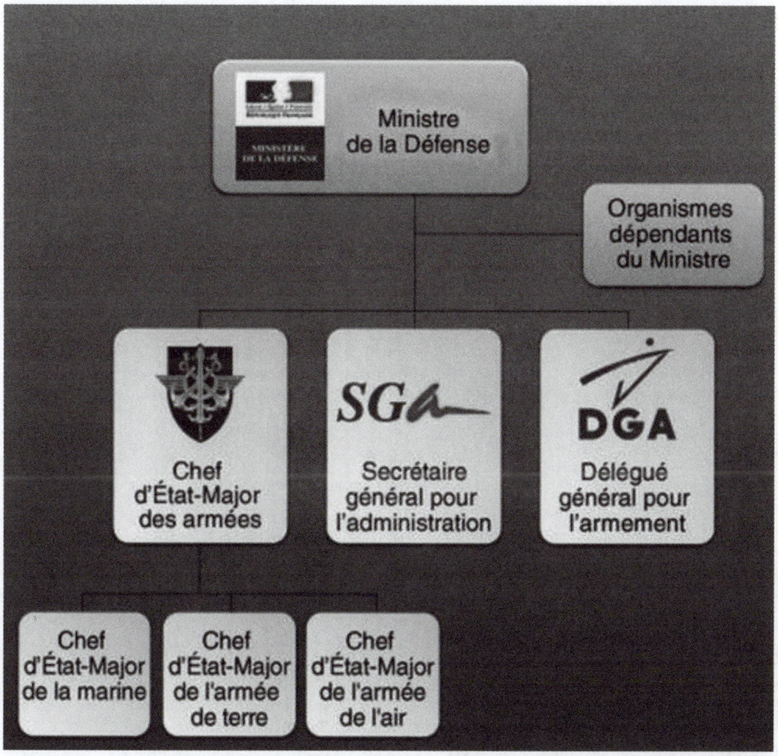

Source : www.defense.gouv.fr/portail/ministere/organisation-du-ministere-des-armees/organisation-du-ministere-des-armees/organigramme-simplifie-du-ministere-des-armees/organigramme-simplifie-du-ministere-des-armees

Vous êtes responsable, dans une direction départementale interministérielle de 400 agents, du suivi du budget de fonctionnement et plus particulièrement du poste de dépense lié aux frais de déplacements des personnels que ce soit lors de visite de terrains, pour les formations, les réunions y compris à Paris. Votre direction dispose d'un parc auto de 25 voitures gérées en pool et encourage les déplacements longs en train. Votre direction vous demande de bâtir un schéma retraçant l'ensemble des pistes d'économie possibles au regard du coût important des frais et du nombre de déplacements annuels.
Pour l'épreuve écrite, le dossier joint au cas pratique vous servira de support pour concevoir le schéma.

Pistes d'économies des frais de déplacements

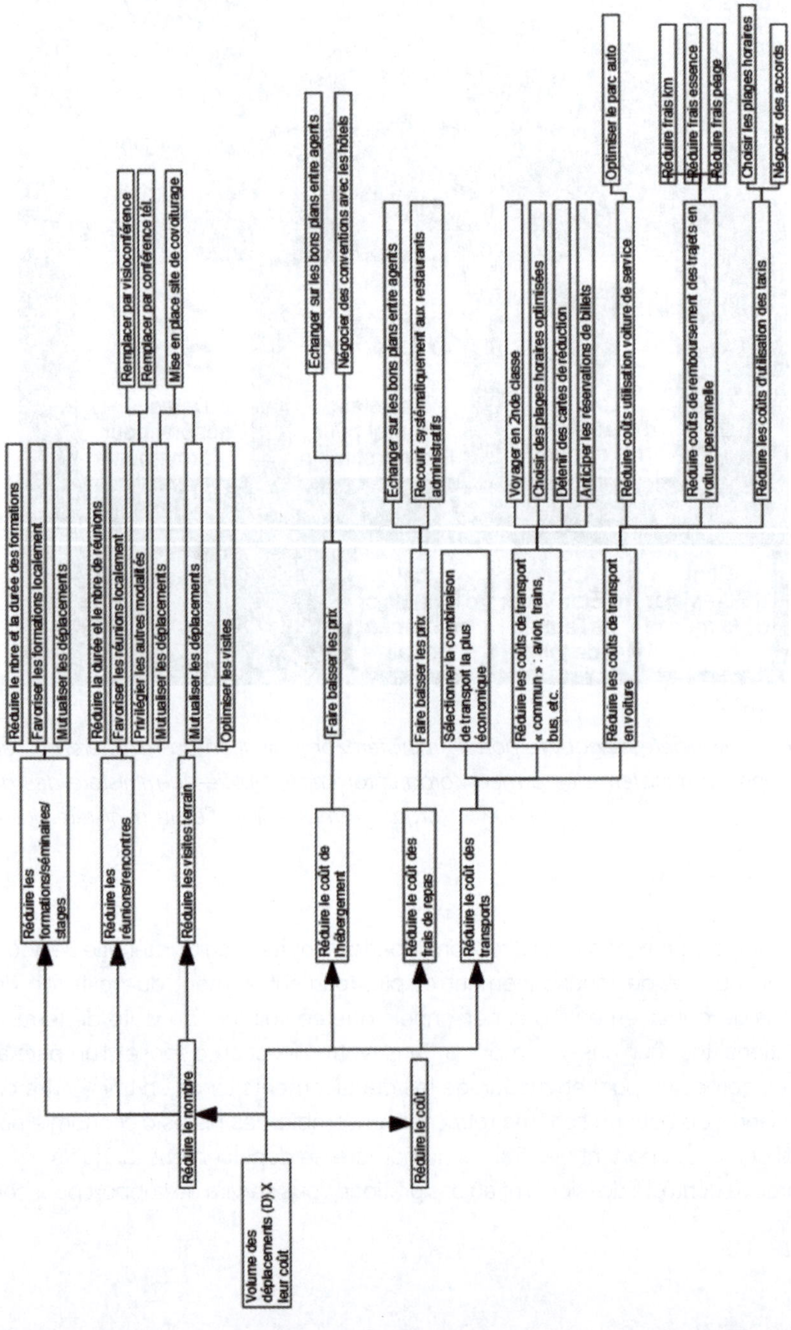

10. La fiche actions

Intention

Aider à la décision.

Dénomination

Fiche actions, plan d'actions.

De quoi s'agit-il ?

La fiche action ou fiche pratique permet à son destinataire de détenir un maximum d'informations essentielles sur un sujet donné afin d'appréhender la thématique en vue d'une réunion, pour informer brièvement sa hiérarchie ou s'adresser à un collectif.
Synonymes : fiche pratique, mémentos, notes, vade-mecum.

Dans quel cas est-ce utile ?

La fiche est un mémento des principales notions à connaître sur un sujet donné sans avoir à lire toute la documentation et spécialement la réglementation se rapportant au sujet. Elle présente l'action pour la rendre lisible et constitue un canevas à suivre par les acteurs.

Comment faire ?

Sur la forme :

- dans la fiche action, les rubriques sont identifiées par des titres afin de faciliter la lecture et de trouver rapidement l'information recherchée ;
- la rédaction doit être neutre, claire et concise pour ne donner que les informations importantes ;
- le destinataire pourra le cas échéant chercher à approfondir le sujet sur un point donné si cela lui est nécessaire ;
- la fiche dispose d'un titre correspondant au thème à traiter et des paragraphes distincts pour chaque item abordé. Un plan structuré en parties et sous-parties n'est pas nécessaire.

Les conseils de méthode

Sur le fond :

- il est vivement conseillé de commencer la fiche en définissant le(s) terme(s) du sujet, de préférence en se référant à la source réglementaire dès le début de la fiche pour encadrer le sujet à traiter ;
- à l'aide des documents fournis dans le dossier, les informations qui vous semblent devoir être portées à la connaissance du(es) destinataire(s) devront être sélectionnées pour en extraire les informations importantes au regard du contexte initial du cas pratique ;
- le contenu de la fiche sera orienté différemment suivant l'objectif poursuivi ;
- s'il s'agit d'une fiche pour une réunion devant des élus, les éléments déterminants qui peuvent directement intéresser les collectivités et pour lesquelles les élus disposent de droits, leviers ou compétences seront mis en avant ;
- s'il s'agit d'une fiche pour sensibiliser un collectif, les références et textes seront simples et compréhensibles par tous ;
- s'il s'agit d'une fiche pour la hiérarchie, les informations seront concrètes et expliquées au regard des règles juridiques et/ou techniques.

Exemple

En vue de l'intervention de votre directeur devant des élus, une fiche vous est demandée pour présenter le service civique. Pour l'épreuve écrite, le dossier joint au cas pratique vous servira de support pour rédiger cette fiche.

Préfet…

À X, le X,

Fiche sur le service civique

Définition

Article L. 120-1 du code du service national : « Le service civique a pour objet de renforcer la cohésion nationale et la mixité sociale et offre à toute personne volontaire l'opportunité de servir les valeurs de la République et de s'engager en faveur d'un projet collectif en effectuant une mission d'intérêt général en France ou à l'étranger auprès d'une personne morale agréée. »

La loi du 10 mars 2010 relative au service civique distingue :

- l'engagement de service civique : jeunes de 16-25 ans, durée 6 à 12 mois ;
- le volontariat du service civique : jeunes de plus de 25 ans, durée 6 à 24 mois décrit les conditions et caractéristiques de chacun.

Certaines conditions sont précisées : engagement contractuel auprès d'une entreprise ou association, dont il ne peut être salarié, ni agent public, ni élu. Le code du travail ne s'applique pas.

Enjeux

Pour les jeunes : le service civique permet l'apprentissage de la citoyenneté et développement personnel. Aucun prérequis ne peut être exigé et favoriser les échanges entre volontaires par un travail en équipe. ce dispositif répond à un enjeu fort de mixité et de cohésion sociales, puisqu'il s'adresse à tous les jeunes volontaires, même handicapés ou en « décrochage scolaire ». C'est une expérience à capitaliser pour permettre leur insertion et construire ainsi un parcours de vie professionnelle.

Pour les employeurs : la structure d'accueil permet la mise en place d'un travail collectif favorable à la mutualisation des compétences et garant d'une continuité de la mission. Le service civique favorise le renforcement localement la cohésion sociale et territoriale. Il permet de mobiliser les jeunes sur des projets utiles à la société.

Missions en service civique

Il s'agit d'exercer une mission d'intérêt général. Les missions sont précisées dans un contrat et peuvent intervenir dans neuf domaines : santé, solidarité, éducation pour tous, culture et loisirs, sport, environnement, mémoire et citoyenneté, développement international et action humanitaire, intervention d'urgence. Exemple de service civique dans une mairie : accompagner les enfants en situation de handicap dans les structures communales.

11. La matrice SWOT

Intention

Aider à la décision.

Dénomination

Matrice SWOT, matrice FFOM.

De quoi s'agit-il ?

SWOT est l'acronyme des termes *strengths*, *weaknesses*, *opportunities*, *threats*, c'est-à-dire forces, faiblesses, opportunités, menaces. La matrice SWOT est un outil d'analyse stratégique qui permet une analyse globale et simultanée de l'ensemble des paramètres contextuels d'une activité. Il serait plus exact de parler de « méthode SWOT » car la construction de la matrice revient à identifier les facteurs internes et externes favorables ou défavorables à une situation ou à la réalisation d'un objectif.

Les quatre paramètres à examiner par rapport au projet ou aux concurrents peuvent être détaillés ainsi :

- S *strengths* : les forces qui donnent un avantage ;
- W *weaknesses* : les faiblesses qui désavantagent ;
- O *opportunities* : les opportunités qui apportent des aspects exploitables ;
- T *threats* : les menaces qui proviennent de l'environnement et qui pourraient mettre en difficulté le projet ou les objectifs.

Les forces et faiblesses appartiennent à l'organisation interne de l'institution ou du projet, et peuvent, sous certaines conditions, être contrôlables. Les opportunités et menaces renvoient à l'environnement externe, aux parties prenantes et sont par nature hors de contrôle.

Il existe d'autres acronymes FFOM, mais leur utilisation est anecdotique.

Dans quel cas est-ce utile ?

L'analyse SWOT est un bel outil pour comprendre une situation, communiquer sur un projet, auditer un plan d'action ou une politique, partager un diagnostic. Elle est compatible avec des méthodes participatives et permet de susciter des discussions et l'échange d'informations.

La méthode SWOT est donc utile à la prise de décision quand on programme une opération, un objectif ou une politique :

- avant un projet, une matrice bien construite et renseignée de façon pertinente permet de tenir compte des facteurs internes et d'environnement, de réduire l'incertitude ;
- elle permet également de formaliser des items évaluables, servant de repères à une évaluation *ex-ante, in itinere* ou *ex-post*.

Comment faire ?

Le résultat de l'analyse est présenté sous la forme d'une matrice à quatre grandes cases.

	Positif	**Négatif**
Interne	Forces	Faiblesses
Externe	Opportunités	Menaces

La colonne de gauche liste les aspects positifs, la colonne de droite les aspects négatifs ou potentiellement défavorables. La ligne du haut concerne les éléments internes, sur lesquels il sera possible d'agir. La ligne du bas mentionne les aspects externes, sur lesquels il n'y a que peu de leviers d'action. Il en résulte quatre cases :

- S *strengths* : les forces ou aspects positifs internes ;
- W *weaknesses* : les faiblesses, facteurs de risques internes ;
- O *opportunities* : les opportunités, éléments positifs externes ;
- T *threats* : les menaces, facteurs de risques d'origine externe.

Pour chaque case, il faut résister à la tentation de la complexité et de l'exhaustivité et trouver un équilibre. Conduire une analyse stratégique, ce n'est pas entrer dans les détails du projet :

- distinguer l'externe de l'interne ;
- limiter le nombre de facteurs pour favoriser l'analyse stratégique ;
- si possible hiérarchiser les facteurs dans chaque case, du plus fort (ou du plus favorable, du plus dangereux…) au moins fort.

La matrice SWOT n'a aucun intérêt s'il ne peut en découler un plan d'action. Il est donc nécessaire d'affiner l'analyse en croisant les données des cases :

- forces / opportunités montrent les avantages sur lesquels il faut s'appuyer ;
- faiblesses / menaces détectent les vulnérabilités, c'est-à-dire les situations potentiellement dangereuses dont il faut évacuer le risque ;
- forces / menaces permettent d'employer les atouts pour défendre le projet face aux menaces ;
- opportunités / faiblesses montrent la zone dite de tentations. Il y a un potentiel à développer si les faiblesses sont maîtrisées.

Dans un plan d'action, les vulnérabilités sont à traiter en priorité afin de mettre le projet à l'abri des risques les plus évidents. Il faut ensuite consolider les avantages et enfin développer les opportunités en faisant attention aux tentations. Les tentations sont des sources d'échec si elles ne sont pas canalisées par l'analyse lucide.

Exemple

ATTENTION !

La plupart du temps, l'analyse SWOT est conduite en réunissant les personnes concernées. Parfois, une matrice d'analyse points forts / points faibles est plus pertinente.

Matrice d'analyse des points forts / pistes d'amélioration

Forces	Faiblesses
Une diversité importante des milieux. Articuler les politiques d'urbanisme et de transport en s'appuyant sur le plan de déplacement urbain (PDU) pour mieux limiter la consommation d'espaces par l'urbanisation et une meilleure desserte des pôles générateurs (gare de Sin-le-Noble), et les zones à enjeux (Le Raquet). Adapter les systèmes culturaux pour économiser les ressources en eau.	Créer des continuités écologiques à travers le tissu urbain. Étendre et renforcer la protection des réservoirs de biodiversité et des corridors écologiques par la protection des zones d'intérêts écologiques : les ZNIEFF ; les zones humides (éviter, réduire, compenser) ; les prairies ; les sites Natura 2000 ; les sites du PNR. Améliorer la qualité de l'eau et protéger la richesse. Appliquer les objectifs du PNR.
Opportunités	**Menaces**
S'appuyer sur le SDAGE qui vient d'être révisé et sur le SAGE SENSÉE qui va être prochainement approuvé. Faire appel aux financements nationaux et européens. Valoriser le foncier disponible. Réhabiliter des friches minières et industrielles en vue de les renaturer et dépolluer les sols.	Limiter la création de nouvelles continuités urbaines afin de favoriser la connexion écologique. Maîtriser l'artificialisation des sols et favoriser la renaturation, maintien des espaces forestiers et limitation de la populiculture (10 % de la surface forestière). Maîtriser la consommation des espaces naturels agricoles et valoriser l'agriculture biologique afin de limiter l'usage de produits phytosanitaires et des engrais azotés et phosphorés. Maîtriser la consommation et la qualité de l'eau.

Source : d'après www.nord.gouv.fr/content/download/44542/302755/file/Synth%C3%A8se%20territoire_stagiaireDT.pdf

12. Le rétroplanning

Intention

Aide à la décision.

Dénomination

Rétroplanning, planning rétrospectif, compte à rebours.

De quoi s'agit-il ?

Le rétroplanning est un calendrier dont le point de départ est la date de l'objectif à atteindre.
L'objectif peut avoir différentes formes : la réalisation d'un document, la mise en œuvre d'un projet, d'une procédure ou le lancement de travaux.
Synonymes : calendrier prévisionnel, échéancier, planning inversé.

Dans quel cas est-ce utile ?

Le rétroplanning est un outil de maîtrise des délais. En figeant la date de la fin du projet ou de l'objectif à atteindre, les étapes pour y parvenir sont encadrées dans une temporalité prédéterminée pour assurer leur réalisation. Il permet également à tous les partenaires associés de travailler sur un terme fixé dès le départ, et à tout moment de prendre connaissance de l'avancée de la démarche engagée. Il permet aussi au chef de projet de sécuriser la démarche et éventuellement d'ajuster ou d'alerter si les délais ne sont pas respectés. Dans la vie professionnelle, il est actualisé et joint à chaque compte rendu de réunion.

Comment faire ?

Le rétroplanning est un outil de travail qui doit être utile et avoir du sens, il est souvent utilisé en mode projet. Il est nécessaire de pré-identifier toutes les étapes imposées pour la réalisation du projet en intégrant :
- les réunions ;
- les temps de travail nécessaires dans les intervalles des différentes étapes ;
- les points de validation ;
- les contraintes diverses (techniques, juridiques...).

Le projet doit être identifié dans un titre au-dessus du rétroplanning avec la date.

Les conseils de méthode

Sur la forme :

- le rétroplanning se présente souvent sous la forme d'un tableau avec en abscisse la durée et en ordonnée les différentes étapes attendues pour atteindre l'objectif ;
- la transcription des tâches doit être simple et brève ;
- il faut éviter les acronymes ;
- l'outil doit être lisible et agréable.

Exemple

Vous êtes responsable logistique dans une préfecture. Le préfet vous demande de coordonner l'inauguration des nouveaux locaux qui accueilleront les services de l'État prochainement dans votre ville, chef-lieu de département. Il souhaite que cet événement soit médiatisé.

- Commande passée le 10 mars année N
- Livraison des bureaux : fin juin année N
- Aménagement des agents dans les nouveaux bureaux : été année N

Proposition de rétroplanning

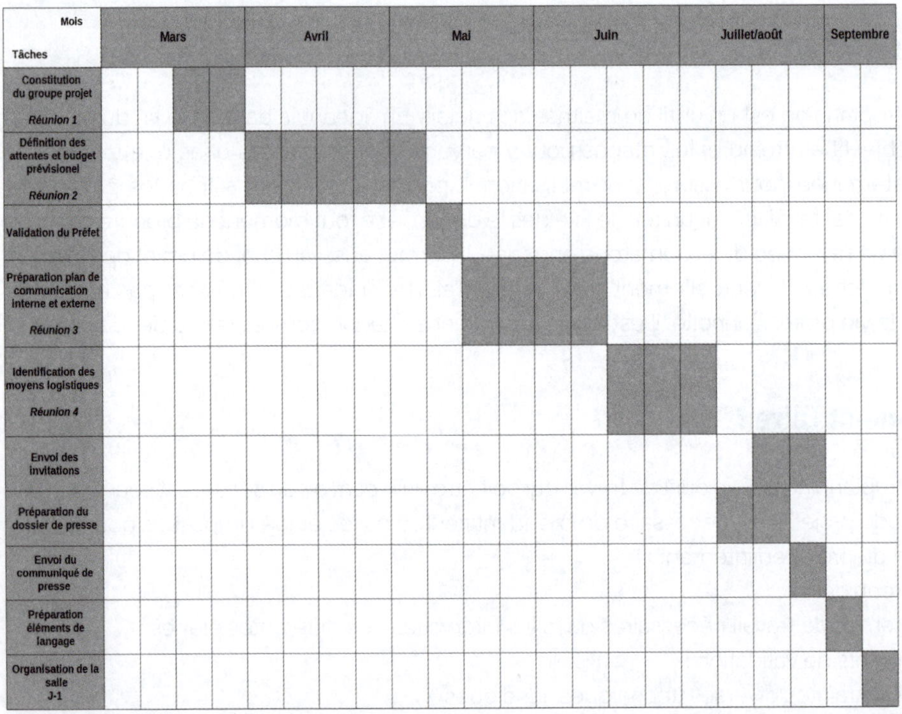

13. La fiche financière

Intention

Aider à la décision.

Dénomination

Fiche financière, état financier, état prévisionnel.

De quoi s'agit-il ?

Une fiche financière est un document qui permet de tracer un point de situation comptable ou budgétaire avec des éléments chiffrés.
Synonymes : point financier, tableau, suivi.

Dans quel cas est-ce utile ?

La fiche permet d'assurer un suivi interne et peut également être un document partagé avec les services gérant des crédits par exemple. La fiche est destinée soit à communiquer des informations à un instant T : point sur les délégations de crédits, point sur un budget, soit à suivre des données évolutives, et elle a donc vocation à être mise à jour régulièrement comme dans le cas du suivi des consommations.

Comment faire ?

Différence entre fiche comptable et fiche budgétaire :

- une fiche comptable présente la prévision ou l'exécution des recettes et des dépenses et permet d'optimiser la gestion. Elle peut permettre de suivre des opérations particulières faisant l'objet de différents mouvements financiers ;
- une fiche budgétaire a vocation à retranscrire des informations chiffrées concernant la préparation et/ou l'exécution d'un budget.

Ce type de document contribue à l'analyse et à la production d'études qui permettent de définir une stratégie financière de l'entité.

Les conseils de méthode ....

Sur la forme :
- la fiche doit comporter un titre ;
- la fiche présente un tableau précisant le contenu des informations chiffrées à communiquer en précisant les unités de mesure retenues ;
- le tableau peut faire l'objet de commentaires dans des colonnes dédiées.

Sur le fond
- importance du choix des rubriques en abscisse et ordonnée pour la compréhension du tableau ;
- traitement dans la pratique sur tableur.

Exemple

Vous êtes chargé de mission en préfecture et vous assurez le suivi des crédits annuels délégués et consommés pour des opérations que l'État cofinance dans le cadre du Contrat de plan État région (CPER) sur différents BOP (budgets opérationnels de programme). Il vous est demandé de faire un point sur l'année écoulée et de proposer à votre hiérarchie un tableau. Pour l'épreuve écrite, le dossier joint au cas pratique vous servira de support pour concevoir le tableau.

Proposition de tableau

Avancement CPER											
	BOP 203			BOP 217				BOP 113			
Volet/ thématique	Montant Prévu au CPER ETAT	engagé au 31/12/N-1	payé au 31/12/N-1	Montant Prévu au CPER ETAT	engagé au 31/12/N-1	payé au 31/12/N-1	points de vigilance	Montant Prévu au CPER ETAT	engagé au 31/12/N-1	payé au 31/12/N-1	points de vigilance
Mobilité											
programme routier											
programme ferroviaire											
études multimodales											
Vélo-routes voies vertes											
Sous-Total	0,0	0,0	0	0	0	0		0	0	0	
Transition écologique et énergétique											
efficacité énergétique des bâtiments											
réduire les émissions de gaz à effet de serre et développer les énergies renouvelables											
économie circulaire											
reconquérir la biodiversité et préserver les ressources naturelles								4,460			
Sous-Total	0	0	0	0	0	0	0	4,460	0,000	0,000	
TOTAUX	#RÉF !	#RÉF !	#RÉF !	#RÉF !	#RÉF !	#RÉF !	#RÉF !	#RÉF !	#RÉF !	#RÉF !	#RÉF !

3 Les QCM aux écrits des IRA

Le nouvel arrêté a remplacé les QCR par les QCM. Il s'agit d'un changement de méthode qui vise à concentrer le travail sur un périmètre plus réduit. Il n'est plus nécessaire de savoir s'exprimer pour répondre. Il suffit de cocher la bonne réponse parmi les trois choix proposés. L'épreuve sera plus rapide mais surtout, elle portera sur un périmètre plus restreint. L'objectif de la présente note est de vous donner des conseils pour réussir vos 120 QCM lors des épreuves écrites de 2021.

1. Périmètre et programme

L'arrêté du 28 mars 2019 est très précis. L'épreuve de QCM porte sur un programme qui est divisé en deux paquets répartis inégalement en deux tiers/un tiers.

Un gros paquet de deux tiers des QCM (80 questions sur 120) qui représente des connaissances de base dans deux domaines : culture juridique et administrative et finances publiques. Le gros paquet comprend par conséquent deux matières mais l'arrêté ne dit pas que les finances publiques font un tiers du paquet et la culture juridique et administrative un tiers.

On sait comment sont réparties les masses entre ces deux matières depuis les écrits du 11 juin 2020. La culture juridique et administrative comportait pour l'épreuve du 11 juin 2020 un total de 58 questions contre 22 pour les finances publiques.

On sait ce que renferme le domaine intitulé : « *culture juridique et administrative* ». Il est très vaste : droit constitutionnel, institutions administratives, droit administratif et droit de la fonction publique. On y trouve de très nombreux points, y compris les collectivités territoriales, les grands principes du contentieux administratif et de la responsabilité administrative, sans oublier le statut général de la fonction publique. C'est un programme capital dont l'arrêté détaille le contenu en annexe. On peut s'y reporter facilement en se rendant sur le site Légifrance. Par commodité, ce programme est présenté ci-après.

Lors de l'épreuve de QCM du 11 juin 2020, il y avait sur 58 QCM de culture administrative et juridique : 16 questions de droit constitutionnel, 23 questions de droit administratif général, 17 de droit de la fonction publique et 2 en finances publiques (sur l'agent judiciaire du Trésor et sur la Cour des comptes).

Le programme des finances publiques comporte deux volets : d'abord l'approche globale des finances publiques, ensuite le budget de l'État.

Lors de l'épreuve de QCM du 11 juin 2020, sur 22 questions de finances publiques, il y a eu 7 questions de droit budgétaire de l'État, 7 questions de comptabilité publique, 3 questions de fiscalité, 3 questions de procédure budgétaire de l'État et 2 questions sur le pilotage d'ensemble.

Le **second paquet** est plus petit, il est composé d'un tiers des QCM (40 questions sur 120), et a un périmètre plus restreint, mais est constitué de deux éléments très différents : « *organisation, fonctionnement et politiques des institutions européennes* » et « *culture numérique* ». Les institutions européennes faisaient déjà partie de l'ancien programme.
Lors de l'épreuve de QCM du 11 juin 2020, il y avait sur 23 questions relatives aux institutions européennes, 2 questions sur la CEDH, 1 sur la charte des droits fondamentaux de l'UE, 1 sur la jurisprudence de la Cour de justice et 19 questions sur les institutions européennes.
En revanche, ce second paquet comprend désormais une nouvelle matière qui ne faisait pas partie du programme : la culture numérique. Il convient de donner quelques explications.
Le programme de culture numérique est divisé en deux : d'abord le socle des compétences numériques (informations et données, communication et collaboration, création de contenu), ensuite l'administration numérique – les enjeux et politiques, les principaux acteurs dont la Commission nationale de l'informatique et des libertés (CNIL), la réglementation avec le Règlement général de protection des données (RGPD). L'enjeu du numérique est trop prioritaire pour que les candidats au concours des IRA ne soient pas conscients de son importance. Cette matière sera déterminante au sein de l'épreuve de QCM pour sélectionner les candidats.
Quand on compare le périmètre des QCM et celui des QRC de la version précédente du concours, on s'aperçoit vite que le nouveau périmètre des QCM est beaucoup plus restreint. En effet, trois matières ont disparu : économie, gestion des ressources humaines et questions sociales. Il est très important de le constater. De plus, le périmètre de la culture juridique et administrative est plus restreint qu'auparavant. Le périmètre des finances publiques et des questions européennes est également plus réduit. Par conséquent, même si la culture numérique s'est ajoutée, le périmètre de cette épreuve de QCM est beaucoup plus réduit. C'est ce que signifie l'expression : « les connaissances de base ». Point n'est besoin d'aller trop loin dans les révisions, les connaissances de base suffisent. En même temps, on ne peut s'empêcher de constater que tous ceux qui ont fait des études de droit seront avantagés par rapport aux non-juristes.

2. Objectif et difficulté

L'épreuve de QCM est destinée à vérifier l'acquisition du socle minimal de connaissances exigées pour pouvoir suivre la formation en IRA, ainsi qu'à évaluer l'esprit de décision des candidats. Le socle de connaissances correspond au programme et l'esprit de décision au sens pratique du candidat.
La documentation officielle nous précise : « *Compte tenu des apports délivrés lors de la formation en IRA, les candidats ne chercheront pas, au terme de leur préparation, à acquérir en tout point le niveau résultant de l'obtention d'une licence dans les disciplines au programme. Ces concours sont en effet ouverts à tous les profils de compétences et à tous les domaines*

de spécialité, et requièrent seulement du candidat l'acquisition d'un niveau minimal de culture administrative. » En clair, cela signifie que le candidat doit être au courant de l'ensemble des connaissances requises mais sans tout savoir. En effet, le concours ne vérifie pas que le candidat a le niveau pour exercer tout de suite les fonctions d'attaché d'administration de l'État. Le concours vérifie que le candidat a le niveau pour suivre sa formation pendant sa scolarité à l'IRA de son choix. Il est difficile de survoler l'ensemble du programme sans l'approfondir, mais c'est ainsi. Les questions sont annoncées comme des questions de base. Un passage peut être mal compris, celui où il est dit que les candidats ne devront pas chercher à acquérir le niveau d'une licence en droit, en science politique ou en administration publique. Ce passage n'est pas cohérent puisqu'il est requis d'être titulaire d'un diplôme de bac + 3 (niveau licence) pour déposer sa candidature au concours externe. Si l'on décode le langage administratif, cela signifie qu'il n'est pas nécessaire d'avoir fait du droit et d'être titulaire d'un diplôme de droit pour réussir le test des 120 QCM. En effet, les épreuves sont ouvertes aux non-juristes. Mais il faudra que ces derniers soient au point sur les connaissances juridiques de base. Prenons un exemple concret. Certains étudiants venant des facultés d'histoire réussissent très bien le concours des IRA. Cependant, même s'ils sont très intelligents, il va leur falloir bien travailler pour opérer une véritable remise à niveau en droit public. Ce qui signifie droit administratif, institutions administratives, droit constitutionnel, institutions européennes et finances publiques. C'est un gros travail mais il est possible. On a vu des étudiants venant de philosophie, d'archéologie ou de sciences très bien réussir les épreuves juridiques. On précisera également qu'outre les connaissances, le QCM sert aussi à évaluer la capacité de décision du candidat. Pour cela, certaines questions pourront prendront la forme de mini mises en situation. Elles seront donc courtes mais pratiques et feront appel à des qualités de raisonnement logique, de cohérence et de connaissance du fonctionnement de l'administration de l'État. Au sein des QCM du 11 juin, nous n'avons trouvé aucune mise en situation. Il n'y avait que des questions de connaissances.

Pour le concours externe, les étudiants doivent bien comprendre que cette épreuve de QCM n'a pas vocation à comporter des questions d'un niveau de complexité trop élevé. Ce seront des questions simples qui permettront de vérifier que les bases sont acquises et c'est tout. Par conséquent, il est préférable d'avoir préparé des fiches sur tout le programme sans entrer dans les détails plutôt que de beaucoup travailler certaines matières et pas d'autres. Pour le concours interne et la 3e voie, les candidats ne doivent pas être effrayés de l'étendue du programme. Ils doivent au contraire s'en tenir à une approche globale de chaque matière. Mais là non plus, ne rêvons pas à une épreuve de QCM pour laquelle les externes n'auraient pas besoin de travailler. Il faut travailler, même si cela n'est pas très approfondi, sur tout le programme, sans faire d'impasse. Pour les trois concours, on devra s'entraîner à répondre à des QCM sur l'ensemble du programme. Les QCM ne seront pas corrigées de la même façon pour les externes, les internes et la 3e voie. On exigera plus des externes que des internes et moins des candidats de la 3e voie que des internes. Le concours des IRA est en effet ouvert à tous les profils de compétences et à tous les domaines de spécialité, pas seulement aux juristes. Ce concours requiert seulement du candidat l'acquisition d'un niveau minimal de « culture administrative et juridique ». Certes, ce sera plus facile pour un juriste mais les questions seront accessibles à toute personne qui aura travaillé sérieusement.

3. Notation et durée

Notée sur 20 et affectée d'un coefficient 2, cette épreuve de QCM représente 40 des 140 points sur lesquels l'admissibilité est notée (total des écrits). Toute note inférieure à 5 sur 20 est éliminatoire. Cette épreuve est obligatoire, au même titre que l'épreuve de cas pratique. On pourrait être tenté de se dire que cette épreuve de QCM n'est pas importante car 40 points sur 140 ne représentent que 28,6 %, soit moins du tiers des points des écrits. C'est un très mauvais calcul. Cette épreuve essentielle sert à éliminer les personnes qui n'ont pas les connaissances de base ou qui n'ont pas compris l'objectif de l'épreuve. La durée de l'épreuve est courte : 1 h 30, soit en moyenne 45 secondes par question. Il ne faut donc pas se tromper et aller vite pour cocher la bonne case. Si les 120 QCM sont notées sur 40 points, cela signifie que chaque question permet de gagner au maximum 0,33 point. Il est clair que la correction de ces épreuves de QCM est automatisée. Le service concours divise le nombre de points total par 3 et il obtient la note sur 40. Les questions n'auront peut-être pas la même valeur mais il semble compliqué de moduler. Pour la notation, il faut prendre en considération que si la bonne réponse est cochée, le point sera obtenu. Inversement, si une mauvaise case est cochée, la note sera un point en négatif. Par conséquent, on recommandera de ne pas répondre lorsqu'on n'est pas sûr et de ne cocher aucune case. Ainsi, on évitera un point négatif qui risque de faire baisser la note. Ce type de notation pourra pénaliser les personnes qui ne connaissent pas cette règle de calcul ou ceux qui vont trop vite. Pour être performant, il faut commencer par cocher exclusivement les cases des questions connues. Il faut espérer que le candidat connaît 60 réponses sur les 120 questions pour qu'il ait la moyenne. Ensuite, il faut réfléchir question par question et ne répondre en ne cochant une case que si l'on est certain ou presque que la réponse est la bonne. Sinon, on s'abstiendra de cocher quoi que ce soit pour éviter d'avoir des points négatifs. On peut très bien commencer les questions dans l'ordre, mais si l'on passe plus de 45 secondes par question, on risque de perdre du temps ce qui pourra être fatal. Par conséquent, pour assurer, il faut absolument commencer par répondre aux questions connues.
Tout ce qui est dit dans ce paragraphe sur la notation et la durée doit être bien compris car il s'agit des règles du jeu. C'est avec ces règles que vos copies seront évaluées et notées. N'imaginez pas que vous allez obtenir facilement des points à l'épreuve de cas pratique sur dossier (épreuve numéro 1). Au contraire, il sera plus facile de bien travailler vos QCM pour avoir un socle de points correspondant aux connaissances minimales dont parle l'arrêté.

4. Préparation

Pour s'entraîner aux QCM, on commencera par prendre le programme de chaque matière pour le mettre en fiches. Chaque fiche ne devra pas être plus longue qu'un recto de feuille A4. Pas besoin d'aller trop loin, il suffit d'avoir une vision d'ensemble. Ensuite, il ne faut pas travailler seul pour acquérir les connaissances, mais à plusieurs. Chacun prépare une fiche et pose des questions à son binôme. Ensuite, on inverse. On peut aussi le faire à trois mais c'est plus compliqué. Le point de départ du travail est la constitution des fiches à partir d'un manuel. Prenons un exemple concret, le programme des finances publiques :

5. Programme de finances publiques

Ce programme comprend deux volets : l'approche globale, puis le budget de l'État.

L'approche globale des finances publiques

1. Les grands principes des finances publiques :
• annualité ;
• unité ;
• universalité ;
• spécialité ;
• sincérité.
2. Le pilotage des finances publiques :
• gouvernance financière et budgétaire de la zone euro ;
• incidences économiques des mesures budgétaires et fiscales ;
• maîtrise des finances publiques.
3. Les acteurs des finances publiques :
• les gestionnaires, ordonnateurs et comptables ;
• les juridictions financières.

Le budget de l'État

1. Les lois de finances :
• différentes catégories de lois de finances ; la loi organique relative aux lois de finances du 1er août 2001 ;
• loi de finances et loi de programmation des finances publiques ;
• préparation et adoption des projets de loi de finances ;

- contenu et structure des lois de finances ;
- exécution et contrôle des lois de finances.

2. **Les ressources** :

- les différentes ressources fiscales de l'État ;
- les ressources d'emprunts ;
- les autres ressources.

3. **Les dépenses** :

- la nouvelle architecture budgétaire par mission et par programme ;
- la nomenclature budgétaire par destination et par nature ;
- la portée et les modifications apportées en cours d'exécution à l'autorisation initiale de dépenser.

4. **La gestion budgétaire** :

- le déficit, l'emprunt, la dette ;
- les textes réglementaires relatifs à la gestion budgétaire et comptable publique.

On compte 23 fiches de finances publiques à construire. Une par énumération. Certaines sont plus grosses ou plus compliquées que d'autres. Mais tout est là. On peut faire ces fiches seul ou à plusieurs. Ce qui compte, c'est de les assimiler pour être prêt à répondre aux QCM.

Poursuivons notre travail de préparation avec la matière de culture administrative et juridique qui est à notre avis la plus importante de toutes. Son périmètre se décline en quatre volets : droit constitutionnel, institutions administratives, droit administratif général et fonction publique.

6. Programme de culture administrative et juridique

Droit constitutionnel

1. **La Constitution et la hiérarchie des normes (1 fiche).**
2. **Le Conseil constitutionnel (1 fiche).**
3. **Le pouvoir exécutif** :

- le président de la République (1 fiche) ;
- le gouvernement (1 fiche).

4. **Le pouvoir législatif** :

- le Parlement (1 fiche) ;
- la procédure législative ordinaire (1 fiche) ;
- le contrôle de l'action du gouvernement et l'évaluation des politiques publiques (1 fiche).

Institutions administratives

1. **L'administration de l'État :**
- administration centrale (1 fiche) ;
- autorités indépendantes et organes centraux de conseil et de contrôle (Défenseur des droits, Conseil économique, social et environnemental, Conseil d'État, Cour des comptes), cet ensemble complexe tient en 2 fiches ;
- administration territoriale de l'État et déconcentration (1 fiche) ;
- juridictions administratives (2 fiches) ;
- réforme de l'État depuis 20 ans (2 fiches).

2. **Les collectivités territoriales :**
- la libre administration des collectivités territoriales et la décentralisation (grandes étapes et principes généraux) (1 fiche) ;
- les formes de collectivités territoriales et de coopération intercommunale et leurs attributions (1 fiche) ;
- les contrôles sur les collectivités territoriales (1 fiche) ;
- la réforme des collectivités territoriales depuis 2014 (1 fiche).

Droit administratif

1. **L'action administrative :**
- les grands principes du service public, la notion de service public, l'intérêt général (2 fiches) ;
- la procédure administrative non contentieuse (consultation, motivation, transparence) (1 fiche) ;
- le contrôle de légalité (1 fiche) ;
- le pouvoir réglementaire (1 fiche) ;
- les actes administratifs unilatéraux et les contrats administratifs (2 fiches).

2. **Les grands principes du contentieux administratif et de la responsabilité administrative (3 fiches).**

Gestion des ressources humaines dans les administrations publiques

1. **Principes généraux du statut général des fonctionnaires et leur application (1 fiche).**
2. **Droits et obligations du fonctionnaire, déontologie et discipline (3 fiches).**

Pour la culture juridique et administrative, il y a au minimum 25 fiches à faire. Au maximum 36. En effet, le droit constitutionnel peut se résumer en 7 à 10 fiches. Les institutions entre 9 et 12 fiches. Le droit administratif général entre 7 et 10 fiches. La gestion des ressources humaines entre 2 et 4 fiches. Au total, comme la matière est prioritaire dans le questionnaire, il faut plutôt compter 36 fiches pour être certain de tout bien préparer. Il y a 1,5 fois plus de fiches à faire en culture administrative et juridique qu'en finances publiques. Au total le premier paquet composé de l'ensemble des deux matières « culture juridique et administrative » et finances publiques, qui représente les deux tiers des QCM, donnera lieu, le jour des écrits du concours, à 80 questions sur un total de 120. Cela est très important pour mesurer l'ordre des priorités. Votre priorité doit être de vous concentrer sur le premier paquet en raison de la clé de répartition de deux tiers de questions pour ce premier paquet. Vous ferez ce que vous pourrez pour le second paquet car il ne représente qu'un tiers des QCM. Pour ce qui est de la masse de travail, vous devrez confectionner un total de 23 fiches de finances publiques + 36 fiches de culture juridique et administrative (soit 59 fiches) ce qui est faisable d'ici les écrits à raison d'une fiche par jour. Pour faire ce travail, il vous faut un bon manuel dans chaque discipline et c'est un bon investissement pour le lire quand on veut à tout moment. On recommandera un manuel simple pour la culture juridique et administrative. Quitte à compléter, le cas échéant, avec un manuel plus complet pour certaines fiches dans un second temps.

7. Programme d'institutions européennes (organisation, fonctionnement et politiques des institutions européennes)

Les grandes étapes de la construction européenne et les différents élargissements

1. Les traités (2 fiches).
2. Les États membres (1 fiche).

Les aspects institutionnels et financiers de l'Union européenne (UE)

1. Adhésion et retrait de l'UE (1 fiche).
2. Composition et attributions des institutions de l'UE (4 fiches).
3. Processus décisionnel au sein des institutions de l'UE et rôle des parlements nationaux (2 fiches).
4. Principes généraux du budget de l'UE et de la contribution financière des États membres (1 fiche).

Les principales politiques

1. Les libertés de circulation (travailleurs, marchandises, services, capitaux) (4 fiches).
2. La politique agricole commune (PAC) et le développement rural (1 fiche).
3. La politique régionale (1 fiche).
4. La politique commerciale commune (1 fiche).
5. La politique économique et monétaire (1 fiche).
6. La politique étrangère et de sécurité commune (PESC) (1 fiche).
7. La politique sociale (1 fiche).

La protection des droits fondamentaux

1. Les valeurs de l'UE et leur protection (1 fiche).
2. La charte des droits fondamentaux de l'UE et la Cour de justice de l'UE (2 fiches).
3. La Convention européenne de sauvegarde des droits de l'homme et des libertés fondamentales et la Cour européenne des droits de l'homme (CEDH) (2 fiches).

Le programme d'institutions européennes peut tenir entre 16 et 32 fiches. On peut garder le chiffre de 26 fiches qui est une bonne moyenne. Ainsi, pour les institutions de l'Union européenne, il faut une fiche sur le Parlement européen, une fiche sur la Commission, une fiche sur les conseils (Conseil de l'UE et Conseil européen des chefs d'États et de gouvernement) et une fiche globale sur les autres institutions, ce qui fait 4 fiches. Pour les traités, il faut une fiche sur le traité de Lisbonne et une sur les autres traités. Pour le processus décisionnel, on fera 2 fiches. Concernant les politiques, une fiche par politique, sauf la première qui requiert une fiche par type de liberté de circulation (soit 4 au total). Pour la charte et la Cour de justice, 2 fiches. Pour la Convention et la CEDH, 2 fiches. Sinon, la plupart des autres thèmes peuvent être résumés en une seule fiche. Ce sera difficile mais c'est la construction du socle de connaissances de base.

Programme de culture numérique

Le socle de compétences numériques

1. Informations et données :
- mener une recherche et une veille d'information ;
- gérer des données ;
- traiter des données.

2. Communication et collaboration :
- interagir ;
- partager et publier ;
- collaborer ;
- s'insérer dans le monde numérique.

3. Création de contenu :
- développer des documents textuels ;
- adapter les documents à leur finalité.

L'administration numérique

1. Les enjeux et les politiques de l'administration numérique :
- les notions de service en ligne, d'ouverture des données (*open data*), de mégadonnées (*big data*), de nuage (*cloud*) et d'intelligence artificielle ;
- les politiques publiques du numérique ;
- les grands principes du marché unique numérique ;
- la dématérialisation des rapports entre le public et l'administration.

2. Les principaux acteurs étatiques de l'administration numérique, dont la CNIL ;

3. La réglementation de l'administration numérique :
- le règlement général sur la protection des données ;
- la loi informatique et libertés ;
- l'utilisation des outils et données numériques ; la diffusion des documents administratifs ; la réutilisation des données publiques.

Le programme de culture numérique peut être retracé en 20 fiches. On insistera sur les points susceptibles de donner lieu à des questions sur l'administration numérique : la dématérialisation des rapports entre le public et l'administration, la CNIL, le RGPD. Pour le socle de compétences numériques, mener une recherche et une veille d'information, gérer et traiter des données, partager, publier et développer des documents textuels. Sur les 20 fiches, on sera plus soigneux sur ces sept thèmes qui nous paraissent plus importants que les autres.

Les deux dernières matières du programme constituent le second paquet de QCM qui ne représente qu'un tiers des questions posées le jour des écrits du concours. Les deux matières ne sont pas à placer sur le même plan. Certes, on doit voir tout le programme. Mais vous verrez assez rapidement qu'il est difficile d'assimiler les connaissances en institutions européennes. Et surtout, il faut savoir qu'il est assez facile de piéger quelqu'un dans cette matière. Même si vous connaissez bien votre cours, c'est souvent là que les mauvaises réponses sont les plus nombreuses. Ceci s'est vérifié lors du QCM du 11 juin 2020, 48 % de mauvaises réponses en institutions européennes contre 27 % pour les autres matières. Voilà pourquoi, il faudra donner une priorité à la culture numérique par rapport aux institutions européennes. D'autant plus que c'est une matière qui n'est pas enseignée en tant que telle sauf dans certains IPAG-CPAG qui ont anticipé la réforme en créant ce cours (notamment à l'IPAG de Montpellier).

PARTIE III

Les thèmes

1 Enjeux de cohésion sociale, de développement durable et de diversité des territoires dans les politiques publiques

1. Enjeux de cohésion sociale

L'État, de la solidarité nationale à la cohésion sociale

Selon Durkheim, dans son ouvrage *De la division du travail social* de 1893, la « cohésion sociale » est le fait d'une société où se manifestent la solidarité entre individus et la conscience collective. L'idée centrale de la solidarité est la redistribution, celle de la cohésion sociale est le lien social. Pourtant, solidarité et cohésion sociale sont des termes parfois employés l'un à la place de l'autre. Ces changements d'interprétation vont de pair avec une phase de développement continu de l'intervention de la puissance publique puis une rétraction pour donner le moins de place possible à l'État providence.

La solidarité nationale de l'État providence : de l'apogée au déclin

L'« État providence » désigne un interventionnisme garantissant à tous un niveau minimum de moyens d'existence par la protection sociale et la promotion du bien-être de la population dans de nombreux domaines qui ne peuvent être satisfaits par la seule action individuelle (éducation, santé, culture, recherche...).

L'État providence est symbolisé en France par le plan de Sécurité sociale 1945. Il met en place un système assurantiel financé par des cotisations et tend vers un système général, centralisé et global de sécurité sociale. Les prélèvements obligatoires opèrent un transfert de richesses vers les démunis permettant une prise en charge des risques sociaux (maladie, précarité, vieillesse, emploi, famille...). D'où un fort taux de prélèvements obligatoires – 45,3 % du produit intérieur brut (PIB) en 2017.

Depuis les années 1970, le débat sur le coût et l'efficacité des interventions publiques, l'émergence de nouvelles situations sociales ou individuelles remet en cause cette action publique. Pour Pierre Rosanvallon, avec *La Crise de l'État providence* (1981), nous sommes aujourd'hui face à une crise à trois dimensions :

- une crise de solvabilité : dépenses en augmentation permanente, impôts et prélèvements sociaux de plus en plus lourds, difficiles à recouvrer et impopulaires ;

- une crise d'efficacité : puissance publique ne pouvant plus résoudre comme avant les problèmes socio-économiques, chômage et inégalités en augmentation, mobilité sociale en diminution ;
- une crise de légitimité : réalité et limites de la solidarité nationale en débat, dépenses publiques perçues comme impôts supplémentaires et complexes, non comme opportunités de redistribution.

La décentralisation des compétences accentue aussi cet éclatement (exemple : aide sociale confiée aux départements, jugés plus proches). À cela s'ajoute le vieillissement de la population avec de lourdes dépenses pour financer retraites, santé et dépendance.

La politique de la ville, un archétype de politique de cohésion sociale ?

La politique de la ville est un exemple déjà ancien de politique de cohésion sociale, inscrite dans la durée. Elle a été soumise à des adaptations périodiques, au gré des urgences, et constitue un espace de collaboration entre de nombreux partenaires institutionnels ou associatifs.

Une durable tentative de réparation des fractures sociales urbaines

La politique de la ville a été inventée en réponse aux violences sociales. Elle s'est peu à peu structurée à partir de la fin des années 1970 et au début des années 1980, devant la montée des inquiétudes socio-économiques, un chômage grandissant et des phénomènes récurrents de violences urbaines de plus en plus médiatisées.

Les violences de Vénissieux (mai 1981) sont à l'origine de la Commission nationale pour le développement social des quartiers (dite commission Dubedout). Des textes « fondateurs » sont alors élaborés, qui visent à trouver des réponses nouvelles et innovantes et les rapports successifs montrent cette prise de conscience ; en 1981, le rapport Schwartz sur « L'insertion sociale et professionnelle des jeunes » ; en 1982, le rapport Dubedout qui veut « Ensemble, refaire la ville » ; en 1983, le rapport Bonnemaison pour faire « Face à la délinquance : prévention, répression, solidarité ».

Par la suite, de nombreux dispositifs ont vu le jour, notamment les démarches de développement social des quartiers visant une amélioration des divers aspects de la vie quotidienne des quartiers.

En matière d'infrastructures administratives, les années 1980 sont celles qui donnent jour aux missions locales pour l'emploi des jeunes, aux zones d'éducation prioritaires (ZEP) et aux conseils communaux et départementaux de prévention de la délinquance. Un fonds social urbain (FSU) est également créé et réserve une partie des crédits de l'État pour les projets de développement social urbain.

Enfin, pour donner un portage politique à la politique de la ville, c'est en réponse aux violences de Vaulx-en-Velin, en octobre 1990, que le premier poste de ministre de la Ville

a été créé. Michel Delebarre, personnalité du monde de l'habitat social, en a été le premier occupant. Des personnalités importantes et/ou fortement médiatisées l'ont suivi, comme (dans le désordre) Bernard Tapie, Simone Veil, Jean-Louis Borloo, Claude Bartolone...
La crise des banlieues de l'automne 2005 donne lieu à la création de l'Agence pour la cohésion sociale et l'égalité des chances (ACSÉ), jusqu'à son remplacement, en 2014, par le Commissariat général à l'égalité des territoires (CGET).

Une inflexion vers la prévention des fractures sociétales et la promotion de l'égalité des chances

La crise des banlieues de 2005 révèle violemment les discriminations et inégalités qui touchent les quartiers défavorisés, et en particulier les jeunes. Est alors adoptée la loi du 31 mars 2006 pour l'égalité des chances qui se propose plusieurs grands objectifs, plus ou moins « revisités » depuis lors :

- emploi des jeunes résidant en zones urbaines sensibles (ZUS) ou connaissant des difficultés d'insertion sociale et professionnelle ;
- développement de l'apprentissage et conditions d'accès privilégiées au contrat « jeune en entreprise » pour les jeunes issus des ZUS, avec simplification du financement du contrat de professionnalisation ;
- création de nouvelles ZFU (zones franches urbaines, à fiscalité allégée pour les entreprises) afin de promouvoir l'emploi des habitants des quartiers en difficulté ;
- égalité des chances et lutte contre les discriminations.

L'ACSÉ, puis le CGET et l'ANRU (Agence nationale pour la rénovation urbaine) ainsi que les directions régionales de la jeunesse et de la cohésion sociale assurent les actions de l'État dans les quartiers sensibles : lutte contre les discriminations, actions d'intégration, actions en faveur des habitants des quartiers en difficulté d'insertion sociale ou professionnelle, notamment immigrées.

Une mise en œuvre concertée entre État et collectivités locales

La politique de la ville embrasse l'ensemble des actions visant à lutter contre les phénomènes d'exclusion des populations urbaines défavorisées, celles qui habitent les quartiers dits « sensibles », ou « en crise », ou « prioritaires ». Même si, pour la Cour des comptes, elle reste une « *politique incertaine* », la politique de la ville est :

- une politique contractuelle, dans laquelle l'État et le bloc communal s'entendent sur un certain nombre d'actions concrètes et s'en répartissent le financement ;
- une politique globale embrassant tous les aspects de la vie quotidienne sur une géographie prioritaire resserrée, et des « contrats de ville » uniques rassemblant les deux volets urbain et social à l'échelon intercommunal ;

- une politique interministérielle sur des actions priorisées : activité économique, emploi, cohésion sociale et amélioration du cadre de vie ;
- une politique territorialisée : elle se déploie sur des territoires infra-urbains appelés « quartiers prioritaires de la politique de la ville », caractérisés par un écart de développement économique et social important avec le reste des agglomérations dans lesquelles ils sont situés. Les quartiers de la politique de la ville remplacent les zonages formés par les ZUS et les contrats urbains de cohésion sociale (CUCS) ;
- une politique reposant sur un renforcement de la participation des habitants, avec la mise en place de conseils citoyens.

Son champ d'application concerne quatre domaines majeurs : la rénovation urbaine, la sécurité et la prévention de la délinquance, le développement social et culturel des quartiers, le développement de l'emploi et la revitalisation économique de ces mêmes quartiers. Elle est traversée par des débats sur les approches spatiales et sociales, les échelles d'intervention (le quartier, la ville), les enjeux sur la place des habitants dans leur ville et leur quartier (la citoyenneté, la participation des habitants), mais aussi leur insertion sociale et professionnelle et enfin sur sa propre évaluation.

L'avenir encore peu clair des prestations de solidarité et des retraites

La présentation de la stratégie de lutte contre la pauvreté par le président de la République le 13 septembre 2018 prévoyait la création d'un revenu universel d'activité. Celui-ci doit permettre de rénover en profondeur le système des prestations monétaires versées aux ménages modestes, à travers la création d'une prestation unique sous conditions de ressources fusionnant le plus grand nombre possible d'allocations existantes, par une loi qui était annoncée pour 2020. Le corollaire de cette réforme est un renforcement de l'accompagnement des bénéficiaires de minima sociaux à travers la création d'un service public de l'insertion « *qui devra proposer à tous ceux, qui en ont besoin et sur tout le territoire, la même qualité d'accompagnement individualisé vers le retour à l'emploi* » (Stratégie nationale de prévention et de lutte contre la pauvreté, compte-rendu du Conseil des ministres du 20 mars 2019, https://solidarites-sante.gouv.fr/affaires-sociales/lutte-contre-l-exclusion/lutte-pauvrete-gouv-fr/toutes-les-actualites/article/strategie-nationale-de-prevention-et-de-lutte-contre-la-pauvrete-compte-rendu). Une traduction législative était annoncée pour 2020.

Pour l'instant, il est difficile de savoir si on s'avance vers une allocation sociale unique (ASU) avec le regroupement des prestations de solidarité.

L'ASU remplacerait, en les fusionnant : le revenu de solidarité active (RSA), l'allocation de solidarité spécifique (ASS), la prime d'activité, les aides au logement (AL), l'allocation adulte handicapé (AHH), l'allocation de solidarité pour les personnes âgées (ASPA, ex-minimum vieillesse) et l'allocation supplémentaire d'invalidité (ASI). Les simulations présentées dans une étude de France Stratégie montrent que l'ASU pourrait faire plus de perdants que de gagnants.

La volonté de réformer les dispositifs de soutien financier aux plus modestes repose sur le constat que le système est devenu indéchiffrable. Du côté des usagers, certains ne demandent pas à en bénéficier, alors qu'ils y auraient droit. Du côté de l'analyse de l'efficience des politiques de l'État providence, cette absence de clarté favorise les fantasmes sur le « pognon de dingue » que cela coûterait.

Il est possible que, faute de volonté immédiate de passer à l'ASU, les pouvoirs publics instaurent le versement social unique (VSU). Cela consisterait à verser, le même jour, toutes les prestations auxquelles les personnes sont éligibles. Le VSU a l'avantage de simplifier les démarches, de faire connaître le montant exact des aides par allocataire et, peut-être, de réduire le phénomène du non-recours.

Après sa suspension le 16 mars 2020, en raison de la crise de la COVID-19, une réforme des retraites reste annoncée, pour la mise en place d'un système universel « *où un euro cotisé donne les mêmes droits à tous les cotisants* ». Le but est de passer d'un système de retraite déterminé par des statuts professionnels et constitué de 42 régimes aux règles différentes, à un système universel où les règles seront identiques pour tous les cotisants. Cette instauration de règles communes concernerait l'ensemble des régimes, de base ou complémentaires, y compris les régimes de fonctionnaires, les régimes spéciaux et ceux des assemblées parlementaires. Pour préparer cette réforme, Laurent Pietraszewski a été nommé secrétaire d'État chargé des retraites et de la santé au travail auprès de la ministre du Travail, de l'Emploi et de l'Insertion, reprenant la mission confiée à Jean-Paul Delevoye. À l'heure actuelle, on ne connaît pas la date de reprise du processus.

Les thèmes

La construction d'une cohésion sociale : faire face aux besoins mais aussi au sentiment de déclassement

En difficulté pour assurer la solidarité nationale, l'État s'est donc efforcé de maintenir la cohésion sociale, dans un contexte continu de « crise ». Le sociologue Robert Castel distingue trois zones de cohésion sociale qui sont autant de champs d'interventions complexes :

- l'intégration (travail stable et insertion relationnelle solide) ;
- la vulnérabilité sociale (précarité du travail et fragilité des supports de proximité) ;
- la désaffiliation (absence de participation à toute activité productive et isolement relationnel). L'illustration la plus radicale de cette désaffiliation est donnée depuis 2015 par les jeunes Français qui se veulent djihadistes et s'adonnent au terrorisme.

La cohésion sociale est une « équation d'équilibre » entre membres d'une société que l'individualisme caractérise de plus en plus, alors que de nouveaux risques sociaux se font jour, montrant la nécessité de l'insertion des populations en situation d'âge avancé, de handicap ou de vulnérabilité. Cependant, les classes moyennes se considèrent de plus en plus exposées à des changements et à des évolutions incontrôlées : perte de l'emploi, logements hors de prix, discriminations, insécurité, ascenseur social en panne... Ce sentiment de déclassement affecte de plus en plus le corps social.

Pourtant, les dépenses de protection sociale se sont élevées à 31,2 % du PIB en France en 2018. Malgré cette forte couverture des risques sociaux, la redistribution peine à réduire les discriminations et les inégalités : ce sont toujours les classes moyennes et supérieures qui bénéficient le plus des services comme l'éducation ou la culture alors que les politiques de l'emploi ne permettent pas aux plus faibles de retrouver une intégration professionnelle et sociale.

Selon une étude de 2014 du Centre de recherche pour l'étude et l'observation des conditions de vie (CRÉDOC), 81 % des Français déplorent une cohésion sociale insuffisante. Ils expriment leur attachement à des valeurs de tolérance et mettent l'accent sur des modèles de politique sociale globale, non catégorielles, donnant la priorité à l'emploi, à l'éducation et au logement, combinés avec un fort souci de reconnaissance des responsabilités et capacités individuelles de tous. L'impression d'échec de l'intégration personnelle est d'abord liée à l'absence d'emploi, au ressenti de discriminations, au sentiment de ne pas avoir de droits, à la sensation de vivre dans une société peu unie.

- 45 % des Français se projettent à dix ans dans une société où la majorité des groupes vivront séparés (plutôt qu'« ensemble ») et 72 % imaginent un pays où ces groupes seront tiraillés par des tensions.
- 55 % citent le chômage comme un problème grave mettant en échec la construction d'une société plus unie (ils n'étaient que 22 % en 2008).
- 34 % considèrent le logement comme une condition importante du « vivre-ensemble ».
- 22 % réclament une éducation de qualité.

Une politique de cohésion en mutation dans une France en archipel ?

La France, depuis la crise des Gilets jaunes, la résistance à la réforme des retraites et la crise de la COVID-19, a-t-elle encore à voir avec la nation une et indivisible, structurée par un référentiel politique et culturel commun ? Dans *L'Archipel français*, Jérôme Fourquet témoigne de la naissance d'une nation multiple et divisée, et son analyse décrit un archipel formé d'îles s'ignorant les unes les autres. Alors que la période de Gilets jaunes a montré la France « d'en bas » en révolte contre celle « d'en haut », Jérôme Fourquet détaille, graphiques à l'appui, une réelle sécession des élites, qui se détachent du reste de la société. « *Les occasions de contacts et d'interactions entre les catégories supérieures et le reste de la population se raréfient.* »

On peut constater, en pleine crise des Gilets jaunes, que l'année 2018 se termine sur une loi portant mesures d'urgence économiques et sociales et relâchant les cordons de la bourse :

- les entreprises peuvent verser une prime exceptionnelle de pouvoir d'achat qui sera exonérée, jusqu'à 1 000 euros, de toutes cotisations sociales et d'impôt sur le revenu ;
- l'exonération de cotisations salariales sur les heures supplémentaires prévue au 1er septembre 2019 par la loi de financement de la Sécurité sociale pour 2019 est avancée au 1er janvier 2019. Elle est complétée par une exonération de l'impôt sur le revenu dans une limite annuelle de 5 000 euros ;

- le taux de contribution sociale généralisée (CSG) sur les revenus de remplacement est rétabli à 6,6 % pour les retraités dont le revenu fiscal de référence est inférieur à 22 580 euros.

Malgré ces concessions sur le pouvoir d'achat, la mobilisation n'a pas cessé et, à l'initiative du président de la République, un grand débat national a été engagé, entre décembre 2018 et avril 2019, sur les thèmes de la fiscalité et les dépenses publiques, de l'organisation de l'État et des services publics, de la transition écologique, de la démocratie et de la citoyenneté.

Cette consultation a pris des formes variées : réunions publiques locales, cahiers de doléances en mairies, contributions Internet sur un site dédié et rencontres avec des citoyens tirés au sort. Évaluée à 12 millions d'euros, l'organisation du grand débat a permis de recueillir, selon le gouvernement, entre 1,5 et 2 millions de contributions.

Le tri, l'analyse et la restitution des propositions et des doléances recueillies en ligne ou dans les cahiers a été confiée à des opérateurs privés, chargés de rendre leur copie avant le 8 avril 2019, afin de permettre une exploitation. Dans son discours du 8 avril, le Premier ministre Édouard Philippe a dit retenir quatre axes : « *une immense exaspération fiscale* », « *une exigence de fraternité, de proximité, de lien quotidien* », « *une exigence démocratique* » et « *une exigence climatique* ».

Adressée aux préfets de région, la circulaire relative à la mobilisation nationale pour l'emploi et la transition écologique et numérique, en date du 16 mai 2019, tire parti des éléments issus du grand débat et traduit en intentions les orientations fixées par Emmanuel Macron le 25 avril précédent. L'intitulé de la circulaire rapproche, dans une vision intégrée, préoccupations sociales, écologiques et numériques, action nationale et territoriale. Soucieuse de mobiliser les services de l'État, les associations d'élus, les partenaires sociaux, les acteurs associatifs pour « *produire des résultats tangibles et apporter des réponses concrètes aux Français* », cette circulaire indique six chantiers de mobilisation « *nationale et territoriale* » :

- répondre à la demande de formation et d'apprentissage ;
- résoudre les problèmes des recrutements en tension ;
- lever les freins à la reprise de l'emploi, comme la garde d'enfants, la mobilité, le logement, les transports ;
- accompagner les territoires en transition écologique pour une meilleure appropriation par les acteurs locaux ;
- changer de dimension sur l'écologie du quotidien (recyclage du plastique, gestion des déchets, accompagnement de l'économie circulaire, diffusion de produits bio dans la restauration collective, circuits courts, bioéconomie) ;
- accompagner la rénovation thermique des logements.

Des fiches annexes et des questions pour guider le diagnostic des angles morts et le recensement des initiatives

La circulaire comprend, en annexe, une fiche pour chacun des six axes, avec des pistes de travail à explorer… et des rafales de questions.
Les mots les plus fréquents sont les interrogatifs « comment » (présent 59 fois : comment faciliter, comment répondre, comment faire en sorte…) et « quel » (13 occurrences : quels outils, quel doit être, quelle offre…). L'objectif est d'attirer l'attention sur ce que la circulaire appelle les « angles morts » des politiques publiques, c'est-à-dire les situations où celles-ci n'atteignent pas leurs objectifs faute de suivi politique ou de coordination au plus près des territoires. En effet, dans ces différentes thématiques, les compétences, les financements, les responsabilités sont la plupart du temps partagés. La méthode est de mobiliser les partenaires autour de l'amélioration des outils publics d'intervention, leur utilisation et leur coordination. Dans cet esprit, les préfets de région étaient invités à élaborer, avec les acteurs et avant la fin juin : « *un diagnostic territorial sur ces six ensembles de questions, intégrant un premier recensement des initiatives d'ores et déjà existantes et des premières propositions d'actions* ». Cette démarche partage des points communs avec de nombreuses autres interventions de la puissance publique.

Pas d'annonce de nouveaux dispositifs

En l'espèce, il ne s'agit pas (pas encore ?) de créer de nouveaux outils mais de rendre efficiente l'utilisation des dispositifs existants. Les deux termes « dispositifs » et « existants » sont d'ailleurs extrêmement cooccurrents. Si on prend l'exemple de l'apprentissage, il s'agit d'utiliser les données dont disposent les services de l'État, de les partager avec les autres acteurs pour connaître la population des apprentis et ses besoins de logement et de mobilité. En matière d'emploi, faire remonter les écarts entre les compétences attendues par les recruteurs et les acquis des candidats a pour objectif d'anticiper les besoins de formation à la transition écologique. Il en est de même pour connaître les besoins de garde d'enfants, mettre en correspondance le dispositif des aides, favoriser les plates-formes de mobilité.

Une remise à plat de la qualité de l'offre de service public ?

Cette manifestation globale d'intérêt pour les conditions de vie est ambitieuse et modeste à la fois. Ambitieuse par son périmètre, car elle comprend les besoins individuels laissés pour compte des grandes transitions en cours. Modeste dans sa méthode, car elle veut coordonner les partenaires et mobiliser les services de l'État, partager de bonnes pratiques. On envisage des actions à moyens constants, comme des guichets uniques et la réduction de la complexité des démarches. Tout au plus, dans la rénovation thermique, souligne-t-on, la question des restes à charge pour les moins aisés.

Quoi qu'il en soit, on mesure combien l'intervention des pouvoirs publics demeure indispensable pour travailler à la cohésion sociale, même si elle reste insuffisante sans la mobilisation de tous les intéressés. À l'heure où les conflits sociaux et les risques d'implosions sociales sont multiples, assumer le rôle de garant de la cohésion sociale n'a peut-être jamais été autant d'actualité pour l'État. Les prochains mois diront s'il s'agit d'un nouveau cap ou d'un épisode sans suite.

UNE TRADUCTION « LOLFIENNE »

La loi organique relative aux lois de finances (LOLF) répartit ainsi les dépenses publiques afférentes à la politique d'égalité des chances en plusieurs programmes correspondant à la Mission solidarité, insertion et égalité des chances (PLF 2019).

- Programme 304 : Inclusion sociale et protection des personnes.
- Programme 157 : Handicap et dépendance.
- Programme 137 : Égalité entre les femmes et les hommes.
- Programme 124 : Conduite et soutien des politiques sanitaires, sociales, du sport, de la jeunesse et de la vie associative.

Où trouver des données pour s'informer ?

La Direction de la recherche, des études, de l'évaluation et des statistiques (DREES)

La DREES est une direction de l'administration centrale des ministères sanitaires et sociaux. Mise en place par le décret du 30 novembre 1998, elle a pour mission de fournir aux décideurs publics, aux citoyens et aux responsables économiques et sociaux des informations fiables et des analyses sur les populations et les politiques sanitaires et sociales. La DREES assure le secrétariat général de trois observatoires :

- l'Observatoire national du suicide (ONS) ;
- l'Observatoire national de la démographie des professions de santé (ONDPS) ;
- l'Observatoire national de la pauvreté et de l'exclusion sociale (ONPES) : https://drees.solidarites-sante.gouv.fr/etudes-et-statistiques. Parmi ses publications, le périodique *Études et résultats* est particulièrement utile car il comprend des textes courts, illustrés de tableaux et de graphiques, qui présentent en quatre à huit pages les premiers résultats des enquêtes et études statistiques. Tous les numéros sont disponibles en ligne au format Acrobat PDF.

La Direction de l'animation de la recherche, des études et des statistiques (DARES)

La DARES est la direction du ministère du Travail qui produit des analyses, des études et des statistiques sur les thèmes du travail, de l'emploi, de la formation professionnelle et du dialogue social. Vous pouvez vous abonner gratuitement aux avis de parution des publications de la DARES. Un courriel vous informe de chaque mise en ligne et vous permet d'accéder à cette publication.

https://dares.travail-emploi.gouv.fr/dares-etudes-et-statistiques/avis-de-parution/article/les-avis-de-parution

L'Institut national de la statistique et des études économiques (INSEE)

L'Insee a été créé le 27 avril 1946. C'est une direction générale du ministère de l'Économie et des Finances implantée dans l'ensemble du territoire français. Son rôle est la conception, la production et la diffusion des statistiques publiques.

www.insee.fr/fr/statistiques/3646226

L'Observatoire national de la politique de la ville (ONPV)

Créé par la loi de programmation pour la ville et la cohésion urbaine du 21 février 2014, il succède à l'Observatoire national des zones urbaines sensibles (ONZUS) et au comité d'évaluation et de suivi de l'Agence nationale pour la rénovation urbaine (CES de l'ANRU) dont il reprend les méthodologies, et les pratiques. Le secrétariat de l'ONPV est assuré par le CGET, et en particulier par sa Direction des stratégies territoriales.

www.onpv.fr/donnees/les-10-objectifs-de-la-politique-de-la-ville

Lectures utiles

Cour des comptes, rapport public thématique « La politique de la ville une décennie de réformes », juillet 2012 : « *La Cour et les chambres régionales des comptes examinent les causes de ce mauvais résultat : une dilution des interventions sur un nombre beaucoup trop important de quartiers ; des défauts persistants de gouvernance et de coordination ; un manque d'articulation entre rénovation urbaine et accompagnement social ; une répartition inadéquate des crédits dédiés à la politique de la ville ; une trop faible mobilisation des politiques publiques de droit commun* » (www.ccomptes.fr/fr/publications/la-politique-de-la-ville-une-decennie-de-reformes).

Rapport public, « Les politiques de cohésion sociale. Acteurs et instruments », Paris, La Documentation française, février 2013, www.ladocumentationfrancaise.fr/rapports-publics/134000119/index.shtml

Connaissances à mobiliser

Les candidats peuvent faire appel aux connaissances de questions sociales de l'ancien programme des épreuves aux IRA fixé par l'arrêté du 6 juin 2008. Celles qui sont à mobiliser pour se préparer à traiter correctement ce thème sont, entre autres :

- les notions de démographie et de protection sociale (État providence, principes essentiels du système français de sécurité sociale, gouvernance et partenaires sociaux, risques couverts, financement, les dépenses et la maîtrise des coûts) ;
- les politiques sociales (inégalités et redistribution, lutte contre la pauvreté et l'exclusion, égalité des chances et lutte contre les discriminations, politique de la ville, logement) ;
- la politique de la famille, la protection de l'enfance, le handicap ;
- les compétences et le rôle des collectivités territoriales dans les politiques sociales ;
- les politiques de lutte contre le chômage ;
- la formation professionnelle tout au long de la vie.

LE RÔLE PARTICULIER DU SYSTÈME ÉDUCATIF

L'égalité des chances est un thème essentiel dans l'évolution démocratique de notre système éducatif républicain : d'une école pour l'élite (avant les lois Ferry), on est passés progressivement à une école pour tous, des « hussards de la République » à la « massification » de l'enseignement et à la « discrimination positive ».

En 2005, l'égalité des chances est la première notion mentionnée dans le code de l'éducation comme première priorité nationale. « *Le service public de l'éducation [...] contribue à l'égalité des chances.* » L'école participe à ce qu'« *une aide personnalisée et un suivi dans l'école et au-delà de l'école soient apportés à chaque élève.* »

Le ministère de l'Éducation nationale permet aux établissements scolaires d'être à l'initiative d'un certain nombre d'actions, mais de plus en plus en partenariat avec les acteurs d'une même zone géographique, de vie... C'est la démarche même de « partenariat » qui devient essentielle dans la lutte contre les inégalités, éducatives, culturelles (exemples : lutte contre les discriminations, respect filles/garçons, mise en application de la loi sur le handicap...).

La complexité des dispositifs et de leurs évolutions rend difficile une évaluation globale : programmes personnalisés de réussite éducative (Éducation nationale) et programmes de réussite éducative (politique de la ville) coexistent avec les réseaux d'aide spécialisée, l'accompagnement éducatif, les parcours d'excellence, les internats de la réussite, le dispositif D'COL...

La loi du 24 juillet 2019 relative à l'organisation et à la transformation du système de santé introduit des changements destinés à faire face à l'évolution du système de santé et à sa présence sur le territoire : rénovation du mode d'accès aux études médicales, pharmaceutiques, odontologiques et maïeutiques, développement du collectif et de la coordination (collectif de soins entre professionnels, ambulatoire, médico-social ou hospitalier, et développement de projets de santé de territoire). C'est l'objet du projet territorial de santé et des communautés professionnelles territoriales de santé (CPTS).

Les CPTS sont soumises à l'approbation de l'agence régionale de santé (ARS) pour assurer leur coordination avec les autres acteurs du système de santé. Dans la même logique, les groupements hospitaliers de territoire (GHT) regroupent plusieurs hôpitaux d'un même département et peuvent partager leurs ressources en praticiens, leurs trésoreries et leurs investissements.
Elle relance le dossier médical partagé que chaque usager pourra ouvrir d'ici le 1er janvier 2022 ainsi que les outils numériques permettant des échanges sécurisés avec les professionnels et établissements de santé. De plus, le cadre légal de la télémédecine (réservée aux médecins) et du télésoin (pharmaciens et auxiliaires médicaux) est sécurisé.

2. Enjeux de développement durable

Les politiques publiques du développement durable

L'expression « développement durable » apparaît au début des années 1970 au sein de la communauté scientifique, première à alerter sur l'avenir de la planète. L'un des premiers textes référencés faisant usage de ce concept dans le sens actuel est le rapport du club de Rome « Halte à la croissance ». Ce rapport publié en 1972 rédigé par deux scientifiques du MIT tentait de questionner notre modèle de développement économique basé sur la croissance économique infinie dans un monde aux ressources finies. Il montrait alors les limites écologiques de notre modèle.
Au niveau international, la notion de développement durable apparaît pour la première fois dans les rapports des congrès de l'Union internationale pour la conservation de la nature (UICN). « *Le développement durable est un développement qui répond aux besoins du présent sans compromettre la capacité des générations futures à répondre aux leurs* » (rapport Brundtland « Notre avenir à tous », 1987). Ce rapport est rédigé par la Commission mondiale sur l'environnement et le développement de l'Organisation des Nations unies (ONU) présidée par la Norvégienne Gro Harlem Brundtland. Pour être durable, le développement doit concilier trois piliers : l'équité sociale, la préservation de l'environnement, l'efficacité de l'économie.

Dates marquantes

À l'échelle internationale

- 1972 : Sommet de Stockholm. Premier acte international de mobilisation sur les questions de développement et d'environnement à l'échelle mondiale.

- 1988 : Création du Groupe d'experts intergouvernemental sur l'évolution du climat (GIEC) – réunion des plus grands scientifiques mondiaux sur le climat. Ces experts ont la mission de procéder à un examen critique de la littérature scientifique mondiale publiée afin d'en dégager une synthèse pertinente pour éclairer les décideurs.
- 1992 : Sommet de Rio. Il lance le concept de développement durable en s'appuyant sur le rapport Brundtland et adopte un plan d'action pour le XXIe siècle appelé « Agenda 21 ».
- 1997 : Sommet de Kyoto. Son acte final, le protocole de Kyoto, définit des mesures concrètes pour lutter contre les changements climatiques et un calendrier de mise en œuvre de ces mesures.
- 2007 : Sommet de Bali. Son objectif est d'établir une feuille de route définissant les points à inclure dans le traité post-Kyoto qui entre en vigueur en 2012 et le calendrier de négociations pour établir ce traité. Les sommets suivants (Copenhague en 2009, Rio + 20 en 2012, Doha en 2012) n'ont pas permis d'avancer de façon décisive sur les questions liées au dérèglement climatique.
- 2015 : 21e conférence climat (COP 21) à Paris.
- 2016 à 2019 : 22e COP à 25e COP.
- 2020 : En raison de la crise sanitaire, la 26e COP prévue en novembre 2020 à Glasgow est reportée en 2021.

» À l'échelle nationale

- 1971 : C'est le 8 janvier 1971 que, sous l'impulsion du président de la République Georges Pompidou, le premier ministère de l'Environnement voit le jour. Robert Poujade en devient le ministre délégué auprès du Premier ministre, chargé de la Protection de la nature et de l'Environnement.
- 1990 : Plan national pour l'environnement.
- 2000 : Le code de l'environnement est créé, il codifie à droit constant l'ensemble des textes législatifs du droit de l'environnement.
- 2007 : Grenelle de l'environnement. Ensemble de rencontres multilatérales destinées à définir de grandes orientations en matière d'environnement et de développement durable. Ces rencontres sont prolongées par l'adoption de lois dites Grenelle I (2009) et Grenelle II (2010).
- Septembre 2012, 2013, 2014, avril 2016 : Conférences environnementales, Paris.
- 2015 : Loi de transition énergétique pour la croissance verte qui doit permettre à la France de mieux lutter contre le dérèglement climatique et de renforcer son indépendance énergétique.
- 2017 : Plan climat. Il mobilise l'ensemble des ministères, sur la durée du nouveau quinquennat du président de la République, pour accélérer la transition énergétique et climatique et la mise en œuvre de l'accord de Paris.
- 2019 : Le 24 décembre est adoptée la loi d'orientation des mobilités (LOM). Cette loi engage une transformation profonde au service d'un objectif : améliorer concrètement la

mobilité au quotidien de tous les Français et dans tous les territoires grâce à des solutions plus efficaces, plus propres et plus accessibles.
Les politiques publiques en faveur du développement durable sont nombreuses et visent à encadrer l'activité de l'homme avec différents leviers, mais elles ont pour seul objectif celui d'éviter de mettre en péril l'équilibre naturel de la planète.

Les politiques publiques de régulation

La lutte contre le changement climatique

• Les conclusions du GIEC

Le climat mondial s'est déjà réchauffé de 1 °C environ en moyenne par rapport à l'ère préindustrielle. Au rythme de nos émissions actuelles, le réchauffement climatique atteindra 1,5 °C entre 2030 et 2052. Sans rehaussement de l'ambition des pays signataires de l'accord de Paris et sans mise en œuvre immédiate des mesures nécessaires, le réchauffement climatique global devrait atteindre 3 °C d'ici 2100.
Les États membres du GIEC, réunis lors de la 42e réunion plénière du 5 au 8 octobre 2015 à Dubrovnik (Croatie), ont élu le bureau qui conduira les travaux du 6e cycle d'évaluation du GIEC. Ce cycle s'achèvera avec la publication du rapport de synthèse du 6e rapport d'évaluation du GIEC (AR6) en avril 2022. La 43e réunion plénière du GIEC, qui s'est tenue à Nairobi (Kenya) du 11 au 13 avril 2016, a marqué le commencement effectif du cycle de réalisation du 6e rapport d'évaluation du GIEC (AR6).
En mai 2019, a été révisé le rapport méthodologique (de 2006) sur les inventaires nationaux d'émissions de gaz à effet de serre. Ce guide sert de base méthodologique pour les inventaires nationaux dans le cadre d'un bilan global établi tous les cinq ans conformément aux accords de Paris. Le GIEC s'est engagé à traiter en profondeur la question des villes dans le sixième rapport d'évaluation et à produire un rapport spécial sur les villes au cours du prochain cycle.

• Les engagements de l'État français

L'État adopte le Plan national d'adaptation au changement climatique (PNACC) en 2011. Un premier plan (2011-2015) a permis de développer des références écologiques dans les documents d'urbanisme, de doter le littoral d'un schéma de gestion du trait de côte et de donner aux massifs montagneux des plans d'adaptation au changement climatique.
En 2015, la loi relative à la Transition énergétique pour la croissance verte (LTECV) publiée au *Journal officiel* du 18 août, ainsi que les plans d'action qui l'accompagnent, vise à permettre à la France de contribuer plus efficacement à la lutte contre le dérèglement climatique et à la préservation de l'environnement, ainsi que de renforcer son indépendance énergétique tout en offrant à ses entreprises et ses citoyens l'accès à l'énergie à un coût compétitif.

Les objectifs fixés par la loi visent à réduire de 40 % les émissions de gaz à effet de serre en 2030 par rapport à 1990, de consommer 30 % d'énergies fossiles en moins en 2030 par rapport à 2012 et de baisser la part du nucléaire à 50 % à l'horizon 2025.
La loi de transition énergétique vient modifier la gouvernance énergie-climat. Les collectivités et les services déconcentrés sont ainsi confrontés à un environnement institutionnel changeant. À l'échelle nationale, la loi crée de nouveaux outils de planification : le programme pluriannuel de l'énergie (PPE), la stratégie nationale bas carbone (SNBC), la stratégie nationale de valorisation de la biomasse. Sur le plan local, cette loi impacte le contenu des outils de planification énergie-climat – schéma régional climat air énergie (SRCAE), plan climat, PPE, SNBC –, ou spécifiquement dédiés à des thématiques sectorielles – plan local d'urbanisme intercommunal (PLUI), projet partenarial d'aménagement (PPA).
Cette loi très concrète énonce des mesures phares dans les domaines de la rénovation du parc de bâtiments existants, l'amélioration de la performance énergétique et environnementale des bâtiments neufs, le développement de transports propres, la lutte contre les gaspillages et la promotion de l'économie circulaire, le développement des énergies renouvelables en portant leur part à 32 % de la consommation finale d'énergie en 2030 et à 40 % de la production d'électricité, le renforcement de la sûreté nucléaire, la simplification des procédures et de clarification du cadre de régulation avec la généralisation du permis environnemental unique et la lutte contre la précarité énergétique.
Dans la continuité de cette loi après les élections présidentielles, un nouveau Plan climat a été présenté en 2017 par le ministre de la Transition écologique et solidaire. Il poursuit les actions engagées sur la période du nouveau quinquennat avec pour objectifs d'accélérer la lutte contre les changements climatiques autour de six axes. L'objectif phare est d'atteindre la neutralité carbone à l'horizon 2050.
Un autre risque, dont l'homme est seul responsable, est lié aux différentes formes de pollution. Les pouvoirs publics ont mis en place différents dispositifs réglementaires pour encadrer et contraindre les activités de l'homme.

» La lutte contre la pollution

- **La gestion des dépôts de déchets**

En 2017, la France a produit 326 millions de tonnes de déchets. Ils sont de natures différentes et constituent des dangers variables, déterminant la nature du traitement et les acteurs concernés. La loi Grenelle II du 12 juillet 2010 établit une hiérarchie dans le traitement des déchets, privilégiant des traitements responsables et durables. L'objectif est d'enclencher une économie circulaire où, dès la conception de l'objet, les paramètres de durabilité et de recyclage sont pris en compte afin de réduire de manière drastique les éliminations. Dès lors, la sensibilisation et la participation effective des populations sont nécessaires pour atteindre les objectifs. La loi relative à la lutte contre le gaspillage et à l'économie circulaire

a été promulguée le 10 février 2020. Organisées en quatre chapitres, les principales mesures de cette loi visent à mieux informer les consommateurs, lutter contre les gaspillages, réduire l'impact environnemental des plastiques et responsabiliser les producteurs.
Les déchets non dangereux (DND) sont composés principalement des déchets ménagers et assimilés (DMA) ainsi que de déchets industriels banals. Ils se différencient ensuite en fonction des opportunités de traitement selon la hiérarchie de la loi Grenelle : le recyclage (verre, carton, papier, etc.), la valorisation qui permet de produire de l'énergie, le stockage qui consiste en l'aménagement de zones où sont entreposés des déchets en attendant de pouvoir les traiter et l'incinération qui permet d'éliminer les déchets ménagers résiduels (OMR) et autres déchets non dangereux.
Les collectivités locales ont ici un rôle majeur. Elles sont chargées d'organiser le traitement des déchets de la collectivité (espace public) et des déchets ménagers et assimilés (collectés sélectivement dans le cadre du recyclage ou en mélange dans les poubelles ordinaires). À l'échelle régionale, la loi portant nouvelle organisation territoriale de la République (NOTRe) du 7 août 2015 donne à la région une compétence en matière de déchets et d'économie circulaire.
Chaque région a élaboré un plan régional de prévention et de gestion des déchets dans l'objectif de coordonner les actions entreprises par l'ensemble des acteurs sur une période de référence de 6 à 12 ans. Depuis le 1er mars 2017, les décisions publiques prises en matière de déchets, d'autorisations environnementales ou d'installations classées pour la protection de l'environnement doivent être compatibles avec ces plans.
Les déchets inertes proviennent majoritairement des activités de bâtiment et travaux publics (BTP). Ils ne peuvent se décomposer et leur valorisation n'est que très peu rentable. De ce fait, ils sont la plupart du temps entreposés dans des installations de stockage où ils seront éliminés par enfouissement ou comblement sur le site. Ils ne présentent pas de danger immédiat mais témoignent d'une limite dans la gestion des déchets tant en matière de moyens techniques que financiers.
Les déchets dangereux (DD) sont principalement dus à l'activité industrielle. Ils constituent un véritable danger pour l'environnement, la santé, et doivent être réduits et mieux maîtrisés. En effet, ils se retrouvent dans les eaux, dans l'air, les aliments, et présentent de fortes toxicités. Les déchets des générations antérieures sont en partie pris en charge par l'État qui les traite quand cela est réalisable et efficace. Par ailleurs, les entreprises sont responsables de l'organisation du traitement de leurs déchets et sont tenues par de nombreuses réglementations. Différentes politiques ont vu le jour, alternant entre sanctions et incitations financières, de façon à encourager les entreprises à agir de manière écoresponsable.

- **L'encadrement de l'activité industrielle**

Depuis 1810, le fonctionnement de certaines activités industrielles est réglementé dans le but de prévenir les dangers et les inconvénients qu'elles génèrent. Aujourd'hui, le code de l'environnement (en son titre premier du livre V) précise quelles sont les installations concernées et quel est le régime qui s'y applique. Les installations classées sont des

usines, des ateliers, des dépôts, des chantiers, des carrières et, d'une manière générale, les installations exploitées ou détenues par toute personne physique ou morale, publique ou privée, qui peuvent présenter des dangers ou des inconvénients, soit pour la commodité du voisinage, soit pour la santé, la sécurité, la salubrité publique, soit pour l'agriculture, soit pour la nature et l'environnement, soit pour la conservation des sites et des monuments ainsi que des éléments du patrimoine archéologique.
Les activités relevant de la législation des installations classées sont énumérées dans une nomenclature qui les soumet à un régime d'autorisation ou de déclaration en fonction de l'importance des risques ou des inconvénients qui peuvent être engendrés. La nomenclature des installations classées est divisée en deux catégories de rubriques : emploi ou stockage de certaines substances comme les toxiques et type d'activité. La législation des installations classées confère à l'État des pouvoirs d'autorisation ou de refus d'autorisation de fonctionnement d'une installation, de réglementation (imposer le respect de certaines dispositions techniques, autoriser ou refuser le fonctionnement d'une installation), de contrôle et de sanction. Sous l'autorité du préfet, ces opérations sont confiées aux inspecteurs des installations classées qui sont des agents assermentés de l'État et peuvent à ce titre dresser des procès-verbaux d'infraction transmis au parquet. Ces agents travaillent dans les DREAL.
Réguler ne suffit pas, il convient aussi d'accompagner par des politiques publiques de protection pour assurer la pérennité des espaces de vie des hommes et de la biodiversité.

Les politiques publiques de protection

La protection des hommes

- **La prévention contre les risques naturels**

Les deux tiers des 35 000 communes françaises sont exposées à au moins un risque naturel : un Français sur quatre et un emploi sur trois sont aujourd'hui potentiellement exposés aux inondations, principal risque majeur national au titre du nombre de communes concernées et du coût économique des catastrophes. Le risque sismique est le plus redouté quant au nombre de victimes potentielles, notamment aux Antilles.
Différents aléas sont susceptibles de mettre en situation de vulnérabilité les populations : inondations, séismes, avalanches, glissements de terrains, éruptions volcaniques, cyclones, tempêtes et feux de forêts. Pour faire face à ces événements majeurs, l'État s'est organisé afin de tenter de prévenir ces phénomènes en mettant en œuvre des politiques de prévention impliquant administrations centrales, services déconcentrés et collectivités locales.
Les politiques de prévention des risques s'articulent autour de sept principes :
- mieux connaître les phénomènes, aléas et risques : différents services de l'État travaillent et collaborent à la capitalisation de donnés ;

Les thèmes

- surveiller les phénomènes naturels et alerter les populations. À ce titre, Météo France joue un rôle majeur dans le cadre de la prévision des phénomènes climatiques pouvant générer des dangers. Des surveillances sont également assurées pour les phénomènes géophysiques et hydrauliques ;
- sensibiliser les populations afin d'adopter les bons comportements et mesures de sauvegarde. Depuis 2004, le code de l'éducation, instaure une obligation de sensibilisation des élèves aux risques majeurs. Des exercices d'entraînement sont effectués chaque année dans toutes les classes ;
- prendre en compte les risques dans les politiques d'aménagement. À ce titre, les plans de prévention des risques naturels (PPRN) ont pour objectif de réduire l'exposition au risque ainsi que la vulnérabilité des biens et des personnes. Le PPRN approuvé par le préfet est annexé, après enquête publique et approbation, sur le plan local d'urbanisme (PLU) en tant que servitude d'utilité publique. Ses dispositions s'imposent à tout autre document d'accompagnement ;
- réduire la vulnérabilité. Ce principe implique un travail ambitieux et collaboratif avec différents partenaires pour faire évoluer les modes de construction ou renforcer la sécurité de sites exposés ;
- gérer la crise implique une organisation en amont de l'État et des collectivités pour organiser les secours et prendre les décisions qui s'imposent quand un phénomène majeur s'est produit. Ainsi, le plan Organisation de la réponse à la sécurité civile (ORSEC) organise les secours et le recensement des moyens publics et privés susceptibles d'être mis en œuvre en cas de catastrophe à l'échelon départemental. Il permet une mise en œuvre rapide et efficace de tous les moyens nécessaires sous l'autorité du préfet ;
- effectuer des retours d'expérience après chaque crise pour les analyser, améliorer les dispositifs et optimiser les circuits de décisions. En cas de crise, les acteurs majeurs sont les préfets qui mettent en œuvre les politiques de l'État au plan local et les maires qui doivent assurer l'information de leurs concitoyens et l'organisation des secours en cas de crise. D'autres paramètres vitaux comme l'air et l'eau sont à encadrer et surveiller pour assurer la protection des populations.

• La préservation de la qualité de l'air et de l'eau

Qualité de l'eau

La qualité de l'eau doit être conforme aux normes définies par le ministère de la Santé et le Parlement européen. Le contrôle sanitaire de l'eau est exercé par l'ARS, au nom de l'État. L'État définit la politique de l'eau en cohérence avec les directives européennes. Il revient au ministre de la Transition écologique et solidaire d'assurer le pilotage de la politique de l'eau. Le programme « Paysages, eau et biodiversité » de la loi de finances est le support des actions engagées pour préserver la biodiversité, les ressources en eau et les paysages. D'autres ministères (Agriculture, Santé, Industrie, Intérieur, etc.) interviennent dans des secteurs particuliers (eau potable et santé, voies navigables, énergie hydraulique, etc.).

La Mission interministérielle de l'eau (MIE) regroupe les représentants des ministères exerçant des responsabilités en matière d'eau.
Placé auprès du ministre en charge de l'Environnement, le Comité national de l'eau (CNE) constitue l'instance des débats d'orientation préalables à la définition de la politique publique de l'eau au plan national. Il s'agit d'un organisme consultatif créé par la loi n° 64-1245 du 16 décembre 1964 relative au régime et à la répartition des eaux et à la lutte contre leur pollution. En 2015, il a défini les grands axes d'une nouvelle politique de l'eau pour la période 2016-2021, intitulée « Vers la croissance bleue » et orientée vers la prévention des pollutions, la lutte contre le gaspillage, la prise en compte de l'impact du changement climatique. L'action de l'État s'appuie aussi sur les services déconcentrés et l'Agence française pour la biodiversité créée le 1er janvier 2017. Pilotée par le préfet, la Mission interservice de l'eau et de la nature (MISEN), elle, assure la coordination des plans de contrôles interservices.
Coordonnée au niveau national, la gestion de l'eau s'effectue au niveau du bassin-versant (ou bassin hydrographique). Le texte fondateur de cette organisation est la loi de 1964 relative au régime et à la répartition des eaux et à la lutte contre leur pollution. La France est partagée en sept bassins métropolitains (Rhône-Méditerranée, Corse, Rhin-Meuse, Loire-Bretagne, Seine-Normandie, Adour-Garonne et Artois-Picardie) et cinq bassins outre-mer (Guadeloupe, Guyane, Martinique, la Réunion, Mayotte).
En France, depuis 1992 des documents de planification, schémas directeurs d'aménagement et de gestion de l'eau (SDAGE) fixent pour six ans les orientations qui permettent d'atteindre les objectifs attendus en matière de « bon état des eaux ». Ils sont au nombre de 12, un pour chaque bassin de la France métropolitaine et d'outre-mer. La troisième génération de SDAGE approuvés en 2015 est entrée en vigueur pour la période 2016-2021.
Dans chaque bassin hydrographique, un préfet coordonnateur de bassin coordonne les actions des différents services de l'État dans le domaine de l'eau. Il est l'autorité compétente, notamment pour la révision du SDAGE et l'élaboration du programme de mesures. Il exerce cette compétence en lien avec le comité de bassin et le conseil d'administration de l'agence de l'eau.

Qualité de l'air

En France, le coût de la pollution atmosphérique est évalué de 70 à 100 milliards d'euros par an par la commission d'enquête du Sénat (rapport remis en 2015). L'Agence nationale de santé publique a estimé en 2016 son impact sanitaire à 48 000 décès prématurés par an, ce qui correspond à 9 % de la mortalité en France et à une perte d'espérance de vie à 30 ans pouvant dépasser deux ans.
La politique en faveur de la qualité de l'air implique de nombreux acteurs institutionnels et privés, le travail engagé s'inscrit dans des échéances à moyen et long termes. Des dispositions réglementaires sont prises au niveau international et européen. La pollution atmosphérique peut avoir un impact sur de grands territoires.
Sur le plan européen, les directives (2004/107 et 2008/50/CE) fixent les normes sanitaires à respecter. Elles imposent la surveillance de la qualité de l'air, l'information en temps réel des populations, le respect de normes sanitaires et la mise en œuvre de plans d'action quand les

normes sont dépassées. Les objectifs, fixés pour chaque État membre, doivent permettre de réduire de 50 % la mortalité prématurée due à la pollution atmosphérique au niveau européen.
Au niveau international, des plafonds d'émissions pour certains polluants sont fixés dans le cadre du protocole de Göteborg (*Convention on long-range transboundary air pollution*, CLRTAP), dans le cadre de la convention de Genève. Ce protocole a été révisé en 2012 et fixe des objectifs de réduction des émissions de certains polluants à horizon 2020, par rapport aux émissions de 2005.
La réduction des émissions de polluants concerne de nombreux domaines : les transports (routiers, non routiers, maritimes, les activités industrielles, certains appareils domestiques comme le chauffage, l'utilisation de certains produits comme les solvants). En France, la surveillance de la qualité de l'air est obligatoire depuis 1996. Il revient au ministère de la Transition écologique et solidaire de définir les réglementations relatives à la surveillance des polluants atmosphériques. Il est responsable de la coordination de la surveillance des polluants réglementés dans l'air et publie chaque année le bilan national de la qualité de l'air. En France, la coordination technique de la surveillance de la qualité de l'air est désignée par arrêté du ministre chargé de l'Environnement, cette mission étant confiée au Laboratoire central de surveillance de la qualité de l'air. Dans chaque région, des organismes agréés assurent cette surveillance (35 organismes répartis sur tout le territoire). En Île-de-France, l'association Airparif la contrôle régulièrement.
Dans une décision du 10 juillet 2020, le Conseil d'État ordonné au gouvernement de réduire la pollution de l'air dans plusieurs zones du territoire français, sous astreinte de 10 millions d'euros par semestre de retard. Les valeurs limites de pollution de l'air restaient dépassées, en 2019, dans 9 zones : vallée de l'Arve, Grenoble, Lyon, Marseille-Aix, Reims, Strasbourg et Toulouse pour le dioxyde d'azote ; Fort-de-France pour les particules fines ; et Paris pour le dioxyde d'azote et les particules fines. L'État français dispose de 6 mois pour améliorer la qualité de l'air dans ces zones.
L'équilibre sur Terre ne peut être assuré que si l'homme protège et respecte son espace de vie en veillant à préserver la faune et flore qui l'entourent.

La protection de la biodiversité

La loi du 10 juillet 1976 sur la protection de la nature qui, pour la première fois, posait le principe de son caractère d'intérêt général, constitue l'un des grands textes fondateurs du droit de l'environnement.
Après la loi relative à la protection de la nature de 1976 et la loi sur la protection et la mise en valeur des paysages de 1993, la loi pour la reconquête de la biodiversité, de la nature et des paysages a été promulguée le 9 août 2016. Cette loi inscrit dans le droit français une vision dynamique et renouvelée de la biodiversité et a pour ambition de protéger et de valoriser notre patrimoine naturel, pour faire de la France le pays de l'excellence environnementale et des croissances verte et bleue.

Cette nouvelle loi repose sur différents principes afin de répondre concrètement aux enjeux de biodiversité en valorisant, protégeant la biodiversité et par la mise en place de sanctions pour intégrer la dimension environnementale dans toutes les composantes des choix publics et privés. Un établissement dédié a été créé : l'Agence française pour la biodiversité. Elle rassemble quatre organismes engagés dans les politiques favorables à la biodiversité : l'Office national de l'eau et des milieux aquatiques, l'Agence des aires marines protégées, l'établissement des Parcs nationaux de France et l'Atelier technique des espaces naturels. Cette agence devient la référence en matière d'expertise, de pilotage, d'assistance et de contrôle, ainsi qu'un lieu de partenariat avec les collectivités territoriales, les réseaux associatifs, les milieux socioprofessionnels et les entreprises.
Les rapports inquiétants des scientifiques alertent sans cesse de la dégradation du patrimoine environnemental de la planète. Si la population mondiale vivait comme les Français, il faudrait trois planètes pour satisfaire notre demande en ressources naturelles.
Trouver les meilleurs modes d'impulsion à la réalisation d'un objectif commun aussi vaste que la protection de l'environnement est complexe. Nos modes de vie doivent s'adapter et changer. Il ne faut pas des petites mesures mais de grands changements. Nous devons forger un nouveau modèle de production et inventer de nouvelles façons de nous déplacer, de nous nourrir, de produire et de consommer pour assurer sur le long terme le maintien de l'espèce humaine sur Terre.

Pour aller plus loin

- Sur le GIEC : www.ecologique-solidaire.gouv.fr/comprendre-giec
- Sur la loi de transition énergétique et de la croissance verte : www.legifrance.gouv.fr/affichTexte.do?cidTexte=JORFTEXT000031044385
- Sur le plan climat : www.ecologique-solidaire.gouv.fr/politiques/plan-climat
- Sur les déchets : www.ademe.fr/dechets-chiffres-cles
- Sur les installations classées : www.installationsclassees.developpement-durable.gouv.fr/Information-et-documents-publics
- Sur les risques majeurs : www.gouvernement.fr/risques/risques-naturels
- Sur la qualité de l'air : www.statistiques.developpement-durable.gouv.fr/bilan-de-la-qualite-de-lair-exterieur-en-france-en-2017
- Sur la qualité de l'eau potable : www.services.eaufrance.fr/gestion/rpqs
- Sur l'évaluation de la politique de l'eau, rapport d'information du sénateur Pointereau, 2016 : www.senat.fr/notice-rapport/2015/r15-807-notice.html
- Sur la loi de reconquête pour la biodiversité : www.ecologique-solidaire.gouv.fr/sites/default/files/17150_loi-reconquete-biodiversite_4pagesA4_web_PaP.pdf
- Sur la loi d'orientation des mobilités (LOM) : https://www.ecologique-solidaire.gouv.fr/loi-dorientation-des-mobilites

3. Enjeux de diversité des territoires

La différenciation et la dérogation : la diversité au service de l'unité à l'aune du droit à la différenciation

« *La réforme à venir, c'est celle d'une décentralisation de projet, par la différenciation.* » C'est avec ces mots que le président de la République a exprimé, devant les parlementaires réunis en congrès le 10 juillet 2018, la volonté du gouvernement d'introduire dans la Constitution un « droit à la différenciation ». S'agit-il au travers de cette mesure, si elle venait à se concrétiser, d'un pas vers la fin de l'État unitaire ou la volonté d'une compréhension des territoires, en prenant en considération leurs singularités, et en leur offrant ainsi du « sur-mesure » ? Il convient de préciser que cette « diversité » sous sa forme annoncée n'est pas totalement étrangère à notre organisation territoriale. À titre d'exemple, l'article 73 de la Constitution portant sur les territoires ultramarins octroie aux collectivités la possibilité d'adapter les lois et les règlements régissant leurs compétences, compte tenu de leurs particularités résultant essentiellement de l'insularité et de l'éloignement géographique de l'Hexagone.
Le droit à la différenciation revêt différentes formes juridiques et organisationnelles, existantes et à venir, affectant aussi bien l'administration territoriale de l'État, à travers le pouvoir de dérogation consenti à certains responsables territoriaux (I), que les collectivités décentralisées (II).

La déconcentration par la dérogation

Si l'intérêt pour la différenciation est clairement exprimé par les collectivités décentralisées et occupe une place importante dans le débat national, il n'en demeure pas moins que la différenciation par la dérogation est bien présente dans l'État territorial à travers la compétence donnée à certains chefs de service. Conscients de la limite de l'application uniforme des normes sur tout le territoire, les gouvernements successifs de la mandature précédente s'étaient efforcés, à travers deux instructions, en 2013 et en 2016, à demander au représentant de l'État dans le département de procéder à des interprétations « facilitatrices des normes » et à des adaptations aux spécificités locales.
Toutefois, ces deux instructions n'ayant fait l'objet d'aucune évaluation ultérieure, il résulte qu'il est difficile de constater si les préfets ont modifié leurs pratiques pour accompagner par l'adaptation les projets soumis à leur appréciation. Loin d'insuffler une nouvelle culture de l'interprétation « intelligente » des normes, ces deux instructions avaient soulevé des interrogations, notamment en ce qui touchait à la sécurité, écartée du champ de l'application de l'interprétation sans aucune référence au domaine de sécurité visé : sécurité publique, sécurité civile, sécurité technique… ?

Pour aller plus loin dans cette logique de différenciation, plusieurs textes réglementaires autorisant des dérogations à des normes ont été publiés en 2017.
Il en est ainsi d'un décret du 27 juin 2017 qui autorise désormais le directeur académique des services de l'Éducation nationale à déroger aux règles d'organisation de la semaine scolaire, afin de les adapter aux propositions conjointes d'un conseil d'école et d'une commune ou d'un établissement public de coopération intercommunale (EPCI). Le 29 décembre 2017, un nouveau décret autorise, pour une expérimentation de deux ans, les directeurs généraux des ARS à déroger à certaines normes.
En outre, le même jour, un autre décret instaure une expérimentation territoriale de droit de dérogation reconnu au préfet. Cette expérimentation, conduite pendant deux ans depuis le 1er janvier 2018, concerne deux régions et vingt départements et collectivités. Il importe de préciser que cette dérogation n'est pas générale et permanente. Elle peut intervenir sur des compétences limitativement énumérées et ne peut en aucune manière intervenir sur des décisions qui seraient de nature à porter atteinte aux intérêts de la défense ou à la sécurité des biens et des personnes. Ce droit de dérogation territoriale ne vise pas à octroyer au préfet une compétence d'édiction de nouvelles normes générales en lieu et place de la norme à laquelle il est décidé de déroger. Le représentant de l'État ne dispose d'aucune délégation en vue de la simplification locale des normes réglementaires nationales. Il s'agit d'un pouvoir de dérogation qui s'applique à l'occasion de l'instruction de demandes individuelles, permettant ainsi l'exonération de l'application de dispositions réglementaires à des cas d'espèce (un particulier, une collectivité, une entreprise...). Par ailleurs, le représentant de l'État est appelé à veiller à la légalité de la décision de dérogation prise.
S'il est encore trop tôt pour faire le bilan de cette expérimentation en cours, il n'en reste pas moins que sa mise en place soulève de nombreuses questions. Ainsi, les services de l'État concernés se sont montrés inquiets des risques d'insécurité juridique pesant sur des projets ayant fait l'objet d'une dérogation. Cette insécurité pourrait conduire à des contentieux lourds et longs, aboutissant ainsi à l'inverse du résultat attendu de la dérogation, c'est-à-dire à des délais allongés pour des projets censés déroger au droit pour en accélérer la réalisation. En outre, ce droit de dérogation ne peut porter que sur des normes relevant de la compétence de l'État et ne peut intervenir sur des compétences revenant à d'autres autorités, notamment les collectivités territoriales. Or, le champ d'intervention du droit de dérogation consenti au préfet concerne des compétences déjà déléguées à certaines collectivités. Dans ce cas, la dérogation est impossible à intervenir.
En définitive, ce droit de dérogation, peu ou mal connu, peut s'avérer utile. Cependant, il demeure insuffisant dans sa forme expérimentale et ne répond que très marginalement aux attentes locales, notamment celles des collectivités territoriales, lesquelles manifestent la volonté d'inscrire leur action dans un droit à la différenciation davantage affirmé par rapport à ce « modeste » droit de dérogation, confié de surcroît à une autorité non élue.

La décentralisation par la différenciation

Le pouvoir de dérogation exercé en expérimentation par certains préfets tend à réduire les effets de la profusion des normes applicables aux usagers, aux entreprises et aux collectivités territoriales. Cependant, il en va autrement pour les collectivités territoriales, qui souhaitent que le droit à la différenciation soit étendu à de larges compétences couvrant les politiques publiques et qu'elles en soient l'acteur principal, compte tenu de leur légitimité dans les territoires.

Dans son projet de loi constitutionnelle pour une démocratie plus représentative, responsable et efficace, déposé en mai 2018, le gouvernement projetait de faire modifier l'article 72 de la Constitution afin de permettre aux collectivités territoriales une double possibilité de différenciation :

- une différenciation des normes : C'est la possibilité qui sera donnée, par la réforme annoncée, aux collectivités territoriales de « *déroger, pour un objet limité, aux dispositions législatives ou réglementaires qui régissent l'exercice de leurs compétences* ». Il s'agit d'un droit de dérogation d'application des normes, qui ne sera pas uniquement réservé aux administrations locales de l'État, et qui aura pour conséquence de rendre possibles de façon pérenne des dérogations locales et durables au principe d'égalité. Les notions de durabilité et de pérennité sont nouvelles, elles tranchent avec le droit déjà existant en matière de dérogation. En effet, la réforme constitutionnelle de 2003, notamment par la modification de l'article 72, n'autorise les collectivités à adapter ou fixer elles-mêmes des règles dans des domaines relevant de la compétence du législateur ou du pouvoir réglementaire, quelle que soit la matière, que dans le cadre d'une expérimentation étroitement encadrée par la loi. Néanmoins, il est à retenir que cette même réforme de 2003 octroie, sous conditions d'habilitation, aux collectivités d'outre-mer relevant de l'article 73, la faculté de fixer de façon pérenne des règles différentes de celles décidées par le législateur ou le pouvoir réglementaire. Aussi, du fait de leur caractère expérimental, les dispositions dérogatoires à des normes législatives ou réglementaires ne peuvent donc, hormis pour les collectivités relevant de l'article 73, qu'être abandonnées ou généralisées à l'issue de l'expérimentation. La réforme annoncée, si elle va jusqu'à son terme, aura à établir les nouvelles limites du possible existant aujourd'hui ;
- une différenciation des compétences : il s'agit de compétences différentes attribuées à des collectivités d'une même catégorie en vue de prendre des décisions pour l'ensemble des compétences qui peuvent le mieux être mises en œuvre à l'échelon de leur territoire. Cela implique des garanties suffisantes pour maintenir le respect des différents principes garantissant les droits des collectivités, notamment le principe de libre administration et le principe de la compensation financière des transferts de charges. La future loi aura à sécuriser et à fixer le nombre (limité) et la nature des compétences, objet de la différenciation, afin de respecter les différents principes qui régissent les compétences propres de chaque catégorie de collectivités et l'interdiction de la tutelle d'une collectivité sur une autre. Il convient, toutefois, de préciser que le droit à la différenciation des compétences

est aujourd'hui possible. En effet, certaines collectivités exercent déjà des compétences dont ne disposent pas toutes les collectivités de leur catégorie. Cela concerne l'ensemble des collectivités d'outre-mer, les collectivités à statut particulier (Paris où les compétences du département et de la ville sont exercées par la même entité, la métropole de Lyon qui exerce des compétences dévolues au département du Rhône ou encore la collectivité territoriale de Corse qui exerce des compétences non dévolues aux autres collectivités de la même catégorie).

La réforme annoncée devrait ouvrir la voie à l'ensemble des collectivités territoriales à disposer de marges de manœuvre pour répondre aux besoins de leurs territoires. Cette nouvelle compétence est perçue par les collectivités, dans le débat actuel, comme une nouvelle liberté locale permettant la réalisation du « sur-mesure ». Toutefois, ce « sur-mesure » vanté et espéré ne devrait pas abolir la limite de ce qui relève du principe de l'égalité devant la loi, principe découlant de l'article 6 de la Déclaration des droits de l'homme et des citoyens (DDHC) : « *La loi doit être la même pour tous.* »

2 Finances publiques et intervention économique

1. Les interventions de l'État dans l'économie

L'État exerce des fonctions régaliennes comme la défense, la police ou la justice, ce qui montre bien que c'est lui qui a le monopole de la violence légitime. Mais très progressivement, la place de l'État s'est modifiée en raison de l'histoire. Les guerres et les crises économiques ont peu à peu transformé l'État en ajoutant à ses missions régaliennes des missions économiques et sociales désignées par commodité État providence. L'État providence exerce trois fonctions distinctes dégagées par un économiste américain (Musgrave, *The Theory of Public Finance: A Study in Public Economy*, New York, McGraw Hill, 1959). Tout d'abord, une fonction de stabilisation ou de régulation de l'économie ; l'économie varie en fonction de cycles et l'État intervient pour réguler l'ensemble en agissant soit sur l'offre (production), soit sur la demande (consommation) selon les besoins. Ensuite, l'État exerce une fonction d'allocation en finançant des dépenses collectives, par exemple de grands investissements, l'aménagement du territoire, le logement, les réseaux et de nombreux équipements. Toutes ces dépenses sont trop onéreuses pour être financées par les particuliers ou les entreprises. D'ailleurs, elles servent à tout le monde et revêtent une fonction d'intérêt général. Enfin, l'État a une fonction de redistribution. Il absorbe des prélèvements obligatoires pour les redistribuer sous des formes diverses de revenus de transfert, ce qui lui permet d'atténuer les inégalités et de réduire la pauvreté.

Les causes de l'interventionnisme de l'État sont multiples, elles résultent tout d'abord de l'histoire avec une tradition de colbertisme où l'État a toujours joué un rôle dans l'industrie et la production de biens aussi courants que le tabac et les allumettes. Mais cette intervention résulte surtout des besoins de la population que l'État a voulu couvrir en matière de sécurité, de santé, d'éducation et de conditions de travail. Cela résulte de choix collectifs dans lesquels l'État a eu la volonté politique de jouer un rôle de premier plan dans l'économie. Les dépenses publiques sont ainsi passées de 10 % du revenu national en 1800 à plus de 50 % en 1947. Selon Eurostat, la France est championne d'Europe[1] des dépenses publiques avec un taux de 56,1 % du PIB pour 2019, ce qui est largement supérieur à la moyenne européenne. L'évolution de ce taux de dépenses publiques ne s'est pas faite de manière régulière mais par sauts correspondant à des besoins. La Première Guerre mondiale a été le premier saut avec des dépenses qui ont dépassé les 20 % du revenu

1. Elle est championne du monde avec un tel taux. Même la Suède a considérablement réduit son niveau de dépenses publiques qui est désormais inférieur à 50 % du PIB.

national en 1920. Puis la crise de 1929 a justifié l'intervention de l'État aux États-Unis pour faire face au chômage de masse. Le président Franklin Roosevelt a lancé une politique de grands travaux pour créer de l'emploi financé par le déficit budgétaire. Ces politiques interventionnistes ont été théorisées par l'économiste britannique John Mayard Keynes dans un ouvrage célèbre publié en 1936 : *Théorie générale de l'emploi, de l'intérêt et de la monnaie*. En France, à la suite de graves difficultés des compagnies privées de chemins de fer, la SNCF a été créée en 1937 sous le statut d'établissement public, ce qui en faisait une grande entreprise nationale. Quasiment tout le réseau ferré était nationalisé. Puis une seconde vague de nationalisations a eu lieu en 1945 à l'initiative du Conseil national de la Résistance pour sanctionner Renault de sa collaboration avec l'occupant. La troisième vague de nationalisations a eu lieu en 1982 après l'arrivée de la gauche au pouvoir. Depuis cette date, nous sommes plutôt dans une période de privatisation des entreprises publiques.

Les interventions économiques de l'État peuvent prendre des formes très variées. Le Conseil d'État[2] a classé ces interventions en huit grandes familles. La première famille est la fiscalité incitative débouchant sur des dépenses fiscales qui dépassent 100 milliards d'euros en 2020. La deuxième est celle des concours financiers comme les subventions. La troisième famille est celle de la domanialité publique, la quatrième celle des interventions économiques pouvant prendre de nombreuses formes comme les marchés et contrats publics, la cinquième famille est la forme la plus directe d'intervention économique : les entreprises et participations publiques. Les trois dernières familles ne sont pas négligeables mais elles sont beaucoup plus spécialisées que les autres. Il s'agit de la famille de la législation et de la réglementation économique intervenant dans des secteurs spécifiques comme la vente de produits pharmaceutiques (n° 6), de la famille des déclarations publiques avec par exemple des prises de position publiques pouvant avoir une incidence économique (n° 7), et de l'accompagnement en matière économique consistant pour l'État à accompagner ou entourer une ou plusieurs entreprises (n° 8). Les deux formes les plus remarquables d'intervention de l'État dans l'économie sont les subventions versées aux entreprises et les participations de l'État. En effet, ce sont des aides directes qui jouent un rôle de premier plan dans la conduite des politiques économiques. Ces deux formes d'intervention de l'État, bien que très étendues, ne sont pas illimitées. Elles comportent des freins et méritent d'être critiquées.

2. Conseil d'État, *Guide des outils d'action économique*, issu du rapport de 2015 sur « L'action économique des personnes publiques ». Ce guide a été actualisé en 2018, ce qui montre bien son caractère d'outil de référence.

2. Les modalités de l'intervention de l'État dans l'économie

On commencera par présenter les subventions versées par l'État aux entreprises car c'est la manifestation première de l'intervention directe. Puis, nous passerons aux participations en capital qui relèvent de rapports plus compliqués et étroits entre l'État et les entreprises.

Les subventions de l'État aux entreprises

Les dépenses les plus coûteuses du budget de l'État ne sont pas les subventions mais le paiement de la masse salariale qui absorbe 27,64 % des dépenses brutes du budget général[3]. Au sein des dépenses de fonctionnement de l'État, sont classées les subventions pour charges de services publics qui représentent 6,09 % des dépenses brutes du budget général. Il s'agit de subventions versées en 2019 aux 483 opérateurs de l'État qui sont à plus de 93 % des établissements publics comme les universités, les musées ou les organismes publics de recherche. Les subventions versées aux entreprises par l'État représentent pour 2019 quasiment 16 milliards d'euros[4], soit 3,3 % des dépenses brutes du budget de l'État[5]. Cela peut paraître faible mais dès que l'on compare cette masse aux dépenses nettes de l'État (hors remboursements et dégrèvements) hors intérêts de la dette publique[6], ce taux monte à 5,4 %. C'est peu quand on compare[7] ce chiffre avec les transferts de l'État bénéficiant aux particuliers[8] (22,8 %) ou aux collectivités territoriales[9] (9,3 %).

Mais ce chiffre de 16 milliards d'euros de subventions versées aux entreprises n'est pas négligeable quand on le compare aux principales missions du budget général de l'État[10] : Enseignement scolaire 72,7 milliards d'euros, Défense 44,8 milliards, Recherche

3. 131,641 milliards d'euros, soit 44,50 % des dépenses nettes hors intérêts.

4. 15 896,8 millions d'euros pour 2019 selon les annexes du projet de loi de règlement pour 2019. Cette somme ne comprend pas les remboursements et dégrèvements d'impôts bénéficiant aux entreprises (99,8 milliards d'euros pour 2019) ce qui fausserait nos calculs car ces sommes sont des reversements de nature fiscale.

5. *Idem.*

6. 476,132 milliards d'euros de dépenses brutes 2019 - 140,063 milliards de remboursements et dégrèvements d'impôts = dépenses nettes 336,069 - 40,255 milliards d'intérêts de la dette = 295,814 milliards d'euros.

7. La comparaison prend pour base les dépenses nettes hors intérêts. Si l'on prend pour base les dépenses brutes, les taux redescendent à 14,17 % pour les transferts aux ménages et 5,76 % pour les collectivités territoriales.

8. 67,502 milliards de transferts aux ménages. Les principaux sont les aides au logement (14 milliards), l'AAH (11,9 milliards), les remboursements et dégrèvements d'impôts (17,8 milliards), les allocations de solidarité (10,1 milliards), les aides à l'emploi (3,9 milliards), les bourses versées aux étudiants et aux élèves (2,9 milliards) et les transferts versés aux anciens combattants et victimes de guerre (2,2 milliards).

9. 27,465 milliards de transferts aux collectivités territoriales en 2019.

10. En dehors des remboursements et dégrèvements d'impôts (140,4 milliards d'euros) et des engagements financiers de l'État (40,6 milliards d'euros).

et Enseignement supérieur 27,9 milliards, Solidarités 24,7 milliards, Sécurité 20,4 milliards, Cohésion des territoires 17,6 milliards, Écologie 14,3 milliards, Travail et Emploi 14,2 milliards, Gestion des finances publiques et Ressources humaines 10,3 milliards, Justice 8,9 milliards. Ces 16 milliards de subventions aux entreprises sont supérieurs aux dépenses de la mission Travail et Emploi et font presque le double du budget de la Justice.

Les subventions de l'État aux entreprises en 2019

Missions du budget général	Millions d'euros	%
Écologie et Développement durable	6 140,6	38,6
Travail et Emploi	4 452,1	28,0
Outre-mer	1 584,8	9,9
Agriculture	1 007,9	6,3
Recherche et Enseignement supérieur	635,9	4,0
Investissements d'avenir	594,0	3,7
Cohésion des territoires	250,6	1,5
Économie	247,5	1,5
Autres	983,4	6,2
Total	15 896,8	100%

Source : projet de loi de règlement, annexes

Par ministère, c'est le ministère de la Transition écologique qui verse les plus importantes subventions du budget général de l'État aux entreprises représentant plus de 38 % des subventions de l'État aux entreprises. Ces subventions passent par deux programmes totalement différents, d'abord les infrastructures et services de transports (programme 203) correspondant aux subventions aux entreprises de transports dont la plus subventionnée est la SNCF ; ensuite le service public de l'énergie (programme 345) qui verse des aides à EDF pour payer les factures des consommateurs en situation de précarité énergétique et surtout financer la péréquation tarifaire bénéficiant aux usagers des zones non interconnectées. C'est là un mécanisme de solidarité, conséquence de la loi du 10 février 2000. Le second ministère est celui du Travail qui verse 28 % des aides de l'État aux entreprises dans le cadre des politiques d'aide à l'emploi. Deux programmes servent de canal pour verser les subventions aux entreprises : le programme 103 intitulé « accompagnement des mutations économiques et développement de l'emploi », doté de plus de 4 milliards d'euros et le programme 102 intitulé « accès et retour à l'emploi », doté de moins d'un milliard d'euros. Le premier a pour utilité de financer les aides à l'embauche dans les petites et moyennes entreprises (PME) et très petites entreprises (TPE), les exonérations de cotisations sociales des apprentis, enfin d'autres exonérations de cotisations sociales ; le second finance diverses aides à l'emploi. Le troisième ministère est celui des Outre-mers avec un peu plus d'1,4 milliard d'euros de subventions aux entreprises (10 % des aides aux entreprises) pour soutenir l'emploi dans les DOM. Quasiment la moitié des entreprises étant à la Réunion, c'est ce département qui reçoit le plus. Le quatrième ministère est celui de l'Agriculture (6 % des aides de l'État aux entreprises) avec un peu plus d'1 milliard d'euros de subventions destinées aux entreprises de la filière agroalimentaire en complément des aides européennes. Le cinquième ministère est celui de l'Économie avec des subventions de 0,8 milliard d'euros destinées à financer la recherche, surtout dans le domaine économique et industriel. Au total, le ministère de l'Économie verse un peu plus de 5 % des aides de l'État aux entreprises. L'État a voulu simplifier[11] les procédures de demandes de subventions aux entreprises avec un décret récent du 25 juin 2018 relatif aux subventions de l'État pour des projets d'investissement.

Le ministre de l'Écologie dispose, en complément des crédits du budget général (6,1 milliards d'euros), d'un volant supplémentaire retracé sur deux comptes spéciaux lui permettant de disposer de 7,2 milliards d'euros supplémentaires pour financer la transition énergétique ce qui porte le volume de crédits de l'écologie consommés en 2019 à plus de 13,3 milliards d'euros. Le premier compte d'affectation spéciale est le compte de soutien à la transition énergétique (programme 764) doté de 5,4 milliards d'euros. Il permet de soutenir les énergies renouvelables pour la croissance verte en ayant pour objectif de porter leur part à 40 % de la production d'électricité en 2030. Pour 2019, cette part d'énergie verte est à 23 %. L'énergie hydraulique a fortement augmenté (+ 30 % entre 2017 et 2019) et les énergies éoliennes et solaires aussi. Les subventions les plus coûteuses sont celles qui concernent l'énergie photovoltaïque et la filière éolienne. Le second compte est celui des engagements financiers liés à la transition énergétique (programme 765) doté de 1,8 milliard d'euros servant à rembourser à EDF le déficit de compensation accumulé par le mécanisme de contribution au service public de l'électricité depuis 2016. Ces deux comptes spéciaux sont approvisionnés par une affectation d'une fraction du produit de la taxe intérieure de consommation sur les produits énergétiques (TICPE) au financement de la transition énergétique. Depuis 2015, le PLF compte un rapport jaune sur le financement de la transition énergétique[12]. On voit bien que ces subventions aux entreprises sont en train de changer et qu'elles prennent une coloration de plus en plus liée au développement durable et à l'écologie. Si l'on devait identifier les entreprises bénéficiaires, on

11. On passe de 30 items demandés antérieurement à seulement 6.

12. On recommandera d'autant plus ce document budgétaire jaune qu'il a été enrichi par la fusion de trois documents budgétaires à compter de 2020. Ce document est rédigé par le commissariat général au développement durable du ministère de l'Écologie. Ce rapport se substitue à trois documents budgétaires dont il reprend les méthodologies : le rapport relatif à l'effort financier consenti au titre de la protection de la nature et de l'environnement, le rapport sur le financement de la transition énergétique et le document de politique transversale de la lutte contre le changement climatique, respectivement prévus par l'article 131 de la loi de finances pour 1990 (n° 89-935 du 30 décembre 1989), le I de l'article 174 de la loi n° 2015-992 du 17 août 2015 relative à la transition énergétique pour la croissance verte et le 10° du I de l'article 128 de la loi n° 2005-1720 du 30 décembre 2005 de finances rectificative pour 2005.

verrait assez vite que les entreprises du secteur public sont très bien placées notamment EDF et dans une moindre mesure la SNCF[13]. Les jaunes budgétaires nous indiquant que l'État verse 5 milliards d'euros aux PME, on en déduit que ce sont les grandes entreprises qui absorbent un peu plus de 10 milliards d'euros provenant du budget général de l'État. Or, ces grandes entreprises sont, pour certaines, des entreprises dont l'État est actionnaire.

Les participations de l'État dans les entreprises

Elles représentaient fin 2015, selon la Cour des comptes, quasiment 100 milliards d'euros, soit 4,6 % du PIB[14]. L'enjeu est de taille car les effectifs en cause dépassent les 2 millions de personnes physiques, ce qui est à peine moins que ceux de l'État et de ses opérateurs. Ces effectifs des entreprises dont l'État détient des participations représentent 9,8 % de la population active française[15]. L'État agit directement par le canal de l'Agence des participations de l'État (APE) qui gère le portefeuille de l'État actionnaire depuis 2004. L'APE, qui est un service à compétence nationale[16], gère un périmètre financier qui représente 70,4 % des participations en capital de l'État et 74 % des ressources humaines, soit la part du lion. L'État agit également de manière indirecte *via* deux gros établissements qui sont BPI-France[17] (16 % des participations), la Caisse des dépôts et consignations (CDC) (11,7 % des participations) et quatre établissements publics qui sont le Commissariat à l'énergie atomique (CEA), le Centre national d'études spatiales (CNES), le Bureau de recherches géologiques et minières (BRGM) et l'Institut français du pétrole (IFP). Ces quatre établissements publics interviennent à un niveau plus modeste (1,9 % des participations).

Chaque année, un document budgétaire jaune est joint au projet de loi de finances afin de faire la transparence sur les participations de l'État dans les entreprises publiques ou à participation publique. Il porte le nom de rapport sur l'État actionnaire. Il permet d'avoir accès à des informations très intéressantes[18].

13. Concernant la SNCF, nous n'avons pas compté les 3,4 milliards de subventions versées par l'État au titre des retraites qui bénéficient à l'entreprise car elles sont comptabilisées, non en versement aux entreprises mais à d'autres collectivités. Si on avait comptabilisé les crédits de la mission régimes sociaux et retraite, il aurait fallu ajouter encore 6,4 milliards d'euros aux 15,9 milliards comptabilisés dans le tableau, ce qui aurait porté le total exécuté en 2018 à 22,3 milliards, soit 4,89 % de la dépense brute du budget général et 7,72 % de la dépense nette hors intérêts.

14. Pour 2018, le rapport sur l'État actionnaire (PLF 2020) indique 110 milliards, soit 4,8 % du PIB.

15. Données fournies par la Cour des comptes au 31 décembre 2014.

16. Service à compétence nationale rattaché directement au ministre de l'Économie selon l'article 1er du décret du 9 septembre 2004.

17. BPI-France a été créé par la loi du 31 décembre 2012, son rôle est de financer les PME. Le nom BPI signifie Banque publique d'investissement.

18. Ainsi, dans le rapport joint au PLF 2020, on trouve pp. 110-111 les rémunérations des dirigeants des entreprises publiques. Sur 50 entreprises publiant les salaires de leurs dirigeants, on apprend que 12 entreprises rémunèrent leur dirigeant à hauteur de 450 000 euros par an, ce qui représente un salaire mensuel moyen de 37 500 euros. Ces entreprises où les dirigeants sont les mieux rémunérés sont : ADP, Areva, BPI-France, EDF, La Poste, NAVAL GROUPE, ORANO, RATP, SNCF Mobilités, Géodis, Kéolis, LFB.

Les participations de l'État dans les entreprises au 31 décembre 2015

Actionnaires publics	Capital[19]	Nombre participations	Effectifs RH
APE[20]	69 612	9	1 742 354
CDC[21]	11 567	921	224 006
BPI-France	15 982	707	299 541
CEA-CNES-BRGM-IFP	1 764	32	86 286
Total	98 925	1 750	2 352 187

Source : Cour des comptes, « Rapport sur l'État actionnaire », janvier 2017, p. 21 et 24.

Le portefeuille géré par l'agence des participations de l'État dans les entreprises cotées a atteint 77,5 milliards d'euros en 2018. Les trois secteurs de l'économie les plus représentatifs sont l'énergie (49 %), le secteur aéronautique-défense (26,7 %) et les transports (13 %). Une fois comptabilisés ces trois secteurs, il ne reste plus grand-chose (11,3 %)[22]. L'Agence des participations de l'État a été créée en 2004 pour donner plus d'autonomie aux services chargés de gérer le portefeuille de l'État. Elle se comporte comme une agence indépendante de l'État.

Les 10 plus grosses participations de l'État en 2019

Entreprises cotées	Capital Mds d'euros	Part État %
Électricité de France (EDF)	28,3	83,7 %
Airbus	10,7	11,1 %
Aéroports de Paris (ADP)	7,7	50,6 %
Engie[23]	7,7	23,6 %
Safran[24]	6,1	10,8 %
Thalès[25]	5,1	25,7 %
Orange	4,9	13,4 %

19. Valeur nette comptable.
20. Hors BPI-France.
21. Hors BPI-France.
22. Les secteurs restants sont l'automobile, les télécommunications et les services financiers.
23. L'État détient 34,8 % des droits de vote, ce qui lui permet de bloquer les décisions importantes.
24. L'État détient 21 % des droits de vote.
25. L'État détient 35,8 % des droits de vote (minorité de blocage). Le second propriétaire lié à l'État par un pacte d'actionnaires est Dassault Aviation qui détient 24,7 % du capital et 28,4 % des droits de vote.

Renault	2,4	15,0 %
Air France-KLM[26]	0,5	14,3 %
ERAMET	0,4	25,6 %

Source : PLF, « Rapport sur l'État actionnaire », 2020, p. 25

Le rôle de l'État actionnaire peut sembler anachronique en 2020. En effet, les finances publiques contraintes par les objectifs européens n'ont plus les moyens de soutenir des entreprises qui ne sont plus concurrentielles. La doctrine de l'État actionnaire fournit trois justifications à l'intervention de l'État dans l'économie : 1) les entreprises stratégiques contribuant à la souveraineté de notre pays doivent impérativement être détenues par l'État comme c'est le cas dans les domaines de la défense et du nucléaire ; 2) les entreprises participant à des missions de service public ou d'intérêt général pour lesquelles l'État ne détient pas d'autre levier que l'actionnariat ; 3) les entreprises dans lesquelles il existe un risque systémique, par exemple la banque Dexia.

Les entreprises détenues par l'État peuvent avoir deux types de statut. Il peut s'agir tout d'abord d'établissements publics comme la Caisse nationale des autoroutes ou les 11 grands ports français[27]. Il subsiste encore quelques établissements publics à caractère industriel et commercial (EPIC) historiques comme les charbonnages de France ou la RATP, et de nouveaux EPIC ont été créés comme les monnaies de Paris en 2007 après l'application de la LOLF, BPI-France en 2012 après la crise des dettes souveraines. Mais la plupart des entreprises dont l'État est actionnaire ont le statut de sociétés de droit privé, il peut s'agir de sociétés nationales comme Areva, la SNCF depuis 2020, GIAT-Industries, l'Imprimerie nationale, Radio France et France Télévisions ou la SPPE, mais le capital des sociétés publiques ayant été ouvert aux investisseurs privés, l'État intervient dans des sociétés dont il peut être l'actionnaire majoritaire (EDF, La Poste, la Française des jeux, Paris Aéroport – anciennement Aéroports de Paris, ADP –, les aéroports des grandes villes françaises, la SFIL) ou minoritaire (marché de Rungis, CNP, Airbus, Renault et Air France-KLM).

Dans le secteur de l'énergie, c'est l'entreprise EDF qui pèse le plus lourd avec un chiffre d'affaires (CA) de 69 milliards d'euros en 2018 et des effectifs de 166 000 personnes. Engie qui résulte de la fusion de Gaz de France et de Suez pèse un peu moins lourd avec un CA de 60 milliards d'euros et 160 000 salariés. ENEDIS est une filiale d'EDF à 100 % avec un CA de 14,2 milliards d'euros et 39 000 salariés. Les autres entreprises à participation publique pèsent beaucoup moins mais présentent des CA de plusieurs milliards d'euros : RIE (4,8 milliards d'euros), ERAMET (3,7 milliards d'euros), Orano (3,6 milliards d'euros),

26. L'État détient 22,7 % des droits de vote.

27. Les 11 grands ports français dont les plus gros sont ceux du Havre et de Fos-Marseille peuvent paraître d'intérêt local. Pourtant l'importance des échanges commerciaux montre qu'il existe un intérêt national à ce qu'ils soient maîtrisés par l'État.

Framatome (3,3 milliards d'euros), sauf les deux dernières qui rapportent moins d'un milliard d'euros : LFB (0,4 milliard d'euros) et Areva (0,1 milliard d'euros).

Dans le secteur de l'industrie, c'est le consortium européen Airbus qui a le premier rôle avec un CA de 64 milliards d'euros, son capital est détenu par la France et l'Allemagne (11,1 % du capital chacun) ainsi que l'Espagne à une hauteur moindre (4,2 %). Airbus emploie 134 000 salariés. Renault, dégage un CA de 57,4 milliards d'euros pour 183 000 salariés. Safran (CA : 21 milliards d'euros) et Thalès (CA : 15,9 milliards d'euros) jouent également un rôle clef grâce à respectivement 93 000 et 82 000 salariés. Les autres entreprises du secteur public sont en perte de vitesse comme NAVAL GROUP (CA : 3,6 milliards d'euros) et GIAT Industries (CA : 241 millions d'euros).

Le secteur des transports revêt une importance stratégique pour l'aménagement du territoire national. La SNCF présente le plus gros chiffre d'affaires (33,3 milliards d'euros) et les plus gros effectifs (272 700 personnes). Elle est organisée depuis janvier 2020[28] en une société mère SNCF et 4 nouvelles filiales : SNCF Voyageurs, SNCF Réseaux, SNCF Gares et connexions et SNCF Frêt. À cet ensemble, s'ajoutent les sociétés Kéolis[29] et Géodis[30] pour constituer le groupe SNCF. La compagnie Air France-KLM est détenue par la France pour 14,3 % et par les Pays-Bas pour 14,0 %. Elle présentait un CA de 26,5 milliards d'euros pour 2018 avec 81 527 salariés. La RATP est plus petite avec un CA de 5,6 milliards d'euros et un effectif de 62 741 salariés. Les 11 ports de France sont constitués sous la forme d'établissements publics et les deux plus actifs sont ceux du Havre et de Marseille-Fos, leur CA est plus modeste avec respectivement 195 et 165 millions d'euros en 2018. La crise de la COVID-19 a frappé de plein fouet ce secteur des transports car les compagnies privées appelées communément BUS-MACRON ont toutes fait faillite et les compagnies aériennes ont été durement touchées.

Le dernier secteur des services et des finances comporte plusieurs géants dont Orange (CA : 41 milliards d'euros), la Caisse nationale de prévoyance (CNP – CA : 32,4 milliards d'euros) et La Poste (CA : 24,7 milliards d'euros). La CNP a de plus petits effectifs (5 353 personnes), alors qu'Orange en compte vingt-huit fois plus (151 000 personnes) et La Poste quarante-sept fois plus (251 000 personnes). Les établissements financiers ont été touchés par la crise financière de 2008 avec la faillite de DEXIA et son remplacement par BPI-France créé par la loi de décembre 2012. Ce secteur compte toutes les entreprises du secteur de l'audiovisuel public[31] ainsi que le marché de Rungis et l'Imprimerie nationale.

Le chiffre d'affaires consolidé de l'ensemble des quatre secteurs des entreprises à participation publique se monte pour 2018 à 143,5 milliards d'euros ce qui est loin d'être négligeable dans l'économie.

28. Jusqu'en janvier 2020, la SNCF était organisée en 3 EPIC : l'EPIC SNCF, l'EPIC SNCF Mobilités et l'EPIC SNCF Réseaux.

29. Filiale à 70 % de la SNCF, spécialisée en transports interurbains de voyageurs, bus et tram.

30. Filiale à 43 % de la SNCF, issue du développement de la société Calberson, spécialisée en logistique, transport routier, frêt, conteneurs et paquets.

31. France TV, Radio-France, Arte et France-Média Monde.

La loi du 22 mai 2019 relative à la croissance et à la transformation des entreprises a décidé de privatiser les aéroports de Paris pour financer le fonds pour l'innovation et l'industrie doté d'un budget prévisionnel de 10 milliards d'euros. Ce fonds est prévu pour soutenir à long terme les technologies de rupture comme l'intelligence artificielle ou le stockage des énergies renouvelables. Cette décision a causé une réaction de rejet de 248 parlementaires de toutes tendances politiques et un référendum d'initiative partagée a été déposé. Une consultation de la population est en cours et la majorité requise pour que la privatisation soit rejetée doit dépasser 4,7 millions de personnes d'ici le 12 mars 2020, or, un effectif d'1,120 million de signatures ont été enregistrées par le Conseil constitutionnel. Prétextant la crise de la COVID-19, le gouvernement a décidé le 11 mars 2020 de reporter ce projet à plus tard. Les citoyens sont déjà échaudés de la vente des autoroutes qui est intervenue en 2005 pour 14,8 milliards alors que la Cour des comptes évalue le prix réel à 24 milliards. On a l'impression que l'État, déjà surendetté, cherche à « *vendre les bijoux de famille* » sans voir que ce sont des entreprises qui rapportent énormément. Ainsi, les dividendes des autoroutes privatisées ont rapporté 1,7 milliard d'euros en 2017 et 4,7 en 2016. Même si ce sont des recettes variables, elles pourraient continuer à rapporter à l'État qui conserverait ainsi son patrimoine. On peut également noter la privatisation de la Française des jeux, entreprise d'État créée en 1933, qui a été partiellement vendue en novembre 2019 alors qu'elle rapportait beaucoup à l'État (3,6 milliards en 2018 sur un bénéfice annuel de 5,4 milliards d'euros) et que ses résultats sont en forte hausse[32]. L'État vend les entreprises qui rapportent et conserve celles qui coûtent, cette gestion hautement politique fait l'objet de critiques qu'on ne peut passer sous silence.

Les interventions de l'État dans l'économie sont donc une réalité incontournable qui prend plusieurs formes dont les deux plus importantes sont les subventions et les participations en capital. Toutefois, ces interventions ont pu être limitées, contestées ou carrément remises en cause. C'est ce que nous nous proposons de présenter dans ce deuxième volet.

3. Les limites des interventions économiques de l'État

L'intervention de l'État dans l'économie n'est pas une donnée incontestable. En effet, la construction européenne constitue une vision du monde économique davantage axée sur la concurrence que sur la puissance publique. Par ailleurs, la question de la place que doit tenir l'État dans l'économie relève d'une conviction personnelle.

32. Mise à prix le 20 novembre 2019 à un plancher de 16,50 euros, l'action de la FDJ est passée dès le lendemain à 23,50 euros. Au 7 août, son cours avait quasiment doublé à 31,60 euros. La loi du marché semble donner tort à notre raisonnement.

Le contrôle européen des aides d'État[33]

Les interventions économiques de l'État sont contrôlées au niveau européen. La Commission européenne regroupe les aides d'État en quatre grands groupes : groupe A, subventions et allégements fiscaux ; groupe B, prises de participations ; groupe C, prêts bonifiés et reports d'impôts ; groupe D, garanties. On le voit très clairement, les subventions et participations en capital sont dans les deux premières catégories car ce sont les aides directes les plus déterminantes. Depuis le traité de Rome, l'Europe interdit les aides d'État. Actuellement, ce sont les articles 107 et suivants du traité sur le fonctionnement de l'UE (TFUE) qui sont la source juridique de cette interdiction. Selon le droit européen, sont en principe interdites les aides versées aux entreprises par l'État apportant un avantage sélectif affectant les échanges entre les États et la concurrence. Quand le traité parle d'État, c'est une expression générale qui englobe toutes les autres personnes publiques et notamment les collectivités territoriales. Depuis l'origine, le droit européen veut développer la concurrence sans que l'État vienne la fausser, d'où un contrôle draconien exercé par la Commission européenne. Les États membres sont donc tenus de notifier à la Commission européenne toutes leurs aides pour qu'elles soient contrôlées dès lors qu'elles sont supérieures à 200 000 euros. En dessous de ce seuil, l'Europe considère que les aides ne sont pas interdites (aides de minimis). La Commission européenne dispose de deux mois pour se prononcer. En cas d'absence de réponse, le silence vaut acceptation sauf cas de doute sérieux qui donne à la Commission un nouveau délai de 18 mois. Cette procédure de notification donne souvent lieu à des allers-retours entre la Commission et les administrations et dure en pratique entre 6 et 18 mois. Il existe un contentieux des aides devant le tribunal de première instance et la Cour de justice de l'UE car, bien souvent, les aides peuvent être urgentes et l'État n'a pas le temps d'attendre ce qui lui fait verser l'aide. Mais une aide, même conforme au fond, devient interdite si le délai de deux mois n'est pas respecté. On trouve un second type de contentieux, encore plus compliqué, relatif au remboursement des aides indues. Une aide illégale car non notifiée mais déclarée compatible avec le droit européen par la Commission ne fait pas l'objet d'une récupération. À partir du moment où la Commission a décidé d'obliger l'État à récupérer le montant de l'aide, l'État dispose d'un délai de quatre mois pour s'exécuter. Si l'État n'obtempère pas, la commission peut exercer devant le juge européen un recours en manquement. Si ce premier recours en manquement ne suffit pas à régler la question, la Commission peut en exercer un second (manquement sur manquement). Depuis 1995, la jurisprudence a même permis à la Commission de s'opposer à d'autres aides, même compatibles, tant que ses précédentes demandes n'ont pas été respectées par les États.

De façon exceptionnelle, la Commission accorde des exemptions qui doivent être justifiées par le caractère prioritaire de l'aide. Une exemption peut être accordée dans un délai variant entre un et trois mois. Prenons un exemple concret, le régime exempté n° SA-51296

33. On renverra, pour aller plus loin, au « Vadémécum des aides d'État » de la Direction des affaires juridiques du ministère des Finances, dernière édition 2016. Facilement accessible sur Internet.

relatif aux aides en faveur des infrastructures dans les ports maritimes et intérieurs pour la période 2018-2020. Dans un autre domaine, il existe des aides à finalité régionale permettant d'accorder des aides publiques aux entreprises pour les soutenir dans leur politique d'investissement. 24 % de la population française correspond à ces zones en difficulté où les aides sont autorisées. Le Commissariat général à l'égalité des territoires travaille avec le Secrétariat général des affaires européennes (SGAE) en concertation avec les ministères et les préfectures à la définition européenne de ce zonage. D'une manière générale, on signalera que, depuis 2005, le contrôle des aides par la Commission est plus souple, ce qui permet aux États de conserver une importante marge de manœuvre pour verser des aides. Ces règles de concurrence sont applicables pour toute aide versée par l'État à toute entreprise, qu'elle soit publique et privée. Le droit européen assimile l'entreprise publique et l'entreprise privée en les rendant également soumises au droit de la concurrence. Mais le droit européen reconnaît qu'il peut exister des monopoles publics dans les secteurs fonctionnant en réseau car il a fallu investir longtemps pour les constituer. L'article 37 du TFUE autorise les États à maintenir les monopoles nationaux à condition qu'il n'y ait pas de discrimination entre les ressortissants des États membres. La France a voté en 2018 une réforme ferroviaire d'ouverture à la concurrence au 1er janvier 2020. C'est la loi du 27 juin 2018 pour un nouveau pacte ferroviaire. Désormais, la SNCF est une société de droit privé mais à capitaux publics incessibles. Dans le domaine de l'énergie, le marché de l'électricité et du gaz est totalement ouvert pour les particuliers qui peuvent désormais choisir librement leur opérateur depuis juillet 2007. Ce sont les directives européennes fixant ces objectifs qui sont ainsi transposées par la loi nationale. L'Europe n'a pas été la seule remise en cause des interventions économiques de l'État. C'est aussi une question de conviction.

Pour ou contre les interventions de l'État dans l'économie ?

Les interventions de l'État ne peuvent pas exister en 2020 comme au temps de Louis XIV, où Colbert régissait de Paris les manufactures royales des Gobelins regroupant l'art de la fabrication des tapisseries, la fabrication de draps, des métiers à laine et des tapis et où il avait créé *ex nihilo* de nouvelles industries de glaces, dentelles et industries de luxe comme la porcelaine. L'Europe a été la première à remettre en cause les interventions économiques de l'État au nom du droit de la concurrence. Puis, c'est la mondialisation qui a obligé notre économie à s'adapter à de nouvelles réalités. On parle de « contrainte extérieure » pour qualifier le fait que son ouverture sur l'extérieur limite les marges de manœuvre d'un État en matière de faisabilité ou d'efficacité de sa politique économique. Les privatisations d'entreprises publiques ont ainsi fait passer dans le secteur privé des pans entiers d'entreprises publiques à partir de 1986 dans les domaines de la banque et des assurances. Ces privatisations ont d'ailleurs permis à l'État d'encaisser des recettes nouvelles, ce qui a pu contribuer au désendettement de l'État. L'État a été remis en cause dans son rôle d'acteur direct.

La remise en cause de l'intervention de l'État dans l'économie est ancienne et la plus célèbre date d'Adam Smith dans *La Richesse des nations* publiée en 1776, où il développe la métaphore de la main invisible. Il n'est pas nécessaire que l'État intervienne dans l'économie car ce sont les marchés qui décideront d'équilibrer l'offre et la demande. Les acteurs économiques que sont les ménages, les entreprises et autres agents comme les banques n'ont pas besoin d'un État qui impose ses vues ou donne des directives. Le propos doit être nuancé car, dans *La Richesse des nations*, Adam Smith milite pour la prise en charge par l'État de différents aspects de la vie économique : infrastructures, comme les ponts ; encadrement de la concurrence ; les écoles pour éviter que les enfants de familles pauvres ne puissent y avoir accès, car devant travailler très jeunes. Mis à part ces aspects touchant les investissements, l'État ne doit pas intervenir dans l'économie.

Ce point de vue purement économique peut être renforcé par deux arguments non négligeables. Tout d'abord, l'État n'est pas en position d'intervenir dans l'économie puisqu'il est actuellement endetté, quasiment à la hauteur du PIB du pays, sa marge de manœuvre devrait plutôt l'inciter à réduire ses dépenses pour réduire son déficit. Au niveau européen, la moyenne de l'endettement public des 27 États est de 77,8 % pour 2019. S'il continue à dépenser plus qu'il n'a de ressources, il risque de se mettre en danger en cas de remontée des taux. Par conséquent, l'État devrait se recentrer sur ses missions régaliennes : défense, sécurité, justice, police, diplomatie, fiscalité, douanes. Ensuite, c'est un argument politique et sociologique qu'il convient de produire. L'État n'est jamais neutre, en réalité l'État est l'expression d'un groupe d'acteurs qui vont chercher à orienter l'économie dans un sens ou dans un autre. De ce fait, ces groupes de pression ne devraient pas utiliser l'État pour intervenir dans l'économie. Il appartient aux agents économiques d'agir directement sur les marchés et la main invisible pourra tout réguler sans avoir besoin de l'État. D'ailleurs, si une entreprise est bien gérée, si son personnel est mobilisé sur la réalisation d'objectifs, si sa production répond à un besoin des marchés, elle n'aura pas besoin de l'intervention de l'État. Il ne faut pas aider les entreprises en difficulté. Les entreprises naissent et meurent comme les humains. L'État ne doit pas prolonger artificiellement la durée d'une entreprise qui n'est plus viable.

Mais la crise financière des *subprimes* de 2008, suivie par celle des dettes souveraines à l'automne 2019, a totalement changé la donne. Dans tous les États développés, l'État a retrouvé la légitimité de ses interventions dans l'économie. D'ailleurs, les banques qui prétendaient agir dans l'économie sans l'État ont demandé sa garantie et un refinancement sans lequel il n'aurait pas été possible d'éviter une pire crise que celle qui est intervenue. En Europe, l'UE a approuvé 1 459 milliards d'euros d'aides en capital au secteur bancaire. La Cour des comptes (CDC) s'interroge dans un rapport publié le 29 juin 2009 sur les concours publics aux établissements de crédit sur les pertes infligées au contribuable par les banques qui prétendaient justement se dispenser de toute intervention de l'État. Aux États-Unis, lorsque la banque Lehmans Brothers s'est effondrée, les grandes banques américaines risquaient d'être touchées par un effet domino. Heureusement, l'État fédéral est intervenu en application du principe « *Too big to fall* », si une grande banque s'effondre

les effets néfastes se feront sentir sur toute l'économie. Il faut donc impérativement que l'État intervienne pour être garant de la stabilité du système financier.
En Europe, les États ont dû s'entendre dans un cadre intergouvernemental pour mettre en place un plan d'aide à la Grèce en mai 2010, puis à l'Irlande en novembre 2010. La crise systémique n'a pu être évitée que parce que les États ont su faire preuve de solidarité. Fin 2018, les États membres de l'UE avaient accordé plus de 234 milliards de prêts intergouvernementaux pour aider les pays en difficulté. Le rôle de l'État a donc changé en France et dans le monde depuis la crise. La CDC a retrouvé le devant de la scène pour financer l'économie et jouer le rôle de bras armé de l'État. Maintenant que la crise est passée, l'État a reconfiguré le paysage bancaire en créant un grand pôle financier composé de la CDC, de la Banque postale et de la Caisse nationale de prévoyance. Depuis la crise, l'État a démontré son utilité pour stabiliser l'économie et garantir la pérennité des services rendus aux citoyens.
La place de l'État a retrouvé le premier rang avec la crise de la COVID-19. En effet, face à la récession causée par le confinement, les entreprises ont cessé leur production et ce sont les États européens qui ont dû intervenir. Toutes les règles européennes de rigueur budgétaire ont été suspendues pour permettre aux États d'intervenir. Le 21 juillet, après 90 heures de négociation, les 27 se sont mis d'accord sur le plan de relance de 750 milliards d'euros destiné à contrer la récession économique en 3 ans. La France et l'Allemagne ont joué un rôle moteur, suivis par l'Italie et l'Espagne. Il faut noter que la présidence de l'UE est assurée par l'Allemagne depuis le 1er juillet 2020. 5 pays frugaux ont freiné tout ce qu'ils ont pu : Pays-Bas, Autriche, Suède, Finlande et Danemark. Mais ils ont bien été obligés de se rallier au groupe de tête. Les 750 milliards d'euros correspondent à un endettement assumé par l'UE, et sont divisés en deux parts :

- 390 milliards d'euros destinés à être versés sous forme de subventions non remboursables aux États les plus pauvres. Cette somme aurait dû monter jusqu'à 500 milliards d'euros initialement mais la somme a été revue à la baisse. Dans cette distribution, la France a obtenu 40 milliards, l'Italie 70 et l'Espagne 60. Pour obtenir les fonds, l'État bénéficiaire devra présenter un programme d'investissements. Chaque tranche devra être approuvée par la Commission européenne et, en cas de litige, le Conseil européen tranchera ;
- 360 milliards de prêts accordés aux États qui en feront la demande et qui leur permettra de s'endetter à des conditions plus avantageuses en raison de la garantie de l'UE. Mais, s'agissant de prêts, les États devront les rembourser.

La Cour des comptes a fait un schéma pour résumer les interventions de l'État. Il figure dans le rapport de la Cour des comptes sur la situation et les perspectives des finances publiques[34]. On voit bien que les augmentations de dépenses sont beaucoup moins importantes que les baisses de recettes : 64 milliards d'euros de dépenses supplémentaires contre 133 milliards de pertes de recettes. Le résultat serait pour la France un

34. Cour des comptes, Rapport sur la situation et les perspectives des finances publiques, p.47. Juin 2020.

creusement du déficit qui atteindrait 10 % du PIB. L'Italie serait à 11 % de déficit contre 7 % pour l'Allemagne alors que ce pays était en excédent depuis 2014. L'ensemble des États européens se sont lancés dans des politiques fortement interventionnistes dans lesquelles la limitation des déficits n'a plus compté. Pour 2020, le gouvernement français table sur une dette publique de 121 % du PIB, un déficit public de 11,4 % en raison d'un taux de croissance négatif inégalé depuis 1945 de 11 %. Même sans interventions économiques de l'État, le déficit aurait été au rendez-vous en raison de la baisse des recettes fiscales. Avec des interventions économiques, le déficit sera plus important mais on espère que le système productif repartira en 2021.

Passage de la prévision de déficit public de la LFI pour 2020 à celle du PLFR 3 de juin 2020

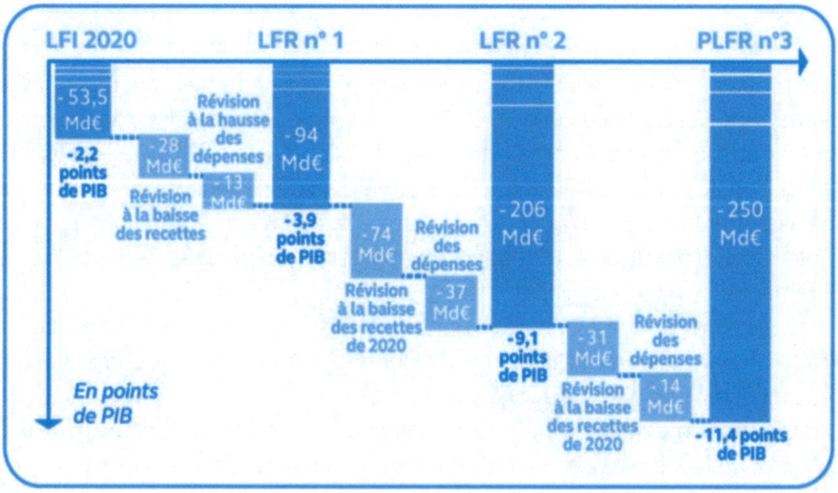

Source : Cour des comptes

Les dépenses de relance les plus importantes du plan du gouvernement français sont le financement du chômage partiel pendant le confinement (plus de 20 milliards d'euros), le renforcement des participations de l'État (20 milliards d'euros), le fonds de solidarité destiné à aider les petites entreprises (7,5 milliards d'euros) et la prise en charge des cotisations de Sécurité sociale (3 milliards d'euros). On le voit très clairement, l'Europe a totalement revu son discours libéral sur la main invisible et a pris le parti d'encourager les États à sauver l'économie pour éviter une récession irréversible. Les États ont accru leur fonction de redistribution pour relancer l'activité économique. Le résultat de ces baisses de recettes et des interventions publiques sera une augmentation énorme de la dette publique dans l'ensemble des États membres de l'Union européenne. Les taux bas permettront dans un premier temps aux États de ne pas payer beaucoup d'intérêts mais l'inévitable remontée des taux risque de coûter très cher aux finances publiques.

3 Évolution des services publics : enjeux de transformation, notamment numérique

La loi sur la transformation de la fonction publique de 2019 est un jalon de plus dans la mutation plus générale de l'État en France. Cette dynamique doit beaucoup à l'influence de la dématérialisation et du numérique sur l'action publique. Une des manifestations les plus accessibles au grand public se trouve sans doute dans la fiscalité, *via* le prélèvement à la source rendu possible par la numérisation des flux salariaux et financiers divers. Mais la transformation de l'État *via* le numérique est un processus beaucoup plus profond, si bien que certains l'ont présenté comme irréversible. Selon le classement de l'ONU d'ailleurs, l'administration publique française serait première dans le classement numérique en Europe.

1. Le numérique correspond à un impératif de refonte de l'État actuel

La discipline budgétaire de la zone euro, associée à une croissance insuffisante pour maintenir les méthodes et la superficie des services publics en l'état, motive une refonte profonde de l'action publique comme le projet CAP 22 a pu en esquisser des pistes. L'État et tous ses démembrements sont astreints à davantage de rigueur budgétaire alors que la masse salariale de la fonction publique augmente automatiquement du fait du glissement vieillesse technicité (GVT). Parallèlement, l'existence de déserts numériques ou médicaux comme la fermeture de services publics, tels les bureaux des finances publiques ou les postes sont autant d'appels à la reconversion des ressources employées. La pertinence des services publics ne peut donc plus se contenter du *statu quo*.
Cette dynamique repose en grande partie sur les transformations numériques déjà à l'œuvre et porteuses d'approfondissements encore à venir. Le référentiel d'accessibilité numérique en est ainsi à sa dixième année et à sa quatrième version, poursuivant toujours l'objectif d'un meilleur usage des services numériques quelles que soient les cultures et capacités des usagers – voir le décret accessibilité numérique du 24 juillet 2019 ou encore la révision 2018 de la norme européenne d'accessibilité des technologies de l'information et de la communication (TIC). Ces obligations visent les autorités publiques mais aussi les entreprises privées qui réalisent un chiffre d'affaires de 250 millions d'euros ou plus et qui ont des sites internet. Dans la logique de libre diffusion des données et statistiques publiques, la norme Etalab,

issue d'une mission de la Direction interministérielle du numérique et du système d'information et de communication de l'État (DINSIC), offre une feuille de route depuis 2013.
La transformation numérique de l'État et des différents services publics ne part donc pas d'une page blanche. Forte de l'expérience acquise, la DINSIC pousse à une reconfiguration de l'action publique en fonction d'une cartographie des compétences des différentes administrations. C'est une traduction immédiate d'une recherche d'une meilleure maîtrise de l'information par les autorités publiques sur leur propre action. C'est aussi la volonté de mieux faire connaître les transformations numériques afin qu'on en tire davantage profit par un meilleur partage des bonnes pratiques au sein des administrations en répondant à quatre besoins : lister les solutions numériques actuelles, connaître les retours du terrain, apprécier les impacts organisationnels et diffuser ces informations auprès d'un large public.
Cette transformation numérique dépasse ainsi la seule restriction budgétaire. Elle part d'abord d'un objectif d'amélioration des structures existantes selon la trame fixée par la DINSIC, le Tech.gouv. Il s'agit d'accélérer la transformation numérique de l'État selon six enjeux : simplifier les procédures (voir le « Dites-le-nous une fois » pour profiter du numérique en évitant la répétition des saisies de formulaires sur Internet), pratiquer l'inclusion (utiliser le numérique pour supprimer la distance physique entre les usagers et les services publics, voir la dématérialisation des procédures de retrait du permis de conduire), renforcer la maîtrise des logiciels de gestion des données, optimiser les dépenses engagées et pratiquer des partenariats entre différents opérateurs. C'est là un défi de compétitivité de l'action publique permettant à davantage d'opérateurs de concourir à des marchés publics désormais simplifiés car numérisés ou à davantage d'entreprises de profiter des aides publiques.
Cette transformation de l'action de l'État doit aussi permettre de renouer les relations avec les citoyens. C'est l'esprit des négociations en vue de la promotion de la télémédecine, procédé permettant d'éviter des déplacements trop longs de personnes isolées.

2. Le numérique met en œuvre une stratégie interministérielle

La transformation numérique de l'État est une stratégie qui relève d'une logique interministérielle et qui a vocation à toucher les collectivités. Cet aspect transversal se retrouve dans la coordination opérée par la DINSIC à des fins de meilleure interopérabilité et aussi dans la volonté de remodeler l'ensemble de la fonction publique en matière d'usage de ses ressources et d'adaptation de ses compétences. L'État numérique est ainsi indissociable d'une actualisation de la conception de la fonction publique et de sa gestion des ressources humaines.
On peut en effet tout d'abord envisager une montée en gamme de certains postes peut-être encore aujourd'hui vus comme subalternes. La DINSIC a ainsi identifié des

évolutions majeures de postes d'ici cinq ans, rehaussant, grâce à l'adjonction de compétences numériques, des postes d'agent de nettoyage qui pourraient devenir agents de bionettoyage capables de coordonner l'action de robots adaptant leurs procédés à une analyse fine des différents environnements. De même, on peut envisager une montée en gamme des postes d'aides-soignants, libérés de tâches désormais automatisées grâce à des process autonomes de livraisons de plateaux-repas, soit du temps libéré pour des tâches plus gratifiantes et plus tournées vers les fonctions médicales.

On peut ensuite combiner à l'augmentation des compétences un meilleur emploi des agents publics en tant que tels. C'est particulièrement le cas des militaires dont on peut penser que le recours à des équipements incluant des solutions numériques permettra une utilisation plus performante et plus sécurisée. L'emploi de drones de combat permet par exemple de limiter les risques de pertes humaines. Mais cet exemple ne saurait se limiter aux forces armées : dans le sillage de l'emploi du temps dégagé des tâches répétitives, on peut envisager un encadrement qui, à la fois, a recours à des techniques numériques pour mieux gérer les gestions des ressources humaines grâce à des techniques affinées de reporting et aussi qui s'est libéré du temps pour conserver au management son format humain.

Chacun sur leur terrain, les encadrants de la fonction publique peuvent enfin davantage partager leurs bonnes pratiques et communiquer entre pairs, comme sur l'actuel réseau interministériel de l'État (RIE), ensemble des réseaux informatiques des ministères. Cet outil peut contribuer à développer une identité de la fonction publique réellement transversale et moins liée aux différents ministères. 17 000 sites des administrations centrales et déconcentrées y sont raccordés avec une sécurité informatique accrue. C'est une traduction de l'État plate-forme.

3. Le numérique, moyen de préparer l'État à l'avenir

La transformation numérique de l'État repose sur la conviction que les politiques publiques doivent améliorer la maîtrise de leurs circuits d'information pour adapter leur performance aux exigences modernes. Mais ce processus de transformation va plus loin pour préparer l'avenir : il repose aussi sur la conviction complémentaire que ces politiques produisent en elles-mêmes une information qui doit être valorisée comme un capital existant.

L'usage des nouvelles technologies de l'information et de la communication (NTIC) permet d'abord une meilleure circulation et une meilleure valorisation de l'information. La numérisation amène alors à reconsidérer le management puisque chaque agent est capable de transmettre l'information dont il dispose au sein de sa structure. Le management est alors incité à considérer chaque agent comme vecteur ou producteur d'information en tant que tel puisque le principe directeur des NTIC, c'est l'échange. C'est là une incitation à

développer le management davantage en mode projet, en mode participatif, mais aussi à développer des modes de travail plus transversaux et au besoin à sortir des silos organisationnels. La numérisation de l'action publique permet alors de mieux valoriser l'action de chacun des agents en raison de son rôle d'acteur de l'information. En ce sens donc, le numérique prépare l'État à l'avenir car cela l'aide à mieux reposer sur ses ressources internes, qu'il s'agisse de ses agents ou de l'information qu'ils produisent.
Mais le numérique offre ensuite une autre qualité. La circulation de l'information qu'il permet est en effet bien plus rapide que celle utilisant des moyens physiques. Cela oblige l'administration à plus de réactivité et donc à s'orienter vers des obligations de résultat. Cette circulation plus rapide de l'information améliore la qualité de l'action publique, à la fois parce que les agents peuvent mieux la transmettre et parce qu'ils ont davantage de moyens de la percevoir depuis le terrain. En ce sens donc aussi, le numérique prépare l'État à l'avenir car cela l'aide à analyser des données plus complexes avec une plus grande rapidité.
Enfin, le numérique consolide l'action de l'État car elle pousse les agents de l'État à davantage se porter à l'écoute des citoyens, se mettant le cas échéant à leur place. C'est le sens du « choc de simplification » rappelant que le but de l'action publique est d'être pragmatique, au service des citoyens ou de leur communauté. Ce choc est du même esprit que les outils numériques qui se doivent d'être utiles, faute de quoi les usagers s'en détournent. Un site internet se doit ainsi d'être conçu en fonction de l'expérience de l'utilisateur. La transformation numérique a rappelé Henri Verdier, l'un de ses responsables au sein de l'État, ne saurait alors se limiter à une simple numérisation de documents papiers mais à profiter du changement d'ergonomie pour acter d'une actualisation de l'esprit de service public. La transformation numérique de l'État pourrait alors nourrir des tableaux de bord de l'action publique, permettant aux citoyens ou aux agents publics de signaler les lois devenues obsolètes. De son côté, France Connect devient aussi à la fois un label et un point d'entrée numérique d'une action publique qui se veut personnalisée. En ce sens, cette vision peut favoriser l'inclusion de populations pas forcément familières des NTIC.
Cette même préoccupation, elle aussi, garantit donc le lien entre les usagers et l'État. Elle implique, on l'a vu, une plus grande participation des usagers. Pour intensifier cette dernière, il est probable qu'on s'achemine vers plus d'usage des données des usagers eux-mêmes. Il faut donc prévoir, d'ailleurs dans la lignée du règlement européen RGPD, le consentement des usagers et la possibilité de rectification à leur demande.
Les citoyens saisiront rapidement l'intérêt de la numérisation de leurs données, surtout quand il s'agira pour eux de se faire recenser en ligne ou encore de porter plainte en ligne et de suivre de la même manière le déroulé des étapes de la procédure : immatriculation des bateaux en ligne, paiement des hôpitaux par Internet, déclaration des décès de proches auprès des organismes sociaux, remplissage des fiches d'élèves par les parents *via* les sites internet, renouvellement de demande de logement social en ligne, demande de fonds agricoles de la PAC par l'application dédiée, la transformation numérique de l'État est une dynamique de plus en plus populaire. Mais elle n'est pas exclusive. Les maisons de service au public le rappellent.

4. Conclusion : le numérique, source de crispation pour l'État

La conversion de l'État au numérique semble ainsi être une conviction acquise à défaut d'être toujours transposée dans les faits. Bien que soutenu par les discours officiels, le passage au numérique rencontre des écueils qui en freinent la diffusion au sein des politiques et administrations publiques. À terme, c'est aussi la vocation de l'État qui est questionnée.

Malgré d'indéniables efforts menés dans la simplification des rapports avec les usagers, les efforts de diffusion du numérique dans le mode de fonctionnement usuel de l'administration se heurtent à des stratégies inabouties de la part de l'État. Ainsi, si on prend le cas du contrôle budgétaire des collectivités territoriales par l'État, on peut observer d'inégales diffusions d'Actes, l'application numérique de transmission des documents à des fins de contrôle de la légalité. Au nom du principe de libre administration des collectivités, il est en effet difficile de les contraindre à effectuer toutes les démarches nécessaires pour être connectées ainsi en quasi direct avec les serveurs du ministère de l'Intérieur.

Toujours dans le cas de cette application Actes, les collectivités ont tout loisir pour se contenter de la transmission de documents PDF lourds alors que dans le cas des budgets, l'application permet de remplir les cases prévues par les normes comptables directement, permettant à l'agent vérificateur de bénéficier de calculs automatiques. On le voit ainsi, l'usage du numérique comme moyen de transmission des documents de l'État demeure une pratique bien répandue mais qui reste en deçà de l'ergonomie offerte par le numérique. C'est certes un gain de temps qui concurrence le service postal, mais cela ne produit pas toujours la synergie qu'on peut attendre de la collecte et de la synthèse des données.

En réalité, comme on l'a vu, le passage au numérique exige de l'État bien plus que le passage du burin de tailleur de pierre à la souris d'ordinateur pour rédiger et transmettre un acte officiel. La numérisation est susceptible de transformer la vie publique et il est peu probable que l'État échappe totalement à cette tendance, même s'il est conscient que la fracture numérique entre différentes parties de la population exige le maintien de liens humains entre usagers et agents publics.

En effet, l'influence du numérique pousse l'État à davantage agir comme une plate-forme de l'Internet. Cela peut avoir de profondes répercussions comme une autre approche des relations de travail au sein de l'administration : la possession par tout agent public, ou presque, d'une adresse électronique modifie nécessairement l'appréhension des relations hiérarchiques et la volonté des usagers d'avoir une réponse rapide, plus rapide que celle issue d'un courrier papier. Notamment au nom de ce souci de rapidité, l'État a adopté le décret JADE pour accélérer son cours. Mais est-ce au bénéfice des droits des justiciables ? La question se pose.

Parce que tout serait numérisable, tout serait-il ubérisable (dématérialisation par le numérique et élimination des intermédiaires entre demandeur et offreur) ? Le livre *Ubérisons l'État ! Avant que d'autres ne s'en chargent* (2017) en est convaincu : la limite à l'ubérisation des services publics serait l'impossibilité de les monétiser au nom de l'égalité entre citoyens quand il ne s'agirait pas d'une méfiance des citoyens. Il n'en demeure pas moins que les GAFAM disposent d'une très forte capacité de mobilisation de données à même d'accroître leur profitabilité et l'efficacité des politiques publiques, cas évoqué dans la prévision des dépenses en matière de santé publique.

Cette influence des GAFAM ne crée sans doute pas mais révèle en creux la perte du contact de l'État avec la diversité des populations. S'il veut survivre, cette question du numérique est donc un appel adressé à l'État pour qu'il se projette à nouveau au contact de ces populations, en favorisant le contact avec ses services *via* des plates-formes numériques qui n'aient rien perdu de l'humanité de leurs agents. C'est sans doute aussi le signe que le citoyen n'a pas à subir la complexité de l'administration. Dès lors, l'État est davantage placé devant ses propres responsabilités, dont celle d'augmenter la synergie entre ses différents services.

4 Système éducatif, du premier degré à l'enseignement supérieur

1. Un appareil complexe, de multiples attentes

Largement dominé par l'État, depuis un siècle et demi, le système éducatif de la République est un domaine où les attentes sont grandes et évolutives, puisqu'il s'agit non seulement d'adapter la jeunesse aux évolutions actuelles de la société, mais plus encore de la préparer à affronter ses exigences de demain. Ainsi, de multiples manières, la responsabilité de l'État s'inscrit au cœur des destinées individuelles et collectives.

2. L'éducation, une affaire d'État

Au sens étymologique, le mot « éducation » vient du latin *e-ducere*, littéralement « conduire au-dehors ». Il s'agit d'apprendre aux enfants et aux jeunes gens à sortir du giron familial pour avancer à la fois dans leur vie personnelle et dans la société, en relative autonomie. Il faut donc leur fournir les éléments nécessaires : l'instruction, les connaissances élémentaires, le sens des relations et des codes sociaux.

Dès la Révolution française, Danton déclarait : « *Après le pain, l'éducation est le premier besoin du peuple.* » Proposant à l'État de se faire l'organisateur d'une éducation « commune » c'est-à-dire nationale, il voulait que celle-ci l'emporte sur les actes éducatifs de la sphère familiale et plus largement privée. Ce débat est présent dans tous les pays et sous tous les régimes. Dès lors, enjeu sociétal, l'éducation devient un enjeu social et politique.

Elle est bien une affaire d'État, et le demeure toujours, étant parmi les plus importantes en matière de politiques publiques. Mais dans cette affaire, l'État n'est pas seul : sa politique d'éducation a impliqué pour lui, et implique toujours, un partenariat, de plus en plus fort, avec d'autres acteurs.

3. La lente mise en place d'une Éducation nationale

Si l'on trouve au Moyen Âge quelques initiatives du souverain ou du clergé en faveur de certaines écoles, c'est bien la Révolution qui introduit en France l'idée d'une éducation pour tous. Elle met un siècle à se concrétiser, dans un contexte assez mouvementé.

Plusieurs jalons marquent cette lente montée vers la mise en place d'une Éducation nationale. La loi Guizot, en 1833, impose à chaque commune importante de se doter d'une école de garçons. Mais ce sont les lois de Jules Ferry, ministre de l'Instruction publique dans les années 1880, qui posèrent les fondations de l'école actuelle. À partir des réflexions doctrinales et politiques incarnées par Jean Macé ou Paul Bert, ces lois sont mises en œuvre par Ferdinand Buisson, nommé par Jules Ferry directeur de l'enseignement primaire. Gratuite, donc accessible à tous, l'école doit permettre de s'élever dans la société. Laïque, elle défend la philosophie des Lumières et la science contre l'obscurantisme religieux ou superstitieux. Obligatoire, elle est un ferment de la cohésion patriotique de l'État nation. Corrélativement, c'est aux pouvoirs publics qu'il appartient de réunir les moyens de la faire fonctionner. C'est aux communes, à l'époque parfois réticentes, qu'il revient de mettre une « maison commune » à la disposition des instituteurs qui sont eux-mêmes formés dans des écoles *ad hoc*. Ceux-ci seront nommés les hussards noirs de la République, car le contexte d'alors est celui d'un combat contre les conservatismes de l'Église et de ceux qui redoutent l'émancipation des masses.

Pendant la première moitié du XXe siècle, l'école primaire, tout comme l'enseignement technique balbutiant, ainsi que les collèges, les lycées et l'université, ont connu des évolutions assez limitées. Mais à partir des années 1950, le baby-boom et la scolarisation massive dans le secondaire et le supérieur sont venus bousculer les dispositifs en place qui connaissent, depuis, de nombreux mouvements et soubresauts. Si la légitimité de l'intervention publique ne fait, globalement, plus de doute, elle est discutée dans ses modalités. Dès l'après-guerre, le rapport Langevin-Wallon a inspiré les gouvernements successifs. Il proposait de démocratiser l'enseignement, d'allonger la scolarité et d'aller vers une école unique ouverte aux pédagogies nouvelles.

4. Des réformes incessantes sur un sujet resté politiquement sensible

La loi Debré, en 1959, met en place des contrats avec les écoles privées, dont l'État rémunère les enseignants si elles suivent le programme scolaire du public (écoles dites sous contrat).

Dans les années 1960, la scolarité obligatoire passe à seize ans. En 1975, le principe du collège unique est instauré par la loi Haby. Après mai 1968, l'université est réformée par un début d'autonomie et un accroissement de moyens pour sa démocratisation, car la massification du secondaire et du supérieur se poursuit. Ainsi, dans les années 1980, le ministre Chevènement affiche l'objectif de conduire au baccalauréat 80 % d'une classe d'âge.

En 2007, la loi Pécresse, relative aux libertés et responsabilités des universités (LRU) organise l'autonomie des universités, renforcée par la loi Fioraso (2013).

La querelle de la laïcité ne s'est jamais vraiment éteinte. Elle resurgit en 1984 avec le projet du ministre Savary de créer un service unique de l'éducation, projet vite retiré devant une énorme mobilisation des tenants de l'école privée. Elle réapparaît dans les années 2000,

avec le débat sur le voile islamique, débouchant sur une loi de mars 2004 qui interdit le port ostensible de signes religieux à l'école. Pour d'autres raisons, en 1986, le mouvement lycéen a fait tomber le ministre Devaquet.
Les aménagements des programmes ou du calendrier scolaire laissent parfois les familles et les enseignants eux-mêmes quelque peu désorientés. Périodiquement, de fortes controverses touchent la pédagogie officielle (apprentissage de la lecture par la méthode globale) ou alternative (exemple : méthode Freinet). Malgré toutes ces évolutions, des sociologues comme Bourdieu et Passeron voient dans l'école une machine à reproduire le schéma social existant. De fait, la panne actuelle de l'ascenseur social ne manque pas d'interroger.

5. Un outil disposant de moyens considérables pour des missions ambitieuses

L'État consacre pourtant à l'éducation des moyens considérables : selon les catégories de la LOLF, la mission Enseignement scolaire et la mission Recherche et enseignement supérieur cumulent 35 % des crédits du budget de l'État.
Le ministère de l'Éducation nationale est l'outil de cette politique publique. D'autres ministères, plus modestes, peuvent y contribuer, comme celui de la Jeunesse et des Sports, créé par le Front Populaire, mais intégré totalement comme l'indique le décret n° 2020-870 du 15 juillet 2020 relatif aux attributions du ministre de l'Éducation nationale, de la Jeunesse et des Sports. Selon les inflexions gouvernementales, des ministères spécifiques peuvent être créés : Réussite éducative, Enseignement supérieur et Recherche, ou encore haut-commissariat à la Jeunesse. D'autres administrations peuvent intervenir, de manière plus marginale mais souvent médiatisée : le ministère de l'Intérieur avec une police de proximité « éducative » dans le cadre de la politique de la ville, le ministère chargé de l'Écologie pour une éducation au développement durable, celui de la Justice *via* ses centres éducatifs ouverts ou fermés
Le ministère de l'Éducation nationale dispose d'un personnel nombreux : 1,145 million de personnes, soit la moitié des effectifs de la fonction publique d'État ou encore un cinquième de l'ensemble des fonctionnaires. Sur ce million, les trois quarts sont des enseignants, formés à l'université, dans des instituts spécialisés ou dans de grandes écoles. Leur proximité avec le quotidien des enfants et des familles leur confère une grande responsabilité éducative, tant d'instruction que d'orientation des élèves. Les autres personnels sont essentiellement dédiés aux fonctions administratives. Cette masse d'agents publics a fait dire au ministre Allègre que le ministère de l'Éducation nationale était un « mammouth » qu'il fallait « dégraisser » (1997).
Outre les capacités personnelles des enseignants, la machine administrative du ministère de l'Éducation nationale, très structurée, constitue une force d'impulsion et de contrôle.

Depuis le 1er janvier 2020, 18 régions académiques mettent en cohérence l'organisation du système éducatif et le cadre régional issu de la loi du 16 janvier 2015. Dans les régions académiques regroupant plusieurs académies, un recteur de région académique est nommé, chargé de garantir l'unité et la cohérence de la parole de l'État, en particulier dans les champs de compétences partagées avec la collectivité régionale et le préfet de région. Auprès de sept recteurs de région académique, un recteur délégué pour l'enseignement supérieur, la recherche et l'innovation participe à l'élaboration de la stratégie régionale d'enseignement supérieur, de recherche et d'innovation (ESRI) et assure le contrôle budgétaire administratif et financier des établissements du supérieur. Autorité déconcentrée, le recteur dirige la politique éducative en s'appuyant, dans chaque département, sur les services du directeur académique des services de l'Éducation nationale (DASEN). Très hiérarchisée, cette administration veille à l'application des programmes décidés par le ministère, impulse d'éventuelles innovations ou adaptations et gère, *via* les inspecteurs, la notation des enseignants et des agents administratifs d'État ainsi que leurs affectations. Quant à eux, les effectifs du ministère de l'Éducation nationale sont fortement syndiqués et leurs organisations professionnelles très actives.

6. Une impulsion centralisée relayée par des pouvoirs déconcentrés avec des partenaires décentralisés

L'activité de l'ensemble de ces services fortement centralisés est d'une très grande diversité, allant de la création d'une école maternelle de quartier au regroupement des universités dans une perspective mondialisée. Ces responsabilités complexes conduisent l'État à ne pas agir seul en matière d'éducation, mais en partenariat avec d'autres acteurs, au premier rang desquels figurent les collectivités locales.

Celles-ci ont un rôle traditionnel que la décentralisation a considérablement accru tant en matière d'investissement que de fonctionnement. Si la pédagogie et les programmes restent une prérogative d'État, les lois Defferre (1982-1983) confient aux collectivités territoriales la compétence de construction et de travaux en matière de locaux : les communes pour les bâtiments des classes maternelles et primaires, les départements pour les collèges, les régions pour les lycées et l'État pour les universités. Ainsi la carte scolaire se trouve, *de facto*, cogérée par l'État et les collectivités locales.

L'acte II de la décentralisation, en 2004, poursuit ce processus avec le transfert des personnels techniques et ouvriers du secondaire (TOS, devenus depuis ATTEE : adjoints techniques territoriaux des établissements d'éducation) aux départements et régions, les personnels médico-sociaux et les gestionnaires des établissements restant encore fonctionnaires de l'État. Outre l'immobilier, les collectivités sont également mobilisées pour le fonctionnement du service public de l'éducation. Deux exemples l'illustrent : la mise en place d'un service minimum d'accueil dans les classes en cas de grève massive des enseignants ou l'obligation faite aux communes d'organiser pour la rentrée 2014 les activités périscolaires prévues par la loi Peillon réformant les horaires et les rythmes de l'école.

Mais les collectivités ne sont pas les seuls partenaires de l'État en matière éducative. Les familles ont leur rôle à jouer, de même que le monde associatif, et ces partenariats sont renforcés dans certaines circonstances particulières.

Le rôle des familles est majeur, non seulement sur le plan de la psychologie de l'enfant, mais aussi dans l'accompagnement de son parcours scolaire. Dynamisées de part et d'autre, les relations parents-enseignants peuvent créer une complémentarité positive (un bulletin de liaison existe et les contacts sont encouragés).

À une échelle plus large, les grandes associations de parents d'élèves contribuent aussi à orienter le fonctionnement de l'école. Elles pèsent d'un poids politique réel au niveau national en pratiquant un intense *lobbying* auprès du ministère de l'Éducation nationale. Au niveau local, elles sont associées aux conseils d'administration des EPLE (établissements publics locaux d'enseignement) et peuvent s'impliquer dans quelques activités comme les voyages scolaires. Mais cela reste, concrètement, très limité, d'autant plus qu'une certaine conflictualité peut vite apparaître entre les impératifs des professionnels et les pratiques des familles (exemple : port du voile par des mères de famille accompagnantes).

Un autre partenariat important est celui des associations dites d'« éducation populaire ». Souvent liées historiquement à l'école publique, soit pour l'aider, soit pour lui faire contrepoids, elles participent aussi à l'acte éducatif global, chacune avec ses orientations spécifiques. Certaines sont de dimension nationale, comme la Ligue de l'enseignement ou les mouvements scouts, d'autres de taille plus modeste, comme les foyers ruraux ou les maisons des jeunes et de la culture. Créées pour s'adresser aux enfants des familles volontaires, elles sont souvent gestionnaires délégués des centres aérés ou de loisirs mis en place par les municipalités et deviennent, par là, plus ou moins dépendantes de ces dernières.

Dans certains cas, des partenariats particuliers sont noués autour de diverses actions éducatives spécifiques. C'est le cas avec les entreprises pour des opérations ou des stages de découverte du monde économique, avec le monde médical pour la prise en charge des jeunes handicapés, avec des associations spécialisées pour la scolarisation des enfants du voyage, ou pour tout autre projet éducatif propre à tel ou tel établissement.

7. Des moyens considérables au service de l'éducation

Dotée d'un budget prévisionnel de près 82 milliards d'euros pour l'année 2020, l'éducation (enseignement scolaire et recherche et enseignement supérieur cumulés) constitue la première dépense de l'État (hors avance aux collectivités territoriales) même si, selon les gouvernements, les efforts budgétaires dans ce domaine sont variables. Institution républicaine dont le but est de transmettre les valeurs nécessaires à la construction des citoyens de demain, l'éducation a connu différentes phases dans l'histoire politique et sociale de la France. Située entre « l'État gendarme » et « l'État providence », « l'État instituteur du social », formule chère à l'historien et intellectuel français Pierre Rosanvallon, va confier à l'éducation la mission, non dépourvue de responsabilité, de former, au fil des années, des citoyens non pas seulement instruits mais capables d'esprit critique et d'initiatives. Si depuis les travaux d'Émile Durkheim – et sa théorie de la « socialisation méthodique » – au début du XXe siècle, on attribue traditionnellement à l'école une fonction d'intégration sociale des nouvelles générations de chaque époque, force est de constater qu'au quotidien, ce modèle peine à fonctionner de manière satisfaisante depuis de nombreuses années maintenant.

L'école, et avec elle l'éducation, est soumise à des pressions sociétales importantes qui contredisent les discours politiques rassurants sur la pérennité du système actuel. Cette sensation se renforce d'autant lorsque des études internationales établissent des comparaisons et montrent que le niveau de nos élèves reste éloigné du résultat attendu au regard des moyens financiers et humains engagés (le plafond d'emplois voté, dans la loi de Finances 2020, pour les ministères de l'Éducation nationale et de l'Enseignement supérieur s'élève à 1,29 million équivalents temps plein). En ce sens, l'éducation reste source de clivages et c'est probablement parce qu'elle constitue l'une des préoccupations constantes des citoyens et des décideurs publics. Ainsi, s'il ne suffit pas de vouloir restaurer à tout prix l'autorité et la hiérarchie pour rendre l'école respectable et attractive, il faut, par contre, s'interroger sur la qualité de son organisation et la quantité des moyens qui lui sont alloués pour assurer son bon fonctionnement. Il s'agit donc davantage de considérer l'éducation du XXIe siècle comme un outil de cohésion sociale et non seulement comme une composante essentiellement budgétaire des politiques publiques.

8. La dépense intérieure d'éducation (DIE), indicateur de l'effort collectif

La dépense intérieure d'éducation est un agrégat plus large que le seul budget de l'Éducation nationale regroupant l'enseignement scolaire et l'enseignement supérieur. Dans la DIE figurent toutes les dépenses effectuées par l'ensemble des agents économiques, administrations centrales ou locales, entreprises et ménages, pour les activités d'éducation :

- les activités d'enseignement scolaire et extrascolaire de tous niveaux ;
- les activités visant à organiser le système d'enseignement : administration générale, orientation, recherche sur l'éducation, documentation pédagogique, rémunération des personnels d'éducation en formation ;

- les activités destinées à favoriser la fréquentation des établissements scolaires : transports scolaires, cantines et internats, médecine scolaire ;
- les dépenses demandées par les institutions : livres, fournitures, habillement spécifique...

En 2018, la France a dépensé 157,2 milliards d'euros dans le domaine de l'éducation, soit l'équivalent de 6,7 % de son PIB. Si le montant de la dépense intérieure d'éducation a beaucoup augmenté entre 1980 et 2017 (de 76,9 milliards à 157,2 milliards d'euros constants, valeur 2018), la somme rapportée au PIB est quasi stable, même si, durant les années 1990, ce rapport frôlait les 8 %. À noter que la dépense par élève et étudiant a doublé entre 1980 et 2017, passant de 4 720 euros valeur 2016 à 8 690 euros. Cette dépense intérieure d'éducation est pour 57,4 % le fait de l'État central, les collectivités territoriales prenant en charge quant à elle 23,3 % de cette somme. Les ménages n'en assureraient que 7,7 %. Il faut noter que 17,5 % de la dépense concerne le fonctionnement, 7,1 % l'investissement et, surtout, que les salaires et les pensions y participent pour 75,3 %. L'éducation est une « industrie de main-d'œuvre ».

Trop souvent cantonnée à une image de service public consommateur de moyens, fortement centralisée, toujours en demande et jamais en mesure de trouver le bon rythme de fonctionnement, l'éducation est, de nos jours, une affaire sociale, politique et institutionnelle. Dans notre pays, le pouvoir politique a historiquement contribué à cette évolution en substituant au ministère de l'Instruction publique celui de l'Éducation nationale. De cette manière, la question de l'éducation a pris un rang de priorité non plus seulement parental mais national, voire universel. Force est de constater que cet effort doit être traduit dans le domaine budgétaire. Il associe, dans cette démarche de gestion, l'État et ses opérateurs (établissements publics locaux d'enseignement et universités), mais également l'ensemble des collectivités territoriales et leurs composantes qui sont devenues des actrices de tout premier plan depuis les lois de décentralisation.

Il serait vain d'espérer pouvoir construire une réponse tranchée et définitive sur la question de savoir si l'éducation n'est qu'une affaire de moyens. Sur cette problématique, l'urgence est de rompre avec les réponses toutes faites qui ne font qu'accentuer les clivages sans apporter de réelles solutions sinon sur le terrain de l'idéologie et dans un temps politique nécessairement court. Les réformes actuelles, passées et à venir devront avoir pour souci principal de donner à l'élève et à l'étudiant les outils pour lui faire prendre conscience du monde tel qu'il est construit aujourd'hui et l'aider à en décrypter les codes. La question des moyens dévolus à l'éducation ne constitue qu'une modalité de cette démarche nécessaire.

9. Quelles sont les tendances en cours ?

La loi « pour une école de la confiance » a été promulguée le 26 juillet 2019. Elle poursuit une dizaine d'objectifs et comprend de nombreuses mesures comme l'instruction obligatoire à trois ans, l'obligation de formation jusqu'à dix-huit ans, un rôle renforcé pour la protection maternelle et infantile (PMI), la formation des agents territoriaux spécialisés des écoles maternelles (ATSEM) qui lui donnent une dimension territoriale.

1) Pour lutter contre les inégalités dès le plus jeune âge, elle abaisse l'âge de l'instruction obligatoire à trois ans et renforce le rôle d'épanouissement et de développement affectif et social de l'enseignement pré-élémentaire dans le développement des apprentissages scolaires. Dans le prolongement du dédoublement des classes de CP et de CE1 en éducation prioritaire, l'abaissement de l'âge de l'instruction obligatoire traduit l'intention d'agir à la racine des inégalités, avec une attention renforcée envers les élèves les plus fragiles. Donc, depuis la rentrée 2019, tous les enfants âgés de trois, quatre et cinq ans sont concernés par l'obligation d'instruction et doivent être inscrits dans une école ou une classe maternelle, publique ou privée, sauf si leurs parents ou responsables légaux déclarent qu'ils l'instruisent ou le font instruire dans la famille. Dans ce cas, des contrôles seront réalisés par les autorités compétentes afin de s'assurer que l'obligation d'instruction est respectée. L'obligation d'instruction entraîne une obligation d'assiduité durant les horaires de classe, avec une possibilité d'assouplissement pour un enfant de petite section d'école maternelle si les personnes responsables de l'enfant le demandent.

- Un suivi médical dès trois ans : la loi structure un parcours de santé pour tous les enfants de zéro à six ans en prévoyant l'organisation de visites médicales à des moments clés de la scolarité à l'école primaire.
- Une visite médicale pour tous les enfants entre trois et quatre ans, au début de l'école maternelle, afin de dépister les troubles du neurodéveloppement, les troubles du spectre autistique, mais également des troubles sensoriels, staturaux-pondéraux, psychoaffectifs et autres troubles de santé.
- Une visite lors de la sixième année, c'est-à-dire entre cinq et six ans, afin de sécuriser l'entrée dans les apprentissages de l'école élémentaire avec un repérage des troubles de l'attention, de la coordination, de la vision, de la croissance, de la communication, une mauvaise association entre les signes écrits et les sons. Une attention particulière sera portée à la prévention des maltraitances.

2) Vers une école inclusive : la loi permet d'engager une transformation de l'accompagnement des élèves en situation de handicap et une amélioration des conditions de recrutement, de formation et de travail de leurs accompagnants qui créent les bases d'un service public de l'école inclusive.

- Les accompagnants des élèves en situation de handicap (AESH) sont recrutés par contrat à durée déterminée de trois ans minimum, renouvelable une fois avant transformation en contrat à durée indéterminée.
- L'Éducation nationale et les collectivités territoriales peuvent s'associer par convention en vue d'un recrutement commun d'accompagnants, ce qui garantit aux élèves une meilleure continuité de leur accompagnement entre les temps scolaire et périscolaire.
- Depuis la rentrée 2019, une formation initiale d'adaptation à l'emploi de 60 heures est garantie pour tous les accompagnants d'élèves en situation de handicap. De plus, leur

formation professionnelle continue est fixée sur la base d'un référentiel national et adaptée à la diversité des situations des élèves accueillis à l'école.

3) De plus, la loi crée des pôles inclusifs d'accompagnement localisés (PIAL) qui constituent une nouvelle forme d'organisation de l'accompagnement des élèves. On en attend une meilleure coordination des aides humaines, éducatives et thérapeutiques, et une gestion facilitée des accompagnants.

4) Le droit des élèves à suivre une scolarité sans harcèlement : le harcèlement se définit comme une violence répétée qui peut être verbale, physique ou psychologique. Cette violence est présente dans tous les établissements et se fonde sur le rejet de la différence et la stigmatisation de caractéristiques telles que l'apparence physique, l'orientation sexuelle, le handicap... Le harcèlement peut prendre des formes variées, souvent *via* des outils numériques, et avoir de graves conséquences psychologiques, sociales et scolaires. Le droit à une scolarité sans harcèlement est dorénavant inscrit dans le code de l'éducation, ce qui envoie à l'ensemble de la communauté éducative un signal fort visant à amplifier la mobilisation contre le harcèlement entre élèves, et donne une assise légale aux nombreuses actions de prévention menées par le ministère :

- une journée nationale de lutte contre le harcèlement ;
- des élèves ambassadeurs contre le harcèlement et acteurs de la prévention ;
- la formation des personnels avec un plan national de formation des personnels contre le harcèlement pour les 310 référents départementaux et académiques ;
- deux numéros d'appel gratuits (le 302 0 – Non au harcèlement –, et le 0800 200 000 – Net écoute) pour la prise en charge des situations de harcèlement et cyberharcèlement ;
- un programme anti-harcèlement déployé dans les écoles et collèges qui le souhaitent avec des outils pédagogiques, la formation d'une équipe dédiée à la prise en charge des situations de harcèlement et un kit d'information à destination des parents d'élèves.

5) Le développement durable et la transition énergétique, de la maternelle au lycée : la loi modernise et élargit le contenu de l'éducation à l'environnement et au développement durable en intégrant dans le code de l'éducation les notions de transition écologique, de biodiversité et de lutte contre le réchauffement climatique. Trois mesures ont été prises pour inciter les élèves à devenir acteurs du développement durable :

- identifier un binôme d'éco-délégués par collège et par lycée ;
- consacrer une séance annuelle complète des conseils académiques de la vie lycéenne et du Conseil national de la vie lycéenne aux thématiques du développement durable ;
- intégrer les élus lycéens aux comités de pilotage académiques de l'éducation au développement durable.

6) De nouveaux types d'établissements publics locaux d'enseignement international (EPLEI) : les collectivités territoriales volontaires disposent d'un cadre juridique leur permettant de s'associer pour créer des établissements à vocation internationale et européenne. L'EPLEI intègre des classes du primaire au lycée. Le cadre juridique commun permet à cet établissement de préparer à l'option internationale du diplôme national du brevet et à l'option

internationale du baccalauréat ou, sur agrément accordé par le Conseil supérieur des écoles européennes, au baccalauréat européen.

7) Un contrôle renforcé de l'instruction dispensée dans la famille : tous les enfants âgés de trois à cinq ans instruits dans la famille sont soumis à des contrôles par le maire et l'autorité académique. Les contrôles ont pour objectif de s'assurer de l'acquisition progressive par l'enfant de chacun des domaines du socle commun de connaissances, de compétences et de culture au regard des objectifs attendus à la fin de chaque cycle d'enseignement de la scolarité obligatoire. Mais également de vérifier que la déclaration d'instruction dans la famille ne masque pas une autre situation, comme l'inscription de l'enfant dans un établissement scolaire ouvert dans des conditions irrégulières.

8) Une obligation de formation jusqu'à dix-huit ans pour combattre le décrochage scolaire : dans le cadre de la stratégie de lutte contre la pauvreté, la loi prolonge l'instruction obligatoire par une obligation de formation pour tous les jeunes de seize à dix-huit ans. Le respect de cette obligation de formation sera assuré par les missions locales.

9) Une formation des professeurs plus homogène dans des instituts nationaux supérieurs du professorat et de l'éducation (INSPÉ) : l'objectif de la loi est l'homogénéité, sur l'ensemble du territoire, de la formation initiale des professeurs. La rénovation de la formation des professeurs passe par la création d'un nouveau référentiel de formation, mis en œuvre au sein de chaque INSPÉ. Les objectifs et axes de formation, les compétences et le niveau de maîtrise des attendus en fin de master Métiers de l'enseignement, de l'éducation et de la formation (MEEF) sont précisés dans un arrêté.

10) Une entrée progressive dans la carrière de professeur : la loi propose aux étudiants en deuxième année de licence un parcours de préprofessionnalisation de trois ans afin de constituer un vivier de futurs professeurs aux profils diversifiés. La préprofessionnalisation permet, dès la deuxième année de licence et jusqu'à la première année de master, d'être recruté sous contrat, pour huit heures par semaine, avec une rémunération (693 euros nets en L2, 963 euros en L3, 980 euros en M1) versée pendant 12 mois et cumulable avec les bourses universitaires. Elle se traduit par des conditions d'intervention spécifiques et progressives, sous la responsabilité d'un tuteur :

- en première année du contrat, observation en classe et participation à des dispositifs tels que Devoirs faits ;
- en deuxième année, co-intervention avec le professeur-tuteur et participation à des dispositifs type Devoirs faits ;
- en troisième année, prise en charge d'une classe en responsabilité avec appui du professeur-tuteur.

11) Un Conseil d'évaluation de l'école pour améliorer le système scolaire : la France était l'un des derniers grands pays développés à ne pas avoir mis en place un dispositif d'évaluation des établissements scolaires à l'échelle nationale et de façon continue, ainsi la loi a-t-elle prévu la création du Conseil d'évaluation de l'école. Ses deux missions sont : la mise en cohérence de toutes les évaluations de l'enseignement scolaire et la mise en place de l'évaluation des établissements scolaires à l'échelle nationale.

10. En contrepoint de la loi pour une école de la confiance

À la lecture des principales mesures, il est clair que cette loi est composée de dispositions éparses, rendant difficile une vision d'ensemble. Dans le processus d'élaboration, les organisations professionnelles représentatives des personnels de l'éducation n'ont pas été consultées et une relecture des choix pourrait dicter une tout autre analyse que le discours ministériel.

La scolarisation à trois ans, présentée comme une mesure sociale, ne concerne que 25 000 enfants pour un coût estimé à 100 millions d'euros par an. Un de ses effets va être de faire bénéficier les écoles privées de près de 50 millions d'euros annuels.

L'obligation de formation pour les jeunes de seize à dix-huit ans prévoit que chaque jeune devra être dans un parcours scolaire, ou en apprentissage, en emploi, en service civique, en parcours d'accompagnement ou d'insertion professionnelle… Cela fait consensus, mais se superpose au dispositif « garantie jeunes » créé en 2013 et géré, déjà, par les missions locales.

La création des INSPÉ était loin d'être une obligation, les contenus de formation pouvaient changer, être homogénéisés, comme cela a déjà été le cas, sans ce qui constitue surtout un coup politique.

Le prérecrutement des enseignants cible prioritairement les disciplines en tension en matière de recrutement (mathématiques, lettres, anglais, allemand) mais, en contrepartie d'une rémunération, les tâches pédagogiques à assurer devant les élèves sont loin d'être définies. Compte tenu des difficultés à trouver des professeurs remplaçants, il est à craindre que la participation attendue soit maximale, en présence des élèves.

Enfin, la présence de drapeaux européen et français dans toutes les classes, l'affichage de *La Marseillaise* et des cartes ont certainement un sens symbolique mais interrogent quant à leur efficacité scolaire propre.

11. La loi de programmation de la recherche

Le projet de loi de programmation de la recherche pour les années 2021 à 2030 et portant diverses dispositions relatives à la recherche et à l'enseignement supérieur a été présenté en Conseil des ministres le 22 juillet 2020. Il a trois objectifs : mieux financer et évaluer la recherche publique, améliorer l'attractivité des métiers de la recherche et améliorer la relation de la science avec la société.

Sont prévus 25 milliards d'euros pour la recherche publique sur 10 ans, de nouveaux moyens pour l'Agence nationale de la recherche (ANR), la création d'un contrat de projet scientifique et de chaires de professeurs juniors ainsi que la revalorisation des carrières scientifiques.

Les financements de l'ANR seront augmentés d'un milliard d'euros d'ici 2027 afin de porter à 30 % le taux de succès des appels à projets contre 16 % actuellement.
Les métiers de la recherche seront rendus plus attractifs grâce à une revalorisation des salaires des personnels de la recherche et de l'enseignement supérieur. En 2021, les chargés de recherche et maîtres de conférences nouvellement recrutés ne pourront être rémunérés en dessous de 2 SMIC (contre 1,4 SMIC aujourd'hui).
Les jeunes chercheurs et enseignants-chercheurs nouvellement titularisés bénéficieront d'un soutien de 10 000 euros pour leurs recherches. Les doctorants bénéficieront d'une revalorisation progressive de leur rémunération de 30 % et le nombre de thèses financées sera augmenté de 20 %.
Pour les directeurs de recherche et les professeurs des universités, « *les chaires de professeurs juniors* » constituent une nouvelle voie de recrutement, bénéficiant d'un financement moyen de 200 000 euros pour leurs recherches avant de pouvoir intégrer, à terme, les corps des professeurs ou des directeurs de recherche. Sur suggestion du Conseil d'État, ces postes ne pourront pas représenter plus de la moitié des recrutements de l'établissement pour l'année en cause.
Par ailleurs, les établissements publics de recherche et d'enseignement supérieur disposeront d'un nouveau type de contrat, « *à durée indéterminée (CDI) de mission scientifique* » pour des projets de recherche. Le contrat s'achèvera avec la fin du projet ou de l'opération. Ces CDI devront faire l'objet d'un appel public à candidatures et selon une procédure de recrutement permettant de garantir l'égal accès à ces emplois.
Le projet de loi vise à améliorer le lien entre les citoyens et le monde scientifique, par le développement des sciences participatives ou par la création d'une maison des sciences et des médias.

12. Les acteurs du système éducatif

Les acteurs exerçant des fonctions pédagogiques

Les professeurs

• Les professeurs de l'enseignement primaire et de l'enseignement secondaire

- Ils ont des obligations de service (des heures de cours à assurer) et des obligations complémentaires (réunions, corrections d'examens…).
- Ils sont 378 800 dans le primaire et 492 100 dans le secondaire en 2018-2019.

- **Les professeurs de l'enseignement supérieur**

Ce sont des enseignants-chercheurs dont le temps de travail est composé pour moitié d'une activité d'enseignement, et pour moitié d'une activité de recherche. Ils ont en outre des responsabilités administratives et des missions d'encadrement des étudiants. En 2018-2019, 90 200 enseignants exercent dans les établissements publics d'enseignement supérieur. Les professeurs d'université (23 %) et maîtres de conférences (42,1 %) représentent 65,1 % de cet effectif. Les enseignants du second degré (16,9 %) et les enseignants non permanents (18 %) représentent, quant à eux, 34,9 %.

» Les intervenants

- **Les intervenants permanents**

- Dans l'enseignement primaire : les intervenants chargés de l'enseignement des langues, des activités sportives ou des activités artistiques.
- Dans l'enseignement secondaire : les personnels d'orientation et d'éducation (conseillers d'orientation-psychologues, conseillers principaux d'éducation, assistants d'éducation). Ils font partie de la communauté éducative.

- **Les intervenants exceptionnels**

Artistes, équipes scientifiques, conférenciers, associations, professionnels présentant leur métier, représentants des collectivités territoriales...

Les acteurs exerçant des fonctions administratives

» Les acteurs du système éducatif

- **Le personnel de direction**

Ces chefs d'établissement sont des enseignants :
- soit désignés par leurs pairs (présidents d'université) ;
- soit recrutés sur concours ou sur liste d'aptitude (proviseurs et proviseurs adjoints pour les lycées : principaux et principaux adjoints pour les collèges) ;
- soit nommés (directeurs des écoles nommés par les inspecteurs d'académie).

Ils ont de larges pouvoirs et de grandes responsabilités.

- **Le personnel administratif et technique**

Il s'agit d'un certain nombre de personnes qui travaillent dans les bureaux des établissements d'enseignement (secrétaires, attachés d'administration...) ou qui s'occupent de leur entretien. Dans les établissements secondaires, le personnel technique a la charge de l'entretien, mais il exerce aussi des missions d'accueil, de restauration et d'hébergement. La loi du 13 août 2004 a transféré aux départements et aux régions le recrutement et la gestion des personnels TOS relevant du ministère de l'Éducation nationale.

Les acteurs extérieurs au système éducatif

• L'État

En France, l'État joue un rôle déterminant dans le système éducatif :

- l'État assure le fonctionnement et l'organisation du système éducatif (fixe les programmes nationaux et contrôle leur application, définit et délivre les diplômes nationaux, recrute une part importante des personnels et s'occupe de leur gestion, finance le fonctionnement des universités et certaines dépenses dans le primaire et dans le secondaire comme une partie de l'équipement des établissements) ;
- l'État est représenté dans chaque académie par un recteur d'académie, chancelier des universités ; il est nommé par décret du président de la République en Conseil des ministres. Comme les préfets, c'est un emploi à la discrétion du gouvernement.

• Les collectivités territoriales

Elles investissent dans la construction et l'entretien des bâtiments (communes pour les écoles, départements pour les collèges, régions pour les lycées), dans l'achat de matériel pédagogique (communes pour les écoles), dans la gestion des personnels administratifs, techniques et de santé (régions pour les lycées), dans la gestion des personnels ouvriers (communes pour les écoles, départements pour les collèges, régions pour les lycées).

13. Quelques textes de lois à retenir

« *L'organisation de l'enseignement public gratuit et laïque à tous les degrés est un des devoirs de l'État* » (préambule de la Constitution de 1946, repris dans le préambule de la Constitution de 1958).

- 10 mai 1806 : Loi relative à la création de l'université impériale. Le monopole de l'administration de l'État sur l'enseignement est affirmé.
- 28 juin 1833 : Loi Guizot. Elle oblige toute commune de plus de 500 habitants à entretenir au moins une école primaire élémentaire.
- 15 mars 1850 : Loi Falloux. Elle fonde la liberté de l'enseignement.
- 16 juin 1881 : Loi Jules Ferry. Elle institue la gratuité dans les écoles primaires.
- 28 mars 1882 : Loi Jules Ferry. Elle définit et organise l'enseignement primaire obligatoire et instaure la laïcité. Complétée par la loi Goblet (30 octobre 1886) qui permet la laïcisation des écoles et qui fixe l'organisation générale de l'école primaire.

- 25 juillet 1919 : Loi Astier. Elle définit l'organisation de l'enseignement technique industriel et commercial.
- 31 décembre 1959 : Loi Debré. Elle définit les rapports actuels entre l'État et les établissements d'enseignement privé dits « sous contrat ».
- 12 novembre 1968 : Loi Faure. Elle renforce l'autonomie des universités et crée des conseils universitaires auxquels participent des délégués des étudiants, des techniciens et des administratifs ainsi que des personnalités extérieures.
- 11 juillet 1975 : Loi Haby. Elle fonde le collège unique et prévoit la gratuité des études au collège, l'âge légal de la fin de l'obligation scolaire étant fixé à seize ans depuis 1959.
- Les lois de décentralisation (loi du 22 juillet 1983, modifiée par la loi du 25 janvier 1985 ; loi du 13 août 2004) transfèrent aux communes, aux départements et aux régions les charges de fonctionnement et d'équipement des locaux scolaires, et ont fait des collèges et lycées des établissements publics locaux d'enseignement.
- 10 juillet 1989 : Loi Jospin. Elle prévoit entre autres la formation des enseignants dans des instituts universitaires de formation des maîtres (IUFM) et fixe l'objectif d'amener 80 % d'une classe d'âge au baccalauréat.
- 10 août 2007 : Loi Pécresse ou loi LRU, relative aux libertés et responsabilités des universités. Elle prévoit l'autonomie des universités (budget, gestion de leurs ressources humaines). Retouchée par la loi Fioraso (22 juillet 2013).
- 24 janvier 2013 : Décret Peillon et 7 mai 2014 : Décret Hamon sur la réforme des rythmes scolaires.
- 8 juillet 2013 : Loi d'orientation et de programmation pour la refondation de l'école de la République. Elle pose les principes d'une refondation en matière d'élévation du niveau de connaissances, de compétences et de culture de tous les enfants ; de réduction des inégalités sociales et de réduction du nombre de sorties du système scolaire sans qualification.
- Septembre 2016 : entrée en vigueur de la réforme du collège préparée depuis mars 2015.
- 8 mars 2018 : Loi relative à l'orientation et à la réussite des étudiants. Elle vise, notamment, à organiser les modalités d'entrée dans l'enseignement supérieur à travers la création d'une plate-forme d'inscription dénommée « Parcoursup », elle modifie le régime d'assurance maladie des étudiants et met en place une contribution afin d'améliorer les conditions de vie des étudiants et de favoriser la vie de campus.
- 26 juillet 2019 : Loi pour une école de la confiance. L'instruction est obligatoire pour chaque enfant dès l'âge de trois ans et jusqu'à l'âge de seize ans (article L. 131-1 du code de l'éducation), même si finalement peu d'enfants sont concernés (10 % des enfants).

Par dérogation, au cours des années scolaires 2019-2020 à 2023-2024, l'instruction obligatoire peut être donnée aux enfants âgés de trois à six ans dans un établissement d'accueil collectif recevant exclusivement des enfants âgés de plus de deux ans dit « jardin d'enfants » et qui était ouvert au 28 juillet 2019. L'État attribue de manière pérenne à chaque commune les ressources correspondant à l'augmentation des dépenses obligatoires qu'elle a prises en charge au titre de l'année scolaire 2019-2020 par rapport à l'année scolaire 2018-2019 dans la limite de la part d'augmentation résultant directement de l'abaissement à trois ans de l'âge de l'instruction obligatoire. L'emblème national de la République française, le drapeau tricolore, bleu, blanc, rouge, le drapeau européen, la devise de la République et les paroles de l'hymne national sont affichés dans chacune des salles de classe des établissements du premier et du second degrés, publics ou privés sous contrat (article L. 111-1-2 du code de l'éducation).

14. Pour aller plus loin

ALBERTINI Pierre, *L'École en France (XIXe-XXe siècle)*, Paris, Hachette, coll. « Carré-Histoire », 2014.

PROST Antoine, *Éducation, société et politiques. Une histoire de l'enseignement en France de 1945 à nos jours*, Paris, Seuil, coll. « Points-Histoire », 1997.

www.education.gouv.fr/cid57111/l-education-nationale-en-chiffres.html

www.enseignementsup-recherche.gouv.fr/pid24683/l-enseignement-superieur-en-chiffres.html

5 Enjeux européens et internationaux des politiques publiques

Au slogan de l'année précédente, « *Make our planet great again* » d'Emmanuel Macron, a succédé la résolution grave mais non moins résolue « *Nous sommes en guerre* ». La COVID-19 est passée par là et elle est restée. On enseignait à prendre le changement climatique à bras-le-corps, on a désigné une autre cible, un virus responsable d'une pandémie. En réalité, c'est plus un cumul de cibles avec un glissement temporaire de priorités et une semblable influence des flux de la mondialisation sur les politiques publiques européennes et françaises : c'est par eux que le virus s'est diffusé, c'est par eux que le réchauffement climatique se favorise et se résoudra sans doute. Marque de ce cumul, la convention citoyenne sur le climat française a rendu ses conclusions et le président de la République s'est engagé à s'en inspirer au titre des contributions françaises eux efforts européens de lutte contre les émissions des gaz à effet de serre.

Au-delà du choc considérable et imprévu sur l'économie comme sur la société, au-delà de la dramatique saturation des hôpitaux pour accueillir les malades dans les services de réanimation, la pandémie coïncide avec le besoin de relancer une économie en panne de relance, une économie à l'affût d'une nouvelle crise. Celle-ci est bien venue, mais pas sous les habits attendus. Pour autant, c'est l'occasion d'interroger à la fois les fondamentaux de la politique européenne avec qui les enjeux nationaux doivent au moins composer : n'est-ce pas l'occasion de jeter enfin les bases d'une solidarité monétaire et budgétaire au sein de la zone euro ? N'est-ce pas l'occasion de reconsidérer le droit de la concurrence pour faire de nos entreprises des champions mondiaux ? N'est-ce pas l'occasion d'avoir des politiques publiques influentes capable de cumuler transition énergétique et compétitivité hors prix ? Une quadrature du cercle que devra résoudre le New Green Deal européen d'Ursula von der Leyen, présidente de la Commission européenne malgré des pressions au maintien en l'état du budget européen. On n'en est pas au big bang entre compétences européennes et nationales, mais des glissements de frontières seront à surveiller, particulièrement dans l'application du plan européen de relance : Next Generation EU (750 milliards d'euros). L'objet de cette partie vise à aiguiser votre regard en la matière.

1. Les enjeux européens des politiques publiques françaises

L'agriculture

Le cadre

Ce secteur, compétence partagée entre États et UE, parfois objet de conflits commerciaux, bénéficie de l'environnement européen. Première économie agricole de l'UE (18 % de la production de l'UE avec 32 milliards d'euros, devant les 14 % de l'Allemagne) et élément clé du PIB français (3,6 % en 2013), l'importance de son nombre de travailleurs (922 000) sensibilise les Français aux tensions du secteur et aux volontés de la Commission européenne de reconfigurer le budget dédié de l'UE (58 milliards d'euros en incluant la protection de l'environnement, soit pour l'instant 38 % du budget européen total, contre 66 % dans les années 1980). Première bénéficiaire de la PAC, autour de 9 milliards par an, 15 % de l'ensemble des crédits (2015-2020), la France est vigilante sur les nouveaux projets de réforme : la PAC, c'est encore 7 milliards d'aides directes par an versées aux agriculteurs. Le dispositif colle à l'évolution des secteurs et des populations, avec une réduction progressive des références aux revenus précédemment récoltés par hectare (excepté la Corse qui a un paiement forfaitaire à l'hectare).

L'enjeu : défense du revenu des agriculteurs dans le contexte des pressions à la baisse du Brexit

Dans l'immédiat, la PAC impose une approche en fonction des revenus réels des agriculteurs et de leurs performances. 30 % des enveloppes de paiement direct sont liés à des pratiques respectueuses de l'environnement et de la biodiversité. Cette approche laisse des marges de manœuvre en fonction de la gestion de la population agricole, autorisant la France à pratiquer une politique redistributive en augmentant le soutien aux jeunes (la France en a plus que la moyenne de l'UE), aux petites exploitations et à leurs 52 premiers hectares, ou celui accordé à certaines productions comme la viande bovine ou les céréales. Cette même approche justifie des fonds supplémentaires pour les régions ultrapériphériques – fonds programme d'options spécifiques à l'éloignement et à l'insularité (Posei) de 278 millions annuels. L'approche actuelle maintient des soutiens aux prix (vins, huile d'olive) mais ce n'est pas la tendance, excepté des crises (voir l'embargo russe).
Avec un excédent de 6 milliards d'euros en 2016, le commerce agroalimentaire est crucial pour la France. C'est une donnée clé, surtout en ces moments de pandémie où les appels à davantage d'autonomie en ressources sont plus entendus. L'agriculture contribue à offrir

des ressources alimentaires mais aussi industrielles notamment en matière d'énergies renouvelables. Le commerce avec les États membres de l'UE y occupe une grande part (l'Allemagne en est le premier client). La France valorise bien ses avantages au sein de l'UE mais cette donnée n'est pas inscrite dans le marbre avec une Commission qui veut réduire la part du budget allouée à la PAC. Renforcer la taille des exploitations et augmenter la qualité – par exemple *via* des labels officiels du terroir comme les indications géographiques protégées (IGP) – sécurisent alors la position française. En ce sens, la France plaide pour une PAC plus au service du développement durable et d'une Europe forte. La sortie du Royaume-Uni, sixième bénéficiaire de la PAC mais contributeur net au budget européen, associée à de nouvelles priorités (migrations, frontières extérieures...), pèse lourdement sur le budget de la PAC (prévisions de – 15 % pour 2021-2027) mais offrirait davantage de subsidiarité aux États, leur permettant de fixer des plans stratégiques pluriannuels, notamment en matière d'objectifs verts. Signe de l'influence française et de la connexion de la PAC avec la stratégie de relance, l'accord du 21 juillet 2020 a réussi à faire légèrement augmenter le budget de la PAC de 6 milliards d'euros. En réalité, compte tenu de l'inflation, actuellement, une diminution. Reste à savoir si la COVID fera encore bouger les lignes. Politique partagée entre les États et l'UE, la nouvelle PAC sera l'objet de débats tendus.

La pêche

Le cadre

Troisième production mondiale mais sixième flotte de l'UE, les pêcheurs français (6 512 bateaux en 2017 sur 87 500 navires européens) comptent dans l'espace maritime malgré des bateaux vieillissants (chiffre d'affaires de 1,1 milliard d'euros en 2015). Le nombre d'employés (21 500) est modeste. C'est une flotte qui pêche de plus en plus loin ses poissons (100 000 tonnes de thons tropicaux), et qui s'inquiète des négociations tendues sur le Brexit. Les Britanniques veulent, au nom du contrôle de la zone économique exclusive, en effet récupérer des quotas de pêche initialement répartis par l'UE, surtout entre eux et les Français. 40 % des poissons de l'UE sont pêchés dans les eaux britanniques. La politique commune de la pêche (PCP), qui a la même base juridique que la PAC, accorde à chaque État des quotas de pêche dans les eaux européennes et soumet les mises à l'eau de navires en fonction des objectifs de préservation des ressources. L'organisation commune de marché de l'UE soutient les prix, fixe un tarif douanier commun, établit des normes de commercialisation et développe les connaissances scientifiques des marchés. La mise en œuvre relève des États.

L'enjeu : gérer la raréfaction des ressources par une mise en commun des droits et capacité de pêche

La PCP est vue comme une des politiques communes les plus intégrées de l'UE. Elle va jusqu'à fixer la taille des mailles des filets de pêche. Compétence exclusive de l'UE pour le volet conservation des ressources, c'est une politique qui, en réalité, préserve aussi la souveraineté des États : le Conseil des ministres de l'UE statue seul pour fixer les prix, les prélèvements, les aides et les quotas. La combinaison de compétences exclusives et partagées ne facilite pas le pilotage de la politique. Le bilan est mitigé : 39 % des stocks de l'UE seraient surexploités dans l'Atlantique. Les objectifs européens de rendement durable sont appelés à plus de coercition. La gestion des zones économiques exclusive doit aussi se combiner avec le droit de la mer. Les négociations de modernisation du Fonds européen pour les affaires maritimes et la pêche (FEAMP) ont donc été ardues pour éviter toute augmentation de capacité (taux admissibles de captures) à l'occasion de la période 2021-2027 au moyen d'un faisceau de critères dont l'âge des pêcheurs.

L'alimentation

Le cadre

Cette politique est indissociable de la PAC *via* les normes et incitations de qualité. Mais elle ne se limite pas à cette vision agroalimentaire de la production européenne. Aborder la politique publique de l'alimentation, c'est aussi plus directement aborder la question des politiques de santé ou de la sécurité des circuits de production et de distribution. Plusieurs scandales ont défrayé la chronique comme la crise de la vache folle, les poulets à la dioxine, ou plus récemment en France la contamination du lait pour bébé Lactalis. La réglementation européenne pose depuis 2002 des principes de traçabilité, de responsabilité, de transparence et de précaution applicables à l'ensemble de la chaîne alimentaire, de la fourche à la fourchette. Une autorité européenne de la sécurité alimentaire a aussi été installée à Parme. C'est donc tout un dispositif de rétablissement de la confiance qui existe entre le marché unique et le consommateur avec au besoin l'usage de labels identifiants comme ceux sur les IGP ou le label bio. Au titre de la protection des consommateurs, c'est une politique partagée entre États et UE.

L'enjeu : combiner l'impératif de santé avec celui de libre circulation des marchandises

Une des bases juridiques européennes les plus solides se trouve dans la libre circulation des marchandises. Cela augmente la taille des marchés pour les producteurs et les possibilités de choix pour les consommateurs comme les risques en cas de produits défectueux ou de carence des autorités de contrôle, pour l'essentiel nationales. Car un produit homologué par une autorité nationale a un visa *a priori* des autres autorités des États. C'est dire l'importance des règlements européens qui fixent des normes obligatoires et l'importance du réseau d'alerte Rapid Alert System for Food and Feed (RASFF) qui associe autorités nationales et autorités européennes. L'enjeu de santé alimentaire fait l'objet de litiges auprès de l'Organisation mondiale du commerce (OMC), par exemple de la part des États-Unis, qui contestent les prohibitions européennes des veaux aux hormones. L'enjeu de santé alimentaire est aussi un enjeu de validation des protocoles de test qui incriminent ou non les substances. De nouvelles règles européennes de contrôle de la qualité bio des produits entrent en vigueur en 2021. C'est une incitation à augmenter les surfaces des terres de l'agriculture bio (6,7 % des terres de l'UE).

Asile et immigration

» Le cadre

C'est un cas typique de politique partagée entre les États et l'UE : à cette dernière de fixer les conditions d'entrée et de séjour des immigrants légaux ou encore de réadmission des migrants dans leurs pays d'origine, aux États de fixer le nombre de ressortissants de pays tiers qui entrent sur son territoire dans le but de rechercher un emploi. Cette association des responsabilités est censée traduire une solidarité entre États et tirer les conséquences de la liberté de mouvement des travailleurs au sein de l'UE. Au marché unique pour les marchandises correspond l'espace Schengen pour les personnes : la prohibition des contrôles à l'intérieur de l'UE donne aux frontières nationales un caractère obsolète en temps normal. La gestion commune des politiques d'asile et d'immigration obéit ainsi à la convention de Dublin. Celle-ci fixe des règles pour les demandeurs d'asile afin de déterminer l'État en charge de l'examen du cas, en général le premier pays par lequel le migrant est passé.

» L'enjeu : avoir les moyens d'exercer les contrôles externes de l'UE et faire confiance aux États voisins

L'UE a tenté de limiter les arrivées de migrants sur son territoire par des accords avec des pays étrangers, notamment avec la Turquie pour qu'elle gère les conséquences de la crise humanitaire en Syrie. Mais l'intensité des flux migratoires qui échappent à ce système pose la question des capacités des États à gérer leurs propres frontières quand elles sont aussi les frontières externes de l'UE car l'agence *ad hoc* européenne FRONTEX n'exerce que des fonctions de coordination. La validation par un État (voir l'Allemagne) ou son incapacité à gérer des flux (voir la Grèce) a nécessairement une influence sur les flux de migrants, devenus légaux le cas échéant, à destination des voisins. La sévérité d'un État peut aussi réorienter les flux de migrants. La gestion des migrants aux portes de l'UE reste un défi, la Turquie s'en servant comme instrument de négociation sur d'autres litiges. Les résultats de cette politique demeurent contestables, sauf peut-être le développement des effectifs de l'agence européenne FRONTEX. De même, la gestion des migrants au sein de l'UE (22 millions en 2019 dont 333 000 demandeurs d'asile) questionne toujours la solidarité entre États membres. Sur un autre sujet, la COVID-19 a autorisé des restrictions inédites à la liberté de circulation.

Budget

Le cadre

Le budget de la France, comme celui des autres États de la zone euro, obéit à une discipline spécifique conçue pour éviter de faire payer aux autres États utilisateurs de la monnaie commune une politique trop laxiste. Les États ne doivent donc pas avoir de déficit budgétaire qui dépasse les 3 % du PIB ni une dette publique au-delà des 60 % du PIB. Le déficit structurel du budget est lui-même limité à 0,5 % du PIB. L'existence de l'euro, monnaie unique de la zone sous le contrôle de la Banque centrale européenne (BCE) qui ne peut recevoir aucune instruction extérieure hormis celle de son mandat d'origine (limitant l'inflation à 2 %), enlève à l'État le jeu des politiques monétaires. Le respect des seuils budgétaires est contrôlé en amont du vote du budget national auprès de la Commission et des États membres (semestre européen), et tout dépassement est sanctionnable.

L'enjeu : préserver les capacités de relance au sein d'une discipline de la zone euro revisitée

La discipline budgétaire de la zone euro pilote une conception réticente aux déficits comme à l'inflation selon des seuils jugés vertueux et pas toujours tenables en cas de dégradation généralisée des finances publiques. La crise de 2008 en a offert un exemple, soulignant au passage le besoin d'instruments financiers capables de casser une logique cyclique déstabilisante. Le périmètre du budget européen (1 % du revenu national brut) empêche de faire face à une crise comme probablement la faible dotation du futur Fonds monétaire européen. L'enjeu de la France peut être de demander à mettre hors de la zone de discipline budgétaire de l'euro des dépenses qu'elle est seule à effectuer dans ces proportions, celles du budget militaire (57,4 milliards en 2016).
Une nouvelle réflexion est engagée sur la configuration du droit de la concurrence et du rôle du budget en Europe pour sortir de la crise. Si les pressions à la baisse se maintiennent sur les budgets (refus d'augmenter le budget européen, crainte de la remontée des taux

pour le budget français), des marges de négociations ont vu le jour pour davantage de solidarité au sein de la zone euro notamment en matière de mutualisation des dettes liées à la crise de la COVID-19 et à ses conséquences sur la relance (cf. programme Next Generation EU). Les missions de la Banque européenne d'investissement (BEI) et de la BCE pourraient ainsi s'élargir au regard des capacités de cette dernière en matière de rachat de dettes publiques. La question d'un budget spécifique à la zone euro revoit le jour. Temporairement, les règles de discipline de la zone euro sont écartées.

Commerce extérieur et accords de libre-échange

Le cadre

La politique commerciale commune de l'UE est une politique exclusive (article 3 du TFUE). Cela signifie que les États ne peuvent pas conclure à titre individuel un accord de libre-échange avec un pays externe à l'UE. En revanche, *via* le Conseil des ministres, ils ont voix au chapitre en négociant avec leurs homologues et avec la commission l'établissement d'une position commune et d'un mandat de négociation. Cette discipline maintient la cohésion de la première zone commerciale au monde. La France en est le quatrième exportateur après l'Allemagne, le Royaume-Uni et l'Italie. La stratégie commerciale extérieure de l'UE doit contribuer à la libéralisation des flux mondiaux dans le respect des défis du développement. Cette même unité se retrouve dans la défense contre les pratiques déloyales auprès de l'OMC. Le Parlement européen n'intervient qu'au stade de la ratification des accords internationaux.

L'enjeu : faire bouger les curseurs de la compétence exclusive et de l'unanimité

La compétence exclusive de l'UE illustre la priorité accordée au commerce extérieur, responsable de bien des emplois. La règle de l'unanimité au Conseil des ministres souligne la nécessité de parler d'une seule voix et de manière décisive dans des sujets soumis à fortes tensions voire à fortes contestations sur fond de critique de la mondialisation. Mais le Conseil des ministres peut passer à la règle de la majorité qualifiée pour le commerce des services, de la propriété intellectuelle, des investissements directs étrangers, dans le cas du commerce des produits culturels et enfin dans le commerce des services sociaux et relatifs à la santé. Cet abandon de la règle de l'unanimité doit être justifié par des menaces tangibles. Il illustre la sensibilité de secteurs jugés essentiels pour la cohésion ou l'identité des États. Cette thématique est en outre sujette aux volontés d'unilatéralisme des États-Unis de Donald Trump et dépend de la capacité d'une UE amputée du Royaume-Uni d'y faire face.

Protection des consommateurs

Le cadre

La protection des consommateurs est un cadre large dans lequel s'insère la politique de l'alimentation précédemment évoquée. Cette protection est explicitement devenue une politique communautaire avec le traité de Maastricht (article 169 TFUE) en combinant impératifs de santé et d'information des consommateurs comme de consolidation des garanties contractuelles ou extracontractuelles. Des réglementations générales viennent couvrir les produits qui ne sont pas couverts par des dispositifs sectoriels. La protection des consommateurs vise donc une harmonisation de leurs droits en procédant, le cas échéant, à une hausse des normes. Cette dynamique évite qu'un litige ne soit plaidé en fonction de la pratique d'un tribunal.

L'enjeu : hausser la protection au niveau de ses propres normes

Les États qui disposent déjà d'une solide législation ou de pratiques soucieuses des consommateurs ont tout intérêt à étendre le champ des protections européennes en la matière. Cela leur permet de mieux lutter à armes égales avec des États moins chevronnés en la matière et donc de gommer toute possibilité de concurrence déloyale comme cela peut arriver dans le cas de nouveaux membres de l'UE. C'est aussi une manière d'alimenter le débat européen. La protection des consommateurs a ainsi été renforcée par une directive en 2019 qui augmente les droits des clients et les sanctions des producteurs en prenant en considération les enjeux du numérique.

Culture

Le cadre

La culture est une compétence d'appui de l'UE envers les actions des États qui conservent très largement la main dans ces domaines. Le budget européen finance souvent des activités de coordination ou d'amplification d'initiatives culturelles favorisant le patrimoine des Européens ou la constitution d'une identité européenne comme l'initiative de subvention cinématographique Lux, les capitales européennes de la culture ou encore le programme Erasmus. Au niveau international, on peut citer une approche de la même dynamique de coopération institutionnelle, tels les programmes de coopération menés sous l'égide de l'Organisation des Nations unies pour l'éducation, la science et la culture (UNESCO), comme les inscriptions au programme du patrimoine de l'humanité, ou des outils plus prescriptifs, comme des conventions juridiques de protection de ce même patrimoine.

L'enjeu : préserver l'effectivité et le rayonnement de la souveraineté culturelle

Même si la culture reste du domaine réservé des États, en Europe du moins, ceux-ci doivent se montrer vigilants face à une perte de contrôle. Les financements européens peuvent servir d'outils d'influence supranationale et, incorporés à d'autres outils, ils peuvent basculer dans une autre catégorie comme lorsque les instances européennes souhaitent les intégrer à des négociations commerciales. C'est le garde-fou de l'exception culturelle exigé par la France. Cette revendication de spécificité fonctionne quand les autres États peuvent en tirer un bénéfice personnel également. C'est le cas de la duplication d'événements français à l'étranger comme la fête des voisins ou la fête de la musique. C'est aussi le cas quand la France ouvre largement son Organisation internationale de la francophonie à des personnalités éloignées de sa zone d'influence naturelle.

Citoyenneté

Le cadre

Traditionnellement, l'influence des sphères internationales sur la notion de citoyenneté est limitée. Il s'agit usuellement d'un domaine réservé de la compétence régalienne des États, les organisations internationales s'efforçant de limiter les cas d'apatridie, statut par défaut selon la convention internationale de New York du 28 septembre 1954. Ainsi, si elle en remplit les conditions, toute personne motivée peut envoyer en France son dossier à l'Office français de protection des réfugiés et apatrides (OFPRA) pour se voir reconnaître ce statut. Du côté européen, si la citoyenneté liée à l'identité reste une prérogative nationale, la carte d'identité en étant l'exemple flagrant, en revanche, la citoyenneté comme porteuse de quelques droits et devoirs, le logo européen sur les passeports en étant une marque, s'est invitée dans les symboles européens (article 9 du TFUE). Cette citoyenneté européenne ne remplace pas la citoyenneté nationale mais emporte des droits comme celui de voter à certains scrutins ne portant pas en France à la souveraineté nationale (les européennes, les scrutins locaux, mais pas le Parlement) ou celui d'accéder aux emplois publics selon la même restriction.

L'enjeu : faire cumuler des citoyens européens sans peuple européen

La protection consulaire de chacun des États membres de l'UE est ainsi accordée à chacun des ressortissants de l'UE. La citoyenneté européenne, citoyenneté de superposition, dépasse le seuil de la virtualité sans pour autant prendre toutes les prérogatives de la citoyenneté nationale. Ce dispositif fait partie des tentatives de faire accréditer l'existence d'un peuple européen en bonne et due forme. Mais il faut constater le peu de succès rencontré par l'idée de listes aux élections européennes à partir de circonscriptions à l'échelle de l'UE. Seuls quelques rares étrangers ont réussi à se faire élire au Parlement européen par d'autres électeurs que ceux de leur nationalité, comme le coureur automobile finlandais Ari Vatanen en France.

Diplomatie et défense

Le cadre

La présence de ressortissants nationaux dans des organisations internationales peut être vue comme un moyen de relais d'influence informelle, mais pas comme un téléguidage hiérarchique depuis l'organisation internationale vers l'État national ou inversement. Pour autant, l'implication active d'un État dans une organisation internationale intégrée comme le commandement militaire de l'Organisation du traité de l'Atlantique nord (OTAN) oblige à un certain formatage des troupes nationales et à une certaine disponibilité de ces troupes tout comme à leur formation aux règles d'engagement. C'est ce qui s'est passé en 2009 avec la réintégration de la France dans le commandement militaire de l'OTAN et l'envoi d'officiers supérieurs aptes à négocier au sein des structures de l'organisation comme représentants de la France ou officiels de la structure supranationale. On distingue ici deux cas, celui de nationaux qui travaillent pour l'organisation et ne relèvent que d'elle, mais aussi le cas de représentants de l'État national qui interviennent à ce titre dans l'organisation. La stratégie d'influence n'est naturellement pas la même.

- Au niveau de l'UE, il faut distinguer les actions qui relèvent de la diplomatie à proprement parler de celles qui relèvent de la défense, quand bien même ces deux actions sont regroupées depuis le traité de Lisbonne sous le terme de politique européenne de sécurité commune (PESC).
- Dans le cas de la diplomatie, l'UE s'est constitué un réseau diplomatique composé des représentations de la Commission européenne et de diplomates des États membres mis à disposition, le tout sous la direction du haut représentant vice-président de la commission. Ce Service européen pour l'action extérieure (SEAE) exerce donc une fonction de représentation de l'UE, par exemple dans le cas des négociations de l'OMC mais aussi pour des relations bilatérales entre l'UE et un État tiers. Le financement de ce service relève du budget de l'UE. Parmi les buts poursuivis, on trouve la sauvegarde des valeurs, des intérêts, de la sécurité, de l'indépendance et de l'intégrité de l'UE, ou encore le soutien à la démocratie et la préservation de la paix.

Dans le cas du volet plus militaire, celui de la politique de sécurité et de défense commune (PSDC), un volet, donc, de la PESC, l'UE peut utiliser des moyens en dehors de l'Union « *afin d'assurer le maintien de la paix, la prévention des conflits et le renforcement de la sécurité internationale conformément aux principes de la charte des Nations unies* ». L'UE doit alors composer avec les prérogatives des États membres, soucieux de protéger le caractère spécifique de leurs politiques de sécurité et de défense (notamment développées dans le cadre de l'OTAN). La PSDC construit une « *politique de défense commune de l'Union* ». « *Elle conduira à une défense commune, dès lors que le Conseil européen, statuant à l'unanimité, en aura décidé ainsi* », prévoit le traité. L'UE n'a pas de troupes propres. Le fonctionnement de la PSDC repose sur le mode intergouvernemental, ses décisions sont adoptées par le Conseil statuant à l'unanimité. Son financement dépend des actions engagées, certains volets reposant sur un budget *ad hoc* dit « Athéna ».

L'enjeu : l'acquisition d'une autonomie de décision et d'action stratégique mobilisable en cas de crise

Au niveau européen ou extra-européen, les enjeux annoncés, la mutualisation de moyens politiques et matériels est censée permettre aux États de peser davantage que seuls. Le rôle prépondérant d'États particulièrement actifs dans le domaine peut faire craindre le détournement de la mission ou de la structure collectives au bénéfice d'intérêts singuliers : c'est le sens des réticences de l'Allemagne face à l'activisme français qui prône la défense des coopérations renforcées. Le statut de membres permanents du Conseil de sécurité de l'ONU de certains États crée un déséquilibre potentiel si bien que des voix se sont élevées pour transférer à l'UE les sièges de la France et du Royaume-Uni, perspective ruinée par le Brexit. La montée en puissance de l'UE militaire ne règle pas les ambivalences de la part des États-Unis ni les réticences de certains pays désireux de s'engager au-delà de leurs frontières sans l'engagement de l'OTAN. Et malgré la création de structures de coopérations industrielles comme l'OCCAr (Organisation conjointe de coopération en matière d'armement) ou l'AED (Agence européenne de défense), la coordination des programmes d'armement européen a encore des progrès à faire. C'est le cas des arbitrages entre l'acquisition du F35 américain ou la participation à l'avion de combat européen, le SCAF futur. Un des enjeux de la France et de l'UE est aussi d'apporter une solution militaire, diplomatique et industrielle rapide quand certains de ses membres sont menacés, tels Chypre et la Grèce par la Turquie.

Économie et euro

Le cadre

La constitution de l'Union économique et monétaire (UEM) avec l'adoption d'une monnaie unique, l'euro, obéit à la volonté de réaliser une zone monétaire optimale selon la théorie de Mundell. L'indépendance totale des banques centrales nationales et de la BCE additionnée à un mandat restrictif surtout centré sur la lutte contre l'inflation et l'interdiction d'achat des dettes des États membres restreint les marges de manœuvre de ces derniers. Si donc l'euro a acquis un statut de devise internationale incontestée supprimant les risques de change à l'intérieur de la zone euro, cela ne règle pas la sensibilité de cette dernière aux chocs financiers externes, ni l'incapacité des États d'avoir désormais recours à l'arme de la dévaluation, la monnaie étant du ressort exclusif de la BCE. Sous leur responsabilité, les banques centrales nationales participent aux organes de supervision de la BCE. La rigueur budgétaire de la zone euro s'est renforcée pour sanctionner au plus vite les États mauvais élèves tout en admettant des circonstances exceptionnelles passagères. La crédibilité de l'euro s'est manifestée en consolidant le marché unique et en contribuant à de forts échanges intra-européens. Autre renforcement de cette crédibilité, contrairement à ses tout débuts, l'adoption de l'euro n'est plus une option mais une obligation, à terme, pour les États récemment membres de l'UE.

L'enjeu : comment faire face aux carences de la coordination de la zone euro ?

L'adhésion à la zone euro suppose le respect de critères de convergences économiques (art. 121 TCE) mais la discipline budgétaire n'a pas été suffisante pour empêcher des dérapages comme celui de la Grèce ou les bulles spéculatives de l'Espagne et de l'Irlande. La crise de 2008 a montré les nécessités de dépasser la lettre des traités européens pour valider le rachat de titres de dette publique de deuxième main (sur le marché secondaire) et favoriser l'injection de liquidités à destination des banques et du reste de l'économie. La coordination entre ministres des finances *via* l'Eurogroupe joue davantage le rôle d'une enceinte de discussion que d'une influence des politiques nationales économiques. La création du mécanisme européen de stabilité fournit des ressources pour lutter contre des défaillances de dettes souveraines des États et apporter une solidarité plus effective tandis que les réglementations des *six pack* et *two pack* veulent renforcer la surveillance. Mais cela ne règle pas la coexistence dans le marché unique d'États qui font partie de l'UEM et d'autres qui n'en font pas partie (Danemark, Suède). La contestation de la création d'un ministre des Finances de la zone euro illustre les limites des efforts de cohérence et de cohésion de la zone euro. Les refus d'augmenter la taille du budget de l'UE l'empêchent d'avoir une action contracyclique. Les exceptions temporaires à la discipline de la zone euro et les mécanismes exceptionnels du plan de relance semblent insuffisants pour créer des mécanismes pérennes de solidarité comme en témoignent les réticences allemandes et des pays dits sobres face à l'action de la BCE.

Éducation et formation

Le cadre

L'éducation et la formation font partie des compétences où l'UE joue un rôle d'appui auprès des États membres. À un niveau international, l'UNESCO par exemple anime un débat d'idées sur l'éducation mais ne fournit pas de normes prescriptives. L'influence de l'UE est cependant bien plus forte car elle dispose de moyens budgétaires qui, limités, sont cependant capables d'avoir des effets d'entraînement et de connaissance mutuelle (voir le budget Erasmus). Le traité de Lisbonne a renforcé ces politiques d'éducation et de formation en les faisant adopter par le Parlement européen lors de la procédure législative ordinaire. La question de la formation professionnelle (art. 165 TFUE) correspond aux objectifs de compétitivité de l'UE et de lutte contre le chômage en donnant le cas échéant une dimension européenne (soutien à l'apprentissage des langues et à la mobilité des enseignants).

L'enjeu : la recherche d'une crédibilité respectueuse de la diversité des cultures et des États

Les efforts de lutte contre le chômage, *via* l'éducation ou la formation, n'ont pas produit les résultats escomptés à l'échelle européenne. Le recours à davantage d'interventionnisme des autorités publiques se heurte à certaines volontés de correspondre aux seuls besoins des entreprises et du marché. Une coordination plus intense de la part de l'UE encourt le risque de ne pas respecter le principe de subsidiarité. L'évolution de l'économie internationale, de par les nouveaux besoins de formation, devrait inciter à dépasser ces clivages et, par exemple, à favoriser un écosystème européen des nouvelles technologies de l'information et de la communication.

Égalité hommes-femmes

Le cadre

Les instruments internationaux ne manquent pas pour défendre l'égalité entre les hommes et les femmes. L'ONU et ses objectifs de développement durable du millénaire soulignent qu'une meilleure insertion de la femme dans les contrôles des enjeux de société et d'égalité professionnelle est souvent à la base d'un meilleur décollage économique. Cela va de la promotion de la microfinance de Muhammad Yunus, prix Nobel de la paix en 2007, au Bangladesh, à la promotion de l'éducation et de la formation des filles. La traduction de ces

objectifs dépasse le cap des pays en développement pour s'inspirer des leçons qui sont transposables sous nos latitudes avec une pédagogie conçue pour donner de l'ambition à des jeunes filles qui en manqueraient alors que les structures de formation ne manquent pas. Une certaine discrimination positive impose alors en France des quotas de femmes à des postes de direction dans les collectivités territoriales en fonction de leur nombre d'habitants. La Cour européenne des droits de l'homme (CEDH) exige elle aussi une égalité entre les hommes et les femmes selon l'article 14 de la Convention du 4 novembre 1950 qui prohibe toute discrimination dans la jouissance des droits garantis par ce texte juridique. Cette prohibition concerne des domaines aussi variés que l'égalité des conditions de travail ou celle dans la gestion de l'état civil. La France use de différentes manières pour se conformer à ces objectifs, par exemple en forçant les pères de famille à prendre des congés de paternité, manière de mieux s'associer au statut de leur femme.
L'UE s'est jointe à ce défi, notamment par la jurisprudence de la Cour de justice de la Communauté européenne et encore plus depuis l'entrée en vigueur de la charte des droits fondamentaux *via* la ratification du traité de Lisbonne en décembre 2007. Ce texte n'est pas censé étendre les compétences de l'UE. Pour autant, se basant sur une compréhension extensive des droits de la Communauté européenne, la Cour de justice des communautés européennes (CJCE) avait déjà, avant la charte, grandement fait appliquer les principes de non-discrimination entre hommes et femmes. Dans le sillage de l'arrêt Defrenne, la Cour de justice de l'UE rappelle que le principe d'égalité est une condition de légalité. L'article 157 du TFUE rappelle d'ailleurs l'interdiction d'une inégalité salariale, basée sur la race, le sexe…

L'enjeu : une égalité qui doit parfois passer des tests culturels et pratiques

De moins en moins de situations sont considérées comme justifiant des discriminations entre hommes et femmes. L'armée est ainsi largement ouverte aux femmes et la nouvelle classe Barracuda de sous-marins nucléaires d'attaque permet l'embarquement de femmes en raison d'une meilleure intimité des couchettes. Mais cette lutte contre la discrimination entre hommes et femmes se heurte à des réticences culturelles, les hommes français préférant parfois perdre des aides sociales plutôt que prendre un congé paternité de longue durée alors que leur femme a repris le travail. Cette question demeure inscrite dans le quotidien de l'État, et c'est lui qui vérifie lors du contrôle budgétaire des collectivités leurs pratiques en la matière.

Les élargissements des organisations internationales

Le cadre

La France est membre de plus de 150 organisations internationales où son influence peut-être prépondérante mais pas exclusive (Organisation internationale de la francophonie), en tout cas majeure et souvent partagée (ONU, UE). Si l'évolution du nombre de membres atteint parfois des seuils proches du maximum actuel (l'ONU en est à son 193e membre, le Sud Soudan), certaines organisations présentent encore un grand potentiel de développement. La France, attachée au multilatéralisme et à un rôle important en son sein, reste sensible à l'évolution des candidats et donc à la taille des organisations internationales dont elle fait partie. Le soutien à des candidats peut être un élément de sa diplomatie face à des évolutions qu'elle aime accompagner. Ainsi, quoique favorable à l'élargissement de l'UE, la France a un temps tenté de freiner le nombre de nouveaux membres lors de la phase de 2004. De même, face aux réticences de sa population vis-à-vis de la Turquie, le président Chirac a soumis tout nouvel élargissement au résultat d'un référendum (révision constitutionnelle de 2005).

L'enjeu : élargir sans diluer l'identité ni provoquer de crise internationale

Tout processus d'élargissement est au moins piloté par l'idée que l'augmentation du nombre de membres prouve la pertinence de l'organisation par sa popularité. Si l'ONU a vocation à être une organisation internationale qui intègre tous les États, en va-t-il de même pour l'UE ? Certains analystes pensent que l'UE est avant tout un mode européen de règlement des conflits *via* une intégration de ses membres qui n'est donc pas limitée par la fixation des frontières physiques du continent. D'autres sont au contraire attachés à un minimum de cohérence et de cohésion géographique et culturelle, si bien que l'extension ne saurait être sans limite, sauf à risquer des crises internationales avec des pays qui y voient une ingérence comme la Russie lors de l'adhésion des pays baltes ou, un temps évoquée, de l'Ukraine. La France demeure partagée entre son souci d'universalité et son désir de racines.

Emploi et affaires sociales

Le cadre

En 2019, on a fêté les 100 ans de l'Organisation internationale du travail (OIT), plus vieille institution de la galaxie onusienne. Cette organisation de concertation accueille une fois par an 4 000 délégués des employeurs, des employés et des États. Organisation d'influence sans pouvoir de sanction, elle a récemment reproché à la France la hausse des dérogations à la prohibition du travail dominical et c'est elle qui a dénoncé le travail forcé en Birmanie, poussant Aung Saan Suu Kyi à faire dans l'enceinte de l'OIT son premier discours en remerciement des effets du *boycott* ainsi initié et responsable de la chute de la junte militaire. En 2011, l'OIT adopte une convention sur le travail domestique favorisant la reconnaissance officielle de ce travail informel. En parallèle, on peut noter que la France participe aussi d'une dynamique de valorisation de formes de travail bénévole mais pesant sur la fatigue des aidants familiaux. À l'opposé, la France restreint les droits à indemnité des travailleurs *via* un barème prédéterminé lors des procès devant les prud'hommes, une pratique qui n'est pas du goût de l'OIT.

Du côté de l'UE, on fait face à une certaine ambivalence. D'un côté, la politique sociale est une compétence partagée entre les États et l'UE (article 4 TFUE) pour ce qui concerne l'égalité des chances et l'accès au marché du travail, les conditions de travail équitables et la protection sociale comme l'inclusion sociale. D'un autre côté, l'UE est compétente pour favoriser des mesures de coordination entre les États en matière d'emploi, de politiques sociales et de politiques économiques. L'UE ménage donc la liberté de circulation des travailleurs mais aussi le droit des États à organiser leur propre marché de l'emploi. Cette recherche de conciliation donne des textes juridiques qui autorisent la libre circulation des travailleurs détachés en s'efforçant de ne pas donner lieu à du *dumping* social. En novembre 2017, l'UE a adopté un socle non contraignant de droits sociaux pour favoriser une convergence des droits des travailleurs, l'essentiel d'entre eux étant consacré au fonctionnement du marché unique. En réalité, l'insertion de la dimension sociale, au-delà de la libre circulation des travailleurs, est récente dans la construction communautaire : c'est en 1997 qu'on assiste au lancement d'une politique européenne de l'emploi sur un mode intergouvernemental. C'est la persistance du chômage qui pousse la Commission européenne à intensifier la coordination des politiques de l'emploi *via* la stratégie Europe 2020. Progressivement, l'UE impose des normes de travail comme l'obligation d'établir un contrat de travail écrit, la limitation de la durée de travail hebdomadaire, la protection sociale de la maternité, l'interdiction d'exposition aux radiations… En 1994, l'UE crée d'ailleurs une agence chargée de la santé et des conditions de travail.

▶ L'enjeu : rendre effectif le refus du *dumping* social

La révision de la directive sur les travailleurs détachés en 2018 a abouti à un compromis, instituant le principe « à travail égal, rémunération égale sur un même lieu de travail », garantissant en même temps que les cotisations sociales du travailleur détaché demeurent celles du pays d'origine. Il s'agit donc de garantir un avantage pour les entreprises tout en améliorant les conditions de travail des travailleurs détachés en tenant compte des conditions spécifiques de travail locales. Cette réforme ne concerne cependant pas le secteur du transport routier. Autrement dit, une concurrence européenne entre systèmes sociaux perdure mais elle est plus encadrée. C'est un rappel qu'emploi et affaires sociales participent autant de l'identité sociale du pays que de la compétitivité de son activité économique. Afin de consolider cet équilibre, la France a proposé qu'une assurance sociale minimale soit imposée chez tous les États membres de l'UE, à charge pour chacun d'entre eux d'être plus généreux. Cette harmonisation de la protection sociale peut passer, comme l'a montré la stratégie commune de relance de l'UE, par un rapprochement des conditions du chômage partiel et de l'assurance chômage minimale.

L'énergie

Le cadre

Le souci de maîtriser les sources d'approvisionnement de l'énergie nourrit la vigilance des organisations internationales et de leurs États. Mais les motivations varient. À l'Organisation des pays exportateurs de pétrole (OPEP), il s'agit de maîtriser le rendement des cours du pétrole et à l'Agence internationale de l'énergie atomique (AIEA) il s'agit de s'assurer des visées civiles du nucléaire. Chez les membres de l'UE, on est essentiellement importateur même si le charbon réussit à conserver quelques bastions de production et de consommation (Allemagne, Pologne). Qu'il s'agisse donc d'uranium, de pétrole ou de gaz, les Européens se doivent de sécuriser leurs approvisionnements et de réduire leur dépendance par une diversification de ces sources, voire par une réduction de la consommation. La politique énergétique de l'UE a donc une forte tonalité d'efficacité énergétique et de promotion des énergies renouvelables, au-delà des premiers objectifs de la Communauté économique du charbon et de l'acier (CECA) 1951 ou de l'Euratom 1957. L'Union de l'énergie passe donc par des réalisations concrètes permettant à ses membres d'échanger de l'énergie ou finançant de concert des gazoducs et autres *pipelines*. Des règles communes visent à dynamiser les marchés de l'énergie en y favorisant la concurrence et en fixant des objectifs de réduction de la consommation d'énergie.

L'enjeu : faire de l'énergie un vivier de compétitivité internationale et de vigilance géopolitique

Les politiques publiques de toutes origines partagent souvent un discours basé sur la sobriété et la réduction de la dépendance extérieure. La diversification des sources d'approvisionnement, c'est aussi la montée en puissance des sources choisies pour compléter l'éventail de fournisseurs. C'est ce qui explique les pressions américaines pour interdire à l'Allemagne de financer le *pipeline* Nord Stream 2 qui se connecterait aux gisements russes. La pression énergétique change, mais il n'est pas dit qu'elle s'efface car les économies occidentales auraient moins d'industries lourdes : les flux liés à Internet sont gourmands en énergie et sont indispensables à l'économie de la connaissance recherchée par l'UE comme d'ailleurs par les États-Unis dans le domaine de l'intelligence artificielle. Une énergie à bon marché est donc cruciale pour la compétitivité européenne et cela passe par une attitude constructive, à l'étranger mais aussi sur notre sol en préparant la transition énergétique, par exemple *via* davantage d'agriculture orientée sur la production d'énergies renouvelables, ou davantage de fonds consacrés aux changements d'énergie de référence. Il s'agit donc d'un ensemble où les États membres auront intérêt à se regrouper sous la bannière commune de l'UE pour peser dans les négociations mais aussi pour élargir les nouveaux marchés énergétiques.

Environnement et climat

Le cadre

La protection de l'environnement et la lutte contre le changement climatique ne sont pas des sujets identiques mais sont extrêmement liées, comme le montrent la mort des coraux corrélative à une hausse de la température des mers ou encore la dégradation de la qualité de l'air associée à une canicule sans vent dispersant. Qu'on étende le champ de la protection de l'environnement à la lutte contre la pollution et à l'application du principe pollueur-payeur, on retrouve une donnée du changement climatique qui est l'analyse des effets secondaires de l'activité humaine. En ses différentes branches donc, la protection de l'environnement est l'objet du droit international de manière suivie grâce aux interventions des Nations unies de longue date comme la convention sur la diversité biologique, adoptée lors du sommet de Rio et entrée en vigueur depuis décembre 1993. Mais on estime que la prise de conscience universelle date du rapport Brundtland (années 1980) et du sommet de la Terre de Rio en 1992. Chaque année, les COP des Nations unies se réunissent pour tenter de limiter le réchauffement climatique et cherchent un délicat équilibre diplomatique entre économies émergentes et pays développés, l'accord étant plus aisé à obtenir en cas d'instruments juridiques non contraignants (comme le dernier traité de Paris lors de la COP 21).

De son côté, l'UE n'est pas en reste et veut combiner efficacité énergétique et réduction des émissions de gaz à effet de serre. L'un de ses principaux outils est le Emissions Trading Scheme qui installe une bourse des permis d'émission de gaz à effet de serre : le prix de la tonne de carbone doit pousser les industries à réduire leurs émissions et leurs consommations d'énergie. Jusque-là, ce système n'a pas tout à fait prouvé son efficacité, le prix des permis n'étant pas assez dissuasif, sans doute du fait d'un ralentissement de l'activité économique. La France a tenté l'usage de plusieurs stratégies, comme celle de l'Agence de l'environnement et de la maîtrise de l'énergie (ADEME) incitant à la réduction de la consommation d'énergie ou celle des lois de Finance instituant des taxes comportementales augmentant la TICPE et subventionnant l'achat de véhicules moins polluants ou l'amélioration de l'isolation des logements.

L'enjeu : faire de l'environnement un atout de compétitivité

La transition énergétique semble indispensable pour assurer le développement durable de l'humanité dans un environnement mieux préservé qu'auparavant. Les accords internationaux non contraignants présentent l'avantage d'être mieux acceptés mais pas forcément effectifs. Pour que la lutte contre le changement climatique et la préservation de l'environnement produise des effets sur le terrain, il est nécessaire que les acteurs concernés en ressentent à court terme les bénéfices. À un niveau international, cela peut passer par une aide publique au développement réorientée ou par des stratégies douanières concertées qui frappent les produits peu vertueux en matière d'émission. À un niveau national, l'acceptabilité sociale des mesures exige que le public ait les moyens d'effectuer les changements de consommation dans des marchés de produits ou d'énergie abordables. Le succès des obligations vertes émises par l'État français donne en outre un signal intéressant du signal de rentabilité que des engagements climatiques peuvent envoyer à la communauté financière. Le New Green Deal, prôné par la Commission européenne, est un signal intéressant pour les thèses de la France qui veut passer à un paradigme de développement durable pour toute l'économie. Si des avancées en matière de financement de l'innovation sont indéniables, si la France veut de son côté massivement financer une meilleure consommation énergétique des bâtiments, des doutes subsistent quant à la volonté des États membres d'abandonner leurs sources d'énergie fossiles.

Entreprises

Le cadre

Compétence non exclusive de l'UE, répartie entre compétence partagée et compétence d'appui, la question des entreprises est au cœur des réflexions sur le développement du marché unique. Liberté de circulation des marchandises et des biens, liberté d'établissement, liberté de la concurrence aussi, l'entreprise bénéficie des bases juridiques les plus solides de l'UE. L'évolution la plus marquante semble être en réalité la légitimation progressive d'une politique industrielle en Europe, le soutien aux entreprises ne se contentant plus de leur garantir des libertés mais allant jusqu'à les accompagner au-delà des seules lois du marché. Cette politique horizontale touche nécessairement à plusieurs domaines pour favoriser la compétitivité de la base industrielle européenne (art. 173 TFUE). *Via* un renforcement de la propriété intellectuelle des subventions à la recherche, des partenariats public-privé, une aide au financement international des PME, une harmonisation des normes techniques, la Commission européenne ne veut cependant pas totalement imiter l'interventionnisme des États. Face à l'atonie de l'investissement post-crise de 2009, le plan Juncker a changé de braquet en injectant 500 milliards d'euros sur la période 2015 avec des projets d'amélioration des infrastructures, qui aident indirectement les entreprises, et des projets finançant les PME innovantes.
À un niveau extra-européen, on peut aussi estimer que l'action de l'OMC, en supprimant les barrières douanières et non tarifaires (mesures d'effet équivalent), contribue à fluidifier l'action des entreprises. Cet exercice trouve ses limites avec l'action d'États qui soutiennent des entreprises publiques contre des entreprises privées qui n'ont pas les mêmes prérogatives. La Chine ou les États-Unis en apportent des exemples intéressants mais peu conformes au credo de la mondialisation des échanges comme le cas de l'extraterritorialité

du droit américain sanctionnant des entreprises commerçant avec des États en froid avec les États-Unis.

L'enjeu : mettre la compétitivité des entreprises au service de la croissance et de l'emploi

Les programmes de relance de la Commission européenne interviennent au moment où la croissance se fait toujours attendre à l'échelle de l'UE et où l'embellie du chômage semble encore timide. Ces programmes reposent sur l'idée qu'une amélioration de l'environnement général des entreprises améliorera leur compétitivité et leur capacité d'embauche de salariés qui auront pu par ailleurs améliorer leur formation. Toute la question est de déterminer dans quelle proportion les gains de productivité escomptés se traduiront en autant d'embauches et résisteront à la tentation d'exporter les étapes de la chaîne de valeur hors du territoire national. On le voit donc, la question est complexe et doit être liée à la fois à compétitivité prix et à la compétitivité hors prix. L'amélioration de la formation professionnelle est donc cruciale comme la capacité à accompagner les entreprises lors de la future sortie de crise.

Fiscalité

Le cadre

La fiscalité fait certes partie des prérogatives des États mais l'environnement international peut être l'occasion d'y échapper. Les organisations internationales déploient des efforts pour lutter contre la fraude fiscale. L'Organisation de coopération et de développement économiques (OCDE) ainsi fournit un cadre de concertation dans la lutte et l'évaluation contre le phénomène et alimente les G 20 et G 7 en matière d'information sur la transparence fiscale. Cette organisation fournit aussi des normes d'échange de renseignements fiscaux entre États (les TIEAS) pour éviter l'existence de paradis fiscaux et favoriser des échanges automatiques de renseignement. L'UE elle-même a un intérêt direct dans cette lutte contre la fraude fiscale, notamment celle qui vise à échapper au paiement de la taxe sur la valeur ajoutée (TVA), voire à demander des remboursements indus. La TVA fait en effet partie des ressources du budget de l'UE comme des budgets nationaux. Les services de la Commission européenne poursuivent cette stratégie de contrôle fiscal, notamment de l'optimisation opérée par des multinationales en fonction des flux de revenus et des différentiels de législation. De concert avec l'OCDE, l'UE entretient ainsi une pression en publiant aussi une liste noire de pays non coopératifs en matière fiscale, ou grise de pays qui doivent faire preuve d'une meilleure coopération.
Cependant, malgré les coopérations européennes contre l'évasion fiscale, au sein de l'UE demeure une forme de concurrence fiscale : la liberté d'établissement et la liberté

de circulation des travailleurs sont des incitations potentielles à déplacer les activités en fonction des choix fiscaux des États membres. L'UE régule cette concurrence fiscale par des modulations maximales des seuils de TVA ou par le respect de la discipline budgétaire de la zone euro.

L'enjeu : élaborer l'harmonisation fiscale qui évite de stériles concurrences entre États

Les différentiels de développement économique et de choix de société comme de solidarité nationale demeurent suffisamment importants pour faire de la fiscalité un élément de concurrence entre États. Il n'est pas certain que cela renforce la compétitivité de la zone euro ni qu'intrinsèquement cela y crée de la valeur car cette course au moins-disant fiscal se traduit par autant de rentrées budgétaires en moins. Un début de solution pourrait être au moins l'harmonisation des assiettes fiscales – projet d'assiette commune consolidée pour l'impôt sur les sociétés (ACCIS) – mais il se heurte au blocage d'États membres. La lutte contre l'évasion fiscale participe de cette même logique. Reste à savoir si les besoins de financement des États dus à la COVID-19 arriveront à poursuivre la baisse des prélèvements obligatoires.

Développement et humanitaire

Le cadre

L'UE fournit une aide importante au développement des États et des populations qui en ont besoin. C'est le premier fournisseur au monde d'aide publique au développement (APD) avec 30,5 milliards d'euros pour la période 2015-2020, aidant en cela à la réalisation des objectifs de développement durable formulés par les Nations unies (OMD – objectifs du Millénaire pour le développement). L'UE est aussi un acteur de l'aide humanitaire d'urgence en coordonnant notamment les moyens fournis par ses services (ECHO ou EuropeAid) ou par les États membres. Ces deux volets de l'assistance et du développement sont un outil important de la PESC.

L'enjeu : acquérir davantage d'efficacité sans marcher sur les plates-bandes des États

L'APD et l'aide humanitaire servent aussi à la réputation des États membres. Ce sont donc des objectifs de géopolitique que l'UE doit apprendre à coordonner dans un but de cohérence et de cohésion. Au-delà de cet enjeu de réputation, la recherche de vaccins à la COVID-19 donne un autre angle de propriété intellectuelle : l'UE sera-t-elle, avec les industries de ses États membres, assez forte pour produire un vaccin partageable avec les pays en voie de développement ?

Justice

Le cadre

La justice qui dépasse les frontières nationales présente souvent un caractère extraordinaire même si les juridictions internationales ne sont plus une nouveauté. Le droit de rendre justice est en effet une caractéristique de l'État. Pendant longtemps donc, l'essentiel de la justice internationale a concerné les États depuis la création de la Cour permanente de justice internationale en 1919 et la Cour internationale de justice en 1946. Il a fallu attendre la création de la Cour pénale internationale (CPI) et les tribunaux spéciaux ciblant les génocides contemporains pour rééditer après la Guerre froide la nouveauté du tribunal de Nuremberg qui jugea les criminels de guerre nazis. Preuve que cette évolution n'est pas tout à fait naturelle, la CPI a encore du mal à faire accepter les extraditions des personnes recherchées auprès de ses services (voir le cas du président soudanais Béchir).
Dans le cadre de l'UE, la constitution d'un espace de justice commun n'était pas non plus la priorité. C'est d'ailleurs toujours une compétence partagée entre l'UE et les États. Certes, la Cour de justice a vite sanctionné les atteintes au droit communautaire. Mais la formalisation d'un espace de justice constitué par les États en reconnaissance de cette zone de droit partagé s'est faite progressive, preuve de la réticence des autorités à faire des concessions en la matière. L'entrée en vigueur de la charte des droits fondamentaux est venue offrir une reconnaissance d'une évolution qui a fait du droit communautaire un corpus directement accessible par les citoyens. En outre, le traité de Lisbonne prévoit un espace de justice animé par les politiques relatives aux contrôles aux frontières, à l'asile et à l'immigration, la coopération judiciaire en matière civile, la coopération judiciaire en matière pénale et la coopération policière. Non seulement donc le droit communautaire fait des citoyens des sujets directs de ses mécanismes (CJCE, 5 février 1963, arrêt Van Gend en Loos), le renvoi préjudiciel européen et la question prioritaire de constitutionnalité française augmentant les options, mais l'UE prévoit une coopération entre autorités de justice des États membres, comme le mandat d'arrêt européen émis contre les indépendantistes catalans en a récemment offert un exemple.

L'enjeu : développer une justice supranationale comme marque de confiance

La référence à ce dernier mandat d'arrêt montre combien il a été difficile d'automatiser les mesures d'extradition même entre États qui ont pris l'habitude de coopérer. Rendre la justice n'est pas seulement une affaire régalienne, c'est l'usage d'un mécanisme constitutionnel propre à un territoire et à une nation. Pour autant, les juridictions nationales ont bien intégré la primauté du droit communautaire et n'hésitent pas à en faire usage (Cour de cassation, Jacques Vabre, 24 mai 1975, et Conseil d'État Nicolo, 20 octobre 1989). Le développement de la circulation des personnes a favorisé la constitution de couples binationaux et c'est ce qui explique les avancées bilatérales en matière de droit familial entre la France et l'Allemagne. Certains plaident pour davantage de communautarisation des droits nationaux, option rejetée par ceux qui craignent que les États n'aient plus leur mot à dire. C'est cette même crainte de perte de pouvoir qui explique que la Cour de justice de l'UE a refusé l'adhésion à la CEDH le 18 décembre 2014 alors que c'est prévu par le traité de Lisbonne.

Marché intérieur et marché unique

» Le cadre

Le marché unique est le nouveau terme utilisé pour désigner le marché intérieur ou commun de l'UE. Il décrit une intégration encore plus poussée que dans ses stades précédents ou que dans des zones de libre-échange comme l'accord de libre-échange nord-américain (ALÉNA) ou celles promues par les règles de l'OMC. La liberté de circulation des marchandises n'est pas la simple conséquence d'un abaissement des droits de douane mais celle de la constitution d'un espace de droits communs *via* la primauté du droit communautaire ou l'harmonisation des droits nationaux et la coopération poussée entre États. Les accords de Shengen ont, plus récemment, contribué à renforcer la liberté de circulation des personnes tout comme l'UEM celle des capitaux.

» L'enjeu : le développement du marché unique peut stimuler la popularité de l'UE

Quand la Commission européenne a forcé les opérateurs téléphoniques à supprimer les frais de *roaming* pour les téléphones portables, elle a tiré profit de l'absence de surcoût réel entre opérateurs dans l'UE pour offrir une traduction concrète de l'existence du marché unique. Cela contribue à rapprocher les consommateurs de la construction européenne. Ce marché unique est aussi un enjeu de compétitivité pour les entreprises européennes et une obligation de responsabilité pour les administrations nationales dont les actions et contrôles sont, sauf preuve du contraire, homologués par les autres États membres. Le marché unique est donc une marque de confiance qui exige des administrations de l'ingéniosité pour conserver leur légitimité nationale. Marque de l'importance du marché unique, les affaires européennes sont traitées par des ministères majeurs en France, celui des Affaires étrangères, les services du Trésor ou encore directement ceux du Premier ministre, comme le Secrétariat général des affaires européennes (SGAE).

Mobilité des étudiants

Le cadre

Cette mobilité n'est pas une donnée spontanée à l'échelle supranationale car le coût de formation des étudiants est supporté de manière variable par leurs États avec des clés de répartition différentes entre les budgets des familles et la solidarité nationale. En outre, cela exige un minimum de reconnaissance mutuelle des formations antérieures donnant accès aux études supérieures et d'homologation de ces dernières quand elles ont lieu à l'étranger. Le développement de cette mobilité à l'échelle européenne a constitué une originalité et probablement jeté les bases d'une identité commune, Erasmus constituant désormais une étape fréquente du cursus étudiant. La reconnaissance des diplômes *via* la déclaration de Bologne de 1999 s'inscrit dans cette perspective. La mobilité internationale des étudiants repose davantage sur une base d'accords bilatéraux, la France s'en servant comme outil d'aide publique au développement en envoyant des thésards ou en offrant des bourses à des étudiants étrangers. C'est l'occasion d'accepter aussi ces derniers selon des parcours adaptés et de contribuer à promouvoir le modèle d'administration française à l'étranger comme le font les IRA, l'École nationale d'administration (ENA) et ses évolutions ou encore les écoles supérieures militaires.

L'enjeu : faire du partage de connaissances un accélérateur de compétences

La mobilité étudiante ne peut plus se contenter de passer pour la preuve de l'ouverture intellectuelle des participants. Elle doit prouver l'acquisition de compétences et être pleinement intégrée dans le cursus des États d'origine des étudiants. Cela va donc au-delà du rayonnement culturel car former un étudiant étranger ou récupérer un étudiant formé à l'étranger, c'est aussi se doter de moyens capables d'influencer par exemple la production du droit ou la compréhension des marchés étrangers. Cette mobilité des étudiants est enfin un appel à une mise à niveau des compétences de base dont les études PISA (Programme international pour le suivi des acquis des élèves) de l'OCDE soulignent année après année les carences. Et, malgré son succès, le budget Erasmus progresse peu.

Politique numérique

Le cadre

Malgré la domination des États-Unis sur les NTIC, l'UE a mis en œuvre une politique favorable au développement d'une politique propre en la matière. Compétence partagée entre l'UE et les États *via* l'angle de la protection des consommateurs, la politique numérique européenne obéit à l'esprit de libre circulation du marché unique, d'où la suppression des frais d'itinérance pour les téléphones portables. L'harmonisation des règles du marché numérique en matière de fiscalité, de tarification, de protection des consommateurs, tout cela obéit à une logique : défendre une spécificité européenne face aux États-Unis et à leurs GAFAM. L'UE est même allée plus loin en votant le RGPD qui est entré en vigueur en mai 2018 et qui donne aux internautes un droit de contrôle sur l'usage qui est fait de leurs activités, historiques et autres données sur Internet. En bref, l'espace dématérialisé de l'Internet ne saurait être un espace qui échappe aux lois européennes.

Au niveau international, la politique numérique n'est pas exempte de contrôles politiciens. Internet dépend en grande partie de l'organisation américaine ICANN, un temps sous la domination totale du gouvernement américain. L'Union internationale des télécommunications a exigé en 2003 un changement de gouvernance vers une approche plus multilatérale. Pour autant, et malgré les pressions chinoises notamment, l'Icann conserve son monopole technique d'attribution des noms de domaine. La puissance américaine demeure donc en la matière, au besoin en l'orientant en fonction de ses perspectives géopolitiques, comme le montre la pression contre le géant chinois des télécoms Huawei. Mais l'imbrication des économies chinoise et américaine limite les possibilités de trop brutales rétorsions dans la politique numérique notamment.

» L'enjeu : se réapproprier la réalité du numérique

Un temps, le numérique est passé pour un espace virtuel et sans conséquence. Les possibilités de démocratisation et de manipulation rappellent que cet espace de liberté n'est pas sans règle. La France a ainsi poussé à l'instauration d'une taxe européenne sur le chiffre d'affaires des Gafam de l'ordre de 3 % (votée par la France en avril 2019). Et les actions concertées de l'UE ont poussé les internautes à faire effacer des informations sur leur vie privée, invoquant un droit à l'oubli. La Cour de justice vient de limiter ce droit aux versions européennes du moteur de recherche (septembre 2019). Pour que ces volontés de faire respecter les valeurs et normes européennes puissent s'imposer, un minimum de concertation est donc indispensable. Le ministre de l'Économie français entend porter ce débat devant les instances de l'OCDE.

La réalité du numérique, c'est aussi sécuriser les sources d'approvisionnement en matières premières nécessaires à la fabrication des composants des outils de lecture, de transmission et de production des NTIC. Généralement connus sous le terme « terres rares », ces produits placent la Chine en position de domination et limitent les mesures de rétorsion contre elles. Diminuer cette dépendance implique l'ouverture ou la réouverture de nouvelles mines, voire des politiques diplomatiques *ad hoc*. Ce genre de négociations multilatérales mais aussi d'affirmation nationale est indispensable pour imaginer de nouvelles façons de taxer les GAFAM, pas seulement en fonction de l'implantation de leurs établissements, mais en fonction du lieu de transaction ou de création de valeurs. La taxation décidée par la France a ainsi déclenché la colère des États-Unis mais a aussi relancé le débat.

Les thèmes

Régions ultrapériphériques

Le cadre

Malgré les mouvements de décolonisation, le jeu des influences géopolitiques et les héritages historiques ont maintenu le contrôle ou la possession de terres éloignées des métropoles ou des hémisphères d'origine. Ces mouvements de décolonisation ont grandement contribué à l'augmentation du nombre d'États membres de l'ONU, souvent des États insulaires, et à une constante de l'assemblée générale à restreindre la sphère d'influence des anciens colonisateurs ou des États occidentaux à leurs origines géographiques les plus restreintes. La France se voit ainsi contester des territoires comme la Nouvelle-Calédonie par une partie des autochtones, les îles Éparses par Madagascar ou encore Mayotte par les Comores. La législation sur le droit de la mer de la convention de Montego Bay exacerbe les tensions car elle étend, lorsque la topographie le permet, la zone économique exclusive (ZEE) jusqu'à 200 milles marins. Certains États, quoique non-signataires de cette convention s'en servent pour défendre le droit de la navigation (États-Unis) alors que d'autres, signataires, refusent de l'appliquer dans le but de régler des différends qu'ils jugent internes (Chine).

L'UE estime que la définition des frontières et des possessions loin des métropoles d'origine relève du droit international public et de la souveraineté des États. L'article 349 du TFUE estime que ces possessions, qualifiées de régions ultrapériphériques (RUP), relèvent de la législation européenne mais que leur éloignement justifie des adaptations. En relèvent, pour le cas français, la Guadeloupe, la Guyane, la Martinique, Mayotte, la Réunion et Saint-Martin. C'est un statut entré en vigueur *via* le traité de Lisbonne en 2009. Les adaptations du droit européen consacrent des programmes adaptés à leur éloignement et à leur manque de développement (voir le programme agricole POSEI), des renforcements des programmes structurels ou des dérogations à des principes de l'économie de l'UE (validation d'aides d'État).

L'enjeu : faire des RUP un instrument de dialogue équilibré avec les économies émergentes

Pour désamorcer les accusations de néocolonialisme, notamment *via* l'usage de la ZEE, l'UE doit pouvoir compter sur la France et sa diplomatie locale apte à gérer les héritages historiques de proximité, comme une coopération dans l'usage des droits de pêche. Malgré les mesures dérogatoires concédées par l'UE, le développement des RUP a de grands progrès à faire, ce qui peut nourrir certaines tendances indépendantistes. Mais certains territoires ont au contraire renforcé leur attachement à la métropole française, comme Mayotte qui est passée du statut de territoire d'outre-mer (TOM) à celui de département d'outre-mer (DOM) en 2009. Ce qui renforce les pressions migratoires à destination de cette île. La gestion de ces régions est donc aussi affaire de géopolitique, notamment au regard du droit de la mer et de la gestion des ZEE, comme le montre le débat autour de rétrocessions de terres à Madagascar, les îles Éparses ou de l'exploitation des eaux internationales par les flottes chinoises au large des Galapagos.

Recherche et innovation

Le cadre

Il s'agit d'une compétence partagée entre les États et l'UE. Doté d'environ 80 milliards d'euros sur la période 2014-2020, le programme Horizon 2020 est conçu pour mener des actions transversales améliorant l'environnement de la recherche *via* des initiatives comme des bourses ou des programmes de coopération selon quatre axes essentiels : l'excellence scientifique, la primauté industrielle et les actions transversales. Sauf exceptions, ces programmes communs de recherche doivent associer des partenaires de différentes catégories et de différents pays et, comme souvent dans les programmes de soutien à la compétitivité, une attention spéciale est portée aux PME. Mais ces programmes peuvent aussi correspondre à des priorités stratégiques conjoncturelles comme le financement d'une capacité de production de plaques photovoltaïques en Europe pour donner une suite à l'Europe de l'énergie du charbon puis du nucléaire. Hors les programmes communautaires, des agences de l'UE mènent des programmes de coopération scientifique internationaux car de nombreux défis dépassent les frontières comme les actions de l'Autorité de sécurité alimentaire le montrent en contribuant au codex Alimentarius de l'ONU.

L'enjeu : concilier le dialogue entre communauté scientifique et autonomie nationale

Les programmes scientifiques font souvent d'abord appel à des ressources nationales, issues de tout le processus de formation scolaire, universitaire et professionnel. Ils sont soutenus fréquemment en Europe par des aides publiques, soit directement par des fonds ou la contribution d'organismes de recherche – comme le Centre national de recherche scientifique (CNRS) français –, soit plus ou moins indirectement par une fiscalité incitative ou un aménagement du territoire en pôles de compétitivité souvent en lien avec les régions. Il s'agit donc de concilier la mise en commun des ressources scientifiques, au besoin en dépassant les frontières, et la récolte des bénéfices de cette communauté de recherche sur un territoire donné. Tout en coopérant, la recherche est aussi synonyme de concurrence.

Collectivités locales

Le cadre

La valorisation des collectivités locales est une donnée insérée dans l'évolution de l'UE, notamment celle qui promeut le principe de subsidiarité, et en particulier depuis le traité de Maastricht. C'est au nom de ce même principe que le Comité des régions a été créé en 1992 afin de fournir aux collectivités une tribune et une enceinte de discussion où formuler des avis consultatifs. Cet intérêt de l'UE pour les entités publiques infra-étatiques est certes tardif mais pas dénué de moyens comme le montre la politique régionale qui aide au développement de zones en fonction de leur performance par rapport à une moyenne. La France a accompagné cette approche en inscrivant le principe de décentralisation dans la Constitution (article 1) et en confiant aux régions la gestion de la dépense des fonds régionaux – loi de modernisation de l'action publique territoriale et d'affirmation des métropoles (MAPTAM) de 2014.

À un niveau international, même si les sujets de droit de la communauté internationale demeurent les États, les collectivités locales sont davantage mises en avant. Les Nations unies assurent l'organisation du Forum des collectivités locales et régionales et favorisent la coopération entre entités locales de part et d'autre des frontières car elles sont vues comme facteur du développement durable.

L'enjeu : mesurer les limites et le dynamisme de l'extension des compétences des collectivités locales

La définition des compétences offertes à ces collectivités demeure prérogative des États nationaux, l'UE ne tirant pas par elle-même les conséquences de l'État fédéral ou fédéré ni du degré de décentralisation. Elle se limite donc à l'appréciation donnée par les États membres eux-mêmes. C'est donc la France qui a décidé elle-même de confier la gestion des fonds régionaux qui lui étaient attribués. C'est aussi l'État central qui va limiter les capacités internationales des collectivités, déférant par exemple devant les tribunaux des chartes d'amitié entre des collectivités françaises et des homologues étrangères d'un État non reconnu par la France (pas de charte entre la commune d'Arnouville et une commune du Haut-Karabagh, TA de Cergy Pontoise, 29 mai 2019). L'action internationale et européenne des collectivités locales utilise le droit existant mais ne saurait en l'état le faire évoluer. La volonté française de favoriser le droit à la différenciation des collectivités territoriales pourra peut-être faire varier les lignes.

Santé

Le cadre

Les capacités de contamination et de contagion des maladies véhiculées par les déplacements de population font de la santé un sujet naturellement international. La complexité de certains enjeux de santé ou de sujets liés, comme le développement, a fait de cette problématique un sujet majeur des Nations unies comme le montrent la création de l'Organisation mondiale de la santé (OMS) dès 1948 ou la désignation de sujets de santé parmi les objectifs du millénaire (objectif N3 de santé et de vaccination). Depuis août 2019, la France assure avec la Norvège la présidence du groupe Initiative diplomatie et santé. C'est un groupe de réflexion informel entre États pour bien replacer la résolution des épidémies au cœur des discussions internationales et notamment des résolutions de l'ONU. Il s'est agi aussi en 2019 de reconstituer le Fonds mondial de lutte contre le sida.
De son côté, l'UE, poursuit les mêmes objectifs de promotion de la santé par sa participation aux problèmes humanitaires. Elle propose des outils à l'intention de ses États membres pour qui elle n'est cependant qu'une compétence d'appui. L'article 168 du TFUE donne la possibilité à l'UE d'aider les États à développer à réduire les écarts entre eux *via* l'éducation à la santé, à renforcer leurs dispositifs contre les épidémies, à organiser des dispositifs de lutte transfrontières, à lutter contre la consommation de drogue. Une agence européenne des médicaments délivre des autorisations de mise sur le marché de l'UE.

L'enjeu : avoir une conception transparente des politiques de santé

Le rôle de l'UE en matière des politiques de santé s'est renforcé malgré une base juridique inférieure à celle des libertés fondamentales du marché unique. L'harmonisation des paquets de cigarette dans l'UE, reprenant la convention cadre de l'OMS, si elle a des buts évidents de santé publique, s'est d'abord conçue pour améliorer la concurrence entre fabricants actifs dans le marché unique, bref, une base juridique exclusive de l'UE. C'est une manière de contourner la base juridique partagée de la santé. L'UE utilise de semblables contournements en intervenant dans la santé en passant par la politique de recherche, domaine moins exposé aux débats bioéthiques. Les efforts de recherche d'un vaccin contre la COVID-19 témoignent de l'ambivalence des politiques de santé : elles cherchent à guérir mais favorisent aussi l'innovation industrielle.

Les thèmes

Sécurité et terrorisme

Le cadre

Les attentats du 11 septembre comme ceux plus récents qui ont frappé Madrid, puis Londres et la France à Paris et à Nice ont provoqué des réactions tous azimuts sous l'empire desquelles nous vivons. Les attentats du 11 septembre ont intensifié les échanges des données des passagers aériens transatlantiques (dont la récente directive PNR de 2016) et ont donné une interprétation extensive de la clause d'assistance mutuelle du traité de Washington (OTAN) légitimant une intervention d'une coalition en Afghanistan. Avant les attentats les plus récents, l'UE avait déjà conçu une stratégie de protection de son territoire et de prévention contre l'émergence du radicalisme, document révisé en 2014 pour affronter les nouvelles formes de violence (plus solitaires notamment). Une clause de solidarité, sans doute inspirée de celle de l'OTAN, a été adoptée par l'UE. Elle a incité les États membres à assister la France dans sa traque des terroristes à l'étranger, notamment au Mali. Les derniers attentats ont incité la France à intégrer dans son droit ordinaire des mesures auparavant réservées à l'état d'urgence.

L'enjeu : appréhender le délicat usage de la sécurité et de la démocratie

L'urgence de parer à toute éventualité en cas de soupçon de terrorisme peut restreindre les libertés individuelles de manière discutable. Afin de gérer les débordements de militants écologistes, l'État a ainsi utilisé le nouvel arsenal juridique pour limiter leur liberté de mouvement lors de la COP 21. Aussi bien dans les instances de l'UE qu'en France, on réfléchit en outre aux moyens de remonter à la source de la radicalisation. Il n'est pas certain que les dispositifs envisagés aient fait toute la preuve de leur utilité et maintenant c'est davantage la question des retours des combattants partis en Syrie avec leurs familles qui occupe les devants de la scène.

Sports

Le cadre

Depuis les Jeux olympiques de la Grèce antique et à leur relance par Pierre de Coubertin en 1896, le sport est une activité internationale qui échappe la plupart du temps au contrôle des États mais qui sait bénéficier de leur appui pour l'organisation des événements. Les disciplines qui connaissent une pratique internationale ont leurs organisations supranationales comme le CIO (Jeux olympiques), la FIFA (football) ou encore l'UCI (cyclisme). Cette forme de relative autonomie s'est vue davantage placée sous le regard des États pour raisons de sécurité (voir les débordements de violence au stade du Heysel) ou, auparavant, pour piloter la lutte antidopage. Le sport devient une compétence d'appui de l'UE auprès des États depuis le traité d'Amsterdam de 2007. Indirectement mais de manière très tangible, l'UE a modifié les règles de recrutement des joueurs de football en interdisant les limitations à leur transfert (voir l'arrêt Bosman).

L'enjeu : faire du sport une nouvelle exception culturelle européenne

La liberté de circulation et de recrutement des sportifs dans l'UE a été génératrice de nouveaux talents et plus encore de nouveaux capitaux. Cette modification des équilibres peut altérer les politiques publiques du sport qui sont en général les premières pépinières de jeunes sportifs avant que les structures professionnelles ne les repèrent. L'irruption de capitaux étrangers peut alors donner une nouvelle orientation mercantile distincte de la culture du sport d'origine. C'est la marque que l'usage de la politique de la concurrence n'est en réalité pas neutre. On peut imaginer la réorienter selon les vertus humaines et sociales qu'on prête au sport.

Transports

Le cadre

Les transports sont si impactés par les pouvoirs publics qu'ils deviennent une politique au moins par défaut. C'est l'appréciation des capacités des navires de guerre, puis celle des navires à exploiter les fonds marins, qui a fait bouger les frontières maritimes. À un niveau international, les transports sont notamment appréhendés en fonction des risques qu'ils font courir à leurs passages ou aux environnements de passage et d'arrivée : les transports apparaissent donc d'abord comme une politique de sécurité et de maîtrise des risques. D'où par exemple les normes MARPOL pour ce qui est de la pollution maritime ou les règlements européens qui ont renforcé les contrôles des navires et imposé les pétroliers à double coque après les catastrophes de l'*Erika* et du *Prestige*. Le système du commerce mondial, par sa fragmentation des chaînes de valeur, a intensifié le trafic de navires très lourds et pas uniquement dédié aux hydrocarbures. L'intense consommation d'énergie et les émissions polluantes ont fait du trafic de ces navires des enjeux environnementaux que l'on retrouve dans le transport de touristes en masse.
Le trafic aérien connaît une semblable vigilance avec l'action de l'Organisation de l'aviation civile aérienne, pendant de l'Organisation maritime internationale, une agence du système des Nations unies. Elle propose des règles cohérentes en matière de sécurité, de sûreté, d'efficacité ou de respect de l'environnement. On retrouve semblable intérêt des pouvoirs publics lié à la maîtrise des risques à une échelle supranationale lors de l'harmonisation

de certaines normes de véhicules terrestres, notamment lors de la découverte des pluies acides qui motiva la réglementation européenne en faveur des pots catalytiques. Dans l'UE, la politique des transports, si elle prend naturellement en compte la gestion des risques, va au-delà : elle est motivée par le principe de libre circulation des marchandises et des personnes mais doit composer avec le droit des États à gérer leur propre territoire : c'est donc logiquement une politique partagée entre les États et l'UE afin de s'entendre sur des normes de rejet des véhicules ou sur la coordination de la construction d'infrastructures.

L'enjeu : changer le rythme et l'horizon des transports

La gestion supranationale des transports doit combiner une volonté de fluidifier les échanges, donc de les intensifier, et des soucis de sécurité, ce qui risque, lors de l'adoption des normes, de les ralentir au contraire. Les différences de compétitivité des industries des transports influent en général sur les positions des États (d'où les réticences françaises face au pot catalytique en son temps) et donc ralentissent l'orientation « développement durable » des transports. Avec les pressions liées à la réduction des gaz à effet de serre, il n'est pas certain que la France doive poursuivre sa stratégie de trains à grande vitesse ni que les Pays-Bas puissent déverser sur le reste de l'UE leurs flux de porte-conteneurs. Donnée qui sera donc de moins en moins contestable : une politique nationale des transports, même si elle contribue au développement des territoires, peut de moins en moins faire abstraction des autres États et des autres politiques comme l'énergie et la fiscalité qui lui est liée. Certaines prestations de transport peuvent ainsi rester des services publics mais l'UE ne valide des régimes dérogatoires qu'à proportion de ce que les acteurs privés n'auraient pas accepté de faire. C'est bien la marque d'une politique de plus en plus supranationale. Dans ce même esprit, les plans de relance actuels visent aussi à préparer des transports favorisant davantage le développement durable et la transition énergétique.

2. La France et l'Europe au-delà de l'UE

Ce n'est pas sans raison que l'UE absorbe une grande partie du débat sur l'Europe mais c'est parfois un raccourci. La Communauté économique européenne (CEE) puis l'UE se sont inscrites dans un mouvement économique et juridique initié par le Conseil de l'Europe ou la CEDH. De leur côté, les États membres de la construction communautaire continuent de développer des initiatives à la marge de l'UE selon une logique qui a pu lui devenir étrangère avec des exigences de retour sur investissement sur le sol national.

L'Europe des valeurs de la CEDH

Le cadre

Entrée en vigueur en 1953, la Convention de sauvegarde des droits de l'homme et libertés fondamentales, rendue célèbre sous l'appellation de Convention européenne des droits de l'homme, est un traité international majeur bien antérieur à la charte des droits fondamentaux de l'UE. Cet instrument juridique a pour but de sanctionner les atteintes aux dispositions de la Déclaration universelle des droits de l'homme et donc d'assurer la promotion de la démocratie sur un continent européen initialement marqué par la division de la Guerre froide. Cette ambition est assurée par les 47 signatures des États fondateurs du Conseil de l'Europe mais surtout par la Cour, organe permanent qui siège à Strasbourg depuis 1998.
Ses 10 000 arrêts ont force obligatoire sur les États signataires même si la Cour n'a pas de force de coercition. Elle peut au maximum condamner les États à des indemnisations financières qui sont des arguments de plus pour inciter les États à changer leur législation. Sa jurisprudence a, de par son indépendance, acquis une force morale en garantissant à la fois des droits majeurs, telle la liberté d'expression, et des droits procéduraux, comme l'obligation de garantir un procès équitable. Les États peuvent y recourir contre les autres États signataires et les particuliers peuvent la saisir, une fois les voies de droit nationales épuisées.

L'enjeu : gérer l'autonomie d'une autre Europe

La jurisprudence de la CEDH a révélé d'autres divisions que celles des blocs de la Guerre froide. La France, qui a tardivement ratifié la convention, est loin derrière la Russie ou la Turquie, l'Ukraine et la Roumanie pour ce qui est des condamnations. 26e État le plus condamné, notamment dans les domaines des garanties des procès, des droits des emprisonnés (prohibition de l'isolement pénitentiaire), de la lenteur des procédures, la France n'est pas blanche comme neige en la matière. La Cour s'est singularisée par une jurisprudence innovante et par un souci d'actualiser son dispositif par des protocoles additionnels réguliers. Le plus récent, le n° 16, prévoit la possibilité, pour les plus hautes juridictions des États, d'adresser des demandes d'avis consultatif à la Cour. Cette option présente des analogies avec le recours préjudiciel de la CJUE. Mais cette dernière a manifesté son refus de plus de proximité, s'opposant à ce que l'UE adhère à la CEDH, par crainte d'ingérence de la CEDH dans les affaires régaliennes des États ou à l'encontre du principe d'autonomie du droit de l'UE.

Les négociations de sécurité et de défense pour le continent européen

Le cadre

Au-delà des organisations dont la seule existence permet de distinguer ceux qui en font partie par rapport à ceux qui n'en sont pas membres comme l'OTAN ou l'UE, il est important de mentionner des structures plus inclusives comme l'OSCE. Issue de la Conférence pour la sécurité et la coopération en Europe créée à Helsinki en 1975, cette organisation opère une mutation qui l'institutionnalise dans le sillage de la fin de la Guerre froide en 1990. L'OSCE porte la marque d'une tentative d'instaurer le dialogue entre les États européens et à l'origine entre l'Est et l'Ouest. Il s'agit d'éviter que des tensions ne dégénèrent en conflits et de favoriser le patrimoine commun de la démocratie lors d'enceintes de discussions thématiques. En raison des tensions nées de la dislocation du bloc soviétique et de l'accession progressive à la démocratie des États nouvellement indépendants, l'OSCE trouve une actualisation de sa raison d'être, par exemple en envoyant des observateurs assister au bon déroulement d'élections dans des zones sous tension ou sous l'emprise de conflits dits gelés comme en Géorgie. La promotion de la démocratie a des accents de la CEDH alors que l'envoi d'observateurs présente des éléments qui font penser aux opérations de maintien de la paix de l'ONU.

L'enjeu : faire respecter le décalogue d'Helsinki

L'OSCE est attachée au respect des dix principes d'Helsinki, soit des principes très usuels depuis les traités de Westphalie (1648), comme le respect des frontières, l'égalité souveraine des États ou le droit à l'autodétermination des peuples. La Russie, notamment dans les conflits avec l'Ukraine ou la Géorgie, a montré le peu de cas qu'elle faisait de ces principes. En tant que telle, des organisations comme l'OSCE doivent tout faire pour renouer les fils du dialogue. Du côté de l'UE, le son de cloche est différent comme l'ont montré les sanctions commerciales (*boycott*) et militaires (annulation de la vente de BPC français à la Russie). Les volontés de rapprochement exprimées par la France, les voix concertées des *Länder* d'Allemagne de l'Est semblent faire pencher la balance en faveur d'une reprise du dialogue sans nécessairement passer par le préalable du respect du décalogue d'Helsinki. Ces discussions sont également à rapprocher des polémiques qui naissent, à l'approche des élections américaines sur le coût de l'OTAN et du maintien de troupes américaines en Europe. Certains États ont affirmé leur volonté de payer les États-Unis pour garantir le maintien de ces troupes sur le sol européen, ce qui est une version inédite du principe de solidarité et un appel pour que les Européens augmentent leur budget de la défense.

Les politiques de coopération industrielle et scientifique

⪢ Le cadre

On se place ici dans un environnement difficile à distinguer des thématiques de la recherche et de l'innovation. L'approche consiste plutôt à se placer dans une perspective impliquant dès l'amont les pouvoirs publics avec une perspective identifiée de retour sur investissement des efforts consentis. Il s'agit de s'assurer que les fonds mis à disposition de structures supranationales bénéficient au sol national. C'est la logique de fonctionnement de structures comme l'Agence spatiale européenne (ESA, acronyme en anglais) – 5,7 milliards de budget en 2019, après l'Agence spatiale américaine (NASA) et l'agence spatiale russe. Elle n'est pas une agence de l'UE mais une structure intergouvernementale : elle n'en a donc pas la logique communautaire et n'est pas soumise à sa réglementation. Pour autant, l'ESA mène des coopérations importantes avec l'UE telle la construction des satellites Galileo ou encore avec la station spatiale internationale.

⪢ L'enjeu : profiter du pragmatisme intergouvernemental

L'ESA actualise l'idée que la coopération intergouvernementale peut être une méthode efficace de gestion des politiques publiques à partir du moment où les objectifs sont bien identifiés et où chaque membre peut escompter des bénéfices qui ne remettent pas en cause la cohésion ou la cohérence des projets. Sans intervention des pouvoirs publics, il est très probable que les industriels européens ne se seraient pas unis autour de ces projets, analyse corroborée par la nécessaire intervention des fonds publics à destination des satellites Galileo pour établir un GPS européen. La coopération industrielle, directement appréhendée comme élément de souveraineté des États et de retour sur investissement, a toutes les chances de gagner leur support et cela n'invalide pas pour autant le nécessaire esprit de cohésion.

3. La France et le monde

La France s'est rarement abstenue de professer sa vocation à l'universel. Son insertion de longue date dans les relations internationales procède d'une volonté de puissance ou d'influence. La réduction de son pouvoir à la sortie de la Seconde Guerre mondiale relève sans doute d'une tendance structurelle et ses politiques publiques ont dû s'adapter pour relever davantage du statut de cible des relations internationales que d'influenceur de ces dernières. Pour autant, cette baisse de l'influence de la France ne l'empêche pas de jouer sa carte qui, quoique réduite, n'est pas dépourvue d'atouts.

L'approche d'une géopolitique multilatérale

Le cadre

Le statut de membre permanent du Conseil de sécurité de l'ONU a donné à la France une influence sans réelle correspondance avec sa perte de puissance. Ce statut, peut-être surévalué, n'a pas empêché la France d'être pendant de longues années la cible des structures de décolonisation de l'ONU, ni, *a contrario*, de développer des relations intimes avec nombre de ses anciennes colonies, notamment au Maghreb et en Afrique noire. La création du Franc CFA, à présent arrimé à la zone euro, est un exemple de la perpétuation des efforts de la France de reconstituer son influence. La conclusion des accords de coopération de l'UE avec les pays ACP (Afrique, Caraïbes, Pacifique) illustre aussi la capacité de la France à user des enceintes internationales où elle est active. On retrouve une dynamique analogue dans le cas des négociations de l'Accord général sur les tarifs douaniers et le commerce (GATT) puis de l'OMC. Car la France sait qu'elle ne peut pas faire cavalier seul : elle doit donc utiliser les enceintes internationales pour les influencer en faisant le cas échéant pression pour négocier des clauses de garde-fou, comme cette volonté de mettre les biens culturels hors du champ normal des négociations, une position aussi bien menée à l'OMC qu'à l'UE. Si donc l'autonomie de la France dans ses négociations internationales a pu se trouver limitée par les compétences attribuées à la Commission européenne, cela ne vaut pas renonciation à exercer son influence comme l'a montré l'opposition de la France à la seconde intervention internationale en Irak.

L'enjeu : garder le *leadership* d'une politique collective

La lutte contre le changement climatique, associée aux manifestations d'unilatéralisme américain avec le président Trump, donne à la France un bon scénario pour professer sa foi dans le multilatéralisme. Cette dernière dynamique est presque un dogme des relations internationales et si on admet que la guerre commerciale contre la Chine n'est pas dénuée de fondement (elle a toujours un statut de pays en développement), il est de bon ton de dénoncer la méthode unilatérale. Malgré ces critiques, la France peine parfois à constituer une coopération solide. Certes, elle a réussi à constituer une coopération internationale dans la lutte contre le terrorisme au Sahel, avec l'appui logistique des Européens qui répugnaient à s'engager sur le terrain. Mais elle a fort à faire avec l'atlantisme des nouveaux États membres de l'UE comme la Pologne ou le refus de gestion collective des migrants comme dans le cas de la Hongrie. Son refus de partager avec l'UE le siège de membre permanent du Conseil de sécurité remet donc en question son statut spécial et elle doit faire des efforts pour prouver sur le terrain la sincérité de ses actions collectives comme le montre le projet de fusion de Naval Group avec Fincantierri.

La coopération

» Le cadre

C'est un outil majeur de la géopolitique de la France qu'elle peut partager le cas échéant avec l'UE. À la croisée des chemins entre aide publique au développement et actions politiques conjointes, la coopération est souvent assimilée aux opérations humanitaires. Sans renier cette intime proximité, elle peut toucher des domaines beaucoup plus larges. Ainsi, le rapprochement des politiques de coopération, notamment entre les approches française et allemande, doit beaucoup au traité de l'Élysée de 1963 conclu entre le général de Gaulle et le chancelier Konrad Adenauer. Si une coopération pouvait associer les deux anciens ennemis, il n'était pas interdit de songer à une harmonisation de la politique de coopération poursuivie par les deux États en question. Au-delà donc de la cible, la politique de coopération est aussi une association entre égaux, entre États émetteurs. Ce n'est sans doute pas un hasard si on retrouve ensemble dans l'alliance pour le Sahel la France et l'Allemagne. Les organismes publics en la matière, l'Agence France développement (AFD) et la KFW (Kreditanstalt für Wiederaufbau) mènent d'ailleurs depuis des années des opérations conjointes et des échanges de bonnes pratiques.

» L'enjeu : un instrument pour penser l'Europe dans le monde

La façon dont un pays pilote sa politique de coopération est un bon indicateur sur la conception qu'il a de lui-même dans le monde. L'équilibre ou la compatibilité entre les visées personnelles et le souci de ne pas faire cavalier seul, voilà un vecteur de modernisation de la politique de coopération qui est poursuivi par la France. C'est aussi un argument pour arrimer à nouveau l'Allemagne à la France tant la première, avec une coalition fragilisée, cherche sa voie dans les relations internationales. Si elle a ainsi refusé d'acheter le F35 américain, sa participation au SCAF, le futur avion de combat européen piloté avec la France, n'est pas exempte de discussion. Mener une politique de coopération ambitionnant un développement plus fort des pays visés avec le souci de tisser des liens aussi forts, voilà aussi une façon d'harmoniser la gestion des flux de migrants qui ne sont pas insensibles aux conditions de vie économique et politique de leurs États de départ. L'Europe a-t-elle un rôle à jouer ? La coopération aide à y répondre.

La diversité des outils culturels à finalité politique

Le cadre

On considère l'outil de la culture non plus comme stratégie d'influence en faisant la promotion de son propre style de vie ou de son mode de pensée, mais bien plus comme une incitation des autres pays à défendre leur propre culture. Il ne s'agit pas seulement d'une approche en faveur du multiculturalisme mais de savoir utiliser la culture à des fins d'existence politique pour mieux s'insérer dans les relations internationales. L'UNESCO fournit un cadre où de tels organismes, non complètement reconnus par l'ONU, se font admettre pour revendiquer leur droit à l'existence. C'est ainsi le cas de l'Autorité palestinienne admise à l'UNESCO avec le soutien de la France, un appui toutefois insuffisant pour être admis à l'ONU. Ce début de reconnaissance passe donc par le biais de l'identité culturelle, une approche familière à la France qui a développé une politique de soutien *ad hoc* en Palestine et en France, par exemple *via* l'Institut du monde arabe.

L'enjeu : gérer la force centripète de la culture

Une politique culturelle, c'est aussi l'occasion de montrer la diversité des outils culturels et de la chaîne de leurs effets qui ne sont jamais très loin des enjeux politiques : s'il y a culture d'une nation, on peut penser qu'il y a droit à État et à autodétermination. C'est un outil dont l'usage doit être prudent car, même en Europe, certains mouvements politiques pourraient s'en saisir.

Le commerce des armes

Le cadre

Ce commerce est crucial pour l'industrie française de l'armement qui se classe en général dans les quatre premiers exportateurs, les États-Unis étant de loin le plus gros d'entre eux. L'impact du commerce des armements se mesure en matière de contribution au solde du commerce extérieur (25 %) ou encore d'emplois (200 000), mais aussi en matière d'influence. C'est un commerce dont la neutralité est inversement proportionnelle à la complexité, à la visibilité et à l'efficacité opérationnelle des armements vendus. Ce commerce engage donc la réputation de l'État exportateur mais aussi la fiabilité des partenaires industriels responsables de la production.

Pour cette raison, la France a été avec l'Allemagne un des États moteurs de la conclusion du Traité sur le commerce des armes conventionnelles (TCA) entré en vigueur en décembre 2014 (une centaine d'États signataires). Ce traité prévoit des règles de comportement responsables dans le commerce des armes afin d'éviter la violation des droits de l'homme, les répressions internes (arrangement de Wassenaar) et des risques de déstabilisation.

Au-delà de ces volontés de normalisation des armements conventionnels, la France poursuit une politique d'exportation validée par l'État en fonction du respect des obligations de transparence du code de conduite européen (1998) et des embargos ou des prohibitions (comme les mines antipersonnel). Cette décision se prend après avis de la Commission interministérielle pour l'étude des exportations de matériel de guerre, afin de tenir compte de la politique française de défense et de sa conception de la géopolitique. La politique française de commerce des armes doit donc combiner le respect de normes internationales, la poursuite de ses objectifs politiques et les obligations liées au statut de membre permanent du conseil de sécurité de l'ONU.

» L'enjeu : calibrer les principes contradictoires d'un instrument de puissance

Le commerce des armes ne se limite à aucun de ses aspects économiques, politiques ou même éthiques. Il est objet de tensions entre ces principes qui peuvent paraître contradictoires. C'est peut-être la conséquence d'une dynamique de recherche d'équilibre parmi les acheteurs de ces armements, surtout les plus lourds. Ce qui demeure crucial, c'est le respect parmi les Européens de la législation dont ils sont les auteurs.

6 Organisation territoriale de la France

1. L'organisation territoriale de la France : évolution structurelle depuis plusieurs décennies

Indépendamment des clivages et des alternances politiques, l'organisation territoriale de la France connaît depuis plus de trente ans une transformation et une évolution quasi permanentes et sans précédent. Cette évolution structurelle se traduit tant sur le plan décentralisé que déconcentré par des réformes successives, visant à simplifier, rationaliser, rapprocher le service public de l'usager et octroyer davantage de leviers de décision aux échelons territoriaux. La décentralisation de 1982, les transferts de compétences de l'acte II de la décentralisation, les réformes de 2014 et 2015 ont remodelé le paysage des collectivités territoriales et renforcé l'organisation décentralisée. Parallèlement, l'administration territoriale de l'État a connu de nombreuses évolutions afin de s'adapter et se mettre en cohérence avec l'administration décentralisée dans sa nouvelle architecture.

2. Une organisation décentralisée en mouvement

De l'acte I de la décentralisation à l'octroi du droit à la différenciation, les collectivités territoriales se sont progressivement dotées d'importantes compétences consenties par le législateur.

Acte I de la décentralisation

Au début des années 1980, la France met en œuvre une décentralisation sans précédent historique. Cette phase de décentralisation a permis au département d'asseoir sa place en tant que collectivité territoriale à part entière, en transférant l'exécutif du département du préfet au président du conseil général et en instaurant le contrôle *a posteriori* en lieu et place de la tutelle *a priori* exercée par le préfet. Sous cette phase, la région est consacrée comme collectivité territoriale à part entière, à compter de la première élection des conseils régionaux au suffrage universel, en 1986.
Outre l'affirmation des collectivités territoriales, l'acte I de la décentralisation a permis des transferts de compétences d'une grande ampleur. Ainsi, la commune se voit doter de compétences en matière d'urbanisme. Le département hérite des transports scolaires,

d'action sociale, d'environnement et de la gestion des collèges. Quant à la région, elle voit ses compétences s'élargir à la planification, l'aménagement du territoire, la formation professionnelle, l'apprentissage et la gestion des lycées. Des moyens de l'État, notamment en personnels, sont également transférés, augmentant ainsi l'effectif des agents de la fonction publique territoriale. Ce transfert de personnel a été rendu possible par l'édification, à la même période, d'un statut de la fonction publique, autour d'un socle commun aux trois fonctions publiques.

Toutefois, ces compétences consenties ne procurent qu'une autonomie relative puisqu'elles s'exercent dans le strict respect des lois nationales et laissent une place importante aux services de l'État implantés à différents échelons du territoire.

Acte II de la décentralisation

La loi du 28 mars 2003 apporte une avancée significative dans la décentralisation en consacrant ce mode d'organisation territoriale dans la Constitution (« *son organisation est décentralisée* »). Les collectivités territoriales ont désormais « *vocation à prendre des décisions pour l'ensemble des compétences qui peuvent le mieux être prises à leur échelon* » (article 72 de la Constitution). Par ailleurs, la loi reconnaît également aux collectivités territoriales la possibilité d'organiser des référendums décisionnels sur des questions relevant de leurs compétences et le droit de pétition des électeurs. Cette nouvelle phase s'achève par la loi du 13 août 2004 qui énumère l'ensemble des compétences transférées à nouveau aux collectivités territoriales, moyennant des compensations financières.

Du personnel de l'État, notamment des agents intervenant dans les collèges, les lycées et les routes, est également transféré aux collectivités territoriales. Par ailleurs, la loi a pris en considération la nécessité d'étendre à tout le territoire l'intercommunalité en simplifiant son organisation et son fonctionnement. En outre, les collectivités territoriales volontaires sont autorisées à mener des expérimentations dans huit domaines différents : l'organisation des écoles primaires et l'entretien du patrimoine, l'assistance éducative, le financement de l'équipement sanitaire, la résorption de l'insalubrité, le transfert des aéroports, les interventions économiques et la gestion des fonds structurels européens. Ces expérimentations font l'objet de conventionnement avec l'État.

Acte III de la décentralisation

L'acte III de la décentralisation fait référence aux réformes territoriales intervenues sous le mandat du président de la République François Hollande. Il s'agit de trois grandes lois ayant profondément modifié l'organisation territoriale de la France. Outre des modifications sur les calendriers électoraux et les périmètres des cantons (notamment parité femmes-hommes), la réforme a principalement agi sur la carte des régions en les réduisant de

22 à 13 régions, par des fusions de certaines anciennes régions. C'est l'acte majeur de cette phase de décentralisation qui avait pour objectif de doter les régions françaises d'une taille comparable à leurs homologues européennes, sur les plans démographique, géographique et économique. La nouvelle carte des régions françaises est composée de régions maintenues dans leur configuration initiale (Bretagne, Centre, qui devient Centre-Val de Loire, Pays de la Loire, Provence-Alpes-Côte d'Azur, Île-de-France et Corse) et de régions fusionnées, conséquence de la réforme (Alsace, Champagne-Ardenne et Lorraine ; Aquitaine, Limousin et Poitou-Charentes ; Auvergne et Rhône-Alpe ; Bourgogne et Franche-Comté ; Languedoc-Roussillon et Midi-Pyrénées ; Nord-Pas-de-Calais et Picardie ; Basse et Haute-Normandie). Ces modifications se sont accompagnées de changements entraînant la désignation de nouveaux chefs-lieux de régions, fixés par un décret du 28 septembre 2016.

Par ailleurs, la phase III de la décentralisation a mis en place, par la loi du 27 janvier 2014 dite loi MAPTAM, les métropoles avec pour objectif d'en faire des territoires attractifs. Il s'agit de la création et du développement de métropoles de droit commun ayant le statut d'EPCI à fiscalité propre (Nice, Bordeaux, Brest, Grenoble, Lille, Montpellier, Nantes, Rennes, Rouen, Strasbourg, Toulouse...) et de métropoles à statut particulier (Paris, Aix-Marseille), allant jusqu'à ériger l'une d'elles en collectivité territoriale, en l'occurrence la métropole de Lyon (compétences de l'ancienne communauté urbaine de Lyon et du département du Rhône pour sa partie située sur cette aire urbaine).

La nouvelle organisation est achevée par la loi du 7 août 2015, dite loi NOTRe, qui vise à mieux organiser les compétences des collectivités territoriales. Outre la suppression de la clause de « compétence générale » pour les départements et les régions, la loi a clarifié la répartition des compétences entre les collectivités.

Vers un nouvel acte de la décentralisation ?

Si les contours précis d'un nouvel acte de la décentralisation sont méconnus à ce jour, il est à préciser que la volonté exprimée consiste à simplifier l'organisation « *sur un modèle adapté à chaque région* » et à inscrire dans la constitution un droit à la différenciation. Une nouvelle approche qui permettrait aux collectivités territoriales de déroger, sous conditions, à certaines règles régissant les compétences qui leur sont dévolues. En outre, elles bénéficieraient d'une différenciation des compétences dévolues à des collectivités de même catégorie afin de prendre des décisions pour l'ensemble des compétences qui peuvent le mieux être mises en œuvre à l'échelon de leur territoire.

3. Une déconcentration synonyme de cohérence avec la décentralisation

L'acte I de la décentralisation a consacré des pouvoirs politiques locaux, incarnés notamment par le département et la région, dotés de compétences nouvelles, en concurrence direct avec l'autorité de l'État, représenté par le préfet, rebaptisé commissaire de la République. Cette nouvelle donne a impliqué une redéfinition des pouvoirs préfectoraux et plus globalement une répartition des rôles entre l'administration centrale et l'administration déconcentrée.

C'est ainsi que le décret du 1er juillet 1992, pris en application de la loi du 6 février 1992 relative à l'administration territoriale de la République, a fait apparaître dans le paysage de l'administration la « charte de la déconcentration ». La charte de la déconcentration reconnaît la dimension territoriale de l'État en allant jusqu'à limiter le champ d'intervention des administrations centrales et des services à compétences nationales aux « *seules missions qui présentent un caractère national ou dont l'exécution, en vertu de la loi, ne peut être déléguée à un échelon territorial* ». Aussi, l'autorité et le pouvoir de direction du préfet sur les différents services déconcentrés sont réaffirmés et ses compétences sont étendues à la négociation des contrats, conclus au nom de l'État avec les collectivités territoriales et leurs établissements publics, alors que dans le passé ses interventions se limitaient à parapher des accords dont le contenu avait été fixé au niveau central. Toutefois, la « version » de la déconcentration issue de la charte de 1992 demeurait limitée et interpellait sur le périmètre de direction du préfet sur l'administration territoriale de l'État qui laissait de côté des pans entiers de l'action publique. Les services de l'emploi, de l'Éducation nationale et les services financiers échappent à l'autorité du préfet.

Dans les années 2000 et en parallèle à l'acte II de la décentralisation, la déconcentration s'est davantage intéressée à la région par rapport aux autres échelons territoriaux. L'objectif affiché consistait à simplifier l'organisation administrative en région, qui devient l'échelon de droit commun de pilotage des politiques publiques. La nouvelle organisation territoriale de l'État en région s'articulait, ainsi, autour de pôles régionaux (décret du 5 octobre 2004 relatif aux pôles régionaux de l'État et à l'organisation de l'administration territoriale dans les régions) au nombre de huit, resserrés autour du préfet de région.

En 2008, une nouvelle phase de réforme de l'administration territoriale de l'État (RéATE) est relancée dans le cadre de la RGPP. Elle visait une réorganisation des services déconcentrés régionaux et départementaux, ainsi qu'un renforcement de l'autorité des préfets de région et du département. Les services régionaux ont été ramenés à huit – direction régionale des finances publiques (DRFIP), direction régionale des entreprises, de la concurrence, de la consommation, du travail et de l'emploi (DIRECCTE), direction régionale de l'environnement, de l'aménagement et du logement (DREAL), direction régionale de la jeunesse, des sports et de la cohésion sociale (DRJSCS), direction régionale de l'alimentation, de l'agriculture et de la forêt (DRAAF), direction régionale des affaires culturelles (DRAC), agence régionale

de santé, rectorat – et les services départementaux ont été réorganisés autour de deux à trois directions départementales interministérielles (DDI) – direction départementale des territoires (DDT), direction départementale de la cohésion sociale (DDCS), direction départementale de la protection des populations (DDPP). La RéATE s'est voulue une réforme de clarification tant entre les différents échelons de l'administration qu'entre les préfets de région et de département. Le niveau régional est réaffirmé comme l'échelon de droit commun pour la conception et le pilotage des politiques publiques et l'échelon départemental est désormais tourné vers la réponse aux attentes des citoyens. Ainsi, la logique ministérielle traditionnelle est rompue, laissant place à une approche nouvelle dans le paysage administratif français : l'interministérialité au nom de l'efficacité et de la proximité.
Parallèlement à cette réforme des structures, la RéATE a intégré un volet immobilier, ayant pour objectif de privilégier les mutualisations immobilières. Cette étape marque une innovation importante, comme indiqué précédemment, concernant le rôle du préfet de région dans le pilotage des politiques publiques et dans la compétence d'autorité hiérarchique qu'il exerce désormais sur le préfet du département en la matière.
À partir de 2012, si, pour se démarquer de la RGPP, le gouvernement avait fait le choix d'inscrire son action sous un autre label dit « Modernisation de l'action publique » (MAP), il n'en demeure pas moins que la poursuite d'une réforme profonde des structures administratives et des modes de gouvernance a été maintenue. La fusion des régions, collectivités décentralisées, a impliqué une adaptation de l'administration territoriale de l'État, en réduisant le nombre des préfectures de région et des directions régionales. Il ne s'agit pas d'une réforme nouvelle des structures administratives, lesquelles demeurent structurées comme auparavant. La vraie nouveauté réside dans les termes de la circulaire du Premier ministre du 25 septembre 2015 qui redéfinit le rôle des secrétariats généraux pour les affaires régionales, organisés désormais en deux pôles chargés, d'une part, de l'animation régionale des politiques publiques, et, d'autre part, de la coordination interministérielle de la mise en œuvre de la mutualisation des moyens de fonctionnement des réseaux déconcentrés. La nouvelle organisation a été mise en place au premier semestre 2016.
Les réformes se poursuivent indépendamment des changements politiques et la législature actuelle n'échappe pas à cette tendance structurelle. Ainsi, le Premier ministre, par deux circulaires successives en juillet 2018 et juin 2019, a dessiné les contours d'une nouvelle réforme de l'administration territoriale de l'État, laquelle devrait aboutir en 2020. Cette nouvelle réforme fixe des objectifs que les préfets de région sont appelés à atteindre dans une logique de modularité. Les préfets de région, chefs de file de cette nouvelle et énième réforme, doivent inscrire leur action dans les recommandations de la dernière circulaire du Premier ministre qui tendent à désenchevêtrer les compétences de l'État avec les collectivités territoriales, les opérateurs et les acteurs hors de la sphère publique, à réorganiser le réseau déconcentré de l'État, développer et asseoir les mutualisations des moyens et la coopération interdépartementale et à conférer aux responsables déconcentrés, notamment départementaux, des pouvoirs de gestion.

La réorganisation annoncée déroge à celle de la législature précédente puisqu'elle vise à fusionner certaines structures et à en créer de nouvelles. Ainsi, un service public de l'insertion verra le jour afin de favoriser, en premier lieu, le retour à l'emploi en regroupant les compétences exercées par les services de l'État en matière d'hébergement, d'urgence, de logement, d'accueil des migrants et de politique de la ville. Ce nouveau service regroupera au niveau régional les DIRECCTE et les DRJSCS. Au niveau départemental, les compétences en matière de lutte contre la pauvreté et l'exclusion des DDCS et des DRDJSCS, et les compétences des unités départementales des DIRECCTE seront regroupées dans un nouveau réseau, celui des directions départementales en charge de l'insertion et de la cohésion sociale, du travail et de l'emploi (le nom de cette nouvelle entité sera connu à brève échéance). En outre, dans la perspective de la mise en œuvre du service national universel (SNU), confiée au ministère de l'Éducation nationale et de la Jeunesse, ce dernier se verra transférer les missions des DRJSCS et des DDCS en matière de sport, de jeunesse, éducation populaire et vie associative.
Quant aux mutualisations, elles connaîtront des évolutions sur le plan budgétaire et sur le plan des fonctions support. Ainsi, les programmes 307, « Administration territoriale », et 333, « Moyens mutualisés des administrations déconcentrées » seront fusionnés, en 2020 après une année 2019 de préfiguration, dans le nouveau programme 354, afin d'obtenir des gains de performance dans le service rendu et de renforcer la capacité d'action de l'administration de l'État au niveau départemental.
Concernant les fonctions support, la préfiguration d'un nouveau service au niveau départemental est en cours de mise en place, afin d'aboutir à sa création le 1er juin 2020 au plus tard. Il s'agira du secrétariat général commun (SGC), structure transversale aux directions départementales interministérielles et à la préfecture. Ce SGC sera sous l'autorité du préfet et rattaché au secrétaire général de la préfecture. Il se chargera de la gestion des fonctions supports énumérées dans une circulaire du Premier ministre et d'autres à développer au niveau local.
Par ailleurs et au-delà de la déconcentration, pour répondre à la crise des Gilets jaunes, le gouvernement projette de créer dans les cantons des « maisons France services », qui proposeront un socle de services communs regroupant la caisse d'allocations familiales, les services du ministère de l'Intérieur, de la Justice, du Travail, des Finances publiques, de la Caisse nationale d'assurance vieillesse, la Caisse nationale d'assurance maladie, la Mutualité sociale agricole, Pôle emploi et La Poste.

Les progrès enregistrés en matière de déconcentration sont aussi importants que ceux marquant la décentralisation. Toutefois, ces progrès sont marqués par une certaine discrétion qui ne peut être imputée à leur poids dans l'organisation territoriale de l'État, mais à leur caractère en termes normatifs. En effet, si la décentralisation requiert le recours au législateur et par conséquent provoque des débats partisans et la médiatisation, la déconcentration obéit à l'intervention du règlement. Si cette souplesse normative permet aux gouvernements successifs d'agir en matière de déconcentration avec une relative pression politique, il n'en demeure pas moins que le poids social des agents publics est à considérer.

C'est pourquoi, pour accompagner cette mutation structurelle, la réforme de la fonction publique paraît, du point de vue du gouvernement, nécessaire, se traduisant ainsi par l'intervention de la loi du 6 août 2019 de la transformation de la fonction publique.

4. L'État territorial à l'aune de la crise sanitaire

Annoncée pour le 1er juillet 2020, la nouvelle (et énième) réforme de l'organisation territoriale de l'État a été repoussée de six mois pour cause de crise sanitaire, provoquée par la COVID-19.

Le secrétaire général du gouvernement a justifié ce report, qui a aussi satisfait à une demande de l'ensemble des organisations syndicales, par l'engagement total de l'administration et ses agents pour faire face à la crise sanitaire. Dès lors, il n'est plus possible que la réforme de l'organisation territoriale de l'État soit menée dans des conditions satisfaisantes.

Néanmoins, certains aspects de la réforme sont bien en vigueur depuis le 1er janvier de l'année 2020 et d'autres dispositions se sont imposées à cause de la crise en cours et qui auront un effet durable sur le fonctionnement de l'administration territoriale de l'État.

L'évolution de l'administration de l'État territorial en temps de crise sanitaire

Depuis la révision générale des politiques publiques (RGPP), initiée sous la présidence de la République de Nicolas Sarkozy, la réforme de l'État dans le territoire et la réforme des collectivités territoriales ont été menées conjointement, entraînant une réorganisation structurelle des services régionaux et départementaux.

Ces réformes successives, quasiment sans discontinuité, tendent dans leurs dernières considérations à conforter l'échelon départemental, à clarifier et simplifier l'organisation des services de l'État de l'ensemble du territoire, sans pour autant perdre de vue la génération d'économies substantielles.

Depuis le 1er janvier 2020, le programme 354 est totalement opérationnel, fusionnant ainsi pour le premier exercice budgétaire le programme 307 « administration territoriale » et le programme 333 « moyens mutualisés des administrations déconcentrées ». Ce programme, dont la responsabilité revient au ministère de l'Intérieur, vise à renforcer l'efficacité du fonctionnement des services déconcentrés, placés sous l'autorité des préfets, par la mutualisation des moyens et par le développement de la modularité des organisations.

L'implication du ministère de l'Intérieur dans la gestion de l'administration territoriale de l'État à travers le programme 354, s'est davantage accentuée par le transfert sous l'autorité du ministère de l'Intérieur des directions départementales interministérielles, placées jusqu'alors sous de la tutelle des services du Premier ministre (décret n° 2020-1050 du 14 août 2020, modifiant le décret n° 2009-1484 du 3 décembre 2009 relatif aux directions départementales interministérielles).

Nous assistons ainsi à la fin d'une parenthèse dans l'organisation administrative française, celle consistant à placer les directions départementales interministérielles sous l'autorité des services du Premier ministre, services tournés exclusivement jusqu'alors vers l'administration centrale.

Néanmoins, si les services du Premier ministre connaissent un retour à une situation d'avant 2009, il n'en demeure pas moins que les ministères thématiques ne recouvrent pas pour autant leur autorité sur les directions départementales. Le rattachement de celles-ci au ministère de l'Intérieur est considéré par les organisations syndicales comme une remise en cause du caractère interministériel de ces structures.

Il convient de retenir que ce rattachement n'est que l'aboutissement d'un processus de placement de l'administration territoriale sous pilotage du ministère de l'Intérieur, intervenant après le décret du 7 février 2020, créant auprès des préfets les secrétariats généraux communs départementaux, qui seront opérationnels au 1er janvier 2021, comme précisé précédemment.

Cette organisation qui aboutit progressivement à une administration entièrement intégrée sous l'autorité du représentant de l'État connaît un précédent en Guyane. En effet, ce territoire ultramarin connaît depuis le 1er janvier 2020 une nouvelle organisation des services de l'État, où tous les services interministériels sont placés dans une seule structure dirigée par le préfet, secondé par un secrétaire général des services de l'État (décret n° 2019-894 du 28 août 2019 relatif à l'organisation et aux missions des services de l'État en Guyane).

Le renforcement du rôle du préfet en temps de crise sanitaire

À ses débuts, la crise de la COVID-19 a placé les agences régionales de santé sous le feu des projecteurs, réservant aux préfets un rôle de soutien, somme toute, secondaire. Toutefois, le confinement et ses conséquences ont incontestablement déplacé le centre de gravité vers les préfets, lesquels se sont retrouvés en première ligne pour la gestion de la crise, sous tous ses aspects : sécurité, soutien aux plus fragiles, économie...

Cette implication des préfets résulte de la place que le préfet occupe dans le paysage administratif français. Il est le représentant direct du Premier ministre et de chaque ministre dans le département. L'article 1er du décret du 29 avril 2004, relatif aux pouvoirs des préfets, à l'organisation et à l'action des services de l'État dans les régions et département, soutient cette position unique, faisant ainsi de cette autorité l'acteur principal de la mise en œuvre des politiques gouvernementales de développement et d'aménagement du territoire à l'échelle du département. Il veille également au maintien de l'ordre public et dispose, à ce titre, du pouvoir de police administrative générale dans le département.

C'est au titre de ses pouvoirs de police, entre autres, que le préfet a inscrit sa mobilisation dans le cadre de l'épidémie de COVID-19. Ce pouvoir a été particulièrement accentué par l'ordonnance du 22 mars 2020 et les actes réglementaires ayant conféré au préfet un pouvoir de police spéciale.
Outre son intervention directe, en vertu de ce pouvoir de police spécial, dont le maire est dépourvu, le préfet hérite également, lors de cette crise, d'une mission de coordination et d'information à l'égard des communes afin que celles-ci puissent agir en mettant en application les dispositions prises dans le cadre de la lutte contre la COVID-19.
Le pouvoir de police spécial dont jouit le préfet a abouti à un quasi-dessaisissement du maire, sauf exception. Pour autant, au nom de l'efficacité locale, le gouvernement a souhaité que le « couple maire-préfet » investisse en étroite collaboration la gestion post-confinement.
C'est ainsi que le rôle de ces deux autorités est sorti renforcé de la crise, alors que celui des agences régionales de santé n'a pas totalement convaincu, ce qui globalement interroge sur le statut de l'agence en tant qu'entité administrative.
Par ailleurs, mesurant l'ampleur des étendues de la crise dans tous les domaines, notamment économique et social, le gouvernement a pris le 8 avril 2020, en plein confinement, un décret de reconnaissance au préfet du droit de dérogation.
Ce droit généralisé, qui résulte d'une expérimentation menée pendant deux ans dans deux régions, dix-sept départements et trois territoires ultramarins, a pour visée de permettre au préfet de déroger à des dispositions réglementaires dans l'objectif d'accompagner et de faciliter la réalisation de projets publics ou privés.
Ce droit, qui n'a pas vocation à édicter des normes nouvelles, autorise le préfet à déroger de façon ponctuelle aux normes réglementaires applicables dans certaines matières limitativement énumérées. Parmi ces matières figurent l'emploi et l'activité économique, secteurs durement affectés par la crise actuelle. C'est ainsi que le préfet peut revenir au premier plan dans des secteurs où son influence est minime pour contribuer, par l'accélération des procédures au travers du droit de dérogation, à relancer l'activité économique, priorité du plan de relance annoncé par le gouvernement pour début septembre 2020.

PARTIE IV

Un sujet par thème

Les sujets d'entraînement sont tantôt des créations, tantôt des adaptations de sujets de concours. En effet, le cas pratique n'est pas une réelle nouveauté pour la fonction publique d'État, puisque de nombreux recrutements externes ou internes et des examens professionnels ont recours à ce type d'épreuve. Nous avons donc parcouru plus d'une cinquantaine de dossiers, que nous avons rapportés aux six thèmes et analysés en fonction de leur intérêt et de leur pertinence. De très bons sujets ont été écartés car leur contexte périmé rendait leur traitement par trop factice.

1 Enjeux de cohésion sociale, de développement durable et de diversité des territoires dans les politiques publiques

Ce sujet est une création.

1. Cas pratique

Vous êtes nommé chargé de mission « mobilités » au service transport d'une DREAL.
Votre chef de service vous demande de préparer une note à l'attention du préfet de région pour l'informer sur les objectifs de la loi d'orientation des mobilités (LOM) du 24 décembre 2019. Après une présentation générale, vous vous attacherez à présenter la nouvelle répartition de la compétence mobilités entre collectivités.
Vous proposerez un support de communication qui sera publié sur les sites de la DREAL et de la préfecture de région.

LISTE DES DOCUMENTS

- Document 1 : Discours du Conseil des ministres du 26 novembre 2018, 2 pages
- Document 2 : Loi Mobilités, tout comprendre en 15 mesures clés, ministère de la Transition écologique et solidaire, octobre 2018, 12 pages
- Document 3 : Fiche « Faciliter et améliorer la compétence mobilité », DREAL Pays de la Loire, site internet, novembre 2019, 2 pages
- Document 4 : Mode d'emploi « Loi Mobilités, les communautés de communes et la compétence mobilité », CEREMA, juin 2020, 12 pages

» Document 1 – Discours du Conseil des ministres du 26 novembre 2018

Orientation des mobilités

Prononcé le 26 novembre 2018
Dernière modification : 10 décembre 2018 à 16 h 39
Intervenant(s) :
Élisabeth Borne
Dominique Bussereau

Texte intégral

La ministre auprès du ministre d'État, ministre de la Transition écologique et solidaire, chargée des Transports, a présenté un projet de loi d'orientation des mobilités.

Les transports sont essentiels dans la vie quotidienne : leur bon fonctionnement est indispensable pour l'émancipation individuelle, le développement économique, la cohésion sociale et territoriale. Cette politique est confrontée à quatre grands défis et bouleversements :

- le manque de solutions dans de nombreux territoires, qui entretient un sentiment d'assignation à résidence ;
- l'urgence environnementale et climatique, qui appelle à changer nos comportements ;
- les impasses d'une politique d'infrastructures tournée vers les grands projets et non financée depuis des décennies ;
- une révolution de l'innovation et des pratiques, qui constitue une formidable opportunité.

Pour relever ces défis, le gouvernement a lancé, dans toute la France, des assises nationales de la mobilité à l'automne 2017. Élus, citoyens, entreprises, associations ont pu y exprimer leurs attentes et leurs propositions pour une nouvelle politique qui réponde vraiment à leurs besoins.

Le projet de loi engage cette transformation profonde au service d'un objectif : améliorer concrètement la mobilité au quotidien de tous les Français et dans tous les territoires.

1. Apporter partout des solutions pour sortir de la dépendance à la voiture individuelle

La loi fixe un objectif : permettre que soient proposées partout des alternatives à l'usage individuel de la voiture.

Cela passera par la suppression des zones où, faute d'autorité publique en capacité de proposer des solutions, posséder sa voiture est la seule option pour se déplacer.

La loi simplifiera l'exercice de la compétence mobilité par les collectivités territoriales, qui pourront mettre en place des solutions plus simples et mieux adaptées : covoiturage, auto-partage, transport à la demande, etc. Elle renforcera la coordination entre autorités organisatrices pour faciliter le parcours des voyageurs, ainsi que l'implication des employeurs et des usagers, avec la création de comités des partenaires.

Pour accompagner nos concitoyens en difficultés d'insertion ou en recherche d'emploi, la loi vise également à déployer le conseil individualisé à la mobilité. Elle favorisera les déplacements des personnes handicapées en améliorant leur information sur les parcours accessibles et en garantissant des tarifs réduits à leurs accompagnateurs.

2. Accélérer le développement des nouvelles solutions de mobilités

Pour tirer parti de la révolution digitale, la loi ouvrira les données en temps réel des offres de mobilité pour que chacun puisse connaître toutes les solutions à sa disposition et mieux préparer son trajet.

Elle facilitera les expérimentations de solutions nouvelles dans les territoires, le développement d'offres intégrées accessibles en un clic, et le déploiement des véhicules autonomes.

La loi apportera un nouveau cadre pour le développement des nouveaux services de mobilités (trottinettes en libre-service, vélos ou scooters sans station d'attache), avec la possibilité pour les autorités organisatrices d'instaurer des « cahiers des charges » à respecter par les nouveaux opérateurs.

3. Réussir la transition écologique

Le projet de loi contribue aux objectifs ambitieux que la France s'est fixée dans l'accord de Paris puis dans le plan climat.

Pour encourager les mobilités actives et partagées, un forfait mobilité durable sera créé, permettant aux employeurs de verser jusqu'à 400 euros par an, sans charges ou impôts, aux salariés ayant recours au vélo ou au covoiturage pour leurs déplacements domicile-travail. L'État généralisera ce forfait à tous ses agents dès 2020. Pour faire du vélo un mode de transport à part entière, la loi traduira également les dispositions du plan vélo présenté par le gouvernement en septembre 2018. Par ailleurs, pour réduire les émissions de gaz à effet de serre du secteur, la loi accélérera la transition de tous les parcs de véhicules, avec par exemple sur les véhicules légers le double objectif de multiplier par cinq les ventes de voitures électriques d'ici 2022 et de stopper la vente de voitures émettant des gaz à effet de serre en 2040. Des dispositions sur la baisse des coûts de raccordement des installations de recharge et d'avitaillement et l'élargissement du droit à la prise seront mises en place.

Pour améliorer la qualité de l'air, la loi portera notamment le déploiement de zones à faibles émissions, en particulier pour les métropoles les plus polluées. Quinze collectivités ont déjà annoncé s'engager dans cette démarche proposée par l'État.

4. Construire une programmation des infrastructures au service des transports du quotidien

La programmation des investissements de transports proposée dans le projet de loi doit permettre de sortir des promesses non financées du passé et de définir pour la première fois de façon claire, priorisée et sincère la politique d'investissement pour la prochaine décennie.

Elle consacre une forte augmentation des investissements de l'État, avec 13,4 milliards d'euros sur cinq ans, soit 40 % d'augmentation par rapport au quinquennat précédent. Elle repose enfin sur cinq programmes prioritaires élaborés sur la base des propositions du conseil d'orientation des infrastructures :

- l'entretien et la modernisation des réseaux routiers, ferroviaires et fluviaux ;
- la désaturation des grands nœuds ferroviaires ;
- le désenclavement routier des villes moyennes et des territoires ruraux et le développement des mobilités propres et partagées au quotidien ;
- et enfin le report modal dans le transport de marchandises. Enfin, ce projet de loi portera une réforme du permis de conduire, pour en réduire le coût et le délai d'obtention. En effet, l'obtention du permis peut constituer un frein important à la mobilité : le projet de loi sera enrichi dans la perspective du débat parlementaire des dispositions législatives nécessaires.

https://www.vie-publique.fr/discours/207367-conseil-des-ministres-du-26-novembre-2018-orientation-des-mobilites

» **Document 2 – Loi Mobilités, tout comprendre en 15 mesures clés, ministère de la Transition écologique et solidaire**

LE DIAGNOSTIC

Les transports sont essentiels dans notre vie quotidienne, leur bon fonctionnement est indispensable pour se former, aller au travail ou retrouver un emploi, se soigner, accéder à la culture et aux loisirs. Le droit à se déplacer, le droit à la mobilité, est au cœur de la promesse républicaine.

Mais aujourd'hui, la politique des transports n'est plus adaptée aux réalités du pays, aux besoins et aux attentes des citoyens, notamment ceux les plus éloignés des grandes métropoles :

→ **le manque de solutions** dans de nombreux territoires crée un sentiment d'injustice et une forme d'assignation à résidence ;

→ **l'urgence environnementale et climatique** appelle à se déplacer différemment ;

→ **les investissements ont été trop concentrés** sur les grands projets, notamment de TGV, au détriment des besoins du quotidien ;

→ **les transports vivent aussi une révolution de l'innovation** et des pratiques : de nombreuses offres nouvelles se développent et sont autant de nouvelles solutions.

Aujourd'hui, ce sont aussi des millions de nos concitoyens qui n'ont pas d'autre solution pour se déplacer que l'utilisation individuelle de leur voiture, et à qui aucune autre solution de mobilité n'est proposée. Cette dépendance n'est pas un choix, elle pèse sur le pouvoir d'achat et crée un sentiment d'injustice par rapport à ceux qui bénéficient de plus de solutions.

Ces réalités, ce sont celles qui ont émergées des Assises nationales de la mobilité, une consultation inédite lancée par le Gouvernement à l'automne 2017 afin d'écouter les besoins concrets des citoyens et les nouvelles solutions qui émergent dans les territoires, pour construire une nouvelle politique pour les mobilités. Plus de 35 ans après la dernière grande loi organisant les transports, il était temps d'ouvrir une nouvelle page pour préparer la mobilité du XXIe siècle.

2

L'AMBITION

La LOI MOBILITÉS engage une transformation profonde, pour répondre à un impératif fixé par le Président de la République : **améliorer concrètement la mobilité au quotidien, de tous les citoyens et dans tous les territoires, grâce à des solutions de transports + efficaces + propres + accessibles.**

LES 4 OBJECTIFS DE LA LOI MOBILITÉS

APPORTER À TOUS ET PARTOUT DES SOLUTIONS ALTERNATIVES à la dépendance à l'usage individuel de la voiture

DÉVELOPPER L'INNOVATION ET LES NOUVELLES SOLUTIONS DE MOBILITÉ qui doivent être mises au service de tous

RÉDUIRE L'EMPREINTE ENVIRONNEMENTALE DES TRANSPORTS, en réussissant la transition écologique dans notre façon de se déplacer

INVESTIR DAVANTAGE DANS LES INFRASTRUCTURES QUI AMÉLIORENT LES DÉPLACEMENTS DU QUOTIDIEN

La LOI MOBILITÉS est pensée comme une boite à outils à la disposition de tous les acteurs qui agissent au quotidien : opérateurs de mobilité, collectivités locales, employeurs, usagers. C'est un changement d'approche profond : l'État ne se contente plus de construire des infrastructures, il assume un rôle de facilitateur qui donne à tous les outils nécessaires pour apporter les meilleures réponses, inventer, innover et améliorer les déplacements quotidiens de nos concitoyens.

3

Un sujet par thème

1. Des solutions alternatives à la voiture individuelle sur 100% du territoire
2. Une augmentation de 40 % des investissements pour améliorer les transports du quotidien
3. La priorité à la remise en état de nos réseaux routier et ferroviaire
4. Un plan sans précédent pour développer les transports en commun et désenclaver les territoires
5. La mobilité des personnes en situation de handicap facilitée
6. Un accompagnement à la mobilité pour tout demandeur d'emploi
7. 100% des informations sur l'offre de mobilité accessibles et la possibilité de faire un trajet porte-à-porte avec un seul titre de transport
8. Des navettes autonomes en circulation dès l'année 2020
9. Un forfait mobilité durable : jusqu'à 400 €/an pour aller au travail en vélo ou en covoiturage
10. Un plan pour développer le covoiturage
11. Un plan vélo pour tripler sa part dans les déplacements d'ici 2024
12. Un nouveau cadre pour les solutions en libre-service
13. Le déploiement du véhicule électrique facilité grâce aux bornes de recharge électriques
14. Le déploiement de zones à faibles émissions pour un air plus respirable
15. Le permis de conduire moins cher et plus rapide

4

LA LOI MOBILITÉS EN 15 MESURES

1 DES SOLUTIONS ALTERNATIVES À LA VOITURE INDIVIDUELLE SUR 100% DU TERRITOIRE

ENJEU

Aujourd'hui, dans 80% de notre pays, aucune collectivité n'est pleinement chargée d'organiser la mobilité et donc d'apporter en pratique des solutions à nos concitoyens. Ce sont autant de territoires où la voiture individuelle est le seul moyen pour se déplacer au quotidien.

SOLUTION

Pour améliorer la mobilité du quotidien, la LOI MOBILITÉS va commencer par faciliter la vie des collectivités locales. En théorie, ce sont elles qui aujourd'hui ont la compétence sur les transports de proximité, mais très souvent elles ne l'exercent pas faute de solutions adaptées à proposer à leurs habitants.

La LOI MOBILITÉS simplifiera donc l'exercice de la compétence mobilité, qui ne sera plus limitée comme aujourd'hui à la mise en place de services lourds et contraignants (par exemple, des lignes régulières de bus), mais qui pourra reposer sur des solutions plus simples, plus souples, plus économiques et qui répondent mieux aux besoins des territoires ruraux : mise en place d'une plateforme de covoiturage, organisation d'un service de transport à la demande, mise à disposition de véhicules en autopartage, etc. Toute collectivité exerçant cette compétence pourra bénéficier des ressources nécessaires.

La LOI MOBILITÉS donnera les outils pour que tous les acteurs concernés travaillent mieux ensemble. La construction des solutions se fera en associant étroitement les collectivités voisines, les usagers et les employeurs, via la création de comités des partenaires. Les entreprises seront désormais mieux associées aux prises de décisions sur la mobilité et elles seront encouragées à s'impliquer pour améliorer les solutions de déplacement pour leurs salariés.

La LOI MOBILITÉS garantira également que sur chaque point du territoire une collectivité est bien chargée d'organiser la mobilité. Pour cela, les intercommunalités auront jusqu'en 2021 pour se saisir de cette compétence, et à défaut ce sera la région qui prendra le relais. Les régions, qui sont déjà compétentes pour les trains et les cars régionaux, verront leur rôle renforcé en tant qu'animateur de toutes les solutions de mobilité mises en place dans la région.

Grâce à cette compétence assurée sur 100 % du territoire, ce sont tous les outils de la LOI MOBILITÉS qui pourront être déployés par les collectivités pour répondre au mieux aux besoins de leurs administrés.

CAS CONCRETS

En Eure-et-Loir, la communauté de communes Cœur de Beauce (51 communes, 25000 habitants) s'est saisie de la question des transports en s'engageant dans un plan de mobilité rurale. Pour faciliter les déplacements domicile-travail et soutenir l'emploi sur le territoire, elle travaille, en lien avec l'entreprise Kuehne + Nagel, à un système de transports en commun assuré par des salariés volontaires, désireux de se former et de passer le permis D afin d'organiser un ramassage des autres salariés pour les conduire vers la zone d'activité.

À Charleville-Mézières (Ardennes), Ardenne Métropole met à disposition des habitants 32 véhicules électriques en autopartage, disponibles à des bornes en libre-service réparties dans la ville et les communes avoisinantes. C'est une solution simple, flexible et écologique pour se déplacer sur de courtes durées, sans avoir à posséder son propre véhicule.

La population du Parc naturel régional des Grands Causses (Aveyron), se concentre sur les 2 principales villes du territoire. Pour lutter contre la dépendance à la voiture et l'isolement, le syndicat mixte du Parc propose à la population un bouquet de solutions alternatives à la voiture en partenariat avec tous les établissements publics et privés : vélo, autostop organisé, covoiturage, autopartage, véhicules propres, etc.

5

2 UNE AUGMENTATION DE 40% DES INVESTISSEMENTS POUR AMÉLIORER LES TRANSPORTS DU QUOTIDIEN

ENJEU

Les investissements publics se sont concentrés pendant plusieurs décennies sur les grands projets de TGV et de liaisons entre métropoles, au détriment des transports de la vie quotidienne et d'un aménagement équilibré des territoires.

SOLUTION

L'État va accomplir un effort sans précédent d'investissement dans les transports : il y consacrera 13,4 Md€ dans le quinquennat (2018-2022), soit une hausse de plus de 40 % par rapport à la période 2013-2017. Pour répondre aux besoins de nos concitoyens, les investissements iront désormais en priorité à ce qui améliore les déplacements du quotidien plutôt qu'à de nouveaux grands projets : entretien des routes et du réseau ferroviaire, désenclavement des territoires ruraux, renforcement de l'offre de trains, transports en commun propres, etc. 51 % de ces investissements seront consacrés au ferroviaire, 39% à la route. **En ajoutant les 3,6 Md€ investis chaque année par SNCF Réseau, environ 3/4 des investissements dans les transports dans le quinquennat iront au ferroviaire.** Ces engagements seront inscrits dans la LOI MOBILITÉS, dans le cadre d'une programmation des investissements de transports : c'est une démarche inédite où pour la 1re fois, l'État inscrira dans la loi les projets sur lesquels il s'engage, pour sortir de l'accumulation de promesses non financées, être transparent et sincère avec les territoires.

3 LA PRIORITÉ À LA REMISE EN ÉTAT DE NOS RÉSEAUX ROUTIER ET FERROVIAIRE

ENJEU

L'état des réseaux routier et ferroviaire s'est progressivement dégradé ces dernières années, faute de moyens suffisants consacrés. Cela pèse sur la qualité et la fiabilité des trajets au quotidien.

SOLUTION

Avant de construire de nouvelles infrastructures, l'amélioration des transports du quotidien passe d'abord par des réseaux existants de qualité. **La remise en état du réseau routier sera la première des priorités des investissements de la décennie à venir.** Dès 2018, le Gouvernement avait lancé un audit indépendant sur l'état de nos routes et augmenté les moyens dédiés de 100 M€ pour parer à l'urgence. Des moyens sans précédents seront mobilisés sur 10 ans : ils augmenteront de 31 % sur 2018-2027 par rapport à la décennie précédente et seront en hausse de 70 % sur les gros travaux de rénovation. **La même logique est menée sur le réseau ferroviaire existant,** dont l'état s'était aussi lentement dégradé : la réforme du système ferroviaire a confirmé une hausse de 50 % des investissements, soit 3,6 Md€ par an, consacrés en priorité à la remise à niveau du réseau existant. Enfin, les investissements pour l'entretien et la modernisation du réseau fluvial seront doublés sur 10 ans, par rapport à la dernière décennie.

6

4 UN PLAN SANS PRÉCÉDENT POUR DÉVELOPPER LES TRANSPORTS EN COMMUN ET DÉSENCLAVER LES TERRITOIRES

ENJEU

Des investissements essentiels n'ont pas été faits, que ce soit pour renforcer les transports en commun comme pour désenclaver tous les territoires.

SOLUTION

Au-delà de la priorité donnée à la remise à niveau des réseaux existants, **la LOI MOBILITÉS portera plusieurs programmes d'investissement massif dans les transports.** L'État engagera un plan inédit d'accélération du désenclavement routier des villes moyennes et des territoires ruraux. 1 Md€ sur 10 ans seront investis pour achever la réalisation d'une vingtaine d'axes routiers au cœur des territoires, des travaux souvent attendus depuis des décennies (mises à 2X2 voies, contournements de bourgs, etc.). 2,6 Md€ sur 10 ans seront aussi investis pour désaturer les grands nœuds ferroviaires, afin de multiplier le nombre de trains du quotidien autour des métropoles et dans les liaisons avec les villes moyennes. L'État consacrera également 1,2 Md€ sur 10 ans pour accompagner les collectivités dans leurs investissements dans les transports en commun, pour des déplacements plus propres et partagés.

5 LA MOBILITÉ DES PERSONNES EN SITUATION DE HANDICAP FACILITÉE

ENJEU

Pour les personnes en situation de handicap, les transports sont souvent un parcours du combattant.

SOLUTION

La LOI MOBILITÉS introduira de nouveaux outils pour faciliter leur quotidien. Leurs accompagnateurs pourront bénéficier de la gratuité ou de tarifs réduits dans les transports en commun. Toutes les informations sur l'accessibilité des transports seront systématiquement collectées et rendues publiques pour pouvoir plus facilement préparer son trajet, repérer sur des applications les itinéraires accessibles, etc. Les parkings équipés de bornes de recharge électrique devront être accessibles aux personnes à mobilité réduite pour que la mobilité propre soit à la portée de tous.

6 UN ACCOMPAGNEMENT À LA MOBILITÉ POUR TOUT DEMANDEUR D'EMPLOI

ENJEU

25 % de nos concitoyens ont déjà refusé une offre d'emploi faute de solutions de transports et près d'un employeur sur deux ne trouve pas de candidats pour la même raison.

SOLUTION

Pour faciliter l'insertion professionnelle et sociale, **la LOI MOBILITÉS permettra d'apporter un accompagnement individualisé à tout demandeur d'emploi.** Par ailleurs, les collectivités pourront financer et mettre en œuvre des services de mobilité à caractère social ou verser des aides individuelles à la mobilité pour des publics ciblés (jeunes, seniors, demandeurs d'emploi, etc.).

CAS CONCRET

La plateforme de mobilité Wimoov en Hauts-de-France propose, en lien avec les collectivités et les acteurs de l'insertion, un accompagnement individualisé aux plus démunis des solutions pour les aider dans leur mobilité : accès aux tarifs sociaux, location de véhicules à bas prix, auto-école sociale, etc.

7 100 % DES INFORMATIONS DE MOBILITÉ ACCESSIBLES POUR UN TRAJET EN UN SEUL CLIC

ENJEU

Que ce soit dans une grande ville ou à la campagne, il est souvent difficile de savoir quels sont les services de mobilité existants autour de soi.

SOLUTION

Toutes les informations sur les offres disponibles en temps réel seront rendues publiques et mises à disposition, d'ici fin 2021 au plus tard, des collectivités et des start-ups, pour développer des applications et des services innovants regroupant toutes les informations utiles pour les voyageurs : horaires des bus, véhicules en libre-service disponibles à proximité, tarifs, etc. Ces données rassemblées en une même application permettront à la fois de faciliter son trajet, de mieux connaitre l'offre disponible et de combiner plusieurs solutions pour son déplacement (vélo-train-bus par exemple) avec un seul titre de transports « porte-à-porte » (appelé Mobility as a Service).

CAS CONCRET

Les collectivités en Bretagne ont mené une démarche commune en développant KorriGo, une carte qui permet avec un seul titre de transport rechargeable d'emprunter tous les transports en commun à travers la région (TER, transports urbains de Rennes, Lorient, etc.)

8

8 DES NAVETTES AUTONOMES EN CIRCULATION DÈS L'ANNÉE 2020

ENJEU

Dans les territoires où il y a peu de voyageurs, il n'y a souvent pas de possibilité de proposer des solutions de bus réguliers.

SOLUTION

La LOI MOBILITÉS créera le cadre légal pour permettre la circulation des véhicules autonomes, qui pourront être autorisés dès 2020 pour les navettes collectives et dès 2022 pour les véhicules particuliers après évolution des réglementations internationales. Les véhicules autonomes font actuellement l'objet d'expérimentations encadrées, qui doivent être élargies grâce à la loi Pacte. Les navettes autonomes apporteront demain de nouvelles solutions de mobilités, en particulier dans le monde rural, où elles seront parfaitement adaptées au faible nombre de voyageurs. Des lignes régulières sur une courte distance pourront être assurées par des navettes autonomes, par exemple entre un centre-bourg et la gare la plus proche. Des services de transport à la demande pourront aussi être développées pour commander une navette afin de se rendre chez le médecin ou au marché.

CAS CONCRET

L'opérateur de transports publics Transdev et Renault développent depuis juin 2018 à Rouen un service expérimental de navettes autonomes circulant à la demande. Les voyageurs peuvent facilement commander un des véhicules depuis une application sur smartphone, qui vient les chercher et assurer le trajet de leur choix. La LOI MOBILITÉS permettra de passer des expérimentations à des services permanents.

9 UN FORFAIT MOBILITÉ DURABLE : JUSQU'À 400€/AN POUR ALLER AU TRAVAIL EN COVOITURAGE OU EN VÉLO

ENJEU

Alors que les employeurs peuvent participer aux frais de déplacement domicile-travail de leurs salariés en voiture ou en transports en commun, il n'existe pas de solution efficace pour soutenir ceux en vélo ou en covoiturage.

SOLUTION

La LOI MOBILITÉS créera un « forfait mobilité durable » : tous les employeurs privés et publics pourront contribuer aux frais de déplacement domicile-travail en covoiturage ou en vélo de leurs salariés. Ce forfait pourra s'élever jusqu'à 400 €/an en franchise d'impôt et de cotisations sociales. Il remplacera l'indemnité kilométrique vélo mise en place jusqu'à ce jour mais dont la mise en œuvre est restée limitée, car trop complexe. Facultatif, ce forfait répond à une demande des employeurs de disposer d'un outil souple pour soutenir ces modes vertueux. L'État souhaite aussi montrer l'exemple, et généralisera la mise en place du forfait mobilité durable pour tous ses agents d'ici 2020, à hauteur de 200 €/an.

9

10 UN PLAN POUR DÉVELOPPER LE COVOITURAGE

ENJEU

Le covoiturage est une solution efficace dans les déplacements du quotidien : bon pour partager les frais, bon pour la planète, bon pour réduire les embouteillages. Mais les collectivités et les employeurs manquent d'outils pour l'encourager..

SOLUTION

Ce mode de transport doit être collectivement soutenu : la LOI MOBILITES permettra aux collectivités de subventionner les offres de covoiturage pour les rendre encore plus attractives et en faire une solution à part entière. La création du forfait mobilité durable sera aussi un outil inédit pour encourager son usage au quotidien. La LOI MOBILITÉS donnera aussi la possibilité de mettre en place sur les grands axes (périphériques, autoroutes, etc.) des voies réservées au covoiturage ou aux véhicules les moins polluants. Pour ceux qui ont besoin chaque matin de rejoindre les grandes villes pour aller au travail, les voies réservées aux coivoitureurs permettront de leur éviter les embouteillages.

CAS CONCRET

L'État et la Région Ile-de-France **mènent actuellement une expérimentation à Colombes, sur l'A86, d'un dispositif permettant la mise en place de voies réservées au covoiturage.**

11 UN PLAN VÉLO POUR TRIPLER SA PART DANS LES DÉPLACEMENTS D'ICI 2024

ENJEU

Seulement 3% des déplacements du quotidien se font à vélo, alors que 70% des trajets domicile-travail font moins de 5km. La France est au 25e rang de l'Union européenne pour l'usage du vélo...

SOLUTION

Le vélo est une solution à la fois propre et pas chère, il doit devenir un mode de déplacement à part entière. **Le Plan vélo présenté par le Gouvernement en septembre 2018, inédit par son ampleur, sera traduit dans la LOI MOBILITÉS.** Il ambitionne de lever tous les freins qui en limitent l'usage : création d'un fonds vélo de 350M€ pour lutter contre les ruptures de pistes cyclables et assurer la sécurité de tous les usagers, généralisation progressive du marquage des vélos et de parkings sécurisés pour lutter contre le vol et le recel, création d'un forfait mobilité durable jusqu'à 400€ par an pour encourager le recours au vélo dans les trajets domicile-travail, développement de l'apprentissage et d'une culture vélo à l'école pour permettre aux jeunes générations d'intégrer ce mode de déplacement doux dans leurs pratiques.

12 UN NOUVEAU CADRE POUR LES SOLUTIONS EN LIBRE-SERVICE

ENJEU

Le développement des offres en libre-service a bouleversé l'espace urbain, sans que les collectivités n'aient de réelle possibilité d'agir.

SOLUTION

Les nouvelles offres en libre-service (voitures électriques, vélos, trottinettes, ...) apportent des solutions supplémentaires de mobilité. Leur développement doit se faire dans l'intérêt de tous. Or aujourd'hui, il n'existe aucun cadre pour organiser ces offres, et les collectivités sont démunies pour faire respecter des règles minimums. **Avec la LOI MOBILITÉS, elles pourront instaurer un « cahier des charges », fixant aux opérateurs des critères à respecter :** information aux usagers sur les règles de stationnement, respect des piétons, entretien des appareils et retrait des engins hors d'usage, etc. La loi MOBILITÉS entend plus globalement permettre le développement régulé de l'économie des plateformes dans le respect des droits des travailleurs et de l'environnement. Elle apportera aussi de nouvelles mesures de sécurité routière pour protéger les usagers.

CAS CONCRET

Confrontée à la prolifération des nouvelles offres de vélos et trottinettes en libre-service, la Métropole de Bordeaux travaille avec les nouveaux opérateurs pour mettre en place une « charte de bonnes pratiques ». Cette méthode sera confortée en lui donnant une base juridique grâce à la LOI MOBILITÉS.

13 LE DÉPLOIEMENT DU VÉHICULE ÉLECTRIQUE FACILITÉ GRÂCE AUX BORNES DE RECHARGE ÉLECTRIQUES

ENJEU

Le manque de prises de recharge électrique est un frein au développement des véhicules électriques.

SOLUTION

Pour rendre cette solution propre et économique accessible au plus grand nombre, **la LOI MOBILITÉS rendra obligatoire le prééquipement de bornes de recharge électrique dans tous les parkings de plus de dix places des bâtiments neufs ou rénovés,** et l'équipement de tous les parkings de plus de 20 places des bâtiments non résidentiels d'ici 2025. Le droit à la prise, qui permet à un citoyen résidant en logement collectif de faire installer, à ses frais, une borne de recharge individuelle dans son parking, sera simplifié et étendu aux parkings extérieurs. Le coût d'installation des bornes de recharge électrique ouvertes au public, notamment sur notre réseau routier, sera drastiquement réduit grâce à une prise en charge des coûts de raccordement au réseau qui pourra passer de 40 % à 75 %.

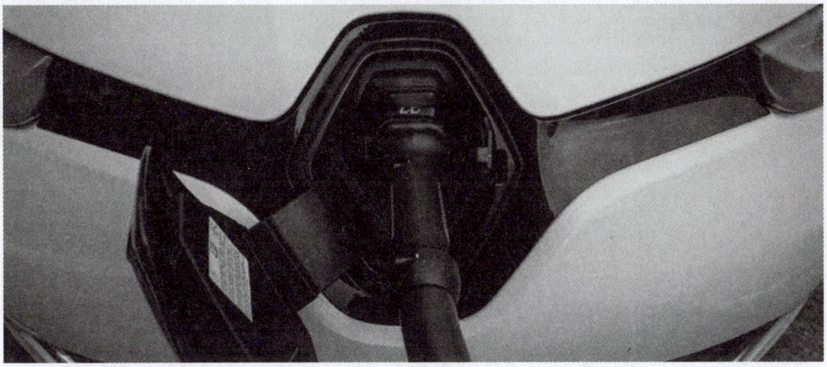

Un sujet par thème

14 LE DÉPLOIEMENT DE ZONES À FAIBLES ÉMISSIONS POUR UN AIR PLUS RESPIRABLE

ENJEU

De nombreuses grandes villes font l'objet de dépassements réguliers des seuils de pollution atmosphérique, ce qui met la santé en danger et pèse sur la qualité de vie.

SOLUTION

Pour améliorer la qualité de l'air que nous respirons, la LOI MOBILITÉS permettra de déployer des zones à faibles émissions (ZFE) dans les collectivités volontaires. C'est un dispositif souple qui permet aux collectivités de limiter la circulation à certains véhicules, selon les modalités de son choix : périmètre géographique, véhicules concernés, modalités journalières et horaires, etc. Les ZFE ont déjà fait leurs preuves : il en existe plus de 220 en Europe, mais seulement 3 en France à ce jour. Après que le Gouvernement ait lancé un appel aux territoires les plus concernés par les enjeux de pollution atmosphérique, 15 collectivités se sont engagées le 8 octobre 2018 à mettre en place ou renforcer une zone à faibles émission d'ici 2020. Avec la LOI MOBILITÉS, toutes les agglomérations de plus de 100 000 habitants seront amenées à étudier la faisabilité de cette solution. Le Gouvernement s'engage de son côté à mettre en place les conditions règlementaires et juridiques nécessaires au déploiement efficace de ces zones.

CAS CONCRETS

Les 15 métropoles engagées dans une démarche de mise en place d'une zone à faibles émissions sont : **Métropole Aix-Marseille-Provence, Clermont Auvergne Métropole, Fort-de-France, Grenoble-Alpes Métropole, Grand Lyon, Montpellier Méditerranée Métropole, Métropole Nice Côte d'Azur, Paris, Métropole du Grand Paris, Grand Reims, Métropole Rouen Normandie, Saint-Etienne Métropole, Eurométropole de Strasbourg, Métropole Toulon Provence Méditerranée, et Toulouse Métropole .**

15 LE PERMIS DE CONDUIRE MOINS CHER ET PLUS RAPIDE

ENJEU

L'accès au permis de conduire est à la fois plus long et plus cher que dans d'autres pays. C'est un frein majeur à la mobilité, en particulier des jeunes.

SOLUTION

Il s'agit d'un enjeu porté depuis longtemps par le Président de la République, bien avant son élection. Afin de préparer cette réforme, une mission parlementaire a été lancée en août 2018 et rendra ses préconisations d'ici la fin de l'année. Elle contribuera aux travaux du Gouvernement, qui présentera cette réforme début 2019. **Les dispositions législatives nécessaires seront intégrées au projet de LOI MOBILITÉS.**

Liberté • Égalité • Fraternité
République Française
Ministère de la Transition écologique et solidaire
Ministère chargé des Transports

Ministère de la Transition écologique et solidaire
Hôtel de Roquelaure
246 boulevard Saint-Germain
75007 Paris
Tél. 33 (0)1 40 81 21 22

ecologique-solidaire.gouv.fr

DICOM-CAB-MTES/DIV/18191 – Octobre 2018 – Photos : A. Bouissou et L. Mignaux/Terra ; zapp2photo/AdobeStock – Impression : MTES-MCTRCT/SG/SPSSI/ATL – Imprimé sur du papier certifié écolabel européen

» Document 3 – Fiche « Faciliter et améliorer la compétence mobilité », DREAL Pays de la Loire

Loi Mobilités
Faciliter et améliorer la compétence mobilité

21 novembre 2019
République française
Ministère de la Transition écologique et solidaire
Ministère chargé des Transports

La **loi Mobilités** a pour objectif de supprimer les trop nombreuses « zones blanches » de la mobilité, en s'assurant que sur 100 % du territoire une autorité organisatrice est bien en charge de proposer des offres de transport alternatives à la voiture individuelle. Il s'agit aussi que l'action des différentes autorités organisatrices soit bien coordonnée.

- Le droit aux transports deviendra droit à la mobilité pour couvrir l'ensemble des enjeux d'accès à la mobilité, qui ne se limitent ni à l'accès aux transports collectifs ni à une vision centrée sur l'infrastructure.

1/ L'ensemble du territoire couvert par des autorités organisatrices de la mobilité

L'ensemble du territoire sera couvert par des autorités organisatrices de la mobilité, afin que des solutions soient apportées à tous les citoyens et partout.

- L'exercice effectif de la compétence mobilité sera organisé à la bonne échelle selon le principe de subsidiarité. Concrètement, la loi laissera le choix aux communes, *via* leur intercommunalité pour qu'elles s'emparent de la compétence, et à défaut les régions seront compétentes :
- Les métropoles, communautés urbaines, communautés d'agglomérations, et la métropole de Lyon, seront confortées dans leur rôle d'autorité organisatrice de la mobilité (AOM).
- Les communautés de communes pourront prendre la compétence mobilité, alors qu'elles représentent le plus souvent la bonne échelle pour les besoins de déplacement du quotidien. Les communes auront alors jusqu'au 31 décembre 2020 pour décider de transférer ou non leur compétence d'AOM à la communauté de communes.
- Dans les communautés de communes qui n'auront pas choisi de prendre cette compétence au 1er janvier 2021, les régions deviendront AOM en subsidiarité, en complément de leur compétence mobilité régionale. Cette compétence pourra « retourner » à la communauté de communes si leur périmètre était amené à évoluer.

2/ De nouveaux moyens d'actions pour répondre aux besoins de mobilité

- Les autorités organisatrices de la mobilité pourront plus facilement proposer les nouveaux services de mobilité dans leurs offres. La compétence d'AOM permettra ainsi d'intervenir dans 6 domaines principaux, pour développer une offre adaptée aux territoires : transport régulier, à la demande, scolaire, mobilités actives, partagées, ainsi que la mobilité solidaire.

- Les plans de mobilité sont créés, et remplaceront les actuels plans de déplacement urbain (PDU) : plus larges, ils prendront en particulier en compte l'ensemble des nouvelles formes de mobilité (mobilités actives, partagées...), la mobilité solidaire, ainsi que les enjeux de logistique. Ils s'inscriront dans des objectifs de lutte contre l'étalement urbain, contre la pollution de l'air et pour la préservation de la biodiversité.
- Le versement transport devient versement mobilité. Il sera conditionné à la mise en place de services de transport collectif régulier et donnera la possibilité de moduler son taux au sein d'un même syndicat mixte selon la densité des territoires. Il fera l'objet d'échanges au sein des comités des partenaires, structurés autour des trois grands financeurs des transports : les représentants des employeurs, des usagers, et bien sûr l'autorité organisatrice.
- Les autorités organisatrices mettant en œuvre uniquement des services de mobilités innovants (transport à la demande, autopartage, etc....) devront pouvoir bénéficier des ressources nécessaires et adaptées, dans le cadre des travaux menés par le gouvernement sur l'évolution de la fiscalité locale.

3/ Une coordination renforcée entre les acteurs pour un meilleur service rendu

- Le rôle de la région comme chef de file de la mobilité est renforcé, pour coordonner les compétences mobilité de l'ensemble des autorités organisatrices sur leur territoire régional.
- Un contrat opérationnel de mobilité, liant les AOM et la région, permettra d'assurer la coordination à l'échelle de chaque bassin de mobilité, en associant en particulier les gestionnaires d'infrastructures telles les gares, ou les pôles d'échanges multimodaux.
- Un comité des partenaires sera créé par chaque autorité organisatrice pour faire travailler ensemble tous les acteurs concernés par la mobilité : il devra être consulté avant toute évolution substantielle de l'offre de mobilité, de la politique tarifaire, sur la qualité des services et de l'information.

4/ Des outils en faveur de la mobilité solidaire

- Les autorités organisatrices pourront agir dans le domaine de la mobilité solidaire en faveur des personnes vulnérables, sur le plan économique ou social : mise en place d'aide financière individuelle, de conseil ou accompagnement individualisé, services spécifiques, etc. Un accompagnement individualisé sera ainsi apporté à tout demandeur d'emploi.
- La région et les départements élaboreront et mettront en œuvre un plan d'action commun en matière de mobilité solidaire à l'échelle du bassin de mobilité.

http://www.pays-de-la-loire.developpement-durable.gouv.fr/
la-loi-d-orientation-des-mobilites-adoptee-a5024.html

» Document 4 – Mode d'emploi « Loi Mobilités, les communautés de communes et la compétence mobilité », CEREMA

LA LOI DU 24 DÉCEMBRE 2019 D'ORIENTATION DES MOBILITÉS (LOM) REDÉFINIT LE SCHÉMA-TYPE D'ORGANISATION TERRITORIALE DE LA COMPÉTENCE « MOBILITÉ » AUTOUR DE DEUX NIVEAUX DE COLLECTIVITÉS :

- ***la région, AOM régionale*** *pour un maillage du territoire à son échelle,*
- ***l'EPCI, AOM locale****, échelon de proximité pour favoriser des solutions adaptées aux besoins de chaque territoire.*

Par ailleurs, la coordination entre ces deux échelles d'intervention se fait au niveau du ***bassin de mobilité.***

Cette coordination :

- *est pilotée par la région ;*
- *se traduit par un contrat opérationnel de mobilité.*

Qui peut choisir de prendre la compétence d'organisation de la mobilité ?

La loi du 24 décembre 2019 d'orientation des mobilités (LOM) a pour objectif de couvrir l'ensemble du territoire national par une autorité organisatrice de la mobilité (AOM) locale. Jusqu'à présent, seules les communautés d'agglomérations, les communautés urbaines, et les métropoles étaient obligatoirement AOM à l'échelle intercommunale.

Par conséquent, de vastes territoires se trouvaient dépourvus d'un acteur public exerçant cette compétence localement pour proposer une offre de services de mobilité alternatifs à l'usage individuel de la voiture. Aujourd'hui, la communauté de communes est encouragée par la LOM à prendre cette compétence.

Elle pourra choisir de l'exercer :

- soit à l'échelle de son territoire,
- soit à l'échelle plus large, un pôle métropolitain ou un syndicat mixte, ce dernier pouvant également porter d'autres missions ou compétences (SCoT, PNR...)

Dans le cas contraire, la région deviendra automatiquement AOM sur le territoire de la communauté de communes dès le 1er juillet 2021 avec une faible possibilité de retour en arrière.

SCOT Vallée de l'Ariège

DANS LES TERRITOIRES...

Le projet d'AOM en Vallée de l'Ariège

Le syndicat mixte du SCoT de la Vallée de l'Ariège conduit une réflexion pour devenir AOM à l'échelle de ses 3 communautés de communes membres.

EN SAVOIR+

https://www.francemobilites.fr/projets/aom-val-dariege

DEVENIR AOM – COMMENT FAIRE ET DANS QUEL CALENDRIER ?

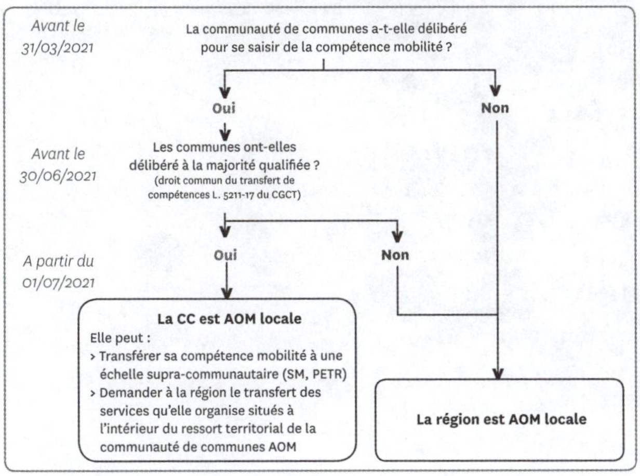

Visitez la Foire aux questions LOM sur le site France Mobilités

EN SAVOIR+

https://www.francemobilites.fr/

Pourquoi prendre la compétence d'organisation de la mobilité ?

Plusieurs éléments peuvent inciter une communauté de communes à prendre la compétence d'organisation de la mobilité :

- construire un projet de territoire : en prenant la compétence « mobilité », la communauté de communes choisit de maîtriser l'élaboration de sa stratégie locale de mobilité, en articulation avec les autres politiques publiques locales (énergétique, environnementale, sociale, économique, aménagement...) dans le cadre de son projet de territoire,

> ***Attention :***
> *Prendre la compétence « mobilité » pour une communauté de communes ne signifie pas prendre en charge les services organisés par la région sur son territoire au moment de la prise de compétence. Ce transfert ne s'effectue que si la communauté de communes en fait la demande.*
>
> *Prendre la compétence « mobilité » au 1er juillet 2021 n'oblige pas à ce qu'un service de mobilité soit organisé dès cette date.*

- devenir un acteur identifié et légitime de l'écosystème local de la mobilité,
- décider des services qu'elle souhaite organiser et/ou soutenir, en articulation avec les offres de mobilité publiques ou privées existantes sur son territoire,
- rechercher des solutions de mobilité à une échelle qui corresponde à la réalité des besoins de déplacements, comme la LOM l'encourage.

Autorités organisatrices de la mobilité et ressorts territoriaux au 1er janvier 2019

Cerema

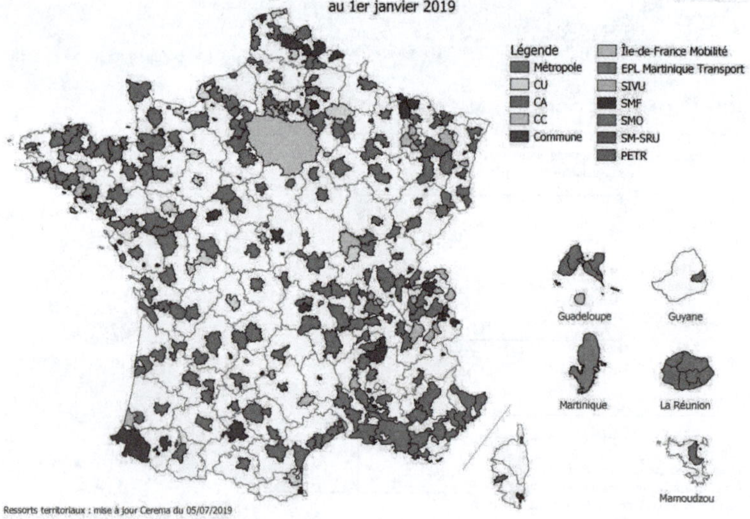

Devenir AOM : quels moyens d'action supplémentaires ?

Élaborer et mettre en œuvre une stratégie locale de mobilité

En tant qu'autorité publique chargée d'animer la politique de mobilité sur son territoire, l'AOM dispose des moyens d'action pour définir, mettre en œuvre et évaluer sa politique de mobilité au niveau local.
Elle peut s'appuyer sur le plan de mobilité simplifié, outil d'aide pour élaborer et mettre en œuvre une stratégie de mobilité locale.

DANS LES TERRITOIRES…

le Plan de mobilité simplifié (ex Plan de mobilité rurale) du PETR du Pays Sud Toulousain

EN SAVOIR+

https://payssudtoulousain.fr/publications/plan-de-mobilite-rurale

Elle peut choisir d'activer les leviers d'action suivants afin de répondre au mieux aux besoins de mobilité sur son territoire :

- **organiser des services** de transport de personnes, de marchandises, de mobilités actives ou partagées,
- **contribuer,** financièrement ou techniquement, au développement de projets développés par d'autres acteurs,
- **offrir un service de conseil et d'accompagnement** individualisé à la mobilité.

Une compétence unique, mais qui peut s'exercer « à la carte »

La compétence mobilité n'est pas sécable *(elle ne peut pas être partagée entre plusieurs collectivités).* ***mais elle peut s'exercer « à la carte »****, c'est-à-dire en choisissant d'organiser les services apportant la réponse la plus adaptée aux besoins de mobilité du territoire, en complément de ceux déjà pris en charge par la région.*

Fédérer les acteurs locaux

En tant qu'AOM, la communauté de communes organise le comité des partenaires pour informer, concerter et communiquer sur sa politique de mobilité a minima une fois par an. Ce comité lui permet d'évaluer et améliorer son offre de services, en associant les acteurs locaux concernés : représentants des employeurs, des associations d'usagers ou d'habitants ainsi que tout acteur qu'elle estime pouvoir l'aider à évaluer les besoins et les réponses à déployer.

Être un acteur majeur de l'écosystème local de la mobilité

La LOM crée un nouvel outil pour favoriser la coordination des AOM entre elles : **le contrat opérationnel de mobilité à l'échelle du bassin de mobilité.**

LES BASSINS DE MOBILITÉ :

- sont **définis par le conseil régional en concertation avec les AOM du territoire**, les syndicats mixtes SRU*, les départements ainsi que les communautés de communes sur le territoire desquelles la région est AOM locale « par substitution »,
- **couvrent l'intégralité du territoire régional** : un bassin de mobilité est composé de plusieurs EPCI à fiscalité propre. Son périmètre suit les contours administratifs des EPCI (sauf exception). En fonction des caractéristiques locales de la mobilité, un bassin de mobilité peut recouper le territoire de plusieurs régions (lorsqu'un pôle générateur de mobilité se situe dans une région limitrophe à son territoire d'attraction par exemple).

LE CONTRAT OPÉRATIONNEL DE MOBILITÉ :

- Réunit l'ensemble des AOM du bassin, des syndicats mixtes SRU, des départements, des gestionnaires de gares ou de pôles d'échanges, dans un engagement commun favorisant la coordination des offres, l'information des usagers et le maillage du territoire avec une approche « tout mode ».
- Permet aux acteurs de la mobilité, lors de son élaboration, de partager et de diffuser les « bonnes pratiques » et les actions intéressantes mises en œuvre : il représente ainsi une aide à la conception et à la mise en place de solutions innovantes ou de nouveaux services de mobilité.

=> Les AOM constituent les acteurs centraux des contrats opérationnels de mobilité.

*Le syndicat mixte SRU est régi par les articles L1231-10 et suivants du code des transports.

Et ensuite, comment organiser l'exercice de la compétence mobilité ?

Connaître les caractéristiques de la mobilité de son territoire ainsi que l'offre de services déjà existants

Plusieurs sources ou méthodes peuvent être mobilisées pour obtenir rapidement une image des besoins de mobilité du territoire :

- les documents de planification ou qui portent un projet de territoire (PNR, SCoT, PLUi, PCAET, PETR),
- les données issues du recensement de l'INSEE (déplacements domicile-études, domicile-travail),
- la mobilisation des acteurs locaux (collectivités, acteurs privés, associations, société civile) sur les champs de la mobilité ou connexes (sphère sanitaire et sociale, éducative...),
- les enquêtes locales légères auprès du public, portant sur les principaux pôles générateurs de mobilité du territoire (école, collège, zone d'activité, pôle commercial, pôle médical...).

De la même manière, la communauté de communes AOM pourra recenser de façon exhaustive et précise les offres de services de mobilité du territoire parmi :

- les services organisés par des collectivités : services régionaux ferroviaires et interurbains, scolaires, navettes municipales, services organisés antérieurement par une commune anciennement AOM, pôles d'échanges et plateformes de covoiturage... infrastructures de mobilité active (pistes cyclables ou piétonnes, silos à vélos, etc),
- les services organisés par la sphère privée / associative : covoiturage, autopartage (en boucle ou entre particuliers), services organisés par des associations.

Ce travail de diagnostic permettra à la communauté de communes AOM de mettre en évidence les lacunes, les améliorations nécessaires et les besoins de coordination parmi les services présents sur son territoire.

En résumé, sur le territoire d'une communauté de communes AOM, deux types de services réguliers peuvent coexister :

- *des services situés intégralement sur le ressort territorial de la communauté de communes AOM :*
  - *déjà organisés par la région à la date de prise de compétence par l'AOM, que celle-ci peut demander à organiser si elle le souhaite ;*
  - *tout nouveau service situé à l'intérieur du ressort territorial de l'AOM devant être organisé par cette dernière ;*
- *des services qui traversent le ressort territorial de la communauté de communes AOM que seule la région est compétente pour organiser et qu'elle continuera à exploiter selon sa stratégie de mobilité en tant qu'AOM régionale.*

Bernard Suard - Terra

Identifier les enjeux de mobilité de son territoire

La mise en évidence des services de mobilité constitutifs de l'offre existante sur son territoire ainsi que des besoins identifiés permet à la communauté de communes AOM de définir les enjeux de la mobilité de son territoire.

CES DERNIERS PEUVENT PORTER SUR :

- l'accessibilité des différentes polarités du territoire et des fonctionnalités qui s'y trouvent,
- l'accessibilité pour les personnes vulnérables et le maintien d'un lien social fort,
- l'articulation des différents modes de déplacement, en particulier l'organisation des rabattements vers les services de transport structurants permettant la connexion du territoire avec les agglomérations externes générant des flux quotidiens,
- la préservation de l'environnement et de la qualité de l'air.

Développer des services adaptés au territoire

L'identification de ces enjeux permet à l'AOM de choisir d'activer les leviers d'action suivants afin de répondre au mieux aux besoins de mobilité sur son territoire :

ORGANISER DES SERVICES DE :

- transport public régulier, à la demande, scolaire,
- mobilités solidaires (transport à la demande), actives (services de location de vélos), partagées (services d'auto-partage),
- transport de marchandises et de logistique, en cas d'inexistence, d'insuffisance ou d'inadaptation de l'offre privée.

DANS LES TERRITOIRES...

Le service d'autostop organisé de la Communauté territoriale Sud Luberon

EN SAVOIR+

https://www.francemobilites.fr/projets/ple-dge

CONTRIBUER, FINANCIÈREMENT OU TECHNIQUEMENT, AU DÉVELOPPEMENT DE PROJETS DÉVELOPPÉS PAR D'AUTRES ACTEURS NOTAMMENT, EN TERMES DE MOBILITÉS ACTIVES, PARTAGÉES OU SOLIDAIRES :

- location ou aide financière pour l'acquisition d'un vélo,
- aménagements en faveur de l'usage du vélo,
- plateforme de covoiturage,
- garage solidaire,
- transport d'utilité sociale,
- attribution d'aides financières individuelles

DANS LES TERRITOIRES...

Le service de location de vélos longue durée en Sud Mayenne

EN SAVOIR+

https://www.francemobilites.fr/projets/service-location-longue-duree-vae-destination-des-actifs

OFFRIR UN SERVICE DE CONSEIL ET D'ACCOMPAGNEMENT INDIVIDUALISÉ À LA MOBILITÉ :

- aux personnes en situation de vulnérabilité économique, sociale, de handicap,
- auprès des employeurs et des parcs d'activités, pour les aider à mettre en place des pratiques plus durables pour les déplacements domicile-travail : plans de mobilités employeurs, forfait mobilité, télétravail, espaces de coworking, action sur les temps de travail, etc.

DANS LES TERRITOIRES...

La plateforme de mobilité solidaire et durable de la communauté de communes du Thouarsais

EN SAVOIR+

https://www.francemobilites.fr/projets/t-mob79-plateforme-mobilite-solidaire-et-durable

Mobiliser les leviers financiers à la disposition des communautés de communes

Afin d'assurer le financement des actions et services qu'elle souhaite mettre en place, l'AOM peut bénéficier :

▪ En cas d'organisation de services réguliers (sont donc exclus les services scolaires et à la demande), du versement mobilité après vote d'une délibération indiquant les services qu'elle souhaite organiser afin de justifier le taux. Lorsqu'un versement mobilité est prélevé auprès des employeurs, il peut financer l'ensemble des dépenses relatives à la compétence AOM (y compris hors services réguliers).

▪ Dans le cas où elle ne souhaite pas organiser de services réguliers, la collectivité ne peut pas utiliser la ressource fiscale dédiée que constitue le versement mobilité, en raison du moindre coût estimé de ces services. Dans ce cas, la collectivité mobilise son budget général.

Dans tous les cas, la collectivité peut faire appel à d'autres subventions* ou recettes :

▪ Les **dispositifs de soutien de l'État** :
> Dotation de soutien à l'investissement local (DSIL),
> Contrats de plan Etat-Région (CPER),
> Dotation d'équipement des territoires ruraux (DTER),
> Dotation politique de la ville (DPV),
> Subventions pour travaux divers d'intérêt local (TDIL)

▪ Les **appels à projets et manifestations d'intérêt thématiques** portés par l'État, ses opérateurs ou certaines collectivités territoriales :
> Transport collectif en site propre,
> TENMOD,
> Fonds mobilités actives-continuités cyclables,
> Aide à l'action des collectivités territoriales en faveur de la qualité de l'air,
> Programmes d'Investissements d'Avenir (PIA).

▪ **Les programmes «certificats d'économie d'énergie»** pour lesquels des vendeurs d'énergie contribuent financièrement à la mise en œuvre de solutions de mobilité sur les territoires

▪ **Les offres de financement de la Banque des territoires :**
> Offre de crédits d'ingénierie : financement de tout type d'étude « mobilité » à hauteur de 50 % (80 % dans le cadre du programme « Action cœur de ville »)
> Prêts aux collectivités avec les Mobi-prêts, qui financent infrastructures et équipements pour les mobilités propres
> Investissement financier dans des partenariats publics-privés, pour permettre le décollage de services de mobilité non rentables à leur démarrage.

Par ailleurs, la mutualisation de la compétence AOM à une échelle plus large que celle de l'EPCI (PETR ou syndicat mixte par exemple) peut permettre des économies d'échelles intéressantes pour les budgets de fonctionnement ou d'animation par exemple. Le choix de transférer la compétence « mobilité » à un syndicat mixte peut rendre plus pertinent d'organiser un service régulier, sur un territoire plus étendu, en mobilisant le versement mobilité de plusieurs AOM. Par ailleurs, dans ce cas, la LOM introduit une souplesse supplémentaire en permettant de définir un taux de versement mobilité différent par EPCI. Cette disposition permet de prélever du versement mobilité sur tout le territoire de l'AOM en s'adaptant au tissu d'employeurs locaux.

Reprendre les lignes jusqu'alors organisées par la région à l'intérieur de mon territoire

Lorsqu'une communauté de communes devient AOM avant le 1er juillet 2021, la loi prévoit que les ***services organisés par la région et situés intégralement sur le territoire de la communauté de communes continuent de l'être, sauf dans le cas où l'AOM locale souhaite en récupérer l'organisation.*** *Dans ce cas, la communauté de communes doit formuler une demande expresse et la région ne peut s'opposer au transfert. S'ouvre alors une négociation entre la communauté de communes et la région qui vise à :*

▪ *déterminer un calendrier de transfert de l'organisation du « bloc » de services suivants : transports réguliers, transports à la demande et transports scolaires,*

▪ *organiser le volet financier relatif aux charges et ressources associées au transfert,*

La communauté de communes peut alors délibérer pour acter le transfert de l'organisation de ces services depuis la région selon les termes de l'accord trouvé.

Dans tous les cas, seule AOM régionale, est compétente pour organiser des services desservant la communauté de communes (qui dépassent le ressort territorial de la communauté de communes AOM).

*Pour plus d'exhaustivité, la plateforme aides-territoires.beta.gouv.fr agrège l'ensemble des aides

Que se passe-t-il lorsqu'une communauté de communes ne devient pas AOM ?

Dans ce cas, la région devient AOM locale en lieu et place de la communauté de communes à compter du 1er juillet 2021 et plusieurs leviers d'action ne sont plus mobilisables par la communauté de communes :

- elle ne peut pas prélever le versement mobilité sur son territoire,
- elle ne peut pas organiser des services de mobilité,
- elle n'est plus partie-prenante obligatoire du contrat opérationnel de mobilité conclu à l'échelle du bassin de mobilité.
- elle ne peut pas bénéficier des dispositifs d'accompagnement notamment financiers qui visent les AOM.

D'autres compétences pourront néanmoins lui permettre d'agir :

- la compétence « aménagement » pour élaborer des documents de planification qui peuvent encadrer certains enjeux de mobilité : PLUi, SCoT, PCAET, schéma directeur cyclable ou piétonnier.
- la compétence « voirie » et éventuellement les pouvoirs de police associés, pour la réalisation de voies et/ou de stationnements réservés aux mobilités actives et partagées,
- la compétence « action sociale » permet d'agir sur l'accompagnement individualisé des personnes en difficulté.

Zoom sur ... la situation de la région AOM locale

Dans le cas où la région devient AOM locale en lieu et place d'une communauté de communes, elle dispose des leviers d'actions de toute AOM locale, ***à l'exclusion de la capacité de prélèvement du versement mobilité.*** *C'est la région qui met en place le comité des partenaires et qui représente le territoire dans la gouvernance territoriale.*

Par ailleurs, une commune qui organisait déjà un service peut continuer à le faire fonctionner (en modifiant éventuellement le niveau de desserte, la tarification, en créant des arrêts supplémentaires après en avoir informé le comité des partenaires si la région l'a associée) ainsi que de prélever le versement mobilité, mais sans toutefois pouvoir organiser de nouveaux types de services.

Redevenir AOM après 2021 sous condition

Lorsqu'une communauté de communes n'a pas pris la compétence « mobilité » avant le 1er juillet 2021 deux cas de figure lui offrent la possibilité de la voir revenir au niveau local :

- lors d'une fusion avec un ou plusieurs autres EPCI,
- lors de la création ou de l'adhésion à un syndicat mixte auquel elle décide de transférer sa compétence d'organisation de la mobilité.

Dans ces deux cas, le retour au local de la compétence d'organisation de la mobilité depuis la région intervient au plus tard dans un délai de 18 mois. Là aussi, la reprise des lignes régionales dans le ressort territorial n'est pas obligatoire.

Laurent Mignaux - Terra

CEREMA - Cité des Mobilités – 25, avenue François Mitterrand CS 92 803 – F-69674 Bron Cedex
Tél : +33 (0)4 72 14 30 30 - Contact CEREMA : Bertrand Dépigny – bertrand.depigny@cerema.fr
Contact MTES : bureau des politiques de déplacement fcd1.dst.dgitm@developpement-durable.gouv.fr - www.cerema.fr – Twitter : @Ceremacom – LinkedIn : /Cerema

2. Corrigé

À X, le X

Note sur les objectifs de la loi d'orientation des mobilités (LOM) du 24 décembre 2019

Les défis écologiques à relever en France sont nombreux. Face à l'urgence environnementale et climatique, le législateur a adopté le 24 décembre 2019 une loi sur l'orientation des mobilités (LOM) pour améliorer au quotidien la mobilité de tous avec des solutions plus efficaces, plus propres et plus accessibles.
Après avoir présenté les objectifs de la LOM (I), il sera fait un point sur la nouvelle compétence mobilités et sa répartition entre collectivités (II).

I. Les ambitions de la LOM
Il semble incontournable aujourd'hui que des transformations profondes doivent faire évoluer nos comportements.
Autour de quatre objectifs forts, la LOM propose des solutions et outils pour repenser nos modes de déplacement avec de nouvelles réponses.
En premier lieu, la LOM propose des solutions alternatives pour accompagner la transition énergétique en sortant progressivement de la dépendance automobile. Elle favorise la coordination entre acteurs et l'investissement dans un plan pour développer les transports en commun et désenclaver les territoires en étant proposé au plus grand nombre. Ainsi, 1,2 milliard sur 10 ans est programmé pour aider les collectivités à financer leurs projets dans les transports en commun.
De plus, la LOM soutient l'innovation et accompagne les projets qui améliorent l'information en temps réel, et propose des solutions simplifiées comme la mise en service d'un seul titre de transport pour tous les transports en commun sur un territoire (cette démarche a déjà été entreprise en Bretagne par exemple).
Autre objectif affiché par la LOM : favoriser l'investissement dans les infrastructures qui améliorent les déplacements du quotidien. L'État concentrera ses efforts dans les dix prochaines années à remettre en état les réseaux routier, ferroviaire et fluvial existants pour fiabiliser les trajets du quotidien.
Enfin, la LOM a pour objectif de réduire l'empreinte environnementale des transports en encourageant les mobilités actives et partagées. De nombreuses mesures sont prévues dans cette loi : forfait mobilité durable, navettes autonomes dès 2020, déploiement de vélos électriques et implantation de bornes, nouvelles zones à faibles émissions (ZFE) avec un engagement croissant des métropoles.
Pour relever ces défis, le législateur a mis en place une nouvelle structuration des autorités organisatrices des transports.

II. La structuration des autorités organisatrices de la mobilité (AOM)
Dans de nombreux territoires, la voiture est la seule option pour se déplacer.
Chaque région, qui est actuellement autorité organisatrice des transports, devient, avec la loi d'orientation des mobilités, autorité organisatrice de la mobilité régionale (AOMR) et chef

de file de l'intermodalité. Sa compétence est élargie à l'ensemble des solutions de mobilités, notamment actives, partagées et solidaires. Elle disposera ainsi de l'ensemble du panel de solutions de mobilités pour intervenir dans la desserte des territoires, en complément du réseau structurant (routier et ferroviaire).

Une problématique particulière existe aujourd'hui : 80 % du territoire n'est pas couvert par un acteur public exerçant la compétence transport localement pour proposer une offre de services de mobilité alternatifs à l'usage individuel de la voiture.

La LOM a pour objectif de couvrir l'ensemble du territoire national par une autorité organisatrice de la mobilité (AOM) locale.

Cette loi prévoit en effet que les communautés de communes peuvent opter pour cette compétence. Un établissement public de coopération intercommunale (EPCI) pourra choisir de l'exercer soit à l'échelle de son territoire, soit à l'échelle plus large, un pôle métropolitain ou un syndicat mixte.

À défaut, la région deviendra automatiquement AOM sur le territoire de la communauté de communes dès le 1er juillet 2021 avec une faible possibilité de retour en arrière.

Dans ce contexte, chaque région assure un rôle de chef de file.

Le conseil régional en concertation avec les AOM définira les bassins de mobilité. Un contrat opérationnel de mobilité liera chaque AOM avec la région et un comité des partenaires aura pour ambition de réunir tous les acteurs de la mobilité.

L'esprit de la LOM est de couvrir l'ensemble des territoires plutôt par des AOM locales, afin qu'ils puissent disposer des moyens pour déployer une stratégie et des projets adaptés aux besoins locaux. La prise de compétence par la région est une possibilité « par défaut », pour couvrir les territoires restés « orphelins », où la collectivité ne serait pas volontaire.

Dans ce nouveau cadre décentralisé, l'État accompagne les territoires tout en respectant le rôle de chef de file de la région et se doit d'être à l'écoute des EPCI pour répondre à leurs questions et les guider dans cette nouvelle organisation.

Annexe : Page internet pour la DREAL et la préfecture de région

Une nouvelle loi pour les mobilités

La loi d'orientation des mobilités a été votée le 24 décembre 2019.

Cette loi, également appelée LOM, a pour ambition d'améliorer concrètement les déplacements au quotidien de tous les Français notamment en supprimant les « zones blanches » de la mobilité et en favorisant l'émergence de nouvelles solutions.

L'objectif est simple : des transports du quotidien à la fois plus faciles, moins coûteux et plus propres.

La loi s'organise en 4 chantiers :

- Apporter des solutions de mobilités pour tous et dans tous les territoires
- Accélérer la révolution des nouvelles mobilités
- Réussir la transition écologique des mobilités
- Investir au service des transports du quotidien

Pour en savoir plus sur la loi :

- lien vers le guide des 15 mesures clés ;
- lien vers les sites informatifs ;
- lien avec les sites présentant des actions concrètes sur les territoires ;
- lien du site internet du ministère de la Transition écologique et solidaire.

2 Finances publiques et intervention économique

Ce sujet est une création.

1. Cas pratique

Vous êtes attaché d'administration de l'État dans une préfecture de région. Votre directeur vous demande de préparer une note à destination du préfet afin d'organiser une réunion pour accueillir les élus issus des derniers scrutins municipaux. Cette réunion, à la préparation de laquelle les sous-préfets d'arrondissement seront associés, s'annonce tendue : les élus devront vraisemblablement voter des budgets modificatifs afin de tenir compte de l'impact de la pandémie de COVID-19 et de la crise économique sur les finances locales. Ces différents élus ont besoin de conseils et veulent savoir sur quel soutien compter de la part de l'État. En outre, vous proposerez des éléments de langage utiles à la conduite de la réunion et un courrier électronique à destination des maires leur expliquant comment demander la participation de l'État aux achats de masques.

LISTE DES DOCUMENTS

- Document 1 : Communes et intercommunalités fragilisées par la crise : le plan d'aide du gouvernement (dossier de presse)
- Document 2 : Conséquences de la loi du 7 août 2015 sur les interventions économiques
- Document 3 : Suspension du fonds de soutien du conseil départemental des Ardennes par le TA de Châlons-en-Champagne (15/06/2020)
- Document 4 : Lettre du ministre de la Cohésion des territoires aux préfets de région et de département (05/05/2020)
- Document 5 : Lettre DRFIP/DGCL du 18/06/2020 aux présidents des conseils départementaux, des maires et présidents d'EPCI
- Document 6 : Note sur les délais de contrôle de légalité dans le cadre de l'épidémie de COVID-19
- Document 7 : Note de la DGCL du 9 juin 2020 aux préfets sur les compensations à verser pour les exonérations de fiscalités locales décidées par l'État
- Document 8 : Lettre du ministre de la Cohésion des territoires aux préfets sur l'achat des masques
- Document 9 : Grille de contrôle des masques

» Document 1 – Communes et intercommunalités fragilisées par la crise : le plan d'aide du gouvernement (dossier de presse)

DOSSIER DE PRESSE
Mesure d'urgence en faveur des collectivités territoriales

Introduction
La crise que notre pays traverse est d'une ampleur inédite. La lutte contre l'épidémie continue de mobiliser toutes les énergies, et le combat pour la reprise de l'activité s'amorce sur tout le territoire.
Aux côtés de l'État, les collectivités territoriales se mobilisent pour répondre aux besoins immédiats de nos concitoyens, et faire vivre le service public.
Les mesures adoptées pendant les trois premières années du quinquennat ont permis aux collectivités de dégager des marges de manœuvre financières qui sont essentielles aujourd'hui.
Pour autant, la crise aura des conséquences financières importantes pour les collectivités territoriales dont les recettes liées à l'activité économique vont diminuer au second semestre de l'année 2020 et en 2021.
Et parmi les premières décisions à prendre des nouveaux conseils municipaux élus se trouvent les décisions budgétaires : il faut donc fixer les règles dès à présent.
C'est la raison pour laquelle le Premier ministre a missionné Jean-René Cazeneuve, président de la Délégation aux collectivités territoriales et à la décentralisation de l'Assemblée nationale pour évaluer l'impact de la crise sur les finances locales et élaborer des recommandations.
Les premiers travaux rendus par Jean-René Cazeneuve ont mis en évidence les difficultés financières au-devant desquelles iraient les communes et leurs groupements ainsi que les conseils départementaux dès cette année 2020.
Sur la base de ces analyses, le gouvernement a donc décidé de mettre en œuvre un premier ensemble de mesures d'urgence exceptionnelles, inédites dans leur ampleur, et ce dès la prochaine loi de finances rectificatives.
Les travaux de la mission se poursuivront dans les prochaines semaines pour affiner l'évaluation des conséquences de la crise sur les budgets locaux et pour proposer des solutions afin que les collectivités puissent stabiliser durablement leur situation financière et se mobiliser pleinement aux côtés de l'État dans l'effort de relance.
Avec les régions, indispensables acteurs de la relance aux côtés de l'État, les travaux menés depuis plusieurs mois se poursuivent en vue d'un accord de partenariat sur les finances et sur les investissements à l'été.

Les incidences de la crise sur les finances des collectivités

Une fiscalité locale très dynamique :
+ 4,5 milliards d'euros entre 2018 et 2019

Des finances locales saines à l'entrée de la crise

Des concours financiers de l'État en hausse, en particulier les dotations d'investissement :

- dotation globale de fonctionnement stable depuis trois ans après une baisse de 10 milliards d'euros sous le précédent quinquennat ;
- dotations d'investissement à hauteur de 2 milliards d'euros.

Des incidences fortes en 2020 pour une partie des collectivités territoriales

La crise sanitaire met sous pression les budgets de certaines collectivités qui constatent une baisse de leurs recettes.

Toutes les catégories de collectivités ne sont cependant pas également exposées au risque et les conséquences de la crise sur leurs finances ne seront pas les mêmes partout, en particulier dans les communes d'outre-mer, communes touristiques et dans les départements.

Les travaux d'évaluation montrent que les recettes des collectivités locales pourraient diminuer d'environ 7,5 milliards d'euros en 2020, toutes catégories confondues, ces données ayant vocation à être actualisées au cours de l'année. Ces pertes seraient réparties sur le bloc communal (3,2 milliards d'euros), les départements (3,4 milliards d'euros) et les régions (0,9 milliard d'euros).

La volonté du gouvernement est d'adapter la réponse pour qu'elle corresponde bien aux réalités de chaque territoire.

En 2021, un effet retard sur la fiscalité économique

Une part des recettes communales, départementales et régionales sera affectée à compter de 2021 du fait notamment du décalage d'une année dans la perception du produit de la cotisation sur la valeur ajoutée des entreprises (CVAE).

Des mesures d'urgences inédites et différenciées

Une clause de sauvegarde sur les recettes pour les communes

Pour la première fois, l'État financera intégralement une clause de sauvegarde pour les principales recettes du bloc communal.

Toutes les communes et leurs groupements pourront bénéficier en 2020 d'une clause de sauvegarde de leurs recettes fiscales et domaniales.

Si celles-ci sont inférieures à la moyenne des trois derniers exercices (2017-2019), l'État versera une dotation permettant de garantir ce niveau. Le coût total, estimé pour l'État, est de 750 millions d'euros. C'est la première fois que l'État met en place une telle garantie.

Le calcul s'adapte à la réalité vécue par chaque bénéficiaire :

- si une commune perd 10 % de ses recettes par rapport au point de référence 2017-2019, elle reçoit un versement égal à ces 10 % ;
- si une commune perd 3 % seulement, le versement correspond à ces 3 % ;
- si une commune a des recettes qui restent supérieures à la moyenne des trois dernières années, elle ne perçoit aucune aide.

Le mécanisme toucherait entre 12 000 et 13 500 collectivités du bloc communal. Beaucoup de communes touristiques et de communes d'outre-mer bénéficieront du dispositif.

Comment cette mesure fonctionnera-t-elle ?

Un sujet par thème

Le versement sera effectué de manière automatique, sans aucune démarche à effectuer. Dès cet été, chaque maire et chaque président de groupement sera informé du plancher en deçà duquel ses ressources fiscales et domaniales ne pourront pas tomber.

Un soutien en trésorerie d'une ampleur inédite permettant aux départements de passer le cap de la crise en 2020

En 2020, les baisses de recettes pour les départements seront concentrées sur les droits de mutation à titre onéreux (appelés « frais de notaire »), confirmant le caractère très cyclique de cette ressource.

Pour faire face à la baisse de ces recettes, les conseils départementaux pourront solliciter des avances sur le produit des DMTO. L'État ouvrira 2,7 milliards d'euros à cet effet.

Comment cette mesure fonctionnera-t-elle ?

Concrètement, chaque département pourra formuler une demande à l'administration pour bénéficier d'une avance, dans la limite de la perte estimée entre 2020 et la moyenne 2017-2019. Ces avances seront ensuite remboursées par les départements à partir des réserves qui seront réalisées lors du rebond.

La prise en compte des spécificités des outre-mer

Pour les communes d'outre-mer, qui bénéficient cette année d'une nouvelle dotation de péréquation, la garantie de recettes intégrera les recettes spécifiques que sont l'octroi de mer et la taxe sur les carburants, qui représentent une part très importante de leurs recettes de fonctionnement.

Des avances ont été déjà versées au titre de la fiscalité ; d'autres avances seront accordées dans le cadre de la garantie de recettes afin d'éviter toute tension de trésorerie, de disposer de la visibilité nécessaire pour maintenir les services publics et investir mais aussi de contribuer à rétablir des délais de paiement aux entreprises plus courts.

La spécificité du panier de recettes des régions d'outre-mer, avec des impôts très sensibles à la consommation tels que l'octroi de mer ou la taxe sur les carburants, justifie que ces collectivités (Guyane, Martinique, Mayotte, Guadeloupe, Réunion), disposent d'une garantie spécifique sur ces ressources.

Les départements d'outre-mer bénéficieront des dispositions de droit commun avec les avances sur les droits de mutation à titre onéreux.

Par ailleurs, le gouvernement accompagne les collectivités d'outre mer, aux côtés de l'Agence française de développement et de la Banque des territoires, au moyen notamment de prêts garantis par l'État ou avec des taux bonifiés par l'État.

Pour les collectivités de Saint-Barthélemy, Saint-Martin, Saint-Pierre-et-Miquelon et Wallis-et-Futuna, au vu de leur petite taille, un concours financier sera mis en place.

Un soutien exceptionnel à l'investissement public au service de la relance

La dotation de soutien à l'investissement local sera abondée d'un milliard d'euros dès cette année pour engager la relance dans les territoires.

Cet abondement exceptionnel équivaudra quasiment à tripler l'enveloppe (de 0,6 milliard d'euros à 1,6 milliard d'euros). Cette DSIL sera orientée spécifiquement vers les objectifs de

la relance, notamment la transition énergétique ou la santé. Elle pourra être utilisée pour le financement d'opérations partenariales avec d'autres collectivités territoriales. L'utilisation de ces moyens exceptionnels sera concertée avec les élus locaux.
Il s'agit là d'un effort majeur au service de l'investissement public local.

La prise en compte des dépenses liées au COVID-19
Une annexe spécifique sera créée dans les budgets pour permettre à l'ensemble des collectivités territoriales d'y inscrire les dépenses liées au COVID-19. De plus, certaines dépenses de fonctionnement inscrites sur cette annexe pourront être lissées dans le temps et être financées par l'emprunt. Le surcroît de dépenses liées au COVID-19 ne menacera donc pas l'équilibre budgétaire des collectivités.

Des travaux à poursuivre
Les travaux de la mission se poursuivront dans les prochaines semaines pour affiner l'évaluation des conséquences de la crise sur les budgets locaux et pour proposer des solutions afin que les collectivités puissent stabiliser durablement leur situation financière et se mobiliser pleinement aux côtés de l'État dans l'effort de relance.
Le dialogue avec l'ensemble des collectivités territoriales continue, notamment avec les régions dans la perspective d'un accord de partenariat sur les finances et sur les investissements.

CONTACT PRESSE
communication@pm.gouv.fr

» Document 2 – Conséquences de la loi du 7 août 2015 sur les interventions économiques

Circulaire DGCL 03/11/2016

FICHE N° 2 : LA RÉGION

Références :
Articles 2 et 3 de la loi n° 2015-991 du 7 août 2015 portant nouvelle organisation territoriale de la République.
Dispositions codifiées aux articles L. 1511-2, L. 4211-1 (8 et 8° bis)
Principales dispositions :

- La région voit son rôle renforcé : auparavant chef de file, elle devient responsable en matière de développement économique sur son territoire, ce qui se traduit notamment par le schéma régional de développement économique, d'internationalisation et d'innovation (SRDEII)
- Ses compétences d'attribution en matière d'aide aux entreprises sont accrues : elle décide et octroie seule, les aides de droit commun aux entreprises, ainsi qu'aux entreprises en difficulté
- Elle peut désormais, selon des modalités qui seront définies par décret, prendre des participations au capital de sociétés commerciales, ainsi que dans des sociétés d'accélération du transfert de technologies.
- En revanche, la région n'intervient plus qu'en complément du bloc communal pour les aides à l'immobilier d'entreprise (compétence du « bloc communal »).
- Ces dispositions entrent en vigueur le 1er janvier 2016.

1. Le rôle renforcé de la région en matière de développement économique
Le schéma régional de développement économique, d'innovation et d'internationalisation (SRDEII) fait l'objet de la fiche n° 1.
Comme auparavant, la région a la responsabilité de recenser les informations relatives aux aides attribuées par l'ensemble des collectivités de son territoire. Ce point est traité dans la fiche n° 14 (le cadre juridique européen applicable).

2. Nouvelle articulation des compétences
Selon les cas, la région peut déléguer à d'autres catégories de collectivités territoriales et groupements certaines actions (comme l'octroi ou la gestion des aides) ou d'autres catégories de collectivités peuvent venir compléter l'action régionale.

2.1. Les compétences d'attribution de la région
2.1.1. Les aides en faveur de la création et l'extension d'activités économiques et les aides aux entreprises en difficulté
La région est désormais seule compétente pour définir et octroyer des aides en faveur de la création ou l'extension d'activités économiques (L. 1511-2 I). Les communes et leurs

groupements ainsi que la métropole de Lyon peuvent participer au financement de ces aides, dans un cadre conventionnel avec la région.
En outre, la région peut déléguer l'octroi de tout ou partie de ces aides à la métropole de Lyon, aux communes et à leurs groupements dans les conditions prévues à l'article L. 1111-8.
Elle peut également déléguer la gestion de tout ou partie de ces aides à des établissements publics et désormais à la banque publique d'investissement.
La région est seule compétente pour octroyer des aides aux entreprises en difficulté. La métropole de Lyon, les communes et leurs groupements peuvent participer au financement de ces aides, en complément de la région, dans le cadre d'une convention avec celle-ci (article L. 1511-2 II).

2.1. 2. Les prises de participations au capital de sociétés commerciales
Les régions peuvent désormais prendre des participations au capital de sociétés commerciales sans qu'elles soient soumises à une autorisation préalable par décret en Conseil d'État. Cette faculté est toutefois encadrée par les dispositions du 8° bis inséré à l'article L. 4211-1 du CGCT.
En premier lieu, la prise de participation doit s'inscrire dans le cadre de la mise en œuvre du SRDEII.
Ces interventions se font dans les limites fixées par un décret en Conseil d'État à venir.
De surcroît, certaines participations devront être soumises à l'examen de la Commission des participations et transferts, autorité administrative indépendante, obligatoirement consultée en cas de cession ou acquisition d'actifs, et qui était compétente uniquement pour les opérations de l'État avant l'intervention de la loi NOTRe. Le décret en Conseil d'État à venir précisera quelles interventions seront soumises à l'examen de l'instance précitée et dans quelles conditions celle-ci devra être saisie.
De même, en sus des sociétés mentionnées au 8° de l'article L. 4211-1, la région peut désormais entrer au capital des sociétés ayant pour objet l'accélération du transfert de technologie (SAIT).

2.2. Les interventions subsidiaires de la région
La région n'a plus compétence pour définir les aides ou les régimes d'aides et décider de leur octroi en matière d'immobilier d'entreprise, mentionnés à l'article L. 1511-3 du CGCT. Cette compétence relève désormais des communes, des EPCI à fiscalité propre et de la métropole de Lyon.
Toutefois, en accord avec la commune, l'EPCI ou la métropole de Lyon, la région peut participer au financement des aides et régimes d'aides à l'immobilier d'entreprise en complément et dans le cadre d'une convention.

2.3. Des compétences partagées maintenues et non modifiées
La loi du 7 août 2015 n'a pas remis en cause les compétences de la région en matière d'octroi de subventions aux organismes ayant pour objet exclusif de participer à la création ou à la reprise d'entreprises mentionnés à l'article L. 1511-7, d'octroi d'aides à l'installation de professionnels de santé mentionnées à l'article L. 1511-8, et d'octroi d'aides à l'exploitation des salles de cinéma mentionnées au 6° de l'article L. 4211-1 (dans ce dernier cas, seul le conseil municipal doit être consulté préalablement désormais).

2.4. Des modalités d'intervention actualisées

Les évolutions concernent particulièrement les prises de participation dans des sociétés de financement au bénéfice des entreprises – sociétés de financement interrégionales, sociétés de capital investissement et les souscriptions à des fonds de différentes natures – fonds de garantie, fonds d'investissement de proximité, fonds d'investissement alternatifs.

La loi du 7 août 2015 n'a pas remis en cause la compétence de la région, mais les supports d'investissements ont largement évolué. Les conditions de légalité de ces interventions ont donc été modifiées pour tenir compte de l'évolution du droit européen en la matière, traduite dans plusieurs articles du code monétaire et financier (cf. fiche n° 13).

FICHE N° 3 : LE DÉPARTEMENT

Références :

Articles 3 et 94 de la loi n° 2015-991 du 7 août 2015 portant nouvelle organisation territoriale de la République.

Dispositions codifiées aux articles L. 1111-10 (1, 2e alinéa), L. 3211-1, L. 3232-1-1 et L. 3232-1-2 du code général des collectivités territoriales.

Principales dispositions :

- L'action du département est recentrée sur certaines catégories d'interventions limitativement énumérées.

La loi du 7 août 2015 modifie les domaines et modalités d'intervention du département : celui-ci n'est plus compétent en matière d'interventions économiques de droit commun (abrogation de l'article L. 3231-2 CGCT) ; il conserve seulement des compétences pour intervenir sur des objets spécifiques s'inscrivant dans le cadre de la solidarité territoriale.

1. Les compétences supprimées

À compter du 1er janvier 2016, le département ne peut plus intervenir en dehors des matières énumérées aux paragraphes 2, 3 et 4 de la présente fiche. En particulier, il ne lui est plus possible d'intervenir dans les domaines suivants :

- participation au financement des aides et régimes d'aides mis en place par la région en faveur de la création ou de l'extension d'activités économiques (la rédaction de l'article L. 1511-2 du CGCT issue de la loi du 7 août 2015 ne le permet plus) ;
- définition d'un régime d'aides et mise en œuvre avec l'accord de la région (la rédaction de l'article L. 1511 2 du CGCT issue de la loi du 7 août 2015 ne le permet plus) ou en concluant une convention avec l'État (abrogation de l'article L. 1511-5 du CGCT) ;
- aides en faveur d'entreprises en difficulté (abrogation de l'article L. 3231-3 du CGCT) ;
- participation au capital de sociétés de garantie (abrogation de l'article L. 3231-7 du CGCT) Le département ne peut pas recevoir délégation de la région en matière d'aides aux entreprises.

Par ailleurs, des interventions du département en faveur du développement économique dont le fondement légal était la clause de compétence générale ne sont plus possibles depuis l'entrée en vigueur de la loi NOTRe (c'est-à-dire le 9 août 2015), l'article L. 3211-1 du CGCT ayant été abrogé. Toutefois, l'exécution des engagements précédents pris sur le fondement

de cette même clause se poursuit jusqu'au 31 décembre 2015, en application du XX de l'article 133.
Le devenir des zones d'activités économiques possédées par les départements est en cours d'expertise.
Les dispositions transitoires sont présentées dans la fiche n° 6.

2. Les compétences nouvelles ou modifiées au titre de la solidarité territoriale

2.1. Les aides à l'investissement des communes et groupements

Conformément à l'article L. 1111-10 dans sa rédaction issue de la loi du 7 août 2015 : « *Le département peut contribuer au financement des projets dont la maîtrise d'ouvrage est assurée par les communes ou leurs groupements, à leur demande* ». Cette contribution du département ne peut toutefois avoir pour effet d'apporter indirectement une aide à une entreprise.

2.2. Les aides au maintien des services en milieu rural en complément des communes et groupements

Les modalités d'interventions du département en vue d'aider au maintien de services en milieu rural pour satisfaire les besoins de la population sont modifiées : au titre de la solidarité territoriale, l'intervention du département a désormais vocation à s'inscrire en complément de l'action des communes ou des EPCI.
a) La loi du 7 août 2015 abrogeant l'article L. 3231-3, le département n'est plus compétent de plein droit pour octroyer des aides ayant pour but d'assurer le maintien des services nécessaires à la satisfaction des besoins de la population en milieu rural lorsque l'initiative privée était défaillante ou absente.
Cependant, la loi n'ayant pas modifié l'article L. 2251-3 du CGCT, le département a toujours la possibilité de participer à ce type d'aide en complément des actions et aides mises en place par les communes ou leurs groupements. Cette participation fait l'objet d'une convention avec la commune ou le groupement.
b) Par ailleurs, l'article L. 1111-10 dans sa rédaction issue de la loi du 7 août 2015 permet au département, lorsque l'initiative privée est défaillante ou absente, de contribuer au financement d'opérations d'investissement « *en faveur des entreprises de services marchands nécessaires aux besoins de la population en milieu rural, dont la maîtrise d'ouvrage est assurée par des communes ou EPCI à fiscalité propre* », et à la demande de ceux-ci.
Les conditions énoncées au présent article sont cumulatives et chacune doit être respectée :

- initiative privée défaillante ou absente ;
- opérations d'investissement ;
- entreprises de services marchands nécessaires aux besoins de la population ;
- milieu rural ;
- maîtrise d'ouvrage assurée par des communes ou des EPCI à fiscalité propre.

En particulier, le département ne peut plus aider directement une entreprise.
Ces dispositions entrent en vigueur au 1er janvier 2016.

2.3. Les aides aux filières agricoles, forestières et halieutiques en complément de la région

Par dérogation au droit commun, l'article L. 3231-1-2 du CGCT introduit par l'article 94 de la loi du 7 août 2015 permet au département de participer au financement d'aides accordées par la région en faveur d'organisations de producteurs et d'entreprises exerçant une activité de production, commercialisation et transformation de produits agricoles, de produits de la forêt ou de produits de la pêche. La participation du département intervient en complément de la région et fait l'objet d'une convention avec celle-ci.

L'objet des aides du département est limitativement énuméré :

- acquisition, modernisation, amélioration de l'équipement nécessaire à la production, à la transformation, au stockage ou à la commercialisation de leurs produits ;
- mise en œuvre de mesures en faveur de l'environnement.

Ces aides ne peuvent être *ad hoc* puisqu'elles doivent s'inscrire « *dans un programme de développement rural et régional ou dans un régime d'aides existant au sens du droit européen, notifié ou exempté de notification* » (cf. fiche n° 14).
Il convient de noter que la seule forme que peut prendre la participation du département est la subvention. Par conséquent, des aides matérielles ou humaines telles la mise à disposition gratuite d'experts auprès d'organisations, les prestations d'assistance à maîtrise d'ouvrage ou de conseil, ne peuvent être octroyées sur ce fondement.

3. Les compétences maintenues et non modifiées par la loi du 7 août 2015

L'aide destinée à favoriser l'installation ou le maintien de professionnels de santé dans les zones déficitaires mentionnée à l'article L. 1511-8 du CGCT est maintenue, à titre de compétence partagée.
Le département conserve la compétence d'octroyer les aides à l'exploitation de salles de cinéma mentionnées à l'article L. 3232-4 du CGCT.

4. Les compétences maintenues mais restreintes par la nouvelle législation

4.1. Aides à l'équipement rural

La compétence du département en matière d'aide à l'équipement rural mentionnée à l'article L. 3232-1 du CGCT est maintenue. Cependant, dans le nouveau contexte issu de la loi du 7 août 2015, cette disposition ne peut plus s'interpréter comme autorisant le département à accorder des aides aux entreprises.

4.2. Aides à l'immobilier d'entreprise (cf. fiche n° 10)

Le département perd la compétence de plein droit en matière d'aides à l'immobilier d'entreprise.
Toutefois, l'article L. 1511-3 du CGCT dans sa rédaction issue de la loi du 7 août 2015 donne la possibilité aux communes ou à leurs groupements de déléguer au département la compétence d'octroi des aides à l'immobilier par voie de convention.

4.3. Garanties d'emprunt (cf. fiche n° 12)

La loi du 7 août 2015 a réduit le champ d'intervention du département en matière de garanties d'emprunt en faveur des personnes privées. Ces possibilités sont limitativement énumérées à l'article L. 3231-4 du CGCT.

4.4. Interventions en capital et dispositifs d'ingénierie financière (cf. fiche n° 13)

L'article L. 3231-7 du CGCT étant abrogé par la loi NOTRe, les départements n'ont plus compétence pour prendre des participations dans des sociétés de garantie. Cette disposition entre en vigueur au 1er janvier 2016.

Hormis cette abrogation, les possibilités et modalités d'intervention en capital et dans les dispositifs d'ingénierie financière n'ont pas été modifiées par la loi du 7 août 2015 pour les départements et sont précisées dans la fiche n° 13.

» Document 3 – Suspension du fonds de soutien du conseil départemental des Ardennes par le TA de Châlons-en-Champagne (15/06/2020)

Tribunal administratif de Châlons-en-Champagne
N° 2000896
Préfet des Ardennes
M. Olivier Nizet, juge des référés
Ordonnance du 15 juin 2020

République française
Au nom du peuple français

Le tribunal administratif de Châlons-en-Champagne,
Le juge des référés

Vu la procédure suivante :
Par une requête, enregistrée le 19 mai 2020, le préfet des Ardennes demande au juge des référés, sur le fondement de l'article L. 554-1 du code de justice administrative, de suspendre l'exécution de la délibération n° 2020.05.82 adoptée le 14 mai 2020 par la commission permanente du conseil départemental des Ardennes.
Il soutient qu'il n'entre pas dans la compétence d'un département d'instituer un dispositif d'aide aux entreprises.
La requête a été communiquée au département des Ardennes qui n'a pas produit de mémoire.
Vu :
- les autres pièces du dossier ;
- la requête enregistrée sous le n° 2000895 tendant à l'annulation de la délibération n° 2020.05.82 du 14 mai 2020.

Vu :
- le code général des collectivités territoriales ;
- le code de justice administrative.

Le président du tribunal administratif a désigné M. Nizet en application de l'article L. 511-2 du code de justice administrative.
Les parties ont été régulièrement averties du jour de l'audience.
Le rapport de M. Nizet, juge des référés a été entendu au cours de l'audience publique.
Considérant ce qui suit :
1. Aux termes de l'article L. 554-1 du code de justice administrative : « *Les demandes de suspension assortissant les requêtes du représentant de l'État dirigées contre les actes de la commune sont régies par le 3e alinéa de l'article L. 2131-6 du code général des collectivités territoriales ci-après reproduit : "Art. L. 2131-6 (alinéa 3) le représentant de l'État peut assortir son recours d'une demande de suspension. Il est fait droit à cette demande si l'un des moyens invoqués paraît, en l'état de l'instruction, propre à créer un doute sérieux quant à la légalité de l'acte attaqué. Il est statué dans un délai d'un mois."* »

2. Aux termes de l'article L. 1511-2 du code général des collectivités territoriales : « *I. – Sous réserve des articles L. 1511-3, L. 1511-7 et L. 1511-8, du titre V du livre II de la deuxième partie et du titre III du livre II de la troisième partie, le conseil régional est seul compétent pour définir les régimes d'aides et pour décider de l'octroi des aides aux entreprises dans la région. Dans le cadre d'une convention passée avec la région, la métropole de Lyon, les communes et leurs groupements peuvent participer au financement des aides et des régimes d'aides mis en place par la région. / Ces aides revêtent la forme de prestations de services, de subventions, de bonifications d'intérêts, de prêts et d'avances remboursables, à taux nul ou à des conditions plus favorables que les conditions du marché. / Le conseil régional peut déléguer l'octroi de tout ou partie des aides à la métropole de Lyon, aux communes et à leurs groupements, dans les conditions prévues à l'article L. 1111-8. Il peut déléguer la gestion de tout ou partie des aides à des établissements publics ou à la société mentionnée à l'article 6 de l'ordonnance n° 2005-722 du 29 juin 2005 relative à la Banque publique d'investissement. / Les aides accordées sur le fondement du présent I ont pour objet la création ou l'extension d'activités économiques. / II. – Lorsque la protection des intérêts économiques et sociaux de la population l'exige, le conseil régional peut accorder des aides à des entreprises en difficulté. Les modalités de versement des aides et les mesures qui en sont la contrepartie font l'objet d'une convention entre la région et l'entreprise. En cas de reprise de l'activité ou de retour à meilleure fortune, la convention peut prévoir le remboursement de tout ou partie des aides de la région. La métropole de Lyon, les communes et leurs groupements peuvent participer au financement des aides dans le cadre d'une convention passée avec la région.* »

3. Il résulte de l'article L. 1511-3 du même code que les communes et établissements publics de coopération intercommunale sont les seuls compétents en matière d'aides à l'immobilier d'entreprise, et peuvent par convention confier au département le soin d'octroyer tout ou partie de ces aides. Il résulte de l'article L. 3231-1-2 du même code que le département peut également intervenir, en complément de la région et sous réserve d'une convention passée avec celle-ci, pour contribuer au financement d'aides aux filières agricoles, forestières et halieutiques. Il peut également attribuer des aides pour favoriser l'installation ou le maintien de professionnels de santé dans certaines zones du territoire en application de L. 1511-8 du code général des collectivités territoriales, ainsi que des aides à l'exploitation de salles de cinéma en application de l'article L. 3232-4 du même code.

4. Afin de soutenir les entreprises affectées par les mesures de confinement décidées pour limiter la propagation du COVID 19, la région Grand Est a créé un fonds dénommé « résistance », permettant l'octroi d'une aide économique aux associations, entrepreneurs, micro-entrepreneurs et petites entreprises. Le 14 mai 2020 la commission permanente du conseil départemental des Ardennes a adopté une délibération ayant pour objet de créer une « *contribution complémentaire au fonds de résistance pour soutenir la relance de l'activité* ».

D'une part, il résulte des dispositions précitées que les régions sont, en dehors des exceptions qu'elles déterminent, seules compétentes pour définir et attribuer des aides économiques aux entreprises. D'autre part, il ressort des pièces du dossier que les conditions d'éligibilité fixées par la délibération en litige ne permettent pas de restreindre l'octroi de l'aide économique qu'elle prévoit aux compétences dévolues au département en la matière et qui sont rappelées au point 3. Par suite, le préfet des Ardennes en soutenant que le département des Ardennes est, en prenant la délibération en litige, intervenu en dehors de son champ de compétence, soulève un moyen propre à créer un doute sérieux quant à la légalité de l'acte attaqué.

5. Il résulte de ce qui précède qu'il y a lieu de suspendre l'exécution de la délibération n° 2020.05.82 de la commission permanente du conseil départemental des Ardennes adoptée le 14 mai 2020.

ORDONNE :

Article 1er : La délibération n° 2020.05.82 du 14 mai 2020 adoptée par la commission permanente du département des Ardennes, est suspendue.

Article 2 : La présente ordonnance sera notifiée au préfet des Ardennes et au département des Ardennes.

Fait à Châlons-en-Champagne, le 15 juin 2020.
Le juge des référés, signé O. NIZET
Le greffier, signé I. DELABORDE

Document 4 – Lettre du ministre de la Cohésion des territoires aux préfets de région et de département (05/05/2020)

Ministère de la Cohésion des territoires
et des Relations avec les collectivités territoriales
Paris, le 5 mai 2020

La ministre de la Cohésion des territoires et des Relations avec les collectivités territoriales et, le ministre chargé des Collectivités territoriales
À
Mesdames et Messieurs les préfets de région et de département

Objet : Intervention des collectivités locales en faveur des entreprises

De nombreux départements ont manifesté leur volonté de soutenir les entreprises présentes sur leur territoire et particulièrement fragilisées par les conséquences économiques et sociales de l'épidémie de COVID-19.

À cet effet, nous souhaitons vous rappeler que l'ordonnance n° 2020-317 du 25 mars 2020 a créé un fonds de solidarité à destination des entreprises. Celle-ci prévoit la faculté pour les régions de contribuer à un fonds d'aide initié et financé principalement par l'État. Elle permet au bloc communal de financer directement, par convention avec l'État, des aides aux entreprises en dehors de sa compétence habituelle, l'immobilier d'entreprise. Enfin, elle autorise, à titre exceptionnel, les départements qui le souhaitent à financer les aides aux entreprises par le biais de leurs contributions.

Ce fonds apporte une réponse puissante, rapide, évolutive et coordonnée sur l'ensemble de notre territoire tout en répondant à un objectif de proximité visant les petites entreprises. Ses modalités d'attribution sont simplifiées, et, s'agissant du « deuxième étage » du fonds, décentralisées. Initialement doté de 750 millions d'euros par l'État, le fonds vient d'être porté à 6,25 milliards d'euros, auxquels s'ajoute un engagement de 500 millions d'euros de la part des régions. Nous veillerons à ce qu'il permette de répondre à l'ensemble des besoins. À ce jour, il a déjà permis d'aider plus de 780 000 entreprises pour un montant supérieur à 1 milliard d'euros.

À titre dérogatoire et exclusivement pour ce fonds national, les contributions des collectivités seront inscrites en dépenses d'investissement et non en dépenses de fonctionnement. Naturellement, les collectivités qui apporteront leurs contributions seront informées des entreprises situées sur leur territoire qui bénéficient de cette aide et pourront valoriser leur action.

En dehors de ce fonds, la répartition des compétences en matière d'aides aux entreprises demeure inchangée.

En application de l'article L. 1511-2 du code général des collectivités territoriales (CGCT), les régions disposent d'une compétence exclusive pour la définition des régimes d'aides aux entreprises et pour décider de l'octroi de ces aides. Par conséquent, les départements et le bloc communal ne peuvent pas mettre en œuvre leurs propres dispositifs de soutien aux entreprises, y compris lorsque celles-ci œuvrent dans le domaine du sport, du tourisme ou de la culture. Plus spécifiquement, les départements ne peuvent pas non plus abonder les régimes d'aides définis par la région, cette possibilité étant réservée au seul bloc communal. Si le bloc communal peut se voir déléguer tout ou partie de l'octroi des aides régionales, la compétence de la région en matière d'aides aux entreprises n'est pas délégable en tant que telle.

Le respect de ces règles assure que l'État et les collectivités se mobilisent de façon coordonnée pour soutenir les entreprises comme les populations les plus fragilisées par la crise sanitaire. Elles permettent par ailleurs aux chefs d'entreprise de disposer d'un guichet de référence sur leurs demandes d'aides, sans avoir à se tourner vers de multiples interlocuteurs disposant de mécanismes voisins, voire concurrents.

Nous souhaitons appeler votre attention sur les attentes particulières en ce qui concerne les départements.

Au moment où les départements vont être confrontés à de probables tensions sur leurs recettes de fonctionnement (notamment du fait de la baisse des droits de mutation à titre onéreux), ils doivent pouvoir concentrer leurs moyens financiers pour exercer les compétences en matière d'action sociale, médico-sociale et de dépendance dont ils sont responsables. Ces postes de dépenses seront fortement mobilisés dans la crise et dans l'après-crise : il faut garantir aux départements les moyens d'être au rendez-vous des attentes des Français sur ces questions.

Ainsi, si la définition et l'octroi des aides à l'immobilier d'entreprises relèvent de la seule compétence du bloc communal en application de l'article L. 1511-3 du CGCT, l'octroi de ces aides peut être délégué, en tout ou partie et par convention, au département. Cela permet au département de financer ces aides dans le cadre fixé par le bloc communal.

Les départements conservent en outre la faculté d'octroyer, de manière autonome, des aides spécifiques telles que les aides aux professionnels de santé et à l'exploitation de salles de cinéma. Ces aides visent la pratique libérale de la médecine et permettent aux départements de subventionner les maisons médicales qui participent à la permanence des soins. Ils disposent également de moyens d'action pour aider les entreprises agricoles, forestières ou halieutiques, dans les conditions prévues par l'article L. 3232-1-2 du CGCT, c'est-à-dire par convention avec la région et seulement pour certaines opérations.

Les départements peuvent aussi intervenir dans le domaine de l'économie sociale et solidaire en se fondant sur une de ses compétences fixées par la loi, dès lors que son intervention a pour finalité le soutien direct à des populations vulnérables ou à une action relevant de ses compétences.

En dehors du droit des aides aux entreprises dont le contour est clairement défini, un département peut apporter des soutiens à des personnes physiques, dans son champ de compétence, notamment pour prévenir ou prendre en charge des situations de fragilité. Il peut par exemple apporter des secours d'urgence aux personnes en situation de fragilité économique ou sociale dans le cadre de sa compétence d'action sociale. Ces aides ne peuvent être dédiées à un public spécifique que sur un fondement lié à la situation sociale et financière objective et ne doivent donc pas être un moyen de contourner l'interdiction d'aide directe à une entreprise. Il peut subventionner les associations qui n'exercent pas une activité économique dès lors que l'activité de celles-ci correspond à son domaine de compétence.

Il vous revient de rappeler ces modalités d'intervention et ces possibilités aux collectivités territoriales souhaitant s'investir dans le soutien à l'activité économique notamment si des interventions y contrevenant étaient envisagées. Si, malgré ce dialogue préalable nécessaire, des décisions ne respectant pas le cadre légal sont adoptées, nous vous demandons d'exercer le contrôle administratif nécessaire.

Jacqueline Gourault
Sébastien Lecornu

» Document 5 – Lettre DRFIP/DGCL du 18/06/2020 aux présidents des conseils départementaux, des maires et présidents d'EPCI

Direction générale des finances publiques
Direction générale des collectivités locales

Direction générale des collectivités locales
Sous-direction des finances locales et de l'action publique
Bureau de la fiscalité locale (FL1)
Direction générale des finances publiques
Service des collectivités locales sous-direction du conseil fiscal, financier et économique
Bureau du conseil fiscal et de la valorisation financière du secteur public local et du secteur public de santé (CL2A)

La ministre de la Cohésion des territoires et des relations avec les collectivités locales
Le ministre de l'Action et des comptes publics
à
Mesdames et Messieurs les présidents des conseils départementaux, des collectivités territoriales uniques, de la collectivité de Corse et de la métropole de Lyon
Mesdames et Messieurs les maires et les présidents des établissements publics de coopération intercommunale à fiscalité propre

Dossiel : 2028/86/4160

Paris, le 18 juin 2020

Objet : Note interministérielle relative au calendrier d'adoption des délibérations en matière de fiscalité directe locale au titre de l'année 2020

En application de l'article 11 de l'ordonnance n° 2020-330 du 25 mars 2020 relative aux mesures de continuité budgétaire, financière et fiscale des collectivités territoriales et des établissements publics locaux afin de faire face aux conséquences de l'épidémie de COVID-19, la date limite de transmission des délibérations des collectivités territoriales et leurs groupements relatives aux taux, aux tarifs, et aux produits des impositions directes locales de l'année 2020 a été reportée au 3 juillet 2020.
Ces délais légaux impliquent que les taux, tarifs ou produits adoptés par votre collectivité au titre de l'année 2020 doivent être portés à la connaissance des services préfectoraux au plus tard le 3 juillet 2020. Sont notamment concernées la taxe foncière sur les propriétés bâties, la taxe foncière sur les propriétés non bâties, la cotisation foncière des entreprises, la taxe d'enlèvement des ordures ménagères (y compris sa part incitative) et la taxe GEMAPI.
L'ensemble des travaux nécessaires à l'établissement et au recouvrement des produits de fiscalité locale par les services de la direction générale des finances publiques sera mené au cours des prochaines semaines dans des délais particulièrement contraints. Pour le bon déroulement de ces opérations, il vous est demandé, à titre exceptionnel, cette année de

transmettre vos délibérations de manière concomitante à la préfecture et à la direction des finances publiques de votre département, par courriel adressé au service en charge de la fiscalité directe locale : DDFIP (numéro du département).sfdl@dgfip.finances.gouv.fr.

Compte tenu des contraintes inhérentes à la mise en recouvrement des impositions directes locales, il est demandé aux collectivités locales de transmettre leur délibération de vote des taux de fiscalité directe locale aux préfectures et aux directions des finances publiques de leur département le plus rapidement possible après leur adoption.

Conformément aux dispositions de l'article 1639 A du code général des impôts, en l'absence de délibération transmise au 3 juillet 2020, il sera procédé au recouvrement des impositions directes locales 2020 selon les décisions prises par votre collectivité en 2019, y compris pour les modes de financement facultatifs (taxe d'enlèvement des ordures ménagères et taxe GEMAPI).

Enfin, le projet de loi de finances rectificative n° 3 prévoit une mesure de dégrèvement de CFE pour certaines entreprises et un dispositif d'exonération de taxe de séjour applicables en 2020. Les consignes relatives à ces nouvelles dispositions vous seront données ultérieurement.

Les services préfectoraux et de la direction des finances publiques de votre département se tiennent à votre disposition pour toute précision complémentaire.

Stanislas Bourron, Directeur général des collectivités locales

Guillaume Robert, Chef du service des collectivités locales

» Document 6 – Note sur les délais de contrôle de légalité dans le cadre de l'épidémie de COVID-19

Les délais du contrôle de légalité dans le cadre de l'épidémie de COVID-19

Suite à la loi n° 2020-290 du 23 mars 2020 d'urgence pour faire face à l'épidémie de COVID-19, trois ordonnances ont été prises, emportant des conséquences sur l'exercice du contrôle de légalité pendant la période :

- l'ordonnance n° 2020-306 du 25 mars 2020 modifiée relative à la prorogation des délais échus pendant la période d'urgence sanitaire et à l'adaptation des procédures pendant cette même période ;
- l'ordonnance n° 2020-305 du 25 mars 2020 modifiée portant adaptation des règles applicables devant les juridictions de l'ordre administratif ;
- l'ordonnance n° 2020-391 du 1er avril 2020 modifiée visant à assurer la continuité du fonctionnement des institutions locales et de l'exercice des compétences des collectivités territoriales et des établissements publics locaux afin de faire face à l'épidémie de COVID-19.

1. Principe général

Ces textes instaurent une « période protégée » entre le 12 mars 2020 et le 23 juin 2020.
Tout délai venant à expiration au cours de cette période est juridiquement interrompu et recommence à courir pour une durée fixée à deux mois maximum.

> Ainsi, tous les actes dont le délai de déféré de droit commun a expiré ou expirera entre le 12 mars 2020 et le 23 juin 2020 peuvent être déférés jusqu'au 24 août 2020 inclus.
> *A contrario*, des actes dont le délai de déféré expire après le 23 juin 2020 devront être déférés, le cas échéant, dans les conditions de délai de droit commun.

Exemple : Un acte est reçu le 29 avril 2020 et peut être déféré, dans le droit commun, jusqu'au 30 juin. Cette date se situant en dehors de la période protégée, c'est le délai de droit commun qui s'applique et non le délai prorogé au 24 août.

2. Effet des demandes de pièces complémentaires et des recours gracieux

Si la demande de pièces complémentaires ou le recours gracieux a été introduit avant ou pendant le début de la période protégée, il convient de distinguer deux situations :

- soit le délai pour déférer l'acte, prorogé par le recours gracieux ou par une demande de pièces complémentaires, expire pendant la période protégée : les ordonnances s'appliquent, avec une date limite pour déférer qui expire au 24 août 2020 inclus.

Exemple : Un acte reçu le 2 janvier 2020 pouvait faire l'objet d'un déféré jusqu'au 3 mars. Une demande de pièces complémentaires est intervenue le 17 février. La pièce complémentaire est reçue le 11 mars. Cette réponse proroge le délai de déféré de deux mois, soit jusqu'au 12 mai. Cette date se situant pendant la période protégée, le délai de déféré est prorogé jusqu'au 24 août 2020 inclus.

- soit le délai pour déférer l'acte, prorogé par le recours gracieux ou par une demande de pièces complémentaires, expire au-delà de la période protégée : le droit commun s'applique.

Exemple : Un acte peut faire l'objet d'un déféré jusqu'au 30 avril 2020. Un recours gracieux est introduit le 29 avril. Une réponse négative est reçue le 26 juin, soit en dehors de la période protégée. Cette décision de refus proroge le délai de déféré dans les conditions de droit commun, soit jusqu'au 27 août.

3. Entrée en vigueur des actes et délais de transmission au contrôle de légalité

Les actes des collectivités territoriales continuent à être exécutoires dans les conditions de droit commun, c'est-à-dire après avoir été soumis aux obligations de publicité et de transmission au contrôle de légalité.

S'agissant des actes soumis à un délai de transmission au contrôle de légalité prescrit par la loi ou le règlement (décisions individuelles, marchés publics et délégations de service public), si ce délai vient à échéance pendant la période protégée, il est interrompu et recommence à courir à la fin de la période protégée.

Exemple : Une décision individuelle a été adoptée par délibération le 10 mars 2020. Elle devait être transmise dans un délai de 15 jours maximum. Ce délai venant à échéance pendant la période protégée, la collectivité peut la transmettre à l'issue de la fin de la période protégée + 15 jours. Elle peut naturellement la transmettre à tout moment pendant la période protégée, dès lors que cette transmission est nécessaire pour que cette décision entre en vigueur.

4. Contrôle de légalité de certains actes en matière d'urbanisme

Un régime particulier pour ces actes a été établi pour les décisions de non-opposition à une déclaration préalable et les permis de construire, d'aménager ou de démolir :

- pour les déférés préfectoraux dont le délai n'aurait pas expiré au 12 mars 2020, le délai de déféré préfectoral est suspendu et recommence à courir à compter du 24 mai 2020, seulement pour la durée restant à courir et pour au moins sept jours si la durée restant à courir avant le 12 mars était inférieure à sept jours ;
- pour les déférés préfectoraux dont le délai commencerait dans le droit commun à courir entre le 12 mars et le 23 mai 2020 inclus, le délai ne commencera à courir qu'à compter du 24 mai et pour sa durée initiale.

Afin de prendre en compte tout ou partie de ces dispositions, des adaptations de l'application @CTES sont engagées, dont vous serez informés de l'aboutissement.

» Document 7 – Note de la DGCL du 9 juin 2020 aux préfets sur les compensations à verser pour les exonérations de fiscalités locales décidées par l'État

Ministère de la Cohésion des territoires et des Relations avec les collectivités territoriales
Direction générale des collectivités locales
Paris, le 9 juin 2020

Sous-direction des finances locales et de l'action économique
Bureau de la fiscalité locale

Le directeur général des collectivités locales
à
Mesdames et Messieurs les préfets de régions et de départements de métropole et d'outre-mer

Note d'information relative aux compensations à verser en 2020 aux collectivités territoriales pour les exonérations relatives à la fiscalité locale décidées par l'État

P. J. : 1 annexe.

Cette instruction a pour objet de préciser les différentes compensations à verser en 2020 aux collectivités territoriales et à leurs groupements dotés d'une fiscalité propre en contrepartie des pertes de recettes résultant des exonérations et des allégements de fiscalité locale accordés par le législateur.
La présente note d'information a pour objet de présenter les règles relatives aux allocations compensatrices pour 2020 et la procédure de versement à suivre par les services préfectoraux. Un tableau synoptique des informations utiles à l'élaboration des arrêtés de versement est annexé à la présente note.

1. Les précisions relatives aux compensations d'exonérations pour 2020

1.1. Rappel sur les évolutions introduites en loi de finances initiale pour 2020 en matière de taux de minoration

Selon leur nature et leur objet, les compensations font partie intégrante ou sont exclues du périmètre des variables d'ajustement de l'enveloppe normée des transferts financiers de l'État aux collectivités territoriales.
L'article 41 de la loi du 30 décembre 2017 de finances pour 2018 a marqué une évolution par rapport aux années précédentes en ce qui concerne le champ des compensations et dotations soumises à minoration. Les compensations d'exonération n'ont pas connu de nouvelles minorations depuis cette date. Dès lors, les arrêtés pris en 2020 en matière de compensations d'exonération devront comporter dans les visas l'article 41 de la loi de finances pour 2018.
L'article 73 de la loi de finances pour 2020 prévoit que les dotations de compensation de la réforme de la taxe professionnelle (DCRTP) des communes, des EPCI, et des régions connaissent une nouvelle minoration en 2020 :

- la DCRTP du bloc communal est diminuée de 10 millions d'euros par rapport à 2019 et atteindra 1 144 768 465 euros en 2020,
- la DCRTP des conseils régionaux est diminuée de 49 millions d'euros et atteindra 499 780 027 euros en 2020.

La DCRTP des conseils départementaux ne connaît en revanche pas de minoration en 2020.

1.2. Une nouvelle compensation d'exonération

L'article 110 de la loi de finances pour 2020 permet aux collectivités territoriales et aux établissements publics de coopération intercommunale (EPCI) à fiscalité propre d'exonérer partiellement ou totalement de cotisation foncière des entreprises (CFE) et de taxe foncière sur les propriétés bâties (TFPB) les entreprises situées en zone de revitalisation des commerces en milieu rural. Les communes et les EPCI à fiscalité propre instituant ces exonérations facultatives bénéficieront d'une compensation d'exonération de la part de l'État à hauteur d'un tiers du montant des recettes fiscales perdues.

Pour la CFE, la compensation est égale, chaque année et pour chaque collectivité territoriale ou EPCI à fiscalité propre, à un tiers du produit résultant de la multiplication entre les bases exonérées et le taux de CFE adopté par la commune ou l'EPCI à fiscalité propre en 2019.

Pour la CVAE, la compensation des exonérations de CVAE, pour chaque collectivité territoriale et les EPCI à fiscalité propre, est égale, chaque année et pour chaque collectivité, à un tiers du produit obtenu en multipliant le produit de la valeur ajoutée bénéficiant de l'exonération par 1,5 %.

2. La procédure de versement des allocations compensatrices

2.1. L'établissement des arrêtés de versement

Les comptes à utiliser, pour verser ces dotations financées par prélèvement sur les recettes de l'État, sont signalés en annexe de la présente instruction. Les montants vous sont communiqués chaque année par les services de fiscalité directe locale des directions départementales ou régionales des finances publiques au moyen d'un état récapitulatif.

Sur la base de ces états, vous prendrez les arrêtés de versement suivants, par niveau de collectivités et par nature d'exonérations compensées, puis vous le transmettrez à la direction régionale ou départementale des finances publiques, accompagné d'un état récapitulatif – classé par trésorerie – indiquant le montant de chaque compensation attribuée individuellement à chaque collectivité.

- Pour le niveau communal (communes et EPCI) :
  - un arrêté global pour les compensations d'exonérations de CFE et CVAE ;
  - un arrêté pour la compensation d'exonération de TH ;
  - un arrêté global pour les compensations d'exonérations de TFPB ;
  - un arrêté global pour les compensations d'exonérations de TFPNB ;
  - un arrêté pour la dotation de compensation de la réforme de la taxe sur les logements vacants ;
  - un arrêté global pour la DCRTP des communes ;
  - un arrêté global pour les reversements au titre du FNGIR.

Un sujet par thème

- Pour le niveau départemental :
  - un arrêté global pour la DTCE-FDL ;
  - un arrêté global pour les compensations d'exonérations de CVAE ;
  - un arrêté global pour les compensations d'exonérations de TFPB ;
  - un arrêté global pour la DCRTP des départements.
- Pour le niveau régional :
  - un arrêté global pour la DTCE-FDL ;
  - un arrêté global pour les compensations d'exonérations de CVAE ;
  - un arrêté global pour la DCRTP des régions.

Les arrêtés de versement devront comporter le numéro du compte, son code CDR, la précision « non interfacé », l'intitulé du compte, l'objet de l'écriture ainsi que l'année à laquelle celle-ci se rapporte. Ces arrêtés devront être transmis aux directions régionales ou départementales des finances publiques (services comptabilité), accompagnés des états produits par les services de la fiscalité directe locale.

Chaque collectivité recevra alors la notification du montant de ses compensations par lettre individualisée, accompagnée d'une copie de l'arrêté préfectoral et de l'état récapitulatif des allocations compensatrices lui revenant.

2.2. La périodicité des versements

Les règles relatives à la périodicité des versements des allocations compensatrices ont été précisées par les circulaires n° NOR MCT/B/06/00079/C du 21 novembre 2006 relative à la périodicité des versements des dotations de l'État et des compensations fiscales aux collectivités territoriales, des avances sur douzièmes et du produit de fiscalité partagée et n° NOR MCT/B/07/00018/C du 22 février 2007 relative aux compensations versées en 2007 aux collectivités locales pour les exonérations relatives à la fiscalité locale décidées par l'État.

La périodicité à retenir (mensuelle ou annuelle) n'est plus déterminée en fonction d'un seuil prédéfini. C'est pourquoi elle est laissée à votre appréciation, qui doit tenir compte du contexte local, de la crise sanitaire actuelle et faire l'objet, le cas échéant, d'un échange avec les collectivités concernées. En général, il apparaît qu'un versement fractionné (par mensualités) est la solution la plus appropriée, à l'exception des montants les plus faibles. Aucune avance ne doit être versée pour les premiers mois de l'année tant que les montants des compensations ne sont pas connus.

En fonction de la date de réception des tableaux récapitulatifs des montants des allocations compensatrices et de la présente instruction, le versement fractionné peut être opéré selon les modalités suivantes : le montant du premier versement mensuel sera égal à un douzième de la compensation, multiplié par un nombre de mois décompté de janvier au mois de versement. À compter du deuxième versement et jusqu'au mois de décembre, un douzième du montant de la compensation sera versé chaque mois.

Pour toute difficulté dans l'application de cette instruction, il vous est possible de saisir la direction générale des collectivités locales, sous-direction des finances locales et de l'action économique, bureau de la fiscalité locale :

Tél. : 01 49 27 31 59

Mail : dgcl-sdflae-fl1-secretariat@dgcl.gouv.fr

Le directeur général des collectivités locales

Stanislas Bourron

» Document 8 – Lettre du ministre de la Cohésion des territoires aux préfets sur l'achat des masques

Ministère de la Cohésion des territoires et des Relations avec les collectivités territoriales

Paris, le 6 mai 2020

Les ministres
à
Mesdames et Messieurs les préfets des départements de métropole et d'outre-mer.

Objet : Contribution de l'État aux achats de masques par les collectivités locales

L'État et les collectivités territoriales ont, depuis le début de la crise sanitaire traversée par notre pays, œuvré de concert pour prendre les mesures nécessaires à la protection des populations, notamment les plus fragiles. Cette coopération doit se poursuivre alors que se prépare aujourd'hui la phase de confinement, selon les orientations présentées par le Premier ministre devant l'Assemblée nationale le 28 avril.
La diffusion la plus large d'équipements de protection individuels sera un facteur de réussite de cette nouvelle phase et les collectivités joueront à cet égard un rôle déterminant. Le président de la République et le Premier ministre ont ainsi souhaité qu'elles soient soutenues dans l'achat de masques destinés aux populations qui ne bénéficient pas déjà d'un masque fourni par leur employeur ou une structure publique. L'État contribuera à cet effort en prenant en charge 50 % du coût des masques achetés à compter du 13 avril 2020, date de l'annonce d'un déconfinement prévisionnel à compter du 11 mai, et ce jusqu'au 1er juin, dans la limite d'un prix de référence.
La présente instruction a pour objet de vous indiquer la manière dont ce soutien de l'État aux collectivités sera mis en œuvre.

1. Un soutien de l'État calculé à partir du prix d'achat des masques
Sont éligibles au remboursement les achats de masques à usage sanitaire et les masques à usage non sanitaire visés par l'arrêté interministériel, en cours de publication, relatif à l'application du taux réduit de TVA aux masques de protection, effectués par les collectivités entre le 13 avril 2020 et le 1er juin 2020. Sont également concernés les masques destinés au monde soignant.
Sont éligibles à ce soutien l'ensemble des structures locales au sens large, c'est-à-dire les différentes catégories de collectivités territoriales (communes, départements, régions) ainsi que leurs groupements et établissements publics.
Les dépenses éligibles à un remboursement correspondent au prix des masques achetés par les collectivités, à l'exclusion des frais annexes (livraison…).
Le remboursement s'effectue sur la base du prix d'achat réel (TTC) des masques par les collectivités, dans la limite de 84 centimes (TTC) pour les masques à usage unique[1] et de 2 euros

1. Correspondant au plafond du prix d'achat en gros (80 centimes), majoré de la TVA.

(TTC) pour les masques réutilisables. Ce dernier prix de référence est porté à 2,50 euros (TTC) en outre-mer.
La contribution de l'État ne concerne que la part du prix restant à la charge de la collectivité, déduction faite des financements déjà apportés par ailleurs (ex : fonds européens, fonds de concours de particuliers). La participation de l'État s'élève, dans cette limite, à 50 % du prix TTC des masques achetés.
Vous encouragerez les collectivités à mutualiser les achats ainsi qu'à privilégier les initiatives locales de production de masques. Vous inviterez également les collectivités disposant de ressources financières significatives à faire preuve d'une grande solidarité territoriale en achetant des masques pour leur usage mais aussi pour celui des collectivités moins bien dotées.

2. Modalités de mise en œuvre
Vous êtes compétent pour traiter l'ensemble des achats de masques des collectivités ou structures dont le siège est situé dans le ressort de votre département.
Dès réception de la présente instruction, vous informerez les élus des modalités de prise en charge par l'État d'une partie du coût d'achat des masques et les inviterez, le cas échéant, à vous transmettre les pièces justificatives nécessaires à ce remboursement dans les meilleurs délais.
Ces pièces justificatives sont constituées par les bons de commande, qui doivent être datés du 13 avril ou d'une date postérieure, et au plus tard le 1er juin, ou, à défaut, par tout document justificatif attestant de la date et de la réalité de l'achat.
Les collectivités joindront à ces envois un état récapitulatif de l'ensemble des achats de masques effectués et des remboursements demandés, signé par le maire ou le président de l'exécutif, directement ou par délégation.
La collectivité ou la structure qui a émis le bon de commande et elle seule est éligible à un remboursement partiel direct de la part de l'État. Dans le cas où une collectivité territoriale ou un groupement aurait centralisé les achats de masques pour le compte de plusieurs autres structures, il lui appartiendrait bien sûr de reverser une partie des sommes perçues aux collectivités concernées, en fonction du prix final supporté par chacune d'elles. Si la centralisation a été réalisée par une structure de droit privé, le versement sera directement effectué auprès des collectivités ou groupements éligibles sur présentation des justificatifs.
Il appartient à vos services d'assurer une instruction rapide des dossiers reçus, visant notamment à vous assurer que les conditions décrites ci-dessus sont bien respectées. Vous veillerez donc à prendre toutes les mesures nécessaires à un traitement rapide de ces demandes.
Vos questions dans l'application de ces instructions peuvent être adressées à la direction générale des collectivités locales (DGCL), à l'adresse fonctionnelle suivante : contribution-masques@dgcl.gouv.fr
Les modalités de délégation des crédits vous permettant de payer les collectivités vous seront précisées dans les meilleurs délais.

★★★

Nous vous remercions de votre implication dans l'application de cette instruction.

Le ministre de la Cohésion des territoires et des Relations avec les collectivités territoriales

Le ministre auprès de la ministre de la Cohésion des territoires et des Relations avec les collectivités territoriales, chargé des Relations avec les collectivités territoriales

Document 9 – Grille de contrôle des masques

Fiche n° 1 : Grille de contrôle des critères d'éligibilité et des pièces justificatives

1. Critères d'éligibilité

Sont éligibles au remboursement :

- les achats de masques à usage unique, réutilisables et confectionnés à compter du 13 avril 2020 et jusqu'au 1er juin 2020 > validité période d'achat ;
- dans le cas des masques confectionnés, peuvent être prises en compte l'ensemble des dépenses contribuant de manière directe à la confection (réponse DGCL) ;
- les achats de masques à destination de la « population générale » (réponse DGCL) ;
- l'ensemble des structures locales au sens large (collectivités, établissements publics, groupements) > éligibilité de la structure ;
- la collectivité ou la structure qui a émis le bon de commande et elle seule.
  - Dans le cas où une collectivité territoriale ou un groupement aurait centralisé les achats de masques pour le compte de plusieurs autres structures, il lui appartiendrait de reverser une partie des sommes perçues aux collectivités concernées, en fonction du prix final supporté par chacune d'elles.
  - Si la centralisation a été réalisée par une structure de droit privé, le versement sera directement effectué auprès des collectivités ou groupements éligibles sur présentation des justificatifs.

Sont non éligibles au remboursement :

- les masques achetés par la collectivité uniquement pour ses propres agents pour un usage professionnel ;
- les masques achetés par la collectivité pour les usagers d'un service public qui peuvent être qualifiés de « particuliers » (réponse DGCL) ;
- (à compléter en fonction des retours de la DGCL).

2. Pièces justificatives

Les pièces justificatives nécessaires sont :

- les bons de commande de masques qui doivent être datés du 13 avril ou d'une date postérieure et au plus tard le 1er juin OU à défaut, tout autre document justificatif attestant de la date et de la réalité de l'achat. Il peut arriver que des commandes aient été passées à l'oral et n'aient donc pas donné lieu à l'établissement d'un bon de commande en bonne et due forme. Dans ce type de cas, s'il est impossible ou trop difficile de faire établir un bon de commande, une attestation de la collectivité, précisant notamment la date de la commande, peut être admise (réponse DGCL) ;
- un état récapitulatif de l'ensemble des achats de masques effectués et des remboursements demandés, signé par le maire ou le président de l'exécutif, directement ou par délégation (question pendante de la signature du comptable public).

2. Corrigé

Préfecture de X
Affaire suivie par X
Tél.
Mail

À X, le X

Note à l'attention de Monsieur le préfet
s/c Monsieur le directeur de cabinet

Le 25 septembre prochain, vous recevrez à la préfecture les nouveaux élus issus des dernières élections municipales. Cette réunion, un rendez-vous usuel, prend cette année une tonalité particulière en raison des impacts de la crise sur les finances locales. L'objet de la présente note est de vous présenter les enjeux de la réunion, notamment au regard des conditions d'élaboration des budgets modificatifs que ne devraient pas manquer de prendre les nouvelles municipalités.

I. Contexte de la réunion

A. La volonté de l'État de venir en aide aux collectivités

Le vote du troisième projet de loi de finance rectificative illustre la volonté de l'État de soutenir l'économie et en particulier les collectivités territoriales. Les budgets de la plupart d'entre elles seront affectés par des recettes fiscales inférieures aux prévisions.

Parallèlement au soutien direct à l'économie, l'État a prévu des mesures pour amortir la baisse des recettes fiscales (garantie de recettes des communes), mais aussi des mesures de lissage des dépenses communales dédiées à la COVID-19. Les communes font donc l'objet d'une attention particulière.

Enfin, l'État va augmenter sa dotation de soutien à l'économie locale (DSIL) pour aider les communes à relancer l'investissement local.

L'État agit en partenaire des collectivités mais ne s'y substitue pas : il a prévu un budget de 2,7 milliards d'avances remboursables en termes de droits de mutation à titre onéreux (DMTO) pour les départements.

B. La volonté des collectivités de trouver des solutions d'urgence

Les collectivités apprécient les efforts de l'État mais s'inquiètent de la pérennité de ses efforts comme de leur adaptation aux futures dégradations de la conjoncture.

Elles s'interrogent sur le temps de réaction nécessaire pour que les soutiens de l'État aient des effets sur l'économie locale (cf. le cas de l'urbanisme).

Elles remarquent que le soutien de l'État ne concerne pas les recettes tarifaires des collectivités.

II. Nécessité de répondre aux inquiétudes des collectivités dans un cadre légal stable et performant

A. Engagements de l'État à adapter les modalités de ses relations avec les communes

L'État a déjà adapté ses modalités de contrôle des budgets des communes avec des délais adaptés le temps du confinement et il peut s'adapter aux évolutions de la conjoncture.

L'ordonnance du 25 mars 2020 a permis une extension des capacités de financement du bloc communal en faveur des entreprises. Cette dérogation illustre les capacités d'innovation et la permanence du soutien de l'État en faveur de l'investissement local.

Les contrats de Cahors sont pour l'instant suspendus.

B. Nécessité pour l'État de rappeler au respect du cadre de la décentralisation

Les interventions économiques restent globalement régies par les dispositions du cadre de la loi portant sur la nouvelle organisation du territoire de la République (loi NOTRe). Celles-ci donnent latitude au soutien des entreprises locales par le bloc communal et surtout par la région. Le département n'est pas habilité à de telles politiques économiques de droit commun et les tribunaux y veillent.

La spécialisation des départements dans les politiques de proximité garde toute son utilité en ces temps où les conditions de la vie en société sont altérées par la pandémie et le choc économique qui s'est ensuivi. Les élus des communes et des établissements publics de coopération intercommunale (EPCI) bénéficient des politiques des départements et ils ont tout intérêt à conforter ces derniers dans leurs vocations.

L'État poursuit sa politique de remboursement partiel des masques. Pour les communes et les collectivités, c'est une aide appréciable. Pour en bénéficier, il suffit de respecter des conditions assez souples d'éligibilité.

III. Une réunion nécessairement préparée avec les sous-préfets et les services

A. Une réunion insistant sur le partage d'expérience

Évoquer la période du confinement et la réponse à la pandémie permet d'établir du liant avec les participants à la réunion.

Les sous-préfets, parce qu'ils connaissent leur arrondissement, sont à même de remonter les informations sur les actions caractéristiques des collectivités pendant cette période. En début de réunion, cela permettra de rappeler les actions de l'État, d'insister, à travers des exemples en collectivités, sur l'expérience commune et d'en tirer des leçons de résilience.

B. Une réunion à l'écoute du territoire

Le rappel de la légalité n'est pas exclusif de l'écoute des difficultés.

Pour préparer le message de rappel, un recensement des observations, des recours gracieux et des actes déférés au tribunal administratif doit être préparé par les services du contrôle des collectivités.

Dans le même temps, il est important que les sous-préfets signalent les communes qui connaissent des difficultés particulières, afin de désamorcer des points d'achoppement et de proposer des solutions.

Annexe 1 : Éléments de langage : conduite de la réunion avec les maires

Une réunion qui a du sens

Je suis heureux de pouvoir tenir cette réunion aujourd'hui alors que le combat contre la pandémie de COVID-19 continue. Votre présence, lors des élections municipales et maintenant encore, témoigne de votre volonté d'engagement au profit de vos communes. Nous avons besoin de tels engagements sur le terrain.

Cette crise a surpris bien des personnes expérimentées. Progressivement, nous avons pu mettre un terme à certaines mesures dérogatoires, comme des délais supplémentaires temporaires pour les votes des budgets primitifs des communes.

Dans la continuité du soutien de l'État aux communes

Mais l'État continuera d'apporter des soutiens exceptionnels à la mesure de la gravité des risques qui pèsent sur nos populations et notre économie. Les services de l'État, la préfecture et chacun des sous-préfets sont à votre disposition pour faire remonter vos besoins et vous aider à élaborer les budgets supplémentaires que vous pourrez avoir à élaborer prochainement.

L'exigence de solidarité, l'État l'a déjà manifestée par des soutiens lors des lois de finances rectificatives ou lors de négociations menées avec ses partenaires européens. Cette exigence, l'État continue de la manifester maintenant *via* son programme de remboursement des masques.

Un objectif partagé : favoriser la résilience des territoires

Tous ces processus, toutes ces aides poursuivent un même but : favoriser le plus vite possible un retour à la normale, apaisé et constructif. Nous avons donc besoin d'un cadre commun qui pilote nos actions. Ce cadre existe, c'est celui de la décentralisation mis à jour notamment par la loi NOTRe.

Dans le respect des compétences de chacun

Ce cadre n'est pas un corset. Il permet à chaque collectivité de concentrer ses efforts au meilleur niveau d'intervention possible, avec la meilleure synergie possible. Il permet d'éviter de se disperser ou d'avoir des actions en doublons. La crise n'est pas finie et nous devons nous coordonner. Nous n'avons ni le temps ni l'énergie pour travailler chacun de notre côté dans notre intérêt isolé.

Vous êtes des élus de terrain, vous êtes au cœur des politiques publiques qui affrontent en direct cette crise. Vous avez donc droit à tout le soutien de l'État. Et celui-ci compte sur votre capacité à alimenter une dynamique équilibrée avec les autres collectivités et les services de l'État. Régions, départements, EPCI et communes : c'est ensemble et chacun à notre place que nous gagnerons.

Annexe 2 : Proposition de courriel aux maires : demande de la participation de l'État aux achats de masques

Bonjour,

Par courrier/courriel du X, vous m'avez adressé votre demande afin de percevoir la contribution de l'État aux achats de masques auxquels vous avez pu procéder entre le 13 avril et le 1er juin 2020.

Pour mémoire, la participation de l'État s'élève à 50 % du coût TTC des masques sur la base du prix d'achat réel, déduction faite d'autres financements extérieurs.
Le remboursement s'effectue dans la limite d'un prix de référence de 0,84 euro TTC par masque pour les masques à usage unique et de 2 euros TTC par masque pour les masques réutilisables ou les masques confectionnés.

En outre, je vous rappelle que le mode de calcul à appliquer est le suivant :
[nombre de masques × prix unitaire TTC (dans la limite du prix de référence) - financements extérieurs perçus] × 0,5 (taux de la contribution de l'État) = remboursement.

Par conséquent, j'ai le plaisir de vous informer que, par arrêté préfectoral de ce jour, votre commune bénéficiera d'une somme de x euros, au titre du concours exceptionnel pour l'achat de masques prévu à l'action 8 du budget opérationnel de programme n° 1 du programme 119 du budget général de l'État.

Bien cordialement,
X

3 Évolution des services publics : enjeux de transformation, notamment numérique

Ce sujet est une création.

1. Cas pratique

Vous êtes adjoint au chef du service de gestion opérationnelle (SGO) à la direction départementale de la sécurité publique X.
Le directeur départemental de la sécurité publique (DDSP) compte mener à très brèves échéances des discussions avec les représentants du personnel en vue de la mise en place du télétravail au sein de la direction.
À partir du dossier documentaire ci-joint, votre chef de service vous charge de rédiger, à l'attention du DDSP, une courte note relative au télétravail et à son organisation au sein du ministère de l'Intérieur.
Soucieux d'instaurer un échange constructif et opérationnel avec les partenaires sociaux, il vous charge d'accompagner votre note de deux annexes :
- un schéma synthétisant la procédure d'autorisation de télétravailler ;
- un modèle de lettre de demande d'exercer en télétravail.

LISTE DES DOCUMENTS

- Document 1 : Arrêté du 2 mars 2017 portant application du décret n° 2016-151 du 11 février 2016 et fixant les modalités de mise en œuvre du télétravail au sein des ministères de l'Intérieur et des Outre-mer
- Document 2 : Code du travail, article L. 1222-9 (extrait)
- Document 3 : Décret n° 2019-637 du 25 juin 2019 relatif aux modalités de mise en œuvre du télétravail à l'égard de certains agents publics et magistrats
- Document 4 : Loi n° 84-16 du 11 janvier 1984 portant dispositions statutaires relatives à la fonction publique de l'État, article 15 (extrait)
- Document 5 : Décret n° 2016-151 du 11 février 2016 relatif aux conditions et modalités de mise en œuvre du télétravail dans la fonction publique et la magistrature
- Document 6 : Loi n° 2019-828 du 6 août 2019 de transformation de la fonction publique, article 49
- Document 7 : Instruction du 7 mars 2017, relative aux modalités de mise en œuvre du télétravail au ministère de l'Intérieur
- Document 8 : Loi n° 2012-347 du 12 mars 2012 relative à l'accès à l'emploi titulaire et à l'amélioration des conditions d'emploi des agents contractuels dans la fonction publique, à la lutte contre les discriminations et portant diverses dispositions relatives à la fonction publique

» Document 1 – Arrêté du 2 mars 2017 portant application du décret n° 2016-151 du 11 février 2016 et fixant les modalités de mise en œuvre du télétravail au sein des ministères de l'Intérieur et des Outre-mer

Legifrance.gouv.fr
Le service public de la diffusion du droit
JORF n° 0056 du 7 mars 2017
Texte n° 31

NOR : INTA1637398A
ELI : www.legifrance.gouv.fr/eli/arrete/2017/3/2/INTA1637398A/jo/texte

Le ministre de l'Intérieur et la ministre des Outre-mer,
Vu la loi n° 83-634 du 13 juillet 1983 modifiée portant droits et obligations des fonctionnaires, ensemble la loi n° 84-16 du 11 janvier 1984 modifiée portant dispositions statutaires relatives à la fonction publique de l'État ;
Vu la loi n° 2012-347 du 12 mars 2012 modifiée relative à l'accès à l'emploi titulaire et à l'amélioration des conditions d'emploi des agents contractuels dans la fonction publique, à la lutte contre les discriminations et portant diverses dispositions relatives à la fonction publique, notamment son article 133 ;
Vu le décret n° 82-453 du 28 mai 1982 modifié relatif à l'hygiène et à la sécurité du travail ainsi qu'à la prévention médicale dans la fonction publique ;
Vu le décret n° 95-1197 du 6 novembre 1995 modifié portant déconcentration en matière de gestion des personnels de la police nationale ;
Vu le décret n° 2006-1780 du 23 décembre 2006 modifié portant délégation de pouvoir en matière de recrutement et de gestion de certains personnels relevant du ministère de l'Intérieur ;
Vu le décret n° 2016-151 du 11 février 2016 relatif aux conditions et modalités de mise en œuvre du télétravail dans la fonction publique et la magistrature ;
Vu l'avis du comité technique ministériel unique du ministère de l'Intérieur et du ministère des Outre-mer en date du 15 décembre 2016,
Arrêtent :

Article 1
Le présent arrêté est applicable aux agents publics civils affectés dans un service du ministère de l'Intérieur, dans l'un des établissements publics relevant de la tutelle administrative du ministre de l'Intérieur ou dans un service du ministère chargé des Outre-mer.

Article 2
I. – L'ensemble des activités exercées par les agents mentionnés à l'article 1er sont éligibles au télétravail à l'exclusion des activités opérationnelles, des activités de représentation de l'État et de celles qui nécessitent d'assurer un accueil physique du public ou des agents.
II. – Sont également exclues les activités répondant à l'un des critères suivants :

1° L'accomplissement de travaux portant sur des documents confidentiels ou données à caractère sensible, lorsque le respect de la confidentialité de ces documents ou données ne peut être assuré en dehors des locaux de travail ;
2° L'accomplissement de travaux nécessitant l'utilisation de logiciels ou applications faisant l'objet de restrictions ou dénotant de difficultés d'utilisation à distance, ou l'utilisation de matériels spécifiques ;
3° L'accomplissement de travaux nécessitant le déplacement sur un autre lieu que le lieu du travail habituel.
III. – L'exercice des fonctions en télétravail peut également être suspendu à l'occasion d'une réorganisation du service nécessitant la présence des agents sur site, de façon temporaire, par arrêté ou décision, pris après avis du comité technique compétent, des autorités suivantes :
1° Le secrétaire général pour les services de l'administration centrale à l'exception des services de la Direction générale de la police nationale, de la Direction générale de la gendarmerie nationale et de la Direction générale de la sécurité intérieure ;
2° Le directeur général de la police nationale pour les services placés sous son autorité ;
3° Le directeur général de la gendarmerie nationale pour l'ensemble des composantes de la gendarmerie nationale mentionnées à l'article R. 3225-4 du code de la défense ;
4° Le directeur général de la sécurité intérieure pour les services placés sous son autorité ;
5° Les préfets de zone de défense et de sécurité pour les services des secrétariats généraux pour l'administration du ministère de l'Intérieur placés sous leur autorité ;
6° Les préfets de région pour les agents affectés dans les services des secrétariats généraux pour les affaires régionales placés sous leur autorité ;
7° Les préfets de département et les représentants de l'État dans les collectivités mentionnées à l'article 72-3 de la Constitution pour les services placés sous leur autorité ;
8° Les directeurs des établissements publics relevant de la tutelle du ministre de l'Intérieur pour les services placés sous leur autorité.

Article 3

Le télétravail s'organise au domicile de l'agent.
Il peut également se pratiquer dans un télécentre sous réserve qu'une convention ait été conclue avec le responsable du télécentre.

Article 4

En matière d'hygiène et de sécurité, les agents en télétravail sont soumis à la réglementation en vigueur dans le service où ils exercent leurs fonctions.
La prévention des risques professionnels liés au télétravail est transcrite dans le document unique d'évaluation des risques professionnels de chaque service.
La délégation du comité d'hygiène, de sécurité et des conditions de travail peut réaliser la visite prévue à l'article 52 du décret du 28 mai 1982 susvisé sur le lieu d'exercice des fonctions en télétravail.
Le comité d'hygiène, de sécurité et des conditions de travail compétent pour effectuer cette visite est celui compétent pour le service dans lequel est affecté l'agent en télétravail. Il définit les modalités de la visite et notamment le délai de prévenance qui ne peut être inférieur à une semaine.

Article 5

I. – En matière de temps de travail, les agents en télétravail sont soumis à la réglementation en vigueur dans le service où ils exercent leurs fonctions.

Les modalités de comptabilisation du temps de travail sont celles prévues dans le règlement intérieur du service d'affectation.

Toutefois la durée quotidienne de travail peut être forfaitairement décomptée. Elle correspond alors à la durée hebdomadaire de travail divisée par le nombre de jours travaillés dans la semaine.

II. – Le télétravail s'organise sur une période de référence qui est hebdomadaire ou mensuelle.

Les jours de télétravail dans la période de référence peuvent être fixés :

1° De façon permanente ;

2° De façon variable d'un commun accord entre l'agent et son supérieur hiérarchique direct.

Les jours télétravaillés ne sont pas reportables.

Article 6

Le matériel mis à disposition pour l'accomplissement des activités en télétravail doit respecter les spécificités techniques définies par la direction des systèmes d'information et de communication du ministère de l'Intérieur et, le cas échéant, par les services compétents des établissements publics relevant de la tutelle du ministre de l'Intérieur.

Article 7

L'agent formule sa demande auprès de l'autorité hiérarchique après avis de son supérieur hiérarchique direct notamment sur la compatibilité de la demande avec l'intérêt du service. La demande comporte, outre les mentions listées à l'alinéa 1 de l'article 5 du décret du 11 février 2016 susvisé, le nombre de jours télétravaillés. La demande précise également les modalités d'organisation souhaitées du télétravail dans la période de référence telles que définies au II de l'article 5 du présent arrêté.

Article 8

Lorsque le télétravail s'organise à domicile, le télétravailleur fournit :

1° Un certificat de conformité ou à défaut une attestation sur l'honneur justifiant que l'installation électrique de son espace de travail est conforme aux normes en vigueur ;

2° Une attestation de l'assurance auprès de laquelle il a souscrit son contrat d'assurance multirisque habitation précisant qu'elle couvre l'exercice du télétravail au domicile ;

3° Une attestation sur l'honneur précisant qu'il dispose d'un espace adapté et qu'il travaille dans de bonnes conditions d'ergonomie ;

4° Un justificatif d'une connexion internet haut débit permettant l'exercice du télétravail.

À défaut de produire l'un de ces documents, l'agent ne peut être autorisé à exercer ses fonctions en télétravail.

Article 9

L'autorisation individuelle d'exercer ses fonctions en télétravail est accordée :

1° Par le directeur des ressources humaines du ministère de l'Intérieur pour les fonctionnaires et les agents de l'administration centrale dont la gestion relève de la compétence du

secrétariat général, à l'exception des membres des corps des préfets, des sous-préfets et des administrateurs civils, des membres de l'Inspection générale de l'administration ;
2° Par le directeur des ressources et des compétences de la police nationale pour les fonctionnaires et les agents de l'administration centrale relevant statutairement de la Direction générale de la police nationale ;
3° Par le directeur de la modernisation et de l'action territoriale pour les membres des corps des préfets, des sous-préfets et des administrateurs civils ;
4° Par le chef de service de l'inspection générale de l'administration pour les membres de l'Inspection générale de l'administration ;
5° Par les autorités désignées par les arrêtés pris en application des décrets du 6 novembre 1995 et du 23 décembre 2006 susvisés ;
6° Par les directeurs des établissements publics relevant de la tutelle du ministre de l'Intérieur pour les fonctionnaires et les agents affectés dans les services placés sous leur autorité.

Article 10
L'autorisation individuelle d'exercice des fonctions en télétravail comporte explicitement les mentions prévues à l'article 8 du décret du 11 février 2016 susvisé les mentions prévues à l'article 8 du décret ainsi que celles précisées à l'article 7 du présent arrêté.
L'autorisation individuelle d'exercice des fonctions en télétravail mentionne le matériel mis à disposition de l'agent.
La charte portant engagement des utilisateurs du service de sécurisation du poste d'accès nomade (SPAN) est annexée à l'autorisation individuelle d'exercice des fonctions en télétravail.

Article 11
Il peut être mis fin à l'autorisation individuelle d'exercice des fonctions en télétravail dans les conditions prévues à l'article 5 du décret du 11 février 2016 susvisé.
L'autorisation individuelle d'exercice des fonctions en télétravail peut être suspendue, sans préavis, en cas de dysfonctionnement persistant du matériel mis à disposition ou en cas de crise.

Article 12
Les autorités mentionnées au III de l'article 2 peuvent préciser les modalités de mise en œuvre du télétravail dans leur service par arrêté ou décision après avis du comité technique compétent.

Article 13
Le présent arrêté sera publié au *Journal officiel de la République française*.

Fait le 2 mars 2017.
Le ministre de l'Intérieur,
Bruno Le Roux
La ministre des Outre-mer,
Ericka Bareigts

» Document 2 – Code du travail, article L. 1222-9 (extrait)

Legifrance.gouv.fr
Le service public de la diffusion du droit

Chemin :
Code du travail
Partie législative
Première partie : Les relations individuelles de travail
Livre II : Le contrat de travail
Titre II : Formation et exécution du contrat de travail
Chapitre II : Exécution et modification du contrat de travail
Section 4 : Télétravail

Article L. 1222-9
Modifié par loi n° 2018-771 du 5 septembre 2018 – art. 68 (VD)

I. – Sans préjudice de l'application, s'il y a lieu, des dispositions du présent code protégeant les travailleurs à domicile, le télétravail désigne toute forme d'organisation du travail dans laquelle un travail qui aurait également pu être exécuté dans les locaux de l'employeur est effectué par un salarié hors de ces locaux de façon volontaire en utilisant les technologies de l'information et de la communication.
Est qualifié de télétravailleur au sens de la présente section tout salarié de l'entreprise qui effectue, soit dès l'embauche, soit ultérieurement, du télétravail tel que défini au premier alinéa du présent I.
Le télétravail est mis en place dans le cadre d'un accord collectif ou, à défaut, dans le cadre d'une charte élaborée par l'employeur après avis du comité social et économique, s'il existe.
En l'absence d'accord collectif ou de charte, lorsque le salarié et l'employeur conviennent de recourir au télétravail, ils formalisent leur accord par tout moyen. Lorsque la demande de recours au télétravail est formulée par un travailleur handicapé mentionné à l'article L. 5212-13 du présent code ou un proche aidant mentionné à l'article L. 113-1-3 du code de l'action sociale et des familles, l'employeur motive, le cas échéant, sa décision de refus.

II. – L'accord collectif applicable ou, à défaut, la charte élaborée par l'employeur précise :
1° Les conditions de passage en télétravail, en particulier en cas d'épisode de pollution mentionné à l'article L. 223-1 du code de l'environnement, et les conditions de retour à une exécution du contrat de travail sans télétravail ;
2° Les modalités d'acceptation par le salarié des conditions de mise en œuvre du télétravail ;
3° Les modalités de contrôle du temps de travail ou de régulation de la charge de travail ;
4° La détermination des plages horaires durant lesquelles l'employeur peut habituellement contacter le salarié en télétravail ;
5° Les modalités d'accès des travailleurs handicapés à une organisation en télétravail, en application des mesures prévues à l'article L. 5213-6.

III. – Le télétravailleur a les mêmes droits que le salarié qui exécute son travail dans les locaux de l'entreprise.
L'employeur qui refuse d'accorder le bénéfice du télétravail à un salarié qui occupe un poste éligible à un mode d'organisation en télétravail dans les conditions prévues par accord collectif ou, à défaut, par la charte motive sa réponse.
Le refus d'accepter un poste de télétravailleur n'est pas un motif de rupture du contrat de travail.
L'accident survenu sur le lieu où est exercé le télétravail pendant l'exercice de l'activité professionnelle du télétravailleur est présumé être un accident de travail au sens de l'article L. 411-1 du code de la Sécurité sociale.

» Document 3 – Décret n° 2019-637 du 25 juin 2019 relatif aux modalités de mise en œuvre du télétravail à l'égard de certains agents publics et magistrats

Legifrance.gouv.fr
Le service public de la diffusion du droit
JORF n° 0146 du 26 juin 2019
Texte n° 16

NOR : CPAF1914521D
ELI : www.legifrance.gouv.fr/eli/decret/2019/6/25/CPAF1914521D/jo/texte
Alias : www.legifrance.gouv.fr/eli/decret/2019/6/25/2019-637/jo/texte

Publics concernés : agents publics civils des trois fonctions publiques.
Objet : élargissement des publics pouvant bénéficier d'une dérogation à la quotité hebdomadaire de télétravail.
Entrée en vigueur : le décret entre en vigueur le lendemain de sa publication.
Notice : le décret étend aux travailleurs en situation de handicap et aux femmes en état de grossesse la possibilité de bénéficier d'une quotité hebdomadaire de télétravail supérieure aux trois jours de droit commun. Il s'agit de la mise en œuvre des dispositions réglementaires prévues, d'une part, par la loi n° 2018-771 du 5 septembre 2018 pour la liberté de choisir son avenir professionnel et, d'autre part, par l'accord relatif à l'égalité professionnelle entre les femmes et les hommes dans la fonction publique du 30 novembre 2018.
Références : le présent décret et le texte qu'il modifie, dans sa rédaction résultant de cette modification, peuvent être consultés sur le site Légifrance (www.legifrance.gouv.fr).

Le Premier ministre,
Sur le rapport du ministre de l'Action et des Comptes publics,
Vu l'ordonnance n° 58-1270 du 22 décembre 1958 modifiée portant loi organique relative au statut de la magistrature ;
Vu le code du travail, notamment son article L. 1222-9 ;
Vu la loi n° 83-634 du 13 juillet 1983 modifiée portant droits et obligations des fonctionnaires, notamment son article 8 bis, ensemble la loi n° 84-16 du 11 janvier 1984 modifiée portant dispositions statutaires relatives à la fonction publique de l'État, la loi n° 84-53 du 26 janvier 1984 modifiée portant dispositions statutaires relatives à la fonction publique territoriale et la loi n° 86-33 du 9 janvier 1986 modifiée portant dispositions statutaires relatives à la fonction publique hospitalière ;
Vu la loi n° 2012-437 du 12 mars 2012 modifiée relative à l'accès à l'emploi titulaire et à l'amélioration des conditions d'emploi des agents contractuels dans la fonction publique, à la lutte contre les discriminations et portant diverses dispositions relatives à la fonction publique, notamment son article 133 ;
Vu la loi n° 2018-771 du 5 septembre 2018 modifiée pour la liberté de choisir son avenir professionnel, notamment le II de son article 68 ;
Vu le décret n° 2016-151 du 11 février 2016 relatif aux conditions et modalités de mise en œuvre du télétravail dans la fonction publique et la magistrature ;

Vu l'avis du Conseil commun de la fonction publique en date du 4 juin 2019 ;
Le Conseil d'État (section de l'administration) entendu,
Décrète :

Article 1
L'article 4 du décret du 11 février 2016 susvisé est remplacé par les dispositions suivantes :
« Art. 4 – À la demande des agents dont l'état de santé, le handicap ou l'état de grossesse le justifient et après avis du médecin de prévention ou du médecin du travail, il peut être dérogé pour six mois maximum aux conditions fixées par l'article 3. Cette dérogation est renouvelable une fois par période d'autorisation du télétravail, après avis du médecin de prévention ou du médecin du travail. »

Article 2
Après le deuxième alinéa de l'article 5 du même décret, il est inséré un alinéa ainsi rédigé :
« Dans le cas où la demande est formulée par un agent en situation de handicap, le chef de service, l'autorité territoriale ou l'autorité investie du pouvoir de nomination doit mettre en œuvre sur le lieu de télétravail de l'agent les aménagements de poste nécessaires. »

Article 3
La garde des Sceaux, ministre de la Justice, la ministre des Solidarités et de la Santé, le ministre de l'Action et des Comptes publics et la ministre de la Cohésion des territoires et des Relations avec les collectivités territoriales sont chargés, chacun en ce qui le concerne, de l'exécution du présent décret, qui sera publié au *Journal officiel de la République française.*

Fait le 25 juin 2019.
Édouard Philippe
Par le Premier ministre :
Le ministre de l'Action et des Comptes publics,
Gérald Darmanin
La garde des Sceaux, ministre de la Justice,
Nicole Belloubet
La ministre des Solidarités et de la Santé,
Agnès Buzyn
La ministre de la Cohésion des territoires et des Relations avec les collectivités territoriales,
Jacqueline Gourault

» Document 4 – Loi n° 84-16 du 11 janvier 1984 portant dispositions statutaires relatives à la fonction publique de l'État, article 15 (extrait)

Article 15

Modifié par LOI n° 2019-828 du 6 août 2019 – art. 4.

I. – Dans toutes les administrations de l'État et dans tous les établissements publics de l'État ne présentant pas un caractère industriel ou commercial, il est institué un ou plusieurs comités sociaux d'administration.

En cas d'insuffisance des effectifs, la représentation du personnel d'un établissement public peut être assurée dans un comité social d'administration ministériel ou dans un comité social d'administration unique, commun à plusieurs établissements.

II. – Les comités sociaux d'administration connaissent des questions relatives :

1° Au fonctionnement et à l'organisation des services ;

2° À l'accessibilité des services et à la qualité des services rendus ;

3° Aux orientations stratégiques sur les politiques de ressources humaines ;

4° Aux lignes directrices de gestion en matière de mobilité et de promotion et valorisation des parcours professionnels. La mise en œuvre des lignes directrices de gestion fait l'objet d'un bilan, sur la base des décisions individuelles, devant le comité social d'administration ;

5° Aux enjeux et aux politiques d'égalité professionnelle et de lutte contre les discriminations ;

6° Aux projets de statuts particuliers ;

7° À la protection de la santé physique et mentale, à l'hygiène, à la sécurité des agents dans leur travail, à l'organisation du travail, au télétravail, aux enjeux liés à la déconnexion et aux dispositifs de régulation de l'utilisation des outils numériques, à l'amélioration des conditions de travail et aux prescriptions légales y afférentes ;

8° Aux autres questions prévues par décret en Conseil d'État.

Les comités sociaux d'administration établis dans les services du ministère de la Défense ou du ministère de l'Intérieur pour la gendarmerie nationale, lorsque ces services emploient des personnels civils, ne sont pas consultés sur les questions relatives à l'organisation et au fonctionnement des organismes militaires à vocation opérationnelle dont la liste est fixée par décret en Conseil d'État.

III. – Dans les administrations et les établissements publics mentionnés au I dont les effectifs sont au moins égaux à un seuil fixé par décret en Conseil d'État, il est institué, au sein du comité social d'administration, une formation spécialisée en matière de santé, de sécurité et de conditions de travail.

Dans les administrations et les établissements publics mentionnés au même I dont les effectifs sont inférieurs au seuil mentionné au premier alinéa du présent III, une formation spécialisée en matière de santé, de sécurité et de conditions de travail peut être instituée au sein du comité social d'administration lorsque des risques professionnels particuliers le justifient, selon des modalités définies par le décret mentionné au même premier alinéa.

La formation spécialisée est chargée d'examiner les questions mentionnées au 7° du II, sauf lorsque ces questions se posent dans le cadre de projets de réorganisation de services examinés directement par le comité au titre du 1° du même II.

IV. – Une formation spécialisée en matière de santé, de sécurité et de conditions de travail peut être créée, en complément de celle prévue au III, lorsque l'implantation géographique de, plusieurs services dans un même immeuble ou dans un même ensemble d'immeubles soumis à un risque professionnel particulier le justifie ou, pour une partie des services de l'administration ou de l'établissement public, lorsque l'existence de risques professionnels particuliers le justifie.
Cette formation exerce alors les attributions en matière de santé, de sécurité et de conditions de travail mentionnées au 7° du II pour le périmètre du site du ou des services concernés, sauf lorsque ces questions se posent dans le cadre de projets de réorganisation de services examinés directement par le comité social d'administration au titre du 1° du même II.

NOTA :
Conformément au A du II de l'article 94 de la loi n° 2019-828 du 6 août 2019, ces dispositions entrent en vigueur en vue du prochain renouvellement général des instances dans la fonction publique.
Par dérogation au premier alinéa du présent A, à compter de la publication des dispositions réglementaires prises en application de ladite loi et jusqu'au prochain renouvellement général de ces instances :
1° Les comités techniques sont seuls compétents pour examiner l'ensemble des questions afférentes aux projets de réorganisation de service ;
2° Les comités techniques et les comités d'hygiène, de sécurité et des conditions de travail peuvent être réunis conjointement pour l'examen des questions communes. Dans ce cas, l'avis rendu par la formation conjointe se substitue à ceux du comité technique et du comité d'hygiène, de sécurité et des conditions de travail ;
3° Les comités techniques sont compétents pour l'examen des lignes directrices mentionnées à l'article 30 et du plan d'action mentionné à l'article 80.

» Document 5 – Décret n° 2016-151 du 11 février 2016 relatif aux conditions et modalités de mise en œuvre du télétravail dans la fonction publique et la magistrature

NOR : RDFF1519812D
Version consolidée au 26 août 2020

Le Premier ministre,
Sur le rapport de la ministre de la Décentralisation et de la Fonction publique,
Vu le code du travail, notamment son article R. 4121-1 ;
Vu la loi n° 83-634 du 13 juillet 1983 modifiée portant droits et obligations des fonctionnaires, notamment son article 8 bis, ensemble la loi n° 84-16 du 11 janvier 1984 modifiée portant dispositions statutaires relatives à la fonction publique de l'État, la loi n° 84-53 du 26 janvier 1984 modifiée portant dispositions statutaires relatives à la fonction publique territoriale et la loi n° 86-33 du 9 janvier 1986 modifiée portant dispositions statutaires relatives à la fonction publique hospitalière ;
Vu la loi n° 2012-347 du 12 mars 2012 modifiée relative à l'accès à l'emploi titulaire et à l'amélioration des conditions d'emploi des agents contractuels dans la fonction publique, à la lutte contre les discriminations et portant diverses dispositions relatives à la fonction publique, notamment son article 133 ;
Vu l'ordonnance n° 58-1270 du 22 décembre 1958 modifiée portant loi organique relative au statut de la magistrature ;
Vu le décret n° 82-451 du 28 mai 1982 modifié relatif aux commissions administratives paritaires ;
Vu le décret n° 82-453 du 28 mai 1982 modifié relatif à l'hygiène et à la sécurité du travail ainsi qu'à la prévention médicale dans la fonction publique ;
Vu le décret n° 85-603 du 10 juin 1985 modifié relatif à l'hygiène et à la sécurité du travail ainsi qu'à la médecine professionnelle et préventive dans la fonction publique territoriale ;
Vu le décret n° 86-83 du 17 janvier 1986 modifié relatif aux dispositions générales applicables aux agents contractuels de l'État pris pour l'application de l'article 7 de la loi n° 84-16 du 11 janvier 1984 portant dispositions statutaires relatives à la fonction publique de l'État ;
Vu le décret n° 88-145 du 15 février 1988 modifié pris pour l'application de l'article 136 de la loi du 26 janvier 1984 modifiée portant dispositions statutaires relatives à la fonction publique territoriale et relatif aux agents non titulaires de la fonction publique territoriale ;
Vu le décret n° 91-155 du 6 février 1991 modifié relatif aux dispositions générales applicables aux agents contractuels des établissements mentionnés à l'article 2 de la loi n° 86-33 du 9 janvier 1986 modifiée portant dispositions statutaires relatives à la fonction publique hospitalière ;
Vu le décret n° 2000-815 du 25 août 2000 modifié relatif à l'aménagement et à la réduction du temps de travail dans la fonction publique de l'État et dans la magistrature ;
Vu le décret n° 2001-623 du 12 juillet 2001 modifié pris pour l'application de l'article 7-1 de la loi n° 84-53 du 26 janvier 1984 et relatif à l'aménagement et à la réduction du temps de travail dans la fonction publique territoriale ;

Vu le décret n° 2002-9 du 4 janvier 2002 modifié relatif au temps de travail et à l'organisation du travail dans les établissements mentionnés à l'article 2 de la loi n° 86-33 du 9 janvier 1986 portant dispositions statutaires relatives à la fonction publique hospitalière ;
Vu l'avis du Conseil commun de la fonction publique en date du 24 septembre 2015 ;
Vu l'avis du Conseil national d'évaluation des normes du 10 septembre 2015 ;
Le Conseil d'État (section de l'administration) entendu,
Décrète :

Article 1
Les dispositions du présent décret s'appliquent aux fonctionnaires et aux agents publics non fonctionnaires régis par la loi du 13 juillet 1983 susvisée et aux magistrats de l'ordre judiciaire régis par l'ordonnance du 22 décembre 1958 susvisée.

Article 2
Modifié par Décret n° 2020-524 du 5 mai 2020 - art. 1
Le télétravail désigne toute forme d'organisation du travail dans laquelle les fonctions qui auraient pu être exercées par un agent dans les locaux où il est affecté sont réalisées hors de ces locaux en utilisant les technologies de l'information et de la communication.
Le télétravail peut être organisé au domicile de l'agent, dans un autre lieu privé ou dans tout lieu à usage professionnel.
Un agent peut bénéficier au titre d'une même autorisation de ces différentes possibilités.
Les périodes d'astreintes mentionnées à l'article 5 du décret du 25 août 2000 susvisé, à l'article 5 du décret du 12 juillet 2001 susvisé et à l'article 20 du décret du 4 janvier 2002 susvisé ne constituent pas du télétravail au sens du présent décret.
NOTA :
Conformément à l'article 9 du décret n° 2020-524 du 5 mai 2020, les dispositions issues dudit décret s'appliquent aux demandes initiales ainsi qu'aux demandes de renouvellement présentées à compter de sa date d'entrée en vigueur.

Article 2-1
Créé par Décret n° 2020-524 du 5 mai 2020 - art. 2
L'autorisation de télétravail est délivrée pour un recours régulier ou ponctuel au télétravail. Elle peut prévoir l'attribution de jours de télétravail fixes au cours de la semaine ou du mois ainsi que l'attribution d'un volume de jours flottants de télétravail par semaine, par mois ou par an dont l'agent peut demander l'utilisation à l'autorité responsable de la gestion de ses congés.
Un agent peut, au titre d'une même autorisation, mettre en œuvre ces différentes modalités de télétravail.
NOTA :
Conformément à l'article 9 du décret n° 2020-524 du 5 mai 2020, les dispositions issues dudit décret s'appliquent aux demandes initiales ainsi qu'aux demandes de renouvellement présentées à compter de sa date d'entrée en vigueur.

Article 3

La quotité des fonctions pouvant être exercées sous la forme du télétravail ne peut être supérieure à trois jours par semaine. Le temps de présence sur le lieu d'affectation ne peut être inférieur à deux jours par semaine.
Les seuils définis au premier alinéa peuvent s'apprécier sur une base mensuelle.

Article 4
Modifié par Décret n° 2020-524 du 5 mai 2020 - art. 3
Il peut être dérogé aux conditions fixées à l'article 3 :
1° Pour une durée de six mois maximum, à la demande des agents dont l'état de santé, le handicap ou l'état de grossesse le justifient et après avis du service de médecine préventive ou du médecin du travail ; cette dérogation est renouvelable, après avis du service de médecine préventive ou du médecin du travail ;
2° Lorsqu'une autorisation temporaire de télétravail a été demandée et accordée en raison d'une situation exceptionnelle perturbant l'accès au service ou le travail sur site.
NOTA :
Conformément à l'article 9 du décret n° 2020-524 du 5 mai 2020, les dispositions issues dudit décret s'appliquent aux demandes initiales ainsi qu'aux demandes de renouvellement présentées à compter de sa date d'entrée en vigueur.

Article 5
Modifié par Décret n° 2020-524 du 5 mai 2020 - art. 4
L'exercice des fonctions en télétravail est accordé sur demande écrite de l'agent. Celle-ci précise les modalités d'organisation souhaitées. Lorsque le télétravail est organisé au domicile de l'agent ou dans un autre lieu privé, une attestation de conformité des installations aux spécifications techniques, établie conformément aux dispositions prises en application du 9° du I de l'article 7, est jointe à la demande.
Le chef de service, l'autorité territoriale ou l'autorité investie du pouvoir de nomination apprécie la compatibilité de la demande avec la nature des activités exercées et l'intérêt du service. Lorsque l'autorité investie du pouvoir de nomination est le Centre national de gestion, cette appréciation est assurée :
1° Par le chef d'établissement pour les directeurs adjoints et les directeurs des soins ;
2° Par le directeur général de l'agence régionale de santé pour les chefs des établissements mentionnés aux 1°, 3° et 5° de l'article 2 de la loi du 9 janvier 1986 susvisée ;
3° Par le préfet du département pour les établissements mentionnés aux 4° et 6° du même article 2.
Une réponse écrite est donnée à la demande de télétravail dans un délai d'un mois maximum à compter de la date de sa réception ou de la date limite de dépôt lorsqu'une campagne de recensement des demandes est organisée.
En cas de changement de fonctions, l'agent intéressé doit présenter une nouvelle demande.
L'autorisation peut prévoir une période d'adaptation de trois mois maximum.
Il peut être mis fin à cette forme d'organisation du travail, à tout moment et par écrit, à l'initiative de l'administration ou de l'agent, moyennant un délai de prévenance de deux mois. Dans le cas où il est mis fin à l'autorisation de télétravail à l'initiative de l'administration, le délai

de prévenance peut être réduit en cas de nécessité du service dûment motivée. Pendant la période d'adaptation, ce délai est ramené à un mois.
Le refus opposé à une demande d'autorisation de télétravail ainsi que l'interruption du télétravail à l'initiative de l'administration doivent être motivés et précédés d'un entretien.
NOTA :
Conformément à l'article 9 du décret n° 2020-524 du 5 mai 2020, les dispositions issues dudit décret s'appliquent aux demandes initiales ainsi qu'aux demandes de renouvellement présentées à compter de sa date d'entrée en vigueur.

Article 6

Modifié par Décret n° 2020-524 du 5 mai 2020 - art. 5
Les agents exerçant leurs fonctions en télétravail bénéficient des mêmes droits et obligations que les agents exerçant sur leur lieu d'affectation.
L'employeur prend en charge les coûts découlant directement de l'exercice des fonctions en télétravail, notamment le coût des matériels, logiciels, abonnements, communications et outils ainsi que de la maintenance de ceux-ci. L'employeur n'est pas tenu de prendre en charge le coût de la location d'un espace destiné au télétravail.
Dans le cas où la demande est formulée par un agent en situation de handicap, le chef de service, l'autorité territoriale ou l'autorité investie du pouvoir de nomination ou, à défaut, selon les cas, l'une des autorités mentionnées aux troisième, quatrième et cinquième alinéas de l'article 5, met en œuvre sur le lieu de télétravail de l'agent les aménagements de poste nécessaires, sous réserve que les charges consécutives à la mise en œuvre de ces mesures ne soient pas disproportionnées, notamment compte tenu des aides qui peuvent compenser, en tout ou partie, les dépenses engagées à ce titre par l'employeur.
Lorsqu'un agent demande l'utilisation des jours flottants de télétravail ou l'autorisation temporaire de télétravail mentionnée au 2° de l'article 4, l'administration peut autoriser l'utilisation de l'équipement informatique personnel de l'agent.
NOTA :
Conformément à l'article 9 du décret n° 2020-524 du 5 mai 2020, les dispositions issues dudit décret s'appliquent aux demandes initiales ainsi qu'aux demandes de renouvellement présentées à compter de sa date d'entrée en vigueur.

Article 7

Modifié par Décret n° 2020-524 du 5 mai 2020 - art. 6
I. - Un arrêté ministériel pour la fonction publique de l'État, une délibération de l'organe délibérant pour la fonction publique territoriale, une décision de l'autorité investie du pouvoir de nomination pour la fonction publique hospitalière, pris après avis du comité technique ou du comité consultatif national compétent, fixe :
1° Les activités éligibles au télétravail ;
2° La liste et la localisation des locaux professionnels éventuellement mis à disposition par l'administration pour l'exercice des fonctions en télétravail, le nombre de postes de travail qui y sont disponibles et leurs équipements ;
3° Les règles à respecter en matière de sécurité des systèmes d'information et de protection des données ;

4° Les règles à respecter en matière de temps de travail, de sécurité et de protection de la santé ;
5° Les modalités d'accès des institutions compétentes sur le lieu d'exercice du télétravail afin de s'assurer de la bonne application des règles applicables en matière d'hygiène et de sécurité ;
6° Les modalités de contrôle et de comptabilisation du temps de travail ;
7° Les modalités de prise en charge, par l'employeur, des coûts découlant directement de l'exercice du télétravail, notamment ceux des matériels, logiciels, abonnements, communications et outils ainsi que de la maintenance de ceux-ci ;
8° Les modalités de formation aux équipements et outils nécessaires à l'exercice du télétravail ;
9° Les conditions dans lesquelles l'attestation mentionnée à l'article 5 est établie.
Lorsque l'autorité investie du pouvoir de nomination est le Centre national de gestion, la décision fixant les modalités et règles mentionnées au présent I est prise :
1° Par le chef d'établissement pour les directeurs adjoints et les directeurs des soins ;
2° Par le directeur général de l'agence régionale de santé pour les chefs des établissements mentionnés aux 1°, 3° et 5° de l'article 2 de la loi du 9 janvier 1986 susvisée ;
3° Par le préfet du département pour les établissements mentionnés aux 4° et 6° du même article 2.
La décision n'est pas soumise à l'avis du comité consultatif national.
II. - Dans les directions départementales interministérielles, les conditions de mise en œuvre du télétravail prévues au I font l'objet d'un arrêté du Premier ministre, pris après avis du comité technique des directions départementales interministérielles.
III. - Les modalités de mise en œuvre du télétravail fixées aux 1° à 9° du I sont précisées en tant que de besoin, dans chaque service ou établissement, après consultation du comité technique ou du comité consultatif national compétent.
IV. - Les comités d'hygiène, de sécurité et des conditions de travail compétents et la commission des conditions de travail commune aux personnels de direction de la fonction publique hospitalière sont informés des avis rendus par les comités techniques ou le comité consultatif national en application du présent article.
NOTA :
Conformément à l'article 9 du décret n° 2020-524 du 5 mai 2020, les dispositions issues dudit décret s'appliquent aux demandes initiales ainsi qu'aux demandes de renouvellement présentées à compter de sa date d'entrée en vigueur.

Article 8
Modifié par Décret n° 2020-524 du 5 mai 2020 - art. 7
I. - L'autorisation d'exercice des fonctions en télétravail mentionne :
1° Les fonctions de l'agent exercées en télétravail ;
2° Le lieu ou les lieux d'exercice en télétravail ;
3° Les modalités de mise en œuvre du télétravail et, s'il y a lieu, sa durée, ainsi que les plages horaires durant lesquelles l'agent exerçant ses activités en télétravail est à la disposition de son employeur et peut être joint, par référence au cycle de travail de l'agent ou aux amplitudes horaires de travail habituelles ;

4° La date de prise d'effet de l'exercice des fonctions en télétravail ;
5° Le cas échéant, la période d'adaptation prévue à l'article 5 et sa durée.
II. - Lors de la notification de l'autorisation d'exercice, l'autorité mentionnée à l'article 5 remet à l'agent intéressé :
1° Un document d'information indiquant les conditions d'application à sa situation professionnelle de l'exercice des fonctions en télétravail, notamment :
a) La nature et le fonctionnement des dispositifs de contrôle et de comptabilisation du temps de travail ;
b) La nature des équipements mis à disposition de l'agent exerçant ses activités en télétravail et leurs conditions d'installation et de restitution, les conditions d'utilisation, de renouvellement et de maintenance de ces équipements et de fourniture, par l'employeur, d'un service d'appui technique ;
2° Une copie des règles mentionnées à l'article 7 et un document rappelant ses droits et obligations en matière de temps de travail et d'hygiène et de sécurité.
NOTA :
Conformément à l'article 9 du décret n° 2020-524 du 5 mai 2020, les dispositions issues dudit décret s'appliquent aux demandes initiales ainsi qu'aux demandes de renouvellement présentées à compter de sa date d'entrée en vigueur.

Article 9
Le télétravail fait l'objet d'un bilan annuel présenté aux comités techniques et aux comités d'hygiène, de sécurité et des conditions de travail compétents.
Les risques liés aux postes en télétravail sont pris en compte dans le document mentionné à l'article R. 4121-1 du code du travail.

Article 10
Modifié par Décret n° 2020-524 du 5 mai 2020 - art. 8
La commission administrative paritaire ou la commission consultative paritaire compétentes peuvent être saisies, par l'agent intéressé, du refus opposé à une demande initiale ou de renouvellement de télétravail formulée par lui pour l'exercice d'activités éligibles fixées par l'un des actes mentionnés à l'article 7 ainsi que de l'interruption du télétravail à l'initiative de l'administration.
Ce droit s'exerce, selon le cas, dans les conditions prévues respectivement par le décret du 28 mai 1982 susvisé, par le décret du 17 janvier 1986 susvisé, par le décret n° 89-229 du 17 avril 1989 relatif aux commissions administratives paritaires des collectivités territoriales et de leurs établissements publics, par le décret n° 91-790 du 14 août 1999 relatif aux commissions administratives paritaires nationales de la fonction publique hospitalière, par le décret n° 2003-655 du 18 juillet 2003 relatif aux commissions administratives paritaires locales et départementales de la fonction publique hospitalière et par le décret n° 2003-761 du 1er août 2003 relatif aux commissions administratives paritaires de l'Assistance publique-hôpitaux de Paris.
NOTA :
Conformément aux dispositions prévues à l'article 40 du décret n° 2019-1265, les articles 28, 29, 31, 32, 34, 35, 36 et 37 s'appliquent :

Un sujet par thème

1° Aux décisions qui sont relatives à la mutation, au détachement, à l'intégration et à la réintégration après détachement et à la mise en disponibilité et prennent effet à compter du 1er janvier 2020 ;
2° Aux autres décisions individuelles prenant effet à compter du 1er janvier 2021.
Conformément à l'article 9 du décret n° 2020-524 du 5 mai 2020, les dispositions issues dudit décret s'appliquent aux demandes initiales ainsi qu'aux demandes de renouvellement présentées à compter de sa date d'entrée en vigueur.

Article 11
L'article 52 du décret n° 82-453 du 28 mai 1982 susvisé est complété par un alinéa ainsi rédigé :
« La délégation du comité d'hygiène, de sécurité et des conditions de travail peut réaliser cette visite sur le lieu d'exercice des fonctions en télétravail. Dans le cas où l'agent exerce ses fonctions en télétravail à son domicile, l'accès au domicile du télétravailleur est subordonné à l'accord de l'intéressé, dûment recueilli par écrit. »

Article 12
Après le troisième alinéa de l'article 40 du décret du 10 juin 1985 susvisé, il est inséré un alinéa ainsi rédigé :
« La délégation du comité d'hygiène, de sécurité et des conditions de travail peut réaliser cette visite sur le lieu d'exercice des fonctions en télétravail. Dans le cas où l'agent exerce ses fonctions en télétravail à son domicile, l'accès au domicile du télétravailleur est subordonné à l'accord de l'intéressé, dûment recueilli par écrit. »

Article 13
Les dispositions du second alinéa de l'article 9 ne sont pas applicables à Mayotte.

Article 14
Le ministre des Affaires étrangères et du Développement international, la ministre de l'Écologie, du Développement durable et de l'Énergie, la ministre de l'Éducation nationale, de l'Enseignement supérieur et de la Recherche, le garde des Sceaux, ministre de la Justice, le ministre des Finances et des Comptes publics, le ministre de la Défense, la ministre des Affaires sociales, de la Santé et des Droits des femmes, la ministre du Travail, de l'Emploi, de la Formation professionnelle et du Dialogue social, le ministre de l'Intérieur, le ministre de l'Agriculture, de l'Agroalimentaire et de la Forêt, porte-parole du gouvernement, le ministre de l'Économie, de l'Industrie et du Numérique, la ministre du Logement, de l'Égalité des territoires et de la Ruralité, la ministre de la Décentralisation et de la Fonction publique, la ministre de la Culture et de la Communication, le ministre de la Ville, de la Jeunesse et des Sports et la ministre des Outre-mer sont chargés, chacun en ce qui le concerne, de l'exécution du présent décret, qui sera publié au *Journal officiel de la République française.*

Fait le 11 février 2016. Manuel Valls
Par le Premier ministre :
La ministre de la Décentralisation et de la Fonction publique, Marylise Lebranchu
Le ministre des Affaires étrangères et du Développement international, Laurent Fabius
La ministre de l'Écologie, du Développement durable et de l'Énergie, Ségolène Royal

La ministre de l'Éducation nationale, de l'Enseignement supérieur et de la Recherche, Najat Vallaud-Belkacem
Le garde des Sceaux, ministre de la Justice, Jean-Jacques Urvoas
Le ministre des Finances et des Comptes publics, Michel Sapin
Le ministre de la Défense, Jean-Yves Le Drian
La ministre des Affaires sociales, de la Santé et des Droits des femmes, Marisol Touraine
La ministre du Travail, de l'Emploi, de la Formation professionnelle et du Dialogue social, Myriam El Khomri
Le ministre de l'Intérieur, Bernard Cazeneuve
Le ministre de l'Agriculture, de l'Agroalimentaire et de la Forêt, porte-parole du Gouvernement, Stéphane Le Foll
Le ministre de l'Économie, de l'Industrie et du Numérique, Emmanuel Macron
La ministre du Logement, de l'Égalité des territoires et de la Ruralité, Sylvia Pinel
La ministre de la Culture et de la Communication, Fleur Pellerin
Le ministre de la Ville, de la Jeunesse et des Sports, Patrick Kanner
La ministre des Outre-mer, George Pau-Langevin

» Document 6 – Loi n° 2019-828 du 6 août 2019 de transformation de la fonction publique, article 49

Loi n° 2019-828 du 6 août 2019 de transformation de la fonction publique

Article 49

Le dernier alinéa de l'article 133 de la loi n° 2012-347 du 12 mars 2012 relative à l'accès à l'emploi titulaire et à l'amélioration des conditions d'emploi des agents contractuels dans la fonction publique, à la lutte contre les discriminations et portant diverses dispositions relatives à la fonction publique est complété par les mots : « ainsi que les possibilités de recours ponctuel au télétravail ».

Document 7 – Instruction du 7 mars 2017, relative aux modalités de mise en œuvre du télétravail au ministère de l'Intérieur

République Française
Ministère de l'Intérieur

Le ministre
Paris, le 7 mars 2017

Le ministre de l'Intérieur
à
Destinataires *in fine*

NOR : INTA1637796J
Objet : Modalités de mise en œuvre du télétravail au ministère de l'Intérieur
Le télétravail est une forme d'organisation du travail introduite par le législateur en 2012 qui permet aux agents publics d'exercer leurs fonctions à leur domicile grâce aux nouvelles technologies de l'information et de la communication. Le télétravail a pour objectif de favoriser la conciliation de la vie professionnelle et de la vie personnelle des agents en améliorant la qualité de vie au travail. Il est mis en place sur demande de l'agent, il est toujours réversible et son succès repose sur un dialogue constructif entre l'agent et son supérieur hiérarchique.
Le décret du 11 février 2016 fixe les modalités d'organisation du télétravail dans la fonction publique et l'arrêté ministériel n° INTA1637398A vient préciser la mise en œuvre de cette nouvelle forme d'organisation de travail au ministère de l'Intérieur. Cet arrêté offre un cadre réglementaire ministériel collectif et unique qui garantit une égalité de traitement entre tous les agents du ministère.
Afin de vous accompagner dans la mise en place de cette nouvelle forme d'organisation de travail, un vade-mecum a été rédigé. Il a pour objectif de vous apporter des précisions sur les activités éligibles, la procédure d'autorisation et sur le matériel informatique nécessaire à l'exercice des missions en télétravail.
L'arrêté ministériel et le vade-mecum sont issus des travaux réalisés par un groupe de travail qui a associé l'ensemble des périmètres du ministère de l'Intérieur et les organisations syndicales du comité technique ministériel.
Je vous remercie de bien vouloir assurer la plus large diffusion de la présente instruction.

Bruno Le Roux

Fiche 1 – La définition du télétravail

L'article 133 de la loi du 12 mars 2012 prévoit que « les fonctionnaires relevant de la loi n° 83-634 du 13 juillet 1983 portant droits et obligations des fonctionnaires peuvent exercer leurs fonctions dans le cadre du télétravail tel qu'il est défini au premier alinéa de l'article L. 1222-9 du code du travail. L'exercice des fonctions en télétravail est accordé à la demande du fonctionnaire et après accord du chef de service. Il peut y être mis fin à tout moment, sous réserve d'un délai de prévenance. Les fonctionnaires télétravailleurs bénéficient des droits prévus par la législation et la réglementation applicables aux agents exerçant leurs fonctions dans les locaux de leur employeur public ».

L'article L. 1222-9 du code du travail dispose que « le télétravail désigne toute forme d'organisation du travail dans laquelle un travail qui aurait également pu être exécuté dans les locaux de l'employeur est effectué par un salarié hors de ces locaux de façon régulière et volontaire en utilisant les technologies de l'information et de la communication dans le cadre d'un contrat de travail ou d'un avenant à celui-ci ».

Le décret du 11 février 2016 donne la définition suivante reprise en partie du code du travail : « Le télétravail désigne toute forme d'organisation du travail dans laquelle les fonctions qui auraient pu être exercées par un agent dans les locaux de son employeur sont réalisées hors de ces locaux de façon régulière et volontaire en utilisant les technologies de l'information et de la communication. Le télétravail est organisé au domicile de l'agent ou, éventuellement, dans des locaux professionnels distincts de ceux de son employeur public et de son lieu d'affectation. »

Ce décret précise également que « les agents exerçant leurs fonctions en télétravail bénéficient des mêmes droits et obligations que les agents exerçant sur leur lieu d'affectation ».

Le télétravail est une forme d'organisation du travail à distance.

Les agents publics peuvent exercer leurs fonctions en télétravail. Sont exclus du champ d'application du décret du 11 février 2016 les agents sous contrat privé.

Ils bénéficient des mêmes droits et obligations que les agents qui ne sont pas en télétravail.

Le télétravail répond à des modalités précises d'organisation qui sont définies dans le décret du 11 février 2016 et dans l'arrêté du 2 mars 2017.

La quotité de télétravail peut être comprise entre une demi-journée et 3 jours par semaine avec une présence sur le lieu d'affectation qui ne peut être inférieur à 2 jours. Ces seuils peuvent également être définis sur une base mensuelle. La quotité de télétravail se détermine, pour chaque demande, en cohérence avec les nécessités de service et l'identification des activités télétravaillables.

Il existe d'autres modalités de travail à distance qui ne doivent pas être confondues avec le télétravail :

- C'est le cas des astreintes :

Le décret du 11 février 2016 précise que « les périodes d'astreintes mentionnées à l'article 5 du décret du 25 août 2000 susvisé, à l'article 5 du décret du 12 juillet 2001 susvisé et à l'article 20 du décret du 4 janvier 2002 susvisé ne constituent pas du télétravail au sens du présent décret ».

L'astreinte se définit comme une période pendant laquelle l'agent, sans être sur son lieu de travail, doit pouvoir intervenir si son administration lui demande. L'agent en astreinte n'est pas à la disposition permanente et immédiate de son chef de service, mais doit être à proximité de son lieu de travail pour pouvoir intervenir rapidement.

Un agent en télétravail est à la disposition de son chef de service dans les mêmes conditions que lorsqu'il exerce ses missions sur son lieu de travail habituel.

Exemple : travaux d'identification sur les lieux de la commission d'un crime ou d'un délit au cours d'un week-end par les personnels techniques et scientifiques.

- C'est le cas du nomadisme :

Certaines activités s'exercent par nature en dehors du lieu de travail. Elles ne peuvent être télétravaillées puisque seules les activités qui s'exercent sur le lieu de travail habituel peuvent l'être.

Exemple : missions foraines d'instruction des demandes d'asile par les officiers de protection de l'OFPRA.

- C'est le cas du travail sur site distant :

Les agents exercent l'ensemble de leurs missions sur un site distant qui relève du ministère de l'Intérieur. En télétravail, l'agent en télétravail exerce certaines missions, certains jours, à son domicile.

Exemple : expérimentation du travail sur site distant en région Bourgogne-Franche-Comté dans le cadre de la réforme de l'organisation territoriale de l'État.

Le télétravail est considéré comme du temps de travail à part entière. Alors même que l'agent n'est pas physiquement sur son lieu de travail habituel, il n'est pas absent. Il exerce à son domicile les missions qui lui ont été confiées par son supérieur hiérarchique et est à sa disposition dans les plages horaires qui auront été définies dans l'autorisation individuelle conformément à l'article 5 de l'arrêté du 2 mars 2017. Il n'est ni en congé ni en temps partiel, périodes libérées qui constituent du temps de repos et de loisirs.

Fiche 2 – Les activités exercées en télétravail

Le décret du 11 février 2016 prévoit qu'un arrêté ministériel pris après avis du comité technique compétent fixe les activités éligibles au télétravail.

L'article 2 de l'arrêté du 2 mars 2017 précise donc les activités éligibles au télétravail. Il s'agit bien d'activités, et non de métiers, qui peuvent être télétravaillées. Un poste comprend plusieurs missions, qui se déclinent elles-mêmes en plusieurs activités. Certaines pourront être télétravaillées, d'autres ne pourront pas l'être.

Le principe est le suivant : l'ensemble des activités exercées par les agents au ministère de l'Intérieur sont éligibles au télétravail.

Sont toutefois exclues certaines activités de par leur nature. Il ne s'agit pas d'exclure certains corps statutaires dans leur ensemble ou certaines filières (celles par exemple qui correspondent aux métiers de la police nationale) du dispositif mais d'identifier, pour certains d'entre eux, des tâches qui ne sont pas télétravaillables :

- c'est tout d'abord le cas des activités opérationnelles : ce sont, par exemple, des activités qui entrent dans le cadre d'opérations de police, de prévention, de secours et de gestion de crise ;
- il s'agit ensuite des activités de représentation de l'État : notamment celles exercées par les préfets et les sous-préfets mais aussi ponctuellement par d'autres personnels, à l'occasion par exemple de la représentation de l'État devant les juridictions administratives ;
- il s'agit enfin des activités d'accueil physique du public et des agents : par exemple, les entretiens réalisés par les conseillers mobilité carrière nécessitant une présence sur site – *a contrario*, les comptes rendus d'entretien peuvent toutefois être rédigés en télétravail.

Peuvent également être exclues certaines activités si elles remplissent l'un des critères suivants :

- l'accomplissement de travaux portant sur des documents confidentiels ou comportant des données à caractère sensible si la confidentialité de ces données ne peut être assurée, l'activité qui requiert l'utilisation de ces données ne pourra pas être télétravaillée. Exemple : mise à jour des dossiers personnels des agents de la DGSI ;
- l'utilisation d'un logiciel informatique ne pouvant être utilisé à distance : une activité qui requiert l'utilisation d'un logiciel qui ne peut être utilisé à domicile ne peut donc être télétravaillée.

Fiche 3 – L'autorisation de télétravailler

Un modèle d'autorisation individuelle d'exercice des fonctions en télétravail, qui devra être adapté aux situations particulières, est annexé au présent vade-mecum.
La procédure d'autorisation est prévue aux articles 7 à 10 de l'arrêté du 2 mars 2017.

1° La demande de télétravail
La demande de télétravail émane de l'agent. Il s'agit d'une démarche volontaire prise à son initiative.
Afin d'évaluer sa capacité à télétravailler, l'agent peut s'aider de la fiche pratique « auto-évaluation agent : télétravailler à mon domicile » du guide DGAFP relatif au télétravail.
L'agent explique dans sa demande écrite les motivations pour lesquelles il souhaite télétravailler. Il formule sa demande auprès de son chef de service sous couvert de son supérieur hiérarchique direct.
Il précise dans cette demande :

- le nombre de jours télétravaillés ;
- la période de référence, hebdomadaire ou mensuelle ;
- le lieu d'exercice du télétravail.

À l'appui de sa demande écrite et motivée, l'agent fournit plusieurs attestations sur l'honneur (modèle en annexe) :

- une attestation sur l'honneur justifiant que l'installation électrique de son espace de travail est conforme aux normes en vigueur (s'il ne dispose pas d'un certificat de conformité) ;
- une attestation sur l'honneur précisant qu'il dispose d'un espace adapté et qu'il travaille dans de bonnes conditions d'ergonomie ;
- un justificatif d'une connexion internet haut débit permettant l'exercice du télétravail.

L'agent remet également une attestation de l'assurance auprès de laquelle il a souscrit son assurance habitation précisant qu'elle couvre l'exercice du télétravail à domicile. Cette attestation est fournie par la compagnie d'assurances de l'agent.

2° L'avis du supérieur hiérarchique direct
Le supérieur hiérarchique direct rend un avis sur la demande de l'agent « notamment sur la compatibilité de la demande avec l'intérêt du service ». Cet avis est transmis au chef de service sous couvert de la voie hiérarchique et peut être complété par chaque échelon de la voie hiérarchique.

Le supérieur hiérarchique direct est celui qui, au quotidien, organise le travail de l'agent et contrôle son activité. Le guide du télétravail réalisé par la DGAFP propose une fiche pratique à destination des encadrants « autoévaluation encadrant : mettre en place le télétravail dans mon service » qui peut aider le supérieur hiérarchique dans cette nouvelle démarche.
L'examen de la compatibilité de la demande avec l'intérêt du service vise à vérifier que les objectifs fixés au service pourront être atteints de la même façon par une équipe composée d'agents en télétravail.

3° La décision du chef de service

Le chef de service décide d'accorder ou de refuser l'exercice des fonctions en télétravail.
Les chefs de service sont, au sens de l'arrêté du 2 mars 2017, les autorités suivantes :

- en administration centrale, les directeurs d'administration centrale pour les services placés sous leur autorité, le chef du SAELSI, le chef du CoSSeN, le commandant du commandement des réserves de la gendarmerie ;
- les préfets de zone de défense et de sécurité pour les services des secrétariats généraux pour l'administration du ministère de l'Intérieur placés sous leur autorité ;
- les préfets de région pour les agents affectés dans les services des secrétariats généraux pour les affaires régionales placés sous leur autorité ;
- les préfets de département et les représentants de l'État dans les collectivités, l'outre-mer et les hauts-commissaires en Nouvelle-Calédonie et en Polynésie française pour les services des préfectures et des sous-préfectures placés sous leur autorité ;
- les commandants des formations administratives de la gendarmerie nationale pour les formations administratives placés sous leur autorité ;
- les directeurs des établissements publics relevant de la tutelle du ministre de l'Intérieur pour les services placés sous leur autorité ;
- les directeurs territoriaux pour les effectifs de police placés sous leur autorité.

Le décret du 11 février 2016 prévoit que la décision de refus est précédée d'un entretien individuel et doit être motivée.
L'article 10 du même décret prévoit que la CAP compétente peut être saisie du refus opposé à la demande de l'agent. Au ministère de l'Intérieur, les commissions administratives paritaires locales connaissent des recours formés par les agents contre les décisions de refus.

4° La prise de l'acte RH

L'autorisation individuelle d'exercice des fonctions en télétravail est prise par l'autorité ayant la compétence en matière de gestion administrative et statutaire du personnel concerné. Pour les personnels en administration centrale, il s'agit du directeur des ressources humaines, du directeur des ressources et des compétences de la police nationale, du directeur de la modernisation et de l'action territoriale, du chef de service de l'Inspection générale de l'administration.
Dans les services déconcentrés, ce pouvoir est délégué aux préfets de département, aux préfets de zone de défense et de sécurité, aux représentants de l'État dans les collectivités, l'outre-mer et aux hauts-commissaires en Nouvelle-Calédonie et en Polynésie française et aux commandants des formations administratives de la gendarmerie.
Dans les établissements publics, cette compétence revient aux directeurs de ces établissements.

Le décret du 11 février 2016 prévoit qu'un bilan annuel est présenté aux instances ministérielles de dialogue social. La direction des ressources humaines est informée de l'ensemble des décisions accordées pour tous les périmètres.

Fiche 4 – La qualité de vie en télétravail

L'arrêté du 2 mars 2017 prévoit dans son article 4 qu'en matière d'hygiène et de sécurité, les agents en télétravail sont soumis à la réglementation en vigueur dans le service où ils exercent leurs fonctions.
La santé et la sécurité au travail constituent une priorité au ministère de l'Intérieur. La politique de prévention des risques qui est mise en place au sein des services englobe naturellement la prévention des risques professionnels encourus par les agents en télétravail.

1° Ergonomie
Idéalement, le télétravail à domicile suppose un espace réservé, pièce ou coin bureau, qui permet de mieux se concentrer et de retrouver les conditions professionnelles du bureau. Cet espace de travail doit présenter les conditions nécessaires à un exercice optimal du travail (habitabilité, calme, ergonomie, hygiène, environnement, réseaux, etc.).
Cela implique notamment :

- une surface minimale dotée d'un mobilier adapté pour installer le matériel mis à disposition ainsi que les dossiers professionnels et un espace de rangement des fournitures et documents professionnels. Cet espace doit être correctement chauffé et calme, isolé des bruits extérieurs et intérieurs et des sollicitations familiales ;
- une ergonomie du poste de travail qui doit être conforme aux règles applicables au bureau : un siège confortable, un espace de travail aéré, éclairé par la lumière naturelle et/ou une lumière électrique suffisante, une installation électrique conforme à la réglementation en vigueur et sans danger.

Concernant le poste de travail *stricto sensu*, il est rappelé qu'un travail intensif sur un poste mal adapté peut engendrer des effets sur la santé – fatigues visuelles, troubles musculo-squelettiques (TMS), stress.
Pour mémoire, la sécurité de l'espace de travail à domicile implique également de limiter au maximum les risques incendie (par exemple, en évitant au maximum les branchements électriques sur des multiprises).
Le télétravailleur doit également s'assurer que son poste de travail ainsi que ses dossiers sont en sécurité lorsqu'il s'absente de son espace de travail. Pour cela, il lui sera demandé une attestation d'assurance habitation multirisques.
En cas de changement de domicile, le télétravail n'est pas remis en cause sous réserve d'assurer la conformité du nouveau logement dédié à l'exercice du télétravail.

2° Santé et sécurité au travail
Les agents exerçant leurs fonctions en télétravail ne sont pas exposés à des risques différents de ceux qui intéressent les services.
En situation de télétravail à son domicile, l'agent peut également être exposé à des risques professionnels.

Dès lors, le télétravail, même s'il est toujours à l'initiative de l'agent, n'exonère pas l'employeur de sa responsabilité en matière de prévention des risques professionnels. Les règles en matière de santé et de sécurité au travail s'appliquent aux agents en télétravail dans les mêmes conditions que pour les agents qui exercent leur activité dans les locaux du service.

Le décret du 11 février 2016 prévoit qu'une délégation du CHSCT peut venir contrôler la conformité de l'habitation de l'agent télétravailleur. Les membres du CHSCT ont la faculté de visiter les locaux à usage professionnel, notamment dans le cadre de l'élaboration du document unique, pour s'assurer du respect des règles d'hygiène et de sécurité et, le cas échéant, faire des préconisations.

Dans ce cadre, l'arrêté du 2 mars 2017 prévoit que les modalités d'exercice de cette visite sont définies par le CHSCT compétent pour le service dans lequel est affecté l'agent en télétravail.

Il convient, dans tous les cas, de respecter les conditions suivantes :

- l'agent doit être informé, par écrit, avec un délai de prévenance qui ne peut être inférieur à une semaine ;
- le contrôle doit être légitimé par un motif ;
- il ne doit pas constituer une violation de la vie privée de l'agent ;
- l'agent a la possibilité de s'opposer, par écrit, à cette visite. Dans ce cas, il s'expose à ce que sa demande de télétravail soit refusée.

Une vigilance particulière doit être portée sur les risques psychosociaux liés à l'isolement : l'agent en télétravail doit continuer de faire partie intégrante du collectif de travail. Il doit ainsi notamment être destinataire de l'ensemble des informations diffusées dans le service afin de ne pas s'en sentir exclu.

Comme l'ensemble des agents, l'agent en télétravail bénéficie d'une visite de médecine de prévention tous les cinq ans.

3° Gestion des accidents de travail

Les textes applicables aux fonctionnaires ne définissent pas la notion d'accident de service et de maladie professionnelle. Il n'existe donc pas de présomption du caractère professionnel de l'accident du fonctionnaire.

L'imputabilité de l'accident ou de la maladie au service résulte, par conséquent, d'une analyse par l'administration et le comité médical des circonstances précises de l'accident.

Il est toutefois à noter qu'un projet d'ordonnance, pris en application de l'article 44 de la loi n° 2016-1088 du 8 août 2016 relative au travail, à la modernisation du dialogue social et à la sécurisation des parcours professionnels et portant diverses dispositions relatives à la formation et à la santé et la sécurité au travail dans la fonction publique, renversera la charge de la preuve dans le cadre des accidents de travail.

Les agents en télétravail sont soumis aux mêmes règles et circuits de transmission des documents (arrêt de travail, prolongation, expertises, etc.) qui s'appliquent aux agents travaillant sur site.

Par ailleurs, le décompte des jours d'arrêt de travail se fait exactement de la même façon, en incluant le ou les jours télétravaillés.

4° Remboursement des frais de transport

Le télétravail n'a pas d'incidence sur la prise en charge des frais de transport par l'administration. Quel que soit le nombre de jours télétravaillés, ce mode d'organisation du travail ne modifie pas la quotité du temps de travail prise en compte pour le calcul du remboursement. Demeure donc applicable au remboursement des frais de transport le décret du 21 juin 2010 instituant une prise en charge partielle du prix des titres d'abonnement correspondant aux déplacements effectués par les agents publics entre leur résidence habituelle et leur lieu de travail.

Fiche 5 – L'interruption du télétravail

L'autorisation d'exercice des fonctions en télétravail est accordée pour une durée maximale d'un an. Elle peut être renouvelée par décision expresse, après entretien avec le supérieur hiérarchique direct et sur avis de ce dernier.

En cas de changement de fonctions, l'autorisation d'exercice des fonctions en télétravail n'est plus valable et l'agent intéressé peut présenter, s'il le souhaite, une nouvelle demande. En effet, l'autorisation est accordée pour l'exercice de certaines fonctions, dans un service particulier. Elle ne suit donc pas l'agent lors d'un changement de poste.

Il peut être mis fin au télétravail :

- par l'agent en télétravail pendant la période d'adaptation de trois mois, par demande écrite, avec un délai de prévenance d'un mois ;
- par l'agent en télétravail à tout moment, par demande écrite, avec un délai de prévenance de deux mois ;
- par le chef de service pendant la période d'adaptation de trois mois, par notification écrite, avec un délai de prévenance d'un mois ;
- par le chef de service à tout moment, par notification écrite, avec un délai de prévenance de deux mois. Le télétravail peut être interrompu pour nécessités de service. Il peut s'agir par exemple de l'inadaptation des modalités de travail (nature des tâches, outils) avec le télétravail ou du non-respect des règles préalablement fixées d'exercice du télétravail.

L'autorisation d'exercice des fonctions en télétravail peut être suspendue :

- en cas de panne du matériel mis à disposition, sans préavis : il doit alors s'agir d'un dysfonctionnement persistant qui empêche l'agent d'exercer les missions qui lui ont été confiées ;
- en cas de crise, sans préavis : le CT compétent est saisi *a posteriori* pour information.

L'arrêté du 2 mars 2017 prévoit également la possibilité de suspendre, de façon collective, le recours au télétravail. Il s'agit de permettre au chef de service de suspendre l'exercice du télétravail pour l'ensemble des agents impactés par une réorganisation de leur service. Cette possibilité n'est ouverte que pour une période limitée et après avis du comité technique compétent. Concernant les services sous autorité conjointe, la suspension du télétravail est décidée de manière conjointe par les chefs de service concernés.

Fiche 6 – Le matériel de l'agent en télétravail

L'arrêté du 2 mars 2017 prévoit que :

- le matériel mis à disposition pour l'accomplissement des activités en télétravail doit respecter les spécificités techniques définies par la direction des systèmes d'information et de communication du ministère de l'Intérieur ou par les services compétents des établissements publics ;

- la charte portant engagement des utilisateurs du service de sécurisation du poste d'accès nomade (SPAN) est annexée à l'autorisation individuelle d'exercice des fonctions en télétravail.

Pour des raisons de sécurité des systèmes d'information, un équipement particulier et sécurisé doit être utilisé pour pouvoir se connecter au système d'information du ministère de l'Intérieur. L'utilisation d'équipement personnel est donc prohibée.

Le matériel adapté est fourni à l'agent en télétravail avec une solution informatique sécurisée qui répond aux questions de sécurité du ministère ou de l'établissement public concerné.

Au ministère de l'Intérieur, c'est l'outil SPAN (service de sécurisation du poste d'accès nomade) qui est utilisé par les agents en télétravail.

Cette solution informatique permet d'accéder, depuis son domicile, à son réseau de travail grâce à une clé spécifique sécurisée. Ce dispositif permet à l'agent en télétravail de bénéficier de l'espace partagé du réseau de son service depuis son domicile. Il s'agit d'un système sécurisé : aucune donnée locale n'est stockée dans l'ordinateur mis à disposition. D'un point de vue technique, l'utilisation de ce dispositif ne nécessite qu'une connexion internet.

Le ministère en assure la maintenance et le remplacement du matériel mis à disposition. Le coût du matériel est à la charge de la direction d'emploi du télétravailleur.

L'autorisation individuelle précise le matériel mis à disposition. La charte individuelle portant engagement des utilisateurs est signée par l'agent concerné.

Lors de la phase de livraison, un accompagnement personnalisé est proposé. À l'horizon 2017, une formation en e-learning sera disponible.

Des informations techniques complémentaires sont données sur le site de la direction des systèmes d'information et de communication à l'adresse suivante : span.dsic.minint.fr.

» Document 8 – Loi n° 2012-347 du 12 mars 2012 relative à l'accès à l'emploi titulaire et à l'amélioration des conditions d'emploi des agents contractuels dans la fonction publique, à la lutte contre les discriminations et portant diverses dispositions relatives à la fonction publique

Article 133

Modifié par loi n° 2019-828 du 6 août 2019 – art. 49.

Les fonctionnaires relevant de la loi n° 83-634 du 13 juillet 1983 portant droits et obligations des fonctionnaires peuvent exercer leurs fonctions dans le cadre du télétravail tel qu'il est défini au premier alinéa de l'article L. 1222-9 du code du travail. L'exercice des fonctions en télétravail est accordé à la demande du fonctionnaire et après accord du chef de service. Il peut y être mis fin à tout moment, sous réserve d'un délai de prévenance. Les fonctionnaires télétravailleurs bénéficient des droits prévus par la législation et la réglementation applicables aux agents exerçant leurs fonctions dans les locaux de leur employeur public.
Le présent article est applicable aux agents publics non fonctionnaires et aux magistrats.
Un décret en Conseil d'État fixe, après concertation avec les organisations syndicales représentatives de la fonction publique, les conditions d'application du présent article, notamment en ce qui concerne les modalités d'organisation du télétravail et les conditions dans lesquelles la commission administrative paritaire compétente peut être saisie par le fonctionnaire intéressé en cas de refus opposé à sa demande de télétravail ainsi que les possibilités de recours ponctuel au télétravail.

2. Corrigé

Direction départementale de la sécurité publique de X
Service de gestion opérationnelle
Affaire suivie par X, le X

Note à Monsieur le Directeur départemental de la sécurité publique
S/C du chef du SGO

Objet : Déploiement du télétravail au sein de la DDSP
Référence : Commande du chef du SGO
Annexes :
- Annexe 1 : Schéma de procédure d'autorisation d'exercer en télétravail
- Annexe 2 : Modèle de lettre de demande d'exercer en télétravail

Le télétravail, rendu possible notamment par le développement des nouvelles technologies, est un mode d'organisation du travail qui permet aux agents d'exercer leurs fonctions en dehors des locaux habituels de l'employeur, notamment au sein de leur domicile.
Obligeant les employeurs publics à de nouvelles approches managériales, le télétravail revêt néanmoins de nombreux avantages, tant pour les agents que pour les employeurs. C'est dans une optique de déploiement du télétravail au sein de la DDSP que vous avez souhaité disposer d'éléments d'éclairage en vue de vos discussions avec les représentants du personnel. La présente note a pour objet de vous expliciter ce dispositif qui s'insère dans un cadre juridique législatif et réglementaire en évolution (I) et des modalités d'organisation adaptées à chaque structure (II).

I. Un cadre juridique en adaptation à l'évolution technologique et sociétale
L'inscription du télétravail dans la loi au profit des agents publics est relativement récente. Elle résulte de l'article 133 de la loi du 12 mars 2012, relative à l'accès à l'emploi titulaire et à l'amélioration des conditions d'emploi des agents contractuels dans la fonction publique, à la lutte contre les discriminations et portant dispositions relatives à la fonction publique.
La loi a défini le télétravail en regard de l'article L. 1222-9 du code de travail qui précise qu'il s'agit de « toute forme d'organisation du travail dans laquelle un travail qui aurait également pu être exécuté dans les locaux de l'employeur est effectué par un salarié hors de ces locaux de façon régulière volontaire en utilisant les technologies de l'information et de la communication ».
Ce mode d'organisation du travail, tel que la loi le définit, s'adresse aux fonctionnaires qui peuvent en bénéficier à leur demande, après accord du chef de service.
L'introduction législative du télétravail pour les agents publics a été complétée par des actes réglementaires, notamment le décret du 11 février 2016, qui reprend en partie la définition du code du travail et la complète. Toutefois, le décret initial restreint le télétravail à une organisation régulière et durable.
Or, cette modalité s'avère discriminante à l'égard d'agents souhaitant exercer en télétravail de manière ponctuelle. C'est pourquoi la loi du 6 août 2019 relative à la transformation de

la fonction publique a complété le cadre législatif du télétravail dans la fonction publique en consacrant « les possibilités de recours ponctuel au télétravail ».
Par ailleurs, l'évolution réglementaire apportée par le décret du 25 juin 2019 relatif aux modalités de mise en œuvre du télétravail à l'égard de certains agents publics et magistrats permet d'étendre aux travailleurs en situation de handicap et aux femmes en état de grossesse la possibilité de bénéficier d'une quotité hebdomadaire de télétravail supérieure à celle fixée pour le droit commun. En effet, la réglementation précédant cette évolution fixait la durée maximale en exercice en télétravail à trois jours hebdomadaires.
Ce n'est plus tout à fait le cas depuis le décret n° 2020-524 du 5 mai 2020 dont l'article 2 dispose que l'autorisation de télétravail peut « prévoir l'attribution de jours de télétravail fixes au cours de la semaine ou du mois ainsi que l'attribution d'un volume de jours flottants de télétravail par semaine, par mois ou par an dont l'agent peut demander l'utilisation à l'autorité responsable de la gestion de ses congés ».
En raison de la COVID-19, des assouplissements supplémentaires ont été introduits par l'article 3 du même décret, permettant de déroger pour une durée de six mois maximum renouvelable, à la demande des agents, sous condition de santé, de handicap ou d'état de grossesse après avis du service de médecine préventive ou du médecin du travail ; cette dérogation est renouvelable, après avis du service de médecine préventive ou bien lorsqu'une autorisation temporaire de télétravail a été demandée et accordée en raison d'une situation exceptionnelle perturbant l'accès au service ou le travail sur site.
Ces différentes évolutions ont pour objectif d'adapter le télétravail au développement technologique, aux attentes des agents et des employeurs et aux circonstances.
Le cadre juridique régissant le télétravail le distingue clairement d'autres modalités de travail à distance du lieu habituel de travail. Il en est ainsi pour le cas des astreintes, qui se définissent comme une période pendant laquelle l'agent, sans être sur son lieu de travail, doit pouvoir intervenir si son administration le lui demande. L'agent n'est pas à la disposition permanente et immédiate de son chef de service, contrairement à l'exercice en télétravail. Le télétravail diffère également du nomadisme qui s'exerce par nature en dehors du lieu de travail.
Le télétravail est considéré comme du temps de travail à part entière. L'agent exerce à son domicile les missions qui lui sont assignées par son supérieur hiérarchique et demeure à sa disposition dans les plages horaires définies préalablement.
Concernant les activités éligibles au télétravail, il convient de retenir que l'ensemble des activités exercées par les agents du ministère de l'Intérieur sont accessibles au télétravail, à l'exclusion de certaines activités. Il s'agit notamment d'activités opérationnelles, des activités de représentation de l'État et des activités d'accueil physique du public et des agents. En outre, des activités portant sur des documents confidentiels, comportant des données à caractère sensible ou s'appuyant sur une application qui ne peut être utilisable à domicile peuvent être exclues du télétravail.
Le cadre juridique transversal aux agents publics est complété par des dispositions relevant de chaque employeur. C'est ainsi que les dispositions prises par le ministère de l'Intérieur permettent des modalités d'exercice en télétravail adaptées à la DDSP.

II. Les modalités d'organisation du télétravail, notamment au sein de la DDSP

S'agissant d'une modalité d'organisation du travail, le télétravail fait partie des thématiques dont la mise en place est soumise à l'examen du comité technique (comité social d'administration après le renouvellement de 2022).

Ainsi, en amont de sa présentation au comité technique, le projet de mise en œuvre du télétravail au sein de la DDSP sera discuté avec les partenaires sociaux, comme vous en avez exprimé le souhait.

À l'issue du recueil de l'avis de cette instance, l'information sera diffusée à l'ensemble des agents afin de leur faire connaître le dispositif et ses modalités d'application.

Cela permettra aux agents de se déterminer et d'entamer éventuellement la démarche d'exercer en télétravail.

Ainsi, les agents intéressés par le télétravail pourront formaliser volontairement leur demande auprès de vous (DDSP) sous couvert de leur supérieur hiérarchique direct.

Cette demande, qui explicite les motivations de l'agent, doit préciser les modalités choisies (nombre de jours télétravaillés, le lieu d'exercice…).

En outre, les agents concernés doivent fournir une attestation sur l'honneur justifiant des moyens nécessaires et préalables à l'autorisation visée (installation électrique conforme, connexion internet haut débit…).

Vous serez, par conséquent, amené à vous prononcer sur les demandes après avis des supérieurs hiérarchiques directs, lesquels s'emploieront à se déterminer au regard de la compatibilité de la demande avec l'intérêt de service.

L'agent ayant essuyé un refus d'exercice en télétravail, explicité en entretien motivé, peut formuler un recours auprès de la commission administrative paritaire locale.

En cas d'acceptation, la décision de télétravailler sera prise, pour une durée maximale d'un an, par le préfet de zone de défense et de sécurité.

Il est à noter qu'à l'issue de la période fixée par ladite décision, l'agent peut renouveler sa demande pour une nouvelle période. Toutefois, si l'agent change de fonctions, il est mis fin à l'autorisation initiale d'exercer en télétravail et l'agent se voit dans l'obligation de formuler une nouvelle demande.

Il est également mis fin prématurément à l'autorisation de télétravailler pour divers motifs, à l'initiative de l'agent ou à celle du supérieur hiérarchique. Il en est de même pour la suspension de l'autorisation de télétravailler.

Par ailleurs, les agents autorisés à télétravailler sont soumis aux mêmes considérations que les agents exerçant dans les locaux de la DDSP, en matière de santé et de sécurité au travail. À ce titre, leur domicile peut être visité, sous conditions, par les membres du CHSCT.

S'agissant d'une activité professionnelle à part entière, les agents en télétravail sont soumis aux règles appliquées aux agents en activité dans les locaux de la DDSP en matière d'accidents de service.

Enfin, afin de vous permettre de proposer aux partenaires sociaux des éléments opérationnels en vue de la mise en place du télétravail au sein de la DDSP, je vous prie de trouver en annexes à cette note un schéma synthétisant la procédure d'autorisation à télétravailler et un modèle de lettre de demande de télétravailler.

Annexe 1 : Schéma synthétisant la procédure d'autorisation à télétravailleur

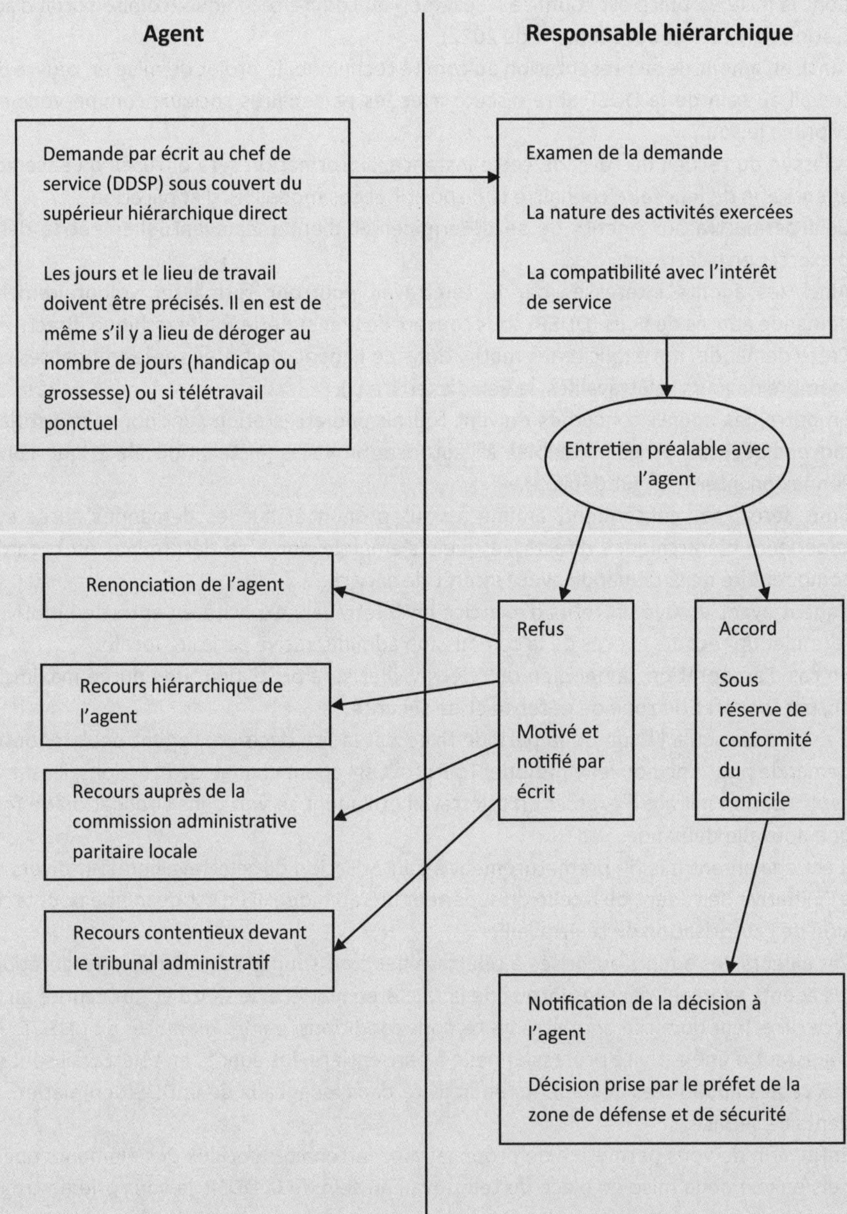

Annexe 2 : Modèle de lettre de demande de télétravailler

Nom, prénom
Grade, service et fonctions
Coordonnées téléphoniques et mail

À X, le X
À
Le DDSP
S/C du supérieur hiérarchique

Objet : Demande d'autorisation à télétravailler.

Projet de l'agent :
Pour quelles raisons le télétravail est-il sollicité ?
Modalités de télétravail envisagées par l'agent :
- nombre de jours ;
- dérogation au nombre maximal de jours (handicap et grossesse) ;
- télétravail ponctuel.

Lieu de télétravail :
- domicile de l'agent ;
- distance entre le domicile et le lieu habituel de travail.

Ressources disponibles :
- installation électrique ;
- connexion haut débit ;
- espace consacré au télétravail.

4 Système éducatif, du premier degré à l'enseignement supérieur

Ce sujet est une création.

1. Cas pratique

Attaché(e) d'administration à l'université de XYZ, vous êtes responsable administratif adjoint de la faculté de X.

Le doyen souhaite organiser une rentrée universitaire tenant compte du risque COVID-19. Le responsable administratif de la faculté vous demande de rédiger une note présentant la question sous tous les angles pertinents. Après avoir identifié dans la note les points d'attention et les solutions envisageables, vous rédigerez deux documents opérationnels pertinents (courrier, fiche de procédure, note de service, éléments de langage, communiqué).

LISTE DES DOCUMENTS

- **Document 1 :** Coronavirus : le Conseil scientifique juge « hautement probable une seconde vague à l'automne », 2 pages
- **Document 2 :** Haut Conseil de la santé publique – Avis relatif à l'adaptation des mesures concernant les différentes doctrines à appliquer dans les milieux scolaire et universitaire, et pour l'accueil collectif des mineurs selon l'évolution de la circulation du virus SARS-CoV-2 dans le cadre de la préparation à la rentrée de septembre 2020, 7 juillet 2020, 6 pages
- **Document 3 :** COVID-19 – 4e campagne de dotation en matériels de protection, 1 page
- **Document 4 :** Lettre de cadrage préparation de la rentrée universitaire de septembre 2020, présidence de l'université de XYZ, 17 juillet 2020, 11 pages
- **Document 5 :** Question sur la distribution de masques aux étudiants et vacataires, 1 page
- **Document 6 :** Orientations pour les opérateurs du MESRI relatives à la préparation de la rentrée universitaire 2020 (à la date du 6 août 2020), 5 pages
- **Document 7 :** Lettre d'information aux étudiants concernant la rentrée universitaire de septembre 2020, le 22 juillet 2020, 3 pages
- **Document 8 :** Décret n° 2020-860 du 10 juillet 2020 prescrivant les mesures générales nécessaires pour faire face à l'épidémie de COVID-19 dans les territoires sortis de l'état d'urgence sanitaire et dans ceux où il a été prorogé, 2 pages

» Document 1 – Coronavirus : le Conseil scientifique juge « hautement probable une seconde vague à l'automne »

Dans un avis au gouvernement, le Conseil scientifique COVID-19 formule un certain nombre de recommandations à l'attention des autorités sanitaires afin d'anticiper les conséquences d'un retour du coronavirus à l'automne. Ce rapport est rendu alors qu'une hausse des cas de COVID-19 est observée.

Le ministère de la Santé a rendu public un nouvel avis du Conseil scientifique COVID-19, remis au gouvernement le 27 juillet. Ce document de 42 pages porte un titre explicite : « Se préparer maintenant pour anticiper un retour du virus à l'automne ».

Le Conseil est une structure de quatorze experts chargée, depuis les débuts de l'épidémie du coronavirus, d'une mission d'information et de conseil auprès de l'exécutif, dans un contexte marqué par des connaissances très évolutives au plan scientifique.

La France d'après le déconfinement vue par le Conseil scientifique

Dans un précédent avis du 2 juin, le Conseil dessinait quatre scénarios post-confinement. Les hypothèses envisagées allaient d'« une épidémie sous contrôle » (type 1) à une situation où l'épidémie « atteint un stade critique » (type 4).

Au vu des données recueillies depuis lors, et dans un contexte mondial toujours évolutif, la progression actuelle de l'épidémie en France correspond à une « situation de type 1 fragilisé ». Deux séries de facteurs appuient ce constat d'une dégradation :

- d'une part, la récente recrudescence du nombre de cas de COVID-19 dans plusieurs régions, avec, en premier lieu, la Mayenne ;
- d'autre part, un certain relâchement dans le respect des mesures de précaution depuis le déconfinement : gestes barrières, port du masque, distanciation…

La reprise de l'épidémie en France : quel calendrier ?

Le Conseil souligne que « *l'avenir de l'épidémie à court terme est en grande partie entre les mains des citoyens* ». Il insiste donc sur la nécessité de campagnes de communication, en particulier à destination des jeunes. Une reprise épidémique dès l'été, « *en particulier lors de rassemblements mal contrôlés* », n'est en effet pas exclue.

Quoi qu'il en soit, le Conseil juge « *hautement probable qu'une seconde vague épidémique soit observée à l'automne ou hiver prochain* ». Pour cette raison, il formule une série de préconisations à destination des autorités sanitaires qui, cette fois-ci, pourront largement anticiper le regain épidémique.

Les préconisations du Conseil

Concernant les tests, deux points essentiels sont mis en avant : présenter une doctrine clarifiée d'utilisation, et les rendre plus accessibles afin de tester de façon large. S'agissant du prélèvement salivaire, le Conseil rappelle que ce test à résultat rapide n'est pas scientifiquement validé.

Un enjeu crucial est celui des « 20 grandes métropoles », où les risques de propagation du virus sont importants en raison de la densité de population. Dans l'hypothèse d'une reprise épidémique, la préparation de plans de « confinement local », ainsi qu'une gestion ciblée intégrant le soutien aux personnes vulnérables et la prise en compte des inégalités sociales, paraissent indispensables.

Le Conseil insiste sur l'absence de médicament ayant fait la preuve de son efficacité antivirale directe six mois après le début de la pandémie. La prise en charge des formes sévères et graves a cependant été améliorée grâce à la gestion des états inflammatoires liées à ces formes.

Enfin, diverses recommandations en matière de gouvernance et de communication à l'endroit des autorités sanitaires, mais aussi des employeurs (risques psychosociaux liés au confinement et au retour au travail) sont formulées.

Par la rédaction

Publié le 5 août 2020 à 11 h 36

(https://www.vie-publique.fr/en-bref/275677-covid-19-le-conseil-scientifique-juge-hautement-probable-une-2e-vague)

» Document 2 – Haut Conseil de la santé publique – Avis relatif à l'adaptation des mesures concernant les différentes doctrines à appliquer dans les milieux scolaire et universitaire, et pour l'accueil collectif des mineurs selon l'évolution de la circulation du virus SARS-CoV-2 dans le cadre de la préparation à la rentrée de septembre 2020, 7 juillet 2020

Par la saisine du 29 juin 2020, la Direction générale de la santé (DGS) a sollicité le Haut Conseil de la santé publique (HCSP) au sujet de l'adaptation successive des mesures de distanciation sociale, notamment pour la rentrée scolaire de septembre 2020, à la suite d'une demande du ministère de l'Éducation nationale et de la Jeunesse (MEN) (Annexe 1).
Plus précisément, dans le contexte de la pandémie de COVID-19, il est demandé au HCSP de répondre aux interrogations portant sur l'opportunité (i) d'alléger les mesures de distance physique par classe ou groupe d'élèves, recommandées précédemment pour les phases 2 et 3 du déconfinement dans les différents milieux scolaires et pour le transport scolaire, (ii) de revoir et d'appliquer dans les écoles maternelles les mêmes recommandations relatives au port de masque que celles préconisées dans les établissements accueillant de jeunes enfants, et (iii) de définir les alertes et les conditions de maîtrise des éventuels clusters apparaissant dans ces milieux scolaires.
Le 29 juin 2020, le HCSP a également été saisi par le ministère de l'Enseignement supérieur, de la Recherche et de l'Innovation (MESRI) pour proposer des recommandations de prévention sanitaire en matière de distanciation physique, de gestion des flux pour préparer la rentrée dans les universités tenant compte de la situation épidémiologique actuelle (Annexe 2).
Le 30 juin 2020, le HCSP recevait une 3e saisine de la DGS relative à l'actualisation des recommandations (avis des 27 mai 2020 et 17 juin 2020) pour les déclinaisons opérationnelles des protocoles élaborés par le MEN de l'accueil collectif des mineurs (avec ou sans hébergement) (Annexe 3).
Afin de répondre à ces 3 saisines en lien avec la pandémie de COVID-19 en cours, le HCSP a réactivé le groupe de travail « Grippe, coronavirus, infections respiratoires émergentes » composé d'experts membres ou non du HCSP. Un sous-groupe dédié à cette saisine a été constitué (Annexe 4) qui compte tenu des délais n'a pu réaliser qu'une audition (Annexe 5). Le HCSP propose de rappeler et de synthétiser les différentes doctrines déjà publiées pour les phases 1 (Doctrine 1) puis 2 et 3 (Doctrine 2) du déconfinement et de proposer de nouvelles recommandations (Doctrine 3) pour répondre à ces trois saisines. Ces différentes doctrines pourront être activées en fonction de la situation épidémiologique de circulation du virus SARS-CoV-2 en France dans les différents lieux recevant du public, notamment les milieux scolaires, d'enseignement universitaire et d'accueil collectif des mineurs.

Éléments de contexte

Le 31 décembre 2019, l'Organisation mondiale de la santé (OMS) a été informée par les autorités chinoises d'un épisode de cas groupés de pneumonies dont tous les cas initialement confirmés avaient un lien avec un marché d'animaux vivants dans la ville de Wuhan (région du Hubei), en Chine.

Un sujet par thème

Le 9 janvier 2020, un nouveau virus émergent a été signalé par l'OMS comme étant responsable de ces cas groupés de pneumopathies en Chine. Il s'agit d'un coronavirus, temporairement désigné par les auteurs chinois virus 2019-nCoV (*novel coronavirus 2019*), puis officiellement désigné par l'*International Committee on Taxonomy of Viruses* (ICTV) SARS-CoV-2 du fait de sa proximité génétique avec le virus SARS-CoV responsable de l'épidémie de 2002-2003. Le 11 février 2020, l'OMS a désigné la pathologie induite par cet agent 19 (*Coronavirus disease*).

Le 30 janvier 2020, au regard de l'ampleur de l'épidémie, l'OMS a déclaré que cette épidémie constituait une urgence de santé publique de portée internationale (USPPI).

Le 28 février 2020, la France est passée au stade 2 (foyers isolés) de l'épidémie d'infections à SARS-CoV-2, puis le 14 mars au stade 3 (circulation active du virus dans le pays).

Depuis le 17 mars 2020, le confinement de la population générale a été instauré, avec une limitation des déplacements autorisés. Le 11 mai, une levée progressive et contrôlée du confinement a été mise en œuvre. Après une seconde phase de déconfinement le 2 juin, la phase 3 du déconfinement a été engagée le 22 juin 2020.

Dans le cadre de l'évolution du niveau de circulation du virus et de la reprise progressive de l'activité en France, notamment en phase 3 du déconfinement, cet avis est complémentaire de l'avis relatif à l'adaptation des gestes barrières et de distanciation sociale dans la population générale du 24 avril 2020 (Doctrine 1) [1], de l'avis sur l'adaptation des mesures de distanciation sociale en milieu d'hébergement collectif du 27 mai 2020 [2] et des avis relatifs aux milieux scolaires de 10, 14 et 17 juin 2020 (Doctrine 2) [3-5]. Il tient compte de la progression des connaissances sur les risques de transmission du virus SARS-CoV-2 et de l'évolution des mesures barrières dans la population générale. Depuis quelques semaines, la situation épidémiologique en France a évolué favorablement et présente une relative stabilité [6]. Les données disponibles permettent de lever progressivement une partie des mesures collectives de prévention mais la vigilance reste de mise car le virus continue de circuler en France. En effet, depuis la levée du confinement, il est constaté une hausse du nombre de foyers (clusters) de contamination en France et le nombre de reproduction effectif (R effectif) est passé à 0,9 (2 juillet 2020) alors qu'il était à 0,6/0,7 en début de déconfinement. Trois régions métropolitaines dépassent la valeur de 1. Toutefois, les foyers restent pour l'instant maîtrisés avec une très faible diffusion dans la population notamment du fait des moyens actuels mis en œuvre pour le repérage des contacts permettant de limiter la diffusion du virus à partir des foyers infectieux [6].

Au niveau international la pandémie est encore loin d'être maîtrisée et très active dans certains pays (Amérique latine, Inde, États-Unis…), et dans d'autres un risque de reprise (Chine) ou de seconde vague est décrit (Iran, Corée du Sud, Japon…) [7, 8] et certains pays ont été amenés à reconfiner certaines zones.

Le déconfinement induit une reprise des contacts dans la population avec une circulation du virus encore présente. Ces contacts s'accroissent progressivement avec la reprise des transports en commun et la réouverture des activités et des établissements recevant du public notamment des lieux de loisirs, etc. La distance physique, les gestes barrières, l'hygiène des mains et des surfaces et le port de masque grand public (ou à usage médical pour les personnes à risque de forme grave [9]), demeurent, pour le HCSP, des mesures indispensables à respecter pour le contrôle de la circulation du virus dans la population générale.

Le HCSP a pris en compte les éléments suivants.

Les modalités principales de transmission du SARS-CoV-2 sont les suivantes :

- transmission directe par émission de gouttelettes orophrayngées lors d'effort de toux ou d'éternuement par le malade infecté, symptomatique ou non, vers une personne saine située à une courte distance avec risque de contamination par la muqueuse respiratoire principalement ;
- transmission indirecte par contacts avec la bouche, le nez, ou les muqueuses des yeux.

La transmission des maladies infectieuses par voie aérienne implique principalement la toux et les éternuements qui conduisent à l'émission de gouttelettes, certaines visibles à l'œil nu, d'autres non. Par ailleurs, la parole normale produit également de grandes quantités de particules, invisibles à l'œil nu car de l'ordre de quelques microns et capables de transporter une variété d'agents infectieux transmissibles sous forme d'aérosol [10].

La présence de virus (coronavirus, virus de la grippe et rhinovirus) a été détectée par Leung *et al.* (2020) dans les particules collectées à la fois pour des diamètres supérieurs et inférieurs à 5 µm. Ces auteurs ont montré que le port d'un masque chirurgical diminue la détection de virus dans les échantillons collectés [11].

En absence de masque, les gouttelettes les plus grosses vont suivre des trajectoires balistiques courtes et se déposer sur les surfaces à proximité immédiate de l'émetteur tandis que celles de plus faible diamètre sont transportées par l'air ambiant ce qui provoque l'évaporation rapide de l'eau et laisse en suspension un résidu sec formé des éléments non volatils (mucus, autres protéines, sels minéraux…) présents dans la gouttelette initiale. La taille des résidus secs mis en suspension est donc très dépendante de la composition initiale du mucus ou de la salive et il a été mesuré un diamètre aérodynamique géométrique moyen compris entre 0,7 µm et 1,25 µm pour les résidus formés en respirant ou en parlant [12].

La possibilité d'une transmission à distance (plusieurs mètres) par aérosols a fait l'objet de beaucoup de débats [13-15]. Bien qu'elle soit possible en termes d'aérobiologie, elle n'a fait l'objet d'aucune démonstration épidémiologique pour le SARS-CoV-2, sauf pour des circonstances particulières comme un rassemblement de chant choral dans l'État de Washington [15] et un restaurant à Wuhan [16]. La transmission par les surfaces est également une voie probable de contamination, car le virus peut persister et rester infectant plusieurs heures [16-18].

Les données pédiatriques figurant dans les avis du HCSP du 20 avril 2020 [19], du 30 avril 2020 [20] et du 10 juin 2020 [21], sont rassurantes concernant l'impact de la pandémie de COVID-19 chez les enfants et le rôle de ces derniers dans la transmission de la maladie :

Une moindre susceptibilité des enfants à la COVID-19

Dans les études de dépistage de cas secondaires de COVID-19 (par RT-PCR sur prélèvement naso-pharyngé) chez des contacts de cas index, les résultats chez les enfants et jeunes adultes contacts (âgés de moins de 15 ans, 18 ans ou 20 ans selon les études) sont moins souvent positifs que chez les adultes contacts [22-27].

En population générale, le pourcentage de positivité des RT-PCR SARS-CoV-2 sur prélèvement naso-pharyngé ou de la sérologie SARS-CoV-2 chez les enfants est moindre que celui des adultes [28-31] ou identique [32-35]. En France métropolitaine, sur 52 588 prélèvements naso-pharyngés réalisés (12,3 % chez des enfants), le taux de positivité était 3,5 fois moins élevé chez les enfants que chez les adultes (5,9 % (IC95 % : 5,3-6,5) *vs* 20,3 % (IC95 % : 19,9-20,6) [36].

Une moindre fréquence de formes graves des enfants

La COVID-19 touche essentiellement les adultes, et les formes les plus graves, ainsi que les décès, surviennent quasi-exclusivement chez des sujets âgés et/ou présentant des comorbidités. Les enfants sont relativement épargnés et les données disponibles en pédiatrie sont plutôt rassurantes [37-47].

Néanmoins, les enfants les plus jeunes (< 1 an) et ceux présentant des comorbidités identifiées comme des facteurs de risque de forme grave sont souvent hospitalisés, notamment en unité de soins intensifs [39-48].

Une forme grave spécifique à l'enfant est connue sous les noms de « syndrome d'inflammation multisystémique lié au SARS-CoV-2 associé ou non à une défaillance cardiovasculaire » ou « *Paediatric Inflammatory Multisystem Syndrome* » (PIMS) ou « *Multisystem Inflammatory Syndrome in Children* » (MIS-C) ; elle associe à des degrés divers, fièvre, signes de syndrome de Kawasaki atypique, atteinte cardiaque (myocardite), sérites et signes biologiques inflammatoires. Le nombre de cas décrits à l'échelle mondiale est très limité [49-53].

Au 17 mai 2020, la France identifiait 108 cas de PIMS, dont 79 confirmés, 16 probables et 13 possibles (un décès) [54].

Les enfants moins transmetteurs que les adultes

Contrairement à la grippe ou à l'infection par le virus respiratoire syncytial (VRS), les enfants sont moins souvent en cause dans la transmission de l'infection [55].

La majeure partie des enfants infectés par le virus SARS-CoV-2 l'ont été dans le cadre d'une transmission familiale, à partir d'adultes. Dans un cluster en Savoie (11 contaminations sur 15 à partir d'un cas index pauci-symptomatique) [56], un enfant de 9 ans contaminé a fréquenté 3 écoles alors qu'il était symptomatique. Aucun des 112 contacts de cet enfant n'a présenté de signe en lien avec la COVID-19 ou n'a été testé positif pour le virus SARS-CoV-2.

Des données comparables ont été décrites dans des écoles en Australie [57]. L'analyse du cluster de Crépy-en-Valois (Oise) où plusieurs cas ont été identifiés chez des enseignants d'un collège, a montré que dans le collège où les cas étaient survenus [58], la séroprévalence était de 2,7 % chez les personnes testées âgées de moins de 15 ans, mais de 40 % chez les 15-17 ans. Ceci est en faveur d'une transmission chez les plus de 15 ans.

En parallèle [59], dans 6 écoles primaires de la même ville au même moment, le taux de séroprévalence était de 10,4 %, mais la séroprévalence dans l'entourage était significativement supérieure lorsque les enfants étaient positifs : parents (61 % *vs* 6,9 %) fratrie (44,4 % *vs* 9,1 %). Ceci était en faveur d'une transmission au sein de la famille plus qu'au sein de l'école primaire.

Pourtant, la charge virale moyenne évaluée par RT-PCR semble comparable chez les enfants et les adultes [60]. Il est possible que le nombre d'enfants avec une charge virale élevée soit moindre que chez les adultes [61], ou que d'autres facteurs jouent dans la transmission de personne à personne.

Les grands principes de la doctrine générale du HCSP [1]

La doctrine sanitaire du HCSP en matière de lutte contre la pandémie de COVID-19 à la suite du déconfinement repose sur la déclinaison de mesures non pharmaceutiques dans l'attente de la disponibilité d'un vaccin efficace ou de traitements spécifiques. Ces règles d'hygiène et de prévention de la transmission du SARS-CoV-2 sont évolutives et adaptatives au fur et à mesure que la situation épidémiologique est mieux étudiée et comprise. Elles ont pour objectif de protéger les professionnels et de limiter au maximum la transmission interindividuelle dans la population pour protéger les personnes les plus vulnérables et éviter la saturation des hôpitaux en particulier des services de réanimation. Elles doivent être enseignées ou rappelées à la population et aux professionnels dans la durée et adaptées en fonction du niveau de circulation du virus.

Cette doctrine sanitaire repose sur l'application rigoureuse de trois mesures principales :

- La distance physique : elle doit permettre à tout individu d'être à une distance d'au moins 1 mètre de tout autre individu (espace de 4 m^2), sauf situation particulière pour laquelle cette distance peut être supérieure (pratique du sport, personne en situation de handicap en fauteuil roulant, etc.).
- L'hygiène des mains (HDM) et les gestes barrières doivent être scrupuleusement respectés soit par un lavage des mains à l'eau et au savon (dont l'accès doit être facilité avec mise à disposition de serviettes à usage unique), soit par une friction hydroalcoolique (FHA).
- À ces mesures de base, est associé le port de masque grand public (ou à usage médical pour les personnes à risque de forme grave [9]) pour la population, respectant les préconisations de fabrication de l'AFNOR. Des règles précises doivent être appliquées pour une efficacité maximale :
  - Les masques doivent être portés systématiquement par tous dès lors que les règles de distanciation physique ne peuvent être garanties. Le double port du masque (par les 2 personnes possiblement en contact) garantit en effet une protection du porteur et de son environnement en limitant fortement les émissions des gouttelettes oropharyngées.
  - Le port du masque ne dispense pas du respect d'une distanciation physique la plus grande possible et dans tous les cas de l'HDM.

Cette doctrine sanitaire doit être appliquée au quotidien dans la vie des citoyens même en dehors de toute infection apparente et déclinée dans les différentes situations de la vie quotidienne.

Pour maîtriser complètement la transmission et la persistance environnementale du virus, cette doctrine globale est complétée par des mesures environnementales relatives au nettoyage et à la désinfection des surfaces fréquemment touchées par les mains dans les milieux publics extérieurs et intérieurs et à la maîtrise de l'aération et des systèmes de ventilation/climatisation.

Ces mesures déployées sur l'ensemble du territoire, sans distinction régionale, impactent la vie quotidienne des citoyens et doivent induire de nouveaux comportements dans leurs habitudes individuelles et collectives sociales, familiales et professionnelles. Ces mesures doivent être appliquées par tous, y compris ceux qui ont été atteints par la COVID-19, le caractère immunisant d'une infection n'étant pas avéré, surtout à moyen et long termes. Pour obtenir une adhésion dans la durée et un succès des mesures préconisées, une information précise, comprise, régulière et accessible doit être définie et mise en place, et aussi longtemps que le virus circule. Ces recommandations s'adressent à l'État pour guider la politique sanitaire, au citoyen mais également à l'ensemble des responsables et partenaires socio-économiques publics et privés pour être les relais de la mise en œuvre des préconisations. Elles pourront être adaptées et évolutives en fonction de la situation épidémiologique et des retours d'expérience.

Quatre scénarios ont été définis par le Conseil scientifique COVID-19 [62] :

- scénario 1 : Maîtrise de l'épidémie avec quelques clusters sous contrôles maîtrisés. Situation actuelle ;
- scénario 2 : Cluster(s) critique(s) obligeant à des mesures locales ;
- scénario 3 : Reprise à bas bruit de l'épidémie ;
- scénario 4 : Reprise nationale de l'épidémie avec coefficient de reproduction effectif > 1,5.

Compte tenu de l'évolution globalement positive de la situation sanitaire à la date du 7 juillet 2020, un ajustement des mesures de ses doctrines 1 et 2 est donc aujourd'hui proposé par le HCSP (Doctrine 3).

Cet ajustement dans cette 3e doctrine du HCSP s'articule :

- D'une part, autour de règles sanitaires plus souples que celles en vigueur jusqu'à présent, notamment la possibilité d'organiser ou non, en fonction des contraintes d'accueil spécifiques à chaque établissement, la distanciation physique individuelle ou par classe/groupes d'enfants/élèves/étudiants la plus grande possible. Cette nouvelle adaptation d'une des mesures majeures ou essentielles des doctrines 1 (avril 2020) et 2 (juin 2020) du HCSP est assujettie au strict respect des autres mesures barrières notamment le port du masque systématique pour les encadrants/enseignants réunis entre eux (ex. en salle des professeurs, etc.) et pour les élèves du collège/lycée et les étudiants en université dans les espaces clos et lors de regroupements. Les mesures de politiques générales précisées dans les tableaux de synthèse 1 à 4 dans cet avis sont aussi importantes à organiser et à faire appliquer par tous.
- D'autre part, autour du maintien d'une vigilance justifiée par la circulation toujours présente du virus qui rend possible la reprise de l'épidémie, par le non-respect de toutes ces mesures barrières en espaces clos, notamment lors d'une forte densité de présence humaine.

Comme pour les autres avis du HCSP, ces recommandations tiennent compte de la situation connue et des consignes sanitaires applicables à la date de la rédaction du présent avis et sont sans présumer de nouveaux ajustements que l'évolution de la situation sanitaire pourrait rendre nécessaires.

Tableau 3. Synthèse des principales adaptations des mesures de la doctrine du HCSP pour la rentrée universitaire de septembre 2020.

Cette adaptation est conditionnée par le respect des mesures sanitaires applicables à la rentrée 2020 en cas de maintien de la situation sanitaire du 7 juillet 2020. Un panel des préconisations dans les universités étrangères est disponible en annexe 6.

Mesure de la doctrine du HCSP	Doctrine 3 du HCSP – Rentrée universitaire
	Septembre 2020
Gestes barrières systématiques	Oui
Hygiène des mains fréquente supposant une mise à disposition adéquate des matériels et produits nécessaires	Oui
Distance physique[a]	Oui, si possible en fonction des organisations et des situations, permettant une capacité d'accueil nominale.
Port de masque grand public[b]	Port du masque systématique par tous lorsque les règles de distanciation physique définies ci-dessus ne peuvent être garanties. Il incombera ainsi aux étudiants de se doter des masques qui leur seraient nécessaires et l'établissement sera tenu de fournir des masques à ses personnels. Le port de masque devra suivre les règles d'utilisation standardisées [1].
Politique générale/ Référent COVID-19/ Plan stratégique de prévention/Organisation d'événement	Ces règles s'appliquent dans les établissements, les campus, les bibliothèques universitaires, les résidences ainsi que dans les restaurants universitaires. Les règlements intérieurs pourront sanctionner le non-respect de ces règles. Pour faciliter le respect de ces règles, une plus grande amplitude horaire d'utilisation des locaux pourra être utilement recherchée en lien avec les autres acteurs concernés (organismes de transport, collectivités…). Pré-inscriptions à des horaires fixes (ex. restaurants ou bibliothèques universitaires. Organisation des activités présentielles hors enseignement. Vigilance sur les étudiants à risque de décrochage et organisation de roulement sur les cours en présentiel si tous les étudiants ne peuvent être accueillis. Veiller à une ouverture élargie des bibliothèques universitaires.

Gestion du flux de circulation/brassage des étudiants	Oui, dans toute la mesure du possible. Éviter les regroupements et croisements trop importants d'étudiants (dans les amphithéâtres, les établissements veilleront à ce que leurs jauges soient adaptées à cette fin). Possibilité d'élargir les plages horaires et les jours d'ouverture pour accueillir davantage d'étudiants.
Information/ communication	Oui Appropriation collective des règles sanitaires.
Vigilance sanitaire/ détection de cas	Oui Demander aux étudiants présentant des symptômes évoquant la COVID-19 de rester à leur domicile. Possibilité de proposer des campagnes de dépistage systématique selon les orientations nationales notamment pour les étudiants ayant visité une zone à risques depuis moins de 14 jours.
Nettoyage/désinfection de l'environnement	Oui, entretien de routine.
Maîtrise des systèmes de ventilation	Oui
Accès aux bibliothèques, lieux de vie des étudiants, restaurants universitaires, espaces collectifs étudiants/ personnels	Oui, dans des conditions permettant le respect des consignes sanitaires.

a. La distance physique n'est plus obligatoire si impossible ou contraignante à mettre en place mais est soumise au respect des autres mesures de prévention, notamment le port systématique du masque lors de regroupement de personnes et dans les espaces clos (ex. classes, amphithéâtres, ateliers, salles de TD (travaux dirigés), de TP (travaux pratiques), etc.). La capacité nominale correspond à l'accueil de la totalité des élèves/étudiants en période habituelle.

b. Le HCSP recommande le port d'un masque à usage médical pour les personnels ou les étudiants à risque de forme grave de COVID-19 [9]. Le port de masque devra suivre les règles d'utilisation standardisées [1].

» Document 3 – COVID-19 – 4e campagne de dotation en matériels de protection, 1 page

De : responsable pôle prévention
Sujet : COVID-19 – 4e campagne de dotation en matériels de protection
Pour : directeurs de services et de composantes

Bonjour,
La DPLP va procéder à une quatrième campagne de dotation en matériels de protection.
À ce titre, nous vous remercions de bien vouloir transmettre par mail la liste de vos agents effectivement présents par demi-journées **pour la période du 1er août au 30 septembre**.
Les listes sont à envoyer à l'adresse prevent-COVID@univ-XYZ.fr et les dotations seront à récupérer sur RDV au bâtiment central.
Bien cordialement,

X
Responsable du pôle prévention
Université XYZ
Direction du patrimoine, de la logistique et de la prévention
Bâtiment central

» Document 4 – Lettre de cadrage préparation de la rentrée universitaire de septembre 2020, présidence de l'université de XYZ, 17 juillet 2020

XYZ, le 17 juillet 2020

Lettre de cadrage préparation de la rentrée universitaire de septembre 2020

Compte tenu de l'évolution du contexte sanitaire, le principe retenu à ce jour est celui d'une rentrée en présentiel, avec port du masque obligatoire dans les lieux clos, application des gestes barrières, limitation du brassage des groupes, nettoyage et désinfection des locaux et du matériel et communication, information et formation des personnels et des étudiants.
Néanmoins le caractère incertain de l'évolution de la situation sanitaire peut nous conduire à envisager de nouveaux cas de figure en cas de reprise de l'épidémie sur le territoire[1].
La présente lettre de cadrage a vocation à indiquer les grandes orientations afin de protéger la santé de nos étudiants et de nos personnels. Chaque composante et service pourra les décliner au regard des missions et activités qui lui sont propres.

1. Utilisation des locaux

Pour favoriser la distanciation physique et réduire autant que faire se peut le brassage, la rentrée se fera de façon échelonnée. Si besoin, les plages d'utilisation des locaux pourront être étendues entre 8 h et 20 h et du lundi au samedi. Il est rappelé que l'occupation de la tranche horaire après 18 h devra respecter la pratique des activités culturelles et sportives.
Les emplois du temps devront prévoir un temps suffisant pour permettre aux étudiants de prendre leur repas, sachant que le nombre de places sera réduit dans les locaux du CROUS[2].
Les directeurs de composantes d'un même campus sont ainsi invités à se rapprocher du vice-président de la formation et de la vie universitaire.
La gestion des flux dans les espaces de circulation devra également être pensée. Dans la mesure du possible, il sera donc nécessaire de limiter les changements de lieux d'enseignement et de rappeler aux étudiants de porter leur masque (cf. règlement intérieur).
Une signalétique indiquant les sens de circulation devra être apposée dans nos locaux. Les directeurs de composantes sont invités à se rapprocher de la direction du patrimoine, de la logistique et de la prévention.
Les directeurs de services et composantes recevant du public (services aux étudiants, guichet d'accueil, etc.) veilleront à équiper leurs personnels des équipements de protection individuelle nécessaires à la réalisation de leur mission (masques, gants, hygiaphones, visières, solutions hydroalcooliques…).
Il sera remis à chaque étudiant un masque tissu. Les modalités de distribution des masques vous seront communiquées prochainement.
Le ménage des bâtiments se fera plusieurs fois par jour.
Concernant les salles de travaux pratiques, les enseignants veilleront à ce que les étudiants désinfectent leur plan de travail à la fin de chaque séance. Le technicien aura la charge de la

1. Cf. Annexe 1.
2. Les plages horaires ont été élargies et le service de restauration sera assuré de 11 h 30 à 14 h 30.

désinfection du matériel. Concernant les salles informatiques, les enseignants veilleront à ce que les étudiants désinfectent le matériel utilisé à la fin de chaque séance.
L'organisation de colloques et séminaires devra respecter strictement les mesures sanitaires mises en œuvre à l'université. Les organisateurs devront indiquer au conseiller de prévention de l'université comment les consignes sanitaires en vigueur au moment de l'événement seront prises en compte et préciser quels moyens seront mis en place pour vérifier qu'elles seront respectées.

2. Accueil des étudiants

Inscriptions administratives

Les inscriptions administratives ont débuté le 6 juillet 2020. Elles se font cette année de façon entièrement dématérialisée. Néanmoins, une ligne téléphonique et une adresse électronique dédiées permettent aux étudiants et à leurs familles d'obtenir les renseignements nécessaires en cas de difficultés (inscriptionsweb@univ-xyz.fr /__ __ __ __ __).
Un accueil sur rendez-vous uniquement se fait tout au long de cette période d'inscription. L'étudiant devra prendre rendez-vous *via* l'application proposée par l'université.

Rentrée universitaire

La date de rentrée des étudiants est fixée le lundi 7 septembre. Les activités d'accueil et de mise à niveau sont autorisées en amont de cette date, notamment pour les études de santé.
Chaque composante organise l'accueil de rentrée de façon échelonnée sur trois semaines, pour limiter les flux.
Les rentrées solennelles englobant toutes les promotions dans un même lieu ne pourront se tenir.
Les équipes pédagogiques veilleront à rappeler les règles et consignes sanitaires de l'établissement à leurs étudiants.

Étudiants néo-entrants

Une attention particulière sera accordée aux néo-bacheliers et nouveaux étudiants qui ne connaissent pas encore l'université de XYZ et les services qu'elle propose. En cas d'évolution négative de la situation sanitaire et d'un retour à un mode d'enseignement en distanciel, les enseignants devront veiller à accompagner ces étudiants pour éviter notamment tout risque de décrochage ou repérer toute fragilité quelle qu'elle soit.

Étudiants internationaux

Les étudiants internationaux seront accueillis à l'université de XYZ à la rentrée 2020/2021.
Il convient de souligner, que certains de nos partenaires internationaux ont d'ores et déjà demandé à leurs étudiants de différer leur départ au 2e semestre.

Mobilités sortantes nationales et internationales (stages et formations)

Concernant les mobilités internationales, et au regard de l'incertitude de l'évolution du virus, il est recommandé aux étudiants de différer leur projet au 2e semestre. L'accomplissement d'une mobilité à l'étranger est possible dès lors que les conditions de transport et d'hébergement sont acquises et que la structure d'accueil s'engage au respect des mesures d'hygiène et de sécurité garantissant la protection des étudiants.

Concernant les mobilités nationales, elles pourront se dérouler dès le 1er semestre sous réserve que l'organisme d'accueil respecte un protocole sanitaire garantissant la protection des étudiants. Une attention particulière sera portée par les équipes pédagogiques au respect de ce protocole (obligation de moyens et non de résultat). La convention de stage indiquera le strict respect des mesures d'hygiène et de sécurité par la structure d'accueil et le stagiaire.

Les services aux étudiants

La bibliothèque universitaire est ouverte aux usagers, dans des conditions permettant le respect des consignes sanitaires. La fourniture à distance de la documentation électronique et le prêt devront rester privilégiés.

Le service d'information et d'orientation est accessible et l'accueil des étudiants sera organisé autant que possible sur rendez-vous.

Pratiques culturelles et sportives : les services culturels et sportifs doivent élaborer une offre culturelle et sportive adaptée au respect des mesures sanitaires.

Accompagnement des étudiants : la cellule de soutien instituée pendant le confinement est maintenue afin de venir en aide aux étudiants rencontrant des difficultés économiques, sociales ou de santé (soutien-social-sante-etudiants@univ--xyz.fr / __ __ __ __ __).

Médecine préventive : la reconduction des dispositifs préventifs et d'accès aux soins est prévue.

3. Organisation pédagogique adaptable

Dans l'absolu, devant l'impossibilité de prévoir le comportement du COVID, aucun scénario pédagogique ne se détache de façon évidente en ce mois de juillet 2020. En dépit de l'amélioration relevée depuis le 11 mai, il faut concevoir la rentrée en présentiel mais prévoir des changements de posture flexibles et réversibles :

- Préparer un planning normal des enseignements. Une part distancielle à hauteur de 20 % par enseignant et par enseignement pourra être mise en œuvre.
- Anticiper un passage au distanciel complet en cas de retour au confinement ou de circulation active du virus et de foyers multiples[3].
- Anticiper un retour en mode hybride, forcément temporaire et toujours réversible, en identifiant les difficultés (grands groupes, besoins de locaux spécifiques) et les stratégies de réponse (segmentation, mode dégradé…). Attention : le passage en mode hybride est à distinguer d'une démarche d'hybridation des pratiques d'enseignement. Le mode hybride est une réponse temporaire à une situation de crise quand le port généralisé du masque ne suffit pas.

Les modalités de contrôle des connaissances et des compétences doivent être adoptées au plus tard dans le mois suivant la rentrée universitaire. Il faut prévoir différentes options en fonction des évolutions possibles de la situation sanitaire. Les règlements des études devront nécessairement intégrer différents types de réponses à la crise sanitaire (présentiel, activité hybride temporaire, distanciel éventuel).

3. Cf. Annexe 2.

La direction des systèmes d'information a élaboré un guide des outils numériques listant l'ensemble des applications et outils informatiques accessibles aux personnels et étudiants de l'université[4].

4. Conditions de travail des personnels

Avec la fin de l'état d'urgence, seuls les personnels répondant aux critères de vulnérabilité énumérés par le Haut Conseil de la santé publique avec avis médical, pourront continuer à exercer la totalité de leurs activités en travail à distance. Pour toute question sur ce dispositif la direction des ressources humaines se tient à votre disposition (infos-COVID19@univ-xyz.fr).

Pour l'ensemble des personnels qui exercent des activités télétravaillables, et en accord avec leur responsable hiérarchique, une journée de travail occasionnel à distance hebdomadaire continuera d'être accordée jusqu'au 28 juillet 2020.

Initialement prévue au printemps 2020, la phase expérimentale de mise en œuvre du télétravail n'a pu être déployée en raison du contexte sanitaire. Celle-ci est donc reportée à la rentrée de septembre. la direction des ressources humaines prendra l'attache des directeurs de composante et de service pour relancer le dispositif.

Concernant les déplacements des personnels administratifs, enseignants et enseignants-chercheurs et afin de veiller à la protection de la santé des personnes, il est demandé aux responsables de service ou composante de mesurer le risque présenté par la destination avant de signer tout ordre de mission. Il conviendra de consulter au préalable les sites du ministère des Affaires Étrangères ou celui de Santé publique France.

À compter du 1er août et jusqu'à nouvel ordre, le port du masque devient obligatoire dans les lieux publics clos. Ainsi, il est demandé à chaque personnel de l'université de XYZ de porter un masque dans les voies de circulation ou lorsqu'il reçoit du public. Pour rappel, les dotations en équipements de protection sont assurées par la DPLP. Les directeurs et chefs de service sont mensuellement destinataires d'un mail les informant de l'ouverture de la campagne de dotation et sont invités à faire part des besoins qualitatifs et quantitatifs de leur service ou composante (masques, gels…).

Les demandes doivent être adressées par mail à l'adresse : prevent-COVID@univ-xyz.fr.

Par ailleurs, le conseiller de prévention de l'établissement se tient à la disposition des personnels pour tout conseil ou accompagnement dans le choix, la mise en œuvre et l'utilisation de ces équipements de protection : prevention@univ-xyz.fr/06.__ __ __ __.

Le protocole de prise en charge d'une personne symptomatique et de ses contacts rapprochés figure en annexe de la présente note[5].

Le président de l'université de XYZ

4. Cf. Annexe 3.
5. Cf. Annexe 4.

Annexe 1

		Niveau 1 : présence des personnels, présence des étudiants, pas de contrainte sanitaire	Niveau 2 : présence des personnels, présence des étudiants, accueil du public, contraintes sanitaires	Niveau 3 : présence des personnels, présence limitée des étudiants, contraintes sanitaires	Niveau 4 : pas de personnels, pas d'étudiants, contraintes sanitaires
Situation générale	État de la pandémie	Pas de pandémie	Pandémie contrôlée : confinement pour les personnes infectées et cas-contact	Pandémie présente : confinement pour les personnes infectées et cas-contact	Pandémie très active : confinement strict
	Événements et rassemblements	Pas de limitation sur les événements et sur les rassemblements	Limitation des événements et des rassemblements à 50 personnes, port du masque	Restriction des événements des rassemblements à des réunions de travail avec gestes barrières (pas plus de dix personnes)	Interdiction des événements. Interdiction des rassemblements
	Déplacements	Limitations usuelles sur les déplacements	Limitations des déplacements à la zone verte (selon informations de l'ARS ou de la direction de la santé)	Restriction des déplacements à la sécurité des locaux ou des projets	Interdiction/ restriction forte sur les déplacements
	Distanciation physique	Pas de mesure de distanciation physique	Mesures de distanciation physique, port du masque dans les groupes et lors des circulations	Mesures de distanciation physique, mesures de protection individuelle permanentes, port du masque	Mesures de distanciation physique, mesures de protection individuelle élevées

		Niveau 1 : présence des personnels, présence des étudiants, pas de contrainte sanitaire	Niveau 2 : présence des personnels, présence des étudiants, accueil du public, contraintes sanitaires	Niveau 3 : présence des personnels, présence limitée des étudiants, contraintes sanitaires	Niveau 4 : pas de personnels, pas d'étudiants, contraintes sanitaires
Conséquences	Personnels	Personnels en activité dans les locaux	Personnels en activité dans les locaux	Personnels majoritairement en activité dans les locaux	Pas de personnels dans les locaux
	Public	Accueil du public sans restriction	Accueil des usagers et du public sous la contrainte de port du masque dans les salles	Accueil régulé des usagers portant un masque pour ne pas densifier la présence sur les campus	Pas d'accueil des usagers et du public
	Formation	Fonctionnement normal en formation	Activités des étudiants en formation : port du masque, évaluation partiellement à distance	Activité de formation priorisée et limitée dans les locaux. Cours devant 30 % des effectifs sur site et hybridation temporaire. Évaluation majoritairement à distance	Enseignements et évaluations intégralement à distance
	Recherche	Fonctionnement normal en recherche	Recherche : activités dans les locaux contrôlées	Recherche : activités réduites et contrôlées dans les locaux	Préservation du potentiel expérimental, activités dans les locaux limitées aux sujets en rapport avec la crise
	Vie universitaire	Fonctionnement normal	Vie universitaire : toutes les activités compatibles avec les mesures sanitaires, éventuellement avec masque	Vie universitaire : limitée à des activités essentielles	Vie universitaire : intégralement à distance

Annexe 2 : Quelques pistes pour l'anticipation des ruptures de présentiel

Les volumes horaires restent ceux prévus dans les maquettes
Il faut identifier les contraintes imposées par un fonctionnement hybride et la régulation qui en découlerait :

- En ce qui concerne les TD et TP, il peut y avoir des problèmes d'effectifs dépassant les contraintes sanitaires et/ou de disponibilité de salles techniques. On peut les résoudre de diverses façons : par le report à une période ultérieure, le passage en groupes réduits, la réduction du programme. La réponse ne saurait être la même selon le moment où la question se poserait. En début, en milieu, en fin de semestre, la décision pourrait être différente.
- CM et/ou nombre d'étudiants : dans chaque composante, il est nécessaire d'identifier les grands groupes, permanents ou provisoires, inscrits dans l'étape Apogée ou résultant de mutualisations. En cas d'hybridation, la décision pour ces grands groupes, nécessite une régulation au niveau du campus, des bâtiments, des filières et des UE. Si chaque filière ou unité d'enseignement se contente d'appliquer uniquement le distanciel sur les cours sans concertation avec ses voisins, on risque de se retrouver avec, par exemple, des CM à distance de 8 à 10 h et des TD/TP à partir de 10 h. Le distanciel perdrait tout son intérêt. Il reste la possibilité, en cas de passage à l'hybridation, de faire une rotation avec une journée distancielle (synchrone ou asynchrone) par étape Apogée.

Les types de régulation ne sont pas exclusifs les uns des autres pendant que l'enseignant fait son cours dans le créneau horaire prévu :

- le dédoublement ;
- la rotation de groupes ;
- la réduction du programme ou du volume horaire ;
- la diffusion, l'enregistrement, un travail asynchrone ;
- les modalités de mise à distance (capitalisation du confinement).

Exemples d'options de régulation :

	Séance	**Option 1 synchrone sur campus**	**Option 2 synchrone à distance**	**Option 3 travail autonome**
Déroulement	Un groupe à effectif adéquat permettant la distanciation physique présent à la séance	Diffusion synchrone aux autres groupes présents dans des salles parallèle	Diffusion synchrone aux étudiants	Travail asynchrone en autonomie
Avantage	Permet la distanciation physique et la capture vidéo ou sonore du cours pour les options 1, 2 et 3	Présence sur le campus	Pas de gestion particulière de salle	Pas de gestion particulière de salle

	Séance	Option 1 synchrone sur campus	Option 2 synchrone à distance	Option 3 travail autonome
Inconvénient		Gérer les salles finement	Risque de baisse de la fréquentation du cours mais aussi du campus	Besoin de suivi
Propositions		À réserver aux grands groupes identifiés lors de la préparation de la rentrée		Dégager du temps pour des visios d'interaction avec le groupe en autonomie

Anticiper la mise à disposition de ressources

Pour faciliter le basculement en hybride temporaire ou en distanciel total, il faut se mettre d'accord, en adaptant par composante, sur un kit que l'enseignant doit fournir par matière, par exemple :

- Planning du semestre signalant la part distancielle
- Plan de cours/fiches d'UE
- Documents d'appui
- Bibliographie
- Ou tout autre item adéquat à la matière

Disponible dès le début des enseignements, c'est un matériel qui incitera les étudiants à utiliser l'ENT. Au-delà de cette mesure, chaque enseignant est engagé à déposer ses supports pédagogiques sur l'ENT. Parmi les actions possibles :

- Dépôt de documents textuels (cours, plans de cours, exercices, annales d'examens, etc.)
- PowerPoint sonorisés ou enregistrements
- Mise en place de forums et de chats
- Organiser le dépôt de devoirs et le retour de corrections sur l'ENT
- QCM

Le signalement de ressources (Youtube, mais aussi université virtuelle http://univ-numerique.fr/, MOOC https://www.fun-mooc.fr/, catalogue http://www.sup-numerique.gouv.fr, vidéothèque https://www.canal-u.tv/) peut être individualisé mais gagnerait à être réalisé par l'équipe pédagogique de la filière, avec l'identification d'un bouquet numérique en adéquation avec le programme pédagogique.

Un sujet par thème

Annexe 3

Annexe 4 : Protocole de prise en charge d'une personne symptomatique et de ses contacts rapprochés Stratégie de *Contact-Tracing*

Principes et définitions

Dans le cadre de la lutte contre la pandémie « COVID-19 », la stratégie de *Contact-Tracing* repose sur 3 principes :

- identification précoce des cas de COVID-19 ;
- identification des cas-contacts et tester ;
- isolement.

Ces 3 principes ont pour objectif de maîtriser l'apparition des chaînes de transmission et d'empêcher la diffusion du virus.

Les différents cas :

- cas confirmé : personne symptomatique ou non, dont le test RT-PCR est positif ;
- cas probable : personne présentant des signes cliniques de COVID et des signes visibles en tomodensitométrie thoracique évocateurs de COVID.

Tout cas confirmé ou probable déclenchera la procédure de *Contact-Tracing*. Cette procédure repose sur l'identification des « cas-contacts à risques » d'un cas confirmé ou probable et son testing. Il s'organise autour de 3 niveaux : 1) le médecin qui prend en charge le cas ; 2) la CPAM ; 3) l'ARS.

Qui est considéré comme cas-contact à risque ?

Est à considérer comme cas-contact à risque toute personne qui en l'absence de mesures de protection efficaces pendant toute la durée du contact (hygiaphone ou autre séparation physique, masque chirurgical ou FFP2 porté par le cas ou le contact, masque grand public AFNOR porté par le cas et le contact) :

- a partagé le même lieu de vie que le cas confirmé ou probable ;
- a eu un contact direct avec un cas, en face-à-face à moins d'1 mètre quelle que soit la durée (conversations, repas…). les personnes croisées dans l'espace public de manière brève ne sont cependant pas considérées comme contact à risque ;
- a partagé un espace confiné (bureau, salle de réunion, véhicule…) pendant plus de 15 minutes avec un cas ou resté en face-à-face avec un cas ou lors d'un épisode de toux ou d'éternuement ;
- a prodigué ou reçu des actes d'hygiène ou de soins ;
- étant étudiant ou enseignant de la même classe.

Les autres situations de contact sont à considérer comme à risque négligeable.

Conduites à tenir

Rappel des symptômes : Fièvre, toux, difficultés respiratoires, perte du goût et de l'odorat…

Si les symptômes surviennent sur le lieu de travail

- Le personnel prévient son supérieur hiérarchique qui en avisera le conseiller de prévention (prevention@univ-xyz.fr /__ __ __ __ __).
- Isoler le salarié et éviter les contacts avec les collègues (distanciation physique > 1 m et gestes barrières).
- En cas de signes de gravité (difficulté respiratoire…), contacter le SAMU en composant le 15.
- En l'absence de signes de gravité, organiser le retour au domicile du personnel avec un masque et en évitant les transports en commun.
- Le personnel contacte son médecin traitant.
- Fermer les locaux dans lequel le personnel a travaillé pendant au moins 3 heures (durée de vie estimée des coronavirus sur les surfaces sèches).
- Au bout des 3 heures, faire procéder au nettoyage renforcé des locaux et équipements :
  - équiper le personnel de nettoyage d'une blouse à usage unique et de gants de ménage,
  - nettoyer les sols et surfaces avec un bandeau à usage unique imprégné d'un produit détergent et désinfectant (i.e. eau de Javel diluée suivant les préconisations du fabricant),
  - rincer avec un nouveau bandeau à usage unique et laisser sécher.

Déclenchement du *Contact-Tracing* : Le médecin en charge du personnel ayant présenté des symptômes s'assure de la compatibilité des signes avec le COVID-19 et prescrit les examens nécessaires (RT-PCR, sérologie, imagerie…). Il déclenche le *Contact-Tracing* si le cas est considéré comme confirmé ou probable. Si le cas est confirmé, l'identification des contacts sera organisée par les acteurs de niveaux 1 et 2 du *Contact-Tracing*.

Un sujet par thème

Devenir du personnel

Le personnel est placé en isolement strict avec arrêt de travail en attente des résultats.

- Si le résultat est négatif : Soit l'isolement est levé et le *Contact-Tracing* n'est pas déclenché, soit l'isolement est maintenu en cas de suspicion forte et le *Contact-Tracing* est déclenché.
- Si le résultat est positif : L'isolement est maintenu jusqu'à guérison et le *Contact-Tracing* est déclenché. La CPAM contacte le salarié afin de répertorier les cas-contact. L'enquête de la CPAM identifie les personnes ayant eu des contacts avec le cas dans les 48 heures qui précèdent l'apparition des symptômes.

Dans le contexte de pandémie, un personnel travaillant au contact d'autres personnes doit à chaque fois qu'il a pu exposer des personnes au virus informer son employeur en cas de contamination au virus ou de suspicion. En revanche, un personnel travaillant à distance ou de manière isolée, sans contact avec des collègues ou du public, n'est pas tenu de faire remonter cette information à son employeur.

Pour les personnels contacts à risques

Les personnes identifiées par la CPAM sont contactées afin de leur faire part de la conduite à tenir :

- isolement et mise en quatorzaine ;
- organisation du test RT-PCR ;
- délivrance de masques ;
- délivrance d'un arrêt de travail si le travail à distance n'est pas possible.

Les cas-contact à risques seront testés 7 jours après le dernier contact avec le cas ou dès l'apparition des symptômes.

Cas particuliers

L'agence régionale de santé intervient dans les cas suivants :

- 3 cas ou plus confirmés ou probables dans l'entreprise ;
- plus de 11 cas-contacts à risques lors d'un rassemblement ;
- 1 cas en milieu scolaire.

L'ARS contacte alors la structure pour effectuer le *Contact-Tracing*, obtenir un état des lieux et une description de la répartition des cas et mettre en place les mesures nécessaires. Le référent COVID de l'établissement constitue un point d'entrée rapide.

Le rôle de l'entreprise

L'entreprise joue un rôle dans le *Contact-Tracing* à travers l'élaboration d'un outil : la matrice d'exposition (voir ci-après), qu'elle pourra communiquer à l'ARS si besoin afin de contribuer à l'identification des cas- contacts.

La matrice d'exposition est une liste pré-établie de personnes par service ou composante comprenant :

- la mise à jour du personnel et de leurs coordonnées (mail et téléphones) ;
- une liste du personnel permanent par service ou composante ;
- une liste de personnes étant amenées à côtoyer le personnel (prestataires, visiteurs…) ;
- les éventuels contacts entre différents services ou composantes.

Si les symptômes surviennent hors du lieu de travail

- Le personnel ne se rend pas sur son lieu de travail.
- En l'absence de signes de gravité : Contacter son médecin traitant pour avis médical.
- En cas de signes de gravité (détresse respiratoire...) : Contacter le SAMU (15).
- Prévenir son supérieur hiérarchique qui en avisera le conseiller de prévention (prevention@univ-xyz.fr / _________).

Cas d'un étudiant

Si les symptômes surviennent au domicile de l'étudiant :

- L'étudiant ne doit pas se rendre à l'université.
- En l'absence de signes de gravité : Contacter son médecin traitant pour avis médical.
- En cas de signes de gravité (détresse respiratoire...) : Contacter le SAMU (15). L'étudiant doit prévenir son responsable pédagogique qui en avisera le directeur de composante qui en informera le conseiller de prévention (prevention@univ-xyz.fr / _________.).

Si les symptômes surviennent dans l'enceinte universitaire :

- L'étudiant prévient son enseignant ou tout personnel universitaire à proximité immédiate qui en avise le directeur de composante et qui en informe le conseiller de prévention (prevention@univ-xyz.fr / _________.).
- Isoler l'étudiant et éviter les contacts avec les autres étudiants (distanciation physique > 1 m et gestes barrières).
- En cas de signes de gravité (difficulté respiratoire...), contacter le SAMU en composant le 15.
- En l'absence de signes de gravité, organiser le retour au domicile de l'étudiant avec un masque et en évitant les transports en commun.
- L'étudiant contacte son médecin traitant.
- Fermer les locaux dans lequel l'étudiant a travaillé pendant au moins 3 heures (durée de vie estimée des coronavirus sur les surfaces sèches).
- Au bout des 3 heures, faire procéder au nettoyage renforcé des locaux et équipements :
  - équiper le personnel de nettoyage d'une blouse à usage unique et de gants de ménage ;
  - nettoyer les sols et surfaces avec un bandeau à usage unique imprégné d'un produit détergent et désinfectant (i.e. eau de Javel diluée suivant les préconisations du fabricant) ;
  - rincer avec un nouveau bandeau à usage unique et laisser sécher.

Déclenchement du *Contact-Tracing* : Le médecin en charge de l'étudiant ayant présenté des symptômes s'assure de la compatibilité des signes avec le COVID-19 et prescrit les examens nécessaires (RT-PCR, sérologie, imagerie...). Il déclenche le *Contact-Tracing* si le cas est considéré comme confirmé ou probable. Si le cas est confirmé, l'identification des contacts sera organisée par les acteurs de niveaux 1 et 2 du *Contact-Tracing*.

Un sujet par thème

Matrice d'exposition :

SERVICE de SANTE au TRAVAIL HAUTE CORSE

Liste pré-établie par unité de travail

Nom	Prénom	Mail professionnel	Téléphone pro.	Téléphone personnel	Mail personnel

Circulation Fournisseurs?	Nom Fournisseur:	Nom Fournisseur:	Nom Fournisseur:
Interaction avec autres unités de travail?	Quelle unité:	Quelle unité:	Quelle unité:
Si circulation des clients	Mailing client disponible:	Mailing client disponible:	Mailing client disponible:

» Document 5 – Question sur la distribution de masques aux étudiants et vacataires

De : responsable prévention
Envoyé : vendredi 24 juillet 2020 à 14:20
À : dircab
Objet : Masques étudiants et vacataires

Bonjour,
L'agent de la DPLP, qui effectue la distribution des masques, est confronté à une question récurrente de la part des composantes pédagogiques.
Ces dernières s'interrogent sur la conduite à tenir concernant le port du masque par les étudiants : doivent-ils venir avec le leur ? que faire si un étudiant arrive sans masque ?
Autre question : concernant les enseignants vacataires, doit-on les fournir en masques comme les autres personnels ? (cas par exemple de l'IUT qui indique en compter 200)

Merci et bon après-midi,
Responsable du pôle prévention
Université XYZ
Direction du patrimoine, de la logistique et de la prévention
Bâtiment central

» Document 6 – Orientations pour les opérateurs du MESRI relatives à la préparation de la rentrée universitaire 2020 (à la date du 6 août 2020)

Par la circulaire du 11 juin dernier, je vous faisais part de recommandations sanitaires qui devaient vous permettre d'organiser la prochaine rentrée. Ces recommandations faisaient alors l'hypothèse du maintien des consignes sanitaires applicables à cette date et étaient naturellement susceptibles d'ajustements en fonction de l'évolution de la situation sanitaire.

Compte tenu de l'évolution de la situation sanitaire, un ajustement de ces recommandations est donc aujourd'hui possible, conformément à l'avis du Haut Conseil de santé publique du 7 juillet 2020 et au décret n° 2020-860 du 10 juillet 2020 prescrivant les mesures générales nécessaires pour faire face à l'épidémie de COVID-19 tel que modifié par le décret n° 2020-911 du 27 juillet 2020. Cet ajustement s'articule :

- d'une part, autour de consignes sanitaires plus souples que celles en vigueur jusqu'ici ;
- et, d'autre part, autour du maintien d'une vigilance justifiée par la circulation toujours présente du virus qui rend possible la reprise de l'épidémie, par la présence de publics adultes réunis dans des espaces clos et, enfin, par le nombre d'étudiants que vos établissements accueillent et qui ne peuvent être comparés à ceux présents dans les écoles, collèges et lycées.

Comme toujours, ces recommandations tiennent compte de la situation connue et des consignes sanitaires applicables la date de sa rédaction et sont sans préjudice de nouveaux ajustements que l'évolution de la situation sanitaire pourrait rendre nécessaire.

1. Respecter les mesures sanitaires applicables à la rentrée 2020 en cas de maintien de la situation sanitaire actuelle (sous réserve d'évolution)

De manière générale et à condition qu'aucun regain épidémique ne survienne d'ici la rentrée universitaire, les consignes sanitaires applicables dans les locaux reposeront sur :

- dans toute la mesure possible, le maintien d'une distanciation physique de 1 mètre entre individus côte à côte ou face à face, ou d'un siège entre individus assis dans des espaces clos, particulièrement dans les espaces physiques d'apprentissage (cette distanciation n'étant pas applicable lorsque les individus sont les uns derrière les autres) et dans les bibliothèques ;
- le port du masque systématique par tous y compris à l'occasion des déplacements. Le port du masque est obligatoire lorsque les règles de distanciation physique définies ci-dessus ne peuvent être garanties, mais également en toutes circonstances dans les bibliothèques. Eu égard à la permanence de la circulation du virus, le port du masque est, en tout état de cause, recommandé dans tous les espaces clos même quand la distanciation physique y est respectée. Il incombera ainsi aux usagers de se doter des masques qui leur seraient nécessaires et l'établissement sera tenu de fournir des masques à ses agents. Une information générale sera assurée afin d'inviter les personnels ou les étudiants à risque de forme grave de COVID-19 à porter systématiquement le masque à usage médical ;
- la ventilation mécanique ou manuelle des espaces avec une aération de 10 à 15 minutes au moins deux fois par jour, en l'absence des étudiants, dans le respect des consignes sanitaires spécifiques applicables ;

- une gestion des flux de circulation destinée à éviter les regroupements et croisements trop importants d'individus ; s'agissant des amphithéâtres, les établissements veilleront à ce que leurs jauges soient adaptées à cette fin ;
- l'application systématique des gestes barrières, et en particulier une hygiène des mains fréquente supposant une mise à disposition adéquate des matériels et produits nécessaires, conformément aux consignes sanitaires générales applicables ;
- dans toute la mesure possible, la limitation du brassage des usagers ;
- un nettoyage de routine une fois par jour au minimum ;
- la communication, l'information et la formation auprès des agents et des usagers. Il est essentiel de favoriser une appropriation collective des règles sanitaires ;
- la vigilance sanitaire : une information générale sera assurée afin d'inviter les étudiants et le personnel présentant des symptômes évoquant la COVID-19 à rester à leur domicile.

Ces règles s'appliquent dans les établissements, les campus, les résidences ainsi que dans les restaurants universitaires, sans préjudice pour ces derniers des consignes sanitaires particulières applicables à la restauration collective. Les règlements intérieurs pourront sanctionner le non-respect de ces règles.

Pour faciliter le respect de ces règles, une plus grande amplitude horaire d'utilisation des locaux pourra être utilement recherchée en lien avec les autres acteurs concernés (CROUS, organismes de transport, collectivités...).

Les établissements peuvent se référer au protocole national de déconfinement pour les entreprises publié par le ministère du Travail le 24 juin 2020 ainsi que, s'agissant des activités sportives, aux guides pratiques liés à la reprise des activités physiques et sportives dans le respect des règles sanitaires réalisés par le ministère des sports avec le concours des fédérations sportives et à l'avis du HCSP du 31 mai 2020.

2. Anticiper pour être en capacité d'assurer une continuité pédagogique en cas de reprise de l'épidémie à l'automne

Le risque ne peut être absolument écarté d'une reprise de l'épidémie au mois de septembre ou dans les mois qui suivent. Cette reprise pourra avoir des conséquences sur les exigences relatives à la distanciation physique, voire emporter des mesures de reconfinement localisées.

Il est donc recommandé à chaque établissement de mettre en place les conditions qui permettraient d'y faire face et d'assurer une continuité pédagogique qui recourra aux outils numériques. La mesure de ce recours sera ainsi dictée par, d'une part, les exigences sanitaires qui seront alors applicables et, d'autre part, par l'autonomie pédagogique des établissements. À ce dernier titre, il est recommandé aux établissements de poursuivre l'instruction de plusieurs plans qui permettront de faire face à différents degrés d'urgence sanitaire.

Ce faisant, les établissements permettront aux étudiants nationaux, mais aussi internationaux, de poursuivre leurs études dans des conditions les moins dégradées possible. À cet effet, la plate-forme de Fun-Ressources vient d'être ouverte et propose déjà un certain nombre de ressources pédagogiques utiles.

Une attention et une organisation spécifiques pourront être nécessaires au bénéfice des étudiants et enseignants relevant de la catégorie des personnes à risque de formes graves de COVID-19 afin qu'ils puissent suivre et dispenser les cours en limitant les risques pour leur santé.

3. Organiser les activités présentielles hors enseignement

De manière générale, l'ensemble des activités présentielles devra être organisé de sorte à garantir le respect des consignes sanitaires déjà exposées et à réduire les risques pour la santé et la sécurité des personnels, des usagers et des stagiaires. Le cas particulier des personnes en situation de handicap devra faire l'objet d'une attention particulière concernant la mise en œuvre des consignes sanitaires.
L'étalement des horaires permet de favoriser le respect de ces consignes.

a) Rencontres scientifiques

Les organisateurs de colloques et séminaires devront indiquer aux chefs d'établissements et aux participants comment les consignes en vigueur au moment de l'événement seront prises en compte et préciser quels moyens seront mis en place pour vérifier qu'elles seront respectées.
Les établissements sont invités à rétablir un rythme normal d'organisation des soutenances de thèses, dans le respect des consignes sanitaires, compte tenu notamment de la campagne de qualification.

b) Services aux étudiants ou aux agents

Les bibliothèques universitaires pourront être à nouveau ouvertes aux usagers, dans des conditions permettant le respect des consignes sanitaires. Une fiche spécifique sera prochainement diffusée sur ce sujet. La fourniture à distance de la documentation électronique et le prêt devront rester privilégiés.
Les locaux dédiés à la vie étudiante pourront être à nouveau ouverts aux usagers, dans des conditions permettant le respect des consignes sanitaires. Les associations étudiantes sont responsables de la mise en œuvre des consignes sanitaires au sein des locaux qui leur sont attribués. Ces conditions de mise en œuvre sont définies conventionnellement entre elles et l'établissement hébergeur.
Les restaurants universitaires seront à nouveau accessibles, dans des conditions permettant le respect des règles sanitaires. Les CROUS se rapprocheront des établissements pour anticiper et organiser au mieux la fréquentation des restaurants en fonction de l'organisation des activités d'enseignement, avec des horaires élargis et/ou décalés.
L'accès aux autres espaces collectifs au service des usagers ou des agents (espaces de coworking, salles de sport, SCUIO...) devra respecter les consignes sanitaires. L'accès aux espaces sportifs pourra être accordé de façon prioritaire à certains publics, par exemple dans le cadre des enseignements.
L'accès à ces différents services sera organisé autant que possible sur rendez-vous préalable ou dans le cadre de plages horaires définies par groupes d'usagers identifiés.

c) Inscriptions administratives

Il est recommandé de mettre en œuvre des inscriptions et paiements de droits d'inscription dématérialisés.

d) Instances de gouvernance et de dialogue social

Les établissements sont invités à rétablir le fonctionnement normal des instances, le cas échéant en maintenant la possibilité d'y participer à distance.

4. Accompagnement des étudiants

Compte tenu du contexte sanitaire et dans la continuité des actions d'accompagnement des étudiants mises en œuvre pendant le confinement, les établissements, en lien avec les autres acteurs concernés, peuvent par exemple mettre en place ou poursuivre les actions suivantes :

- poursuivre le recours à la téléconsultation, afin de maintenir un accès aisé aux soins pour les étudiants ;
- reconduire les dispositifs préventifs (ligne d'écoute, séances de relaxation, de sophrologie…) et curatifs (consultations en service de santé, partenariat avec un établissement spécialisé ou suivi au long cours par un BAPU) ;
- avoir une vigilance accrue en matière de prévention des addictions et des risques liés aux événements festifs. En effet, le confinement peut avoir accentué certaines pratiques addictives tandis que l'arrivée sur les campus, après une longue période de distanciation physique, pourrait conduire à certaines pratiques à risque. Les soirées ou week-ends d'intégration pourront présenter des risques au regard de la pandémie et des risques associés à ce type d'événements. Ils sont fortement déconseillés. Les recommandations des ministères de l'Intérieur et des Solidarités et de la Santé concernant les rassemblements festifs à l'heure du COVID-19 devront être prises en compte ;
- recourir au dispositif d'étudiants relais santé.

En matière d'accompagnement social, les établissements continueront par exemple de :

- promouvoir les aides sociales existantes ;
- reconduire si besoin les dispositifs sociaux mis en place durant le confinement (e-cartes, distribution de paniers repas, accès à des réseaux solidaires, prêt ou don de matériels informatiques, etc.) ;
- soutenir l'emploi étudiant tel que prévu par l'article L. 811-2 et les articles D. 811-1 et suivants du code de l'éducation.

Par ailleurs, l'intégration des étudiants devra être adaptée dans des conditions assurant le strict respect des consignes sanitaires. Les étudiants seront sensibilisés aux gestes barrière applicables à cette occasion.

5. Dialogue au sein de l'établissement

Sur la base des présentes orientations et dans le respect du principe d'autonomie des établissements, les modalités d'organisation de la rentrée feront l'objet d'un dialogue avec les représentants des personnels et des étudiants dans chaque établissement. Ces modalités sont élaborées avec l'avis du médecin du travail et du conseiller de prévention. L'inspecteur ou l'inspectrice en santé et sécurité au travail peut être consulté en tant que de besoin. Le document en résultant est annexé au document unique d'évaluation des risques professionnels. Il est porté par tout moyen à la connaissance des agents et des usagers.

Il est demandé aux établissements (EPSCP, EPA) d'informer systématiquement leur CHSCT dans leur formation élargie aux représentants des usagers avant d'arrêter leurs modalités d'organisation de la rentrée, et de consulter leur comité technique si ces modalités comportent des modifications de l'organisation et du fonctionnement des services. Si les mesures prises ont un impact substantiel sur les conditions de travail, une consultation du CHSCT sera proposée au secrétaire de cette instance.

Le dirigeant de l'établissement veillera à consulter les conseils compétents dans les meilleurs délais et par tous moyens à sa disposition.

En parallèle et pour assurer une bonne appropriation collective, les établissements et organismes veilleront à ce que les chefs de service, responsables d'unités pédagogiques et de formation, directeurs d'unité de recherche, doyens, directeurs de département, délégués régionaux des organismes, directeurs d'unité de gestion des CROUS proposent à leurs équipes un temps d'échange afin de les informer sur les principales orientations, leur déclinaison au sein du collectif de travail en fonction des activités et de leur traduction sur le plan de la situation et des conditions de travail de chaque agent. Le conseil de laboratoire ou le conseil de l'UFR concerné sera utilement réuni à cette fin. Les établissements veilleront également à informer leurs étudiants et prestataires des dispositions prises et de leur calendrier.

Les modalités d'organisation de la rentrée des établissements d'enseignement supérieur seront transmises aux services déconcentrés de l'État (recteur délégué pour l'enseignement supérieur, la recherche et l'innovation et, en son absence, recteur de région académique).

» Document 7 – Lettre d'information aux étudiants concernant la rentrée universitaire de septembre 2020, le 22 juillet 2020

XYZ, le 22 juillet 2020

Chères étudiantes, chers étudiants,

Après la période difficile que nous venons de traverser, la rentrée universitaire 2020-2021 devrait normalement se faire en présentiel. Compte tenu de l'évolution du contexte sanitaire, le port du masque sera obligatoire dans les lieux clos et l'application des gestes barrières devra être respectée par l'ensemble des étudiants et, plus généralement, de la communauté universitaire.

Le caractère incertain de l'évolution de la situation sanitaire peut cependant donner lieu à de nouvelles dispositions qui pourront être envisagées et mises en place en cas de reprise de l'épidémie sur notre territoire. L'université et ses services restent, dans tous les cas, mobilisés pour assurer le bon déroulement de votre rentrée et envisagent des scenarii adaptés selon l'évolution de la situation.

Cette crise sanitaire a engendré pour vous de nombreux questionnements. Pour répondre à vos sollicitations, plusieurs dispositifs ont été déployés pour vous accompagner, vous rassurer et vous conseiller. Cette note vous permettra de connaître les informations essentielles pour vous projeter et préparer aux mieux cette rentrée universitaire au caractère inédit.

1. Évoluer sur le campus en toute sécurité

- Distribution de masques pour tous les étudiants

Une distribution de masques lavables et réutilisables est prévue à la rentrée pour assurer la protection de tous les étudiants. Ces derniers vous seront distribués par vos responsables pédagogiques lors de vos prérentrées respectives dans les différentes composantes pédagogiques de l'université. Les gestes barrières et le respect des mesures sanitaires vous seront alors rappelés et plusieurs règles seront mises en place afin de limiter le brassage des groupes. Le port du masque sera de rigueur lorsque vous vous retrouverez dans un espace clos (salle de cours, lieux partagés, restaurant universitaire…).

- Accès aux services universitaires et à la bibliothèque universitaire

L'accès à tous les services universitaires sera possible dans des conditions permettant le respect des consignes sanitaires. Véritable lieu de vie, la bibliothèque universitaire sera également à nouveau ouverte aux usagers. Nous faisons appel à votre responsabilité pour suivre strictement les règles qui y seront mises en place pour garantir la sécurité de tous.

- Démarche à suivre pour toutes les questions relatives au COVID-19

Vous avez peur d'avoir contracté le virus et vous ne savez pas comment réagir… La démarche à suivre est la suivante :

- **Évitez de vous déplacer :**
  Si vous avez un doute sur votre santé, que vous êtes fiévreux, il est important de rester chez vous pour éviter la propagation du virus. Ainsi ne pas vous déplacer et éviter les contacts avec votre entourage est la première démarche à entreprendre.

- **Appelez le 116 117 :**
  Ce numéro d'appel a été mis en place au niveau régional dans le cadre de la crise du COVID-19. Un médecin établira un diagnostic, vous indiquera les démarches à suivre et vous orientera vers un centre si nécessaire.
- **Contactez la cellule de soutien de l'université pour un accompagnement personnalisé :**
  Si vous êtes testé positif au COVID-19, nous vous conseillons fortement de vous mettre en lien avec la cellule de soutien qui vous accompagnera durant cette période.

2. Restez connectés à votre Campus numérique (ENT)

Il est important d'effectuer votre inscription administrative en ligne le plus rapidement possible, pour avoir accès à votre Campus numérique. Une deuxième période d'inscription se déroulera du 24 août au 11 septembre 2020.
Dans ce contexte, il est recommandé de consulter régulièrement vos mails. Votre campus numérique est essentiel pour avoir accès à toutes les informations utiles et servira de relais aux services de l'université pour communiquer avec vous.

3. La cellule de soutien : le pôle central pour vous accompagner

La cellule de soutien est un pôle d'accompagnement multi-acteurs (infirmière, médecin, assistante sociale…) Elle vient en aide à tous les étudiants et a pour but de vous guider et de vous épauler si vous rencontrez des difficultés sociales, matérielles et/ou psychologiques. Par exemple, si vous êtes en situation de handicap, des aménagements d'études et d'examens peuvent vous être proposés.
Mail : soutien-etudiants@univ-xyz.fr
Tél. : _ _ _ _ _ _ _ _ (du lundi au vendredi de 9 h-12 h / 13 h 30-17 h 30)
Voici un récapitulatif des aides que vous pouvez actionner *via* la cellule de soutien :

- **Soutien financier**, une évaluation de votre situation sociale peut vous donner droit à :
  - Aide alimentaire
  - Aide(s) financière(s)
  - Exonération des frais d'inscription (dispositif à durée limitée à la période d'inscription)

Cette année, des repas à 1 euro aux restaurants universitaires du CROUS seront proposés pour les étudiants boursiers.

- **Soutien numérique**
  - Prêt d'ordinateur portable
  - Financement d'une box ou clef 4G ou d'un forfait téléphonique
- **Soutien moral**

Nous sommes à votre écoute si vous avez des questions qui concernent votre santé physique et/ou mentale, si vous vous sentez stressés par rapport à une situation en particulier.

4. Ce qu'il faut savoir sur les mobilités nationales et internationales

Mobilités internationales : Au regard de l'incertitude sur l'évolution de la situation sanitaire, il vous est recommandé de différer vos projets de mobilité au 2e semestre.
Pour toutes les questions relatives aux mobilités internationales, mettez-vous en lien avec le service de relations internationales de l'université qui vous guidera dans vos démarches (des aides à la mobilité sont disponibles)

Mail : international1@univ-xyz.fr
Tél. : __ __ __ __ __
Mobilités nationales : elles pourront se dérouler dès le 1er semestre mais, pour votre sécurité, l'organisme d'accueil devra respecter un protocole sanitaire garantissant votre protection.
Des dispositifs d'aide financière à la mobilité pour vos stages en France sont mobilisables.
Pour toutes vos questions, vous pouvez vous adresser au pôle vie étudiante.
Mail : vieetudiante@univ-xyz.fr
Tél. : __ __ __ __ __

» Document 8 – Décret n° 2020-860 du 10 juillet 2020 prescrivant les mesures générales nécessaires pour faire face à l'épidémie de COVID-19 dans les territoires sortis de l'état d'urgence sanitaire et dans ceux où il a été prorogé

TITRE 1ER : DISPOSITIONS GÉNÉRALES

Article 2

I. - Dès lors que, par nature, le maintien de la distanciation physique n'est pas possible entre la personne en situation de handicap et la personne qui l'accompagne, cette dernière met en œuvre les mesures sanitaires de nature à prévenir la propagation du virus.

Les obligations de port du masque prévues au présent décret ne s'appliquent pas aux personnes en situation de handicap munies d'un certificat médical justifiant de cette dérogation et qui mettent en œuvre les mesures sanitaires de nature à prévenir la propagation du virus.

II. - Les dispositions de l'article 1er ne sont pas applicables lorsqu'elles sont incompatibles avec la préparation et la conduite des opérations des forces armées.

Article 24

Modifié par Décret n° 2020-884 du 17 juillet 2020 - art. 1 (V)

I. - Une mesure de mise en quarantaine ou de placement et maintien en isolement ne peut être prescrite à l'entrée sur le territoire hexagonal ou à l'arrivée en Corse ou dans l'une des collectivités mentionnées à l'article 72-3 de la Constitution que pour les personnes ayant séjourné, au cours du mois précédant cette entrée ou cette arrivée, dans une zone de circulation de l'infection définie par arrêté du ministre chargé de la Santé mentionné au II de l'article L. 3131-15 du code de la santé publique.

II. - Dans les conditions prévues aux articles L. 3131-17 et R. 3131-19 à R. 3131-25 du code de la santé publique, le préfet territorialement compétent :

1° Prescrit la mise en quarantaine ou le placement et le maintien en isolement, lorsqu'elles arrivent sur du territoire national depuis l'étranger des personnes présentant des symptômes d'infection au COVID-19 ;

2° Est habilité à prescrire la mise en quarantaine ou le placement et le maintien en isolement :

a) Des personnes ne pouvant justifier, à leur arrivée, du résultat d'un examen biologique de dépistage virologique réalisé moins de 72 heures avant le vol ne concluant pas à une contamination par le COVID-19 ;

b) Des personnes arrivant sur le territoire d'une collectivité mentionnée à l'article 72-3 de la Constitution en provenance du reste du territoire national.

Article 25

I. - La mise en quarantaine ou le placement et maintien en isolement se déroule, au choix de la personne qui en fait l'objet, à son domicile ou dans un lieu d'hébergement adapté à la mise en œuvre des consignes sanitaires qui lui sont prescrites, en tenant compte de sa situation individuelle et familiale.

Par dérogation au précédent alinéa, pour une personne arrivant dans l'une des collectivités mentionnées à l'article 72-3 de la Constitution, le représentant de l'État territorialement compétent peut s'opposer au choix du lieu retenu par cette personne s'il apparaît que les caractéristiques de ce lieu ou les conditions de son occupation ne répondent pas aux exigences sanitaires qui justifient la mise en quarantaine. La personne justifie des conditions sanitaires de l'hébergement choisi par tout moyen démontrant que l'hébergement garantit son isolement vis-à-vis des autres occupants et qu'il dispose des moyens de nature à mettre en œuvre les mesures d'hygiène et de distanciation mentionnées à l'article 1er.

II. - Lorsque la mesure interdit toute sortie du domicile ou du lieu d'hébergement, ses conditions doivent permettre à la personne concernée un accès aux biens et services de première nécessité, ainsi qu'à des moyens de communication téléphonique et électronique lui permettant de communiquer librement avec l'extérieur, en prenant en compte les possibilités d'approvisionnement et les moyens de communication dont dispose la personne concernée par la mesure.

III. - La mise en œuvre de la mesure ne doit pas entraver la vie familiale, hors cas prévu au IV du présent article.

IV. - Les modalités de la mesure ne peuvent conduire à faire cohabiter une personne, majeure ou mineure, avec une autre personne envers laquelle des actes de violence à son encontre mentionnés à l'article 515-9 du code civil ont été constatés ou sont allégués.

Si l'auteur des violences constatées ou alléguées est la personne à isoler ou placer en quarantaine, le préfet le place d'office dans un lieu d'hébergement adapté.

Si la victime des violences constatées ou alléguées ou l'un de ses enfants mineurs est la personne à isoler ou placer en quarantaine, le préfet lui propose un hébergement adapté dès lors qu'il ne peut être procédé à l'éviction de l'auteur des violences.

Dans les deux cas, il en informe sans délai le procureur de la République aux fins notamment d'éventuelles poursuites et de saisine du juge aux affaires familiales dans les conditions prévues par les articles 515-9 et 515-10 du code civil.

V. - La durée initiale des mesures de mise en quarantaine ou de placement et maintien en isolement ne peut excéder quatorze jours. Ces mesures peuvent être renouvelées, dans les conditions prévues au II de l'article L. 3131-17 du code de la santé publique, dans la limite d'une durée maximale d'un mois.

Article 29

Le préfet de département est habilité à interdire, à restreindre ou à réglementer, par des mesures réglementaires ou individuelles, les activités qui ne sont pas interdites en vertu du présent titre.

Dans les parties du territoire dans lesquelles est constatée une circulation active du virus mentionnées à l'article 4, le préfet de département peut en outre fermer provisoirement une ou plusieurs catégories d'établissements recevant du public ainsi que des lieux de réunions.

Le préfet de département peut, par arrêté pris après mise en demeure restée sans suite, ordonner la fermeture des établissements recevant du public qui ne mettent pas en œuvre les obligations qui leur sont applicables en application du présent décret.

Article 34

Modifié par Décret n° 2020-911 du 27 juillet 2020 - art. 1 (V)

L'accueil des usagers dans les établissements d'enseignement supérieur mentionnés au livre VII de la troisième partie du code de l'éducation et dans les autres organismes de formation militaire supérieure est assuré dans les conditions fixées par l'article 36.

Article 36

Modifié par Décret n° 2020-911 du 27 juillet 2020 - art. 1 (V)

I. - L'accueil des usagers dans les établissements mentionnés au présent chapitre est organisé dans des conditions de nature à permettre le respect des règles d'hygiène et de distanciation mentionnées à l'article 1er.

Toutefois, dans les établissements et services mentionnés au I de l'article 32, dans les écoles maternelles ainsi que pour les assistants maternels, dès lors que le maintien de la distanciation physique entre le professionnel et l'enfant et entre enfants n'est par nature pas possible, l'établissement ou le professionnel concerné met en œuvre les mesures sanitaires de nature à prévenir la propagation du virus.

Dans les établissements mentionnés au II de l'article 32, l'observation d'une distanciation physique d'au moins un mètre s'applique dans la mesure du possible.

Dans les établissements d'enseignement relevant des livres IV et VII du code de l'éducation, à l'exception de ceux mentionnés au deuxième alinéa, l'observation d'une distanciation physique d'au moins un mètre ou d'un siège s'applique, entre deux personnes lorsqu'elles sont côte à côte ou qu'elles se font face, uniquement dans les salles de cours et les espaces clos et dans la mesure où elle n'affecte pas la capacité d'accueil de l'établissement.

II. - Portent un masque de protection :

1° Les personnels des établissements et structures mentionnés aux articles 32 et 33 en présence des usagers accueillis ;

2° Les assistants maternels, y compris à domicile ;

3° Les élèves des écoles élémentaires présentant des symptômes liés au virus jusqu'au moment de la prise en charge hors de l'école ;

4° Les collégiens, les lycéens et les usagers de l'enseignement supérieur lors de leurs déplacements et dans les salles de cours ainsi que dans tous les espaces clos lorsque la configuration de ces derniers ne permet pas le respect des règles de distanciation qui leur sont applicables ;

5° Les enfants de onze ans ou plus accueillis en application du II de l'article 32 lorsque le respect des règles de distanciation physique mentionnées à l'article 1er ne peut être garanti ;

6° Les représentants légaux des élèves.

Les dispositions du 1° ne s'appliquent pas aux personnels enseignants lorsqu'ils font cours et sont à une distance d'au moins un mètre des élèves. Elles ne s'appliquent pas aux personnels des structures mentionnées au II de l'article 32 lorsqu'une distance d'au moins un mètre avec les enfants accueillis est garantie. Les dispositions du 1° et du 2° ne s'appliquent pas aux professionnels des établissements d'accueil du jeune enfant définis à l'article R. 2324-17 du code de la santé publique, aux personnels des classes et écoles maternelles et aux assistants maternels lorsqu'ils sont en présence des enfants.

2. Corrigé

Université de XYX
Faculté de X

Le X

Note à l'attention de Monsieur le responsable administratif

Objet : Organisation de la rentrée universitaire
Références :

- décret 2020-860 sur 10 juillet 2020 prescrivant les mesures générales nécessaires pour faire face à l'épidémie de COVID-19 dans les territoires sortis de l'état d'urgence sanitaire et dans ceux où il a été prorogé ;
- circulaire du MESRI en date du 6 août 2020, orientations pour les opérateurs du MESRI relatives à la préparation de la rentrée universitaire 2020.

Entre le 17 mars et le 11 mai 2020, un confinement généralisé a été instauré en France. C'était une réponse à l'urgence de santé publique occasionnée par la circulation du virus COVID-19. Depuis le 17 mars, les établissements d'enseignement supérieur sont fermés à leurs usagers, la continuité pédagogique et les missions administratives ont été assurées à distance. En fin d'année universitaire, même le contrôle des connaissances a été aménagé pour limiter les risques de reprise de l'épidémie.

Le décret 2020-860 du 10 juillet 2020 autorise la reprise des activités dans l'enseignement supérieur à la rentrée, à condition de mettre en œuvre des mesures sanitaires de nature à prévenir la propagation du virus. Aussi, le retour des étudiants sur site et la reprise des enseignements demandent réflexion en ce qui concerne les mesures de protection à prendre et la conduite à tenir.

La rentrée qu'il faut organiser dans un contexte sanitaire incertain (I) nécessite une préparation matérielle et pédagogique adaptée afin d'anticiper les risques (II).

I. Une rentrée au contexte sanitaire incertain

Le contexte sanitaire du début de l'année (A) explique la nécessité d'anticiper un retour du virus (B).

A. Un virus à la propagation freinée par le confinement généralisé

La propagation du virus COVID-19 a été très rapide. Le 31 décembre 2019, l'Organisation mondiale de la santé (OMS) était informée par la Chine de nombreux cas de pneumonie localisés à Wuhan. Le 28 février 2020, la présence de foyers isolés en France était constatée. Le 14 mars, le virus était en circulation active sur le territoire français.

Cette rapidité de diffusion s'explique par les modalités de transmission. Celles-ci peuvent être directes (gouttelettes oropharyngées propagées par la toux), indirectes (contact avec la bouche, le nez ou les muqueuses des yeux) ou par les surfaces contaminées (virus persistant plusieurs heures).

Les gestes barrières, la distanciation physique et le repérage des contacts ne suffisant pas, le confinement général de la population et la restriction des déplacements ont joué le rôle de moyens de lutte contre la pandémie.

Outre la mise à l'abri des personnes vulnérables en raison de comorbidités, le confinement a permis de limiter la propagation du virus à partir des foyers infectieux.

Cependant, la sortie du confinement a impliqué la reprise des contacts dans la population, avec un virus encore présent. La rentrée universitaire, toutes choses égales par ailleurs, va occasionner un accroissement des contacts. Le regroupement des étudiants dans leurs salles de cours, la circulation et la présence dans les locaux, la fréquentation des bibliothèques et restaurants universitaires sont des facteurs d'exposition au virus. L'acte d'enseignement repose en grande partie sur l'écoute et la prise de parole, et on sait que la parole produit des particules capables de transporter les agents infectieux sous forme d'aérosols.

Durant la période de confinement, les universités ont basculé dans le travail à distance, mais la reprise de l'activité en mode présentiel incite à anticiper le risque de propagation du virus

B. Des mesures de prévention demandant l'adhésion de tous

Il faut s'attendre à ce que, pendant longtemps encore, faute de vaccin ou de traitement, les mesures de lutte restent non pharmaceutiques.

En fonction de la situation de circulation du virus, les mesures d'hygiène et de prévention devront être adaptées pour protéger les étudiants, les personnels et limiter la transmission inter-individus.

La distanciation physique préconisée est de 1 mètre, sauf handicap ou situation particulière. L'hygiène des mains et les mesures barrières doivent être favorisées, notamment avec la mise à disposition d'eau et de savon ou de solution hydroalcoolique. Le port du masque grand public, lors des circulations ou dans les espaces fermés, doit permettre de limiter fortement les émissions de gouttelettes oropharyngées. Enfin, le nettoyage régulier des espaces de travail et d'enseignement ainsi que des lieux de passage permet la désinfection des surfaces. Pour l'instant, le caractère immunisant d'une infection est loin d'être avéré, aussi l'accent doit-il être mis sur la vigilance et l'anticipation.

En matière de protection, la doctrine sanitaire doit rester en application, y compris en l'absence apparente d'infection. Cette application quasi routinière au quotidien nécessite de rappeler les mesures à la population concernée, étudiants, personnels administratifs, enseignants, visiteurs. L'impact sur la vie quotidienne est important, mêlant aspects sociaux (absence de contact lors de salutations) et démarche d'hygiène (lavage de mains, port du masque). Il peut susciter des résistances car on peut le voir comme une contrainte. Il est donc crucial que l'appropriation de la conduite à tenir soit collective et que celle-ci fasse l'objet d'une adhésion lucide.

Devant la nécessité d'anticiper le risque de propagation de la pandémie, la rentrée doit être organisée matériellement et pédagogiquement, tout en diffusant des messages clairs à la communauté universitaire.

II. Une organisation matérielle et pédagogique adaptée et anticipant les risques

La réussite de la rentrée, voire de l'année tout entière, demande d'organiser l'accueil matériel et pédagogique (A), de diffuser des informations claires dans un contexte susceptible de changer (B) et faire connaître les consignes d'urgence (C).

A. Un accueil matériel et pédagogique organisé

1. Aspects matériels

Sur le plan matériel, avant la rentrée, les sens de circulation doivent être matérialisés dans les locaux, les consignes rappelées par un affichage répété : sauf handicap, le port du masque est obligatoire lors des déplacements et pendant les cours, rappel des conseils d'hygiène des mains et de distanciation physique, consignes de ventilation des locaux et de nettoyage du matériel.

Les points de distribution de solution hydroalcoolique doivent être déterminés en tenant compte des points de lavage eau/savon. Les postes de travail en contact avec le public doivent être équipés de panneaux de protection. Les modalités et les points de distribution des équipements individuels (masques, gants) doivent être bien identifiés et leur localisation indiquée à tous les personnels, statutaires et vacataires. Le lieu de stockage de ces équipements, à la suite de leur perception auprès des services de la logistique, doit être à la fois accessible et surveillé.

Le ménage quotidien fera l'objet d'une attention particulière et veillera à désinfecter les points et surfaces de contact.

2. Aspects pédagogiques

Sur le plan pédagogique, la rentrée sera échelonnée sur trois semaines afin de permettre de fractionner l'accueil des grands groupes et de limiter les flux. Les emplois du temps réserveront la même salle toute la journée pour un groupe-classe et il sera demandé aux étudiants de garder la même place, afin de limiter les besoins de désinfection. Les horaires de fin de matinée seront compris entre 11 h 30 et 13 h afin de mieux canaliser les passages au restaurant universitaire.

L'accueil des néobacheliers mérite une attention particulière. Ils sont peu au courant des usages universitaires, découvrent les locaux et les attentes en matière de validation de leurs études. C'est le rôle des responsables pédagogiques de les sécuriser, de veiller à bien transmettre les informations nécessaires (dates importantes, utilisation du mail étudiant et de l'espace numérique de travail – ENT –, accès à la bibliothèque notamment).

Par ailleurs, tous les responsables pédagogiques doivent informer sur les modalités d'enseignement (présentielles à la rentrée), sur la part de distanciel qui peut aller jusqu'à 20 % et sur la possibilité de basculement en distanciel en cas de reprise de l'épidémie.

De même, ils veilleront à ce que les enseignants de leurs filières disposent sur leur espace numérique de travail de leur planning du semestre signalant la part distancielle, leur plan de cours ou leurs fiches d'unité d'enseignement, des documents d'appui, une bibliographie ; en somme, tout matériel pertinent afin de donner le réflexe de l'ENT aux étudiants. C'est une façon d'anticiper un retour éventuel au mode distanciel mais aussi de repérer les décrochages.

L'accompagnement des étudiants comprend un volet social et de santé et les responsables pédagogiques seront attentifs aux fragilités et pourront faire le relais avec les services.

3. Activité de l'institution

Les conseils de faculté peuvent se tenir dans le respect des règles de distanciation, avec port du masque, ou, le cas échéant, à distance. Il est important que l'adoption des règlements des études ait lieu dans le mois suivant la rentrée et que les modalités de contrôle des connaissances prévoient divers cas de figure : situation normale, situation de distanciation des enseignements ou confinement total.

B. Des informations claires pour la communauté universitaire

1. Télétravail

Avec la fin de l'état d'urgence, seuls les personnels répondant aux critères de vulnérabilité énumérés par le Haut Conseil de la santé publique avec avis médical, pourront continuer à exercer la totalité de leurs activités en travail à distance.

Les activités télétravaillables seront recensées à la rentrée et un dispositif devra être construit, en relation avec la DRH de l'université pour relancer la mise en œuvre du télétravail.

2. Déplacements étudiants

Les stages et mobilités étudiantes, l'accueil des internationaux, les déplacements des personnels ainsi que l'organisation d'événements scientifiques demandent beaucoup d'attention afin de transmettre des informations susceptibles de mise à jour à la rentrée ou en cours d'années.

Les étudiants internationaux seront accueillis dès la rentrée, sous réserve que les frontières leur soient ouvertes.

Les mobilités sortantes nationales sont permises quand les organismes et entreprises d'accueil garantissent la protection des étudiants. En revanche, il est recommandé de reporter les mobilités internationales de toutes sortes (stage, ERASMUS, semestre dans un établissement partenaire) au second semestre.

3. Déplacements des personnels

Avant signature d'un ordre de mission, les déplacements des personnels administratifs, enseignants et enseignants-chercheurs font l'objet d'une instruction afin d'estimer le risque encouru (sites du ministère des Affaires étrangères ou de Santé publique France).

4. Reprise de l'activité scientifique

Les organisateurs de colloques et séminaires doivent prendre l'attache du conseiller de prévention de l'université pour s'assurer de mettre en œuvre les consignes sanitaires adéquates.

C. Des consignes en cas d'urgence portées à la connaissance de tous

1. Conduite à tenir en cas de non-port du masque

Il y a deux cas à considérer :

- en cas de refus de port du masque, il faut demander à la personne de quitter les lieux et signaler les récalcitrants au doyen ;
- En cas d'absence de masque de bonne foi (oubli, par exemple), l'université n'est pas tenue d'équiper les étudiants, mais on peut proposer que l'enseignant dispose de quelques masques en réserve. À lui de signaler si cela devient une habitude chez certains et si cela peut indiquer des difficultés sociales.

2. Conduite à tenir en cas de suspicion de contamination

Les signes de suspicion sont la fièvre et/ou la toux, les difficultés respiratoires, à parler ou à avaler, la perte du goût et de l'odorat. Que cela concerne un membre du personnel ou un étudiant, la prise en charge repose sur l'isolement, la protection, la recherche de signes de gravité (projet de courrier électronique à tous les personnels, annexe 2).

Annexe 1 : Récapitulatif des procédures de préparation de la rentrée

Objectifs	Actions à réaliser	Travail qui en découle	Temporalité
Commande de masques, gants, panneaux de protection et solution hydroalcoolique (SHA)	Évaluer les besoins	Stocker et distribuer, déterminer les points de retrait (équipements) et d'installation (SHA)	Préalable
Affichage des consignes dans les couloirs et les salles	Concevoir le texte de rappel du port du masque, de l'hygiène des mains, de la distanciation physique, de la ventilation	Déterminer les emplacements et le nombre d'affiches à disposer	Préalable
Consignes de nettoyage	Affiches particulières pour les salles de TP et les salles informatiques : sous le contrôle de l'enseignant, les étudiants nettoient après usage	Disposer le matériel (solution nettoyante, papier absorbant, poubelles) dans les salles techniques	Préalable
Mise en place du télétravail	Recenser les postes télétravaillables	Disposer d'un schéma d'ensemble pour la faculté pour faire des propositions	Après la rentrée, sans urgence
Échelonner la rentrée à partir du 7 septembre	Fixer les dates par filières	• Construire le déroulé des journées avec les responsables pédagogiques • Convoquer les enseignants pour la date de rentrée • Informer les étudiants de chaque filière	Préalable
Adapter les emplois du temps	• Vérifier l'échelonnement des horaires de fin de matinée • Vérifier l'affectation d'une salle pour la journée	Tenir compte des effectifs pour libérer des groupes équivalents	Préalable

Objectifs	Actions à réaliser	Travail qui en découle	Temporalité
Communiquer les consignes aux enseignants	• Informer sur les lieux de retrait des équipements de protection • Communiquer les attentes de présentation des enseignements sur l'ENT	• Charger les responsables pédagogiques de la vérification • Demander un état des dépôts sur l'ENT au service informatique	Préalable
Adopter les règlements des études dans le mois suivant la rentrée	Mettre à l'ordre du jour d'un conseil de faculté	Vérifier que les règlements prévoient dans chaque filière les divers cas de figure	Au cours du premier mois
Communiquer avec les étudiants	Prévoir un message rappelant les consignes de sécurité et de distanciation, le port du masque, les informations pédagogiques, l'accompagnement social, le déroulement des enseignements et des examens, les stages, la mobilité	S'appuyer sur les responsables pédagogiques pour s'assurer de l'utilisation de l'adresse mail universitaire	Dans la semaine après chaque rentrée échelonnée
Informer sur les précautions lors des déplacements des personnels	Expliquer l'instruction des ordres de mission avant signature	Utiliser les sites des ministères des Affaires étrangères et de la Santé	Message de rentrée
Reprise de l'activité scientifique	• Faire connaître les coordonnées du conseiller de prévention • Expliquer la procédure pour le respect des consignes de sécurité les plus récentes	Contenu du mail à élaborer à destination des enseignants-chercheurs	Message de rentrée
Informer sur la conduite à tenir en cas de refus du port du masque	Expliquer la nécessité de faire quitter les lieux	Informer le doyen de toute difficulté	Message de rentrée
Décider de la conduite à tenir en cas d'absence de masque et donner une consigne aux enseignants	Il faut arbitrer car l'université n'est pas tenue de fournir un masque aux étudiants. On peut décider d'en donner au cas par cas	Ce peut être un indicateur de difficultés sociales dont il faut tenir compte	À arbitrer avant le retour des étudiants mais avant le message de rentrée aux enseignants

Annexe 2 : Projet de courrier électronique adressé à tous les personnels (administratifs, enseignants, enseignants-chercheurs)

Madame, Monsieur,
Cher(e) collègue,

Les incertitudes en matière de circulation du virus COVID nous conduisent à préciser le protocole de prise en charge d'une personne symptomatique avec laquelle vous pourriez être en contact.

En présence d'une personne symptomatique (notamment fièvre et/ou toux, difficulté respiratoire, à parler ou à avaler, perte du goût et de l'odorat), la prise en charge repose sur :
- l'isolement ;
- la protection ;
- la recherche de signes de gravité.

Si la déclaration des symptômes survient sur le lieu de travail ou pendant un cours :
- Isoler la personne symptomatique dans une pièce dédiée et aérée en appliquant immédiatement les gestes barrière, garder une distance raisonnable avec elle (au moins 1 mètre) avec port d'un masque.
- Signaler le cas aux services du doyen.
- Mobiliser le conseiller de prévention de l'université, M. __________ (coordonnées).
- En l'absence de signe de gravité : demander à la personne de contacter son médecin traitant pour avis médical. Si confirmation d'absence de signes de gravité, organiser son retour à domicile en évitant les transports en commun.

En cas de signe de gravité (ex. détresse respiratoire) : appeler le SAMU – composer le 15 (en étant suffisamment proche de la personne afin de permettre au médecin de lui parler éventuellement) :
- Se présenter, présenter en quelques mots la situation (COVID-19, pour qui, quels symptômes), donner son numéro de téléphone, préciser la localisation et les moyens d'accès ; l'assistant de régulation passera un médecin et donnera la conduite à tenir (en demandant souvent de parler à la personne ou de l'entendre respirer).
- Si l'envoi des secours est décidé par le centre 15, organiser l'accueil des secours, rester à proximité (en respectant la distance d'au moins 1 m) de la personne pour la surveiller le temps que les secours arrivent ; en cas d'éléments nouveaux importants, rappeler le SAMU ; ne jamais s'énerver ou agir dans la précipitation.
- Après la prise en charge de la personne, prendre contact avec le service de santé au travail et suivre ses consignes, y compris pour le nettoyage et la désinfection du poste de travail ou de la salle de cours et le suivi des salariés ou étudiants ayant été en contact avec le cas. Si le cas COVID est confirmé, l'identification et la prise en charge des contacts seront organisées par les acteurs du « *Contact-Tracing* ».

Si la déclaration des symptômes survient au domicile de l'agent ou de l'étudiant :

- En l'absence de signe de gravité : contacter son médecin traitant pour avis médical.
- En cas de signe de gravité (ex. détresse respiratoire) : appeler le SAMU – composer le 15.
- Prévenir le doyen et le conseiller de prévention de l'université.

5 Enjeux européens et internationaux des politiques publiques

Ce sujet est une adaptation d'une épreuve des concours externe et interne de recrutement de secrétaires d'administration et de contrôle du développement durable de classe supérieure, dans la spécialité « contrôle des transports terrestres » (session 2018).

1. Cas pratique

Le droit européen reconnaît à une entreprise non établie en France le pouvoir de détacher temporairement ses salariés dans le cadre d'une prestation de service dite internationale pour son propre compte ou pour celui d'un donneur d'ordre.

Cependant, cette possibilité ouverte par l'UE à tous ses membres a fait l'objet d'abus de la part des opérateurs économiques situés dans des pays dont le corpus juridique en matière sociale est moins contraignant et le coût du travail moins élevé, notamment dans le secteur d'activité du transport routier.

Afin de mieux encadrer le détachement, le gouvernement français a étendu les formalités existantes dans tous les domaines d'activité au secteur du transport routier, dans le code des transports.

Parallèlement, le gouvernement fait face à d'autres difficultés générées par le développement du transport routier de personnes sur demande : des détournements de la réglementation ont été constatés et contribuent à la fragilisation de ce secteur d'activité.

Vous êtes affecté responsable d'unités départementales de contrôle des transports routiers dans une DREAL.

Votre chef de service vous demande une note sur le contexte en France et au sein de l'UE, conduisant au renforcement de la lutte contre la concurrence déloyale dans le secteur du transport routier de marchandises. Vous présenterez les nouveaux cadres juridiques sur le détachement de salariés dans le secteur du transport en France et l'accès à la profession et au marché de transport de personnes avec chauffeur en France.

Vous proposerez deux supports communicants sur les conditions à respecter pour accéder à la profession de voiture de transport avec chauffeur.

LISTE DES DOCUMENTS

- **Document 1** : Dominique Gallois, « Transport routier : neuf pays européens se mobilisent contre la concurrence déloyale », *Le Monde économie*, 1er février 2017
- **Document 2** : Les dispositions relatives au détachement applicables au secteur du transport routier (extraits du code des transports et du code du travail)
- **Document 3** : Code des transports, « Livre Ier : Le transport routier de personnes » (extraits du code des transports)
- **Document 4** : « Opération de contrôles coordonnés en faveur d'une concurrence loyale dans le transport routier de marchandises, 10 infractions sanctionnées en 4 heures », communiqué de presse de la préfecture de Paris et d'Île-de-France, 21 octobre 2016
- **Document 5** : Résolution du Parlement européen du 14 septembre 2016 sur le dumping social dans l'UE (extraits)
- **Document 6** : Ministère de l'Environnement, de l'Énergie et de la Mer, secrétariat d'État aux transports, à la mer et à la pêche, « Alain Vidalies a réuni le 3e comité d'évaluation de la politique publique de contrôle des transports routiers », communiqué de presse, 20 septembre 2016
- **Document 7** : « Analyse de la verbalisation du travail illégal en 2016 », Direction générale du travail, janvier 2018
- **Document 8** : France Télévisions, « Salariés à prix cassé : le grand scandale », *Cash Investigation*, 22 mars 2016, une enquête de Sophie Le Gall présentée par Élise Lucet
- **Document 9** : Fiche pratique « Exploitant ou conducteur de voiture avec chauffeur (VTC) », Service-Public-Pro.fr, vérifié le 20 octobre 2017 (extrait)
- **Document 10** : Philippe Jacqué, « Uber : des mesures pour sortir de la crise », *Le Monde économie*, 1er février 2017
- **Document 11** : Arrêté du 26 mars 2015 relatif aux caractéristiques des véhicules utilisés par les exploitants de voitures de transport avec chauffeur

» Document 1 – Dominique Gallois, « Transport routier : neuf pays européens se mobilisent contre la concurrence déloyale », *Le Monde économie*, 1er février 2017

Transport routier : neuf pays européens se mobilisent contre la concurrence déloyale

Les ministres des Transports allemand, autrichien, belge, danois, français, italien, luxembourgeois, norvégien et suédois ont signé, mardi 31 janvier, une « alliance du routier ».

Comment mettre fin au clivage Est-Ouest en matière de transport routier européen ? Mardi 31 janvier, sur une initiative française, les ministres des Transports de neuf pays (Allemagne, Autriche, Belgique, Danemark, France, Italie, Luxembourg, Norvège et Suède) ont signé une « alliance du routier ».

Son objectif ? Lutter contre la concurrence déloyale entre les pays de l'Union. Sa recommandation ? Simplifier la mise en œuvre de la réglementation européenne par les opérateurs, rendre les contrôles plus efficaces, permettant à l'avenir de « définir des positions communes » en matière de politique du transport.

« Si nous ne faisons rien, les réactions seront nationales et nous n'en voulons pas, a prévenu Alain Vidalies, le secrétaire d'État au transport. L'Europe ne se construit pas sur la loi de la jungle et le dumping social. Cela nourrit le populisme. Nous avons un marché européen et des règles. »

« Des forçats de la route »

Le déséquilibre est flagrant. Selon une étude du Comité national routier, en novembre 2016, le salaire mensuel brut d'un conducteur, à l'international, oscille entre 300 et 3 300 euros, soit un rapport d'un à onze. En incluant toutes les charges, « le coût complet à l'année d'un conducteur routier à l'international s'échelonne de 16 000 euros pour un transporteur bulgare, à 56 000 euros pour un transporteur belge », relève le document. Le temps de conduite annuel oscille entre 1 540 heures, en France, et 2 025 heures, en Lituanie.

Les fraudes sont fréquentes. En 2015, sur plus de 100 000 véhicules contrôlés en France, près de la moitié des infractions concernaient le non-respect de la réglementation sociale européenne, comme les temps de conduite et le repos des conducteurs.

« Nous souhaitons d'abord mieux prendre en compte la qualité de vie des conducteurs routiers, devenus, pour beaucoup, des forçats de la route », a insisté M. Vidalies. Dans son viseur également, les camionnettes, qui, non soumises aux mêmes règles que les poids lourds, ont pris une « part croissante dans le transport international de marchandises ainsi que domestique », déstabilisant le marché en cassant les prix.

« Mettre fin aux distorsions »

« Il faut mettre fin aux distorsions », insiste son homologue allemand, Alexander Dobrindt, et « avoir une application uniforme des normes sociales européennes ». Pour ce ministre, il faut en finir avec les malentendus. « On nous a reproché le protectionnisme. Ce n'est pas fondé. Nous voulons que tous les salariés soient protégés des abus, que leurs droits soient respectés par les entrepreneurs. »

Cette « alliance du routier » est une nouvelle étape dans le différend avec les pays de l'Est. En septembre 2016, huit de ces neuf pays, hors Suède, ont demandé à la Commission de se pencher sur « les aspects sociaux et les questions de sécurité », qui découlent des « pratiques abusives » et de la « concurrence acharnée » d'autres pays. Une réponse à la Pologne, qui, soutenue par dix autres États, proteste contre les « règles disproportionnées » imposées par la France et l'Allemagne en matière de salaire minimum. Varsovie a obtenu gain de cause.
En juin 2016, comme pour Berlin l'année précédente, Bruxelles a adressé une mise en demeure à Paris, à la suite de l'entrée en vigueur de la loi Macron, qui impose aux transporteurs internationaux opérant en France de verser le SMIC à leurs chauffeurs.

» Document 2 – Les dispositions relatives au détachement applicables au secteur du transport routier (extraits du code des transports et du code du travail)

Code des transports (extraits)

LIVRE III – Réglementation sociale du transport TITRE III – Lutte contre la concurrence sociale déloyale
Chapitre unique

Article L. 1331-1
I. Un décret en Conseil d'État fixe les conditions dans lesquelles une attestation établie par les entreprises de transport mentionnées à l'article L. 1 321-1 du présent code qui détache des salariés roulants ou navigants se substitue à la déclaration mentionnée au I de l'article L. 1262-2-1 du code du travail.
II. Un décret en Conseil d'État fixe la période pendant laquelle est assurée la liaison entre les agents mentionnés à l'article L. 8271-1-2 du code du travail et le représentant sur le territoire national désigné, en application du II de l'article L. 1262-2-1 du même code, par les entreprises de transport mentionnées à l'article L. 1321-1 du présent code qui détachent des salariés roulants ou navigants.

Article L. 1331-2
Pour l'application aux entreprises de transport mentionnées à l'article L. 1321-1 du présent code des articles L. 3245-2, L. 4231-1 et L. 8281-1 du code du travail, le destinataire du contrat de transport est assimilé au donneur d'ordre.

Article L. 1331-3
Les modalités d'application du titre VI du livre II de la première partie du code du travail aux entreprises mentionnées à l'article L. 1321-1 du présent code sont définies par décret en Conseil d'État.

TITRE III – Dispositions applicables aux salariés des entreprises de transport établies hors de France
Chapitre unique

Section 1 – Salariés roulants ou navigants détachés temporairement par une entreprise non établie en France Article R. 1331-1
I. Les dispositions du titre VI du livre II de la première partie du code du travail (partie réglementaire), à l'exception des sections 1, 2 et 3 du chapitre III, sont applicables aux entreprises, dans les conditions prévues au présent chapitre.
Par entreprise au sens du présent chapitre, sont entendues toutes entreprises établies hors de France entrant dans le champ d'activité mentionné à l'article L. 1321-1, dès lors que sont remplies les conditions de détachement prévues à l'article L. 1262-1 ou à l'article L. 1262-2 du code du travail.

Un sujet par thème

II. L'entreprise désigne en ce cas son représentant sur le territoire national en application du II de l'article L. 1262-2-1 du même code.

Article R. 1331-2

I. Lorsque sont réunies sur le territoire français les conditions prévues aux articles L. 1262-1 et L. 1262-2 du code du travail pour le détachement d'un salarié roulant ou navigant, l'entreprise remplit, dans les conditions précisées à l'article R. 1331-8, pour chaque salarié détaché une attestation de détachement qui se substitue à la déclaration prévue à l'article L. 1262-2-1 du même code.

Cette attestation dispense de la formalité mentionnée à l'article L. 1221-15-1 du même code dès lors que le détachement intervient dans les conditions prévues au 1° ou au 3° de l'article L. 1262-1 du même code et que le donneur d'ordre n'est pas établi en France.

II. La durée de validité de cette attestation est celle indiquée par l'entreprise, dans la limite maximale de six mois à compter de sa date d'établissement. L'attestation peut couvrir plusieurs opérations de détachement relevant des dispositions des 1° et 3° de l'article L. 1262-1 précité, et de l'article L. 1262-2 du code du travail, au cours de cette période.

III. Cette attestation est établie en langue française avant le début de la première opération de détachement. Elle est datée et signée et comporte :

1° Le nom ou la raison sociale ainsi que les adresses postale et électronique, les coordonnées téléphoniques de l'entreprise ou de l'établissement qui emploie habituellement le salarié, la forme juridique de l'entreprise, son numéro individuel d'identification fiscale au titre de l'assujettissement à la taxe sur la valeur ajoutée, les noms, prénoms, date et lieu de naissance du ou des dirigeants, l'État auquel est attachée la législation de sécurité sociale dont il relève au titre de l'activité qu'il réalise en France et, s'il s'agit d'un État autre que la France, si un formulaire concernant la législation de sécurité sociale applicable a été demandé à l'institution compétente ;

2° Les noms et prénoms, les dates et lieux de naissance, l'adresse de résidence habituelle, la nationalité, la date de signature du contrat de travail et le droit du travail applicable au contrat de travail, la qualification professionnelle du salarié détaché ;

3° Le taux de salaire horaire brut, converti en euros le cas échéant, ainsi que les modalités de prise en charge par l'entreprise de frais engagés pour l'hébergement et les repas, par jour de détachement, attribués au salarié détaché ;

4° La raison sociale ou les noms et prénom ainsi que les adresses postale et électronique, les coordonnées téléphoniques du représentant mentionné au II de l'article L. 1262-2-1 du code du travail ;

5° Pour les entreprises de transport routier, les références de leur immatriculation au registre électronique national des entreprises de transport par route prévu par l'article 16 du règlement (CE) n° 1071/2009 du Parlement européen et du Conseil du 21 octobre 2009 établissant les règles communes sur les conditions à respecter pour exercer la profession de transporteur par route, et abrogeant la directive 96/26/CE du Conseil.

Article R. 1331-3

I. Lorsque le détachement relève du 2° de l'article L. 1262-1 ou de l'article L. 1262-2 du code du travail, l'attestation mentionnée à l'article R. 1331-2 comporte en outre le nom ou la raison sociale ainsi que les adresses postale et électronique, le cas échéant, les coordonnées téléphoniques et le numéro d'identification Siret de l'entreprise ou de l'établissement d'accueil en France du salarié détaché, la date du début du détachement et la date prévue de sa fin, les modalités de prise en charge par l'entreprise des frais de voyage, et le cas échéant l'adresse du ou des lieux d'hébergement du salarié ;

II. Lorsque le détachement relève de l'article L. 1262-2 du code du travail, en lieu et place des mentions prévues au 1° de l'article R. 1331-2, l'attestation comporte le nom ou la raison sociale ainsi que les adresses postale et électronique, les coordonnées téléphoniques de l'entreprise ou de l'établissement de l'entreprise de travail temporaire qui emploie habituellement le salarié, la forme juridique de l'entreprise, son numéro individuel d'identification fiscale au titre de l'assujetti ment à la taxe sur la valeur ajoutée ou, à défaut de détenir un tel numéro, les références de son immatriculation à un registre professionnel ou toute autre référence équivalente, les noms, prénoms, date et lieu de naissance du ou des dirigeants, ainsi que l'identité de l'organisme auprès duquel a été obtenue une garantie financière ou une garantie équivalente dans le pays d'origine, l'État auquel est attachée la législation de sécurité sociale dont il relève au titre de l'activité qu'il réalise en France et, s'il s'agit d'un État autre que la France, la mention de la demande d'un formulaire concernant la législation de sécurité sociale applicable à l'institution compétente.

Article R. 1331-4

I. Le représentant de l'entreprise conserve et présente, sans délai, les documents suivants à la demande des agents de contrôle mentionnés à l'article L. 8271-1-2 du code du travail :

1° Les bulletins de paie correspondant à la période du détachement de chaque salarié détaché ou tout document équivalent attestant de la rémunération et comportant les mentions suivantes :

a) Salaire horaire brut, y compris les majorations pour les heures supplémentaires, converti en euros ;

b) Période et horaires de travail auxquels se rapporte le salaire en distinguant les heures payées au taux normal et celles comportant une majoration ;

c) Congés et jours fériés et éléments de rémunération s'y rapportant ;

2° Tout document attestant du paiement effectif du salaire ;

3° La copie de la désignation par l'entreprise de son représentant conformément aux dispositions de l'article R. 1263-2- 1 du code du travail ;

4° S'il y a lieu, l'intitulé de la convention collective de branche applicable au salarié. Les documents mentionnés ci-dessus sont traduits en langue française.

Pour les entreprises qui ne sont pas établies dans un État membre de l'UE dont la monnaie est l'euro, les sommes sont converties en euros.

II. Dans le cas où l'entreprise détachant un salarié roulant ou navigant sur le territoire français est établie en dehors de l'UE, le document atteste de la régularité de sa situation sociale au regard d'une convention internationale de sécurité sociale ou, à défaut, joint l'attestation de fourniture de déclaration sociale émanant de l'organisme français de protection sociale chargé du recouvrement des cotisations sociales lui incombant et datant de moins de six mois.

Article R. 1331-5

Pour l'application de l'article R. 1263-2-1 du code du travail, la période pendant laquelle est assurée la liaison entre les agents mentionnés à l'article L. 8271-1-2 du code du travail et le représentant sur le territoire national désigné, en application du II de l'article L. 1262-1 du même code par les entreprises, ne peut être inférieure à la durée du détachement du salarié suivie d'une période de dix-huit mois qui suit l'expiration de celle-ci.

Article R. 1331-6

I. Pour l'application du premier alinéa de l'article L. 1262-4-1 du code du travail, le donneur d'ordre vérifie que l'attestation de détachement prévue à l'article L. 1331-2 qui se substitue à l'obligation mentionnée à cet article du code du travail a été établie.

Pour l'application du second alinéa du même article L. 1262-4-1 :

1° Lorsque le détachement du salarié relève du 2° de l'article L. 1262-1 ou de l'article L. 1262-2 du code du travail, le chef de l'entreprise dans laquelle le salarié est détaché remplit l'attestation prévue à l'article R. 1331-2 qui se substitue à l'obligation mentionnée au second alinéa de l'article L. 1262-4-1 du code du travail ;

2° Lorsque le détachement du salarié relève du 1° de l'article L. 1262-1 du code du travail, l'agent de contrôle informe le destinataire s'il est la seule partie au contrat mentionné à l'article L. 132-8 du code de commerce établie en France. En ce cas, le destinataire est tenu aux obligations mises à la charge du donneur d'ordre en application des articles L. 3245- 2, R. 3245-1 à R. 3245-4, L. 4231-1, R. 4231-1 à R. 4231-4 et L. 8281-1 et R. 8281-1 à R. 8281-4 du code du travail.

II. Pour l'application du IV de l'article L. 1262-2-1 du code du travail :

1° La déclaration établie par l'entreprise utilisatrice a une durée de validité indiquée par celle-ci dans une limite de six mois. La déclaration peut couvrir plusieurs opérations de détachement au cours de cette période ;

2° La déclaration, dont le modèle est défini par arrêté du ministre chargé du Travail, est adressée par voie dématérialisée aux services de l'inspection du travail.

Article R. 1331-7

L'attestation de détachement mentionnée à l'article R. 1331-2 est transmise par voie dématérialisée en utilisant le téléservice « Sipsi » du ministère chargé du Travail (sipsi.travail.gouv.fr). Elle est également établie en un exemplaire remis au salarié détaché et conservé à bord du moyen de transport avec lequel est assuré le service.

I. Un exemplaire de l'attestation en cours de validité est gardé à bord du moyen de transport avec lequel est assuré le service pour être présenté lors des contrôles, sur leur demande, aux autorités compétentes en application de l'article L. 8271-1-2 du code du travail.

II. Sont également détenus à bord du moyen de transport avec lequel est assuré le service, pour être présentés aux agents de contrôle mentionnés à l'article L. 8271-1-2 du même code :

1° Le contrat de travail du salarié roulant ou navigant détaché ;

2° Lorsque le détachement relève du 2° de l'article L. 1262-1 du même code, une copie traduite en langue française de la convention de mise à disposition et de l'avenant au contrat de travail prévus à l'article L. 8241-2 du code du travail ;

3° Lorsque le détachement relève de l'article L. 1262-2 du même code, une copie traduite en langue française du contrat de travail temporaire mentionné à cet article et du contrat de mise à disposition mentionné à l'article L. 1251- 42 du même code.

Article R. 1331-8
Un arrêté conjoint des ministres chargés du Travail et des Transports fixe le modèle de l'attestation de détachement mentionnée à l'article R. 1331-2.

Section 2 – Sanctions pénales
Article R. 1331-9
Est puni de l'amende prévue pour les contraventions de la quatrième classe :
1° Le fait pour un chef d'entreprise que l'attestation de détachement mentionnée à l'article R. 1331-2 ne soit pas à bord du moyen de transport avec lequel est assuré le service ;
2° Le fait pour un chef d'entreprise que l'attestation de détachement détenue à bord du moyen de transport avec lequel est assuré le service ne soit pas conforme aux prescriptions de l'article R. 1331-2 et de l'arrêté pris pour l'application de l'article R. 1331-8 ou qu'elle comporte une mention incomplète, erronée, illisible ou effaçable.

Article R. 1331-10
Est puni de l'amende prévue pour les contraventions de la troisième classe le fait pour un chef d'entreprise que ne soient pas détenus à bord du moyen de transport avec lequel est assuré le service les documents prévus aux 1° à 3° du III de l'article R. 1331-7.

Section 3 – Sanctions administratives
Article R. 1331-11
Pour l'application de l'article L. 1264-1 du code du travail, la méconnaissance par l'entreprise de ses obligations résultant du présent chapitre est passible de l'amende administrative prévue par ce texte.

Code du travail (extraits)

Article L. 1262-1
LIVRE III – Réglementation sociale du transport
TITRE VI – Salariés détachés temporairement par une entreprise non établie en France
Chapitre II – Conditions de détachement et réglementation applicable
Section 1 – Conditions de détachement
Un employeur établi hors de France peut détacher temporairement des salariés sur le territoire national, à condition qu'il existe un contrat de travail entre cet employeur et le salarié et que leur relation de travail subsiste pendant la période de détachement.
Le détachement est réalisé :
1° Soit pour le compte de l'employeur et sous sa direction, dans le cadre d'un contrat conclu entre celui-ci et le destinataire de la prestation établi ou exerçant en France ;
2° Soit entre établissements d'une même entreprise ou entre entreprises d'un même groupe ;
3° Soit pour le compte de l'employeur sans qu'il existe un contrat entre celui-ci et un destinataire.

Article L. 1262-2-1

I – L'employeur qui détache un ou plusieurs salariés, dans les conditions prévues aux articles L. 1262-1 et L. 1262-2, adresse une déclaration, préalablement au détachement, à l'inspection du travail du lieu où débute la prestation.

II – L'employeur mentionné au I du présent article désigne un représentant de l'entreprise sur le territoire national, chargé d'assurer la liaison avec les agents mentionnés à l'article L. 8271-1-2 pendant la durée de la prestation.

III – L'accomplissement des obligations mentionnées aux I et II du présent article ne présume pas du caractère régulier du détachement.

IV – L'entreprise utilisatrice établie hors du territoire national qui, pour exercer son activité sur le territoire national, a recours à des salariés détachés mis à disposition par une entreprise de travail temporaire également établie hors du territoire national, envoie aux services de l'inspection du travail du lieu où débute la prestation une déclaration attestant que l'employeur a connaissance du détachement de son salarié sur le territoire national et a connaissance des règles prévues au présent titre VI.

» Document 3 – Code des transports, « Livre Ier : Le transport routier de personnes » (extraits du code des transports)

Titre II – Les transports publics particuliers
Chapitre préliminaire – Dispositions générales

Article L. 3120-1

Le présent titre est applicable aux prestations de transport routier de personnes effectuées à titre onéreux avec des véhicules de moins de dix places, à l'exclusion des transports publics collectifs mentionnés au titre Ier de la présente partie et du transport privé routier de personnes mentionné au titre III.

Article L. 3120-2

I. Les véhicules qui effectuent les prestations mentionnées à l'article L. 3120-1 ne peuvent pas être loués à la place, sauf s'ils font l'objet d'une réservation préalable dans les conditions définies par un décret en Conseil d'État.

II. À moins de justifier de l'autorisation de stationnement mentionnée à l'article L. 3121-1, le conducteur d'un véhicule mentionné au I du présent article ne peut :

1° Prendre en charge un client sur la voie ouverte à la circulation publique, sauf s'il justifie d'une réservation préalable ;

2° S'arrêter, stationner ou circuler sur la voie ouverte à la circulation publique en quête de clients ;

3° Stationner sur la voie ouverte à la circulation publique, à l'abord des gares et des aérogares ou, le cas échéant, dans l'enceinte de celles-ci, au-delà d'une durée, fixée par décret, précédant la prise en charge du client qui a effectué une réservation préalable.

III. Sont interdits aux personnes réalisant des prestations mentionnées à l'article L. 3120-1 et aux intermédiaires auxquels elles ont recours, notamment les centrales de réservation au sens de l'article L. 3142-1 :

1° Le fait d'informer un client, avant la réservation mentionnée au 1° du II du présent article, quel que soit le moyen utilisé, à la fois de la localisation et de la disponibilité d'un véhicule mentionné au I quand il est situé sur la voie ouverte à la circulation publique sans que son propriétaire ou son exploitant soit titulaire d'une autorisation de stationnement mentionnée à l'article L. 3121-1 ;

2° Le démarchage d'un client en vue de sa prise en charge dans les conditions mentionnées au 1° du II du présent article ;

3° Le fait de proposer à la vente ou de promouvoir une offre de prise en charge effectuée dans les conditions mentionnées au même 1°.

Article L. 3120-2-1

Les conducteurs des véhicules qui exécutent les prestations mentionnées à l'article L. 3120-1 répondent, dans des conditions définies par décret en Conseil d'État, à des conditions d'aptitude et d'honorabilité professionnelles.

Article L. 3120-2-2
Les conducteurs des véhicules qui exécutent les prestations mentionnées à l'article L. 3120-1 sont titulaires d'une carte professionnelle délivrée par l'autorité administrative.

Article L. 3120-4
Les personnes qui fournissent des prestations mentionnées à l'article L. 3120-1 sont en mesure de justifier à tout moment de l'existence d'un contrat d'assurance couvrant leur responsabilité civile professionnelle.

Article L. 3120-5
Les prestations de transport mentionnées à l'article L. 3120-1 peuvent être effectuées avec des véhicules électriques ou hybrides, par dérogation aux caractéristiques techniques imposées par voie réglementaire en application du présent titre.

Article L. 3120-6
I. Les personnes intervenant dans le secteur du transport public particulier de personnes, dont les centrales de réservation mentionnées à l'article L. 3142-1, communiquent à l'autorité administrative, à sa demande, toute donnée utile pour :
1° Le contrôle du respect des dispositions législatives et réglementaires relatives à l'accès aux professions du transport public particulier de personnes, à leurs conditions d'exercice et aux activités de mise en relation mentionnées au titre IV du présent livre ;
2° L'application du deuxième alinéa de l'article L. 410-2 du code de commerce ou du III de l'article L. 420-4 du même code.
Lorsque c'est nécessaire, l'autorité administrative peut imposer la transmission périodique de ces données.
L'autorité administrative peut imposer aux personnes mentionnées au premier alinéa du I la transmission périodique, à des fins statistiques, des données nécessaires à la connaissance de l'activité du secteur du transport public particulier de personnes. Elle rend publiques les études qu'elle réalise à ce sujet.
II. Les données mentionnées aux I et II du présent article excluent les données à caractère personnel relatives aux passagers.
Tout traitement des données mentionnées aux I et II du présent article est soumis à la loi n° 78-17 du 6 janvier 1978 relative à l'informatique, aux fichiers et aux libertés.
III. Un décret en Conseil d'État, pris après avis de l'Autorité de la concurrence et de la CNIL, détermine les modalités d'application du présent article.

Chapitre II – Voitures de transport avec chauffeur

Article L. 3122-1
Le présent chapitre s'applique aux exploitants qui mettent à la disposition de leur clientèle une ou plusieurs voitures de transport avec chauffeur, dans des conditions fixées à l'avance entre les parties.
Les modalités d'application du présent chapitre sont définies par décret en Conseil d'État.

Section 2 – Dispositions relatives aux exploitants

Article L. 3122-3

Les exploitants mentionnés à l'article L. 3122-1 sont inscrits sur un registre régional dont les modalités de gestion sont définies par voie réglementaire. L'inscription sur ce registre est effectuée dès que le dossier d'inscription est complet et qu'il en résulte que l'exploitant remplit les conditions prévues à l'article L. 3122-4.

Le registre mentionné au premier alinéa du présent article est public.

Cette inscription est renouvelable tous les cinq ans. Elle donne lieu à une mise à jour régulière des informations du dossier d'inscription.

L'inscription est subordonnée au paiement préalable, auprès du gestionnaire du registre mentionné au premier alinéa, de frais dont le montant est fixé par décret. Ces frais sont recouvrés par le gestionnaire du registre. Leur paiement intervient au moment du dépôt de la demande ou de la demande de renouvellement.

Le produit résultant du paiement des frais est exclusivement affecté au financement de la gestion des registres.

Les modalités d'application du présent article, notamment le contenu du dossier d'inscription, sont définies par voie réglementaire.

Article L. 3122-4

Les exploitants disposent d'une ou de plusieurs voitures de transport avec chauffeur répondant à des conditions techniques et de confort ou qui contribuent à la préservation du patrimoine automobile définies par voie réglementaire. Les exploitants emploient un ou plusieurs conducteurs répondant aux conditions prévues à l'article L. 3120-2-2.

Ils justifient de capacités financières définies par le décret en Conseil d'État mentionné à l'article L. 3122-1.

Article L. 3122-4-1

Un label peut être attribué aux exploitants de voitures de transport avec chauffeur mentionnés à l'article L. 3122-1 qui offrent aux passagers des prestations répondant à des normes de qualité particulières.

Les critères et les modalités d'attribution du label sont définis par un arrêté conjoint des ministres chargés des Transports et du Tourisme.

Section 4 – Dispositions relatives au conducteur

Article L. 3122-9

Dès l'achèvement de la prestation commandée au moyen d'une réservation préalable, le conducteur d'une voiture de transport avec chauffeur dans l'exercice de ses missions est tenu de retourner au lieu d'établissement de l'exploitant de cette voiture ou dans un lieu, hors de la chaussée, où le stationnement est autorisé, sauf s'il justifie d'une réservation préalable ou d'un contrat avec le client final.

Titre II – Les transports publics particuliers
Chapitre préliminaire – Dispositions générales
Section 1 – Définition
Article L. 3120-1
Le présent titre est applicable aux prestations de transport routier de personnes effectuées à titre onéreux avec des véhicules de moins de dix places, à l'exclusion des transports publics collectifs mentionnés au titre Ier de la présente partie et du transport privé routier de personnes mentionné au titre III.

Article L. 3120-2
I. Les véhicules qui effectuent les prestations mentionnées à l'article L. 3120-1 ne peuvent pas être loués à la place, sauf s'ils font l'objet d'une réservation préalable dans les conditions définies par un décret en Conseil d'État.
II. À moins de justifier de l'autorisation de stationnement mentionnée à l'article L. 3121-1, le conducteur d'un véhicule mentionné au I du présent article ne peut :
1° Prendre en charge un client sur la voie ouverte à la circulation publique, sauf s'il justifie d'une réservation préalable ;
2° S'arrêter, stationner ou circuler sur la voie ouverte à la circulation publique en quête de clients ;
3° Stationner sur la voie ouverte à la circulation publique, à l'abord des gares et des aérogares ou, le cas échéant, dans l'enceinte de celles-ci, au-delà d'une durée, fixée par décret, précédant la prise en charge du client qui a effectué une réservation préalable.
III. Sont interdits aux personnes réalisant des prestations mentionnées à l'article L. 3120-1 et aux intermédiaires auxquels elles ont recours, notamment les centrales de réservation au sens de l'article L. 3142-1 :
1° Le fait d'informer un client, avant la réservation mentionnée au 1° du II du présent article, quel que soit le moyen utilisé, à la fois de la localisation et de la disponibilité d'un véhicule mentionné au I quand il est situé sur la voie ouverte à la circulation publique sans que son propriétaire ou son exploitant soit titulaire d'une autorisation de stationnement mentionnée à l'article L. 3121-1 ;
2° Le démarchage d'un client en vue de sa prise en charge dans les conditions mentionnées au 1° du II du présent article ;
3° Le fait de proposer à la vente ou de promouvoir une offre de prise en charge effectuée dans les conditions mentionnées au même 1°.

Article L. 3120-2-1
Les conducteurs des véhicules qui exécutent les prestations mentionnées à l'article L. 3120-1 répondent, dans des conditions définies par décret en Conseil d'État, à des conditions d'aptitude et d'honorabilité professionnelles.

Article L. 3120-2-2
Les conducteurs des véhicules qui exécutent les prestations mentionnées à l'article L. 3120-1 sont titulaires d'une carte professionnelle délivrée par l'autorité administrative.

Article L. 3120-4
Les personnes qui fournissent des prestations mentionnées à l'article L. 3120-1 sont en mesure de justifier à tout moment de l'existence d'un contrat d'assurance couvrant leur responsabilité civile professionnelle.

Article L. 3120-5
Les prestations de transport mentionnées à l'article L. 3120-1 peuvent être effectuées avec des véhicules électriques ou hybrides, par dérogation aux caractéristiques techniques imposées par voie réglementaire en application du présent titre.

Article L. 3120-6
I. Les personnes intervenant dans le secteur du transport public particulier de personnes, dont les centrales de réservation mentionnées à l'article L. 3142-1, communiquent à l'autorité administrative, à sa demande, toute donnée utile pour :
1° Le contrôle du respect des dispositions législatives et réglementaires relatives à l'accès aux professions du transport public particulier de personnes, à leurs conditions d'exercice et aux activités de mise en relation mentionnées au titre IV du présent livre ;
2° L'application du deuxième alinéa de l'article L. 410-2 du code de commerce ou du III de l'article L. 420-4 du même code.
Lorsque c'est nécessaire, l'autorité administrative peut imposer la transmission périodique de ces données.
L'autorité administrative peut imposer aux personnes mentionnées au premier alinéa du I la transmission périodique, à des fins statistiques, des données nécessaires à la connaissance de l'activité du secteur du transport public particulier de personnes. Elle rend publiques les études qu'elle réalise à ce sujet.
II. Les données mentionnées aux I et II du présent article excluent les données à caractère personnel relatives aux passagers.
Tout traitement des données mentionnées aux I et II du présent article est soumis à la loi n° 78-17 du 6 janvier 1978 relative à l'informatique, aux fichiers et aux libertés.
III. Un décret en Conseil d'État, pris après avis de l'Autorité de la concurrence et de la CNIL, détermine les modalités d'application du présent article.

TITRE II – Les transports publics particuliers
Chapitre préliminaire – Dispositions générales
Section 1 – Définition
Article R. 3120-1
Les prestations de transports publics particuliers sont des prestations de transport public routier de personnes qui ne relèvent ni des transports publics collectifs régis par le titre Ier du présent livre, ni du transport privé routier de personnes régi par le titre III du même livre.
Ces prestations peuvent être proposées à autant de personnes que de places disponibles dans le véhicule.
Elles sont exécutées, à titre onéreux, dans les conditions fixées au présent titre, par les taxis, les voitures de transport avec chauffeur et les véhicules motorisés à deux ou trois roues.

Un sujet par thème

Section 2 – Obligations générales relatives aux conducteurs

Article R. 3120-2

Sans préjudice de l'article R. 3122-15, la justification de l'existence de la réservation préalable mentionnée au I et aux 1° et 3° du II de l'article L. 3120-2 peut être apportée au moyen d'un document écrit sur un support papier ou électronique.

Le conducteur est tenu de présenter ce justificatif à toute demande des agents chargés des contrôles.

Un arrêté des ministres chargés, respectivement, de l'Économie et des Transports et du ministre de l'Intérieur précise les informations figurant sur ce justificatif et ses caractéristiques.

Article D. 3120-3

La durée maximale de stationnement prévue au 3° du II de l'article L. 3120-2 est fixée à une heure précédant l'horaire de prise en charge souhaité par le client.

Article R. 3120-4

Le conducteur d'un véhicule de transport public particulier est, à tout moment, en mesure de présenter aux agents chargés des contrôles le justificatif d'assurance pour le transport de personnes à titre onéreux mentionné au troisième alinéa de l'article R. 211-15 du code des assurances.

Article D. 3120-5

Les règles relatives à la visite médicale périodique des conducteurs de véhicules de transport public particulier sont fixées par les articles R. 221-10 et R. 221-11 du code de la route.

Article R. 3120-6

Lorsque le conducteur d'un véhicule de transport public particulier utilise ce dernier à titre professionnel, il appose sa carte professionnelle sur le pare-brise ou, à défaut, sur le véhicule de telle façon que la photographie soit facilement visible de l'extérieur. Cette carte comporte les informations fixées par un arrêté du ministre chargé des Transports.

La carte professionnelle, ou son équivalent pour les conducteurs relevant de l'article R. 3120-8-1, est délivrée à toute personne souhaitant exercer la profession de conducteur d'un véhicule de transport public particulier qui :

1° Est titulaire d'un permis de conduire autorisant la conduite du véhicule utilisé et pour lequel, selon le cas, le délai prévu au 3° de l'article L. 3123-1 du présent code ou le délai probatoire prévu à l'article L. 223-1 du code de la route est expiré lors de l'entrée initiale dans la profession ou, pour une personne relevant de l'article R. 3120-8-1, est titulaire d'un permis qui lui a été délivré depuis plus de trois ans à la date du dépôt de la demande prévue à cet article ;

2° Satisfait à une condition d'aptitude professionnelle conformément, selon le cas, soit à l'article R. 3120-7, soit aux articles R. 3122-13 ou R. 3123-2, soit à l'article R. 3120-8-1 ;

3° Satisfait à une condition d'honorabilité professionnelle conformément à l'article R. 3120-8 ou, pour les conducteurs relevant de l'article R. 3120-8-1, justifie de garanties d'honorabilité équivalentes.

L'autorité administrative compétente remet la carte professionnelle dans un délai maximum de trois mois suivant la date de la demande. À l'appui de sa demande, le conducteur fournit les documents justificatifs fixés par un arrêté du ministre chargé des Transports.
Le conducteur restitue sa carte professionnelle lorsqu'il cesse définitivement son activité professionnelle. À défaut d'avoir été restituée, elle lui est retirée par l'autorité administrative.
Il la restitue également lorsque l'une des conditions auxquelles sa délivrance est subordonnée par les dispositions du présent titre cesse d'être remplie. À défaut de restitution, elle lui est retirée après qu'il a été mis à même de présenter ses observations écrites sur la décision de retrait envisagée par l'autorité compétente.

Article R. 3120-7

Le respect de la condition d'aptitude professionnelle mentionnée à l'article L. 3120-2-1 est constaté par la réussite à un examen, propre à chacune des professions du transport public particulier de personnes.
Cet examen comprend des épreuves écrites d'admissibilité et une épreuve pratique d'admission dont le programme et les épreuves sont définis par un arrêté du ministre chargé des Transports et du ministre chargé de l'Économie.
Il est organisé dans les conditions prévues par les articles 24 à 24-2 et par le II de l'article 26 du code de l'artisanat.
Nul ne peut s'inscrire à ces examens si :
1° Il a fait l'objet, dans les dix ans qui précèdent sa demande, d'un retrait définitif de sa carte professionnelle en application de l'article L. 3124-11 ;
2° Il a fait l'objet, dans les cinq ans qui précèdent sa demande, d'une exclusion pour fraude lors d'une session à l'un des examens des professions du transport public particulier de personnes ;
3° Le délai probatoire applicable à son permis en vertu de l'article L. 223-1 du code de la route n'est pas expiré ou, le cas échéant, si la condition d'ancienneté prévue au 3° de l'article L. 3123-1 du présent code n'est pas remplie.

Article R. 3120-8

Nul ne peut exercer la profession de conducteur de véhicule de transport public particulier si figure au bulletin n° 2 de son casier judiciaire, ou à son équivalent pour les non-nationaux, l'une des condamnations suivantes :
1° Une condamnation définitive pour un délit sanctionné en vertu du code de la route par une réduction de la moitié du nombre maximal de points du permis de conduire ;
2° Une condamnation définitive pour conduite d'un véhicule sans être titulaire du permis de conduire correspondant à la catégorie du véhicule utilisé ou pour conduite malgré l'annulation du permis de conduire ou malgré l'interdiction d'obtenir la délivrance du permis, ou encore pour refus de restituer son permis de conduire après l'invalidation ou l'annulation de celui-ci ;
3° Une condamnation définitive prononcée par une juridiction, française ou étrangère, à une peine criminelle ou à une peine correctionnelle d'au moins six mois d'emprisonnement pour vol, escroquerie, abus de confiance, atteinte volontaire à l'intégrité de la personne, agression sexuelle, trafic d'armes, extorsion de fonds ou infraction à la législation sur les stupéfiants.

Article R. 3120-8-2
Tout conducteur exécutant des prestations mentionnées à l'article L. 3120-1 est tenu de suivre, tous les cinq ans, un stage de formation continue dispensé par un centre de formation agréé conformément à l'article R. 3120-9. Le contenu de cette formation est défini par un arrêté du ministre chargé des Transports et du ministre chargé de l'Économie. L'accomplissement de cette obligation est sanctionné par la délivrance d'une attestation valable cinq ans.

Section 3 – Obligations générales relatives aux véhicules
Article R. 3120-10
Sauf dispositions contraires du présent titre, les véhicules de transport public particulier sont soumis au contrôle technique dans les conditions prévues à l'article R. 323-24 du code de la route ou, le cas échéant, à l'article R. 323-26 du même code.

» Document 4 – « Opération de contrôles coordonnés en faveur d'une concurrence loyale dans le transport routier de marchandises, 10 infractions sanctionnées en 4 heures », communiqué de presse de la préfecture de Paris et d'Île-de-France, 21 octobre 2016

Opération de contrôles coordonnés en faveur d'une concurrence loyale dans le transport routier de marchandises, 10 infractions sanctionnées en 4 heures

La direction régionale et interdépartementale de l'équipement et de l'aménagement (DRIEA) a mené dimanche 16 octobre, entre 20 heures et minuit, une opération de contrôles coordonnés sur quatre sites stratégiques d'Île-de-France (aires de repos sur autoroute, quais de chargement et de déchargement, plate-forme multimodale), afin de lutter contre la concurrence déloyale dans le transport routier de marchandises.

Dix infractions relatives à la concurrence déloyale sanctionnées

Vingt contrôleurs des transports terrestres de la DRIEA, dix agents de contrôle de la DIRECCTE et huit policiers de la division régionale motocycliste poids lourds se sont mobilisés sur cette opération, notamment pour sanctionner les fraudes au détachement.

Ainsi, dans le cadre de cette opération, 27 véhicules ont été contrôlés. 26 étaient immatriculés hors de France et 14 étaient en infraction. 18 infractions dont 10 relatives à la concurrence déloyale ont été relevées :

- quatre pour repos hebdomadaire pris en cabine ;
- quatre pour cabotage irrégulier ;
- deux pour absence d'attestation de détachement à bord du véhicule ou attestation non conforme.

Au total, ces infractions ont donné lieu à la perception de 9 765 euros de consignation. Jean-François Carenco, préfet de la région d'Île-de-France, préfet de Paris, se félicite de cette opération d'envergure menée par les services régionaux de contrôle « qui traduit la mobilisation permanente de l'État contre la concurrence déloyale dans le transport routier ».

Un triple contrôle pour faire respecter une concurrence loyale

Cette opération visait à contrôler spécifiquement le respect de trois réglementations :

- la réglementation sociale européenne et notamment le contrôle du repos hebdomadaire normal en cabine ;
- la réglementation du transport routier et notamment les règles relatives au cabotage routier de marchandises qui offrent la possibilité pour un transporteur européen de livrer des marchandises entre deux points du territoire d'un État membre de l'UE ou de l'Espace économique européen dans lequel il n'est pas établi ;
- la réglementation du travail qui prévoit la présence à bord du véhicule de l'attestation de détachement rendue obligatoire depuis le 1er juillet 2016 par l'application du décret n° 2016/418 qui contraint les entreprises de transport basées hors de France et détachant des conducteurs routiers dans l'Hexagone à respecter le code du travail français.

Le transport routier, un secteur concerné par la concurrence déloyale

Le transport routier de marchandises s'est considérablement développé depuis une dizaine d'années et les volumes transportés aujourd'hui sont sans commune mesure avec ceux du passé, du fait de l'ouverture partielle du marché européen à la concurrence et de l'adhésion des nouveaux pays d'Europe de l'Est.

Les enjeux du contrôle de ce secteur régulé se sont déportés sur des risques nouveaux, qui relèvent de la concurrence faussée et du dumping social. Fraude au cabotage et au détachement, dérives de certains véhicules utilitaires légers se multiplient tandis que les conditions de vie et de travail d'une partie des conducteurs sont indignes de pays développés.

» Document 5 – Résolution du Parlement européen du 14 septembre 2016 sur le dumping social dans l'UE (extraits)

Le Parlement européen,

[…]

I. Renforcer les contrôles et la coordination entre et par les États membres

1. estime que, bien qu'il n'existe pas de définition universellement partagée et juridiquement reconnue du dumping social, la notion recouvre un large éventail de pratiques abusives intentionnelles et le contournement de la législation européenne et nationale en vigueur (y compris les dispositions législatives et les conventions collectives d'application générale), qui permettent le développement d'une concurrence déloyale en minimisant de façon illégale la charge salariale et les frais de fonctionnement et aboutit à des violations des droits des travailleurs et à l'exploitation des travailleurs ; estime que les conséquences de ces pratiques et situations peuvent avoir une incidence en ce qui concerne trois aspects essentiels :

- l'aspect économique : le recours de certains acteurs économiques à des pratiques illégales, telles que le travail non déclaré, ou à des pratiques abusives, telles que le travail indépendant factice, peut conduire à d'importantes distorsions du marché qui sont préjudiciables aux entreprises de bonne foi, notamment aux PME ;
- l'aspect social : le dumping social pourrait mener à une situation de discrimination et d'inégalité de traitement parmi les travailleurs de l'Union et les priver de la possibilité d'exercer véritablement leurs droits sociaux et du travail, y compris en matière de rémunération et de protection sociale ;
- l'aspect financier et budgétaire : le non-paiement des cotisations sociales exigibles et des impôts qui découle du dumping social représente une menace pour la viabilité financière des systèmes de sécurité sociale et des finances publiques des États membres ;

2. estime qu'il est essentiel de garantir des conditions de concurrence équitables et loyales dans l'ensemble de l'Union et de mettre fin au dumping social ; souligne que les inspections du travail et/ou les partenaires sociaux jouent un rôle clé lorsqu'il s'agit de faire respecter les droits des travailleurs, de garantir des salaires décents conformément à la législation et aux pratiques des États membres, et de fournir des conseils aux employeurs ; rappelle que les 28 États membres ont ratifié la convention n° 81 de l'OIT sur l'inspection du travail, et demande aux États membres de s'assurer que toutes ses dispositions sont mises en œuvre ; demande à la Commission d'assister les États membres dans l'établissement de structures d'inspection du travail effectives et efficaces et de formuler une recommandation basée sur la convention n° 81 de l'OIT sur l'inspection du travail afin d'assurer la conformité avec les normes du travail et la protection des travailleurs, y compris des dispositions relatives au temps de travail, à la sécurité et à la santé ; rappelle l'importance du rôle des partenaires sociaux dans le respect de la conformité avec la législation existante ;

3. demande aux États membres de renforcer l'efficacité et de garantir les niveaux adéquats d'effectifs pour leurs organes de contrôle (notamment les inspections du travail et des affaires sociales, les agences et les bureaux de liaison), y compris pour l'interprétation et la traduction, notamment par le biais de l'échange de bonnes pratiques ; demande instamment aux États membres de répondre au critère d'une personne chargée de l'inspection pour

10 000 travailleurs, tel que recommandé par l'OIT, et de s'assurer qu'ils disposent des moyens appropriés pour faire appliquer la législation européenne en matière de libre circulation des travailleurs et des services ;
4. demande aux États membres d'améliorer la coopération transfrontalière entre les services d'inspection et de généraliser l'échange électronique d'informations et de données afin de mettre en place des contrôles plus efficaces pour prévenir et lutter contre la fraude sociale, le faux travail indépendant et le travail non déclaré, tout en reconnaissant l'importance de la protection des données, et en vue de la coopération obligatoire et de l'assistance mutuelle entre les États membres ; encourage les États membres à élaborer des programmes de formation continue à l'échelle de l'Union pour les inspecteurs pour déterminer les nouvelles techniques de contournement des règles et organiser des contrôles transfrontaliers ; reconnaît le travail de la Commission en ce qui concerne le financement des programmes d'apprentissage mutuel destinés aux inspecteurs du travail dans les États membres ; souligne l'importance de garantir l'accès des inspections nationales du travail et/ou des partenaires sociaux à tous les lieux de travail et adresses effectifs fournis par l'employeur, lorsque cette possibilité est prévue par le droit national et dans le respect de la vie privée, étant donné qu'il s'agit d'une condition préalable pour leur permettre de faire leur travail et d'examiner les cas de dumping social ; recommande à la Commission d'envisager la transformation d'Euro Détachement en une plate-forme permanente d'échange, de formation commune et de collaboration entre les inspecteurs du travail (et les fonctionnaires des bureaux de liaison pour travailleurs détachés) impliqués dans le contrôle et le suivi, qui pourrait faire partie ou travaillerait en coordination avec la plate-forme contre le travail non déclaré ;
5. encourage les États membres à créer, le cas échéant, des *task forces ad hoc* bilatérales et, si nécessaire, une *task force* multilatérale intégrant les autorités nationales compétentes et les inspecteurs du travail, pour effectuer, avec l'accord de tous les États membres concernés, des contrôles transfrontaliers sur site, dans le respect de la législation nationale de l'État membre dans lequel les contrôles ont lieu, dans le cas d'un dumping social présumé, de travail illégal ou de fraude, et d'identifier les « sociétés boîtes aux lettres », les agences de placement frauduleuses et les abus qui aboutissent à une exploitation des travailleurs ; souligne que ces *task forces* pourraient travailler en coordination avec la plate-forme contre le travail non déclaré et le comité des hauts responsables de l'inspection du travail afin de limiter la charge financière et qu'elles pourraient mettre en réseau les services d'inspection sociale nationaux en vue de favoriser l'échange d'informations ; est également d'avis qu'une bonne coopération entre les autorités nationales et les partenaires sociaux est essentielle pour mettre un terme au dumping social et pour assurer une concurrence loyale au sein du marché unique ;
6. demande à la Commission et aux États membres d'assurer une mise en œuvre plus efficace de la législation existante et de renforcer la coopération entre les entités des États membres en charge des inspections du travail, en particulier en ce qui concerne le travail transfrontalier ; se félicite du lancement de la plate-forme européenne de lutte contre le travail non déclaré et des objectifs qu'elle s'est fixée pour renforcer la coopération dans le cadre de la prévention et de la dissuasion du travail non déclaré ; espère que cette plate-forme contribuera à détecter et à faire face aux infractions au droit du travail national et européen et aux dispositions de l'UE sur la libre circulation des travailleurs, la liberté d'établissement et la libre prestation de services ;

7. souligne la nécessité de compléter les mesures de garantie des droits sociaux avec des actions de lutte contre la fraude fiscale et l'évasion fiscale, afin de garantir une concurrence loyale et des conditions équitables pour les entreprises ;
8. note que le défaut de déclaration ou l'irrégularité de la déclaration figurent parmi les formes les plus courantes de contournement des règles relatives au détachement des travailleurs ; recommande, dans le cas du détachement, d'imposer l'obligation, dans tous les États membres, de soumettre une déclaration au plus tard lorsque la prestation de services commence, et que ces déclarations soient inscrites dans un registre européen, ce qui en faciliterait la consultation, afin de faciliter la coordination entre les États membres et de limiter les incertitudes juridiques qui résultent des différences de procédures et de documents, d'un pays à l'autre ;
9. souligne que les autorités compétentes de l'État membre d'accueil, en concertation avec celles de l'État d'envoi, devraient pouvoir vérifier la fiabilité du formulaire A1 en cas de doutes sérieux quant à la réalité du détachement ; invite le groupe de travail administratif *ad hoc* en charge du formulaire A1 à redoubler d'efforts en améliorant la fiabilité des formulaires A1 et à étudier la possibilité de faciliter la surveillance en recueillant les formulaires A1 dans un seul système numérique ; appelle la Commission et les États membres à prendre toutes les mesures nécessaires afin que le Système européen pour l'échange électronique d'informations sur la sécurité sociale (EESSI) soit pleinement opérationnel, utilisé par tous les États membres et adapté aux besoins des PME ; souligne que l'amélioration de l'accès à l'information pour les travailleuses, les travailleurs, les employeurs et les inspecteurs du travail, par exemple *via* un site national unique, est un outil fondamental de lutte contre les infractions ;
10. invite les États membres à ratifier et à mettre en œuvre la convention n° 189 de l'OIT pour les travailleuses et travailleurs domestiques ; invite les États membres à mettre en place des cadres juridiques permettant l'emploi légitime de travailleuses et travailleurs domestiques et d'assistants à domicile afin de garantir la sécurité aux employeurs et des conditions d'emploi équitables et des conditions de travail correctes aux travailleurs ; demande à la Commission et aux États membres d'évaluer les conditions de travail et d'emploi des travailleuses et travailleurs domestiques et à présenter, le cas échéant, des recommandations d'amélioration conformément aux traités en vigueur (notamment l'article 153, paragraphe 1, du traité FUE), y compris une formation adéquate et la mise à disposition d'informations sur les droits et les obligations de cette catégorie de travailleurs ;
11. note que les femmes sont les premières victimes du dumping social dans certains secteurs, notamment les services ménagers et les soins (en particulier les soins à domicile) ; invite la Commission, en collaboration avec les États membres, à examiner les situations dans lesquelles les femmes sont victimes de dumping social et salarial ou sont engagées dans un travail non déclaré, ainsi que la législation européenne en vigueur dans ce domaine ;
12. invite les États membres à améliorer la coopération transnationale et locale entre les institutions publiques, les syndicats et les ONG en vue de résoudre les problèmes souvent très complexes auxquels les travailleurs migrants sont confrontés et de prendre en compte les conditions de travail ainsi que tous les autres éléments liés à la qualité de vie, y compris la santé en général, l'inclusion sociale et l'hébergement ;
13. souligne l'importance des dispositions de la directive d'exécution 2014/67/UE sur l'application transfrontalière des amendes et/ou sanctions pécuniaires administratives, lesquelles contribueront à mettre fin aux infractions ; estime que les autorités compétentes devraient

pouvoir imposer des sanctions efficaces, proportionnées et dissuasives, y compris l'éventuelle suspension de la fourniture des services en cas d'infractions graves à la législation sur le détachement ou des conventions collectives applicables ; estime que le montant de ces amendes doit être dissuasif, et que la fourniture d'informations aux PME sur la législation en vigueur en matière de détachement devrait être améliorée ;
14. demande aux États membres d'améliorer considérablement les échanges d'informations en matière de sécurité sociale concernant les travailleurs détachés, afin d'améliorer la mise en œuvre de la législation existante ; réitère son appel à la Commission pour qu'elle examine l'intérêt éventuel de l'introduction et, le cas échéant, de la fourniture d'une carte européenne de sécurité sociale infalsifiable ou d'un autre document électronique à l'échelle de l'Union, sur lequel pourraient être sauvegardées toutes les données nécessaires au contrôle du statut du porteur au regard de la sécurité sociale sur la base de sa relation de travail, ainsi que les informations nécessaires liées aux missions de détachement du travailleur, dans le strict respect des règles relatives à la protection des données, notamment lorsque des données sensibles à caractère personnel sont traitées ; souligne toutefois que cela ne saurait restreindre ni entraver d'aucune manière le droit des autorités des pays d'accueil et des partenaires sociaux, dans le respect des lois et des pratiques nationales, d'examiner et de conduire des contrôles et vérifications du contenu des données d'une telle carte ;
15. appelle de ses vœux l'élaboration d'une liste des entreprises à l'échelle européenne, y compris des entreprises « boîtes aux lettres », responsables de graves violations de la législation sociale et du travail européen – après qu'elles en auront été avisées – consultable uniquement par les autorités d'inspection pertinentes ; demande que l'accès aux marchés publics, aux subventions publiques et aux fonds de l'UE leur soit refusé pendant une période fixée légalement ;
16. demande à l'Union et aux États membres de coopérer au niveau transfrontalier en ce qui concerne l'échange d'informations à des fins de répression, de donner aux autorités de surveillance un accès amélioré aux données des registres électroniques nationaux des États membres et du registre européen des entreprises de transport routier et d'ajouter à la liste des infractions portant préjudice à l'honorabilité des transporteurs routiers le non-respect de toute législation pertinente de l'Union ; souligne que la responsabilité du non-respect de ces règles devrait incomber aux personnes à l'origine des ordres donnés aux salariés ;

II. Combler les lacunes réglementaires pour faire respecter le droit du travail et le droit social, tant au niveau national qu'européen, et aborder le principe d'égalité de traitement et de non-discrimination

1. demande à la Commission de combler les lacunes identifiées dans les règlements en vigueur afin de lutter de manière plus efficace contre la fraude sociale et fiscale et le dumping social ;
2. demande à la Commission de surveiller attentivement la mise en œuvre de la directive 2014/67/UE et l'efficacité de la plate-forme contre le travail non déclaré dans la lutte contre les sociétés « boîte aux lettres » en généralisant davantage le principe selon lequel chaque société doit disposer d'un siège social et de veiller à ce qu'en cas de libre prestation des services utilisant des travailleurs détachés, chaque prestataire de services concerné ait une « véritable activité » dans l'État membre d'établissement et, dès lors, constitue une « véritable entreprise » ; rappelle l'importance de la réalité d'une « activité substantielle » des entreprises dans leur État d'origine comme élément qualificatif du détachement ; rappelle que la

commission de l'emploi et des affaires sociales a rejeté la proposition de directive relative aux sociétés unipersonnelles à responsabilité limitée, étant donné que certaines des dispositions proposées pourraient faciliter la création d'entités dont les activités sociales et économiques sont fictives et ne respectent pas les obligations conventionnelles et légales, et entraînent la perte de milliards d'euros de recettes fiscales ; demande à la Commission d'étudier la possibilité de proposer la mise en place d'un registre commercial transparent et accessible de toutes les entreprises de l'Union et l'utilisation obligatoire de l'EESSI ;

3. invite la Commission européenne à lancer un nouveau rapport établissant un bilan des améliorations apportées par les États membres à leurs administrations et systèmes fiscaux dans le cadre de la lutte contre la fraude fiscale, comme cela a été proposé dans la communication de la Commission intitulée « Plan d'action pour renforcer la lutte contre la fraude et l'évasion fiscale » (COM(2012)0722) ;

4. note que la directive 96/71/CE se réfère aux seuls articles 64 et 74 du traité FUE liés à la libre prestation de services et à la liberté d'établissement, alors qu'un des principaux objectifs de la directive concerne la protection des travailleurs ; rappelle par ailleurs l'importance des articles 151 et 153 du TFUE qui fixent pour objectifs à l'UE et à ses États membres la promotion de l'emploi, l'amélioration des conditions de vie et de travail, une protection sociale adéquate, la promotion du dialogue social ou encore la lutte contre les exclusions ;

5. reconnaît les risques liés aux longues chaînes de sous-traitance ; rappelle que les États membres peuvent instaurer, au niveau national, en concertation avec les partenaires sociaux concernés, des mécanismes de « responsabilité solidaire », applicables aux entreprises locales et étrangères, afin de permettre aux salariés locaux et étrangers de faire valoir leurs droits ; rappelle que cette possibilité a été confirmée par la directive 2014/67/UE ; demande à la Commission de surveiller étroitement l'application de l'obligation imposée aux États membres par la directive, à savoir mettre en place des mesures qui garantissent que, dans les chaînes de sous-traitance du secteur de la construction, les travailleurs détachés puissent tenir le titulaire du marché, dont leur employeur est un sous-traitant direct, comme étant responsable du respect des droits des travailleurs ;

6. note les difficultés liées à la directive 96/71/CE et à sa mise en œuvre ; souligne l'importance de s'attaquer à ces problèmes afin d'assurer des conditions de travail équitables, le respect des droits des travailleurs et des conditions de concurrence égales pour le détachement de travailleurs et les entreprises locales dans le pays d'accueil, ce qui est particulièrement important pour les PME ; appelle à une mise en œuvre en temps utile de la directive 2014/67/UE ; prend acte de la proposition de la Commission de réviser la directive 96/71/CE en intégrant une limite pour les périodes de détachement, en introduisant des dispositions sur les niveaux de rémunération et en définissant des conditions de travail et d'emploi de manière à garantir le respect du principe d'égalité de traitement et l'interdiction de toute discrimination fondée sur la nationalité, qui sont consacrés par le droit de l'Union depuis les traités fondateurs ; insiste pour que les règles sur le détachement des travailleurs soient claires, proportionnées et justifiées ; souligne la nécessité de respecter les conventions collectives et les systèmes de relations professionnelles du pays d'accueil ;

Travailleurs mobiles : lutter contre le dumping social dans le domaine des transports

7. demande une intensification de la surveillance de l'application des règles relatives au temps de travail et de repos dans le secteur du transport routier ; appelle de ses vœux l'amélioration

des dispositifs de surveillance et la mise en place dans les meilleurs délais de tachygraphes intelligents à usage professionnel en vue de la mise en œuvre correcte, efficiente et non discriminatoire de la législation existante par les États membres sans créer de charge administrative supplémentaire injustifiée ; demande à la Commission d'envisager la possibilité de créer un « fichier opérateur électronique et intégré » pour l'ensemble des opérateurs titulaires de la licence communautaire en vue de mettre en commun toutes les données pertinentes relatives au transporteur, au véhicule et au conducteur collectées lors de contrôles routiers ;
8. demande un renforcement des contrôles du respect des temps de travail, de disponibilité, de conduite et de repos dans tous les secteurs pertinents comme le secteur du bâtiment, de la restauration, de la santé et du transport, ainsi que des sanctions en conséquence pour les infractions graves ;
9. invite la Commission à envisager de créer une agence européenne du transport routier, chargée de faire appliquer correctement la législation de l'Union et de promouvoir la coopération entre tous les États membres sur ces questions ;
10. invite la Commission à coordonner et à renforcer la coopération entre autorités nationales en matière de législation relative au transport routier, notamment par un échange d'informations et d'autres efforts visant à soutenir l'application de la législation et à garantir des conditions équitables pour les opérateurs ; note que l'application de la législation dans ce domaine relève essentiellement de la compétence des États membres ; demande instamment aux États membres de coopérer plus étroitement avec Euro Contrôle route et le réseau européen de la police de la circulation (TISPOL), afin de renforcer l'application de la législation relative au transport routier en Europe en garantissant sa mise en œuvre équitable et appropriée ;
11. invite la Commission à appliquer de manière collective, au personnel mobile dans le transport routier, l'article 8, paragraphe 2, du règlement (CE) n° 593/2008 (Rome I) tel qu'interprété par l'arrêt de la Cour de justice dans l'affaire Koelzsch [C-29/10, arrêt de la Cour (grande chambre) du 15 mars 2011] ;
12. demande à la Commission et aux États membres de procéder à des échanges de vues pour clarifier les dispositions pertinentes afin de pouvoir opérer une distinction entre salariés et travailleurs indépendants pour lutter contre le « travail des faux indépendants », et demande à la Commission de proposer des recommandations spécifiques fondées sur les indicateurs attestant l'existence d'une relation de travail conformément à la recommandation n° 198 de l'OIT sur la relation de travail, qui ne porte pas préjudice aux vrais travailleurs indépendants ayant peu de clients ; souligne la nécessité de contrôler la situation professionnelle des travailleurs tels que les pilotes de ligne et les conducteurs de trains et leur relation de travail avec les entreprises pour lesquelles ils travaillent ; souligne que le travail indépendant factice a de lourdes conséquences en termes de protection sociale des travailleurs et de sécurité, et peut avoir une incidence sur la libre concurrence ;
13. refuse toute nouvelle libéralisation du cabotage tant que la mise en œuvre du cadre législatif actuel n'aura pas été renforcée ; encourage la Commission à proposer des règles améliorées afin d'assurer une meilleure application et de faciliter les contrôles ; invite la Commission à revoir la directive relative aux transports combinés (directive 92/106/CEE) afin d'éliminer les pratiques déloyales et appelle à prendre des mesures supplémentaires pour assurer la conformité avec la législation sociale dans ce secteur ;

14. demande aux États membres qui appliquent un système de péage de mettre les données de ce système à la disposition des autorités de contrôle, afin qu'elles puissent contrôler plus efficacement les activités de cabotage ;
15. recommande que, dans les cas d'acquisitions et de transferts de propriété des entreprises, ces conditions requises soient explicitées de manière claire pour qu'elles ne soient pas abandonnées mais plutôt conservées dans les nouveaux contrats, au sens de la directive 2001/23/CE relative au maintien des droits des travailleurs en cas de transfert d'entreprises ; [...]
16. demande à la Commission de prendre en compte dans la mesure du possible les recommandations de la présente résolution ;
17. souligne la nécessité de mieux coordonner les différentes politiques européennes ;
18. charge son président de transmettre la présente résolution au Conseil et à la Commission.

» Document 6 – Ministère de l'Environnement, de l'Énergie et de la Mer, secrétariat d'État aux transports, à la mer et à la pêche, « Alain Vidalies a réuni le 3e comité d'évaluation de la politique publique de contrôle des transports routiers », communiqué de presse, 20 septembre 2016

Alain Vidalies a réuni le 3e comité d'évaluation de la politique publique de contrôle des transports routiers

Alain Vidalies, secrétaire d'État chargé des Transports, de la Mer et de la Pêche, a réuni le 3e comité d'évaluation de la politique publique de contrôle des transports routiers. Il s'agissait de la réunion conclusive de cette mission lancée par le Premier ministre en novembre 2015, qui avait décidé de retenir la politique de contrôle des transports routiers dans le programme d'évaluation des politiques publiques.

Dès avril 2016, Alain Vidalies s'est engagé sur les premières pistes identifiées par la mission et a lancé trois chantiers pour renforcer l'efficacité des contrôles. La réunion de ce jour a permis de dresser un point d'étape sur ces travaux et d'annoncer de nouvelles décisions.

- L'intensification des contrôles sur les lieux de chargement et de déchargement.
  - Depuis avril 2016, des instructions ont été données en ce sens aux préfets et aux services régionaux. Leurs premiers retours ont permis de confirmer toute l'efficacité de ce type de contrôles. Cette intensification sera donc poursuivie et les modes opératoires rationalisés et harmonisés.
  - Le renforcement des sanctions administratives et pénales, afin de rendre les contrôles plus dissuasifs.
  - En coordination avec le ministère de la Justice, une mission conjointe de l'Inspection générale des services judiciaires et du Conseil général de l'environnement et du développement durable va être lancée, afin de proposer les évolutions législatives et réglementaires concrètes renforçant le dispositif de sanctions et la collaboration interministérielle dans ce domaine.
- L'intensification des actions de lutte contre les fraudes.
  - Comme il s'y était engagé, Alain Vidalies a mis en place une « task force antifraude », groupe d'experts référents en recherche de systèmes frauduleux, afin de renforcer la détection des fraudes au tachygraphe et de préparer les futurs outils de contrôle prévus dans le nouveau règlement. Cette équipe, qui s'est réunie pour la première fois en juin 2016, a déjà permis d'identifier des systèmes organisés de fraudes et d'y mettre fin.
  - Afin d'appuyer les contrôleurs dans leur travail sur le terrain, Alain Vidalies vient également de signer un marché d'équipement d'outils de diagnostic pour l'aide à la recherche des fraudes, dont le déploiement est en cours.
  - Les contrôleurs les plus expérimentés participent régulièrement aux rencontres organisées par Euro Contrôle Route. Alain Vidalies a annoncé la mise en place d'une « Master Class » nationale, qui leur permettra de décliner cette expertise et d'en renforcer la diffusion et le déploiement sur le terrain. La première session est prévue dès le mois de décembre 2016.

Le secrétaire d'État a remercié les acteurs de la mission pour leurs contributions, qui permettent à l'ensemble des acteurs de partager à la fois un diagnostic et des orientations pour l'avenir. Ces travaux se poursuivront aux niveaux interministériel et européen. Les membres du comité d'évaluation de la politique publique de contrôle des transports routiers ont été invités faire part de leurs observations sur les propositions de la mission d'ici fin octobre.
Afin de prendre en compte les enjeux identifiés lors de cette mission, Alain Vidalies a annoncé sa décision d'actualiser l'instruction gouvernementale du 24 décembre 2013 relative à la régulation et au contrôle des transports routiers, qui définit les orientations prioritaires de l'action de l'État dans ce domaine.
« Depuis 2012, le gouvernement mène une action résolue en faveur d'une concurrence loyale dans le transport routier de marchandises. Lors de mon déplacement le 8 septembre sur une opération de contrôle routier, j'ai pu constater l'excellence de nos services mais aussi l'ampleur des fraudes auxquelles ils font face. Que chacun soit assuré de la détermination du gouvernement à mener une lutte implacable pour le respect des règles », a affirmé Alain Vidalies.

» Document 7 – « Analyse de la verbalisation du travail illégal en 2016 », Direction générale du travail, janvier 2018

Le recours au détachement continue d'augmenter en 2016 et en 2017

[...]

En 2017, 1 088 883 déclarations (ou attestations) ont été réalisées en France par des entreprises étrangères, dont 208 588 déclarations de détachement hors transport et 880 295 attestations de transport. Les attestations de transport représentent 81 % des déclarations faites en 2017. Ces déclarations concernent 1 396 396 salariés détachés, dont 516 101 pour les déclarations de détachement hors transport.

Les déclarations spécifiques pour le secteur du transport (attestations de détachement) ont été instaurées en 2016 et rendues obligatoires dans Sipsi au 1er janvier 2017.

[...]

Pour tous les secteurs autres que le transport, les pays qui détachent le plus grand nombre de salariés en France sont : l'Allemagne (37 507 déclarations), l'Espagne (25 691 déclarations), le Portugal (20 997 déclarations), la Belgique (19 287 déclarations), l'Italie (17 288 déclarations), la Pologne (16 693 déclarations) et le Luxembourg (14 433 déclarations).

Dans le secteur du transport, c'est la Pologne (212 776 attestations) qui arrive en tête suivie de l'Espagne (105 072 attestations), de la Roumanie (99 028 attestations), de la Lituanie (61 256 attestations), du Portugal (55 372 attestations), de l'Allemagne (48 293 attestations) et des Pays-Bas (45 414 attestations).

À eux seuls, ces sept pays concentrent 73 % des déclarations de détachement hors transport et 71 % des attestations de transport faites en France en 2017.

Si l'on prend en considération non plus le pays d'établissement de l'entreprise mais la nationalité des salariés, pour tous les secteurs autres que le transport, ce sont les ressortissants portugais (74 425 salariés), polonais (61 119 salariés), allemands (45 164 salariés), roumains (44 671 salariés), français (37 680 salariés), belges (36 824 salariés), espagnols (33 840 salariés) et italiens (32 967 salariés) qui sont le plus souvent détachés en France.

Dans le secteur du transport, ce sont les ressortissants polonais (171 498 salariés), roumains (145 554 salariés), ukrainiens (90 905 salariés), espagnols (60 786 salariés), bulgares (47 076 salariés), néerlandais (41 380 salariés), hongrois (38 301 salariés) et allemands (37 381 salariés).

Ces huit nationalités concentrent à elles seules près de 70 % du flux de main-d'œuvre détachée en France en 2017.

[...]

La lutte contre le travail illégal dans les transports

Dans le secteur des transports, qui est l'un des secteurs prioritaires du PNLTI 2016-2018, la volonté des pouvoirs publics de lutter contre les fraudes au détachement et le travail illégal passe par la pleine application du droit du détachement en tenant compte des spécificités du secteur.

Ainsi, le décret du 7 avril 2016 a adapté, dans le code des transports, les dispositions du code du travail aux entreprises de transport détachant des salariés roulants ou navigants sur le territoire national.

Ce texte a adapté tant le régime de la déclaration préalable de détachement, à laquelle se substitue dans le secteur des transports une attestation de détachement, que la solidarité des maîtres d'ouvrage et donneurs d'ordre intervenant dans le cadre de contrats de transport pour le compte de transporteurs étrangers.

Sur initiative de la DGT et de la DGITM, un séminaire regroupant les agents de contrôle et l'encadrement des DIRECCTE et DREAL a été organisé le 24 février 2017 ayant pour thème le contrôle des fraudes au détachement dans le transport routier. Il a été ouvert par le secrétaire d'État aux transports.

Il s'agissait de concrétiser un travail engagé de rapprochement et de renforcement de la coopération des deux ministères et des deux services de contrôle sur le sujet de la fraude au détachement dans un contexte de mise en demeure de la France par la Commission européenne sur le détachement dans les transports routiers.

[...]

» Document 8 – France Télévisions, « Salariés à prix cassé : le grand scandale », *Cash Investigation*, 22 mars 2016, une enquête de Sophie Le Gall présentée par Élise Lucet

Avec la directive « détachement des travailleurs », l'Europe a inventé la délocalisation près de chez soi. Un travailleur détaché, c'est un Européen qui vient exercer son métier en France. Les conditions ? Le patron doit lui payer un salaire français et prévoir de quoi le nourrir et le loger. L'avantage ? Les cotisations sociales sont payées dans le pays d'origine. En France, c'est 38 % en moyenne de cotisations patronales, alors qu'en Roumanie, c'est 27 %, au Portugal 23 %, et en Pologne tout juste 18 %... Ce « dumping social » est une aubaine totalement légale pour les employeurs.
Aujourd'hui, on compte officiellement 230 000 travailleurs détachés en France, 30 fois plus qu'il y a quinze ans. Et certains patrons n'hésitent pas à frauder ce système déjà avantageux : ils imposent des salaires au rabais et des horaires de forçat à cette main-d'œuvre docile, qui n'est parfois même pas déclarée. La perte sèche de cotisations pour le système de protection sociale est estimée à 400 millions d'euros. *Cash Investigation* dévoile les méthodes des entreprises pour casser le prix du travail.

Un Meccano à échelle européenne
L'enquête démarre à Dunkerque, sur le chantier d'un terminal méthanier piloté par EDF. Sophie Le Gall a découvert que des ouvriers roumains trimaient jusqu'à 55 heures par semaine, pour moins que le SMIC. Certains mois, ils ne sont même pas payés... Des entreprises pourvoyeuses de main-d'œuvre se sont fait une spécialité de ce « détachement frauduleux ». La championne européenne toutes catégories s'appelle Atlanco, une entreprise irlandaise d'intérim qui fournit des travailleurs *low cost* à toute l'Europe, notamment dans l'agroalimentaire ou le BTP. Parmi ses clients, on retrouve des mastodontes comme Bouygues. L'entreprise irlandaise a fait signer des contrats de travail chypriotes écrits en grec à des ouvriers polonais pour travailler en France... Un jeu de Meccano social dans lequel des milliers de salariés ont été bernés et des millions d'euros de cotisations sociales sont partis en fumée.

Fraude sociale et travail dissimulé
Le chantier de l'EPR de Flamanville, le plus grand chantier français de Bouygues, est un exemple emblématique de cette fraude à grande échelle. Une partie des salariés fournis par Atlanco n'étaient pas déclarés. Le préjudice s'élève à de plus de 2,5 millions d'euros pour l'URSSAF. Autant de moins pour les retraites, les allocs, la sécu ou le chômage... Condamné en première instance pour travail dissimulé, le groupe Bouygues a écopé d'une amende de... 25 000 euros. Un montant 100 fois moins important que les cotisations non versées ! En France, l'ardoise d'Atlanco s'élève à 23 millions d'euros en cotisations et impôts impayés.

Les forçats de la route
Pour le dernier volet de l'enquête, il faut prendre la route. Avec l'ouverture du marché européen, une entreprise française peut sous-traiter le transport d'une cargaison allemande à une firme italienne avec un camion belge conduit par un chauffeur polonais... Dans cet imbroglio de nationalités et de réglementations, les contrôles sont peu efficaces et les chauffeurs

européens sont devenus des forçats de la route. Des « esclaves modernes », selon ce chauffeur roumain « détaché » en France qui touche un salaire de 237 euros brut par mois, vit dans son camion et passe ses week-ends sur le parking de son entreprise, faute de pouvoir rentrer chez lui. Son employeur ? Geodis, une entreprise française filiale de la SNCF… Le grand scandale des salariés à prix cassé touche aussi les fleurons du secteur public.

» Document 9 – Fiche pratique « Exploitant ou conducteur de voiture avec chauffeur (VTC) », Service-Public-Pro.fr, vérifié le 20 octobre 2017 (extrait)

Compétences professionnelles

Le chauffeur de VTC est tenu :

- d'être titulaire du permis B en cours de validité, depuis plus de 3 ans ;
- d'obtenir une attestation d'aptitude physique délivrée par le préfet ;
- de réussir un examen (qui remplace la formation initiale de 250 heures) ;
- ou d'avoir une expérience de chauffeur professionnel de transport de personnes, d'au moins 1 an au cours des 10 années précédentes.

Les chauffeurs condamnés pour certains délits (peine d'au moins 6 mois de prison pour vol, abus de confiance, délit du code de la route notamment) ne peuvent pas exercer.

Carte professionnelle

Le chauffeur de VTC doit obligatoirement détenir une carte professionnelle pour exercer son activité. Lors de sa prestation, la carte professionnelle doit être apposée sur le pare-brise ou sur le véhicule de telle façon que la photographie soit visible de l'extérieur. Il peut la retirer quand il n'exerce pas son activité.

Pour l'obtenir, la demande doit être adressée par écrit au préfet du département de son domicile (ou au préfet de police à Paris).

Les préfectures sont compétentes pour délivrer la carte professionnelle (elles instruisent, examinent et valident les dossiers de demande de carte). Toutefois, la préfecture de police n'est compétente que pour les conducteurs/demandeurs domiciliés à Paris seulement.

L'imprimerie nationale fabrique les cartes professionnelles (cartes sécurisées). Toutes les cartes professionnelles fabriquées depuis le 1er juillet, sont payantes : le demandeur de la carte, si son dossier est validé par la préfecture de police, doit donc effectuer un paiement auprès de l'imprimerie nationale (le coût et les modalités sont en cours de finalisation).

La carte professionnelle est délivrée au plus tard dans les 3 mois. Sans réponse dans un délai de 2 mois, la demande est considérée comme refusée.

La carte professionnelle a une durée de validité de 5 ans à partir de la date de sa délivrance.

Le chauffeur doit rendre sa carte professionnelle dès qu'il cesse son activité.

Stage de formation continue

Le chauffeur doit suivre tous les 5 ans un stage de formation continue de 14 heures dans un centre de formation agréé. Elle peut être fractionnée en 4 périodes de 3 h 30 au cours d'une période de deux mois maximum.

La formation doit porter sur la réglementation générale du droit des transports et de la sécurité routière, les innovations dans la gestion de la relation avec les clients et les évolutions des pratiques professionnelles, etc.

À l'issue du stage, une attestation de l'organisme de formation, signée et datée, valable 5 ans, doit être remise au chauffeur formé.

» Document 10 – Philippe Jacqué, « Uber : des mesures pour sortir de la crise », *Le Monde économie*, 1er février 2017

Face au conflit qui oppose les chauffeurs de VTC aux plates-formes, le médiateur a présenté ses préconisations. Il demande à Uber un geste financier.

Sera-ce suffisant pour mettre fin à la crise qui secoue le monde des chauffeurs VTC ? Mercredi 1er février, Jacques Rapoport, le médiateur nommé fin 2016, devait présenter à la mi-journée ses préconisations pour sortir du conflit qui oppose les chauffeurs VTC et les plates-formes. Après avis de tous les acteurs, il remettra un texte au gouvernement vendredi 3 février.

Ces recommandations sont assez simples. Elles tiennent sur une simple feuille de papier. Le médiateur demande tout d'abord à Uber un geste financier pour aider de manière transitoire au redressement financier des chauffeurs. Ensuite, il propose de lancer un examen individuel de chaque chauffeur en difficulté. Ce travail serait pris en charge par les plates-formes.

Cela pourrait remédier, assure-t-il à la crise de ce métier, qui est de deux ordres, conjoncturel et structurel. Après les attentats, l'activité économique a fortement ralenti à Paris, qui concentre l'activité des VTC, et a donc touché de plein fouet les chauffeurs. Dans le même temps, les décisions tarifaires d'Uber (baisse des prix, puis hausse de sa commission de cinq points) ces dix-huit derniers mois ont été perçues très négativement par les chauffeurs et ont suscité une forte hostilité.

Rapoport menace de demander à l'État de légiférer

« Je n'ai pas à commenter la stratégie d'Uber, qui souhaite élargir le marché en augmentant les volumes de courses, grâce à des prix bas, mais je pense que, pour rétablir la confiance avec ses chauffeurs, la plate-forme devrait faire un geste. » Et ce tandis qu'en décembre 2016 Uber avait déjà annoncé la mise en place d'un fonds de deux millions d'euros pour soutenir ses membres.

Si ses premières préconisations ne sont pas suivies d'effet, M. Rapoport menace de demander à l'État de légiférer afin d'imposer « un prix plancher pour les courses ». « Cela permettrait aux chauffeurs VTC une sorte de SMIC, que l'on pourrait appeler pour ces indépendants, un revenu minimum professionnel de croissance, explique le médiateur. Une telle mesure pourrait être prise au nom de l'ordre public social. »

Pour ce marché, qui concentre des acteurs indépendants, ce serait une première. « Les chauffeurs sont aujourd'hui bien indépendants sur le papier, car ils ont la liberté de travailler, mais, dans les faits, ils sont très dépendants des plates-formes, précise le médiateur. Ce sont ces dernières qui fournissent les clients, fixent les prix et encaissent les courses… »

Objectiver un certain nombre de données du marché des VTC

Cette mesure viendrait compléter la loi travail de Myriam El Khomri, qui a déjà mis en place un régime de protection sociale pour les chauffeurs indépendants financés par les plates-formes pour les accidents du travail et la formation. Le médiateur refuse de demander la requalification des indépendants en salariés des plates-formes, comme certaines associations ou syndicats le réclament. Cela mettrait en péril toute l'économie du secteur et provoquerait un retour au système antérieur dit « de la grande remise », avec une réduction drastique du nombre de chauffeurs VTC.

Sur le fond, la médiation de M. Rapoport a permis d'objectiver un certain nombre de données du marché des VTC. Selon la médiation, « le revenu moyen d'un chauffeur indépendant s'établit à environ 1 700 euros par mois, et ce sans prendre en compte les congés payés ou la couverture santé et retraite. Pour leur part, les chauffeurs salariés ou les autoentrepreneurs sont très loin de ce niveau ».

Améliorer la gestion des « déconnexions »

Les plates-formes et les associations de chauffeurs se sont mises d'accord sur ces données. Sur la base de quarante heures d'activité hebdomadaires, le revenu mensuel peut-être nul ou atteindre jusqu'à 1 100 euros. Il faut ensuite retrancher le coût de la protection sociale évaluée, qui représente environ 30 % du revenu pour un indépendant au régime social des indépendants (RSI). Sur la base de soixante heures de travail, le revenu mensuel s'établit entre 1 200 et 2 600 euros. « Ce sont des revenus peu élevés, qui se rapprochent d'autres métiers requérant les mêmes qualifications », précise M. Rapoport.

Pour aider les chauffeurs à s'en sortir à long terme, le médiateur encourage les plates-formes et les associations de chauffeurs à identifier les bonnes pratiques pour maîtriser au mieux leurs charges. En parallèle, il propose d'améliorer la gestion des « déconnexions » des chauffeurs aux plates-formes, un objet récurrent de critique des conducteurs, ces derniers contestant le côté arbitraire de cette décision. Il souhaite la mise en place d'une « gestion contradictoire des déconnexions », grâce à l'installation, notamment, d'une commission d'appel.

» Document 11 – Arrêté du 26 mars 2015 relatif aux caractéristiques des véhicules utilisés par les exploitants de voitures de transport avec chauffeur

Le ministre de l'Intérieur, le ministre de l'Économie, de l'Industrie et du Numérique et le secrétaire d'État chargé des Transports, de la Mer et de la Pêche,
Vu le code des transports, notamment ses articles R. 3122-6 et R. 3120-11, Arrêtent :

Article 1
En application du deuxième alinéa de l'article R. 3122-6 susvisé, les voitures de transport avec chauffeur doivent être âgées de moins de six ans, sauf s'il s'agit de véhicules de collection.
Les véhicules de transport avec chauffeur doivent être munis d'au moins quatre portes et avoir une longueur hors tout minimale de 4,50 mètres et une largeur hors tout minimale de 1,70 mètre.
Leur moteur doit avoir une puissance nette supérieure ou égale à 84 kilowatts.

Article 2
Les dispositions de l'article 1er ne sont pas applicables aux catégories de véhicules hybrides et électriques mentionnées à l'article R. 3120-11 susvisé.

Article 3
Le présent arrêté sera publié au *Journal officiel de la République française*.

Fait le 26 mars 2015.
Le ministre de l'Intérieur,
Pour le ministre et par délégation :
Le préfet, délégué à la sécurité et à la circulation routières,
J.-R. Lopez
Le ministre de l'Économie, de l'Industrie et du Numérique,
Pour le ministre et par délégation :
La directrice générale de la concurrence, de la consommation, et de la répression des fraudes,
N. Homobono
Le secrétaire d'État chargé des Transports, de la Mer et de la Pêche,
Pour le secrétaire d'État et par délégation :
Le directeur des services de transport,
T. Guimbaud

2. Corrigé

Note sur le renforcement de la lutte contre la concurrence déloyale dans le secteur du transport routier

L'ouverture du marché en Europe et l'adhésion de nouveaux pays d'Europe de l'Est à l'UE sont des facteurs qui ont favorisé l'augmentation du transport routier dans la grande Europe. Face à cette progression du trafic, les États européens sont confrontés à de nouvelles formes de concurrence déloyale et de dumping social. Pour lutter contre la concurrence déloyale dans le secteur du transport routier, une prise de conscience européenne et française a permis de fixer des orientations. En France, de nouvelles dispositions réglementaires contraignent l'exercice de certaines pratiques et professions pour le transport de marchandises et de personnes.

I. Les prises de conscience pour lutter contre la concurrence déloyale dans le secteur du transport routier

La création de l'Espace économique européen permet aux grands groupes industriels de gérer leurs flux à l'échelle communautaire et de confier la logistique du transport à des prestataires de grande envergure, favorisant les relations de sous-traitance dans les transports routiers.

L'assouplissement des règles relatives au cabotage a accentué cette tendance et les phénomènes de délocalisation ou de recours à des sous-traitants de l'Europe de l'Est en raison de coûts salariaux particulièrement faibles sont de plus en plus fréquents.

A. Les orientations de l'UE

Certains transporteurs développent des pratiques abusives qui contournent la législation européenne comme en se soustrayant au non-paiement des cotisations sociales voire en développant des pratiques illégales comme le travail non déclaré. S'ajoutent des différences significatives des montants des salaires des conducteurs suivant le pays européen dont ils sont ressortissants (variation entre 300 et 3 300 euros brut par an) et des temps de conduite et repos différents entre pays, et trop souvent non respectés.

Malgré la disparité des règles sociales applicables dans les différents États membres, le Parlement européen, en septembre 2016, encourage à une meilleure coordination entre et par les États membres. Dans ces résolutions le Parlement préconise une coopération renforcée spécialement transfrontalière dans les domaines des contrôles entre les autorités d'inspection des États membres et dans le partage de données et d'informations entre pays.

Le Parlement européen propose la création d'une agence européenne de transport routier pour assurer le respect de la législation de l'UE et pour renforcer la coopération entre États membres.

La France, avec huit autres pays européens, s'est mobilisée, dès 2017, contre la concurrence déloyale et souhaite « *définir des positions communes* » en matière de politique de transport au sein de l'UE.

B. L'alerte en France

Aujourd'hui, de nombreux conducteurs routiers étrangers exercent quasi exclusivement leur métier pour le compte de donneurs d'ordres français qui leur font faire des transports aussi bien franco-français qu'internationaux. Ces conducteurs, salariés d'entreprises étrangères selon les règles sociales du pays d'origine, ne travaillent dans les faits que pour des entreprises françaises. Le recours abusif et immoral à des conducteurs étrangers à bas coût entraîne des pertes d'emploi de conducteurs en France sans pour autant donner à ces conducteurs étrangers des perspectives satisfaisantes. En parallèle, le non-respect de la réglementation sociale, notamment liée au temps de repos et au bas salaire des conducteurs étrangers, est générateur de conditions de vie et de travail indignes pour un pays développé comme la France.

Sur le terrain, les contrôleurs des transports terrestres travaillent en lien avec les inspecteurs du travail et les forces de l'ordre pour lutter contre le travail illégal, le non-respect des quatre heures de repos hebdomadaire en cabine et le cabotage irrégulier. Ils peuvent verbaliser sur place et consigner des sommes d'argent payées par les transporteurs. Ainsi, des opérations de contrôle coordonnées ont permis en octobre 2016 de verbaliser en Île-de-France 10 infractions relatives à la concurrence déloyale sur les 18 constatées au total en quatre heures. L'augmentation des pratiques illégales a conduit le législateur à mieux encadrer les conditions d'exercice du transport routier sur le territoire national.

II. Des règles juridiques renforcées pour le transport routier

Deux domaines sensibles, facteurs de concurrence déloyale, ont conduit le législateur français à adopter un dispositif réglementaire contraint ; il s'agit de la problématique des conducteurs étrangers détachés travaillant en France et de l'accès à la profession et au marché de transport de personnes avec chauffeur.

A. Les dispositions relatives au détachement

Il est possible pour des entreprises étrangères d'intervenir régulièrement sur le sol français dans le cadre de leur activité économique. Cette faculté doit cependant se conformer aux exigences réglementaires en vigueur. Le travailleur détaché se définit comme un salarié ayant un contrat de travail régulier dans un autre pays que celui dans lequel il exerce de manière régulière.

Depuis le 1er juillet 2016, le code des transports, dans ses articles R. 1331-1 et suivants, contraint les entreprises de transport basées hors de France et détachant des conducteurs routiers dans l'Hexagone à respecter le code du travail français afin de lutter contre la concurrence sociale déloyale. Désormais, tout conducteur détaché doit être en possession de l'attestation de détachement dans son véhicule. Cette attestation, rédigée en langue française préalablement au détachement, est datée et comporte notamment : les nom, prénom, date de naissance, adresse et nationalité du conducteur ; l'identification de l'employeur, son immatriculation éventuelle au registre des transports dans son État d'établissement ; la désignation de l'organisme de recouvrement des cotisations sociales ; le taux de salaire horaire brut en euros et la raison sociale ou les nom et prénom, adresse postale et électronique, coordonnées téléphoniques du représentant de l'entreprise en France.

La durée de validité de cette attestation est de six mois maximum à compter de sa date d'établissement. Un salarié peut être détaché sur une durée maximale de 24 mois. Le défaut

de respect de ces conditions peut faire l'objet de sanctions pénales et/ou administratives pour le chef d'entreprise.
En France, en 2017, 81 % des déclarations de détachement concernent le domaine du transport. D'autres types de professions en France se développent, comme celles relatives au marché de voitures de transport avec chauffeur, créant d'autres problèmes d'atteinte à la libre concurrence.

B. Les restrictions pour accéder à la profession et au marché de voitures de transport avec chauffeur

Le développement rapide du service de transport de personnes avec chauffeur, avec notamment l'apparition d'Uber, a conduit le législateur français à fixer un cadre à l'exercice de cette profession considérée comme déloyale, notamment au regard de la profession réglementée de taxi. Depuis le 1er janvier 2015, le législateur français a précisé les conditions d'exercice de cette profession. Ces conditions sont énoncées dans les articles R. 3120-1 et suivants du code des transports et fixent le cadre des compétences professionnelles préalables exigées, les modalités d'obtention d'une carte professionnelle à demander en préfecture de département et les formations continues à effectuer par le chauffeur tous les cinq ans. Les activités sont limitées aux seuls voyages faisant obligatoirement l'objet d'une réservation préalable sur une plate-forme de réservation dédiée.
Le développement de cette profession essentiellement exercée par des acteurs indépendants pose aujourd'hui d'autres difficultés liées à la crise économique et à leur dépendance totale vis-à-vis des plates-formes de réservation qui leur confient les missions et qui imposent les prix des services et leur commission.
Ces deux exemples de réglementation visant à lutter contre la concurrence déloyale dans le secteur du transport sont utiles mais pas suffisants. Une législation européenne unique des transports applicables à l'ensemble des pays membres serait un levier de progrès mais les disparités actuelles entre États rendent complexe ce travail certes engagé mais loin d'aboutir.

Annexe 1

Vous souhaitez bénéficier des services d'une voiture avec chauffeur (VTC).
Vous devez réserver au préalable obligatoirement dans une centrale de réservation. À la différence des taxis :

- vous ne pouvez pas être pris en charge dans la rue si vous n'avez pas effectué de réservation préalable ;
- vous ne pouvez pas bénéficier de ce service avec un véhicule stationné sur la voie publique ou à proximité des gares ou aéroports ;
- vous ne pouvez pas être démarché par le chauffeur sans réservation préalable ;
- le chauffeur ne peut pas stationner plus d'une heure avant l'horaire de prise en charge que vous avez souhaité sur le lieu de la prestation ;
- le chauffeur VTC doit retourner à sa base une fois sa prestation réalisée, sauf s'il justifie d'une autre réservation à effectuer en suivant.

Les entreprises ou exploitants de VTC peuvent être des personnes physiques (autoentrepreneurs par exemple) ou des personnes morales (SASU, SARL, SAS…).
Le chauffeur doit disposer d'une carte professionnelle qui doit être apposée sur le pare-brise du véhicule.
Le véhicule doit être une voiture de moins de dix places et peut être de motorisation classique, hybride ou électrique.

Annexe 2
Vous souhaitez exercer la profession du transport de personnes avec chauffeur.
Vous devez réunir au préalable certaines conditions :
- être immatriculé en tant qu'entreprise (extrait Kbis ou répertoire SIRENE) ;
- être titulaire du permis de conduire B depuis au moins trois ans ;
- répondre à la condition d'honorabilité professionnelle (casier B2) ;
- être titulaire d'une carte professionnelle pour chaque conducteur : carte obtenue auprès de la préfecture de département du domicile valable cinq ans ;
- être titulaire d'une attestation d'aptitude physique obtenue auprès de la préfecture ;
- satisfaire à une aptitude professionnelle soit par la réussite d'un examen, soit par la justification d'un an à temps plein d'activité en tant que conducteur professionnel de transport de personnes ;
- disposer d'une capacité financière pour chaque véhicule utilisé de façon régulière (d'un montant de 1 500 euros) ;
- détenir un ou des véhicules de moins de dix places, avec des conditions techniques et de confort spécifiques, âgés de moins de six ans (sauf véhicules de collection), munis d'au moins quatre portes ; avoir une longueur hors tout minimale de 4,50 mètres ; avoir une largeur hors tout minimale de 1,70 mètre ; avoir un moteur d'une puissance nette supérieure ou égale à 84 kilowatts (sauf pour les véhicules électriques et hybrides) ;
- posséder une attestation d'assurance, couvrant la responsabilité civile professionnelle de l'exploitant.

L'inscription doit être faite obligatoirement par téléprocédure sur l'application informatique VTC afin d'enregistrer la demande : registre-vtc.developpement-durable.gouv.fr/public/accueil.action.
Elle est valable cinq ans, dans la mesure où les obligations de mise à jour sont respectées.
Vous devrez suivre un stage de formation tous les cinq ans de 14 heures dans un centre agréé.
La carte professionnelle doit être renouvelée sur demande de l'exploitant formulée trois mois avant sa fin de validité.
Frais d'inscription : 170 euros.
Une vignette rouge signalétique « VTC » devra être obligatoirement apposée sur les pare-brise avant et arrière du véhicule.

6 Organisation territoriale de la France

Ce sujet est une création.

1. Cas pratique

Attaché, chargé de mission à la direction des sécurités de la préfecture X, votre directrice vous sollicite, pour la directrice de cabinet, afin de rédiger une courte note sur la doctrine de port des masques dans les lieux publics pour se prémunir de l'augmentation du risque de contagion et de circulation de la COVID-19, responsable de la crise sanitaire en cours.
Par ailleurs, pour prévenir de tout comportement de nature à augmenter les risques de contagion, notamment dans l'espace public favorisant les rassemblements, il vous est demandé de proposer à l'appréciation de la directrice de cabinet une fiche de procédure en vue de la rédaction d'un arrêté rendant le port du masque de protection obligatoire pour les personnes âgées de 11 ans et plus, dans les parcs publics, les marchés publics de plein air, les brocantes et les vide-greniers sur l'ensemble du territoire.
En outre, il vous est également demandé, en étroite collaboration avec le chargé de communication, de proposer, pour validation de la directrice de cabinet, un communiqué visant à informer la population sur la situation sanitaire locale justifiant l'édiction de mesures, autres que celles en vigueur sur l'ensemble du territoire national.
Pour ce faire, vous vous appuierez, entre autres, sur les documents donnés ci-après.

LISTE DES DOCUMENTS

- **Document 1 :** Loi n° 2020-856 du 9 juillet 2020 organisant la sortie de l'état d'urgence sanitaire, 4 pages
- **Document 2 :** Décret n° 2020-944 du 30 juillet 2020 modifiant le décret n° 2020-860 du 10 juillet 2020 prescrivant les mesures générales nécessaires pour faire face à l'épidémie de COVID-19 dans les territoires sortis de l'état d'urgence sanitaire et dans ceux où il a été prorogé, 2 pages
- **Document 3 :** Conseils sur le port du masque dans le cadre de la COVID-19, Organisation mondiale de la santé, 5 pages
- **Document 4 :** Décret n° 2020-860 du 10 juillet 2020 prescrivant les mesures générales nécessaires pour faire face à l'épidémie de COVID-19 dans les territoires sortis de l'état d'urgence sanitaire et dans ceux où il a été prorogé, 18 pages

» Document 1 – Loi n° 2020-856 du 9 juillet 2020 organisant la sortie de l'état d'urgence sanitaire

République française
Légifrance
Le service public de la diffusion du droit

Loi n° 2020-856 du 9 juillet 2020 organisant la sortie de l'état d'urgence sanitaire

NOR : PRMX2013758L
Version consolidée au 22 août 2020

L'Assemblée nationale et le Sénat ont délibéré,
L'Assemblée nationale a adopté,
Vu la décision du Conseil constitutionnel n° 2020-803 DC du 9 juillet 2020 ;
Le président de la République promulgue la loi dont la teneur suit :

Article 1

I. - À compter du 11 juillet 2020, et jusqu'au 30 octobre 2020 inclus, hors des territoires mentionnés à l'article 2, le Premier ministre peut, par décret pris sur le rapport du ministre chargé de la Santé, dans l'intérêt de la santé publique et aux seules fins de lutter contre la propagation de l'épidémie de COVID-19 :

1° Réglementer ou, dans certaines parties du territoire dans lesquelles est constatée une circulation active du virus, interdire la circulation des personnes et des véhicules, ainsi que l'accès aux moyens de transport collectif et les conditions de leur usage et, pour les seuls transports aériens et maritimes, interdire ou restreindre les déplacements de personnes et la circulation des moyens de transport, sous réserve des déplacements strictement indispensables aux besoins familiaux, professionnels et de santé ;

2° Réglementer l'ouverture au public, y compris les conditions d'accès et de présence, d'une ou de plusieurs catégories d'établissements recevant du public ainsi que des lieux de réunion, à l'exception des locaux à usage d'habitation, en garantissant l'accès des personnes aux biens et services de première nécessité.

La fermeture provisoire d'une ou de plusieurs catégories d'établissements recevant du public ainsi que des lieux de réunions peut, dans ce cadre, être ordonnée lorsqu'ils accueillent des activités qui, par leur nature même, ne permettent pas de garantir la mise en œuvre des mesures de nature à prévenir les risques de propagation du virus ou lorsqu'ils se situent dans certaines parties du territoire dans lesquelles est constatée une circulation active du virus ;

3° Sans préjudice des articles L. 211-2 et L. 211-4 du code de la sécurité intérieure, réglementer les rassemblements de personnes, les réunions et les activités sur la voie publique et dans les lieux ouverts au public ;

4° Imposer aux personnes souhaitant se déplacer par transport public aérien à destination ou en provenance du territoire métropolitain ou de l'une des collectivités mentionnées à l'article 72-3 de la Constitution de présenter le résultat d'un examen biologique de dépistage virologique ne concluant pas à une contamination par le COVID-19.

Un sujet par thème

Le présent 4° ne s'applique pas aux déplacements par transport public aérien en provenance de l'une des collectivités mentionnées à l'article 72-3 de la Constitution qui n'est pas mentionnée dans la liste des zones de circulation de l'infection mentionnée au II de l'article L. 3131-15 du code de la santé publique.

II. - Lorsque le Premier ministre prend des mesures mentionnées au I, il peut habiliter le représentant de l'État territorialement compétent à prendre toutes les mesures générales ou individuelles d'application de ces dispositions.

Lorsque les mesures prévues au même I doivent s'appliquer dans un champ géographique qui n'excède pas le territoire d'un département, le Premier ministre peut habiliter le représentant de l'État dans le département à les décider lui-même. Les décisions sont prises par ce dernier après avis du directeur général de l'agence régionale de santé. Cet avis est rendu public.

Le Premier ministre peut également habiliter le représentant de l'État dans le département à ordonner, par arrêté pris après mise en demeure restée sans effet, la fermeture des établissements recevant du public qui ne mettent pas en œuvre les obligations qui leur sont imposées en application du 2° dudit I.

III. - Les mesures prescrites en application du présent article sont strictement proportionnées aux risques sanitaires encourus et appropriées aux circonstances de temps et de lieu. Il y est mis fin sans délai lorsqu'elles ne sont plus nécessaires. Les mesures individuelles font l'objet d'une information sans délai du procureur de la République territorialement compétent.

IV. - Les mesures prises en application du présent article peuvent faire l'objet, devant le juge administratif, des recours présentés, instruits et jugés selon les procédures prévues aux articles L. 521-1 et L. 521-2 du code de justice administrative.

V. - L'Assemblée nationale et le Sénat sont informés sans délai des mesures prises par le gouvernement au titre du présent article. L'Assemblée nationale et le Sénat peuvent requérir toute information complémentaire dans le cadre du contrôle et de l'évaluation de ces mesures.

VI. - Par dérogation à la dernière phrase de l'article L. 3131-19 du code de la santé publique, le comité de scientifiques mentionné au même article L. 3131-19 se réunit pendant la période mentionnée au I du présent article et rend périodiquement des avis sur les mesures prescrites en application du même I ainsi que sur les mesures prises par le ministre chargé de la Santé en application de l'article L. 3131-1 du code de la santé publique. Les avis du comité de scientifiques sont rendus publics sans délai.

VII. - Les troisième à septième et les deux derniers alinéas de l'article L. 3136-1 du code de la santé publique sont applicables aux mesures prises en application des I et II du présent article.

VIII. - Les I à VII du présent article s'appliquent sur tout le territoire de la République.

IX. - A. A modifié les dispositions suivantes :

- Code de la santé publique
  - Art. L. 3131-15

B. Le présent IX n'est pas applicable aux personnes en provenance de l'une des collectivités mentionnées à l'article 72-3 de la Constitution qui n'est pas mentionnée dans la liste des zones de circulation de l'infection mentionnée au II de l'article L. 3131-15 du code de la santé publique.

X. - Les attributions dévolues au représentant de l'État par le présent article sont exercées à Paris et sur les emprises des aérodromes de Paris-Charles de Gaulle, du Bourget et de Paris-Orly par le préfet de police.

Article 2

I. - L'état d'urgence sanitaire, déclaré par l'article 4 de la loi n° 2020-290 du 23 mars 2020 d'urgence pour faire face à l'épidémie de COVID-19 et prorogé par l'article 1er de la loi n° 2020-546 du 11 mai 2020 prorogeant l'état d'urgence sanitaire et complétant ses dispositions, est prorogé jusqu'au 30 octobre 2020 inclus sur les seuls territoires de la Guyane et de Mayotte. Le 4° du I de l'article 1er de la présente loi est également applicable, jusqu'à cette date, aux déplacements par transport public aérien en provenance ou à destination de ces territoires.

II. - Dans les circonscriptions territoriales autres que celles mentionnées au I du présent article, l'état d'urgence sanitaire peut être déclaré dans les conditions prévues au premier alinéa de l'article L. 3131-13 du code de la santé publique, lorsque l'évolution locale de la situation sanitaire met en péril la santé de la population.

III. - L'article 1er de la présente loi est applicable dans les territoires mentionnés aux I et II du présent article, lorsque l'état d'urgence sanitaire n'y est pas en cours d'application.

Article 3

A modifié les dispositions suivantes :

- Modifie Loi n° 2020-546 du 11 mai 2020 - art. 11 (V)

Article 4

A modifié les dispositions suivantes :

- Modifie Code de la santé publique - art. L. 3841-2 (V)
- Modifie Code de la santé publique - art. L. 3841-3 (V)

Article 5

L'article 1er est applicable en Nouvelle-Calédonie et en Polynésie française, sous réserve des adaptations suivantes :

1° Après le 4° du I, il est inséré un 5° ainsi rédigé :

« 5° Habiliter le haut-commissaire à prendre, dans le strict respect de la répartition des compétences, des mesures de mise en quarantaine des personnes susceptibles d'être affectées et de placement et maintien en isolement des personnes affectées dans les conditions prévues au II des articles L. 3131-15 et L. 3131-17 du code de la santé publique. » ;

2° Le II est ainsi rédigé :

« II. - Lorsque le Premier ministre prend des mesures mentionnées au I et les rend applicables à la Nouvelle-Calédonie ou à la Polynésie française, il peut habiliter le haut-commissaire à les adapter en fonction des circonstances locales et à prendre toutes les mesures générales ou individuelles d'application de ces dispositions lorsqu'elles relèvent de la compétence de l'État, après consultation du gouvernement de la collectivité.

« Lorsqu'une des mesures mentionnées au même I doit s'appliquer dans un champ géographique qui n'excède pas la Nouvelle-Calédonie ou la Polynésie française, le Premier ministre peut habiliter le haut-commissaire à la décider lui-même, assortie des adaptations nécessaires s'il y a lieu et dans les mêmes conditions qu'au premier alinéa du présent II. » ;

3° Le VII est applicable, sous réserve des adaptations prévues à l'article L. 3841-3 du code de la santé publique. La présente loi sera exécutée comme loi de l'État.

Fait à Paris, le 9 juillet 2020.
Emmanuel Macron
Par le président de la République :
Le Premier ministre, Jean Castex
La ministre de la Transition écologique, Barbara Pompili
Le ministre de l'Intérieur, Gérald Darmanin
Le ministre des Outre-mer, Sébastien Lecornu
Le garde des Sceaux, ministre de la Justice, Éric Dupond-Moretti
Le ministre des Solidarités et de la santé, Olivier Véran
Le ministre délégué auprès de la ministre de la Transition écologique, chargé des Transports, Jean-Baptiste Djebbari

(1) Travaux préparatoires : loi n° 2020-856. Assemblée nationale :
Projet de loi n° 3077 ;
Rapport de Mme Marie Guévenoux, au nom de la commission des lois, n° 3092 ;
Discussion et adoption, après engagement de la procédure accélérée, le 17 juin 2020 (TA n° 442).
Sénat :
Projet de loi, adopté par l'Assemblée nationale, n° 537 (2019-2020) ;
Rapport de M. Philippe Bas, au nom de la commission des lois, n° 540 (2019 2020) ;
Texte de la commission n° 541 (2019-2020) ;
Discussion et adoption le 22 juin 2020 (TA n° 106, 2019-2020).
Assemblée nationale :
Projet de loi, modifié par le Sénat, n° 3122 ;
Rapport de Mme Marie Guévenoux, au nom de la commission mixte paritaire, n° 3131.
Sénat :
Rapport de M. Philippe Bas, au nom de la commission mixte paritaire, n° 569 (2019 2020) ;
Résultat des travaux de la commission n° 570 (2019-2020).
Assemblée nationale :
Projet de loi, modifié par le Sénat, n° 3122 ;
Rapport de Mme Marie Guévenoux, au nom de la commission des lois, n° 3135 ;
Conseil constitutionnel :
Décision n° 2020-803 DC du 9 juillet 2020 publiée au *Journal officiel* de ce jour.

Document 2 – Décret n° 2020-944 du 30 juillet 2020 modifiant le décret n° 2020-860 du 10 juillet 2020 prescrivant les mesures générales nécessaires pour faire face à l'épidémie de COVID-19 dans les territoires sortis de l'état d'urgence sanitaire et dans ceux où il a été prorogé

République française
Légifrance
Le service public de la diffusion du droit

JORF n° 0187 du 31 juillet 2020
Texte n° 44

Décret n° 2020-944 du 30 juillet 2020 modifiant le décret n° 2020-860 du 10 juillet 2020 prescrivant les mesures générales nécessaires pour faire face à l'épidémie de COVID-19 dans les territoires sortis de l'état d'urgence sanitaire et dans ceux où il a été prorogé

NOR : SSAZ2020391D
ELI : https://www.legifrance.gouv.fr/eli/decret/2020/7/30/SSAZ2020391D/jo/texte
Alias : https://www.legifrance.gouv.fr/eli/decret/2020/7/30/2020-944/jo/texte

Le Premier ministre,
Sur le rapport du ministre des Solidarités et de la Santé,
Vu la Constitution, notamment son article 21 ;
Vu le code civil, notamment son article 1er ;
Vu le code de la santé publique, notamment ses articles L. 3131-15 et L. 3131-17 ;
Vu la loi n° 2020-856 du 9 juillet 2020 organisant la sortie de l'état d'urgence sanitaire, notamment son article 1er ; ensemble la décision n° 2020-803 du 9 juillet 2020 du Conseil constitutionnel ;
Vu le décret n° 2020-860 du 10 juillet 2020 modifié prescrivant les mesures générales nécessaires pour faire face à l'épidémie de COVID-19 dans les territoires sortis de l'état d'urgence sanitaire et dans ceux où il a été prorogé ;
Vu l'urgence, Décrète :

Article 1
I. Le II de l'article 1er du décret du 10 juillet 2020 susvisé est complété par la phrase suivante : « *Dans les cas où le port du masque n'est pas prescrit par le présent décret, le préfet de département est habilité à le rendre obligatoire, sauf dans les locaux d'habitation, lorsque les circonstances locales l'exigent* ».
II. Les dispositions du I sont applicables aux collectivités de l'article 74 de la Constitution et à la Nouvelle-Calédonie dans les mêmes conditions que les dispositions qu'elles modifient.

Article 2
Le ministre de l'Intérieur, le ministre des Outre-mer et le ministre des Solidarités et de la Santé sont chargés, chacun en ce qui le concerne, de l'exécution du présent décret, qui sera publié au *Journal officiel de la République française* et entrera en vigueur immédiatement.

Fait le 30 juillet 2020. Jean Castex
Par le Premier ministre :
Le ministre des Solidarités et de la Santé, Olivier Véran
Le ministre de l'Intérieur, Gérald Darmanin
Le ministre des Outre-mer, Sébastien Lecornu

Document 3 – Conseils sur le port du masque dans le cadre de la COVID-19, Organisation mondiale de la santé

Ces orientations ont été mises à jour le 5 juin.
La nouvelle version est accessible sur : https://apps.who.int/iris/handle/10665/332448

Conseils sur le port du masque dans le cadre de la COVID-19

Organisation mondiale de la santé
Orientations provisoires
6 avril 2020

Contexte

On trouvera dans le présent document des conseils sur le port du masque dans les espaces collectifs, pendant les soins à domicile et dans les établissements de santé dans les endroits où des cas de COVID-19 ont été signalés. Ces conseils s'adressent au grand public, aux professionnels de la santé publique et de la lutte anti-infectieuse, aux administrateurs sanitaires, aux soignants et aux agents de santé communautaires. Ils seront révisés à mesure que l'OMS obtiendra davantage de données.

D'après les informations actuellement disponibles, il semble que le virus de la COVID-19 se transmette principalement de deux manières : par les gouttelettes respiratoires et par contact. Des gouttelettes respiratoires sont expulsées par les sujets infectés qui toussent ou qui éternuent. Toute personne en contact étroit (à moins de 1 m) avec quelqu'un qui présente des symptômes respiratoires (toux, éternuements) risque d'être exposée à des gouttelettes respiratoires potentiellement infectieuses. Ces gouttelettes peuvent aussi se retrouver sur des surfaces où le virus pourrait rester viable. L'environnement immédiat d'un sujet infecté peut donc être une source de transmission (par contact).[1]

L'OMS a récemment fait la synthèse de rapports sur la transmission du virus de la COVID-19 et a donné un bref aperçu des données actuelles sur la transmission du virus de la COVID-19 par des sujets infectés symptomatiques, présymptomatiques et asymptomatiques[1] (pour plus de précisions, voir le rapport de situation 73 de l'OMS sur la COVID-19 (en anglais))[2].

Les données actuelles semblent indiquer que, le plus souvent, la maladie est transmise par des cas symptomatiques confirmés en laboratoire. La période d'incubation de la COVID-19 (le délai qui s'écoule entre l'exposition au virus et l'apparition des symptômes) est de cinq à six jours en moyenne mais peut durer jusqu'à 14 jours. Au cours de cette période, dite aussi « présymptomatique », certains sujets infectés peuvent être contagieux et donc transmettre le virus[3-8]. Selon un petit nombre de signalements, une transmission présymptomatique a été rapportée lors de la recherche de contacts et d'enquêtes approfondies sur des grappes de cas confirmés[3-8]. Ceci est étayé par des données semblant indiquer que certains sujets

1. Un cas asymptomatique confirmé en laboratoire correspond à un sujet infecté par le virus de la COVID-19 qui ne présente pas de symptômes. La transmission asymptomatique est la transmission du virus par un sujet qui ne présente pas de symptômes. La véritable étendue des infections asymptomatiques sera déterminée par des études sérologiques.

peuvent être positifs pour la COVID-19, à l'issue d'un test, un à trois jours avant de présenter des symptômes[9,10].
Il est donc possible que des sujets infectés par le virus de la COVID-19 transmettent le virus avant de présenter des symptômes. Il faut absolument garder à l'esprit que, pendant la phase présymptomatique, le virus se transmet toujours nécessairement par des gouttelettes respiratoires infectieuses ou par contact avec des surfaces contaminées. L'OMS suit régulièrement toutes les nouvelles données sur cette question essentielle et elle donnera des informations actualisées lorsque celles-ci seront disponibles.
Dans le présent document, l'expression « masques médicaux » s'entend de masques plats ou plissés (certains ont la forme d'une coque) utilisés lors d'actes chirurgicaux ou médicaux ; ils se fixent sur la tête par des lanières. Ils sont testés suivant des méthodes standardisées (ASTM F2100, EN 14683 ou équivalentes) qui visent à évaluer le compromis entre le haut degré de filtration, la respirabilité et, éventuellement, la résistance à la pénétration de liquides. Ce document ne porte pas sur les masques de protection respiratoire. Pour plus d'informations sur le port de ces masques, consulter les orientations sur la lutte anti-infectieuse lors de la prise en charge des patients chez lesquels on suspecte une infection par le virus de la COVID-19[11].
Le port d'un masque médical est l'une des mesures de prévention qui permettent de limiter la propagation de certaines viroses respiratoires, dont la COVID-19. Toutefois, un masque n'offre pas une protection suffisante à lui seul et il convient de prendre aussi d'autres précautions. Que l'on porte ou non un masque, les mesures d'hygiène des mains et les autres mesures de lutte anti-infectieuse doivent être appliquées scrupuleusement pour éviter la transmission interhumaine de la COVID-19. L'OMS a publié des orientations sur les stratégies de lutte anti-infectieuse à adopter pour les soins à domicile[12] et dans les établissements de santé[11] en présence de cas présumés de COVID-19.

Espaces collectifs

Les études sur la grippe, les affections de type grippal et les coronavirus humains montrent que le port d'un masque médical peut éviter la propagation de gouttelettes infectieuses par un sujet infecté et la contamination potentielle de l'environnement par ces gouttelettes[13]. Quelques données limitées montrent que le port d'un masque médical par des personnes en bonne santé qui habitent avec un sujet malade ou qui se trouvent parmi ses contacts, ou par des personnes assistant à un rassemblement de masse, peut être bénéfique en termes de prévention[14-23]. Cependant, aucune donnée ne montre actuellement que le port du masque (médical ou d'un autre type) par les personnes en bonne santé dans les espaces collectifs, y compris s'il est généralisé, peut prévenir les infections par des virus respiratoires, dont celui de la COVID-19.
Les masques médicaux doivent être réservés aux soignants. Le port du masque médical dans les espaces collectifs peut créer un faux sentiment de sécurité et amener à négliger d'autres mesures essentielles comme l'hygiène des mains et la distanciation physique, inciter les personnes à se toucher le visage et les yeux, entraîner des coûts inutiles et priver de masques les soignants qui en ont le plus besoin, surtout en cas de pénurie.

Les personnes qui présentent des symptômes doivent :

- porter un masque médical, s'isoler et consulter un médecin dès qu'elles commencent à ressentir des symptômes (fièvre, fatigue, toux, mal de gorge et dyspnée), sachant que chez certains sujets infectés par le virus de la COVID-19, les premiers symptômes peuvent être tout à fait bénins ;
- suivre les instructions précisant comment mettre, retirer et jeter un masque médical ;
- appliquer toutes les autres mesures préventives, en particulier en matière d'hygiène des mains et de distanciation physique.

Toutes les personnes doivent :

- éviter les groupes de personnes et les espaces confinés où il y a beaucoup de monde ;
- se tenir à une distance d'au moins 1 m des autres personnes, en particulier celles présentant des symptômes respiratoires (par exemple toux, éternuements) ;
- se laver souvent les mains, avec une solution hydroalcoolique si les mains ne paraissent pas sales, ou à l'eau et au savon si elles sont visiblement sales ;
- se couvrir le nez et la bouche avec le pli du coude ou avec un mouchoir en papier en cas de toux ou d'éternuement, jeter le mouchoir immédiatement après usage et se laver les mains ;
- éviter de se toucher le nez, la bouche et les yeux.

Dans certains pays, le masque est porté selon les coutumes locales ou suivant les conseils des autorités nationales dans le cadre de la COVID-19. Dans ces situations, il convient de le porter, de le retirer et de le jeter de la manière recommandée et de se laver les mains après l'avoir ôté.

Conseils aux décideurs sur le port du masque par les personnes en bonne santé dans les espaces collectifs

Comme indiqué plus haut, le port généralisé du masque par les personnes en bonne santé dans les espaces collectifs n'est pas recommandé d'après les données actuelles et engendre des incertitudes et des risques importants. L'OMS donne aux décideurs les conseils suivants pour qu'ils adoptent une approche fondée sur les risques.

Les décideurs doivent tenir compte des éléments suivants :

- 1. Le but du port du masque : les motifs du port du masque doivent être clairs – lutte contre l'infection à la source (port par les personnes infectées) ou prévention de la COVID-19 (port par les personnes en bonne santé).
- 2. Le risque d'exposition au virus de la COVID-19 selon le contexte local :
- 3. Pour la population : ampleur de la circulation du virus (par exemple, grappes de cas ou transmission communautaire) et capacités de surveillance et de test au niveau local (par exemple, recherche et suivi des contacts, capacités à effectuer des tests).
- 4. Pour les personnes qui travaillent au contact du public (par exemple, agents de santé communautaires, caissiers).
- 5. Le risque pour une personne/population d'être atteinte d'une forme grave de la maladie ou de décéder (par exemple, les personnes qui présentent des comorbidités telles que des maladies cardiovasculaires ou un diabète sucré et les personnes âgées).

- 6. Les conditions dans lesquelles les personnes vivent en termes de densité de la population, de possibilités de distanciation physique (par exemple, dans un bus bondé) et de risque de propagation rapide (par exemple, dans un lieu clos, dans un bidonville ou dans un camp ou une structure similaire).
- 7. La faisabilité : disponibilité, coût et tolérance des masques.
- 8. Le type de masque : masque médical ou masque non médical (voir ci-dessous).

Outre ces facteurs, le port du masque par les personnes en bonne santé dans les espaces collectifs a comme avantages potentiels de réduire le risque d'exposition potentielle à une personne infectée pendant la phase « présymptomatique » et de ne pas stigmatiser les personnes qui portent un masque parce qu'elles sont infectées.

Cependant, il faut tenir dûment compte des risques potentiels ci-après lors de toute prise de décision :

- auto-contamination par contact avec un masque contaminé ou en cas de réutilisation de ce masque ;
- selon le type de masque utilisé, éventuelles difficultés à respirer ;
- faux sentiment de sécurité qui peut amener à négliger d'autres mesures de prévention comme la distanciation physique et l'hygiène des mains ;
- détournement des stocks de masques et donc pénurie pour les agents de santé ;
- détournement de ressources consacrées à des mesures de santé publique efficaces, comme l'hygiène des mains.

Quelle que soit l'approche choisie, il est important de mettre au point une stratégie de communication efficace pour expliquer à la population quels sont les circonstances, les critères et les motifs à l'origine des décisions prises. La population doit recevoir des messages clairs sur le type de masque à porter à quel moment et comment le faire (voir la section sur le bon usage des masques), et sur l'importance de toujours appliquer strictement l'ensemble des autres mesures de lutte anti-infectieuse (par exemple, hygiène des mains, distanciation physique et autres).

Type de masque

L'OMS souligne que les masques médicaux et les masques de protection respiratoire doivent absolument être disponibles en priorité pour les soignants.

Le port dans les espaces collectifs de masques fabriqués avec d'autres matières (par exemple, le coton) – masques non médicaux – n'a pas été bien évalué. Il n'y a actuellement pas de données permettant de formuler des recommandations tendant à conseiller ou à déconseiller le port de ces masques dans les espaces collectifs.

L'OMS collabore avec des partenaires qui mènent des travaux de recherche-développement afin de mieux apprécier l'efficacité et l'efficience des masques non médicaux. Par ailleurs, elle encourage vivement les pays qui publient des recommandations sur le port du masque par les personnes en bonne santé dans les espaces collectifs à mener des recherches sur cette question essentielle et elle actualisera ses orientations quand de nouvelles données seront disponibles.

Dans l'intervalle, les décideurs peuvent conseiller le port de masques non médicaux et, dans ce cas, ils doivent tenir compte des facteurs suivants :

- le nombre de couches de tissu ;
- la respirabilité en fonction de la matière utilisée ;
- l'imperméabilité/les qualités hydrophobes ;
- la forme du masque ;
- l'ajustement du masque.

Soins à domicile

Les patients atteints d'une forme bénigne de la COVID-19 n'ont pas nécessairement besoin d'être hospitalisés. Tous les patients pris en charge hors de l'hôpital (à domicile ou dans des lieux inhabituels) doivent suivre les protocoles locaux ou régionaux de santé publique concernant l'isolement à domicile et se rendre dans un hôpital qui prend en charge des patients atteints de la COVID-19 si leur état s'aggrave[7].

Les soins à domicile peuvent aussi être envisagés si la prise en charge en milieu hospitalier est impossible ou si elle présente des risques (par exemple, capacité limitée et ressources insuffisantes pour répondre à la demande de services de santé). Il convient alors de suivre les orientations spéciales pour la lutte anti-infectieuse dans le cadre des soins à domicile[3].

Les personnes chez qui l'on soupçonne la COVID-19 et qui présentent des symptômes respiratoires doivent :

- s'isoler si l'isolement dans un établissement médical n'est pas indiqué ou est impossible ;
- se laver souvent les mains, avec une solution hydroalcoolique si les mains ne paraissent pas sales, ou à l'eau et au savon si elles sont visiblement sales ;
- se tenir à au moins 1 m des autres personnes ;
- porter autant que possible un masque médical. Le masque doit être changé au moins une fois par jour. Les personnes qui ne le tolèrent pas doivent respecter scrupuleusement les règles d'hygiène respiratoire (se couvrir le nez et la bouche avec un mouchoir en papier quand elles toussent ou éternuent et jeter le mouchoir immédiatement après usage, ou utiliser le pli du coude et se laver les mains) ;
- éviter de contaminer des surfaces avec de la salive, des mucosités ou des sécrétions respiratoires ;
- bien aérer le logement en ouvrant le plus possible les fenêtres et les portes.

Les aidants ou les personnes qui habitent avec des sujets chez qui l'on soupçonne la COVID-19 et qui présentent des symptômes bénins doivent :

- se laver souvent les mains, avec une solution hydroalcoolique si les mains ne paraissent pas sales, ou à l'eau et au savon si elles sont visiblement sales ;
- se tenir à au moins 1 m de la personne malade ;
- porter un masque médical quand ils se trouvent dans la même pièce que le malade ;
- jeter le matériel contaminé par des sécrétions respiratoires (mouchoirs jetables) immédiatement après usage puis se laver les mains ;
- bien aérer le logement en ouvrant le plus possible les fenêtres.

Établissements de santé

L'OMS donne des orientations pour le port des EPI, masques compris, par les soignants dans le document intitulé *Utilisation rationnelle des équipements de protection individuelle (EPI) contre*

Un sujet par thème

la maladie à coronavirus 2019 (COVID-19)[24]. Le lecteur trouvera ici des conseils aux personnes qui se rendent dans un établissement de santé :

Les personnes symptomatiques qui se rendent dans un établissement de santé doivent :
- porter un masque médical dans les salles d'attente, de triage ou autres, et lors des déplacements à l'intérieur de l'établissement ;
- ne pas porter de masque médical en cas d'isolement en chambre individuelle, mais se couvrir le nez et la bouche avec un mouchoir en papier quand elles toussent ou éternuent. Jeter le mouchoir comme il convient et se laver les mains immédiatement après.

Les soignants doivent :
- porter un masque médical quand ils entrent dans une pièce où se trouvent des cas présumés ou confirmés de COVID-19 ;
- porter un masque filtrant qui protège au moins aussi bien que le modèle N95 certifié par l'Institut national américain de la santé et de la sécurité au travail, que le masque FFP2 de l'Union européenne ou que leurs équivalents, lors des actes médicaux qui génèrent des aérosols tels que l'intubation trachéale, la ventilation non invasive, la trachéotomie, la réanimation cardiopulmonaire, la ventilation manuelle avant intubation et la bronchoscopie, ou s'ils sont présents dans des lieux où ces actes sont effectués.
- On trouvera ici (https://www.who.int/fr/publications-detail/infection-prevention-and-control-during-health-care-when-novel-coronavirus-(ncov)-infection-is-suspected-202001[25]) des orientations complètes sur la lutte anti-infectieuse à l'intention des agents de santé.

Il ressort d'une étude portant sur l'évaluation des masques en tissu dans un établissement de soins que les soignants qui utilisaient des masques en coton étaient davantage exposés au risque de contracter l'infection que ceux qui portaient un masque médical[25]. Les masques en coton ne sont donc pas considérés comme appropriés pour les soignants. Comme pour les autres articles de la catégorie des EPI, si la production de masques en tissu est proposée au niveau local dans des situations de pénurie ou de rupture de stock, les autorités locales doivent évaluer l'EPI proposé selon des normes et des spécifications techniques minimales précises.

Bon usage des masques

Les masques, de tout type, doivent absolument être utilisés et éliminés correctement si l'on veut qu'ils soient efficaces et pour éviter d'accroître la transmission.

Les informations données ci-dessous sur le bon usage des masques reposent sur la pratique suivie dans les établissements de santé :
- placer soigneusement le masque de façon à recouvrir le nez et la bouche et bien serrer les liens pour l'ajuster au mieux sur le visage ;
- une fois le masque placé, éviter de le toucher ;
- retirer le masque selon la technique adéquate (ne pas toucher l'avant du masque mais ôter la lanière derrière la tête) ;
- après avoir retiré ou touché par inadvertance un masque usagé, se laver les mains avec une solution hydroalcoolique, ou à l'eau et au savon si elles sont visiblement sales ;
- s'il est humide, remplacer le masque par un nouveau masque propre et sec ;
- ne pas réutiliser les masques à usage unique ;

- jeter les masques à usage unique après chaque utilisation et immédiatement après les avoir retirés.

L'OMS continue à suivre de près la situation et reste attentive à tout changement susceptible d'avoir une incidence sur ces orientations provisoires. En cas de changements, l'OMS publiera une nouvelle mise à jour. Sinon, ce document d'orientation provisoire expirera deux ans après la date de publication.

Références

- 1. Water, sanitation, hygiene and waste management for COVID-19 https://www.who.int/publications- detail/water-sanitation-hygiene-and-waste-management-for-covid-19.
- 2. Coronavirus disease 2019 (COVID-19) Situation Report – 73. https://www.who.int/docs/default-source/coronaviruse/situation-reports/20200402-sitrep-73-covid-19.pdf?sfvrsn=5ae25bc7_6.
- 3. Yu P, Zhu J, Zhang Z, Han Y. A familial cluster of infection associated with the 2019 novel coronavirus indicating possible person-to-person transmission during the incubation period. J Infect 2020 doi: 10.1093/jiaa077.
- 4. Huang R, Xia J, Chen Y, Shan C, Wu C. A family cluster of SARS-CoV-2 infection involving 11 patients in Nanjing, China Lancet Infect Dis 2020 doi: 10.1016/ S1473-3099(20)30147-X.
- 5. Pan X, Chen D, Xia Y et al. Asymptomatic cases in a family cluster with SARS-CoV-2 infection. Lancet Infect Dis 2020 doi: 10.1016/ S1473- 3099(20)30114-6.
- 6. Tong Z-D, Tang A, Li K-F, Li P, Wang H-L, Yi J-P, et al. Potential presymptomatic transmission of SARS-CoV-2, Zhejiang Province, China, 2020.
- Emerg Infect Dis. 2020 doi: 10.3201/eid2605.200198.
- 7. Wei WE, Li Z, Chiew CJ, Yong SE, et al. Presymptomatic Transmission of SARS-CoV-2 — Singapore, January 23–March 16, 2020. MMWR, 1 April 2020/69.
- 8. Kimball A, Hatfield KM, Arons M, James A, et al. Asymptomatic and Presymptomatic SARS-CoV-2 Infections in Residents of a Long-Term Care Skilled Nursing Facility — King County, Washington, March 2020. MMWR, 3 April 2020, 69(13);377–381.
- 9. World Health Organization Report of the WHO-China Joint Mission on Coronavirus Disease 2019 (COVID-19) 16-24 February 2020 [Internet]. Genève, Organisation mondiale de la santé, 2020 Disponible à l'adresse : https://www.who.int/docs/default-source/coronaviruse/who-china-joint-mission-on-covid-19-final- report.pdf.
- 10. Wei WE, Li Z, Chiew CJ, Yong SE, et al. Presymptomatic Transmission of SARS-CoV-2 — Singapore, January 23–March 16, 2020. MMWR, 1 April 2020/69.
- 11. Organisation mondiale de la santé. Infection prevention and control during health care when COVID-19 is suspected: interim guidance, (consulté le 29 janvier 2020).
- 12. Organisation mondiale de la santé. Home care for patients with COVID-19 presenting with mild symptoms and management of contacts: interim guidance (consulté le 29 janvier 2020).
- 13. Infection prevention and control of epidemic- and pandemic-prone acute respiratory diseases in health care. Genève, Organisation mondiale de la santé, 2014 (https://apps.who.int/iris/bitstream/handle/10665/112656/9789241507134_eng.pdf, consulté le 17 janvier 2020).
- 14. Aiello AE, Coulborn RM, Perez V, et al. A randomized intervention trial of mask use and hand hygiene to reduce seasonal influenza-like illness and influenza infections

among young adults in a university setting. International Journal of Infectious Diseases 2010;14:E320-E20. doi: 10.1016/j.ijid.2010.02.2201.

- 15. Cowling BJ, Fung ROP, Cheng CKY, et al. Preliminary Findings of a Randomized Trial of Non-Pharmaceutical Interventions to Prevent Influenza Transmission in Households. Plos One 2008;3(5) doi: 10.1371/journal.pone.0002101.
- 16. Suess T, Remschmidt C, Schink SB, et al. The role of facemasks and hand hygiene in the prevention of influenza transmission in households: results from a cluster randomised trial; Berlin, Germany, 2009- 2011. BMC Infect Dis 2012;12:26. doi: 10.1186/1471-2334-12-26. [published Online First: 2012/01/28].
- 17. Aiello AE, Perez V, Coulborn RM, et al. Facemasks, hand hygiene, and influenza among young adults: a randomized intervention trial. PLoS One 2012;7(1):e29744. doi: 10.1371/journal.pone.0029744. Epub 2012 Jan 25. [published Online First: 2012/02/02].
- 18. Barasheed O, Almasri N, Badahdah AM, et al. Pilot Randomised Controlled Trial to Test Effectiveness of Facemasks in Preventing Influenza-like Illness Transmission among Australian Hajj Pilgrims in 2011. Infect Disord Drug Targets 2014;14(2):110- 6. doi: 10.2174/18715 26514666141021112855 [published Online First: 2014/10/23].
- 19. Canini L, Andreoletti L, Ferrari P, et al. Surgical mask to prevent influenza transmission in households: a cluster randomized trial. PLoS One 2010;5(11):e13998. doi: 10.1371/journal.pone.0013998. [published Online First: 2010/11/26].
- 20. MacIntyre CR, Zhang Y, Chughtai AA, et al. Cluster randomised controlled trial to examine medical mask use as source control for people with respiratory illness. BMJ Open 2016;6(12):e012330. doi: 10.1136/bmjopen-2016-012330. [published Online First: 2017/01/01].
- 21. Lau JT, Tsui H, Lau M, Yang X. SARS transmission, risk factors, and prevention in Hong Kong. Emerg Infect Dis. 2004 Apr;10(4):587-92.
- 22. Wu J, Xu F, Zhou W et al. Risk factors for SARS among persons without known contact with SARS patients, Beijing, China. Emerg Infect Dis. 2004 Feb;10(2):210-6.
- 23. Barasheed O, Alfelali M, Mushta S et al. Uptake and effectiveness of facemask against respiratory infections at mass gatherings: a systematic review. Int J Infect Dis. 2016 Jun;47:105-11. doi: 10.1016/j.ijid.2016.03.023.
- 24. Rational use of personal protective equipment for coronavirus disease (COVID-19) https://www.who.int/emergencies/diseases/novel-coronavirus-2019/technical-guidance/infection- prevention-and-control.
- 25. MacIntyre CR, Seale H, Dung TC, Hien NT, Aga PH, Chugtai AA, Rahman B, Dwyer DE, Wang Q. A cluster randomised trial of cloth masks compared with medical masks in healthcare workers. BMJ Open 2015;5:e006577. doi:10.1136/bmjopen-2014- 006577.

WHO reference number : WHO/2019-nCoV/IPC_Masks/2020.3

» Document 4 – Décret n° 2020-860 du 10 juillet 2020 prescrivant les mesures générales nécessaires pour faire face à l'épidémie de COVID-19 dans les territoires sortis de l'état d'urgence sanitaire et dans ceux où il a été prorogé

Le Premier ministre,
Sur le rapport du ministre des Solidarités et de la Santé,
Décrète :

TITRE 1ER : DISPOSITIONS GÉNÉRALES

Article préliminaire

Les articles du présent décret dont le numéro est suivi des lettres « EUS » ne sont applicables que dans les territoires, mentionnés en annexe préliminaire, où l'état d'urgence sanitaire est en vigueur.

Sauf disposition contraire, les autres articles sont applicables dans ces mêmes territoires ainsi que dans ceux, mentionnés à la même annexe, sortis de l'état d'urgence sanitaire.

Article 1

Modifié par Décret n° 2020-944 du 30 juillet 2020 - art. 1 (V)

I. - Afin de ralentir la propagation du virus, les mesures d'hygiène définies en annexe 1 au présent décret et de distanciation sociale, incluant la distanciation physique d'au moins un mètre entre deux personnes, dites barrières, définies au niveau national, doivent être observées en tout lieu et en toute circonstance.

II. - Les rassemblements, réunions, activités, accueils et déplacements ainsi que l'usage des moyens de transports qui ne sont pas interdits en vertu du présent décret sont organisés en veillant au strict respect de ces mesures. Dans les cas où le port du masque n'est pas prescrit par le présent décret, le préfet de département est habilité à le rendre obligatoire, sauf dans les locaux d'habitation, lorsque les circonstances locales l'exigent.

NOTA :

Conformément à l'article 2 du décret 2020-944 du 30 juillet 2020, ces dispositions sont applicables aux collectivités de l'article 74 de la Constitution et à la Nouvelle-Calédonie dans les mêmes conditions que les dispositions qu'elles modifient.

Article 2

I. - Dès lors que, par nature, le maintien de la distanciation physique n'est pas possible entre la personne en situation de handicap et la personne qui l'accompagne, cette dernière met en œuvre les mesures sanitaires de nature à prévenir la propagation du virus.

Les obligations de port du masque prévues au présent décret ne s'appliquent pas aux personnes en situation de handicap munies d'un certificat médical justifiant de cette dérogation et qui mettent en œuvre les mesures sanitaires de nature à prévenir la propagation du virus.

II. - Les dispositions de l'article 1er ne sont pas applicables lorsqu'elles sont incompatibles avec la préparation et la conduite des opérations des forces armées.

Article 3

Modifié par Décret n° 2020-1035 du 13 août 2020 - art. 1 (V)

I. - Tout rassemblement, réunion ou activité sur la voie publique ou dans un lieu ouvert au public est organisé dans des conditions de nature à permettre le respect des dispositions de l'article 1er.

II. - Les organisateurs des rassemblements, réunions ou activités mentionnés au I mettant en présence de manière simultanée plus de dix personnes adressent au préfet de département sur le territoire duquel la manifestation doit avoir lieu, sans préjudice des autres formalités applicables, une déclaration contenant les mentions prévues à l'article L. 211-2 du code de la sécurité intérieure, en y précisant, en outre, les mesures qu'ils mettent en œuvre afin de garantir le respect des dispositions de l'article 1er du présent décret.

Sans préjudice des dispositions de l'article L. 211-4 du code de la sécurité intérieure, le préfet peut en prononcer l'interdiction si ces mesures ne sont pas de nature à permettre le respect des dispositions de l'article 1er.

III. - Ne font pas l'objet de la déclaration préalable mentionnée au II :

1° Les rassemblements, réunions ou activités à caractère professionnel ;

2° Les services de transport de voyageurs ;

3° Les établissements recevant du public dans lesquels l'accueil du public n'est pas interdit en application du présent décret ;

4° Les cérémonies funéraires organisées hors des établissements mentionnés au 3° ;

5° Les visites guidées organisées par des personnes titulaires d'une carte professionnelle.

IV. - Le préfet de département est habilité à interdire ou à restreindre, par des mesures réglementaires ou individuelles, les rassemblements, réunions ou activités auxquels la déclaration mentionnée au II n'est pas applicable lorsque les circonstances locales l'exigent. Toutefois, dans les collectivités de l'article 74 de la Constitution et en Nouvelle-Calédonie, le représentant de l'État est habilité à prendre des mesures d'interdiction proportionnées à l'importance du risque de contamination en fonction des circonstances locales, après avis de l'autorité compétente en matière sanitaire.

V. - Aucun événement réunissant plus de 5 000 personnes ne peut se dérouler sur le territoire de la République.

Toutefois, à compter du 15 août 2020, le préfet de département peut accorder à titre exceptionnel des dérogations, après analyse des facteurs de risques et notamment :

1° De la situation sanitaire générale et de celle des territoires concernés ;

2° Des mesures mises en œuvre par l'organisateur afin de garantir le respect des dispositions de l'article 1er ;

3° Des dispositions spécifiquement prises par l'organisateur afin de prévenir les risques de propagation du virus propres à l'événement concerné au-delà de 5 000 personnes.

Les dérogations peuvent porter sur un type ou une série d'évènements lorsqu'ils se déroulent dans un même lieu, sous la responsabilité d'un même organisateur et dans le respect des mêmes mesures et dispositions sanitaires. Il peut y être mis fin à tout moment lorsque les conditions de leur octroi ne sont plus réunies.

VI. - Les demandes d'autorisation déposées en application de l'article 3 du décret n° 2020-663 du 31 mai 2020 prescrivant les mesures générales nécessaires pour faire face à l'épidémie de COVID-19 dans le cadre de l'état d'urgence sanitaire tiennent lieu de la déclaration prévue du II du présent article.

Article 4
La liste des zones de circulation active du virus mentionnées aux 1° et 2° du I de l'article 1er de la loi du 9 juillet 2020 susvisée figure en annexe 2 du présent décret.

TITRE 2 : DISPOSITIONS CONCERNANT LES TRANSPORTS
Chapitre 1er : Dispositions concernant le transport de passagers
Section 1 : Dispositions concernant le transport maritime et fluvial
Article 5
Les dispositions de la présente section s'appliquent à tout navire ou bateau à passagers.
Elles s'appliquent en outre aux navires ou bateaux relevant d'une autorité organisatrice ou d'Île-de-France Mobilités effectuant un transport public de voyageurs et les espaces qui y sont affectés. Les dispositions des articles 14 et 17 sont également applicables.

Article 6
I. - Dans les territoires sortis de l'état d'urgence sanitaire, les navires de croisière ne peuvent faire escale, s'arrêter ou mouiller dans les eaux intérieures et la mer territoriale françaises qu'à condition :
1° D'embarquer moins de 250 passagers ;
2° De n'avoir embarqué leurs passagers et fait escale que dans des ports situés dans l'Union européenne ou dans l'espace économique européen.
II. - Les bateaux à passagers avec hébergement ne peuvent faire escale, s'arrêter ou mouiller dans les eaux intérieures françaises qu'à condition de n'avoir embarqué leurs passagers et fait escale que dans des ports de l'Union européenne ou de l'espace économique européen.
III. - Le préfet de département du port de destination est habilité à conditionner l'escale des navires et bateaux mentionnés au I et II du présent article à la présentation d'un document comportant les mesures sanitaires qu'il met en œuvre afin d'assurer le respect des dispositions de l'article 9 à bord ainsi que de celles de l'article 1er lors des escales dans un port français.
Ce préfet peut interdire à l'un de ces navires ou bateaux de faire escale lorsque ce dernier présente un risque sanitaire ou si le transporteur ne met pas en œuvre les obligations qui lui sont applicables en vertu du présent décret.
IV. - Le préfet de département du port de destination du navire est habilité à limiter, pour tout navire mentionné aux 1 et 3.3 du I de l'article 1er du décret du 30 août 1984 susvisé autre que les navires mentionnés au premier alinéa arrivant dans un port français, le nombre maximal de passagers transportés tels que définis par le même décret, à l'exclusion des chauffeurs accompagnant leur véhicule de transport de fret. Cette décision prend effet quarante-huit heures après sa publication.
V. - Les espaces collectifs des navires et bateaux mentionnés au I et II du présent article peuvent accueillir du public dans le respect des dispositions qui leur sont applicables et des règles fixées par le présent décret.

Article 6 EUS
I. - Dans les territoires où l'état d'urgence sanitaire est en vigueur, sauf dérogation accordée par le préfet de département, ou par le préfet maritime au-delà des limites administratives des ports et en aval de la limite transversale de la mer, il est interdit à tout navire de croisière,

de faire escale, de s'arrêter ou de mouiller dans les eaux intérieures et la mer territoriale françaises.
II. - Sauf dérogation accordée par le préfet territorialement compétent, la circulation des bateaux à passagers avec hébergement est interdite.
III. - Le préfet de département du port de destination du navire est habilité à limiter, pour tout navire mentionné aux 1 et 3.3 du I de l'article 1er du décret du 30 août 1984 susvisé autre que les navires mentionnés au premier alinéa arrivant dans un port français, le nombre maximal de passagers transportés tels que définis par le même décret, à l'exclusion des chauffeurs accompagnant leur véhicule de transport de fret. Cette décision prend effet quarante-huit heures après sa publication.

Article 7

I. - Tout passager d'un navire de croisière, d'un bateau à passager avec hébergement ou d'un navire mentionné aux 1 et 3.3 du I de l'article 1er du décret du 30 août 1984 susvisé effectuant des liaisons internationales ou des liaisons vers la Corse, présente avant l'embarquement au transporteur une déclaration sur l'honneur attestant qu'il ne présente pas de symptôme d'infection au COVID-19 et qu'il n'a pas connaissance d'avoir été en contact avec un cas confirmé de COVID-19 dans les quatorze jours précédant l'escale. Sans préjudice des sanctions pénales prévues à l'article L. 3136-1 du code de la santé publique, à défaut de présentation de ce document, l'embarquement lui est refusé et il est reconduit à l'extérieur des espaces concernés.
II. - L'exploitant d'une gare maritime ou fluviale et le transporteur maritime ou fluvial sont autorisés à soumettre les passagers à des contrôles de température. Ce transporteur peut également refuser l'embarquement ou le débarquement aux passagers qui ont refusé de se soumettre à un contrôle de température.

Article 8

Toute personne de onze ans ou plus qui accède ou demeure à bord d'un navire ou d'un bateau à passagers porte un masque de protection.
Sans préjudice des sanctions pénales prévues à l'article L. 3136-1 du code de la santé publique, l'accès au navire ou au bateau est refusé à toute personne qui ne respecte pas cette obligation et la personne est reconduite à l'extérieur du navire ou du bateau concerné.
Cette obligation s'applique dans les zones accessibles au public des gares maritimes et des espaces d'attente, pour lesquelles le transporteur ou l'exploitant des installations organise les modalités de circulation des personnes présentes ou souhaitant accéder à ces espaces.
Cette obligation ne s'applique pas :
1° Au passager qui reste dans son véhicule embarqué à bord du navire ou du bateau lorsqu'il y est autorisé ;
2° Dans les cabines.
L'obligation du port du masque pesant sur le passager ne fait pas obstacle à ce qu'il lui soit demandé de le retirer pour la stricte nécessité du contrôle de son identité.

Article 9

I. - Le transporteur maritime ou fluvial de passagers informe les passagers par un affichage à bord et des annonces sonores des mesures d'hygiène mentionnées à l'article 1er et des règles de distanciation prévues au présent article.

II. - Le transporteur maritime ou fluvial de passagers permet l'accès à un point d'eau et de savon ou à du gel hydroalcoolique pour les passagers.
III. - Le transporteur maritime ou fluvial de passagers veille, dans la mesure du possible, à la distanciation physique à bord des navires et des bateaux, de sorte que les passagers qui y sont embarqués soient le moins possible assis les uns à côté des autres.
Pour les trajets qui ne font pas l'objet d'une attribution de sièges :
1° Le transporteur maritime ou fluvial :
a) Informe les passagers qu'ils doivent adopter la plus grande distance possible entre eux ou entre groupes de personnes voyageant ensemble ;
b) Veille à ce que les personnes ou groupes de personnes qui ne voyagent pas ensemble laissent entre eux si possible la largeur d'un siège.
2° Les passagers s'installent en laissant la plus grande distance possible entre eux ou entre groupes de personnes voyageant ensemble.

Section 2 : Dispositions concernant le transport aérien

Article 10

I. - Sont interdits, sauf s'ils sont fondés sur un motif impérieux d'ordre personnel ou familial, un motif de santé relevant de l'urgence ou un motif professionnel ne pouvant être différé, les déplacements de personnes par transport public aérien entre, d'une part, la Guyane, Mayotte, la Polynésie française, la Nouvelle-Calédonie ou Wallis-et-Futuna et, d'autre part, tout point du territoire de la République.
II. - Pour les vols au départ ou à destination de la Polynésie française et de la Nouvelle-Calédonie, en fonction des circonstances locales, le représentant de l'État est habilité à compléter la liste des motifs de nature à justifier les déplacements mentionnés au I du présent article.

Article 11

Modifié par Décret n° 2020-911 du 27 juillet 2020 - art. 1 (V)
I. - Les personnes souhaitant bénéficier de l'une des exceptions mentionnées à l'article 10 présentent à l'entreprise de transport aérien, lors de leur embarquement, une déclaration sur l'honneur du motif de leur déplacement accompagnée d'un ou plusieurs documents permettant de justifier de ce motif.
II. - Les personnes de onze ans ou plus souhaitant se déplacer par transport public aérien à destination de l'une des collectivités mentionnées à l'article 72-3 de la Constitution présentent le résultat d'un examen biologique de dépistage virologique réalisé moins de 72 heures avant le vol ne concluant pas à une contamination par le COVID-19.
Le premier alinéa du présent II ne s'applique pas aux déplacements par transport public aérien en provenance de l'une des collectivités mentionnées à l'article 72-3 de la Constitution lorsque cette collectivité n'est pas mentionnée dans la liste des zones de circulation de l'infection mentionnée au II de l'article L. 3131-15 du code de la santé publique.
Les personnes de onze ans ou plus souhaitant se déplacer par transport public aérien à destination du territoire métropolitain depuis un pays étranger mentionné sur la liste figurant en annexe 2 bis présentent à l'embarquement le résultat d'un examen biologique de dépistage virologique réalisé moins de 72 heures avant le vol ne concluant pas à une contamination par le COVID-19. Les personnes de onze ans ou plus arrivant sur le territoire métropolitain par

transport public aérien depuis un pays étranger mentionné sur la liste figurant en annexe 2 ter qui ne peuvent présenter le résultat d'un examen biologique de dépistage virologique réalisé moins de 72 heures avant le vol ne concluant pas à une contamination par le COVID-19 sont dirigées à leur arrivée à l'aéroport vers un poste de contrôle sanitaire permettant la réalisation d'un tel examen. Le présent alinéa est applicable à compter du 1er août 2020.

III. - Tout passager présente à l'entreprise de transport aérien, avant son embarquement, outre le ou les documents prévus au I et au II, une déclaration sur l'honneur attestant qu'il ne présente pas de symptôme d'infection au COVID-19 et qu'il n'a pas connaissance d'avoir été en contact avec un cas confirmé de COVID-19 dans les quatorze jours précédant le vol. Sans préjudice des sanctions pénales prévues à l'article L. 3136-1 du code de la santé publique, à défaut de présentation de ces documents, l'embarquement est refusé et le passager est reconduit à l'extérieur des espaces concernés.

IV. - Toute personne de onze ans ou plus qui accède ou demeure dans les espaces accessibles aux passagers des aérogares ou les véhicules réservés aux transferts des passagers porte un masque de protection.

Toute personne de onze ans ou plus porte, à bord des aéronefs effectuant du transport public à destination, en provenance ou à l'intérieur du territoire national, dès l'embarquement, un masque de type chirurgical à usage unique répondant aux caractéristiques fixées à l'annexe 1 au présent décret.

Sans préjudice des sanctions pénales prévues à l'article L. 3136-1 du code de la santé publique, l'accès auxdits espaces, véhicules et aéronefs est refusé à toute personne qui ne respecte pas cette obligation et la personne est reconduite à l'extérieur des espaces, véhicules et aéronefs concernés.

L'obligation du port du masque pesant sur le passager ne fait pas obstacle à ce qu'il lui soit demandé de le retirer pour la stricte nécessité du contrôle de son identité.

Article 12

L'exploitant d'aéroport et l'entreprise de transport aérien informent les passagers des mesures d'hygiène mentionnées à l'article 1er et des règles de distanciation prévues au présent article par des annonces sonores, ainsi que par un affichage en aérogare et une information à bord des aéronefs.

L'exploitant d'aéroport et l'entreprise de transport aérien permettent l'accès à un point d'eau et de savon ou à du gel hydroalcoolique pour les passagers.

L'entreprise de transport aérien veille, dans la mesure du possible, à la distanciation physique à bord de chaque aéronef de sorte que les passagers qui y sont embarqués soient le moins possible assis les uns à côté des autres.

L'exploitant d'aéroport et l'entreprise de transport aérien sont autorisés à soumettre les passagers à des contrôles de température. L'entreprise de transport aérien peut également refuser l'embarquement aux passagers qui ont refusé de se soumettre à un contrôle de température.

L'entreprise de transport aérien assure la distribution et le recueil des fiches de traçabilité mentionnées à l'article R. 3115-67 du code de la santé publique et vérifie qu'elles sont remplies par l'ensemble de ses passagers avant le débarquement dans les conditions prévues au II et III de ce même article.

Article 13

Le préfet territorialement compétent est habilité, lorsque les circonstances locales l'exigent, à limiter l'accès à l'aérogare des personnes accompagnant les passagers, à l'exception des personnes accompagnant des personnes mineures, des personnes en situation de handicap ou à mobilité réduite ou des personnes vulnérables.

Section 3 : Dispositions concernant le transport terrestre

Article 14

Modifié par Décret n° 2020-911 du 27 juillet 2020 - art. 1 (V)

L'autorité organisatrice de la mobilité compétente, ou Île-de-France Mobilités pour l'Île-de-France, organise, en concertation avec les collectivités territoriales concernées, les employeurs, les associations d'usagers et les exploitants des services de transports, les niveaux de service et les modalités de circulation des personnes présentes dans les espaces et véhicules affectés au transport public de voyageurs, ainsi que l'adaptation des équipements, de nature à permettre le respect des mesures d'hygiène mentionnées à l'article 1er et l'observation de la plus grande distance possible entre les passagers ou groupes de passagers voyageant ensemble.

Les opérateurs de transports veillent, dans la mesure du possible, à la distanciation physique entre les personnes ou les groupes de personnes voyageant ensemble en tenant compte des contraintes propres à chaque moyen de transport.

Les passagers ou groupe de passagers voyageant ensemble veillent à laisser la plus grande distance possible entre eux.

Article 15

I. - Toute personne de onze ans ou plus qui accède ou demeure dans les véhicules ou dans les espaces accessibles au public et affectés au transport public de voyageurs porte un masque de protection.

Sans préjudice des sanctions pénales prévues à l'article L. 3136-1 du code de la santé publique, l'accès auxdits véhicules et espaces est refusé à toute personne qui ne respecte pas cette obligation et la personne est reconduite à l'extérieur des véhicules et espaces concernés.

II. - L'obligation mentionnée au I s'applique également dans les emplacements situés sur la voie publique correspondant aux arrêts et stations desservis par les véhicules de transport de voyageurs.

III. - Cette obligation ne fait pas obstacle à ce qu'il soit demandé de le retirer pour la stricte nécessité d'un contrôle d'identité.

IV. - Cette obligation s'applique à tout conducteur d'un véhicule de transport public de voyageurs et à tout agent employé ou mandaté par un exploitant de service de transport dès lors qu'il est en contact avec le public, sauf s'il est séparé physiquement du public par une paroi fixe ou amovible.

V. - Cette obligation s'applique aux passagers et conducteurs des services privés mentionnés à l'article L. 3131-1 du code des transports réalisés avec des autocars.

VI. - Cette obligation s'applique également aux accompagnateurs présents dans les véhicules affectés au transport scolaire défini à l'article L. 3111-7 du code des transports.

Un sujet par thème

Article 16

I. - Tout opérateur de transport public ou privé collectif de voyageurs routier par autocar ou autobus, ou guidé ou ferroviaire, informe les voyageurs des mesures d'hygiène mentionnées à l'article 1er et des règles de distanciation prévues par la présente section, par des annonces sonores et par un affichage dans les espaces accessibles au public et affectés au transport de voyageurs et à bord de chaque véhicule ou matériel roulant.

L'opérateur informe les passagers qu'ils doivent veiller à adopter la plus grande distance possible entre les passagers ou groupes de passagers ne voyageant pas ensemble.

II. - Le gestionnaire des espaces affectés au transport public de voyageurs permet l'accès à un point d'eau et de savon ou à du gel hydroalcoolique pour les voyageurs.

III. - Dans les véhicules mentionnés au I de l'article 21 :

1° Un affichage rappelant les mesures d'hygiène mentionnées à l'article 1er et les règles de distanciation prévues à l'article 21 visible pour les passagers est mis en place à l'intérieur du véhicule ;

2° Pour ceux comportant deux rangées de sièges arrière ou plus, du gel hydroalcoolique est tenu à disposition des passagers.

Article 17

I. - Le préfet de département ou, pour l'Île-de-France, le préfet de la région Île-de-France, est habilité à réserver, à certaines heures, eu égard aux conditions d'affluence constatées ou prévisibles, l'accès aux espaces et véhicules de transport public collectif de voyageurs, ainsi qu'aux quais des tramways et aux espaces situés à proximité des points d'arrêts desservis par les véhicules de transport routier collectifs de voyageurs, aux seules personnes effectuant un déplacement pour les motifs suivants :

1° Trajets entre le lieu de résidence et le ou les lieux d'exercice de l'activité professionnelle, et déplacements professionnels insusceptibles d'être différés ;

2° Trajets entre le lieu de résidence et l'établissement scolaire effectué par une personne qui y est scolarisée ou qui accompagne une personne scolarisée et trajets nécessaires pour se rendre à des examens ou des concours ;

3° Déplacements pour consultation de santé et soins spécialisés ne pouvant être assurés à distance ou à proximité du domicile ;

4° Déplacements pour motif familial impérieux, pour l'assistance des personnes vulnérables, pour le répit et l'accompagnement des personnes handicapées et pour la garde d'enfants ;

5° Déplacements résultant d'une obligation de présentation aux services de police ou de gendarmerie nationales ou à tout autre service ou professionnel, imposée par l'autorité de police administrative ou l'autorité judiciaire ;

6° Déplacements résultant d'une convocation émanant d'une juridiction administrative ou de l'autorité judiciaire ;

7° Déplacements aux seules fins de participer à des missions d'intérêt général sur demande de l'autorité administrative et dans les conditions qu'elle précise ;

8° Déplacements liés à un déménagement résultant d'un changement de domicile et déplacements indispensables à l'acquisition ou à la location d'un bien immobilier, insusceptibles d'être différés.

II. - Lorsque la restriction concerne des services organisés par une autorité organisatrice ou par Île-de-France Mobilités, le préfet de département ou, pour l'Île-de-France, le préfet de la région Île-de-France, consulte préalablement l'autorité organisatrice compétente.

III. - Les personnes se déplaçant pour l'un des motifs énumérés au I du présent article présentent, pour l'usage du transport public collectif de voyageurs aux heures définies en application du présent article, les documents permettant de justifier le motif de ce déplacement. Le préfet de département ou, pour l'Île-de-France, le préfet de la région Île-de-France, peut déterminer les formes et modalités particulières de présentation de ces documents.

Sans préjudice des sanctions pénales prévues à l'article L. 3136-1 du code de la santé publique, à défaut de présentation de ces justificatifs, l'accès est refusé et les personnes sont reconduites à l'extérieur des espaces concernés.

Article 18

Les exploitants des services mentionnés à l'article L. 342-7 du code du tourisme veillent, dans la mesure du possible, à la distanciation physique des passagers ou groupes de passagers voyageant ensemble à bord de chaque appareil, en tenant compte des contraintes propres à chaque moyen de transport.

Par dérogation, le I de l'article 15 n'est pas applicable :

1° Aux téléskis mentionnés à l'article L. 342-7 du code du tourisme ;

2° Aux télésièges lorsqu'ils sont exploités de façon à ce que chaque siège suspendu ne soit occupé que par une personne ou par des personnes laissant entre elles au moins une place vide.

Article 19

À l'exception des services organisés par une autorité organisatrice mentionnée aux articles L. 1231-1 et L. 1231-3 du code des transports ou par Île-de-France Mobilités, toute entreprise qui propose des services ferroviaires ou routiers de transport de personnes rend obligatoire, sauf impossibilité technique, la réservation dans les trains et cars.

L'entreprise veille, dans la mesure du possible, à la distanciation physique à bord des véhicules de sorte que le moins possible de passagers qui y sont embarqués soient assis à côté les uns des autres.

Pour les trajets qui ne font pas l'objet d'une attribution de sièges :

1° L'entreprise :

- prend les mesures permettant, dans la mesure du possible, aux personnes ou groupes de personnes qui voyagent ensemble, de laisser entre eux, si possible, la largeur d'un siège ;
- informe les passagers ou groupes de passagers voyageant ensemble qu'ils doivent veiller à adopter la plus grande distance possible entre les passagers ;

2° Les passagers ou groupe de passagers ne voyageant pas ensemble sont tenus de s'installer en laissant la plus grande distance possible entre eux.

Article 20

Dans les services de transport public routier de personnes opérés par les entreprises de petits trains routiers touristiques définis par l'arrêté pris en application de l'article R. 233-1 du code du tourisme, les articles 15 et 16 sont applicables.

Article 21

I. - Sans préjudice des dispositions particulières régissant le transport de malades assis, les dispositions du présent article sont applicables :

1° Aux services de transport public particulier de personnes ;

2° Aux services de transport d'utilité sociale mentionnés à l'article L. 3133-1 du code des transports.

II. - Aucun passager n'est autorisé à s'asseoir à côté du conducteur. Lorsque le véhicule comporte trois places à l'avant, un passager peut s'asseoir à côté de la fenêtre.

III. - Deux passagers sont admis sur chaque rangée suivante.

Cette limitation ne s'applique pas lorsque les passagers appartiennent à un même foyer ou à un même groupe de passagers voyageant ensemble, ni à l'accompagnant d'une personne handicapée.

IV. - Tout passager de onze ans ou plus porte un masque de protection. Il en va de même pour le conducteur en l'absence de paroi transparente fixe ou amovible entre le conducteur et les passagers. L'accès est refusé à toute personne qui ne respecte pas cette obligation dès lors que le véhicule accueille plus d'un passager.

V. - Dans les véhicules utilisés pour le covoiturage mentionnés à l'article L. 3132-1 du code des transports, deux passagers sont admis sur chaque rangée de sièges. Cette limitation ne s'applique pas lorsque les passagers appartiennent à un même foyer ou à un même groupe de passagers voyageant ensemble, ni à l'accompagnant d'une personne handicapée.

Les dispositions du IV du présent article s'appliquent à ces véhicules.

Chapitre 2 : Dispositions concernant le transport de marchandises

Article 22

I. - Les dispositions du présent article s'appliquent au transport de marchandises.

II. - Pour la réalisation des opérations de transport de marchandises, le véhicule est équipé d'une réserve d'eau et de savon ainsi que de serviettes à usage unique, ou de gel hydroalcoolique.

III. - Lorsque les lieux de chargement ou de déchargement ne sont pas pourvus d'un point d'eau et de savon, ils sont pourvus de gel hydroalcoolique. Il ne peut être refusé à un conducteur de véhicules de transport de marchandises l'accès à un lieu de chargement ou de déchargement, y compris à un point d'eau lorsque ce lieu en est pourvu.

Chapitre 3 : Dispositions finales

Article 23

Les dispositions des sections 1 et 2 du chapitre 1er du présent titre sont applicables dans les îles Wallis-et-Futuna, en Polynésie française et, dans le cadre des compétences exercées par l'État, en Nouvelle-Calédonie.

TITRE 3 : MISE EN QUARANTAINE ET PLACEMENT À L'ISOLEMENT

Article 24

Modifié par Décret n° 2020-884 du 17 juillet 2020 - art. 1 (V)

I. - Une mesure de mise en quarantaine ou de placement et maintien en isolement ne peut être prescrite à l'entrée sur le territoire hexagonal ou à l'arrivée en Corse ou dans l'une des collectivités mentionnées à l'article 72-3 de la Constitution que pour les personnes ayant séjourné, au cours du mois précédant cette entrée ou cette arrivée, dans une zone de circulation de l'infection définie par arrêté du ministre chargé de la santé mentionné au II de l'article L. 3131-15 du code de la santé publique.

II. - Dans les conditions prévues aux articles L. 3131-17 et R. 3131-19 à R. 3131-25 du code de la santé publique, le préfet territorialement compétent :

1° Prescrit la mise en quarantaine ou le placement et le maintien en isolement, lorsqu'elles arrivent sur du territoire national depuis l'étranger des personnes présentant des symptômes d'infection au COVID-19 ;

2° Est habilité à prescrire la mise en quarantaine ou le placement et le maintien en isolement :

Des personnes ne pouvant justifier, à leur arrivée, du résultat d'un examen biologique de dépistage virologique réalisé moins de 72 heures avant le vol ne concluant pas à une contamination par le COVID-19 ;

Des personnes arrivant sur le territoire d'une collectivité mentionnée à l'article 72-3 de la Constitution en provenance du reste du territoire national.

Article 25

I. - La mise en quarantaine ou le placement et maintien en isolement se déroule, au choix de la personne qui en fait l'objet, à son domicile ou dans un lieu d'hébergement adapté à la mise en œuvre des consignes sanitaires qui lui sont prescrites, en tenant compte de sa situation individuelle et familiale.

Par dérogation au précédent alinéa, pour une personne arrivant dans l'une des collectivités mentionnées à l'article 72-3 de la Constitution, le représentant de l'État territorialement compétent peut s'opposer au choix du lieu retenu par cette personne s'il apparaît que les caractéristiques de ce lieu ou les conditions de son occupation ne répondent pas aux exigences sanitaires qui justifient la mise en quarantaine. La personne justifie des conditions sanitaires de l'hébergement choisi par tout moyen démontrant que l'hébergement garantit son isolement vis-à-vis des autres occupants et qu'il dispose des moyens de nature à mettre en œuvre les mesures d'hygiène et de distanciation mentionnées à l'article 1er.

II. - Lorsque la mesure interdit toute sortie du domicile ou du lieu d'hébergement, ses conditions doivent permettre à la personne concernée un accès aux biens et services de première nécessité, ainsi qu'à des moyens de communication téléphonique et électronique lui permettant de communiquer librement avec l'extérieur, en prenant en compte les possibilités d'approvisionnement et les moyens de communication dont dispose la personne concernée par la mesure.

III. - La mise en œuvre de la mesure ne doit pas entraver la vie familiale, hors cas prévu au IV du présent article.

IV. - Les modalités de la mesure ne peuvent conduire à faire cohabiter une personne, majeure ou mineure, avec une autre personne envers laquelle des actes de violence à son encontre mentionnés à l'article 515-9 du code civil ont été constatés ou sont allégués.

Si l'auteur des violences constatées ou alléguées est la personne à isoler ou placer en quarantaine, le préfet le place d'office dans un lieu d'hébergement adapté.

Si la victime des violences constatées ou alléguées ou l'un de ses enfants mineurs est la personne à isoler ou placer en quarantaine, le préfet lui propose un hébergement adapté dès lors qu'il ne peut être procédé à l'éviction de l'auteur des violences.

Dans les deux cas, il en informe sans délai le procureur de la République aux fins notamment d'éventuelles poursuites et de saisine du juge aux affaires familiales dans les conditions prévues par les articles 515-9 et 515-10 du code civil.
V. - La durée initiale des mesures de mise en quarantaine ou de placement et maintien en isolement ne peut excéder quatorze jours. Ces mesures peuvent être renouvelées, dans les conditions prévues au II de l'article L. 3131-17 du code de la santé publique, dans la limite d'une durée maximale d'un mois.

Article 26
Le présent titre est applicable en Nouvelle-Calédonie, en Polynésie française et à Wallis-et-Futuna.

TITRE 4 : DISPOSITIONS CONCERNANT LES ÉTABLISSEMENTS ET ACTIVITÉS
Chapitre 1er : Dispositions générales
Article 27
Modifié par Décret n° 2020-884 du 17 juillet 2020 - art. 1 (V)
I. - Dans les établissements relevant des types d'établissements définis par le règlement pris en application de l'article R. 123-12 du code de la construction et de l'habitation et qui ne sont pas fermés, l'exploitant met en œuvre les mesures de nature à permettre le respect des dispositions de l'article 1er. Il peut limiter l'accès à l'établissement à cette fin.
Il informe les utilisateurs de ces lieux par affichage des mesures d'hygiène et de distanciation mentionnées à l'article 1er.
II. - Lorsque, par sa nature même, une activité professionnelle, quel que soit son lieu d'exercice, ne permet pas de maintenir la distanciation entre le professionnel et le client ou l'usager, le professionnel concerné met en œuvre les mesures sanitaires de nature à prévenir les risques de propagation du virus.
III. - Toute personne de onze ans ou plus porte un masque de protection dans les établissements de type L, X, PA, CTS, V, Y, S, M et, à l'exception des bureaux, W, ainsi que, s'agissant de leurs espaces permettant des regroupements, dans les établissements de type O, sans préjudice des autres obligations de port du masque fixées par le présent décret. Il peut être rendu obligatoire par l'exploitant dans les autres types d'établissements.
Cette obligation ne s'applique pas aux candidats à un concours ou un examen lorsqu'ils sont assis.
IV. - Sans préjudice du V de l'article 3, l'exploitant d'un établissement de première catégorie au sens de l'article R. 123-19 du code de la construction et de l'habitation, relevant du type L, X, PA ou CTS, souhaitant accueillir du public en fait la déclaration au préfet de département au plus tard soixante-douze heures à l'avance. Le préfet peut faire usage des dispositions de l'article 29.
Le préfet peut fixer un seuil inférieur à celui mentionné au présent IV lorsque les circonstances locales l'exigent.

Article 28
Les établissements relevant des types d'établissements définis par le règlement pris en application de l'article R. 123-12 du code de la construction et de l'habitation et qui sont fermés

peuvent toutefois accueillir du public, dans des conditions de nature à permettre le respect des dispositions de l'article 1er, pour :
1° L'organisation d'épreuves de concours ou d'examens ;
2° L'accueil d'enfants scolarisés et de ceux bénéficiant d'un mode d'accueil en application de l'article L. 227-4 du code de l'action sociale et des familles dans des conditions identiques à celles prévues à l'article 36 ;
3° La célébration de mariages par un officier d'état-civil ;
4° L'activité des services de rencontre prévus à l'article D. 216-1 du code de l'action sociale et des familles ainsi que des services de médiation familiale ;
5° L'organisation d'activités de soutien à la parentalité relevant notamment des dispositifs suivants : lieux d'accueil enfants-parents, contrats locaux d'accompagnement scolaire et réseaux d'écoute, d'appui et d'accompagnement des parents ;
6° L'activité des établissements d'information, de consultation et de conseil conjugal mentionnés à l'article R. 2311-1 du code de la santé publique.

Article 29

Modifié par Décret n° 2020-1035 du 13 août 2020 - art. 1 (V)
Le préfet de département est habilité à interdire, à restreindre ou à réglementer, par des mesures réglementaires ou individuelles, les activités qui ne sont pas interdites en vertu du présent titre.
Dans les parties du territoire dans lesquelles est constatée une circulation active du virus mentionnées à l'article 4, le préfet de département peut en outre fermer provisoirement une ou plusieurs catégories d'établissements recevant du public ainsi que des lieux de réunions, ou y réglementer l'accueil du public.
Le préfet de département peut, par arrêté pris après mise en demeure restée sans suite, ordonner la fermeture des établissements recevant du public qui ne mettent pas en œuvre les obligations qui leur sont applicables en application du présent décret.

Article 29 EUS

Dans les territoires où l'état d'urgence sanitaire est en vigueur, le préfet de département est habilité à interdire, à restreindre ou à réglementer, par des mesures réglementaires ou individuelles, les activités qui ne sont pas interdites en vertu du présent titre.
Le préfet de département peut, par arrêté pris après mise en demeure restée sans suite, ordonner la fermeture des établissements recevant du public qui ne mettent pas en œuvre les obligations qui leur sont applicables en application du présent décret.

Article 30

Les dispositions du présent titre sont applicables sur l'ensemble du territoire de la République. Toutefois, dans les collectivités mentionnées à l'article 72-3 de la Constitution, le représentant de l'État est habilité à prendre des mesures d'interdiction proportionnées à l'importance du risque de contamination en fonction des circonstances locales.
À Wallis-et-Futuna, Saint-Pierre-et-Miquelon, Saint-Martin et Saint-Barthélemy, le préfet peut ouvrir les établissements mentionnés au chapitre 2 du présent titre à une date particulière en fonction des conditions sanitaires du territoire.

Chapitre 2 : Enseignement

Article 31

Modifié par Décret n° 2020-911 du 27 juillet 2020 - art. 1 (V)

Les établissements recevant du public relevant du type R défini par le règlement pris en application de l'article R. 123-12 du code de la construction et de l'habitation mentionnés aux articles 32 à 35, accueillent du public dans les conditions définies au présent chapitre.

Article 32

I. - Dans les établissements et services d'accueil du jeune enfant mentionnés à l'article R. 2324-17 du code de la santé publique, dans les maisons d'assistants maternels mentionnées à l'article L. 424-1 du code de l'action sociale et des familles et dans les relais d'assistants maternels mentionnés à l'article L. 214-2-1 du même code, l'accueil est assuré dans le respect des dispositions qui leur sont applicables et en groupes d'enfants qui ne peuvent pas se mélanger.

Un accueil est assuré par les établissements mentionnés au premier alinéa, dans des conditions de nature à prévenir le risque de propagation du virus, au profit des enfants âgés de moins de trois ans des personnels indispensables à la gestion de la crise sanitaire et à la continuité de la vie de la nation lorsque l'accueil des usagers y est suspendu en application du présent chapitre ou d'une mesure prise sur le fondement de l'article 50 ou 50 EUS du présent décret.

II. - Dans les établissements autorisés à accueillir des enfants en application du présent article, les activités suivantes ne sont autorisées que dans le respect des dispositions qui leur sont applicables ainsi que de l'article 36 du présent décret :

1° L'accueil des usagers des structures mentionnées à l'article R. 227-1 du code de l'action sociale et des familles et au troisième alinéa de l'article L. 2324-1 du code de la santé publique ;

2° Les activités prévues au II de l'article 2 de l'arrêté du 21 mai 2007 relatif aux conditions d'encadrement des accueils de scoutisme ;

3° Les activités physiques prévues à l'article 2 de l'arrêté du 25 avril 2012 portant application de l'article R. 227-13 du code de l'action sociale et des familles.

Toutefois, un accueil est assuré par les établissements et services mentionnés au présent II, dans des conditions de nature à prévenir le risque de propagation du virus, pour les enfants de moins de seize ans des personnels indispensables à la gestion de la crise sanitaire et à la continuité de la vie de la nation lorsque l'accueil des usagers y est suspendu en application du présent chapitre ou d'une mesure prise sur le fondement de l'article 50 ou 50 EUS du présent décret.

Article 33

Modifié par Décret n° 2020-911 du 27 juillet 2020 - art. 1 (V)

I. - L'accueil des usagers dans les établissements d'enseignement relevant du livre IV de la deuxième partie du code de l'éducation ainsi que dans les services d'hébergement, d'accueil et d'activités périscolaires qui y sont associés, est assuré dans les conditions fixées par l'article 36.

II. - (Abrogé)

III. - (Abrogé)

Article 34

Modifié par Décret n° 2020-911 du 27 juillet 2020 - art. 1 (V)

L'accueil des usagers dans les établissements d'enseignement supérieur mentionnés au livre VII de la troisième partie du code de l'éducation et dans les autres organismes de formation militaire supérieure est assuré dans les conditions fixées par l'article 36.

Article 35

Modifié par Décret n° 2020-911 du 27 juillet 2020 - art. 1 (V)

Dans des conditions de nature à permettre le respect des dispositions de l'article 1er :

1° Les établissements mentionnés au titre V du livre III de la sixième partie du code du travail peuvent accueillir les stagiaires pour les besoins de la formation professionnelle, lorsqu'elle ne peut être effectuée à distance ;

2° Les établissements mentionnés au livre II du code de la route peuvent accueillir des candidats pour les besoins de la préparation aux épreuves du permis de conduire, lorsque ces établissements ne peuvent assurer cette préparation à distance ;

3° Les établissements mentionnés au chapitre II du titre VII du livre II de la cinquième partie du code des transports sont autorisés à ouvrir au public ;

4° Les établissements définis par arrêté du Premier ministre assurant la formation professionnelle des agents publics peuvent accueillir des stagiaires et élèves pour les besoins de leur formation, lorsqu'elle ne peut être effectuée à distance ;

5° Les établissements mentionnés à l'article L. 5547-3 du code des transports peuvent accueillir les stagiaires pour les besoins de la formation professionnelle maritime, lorsqu'elle ne peut être effectuée à distance ;

6° Les établissements d'enseignement artistique mentionnés au chapitre Ier du titre VI du livre IV de la deuxième partie du code de l'éducation et les établissements d'enseignement de la danse mentionnés au chapitre II du titre VI du livre IV de la deuxième partie du code de l'éducation sont autorisés à ouvrir au public.

Article 36

Modifié par Décret n° 2020-911 du 27 juillet 2020 - art. 1 (V)

I. - L'accueil des usagers dans les établissements mentionnés au présent chapitre est organisé dans des conditions de nature à permettre le respect des règles d'hygiène et de distanciation mentionnées à l'article 1er.

Toutefois, dans les établissements et services mentionnés au I de l'article 32, dans les écoles maternelles ainsi que pour les assistants maternels, dès lors que le maintien de la distanciation physique entre le professionnel et l'enfant et entre enfants n'est par nature pas possible, l'établissement ou le professionnel concerné met en œuvre les mesures sanitaires de nature à prévenir la propagation du virus.

Dans les établissements mentionnés au II de l'article 32, l'observation d'une distanciation physique d'au moins un mètre s'applique dans la mesure du possible.

Dans les établissements d'enseignement relevant des livres IV et VII du code de l'éducation, à l'exception de ceux mentionnés au deuxième alinéa, l'observation d'une distanciation physique d'au moins un mètre ou d'un siège s'applique, entre deux personnes lorsqu'elles sont côte à côte ou qu'elles se font face, uniquement dans les salles de cours et les espaces clos et dans la mesure où elle n'affecte pas la capacité d'accueil de l'établissement.

II. - Portent un masque de protection :

1° Les personnels des établissements et structures mentionnés aux articles 32 et 33 en présence des usagers accueillis ;

2° Les assistants maternels, y compris à domicile ;

3° Les élèves des écoles élémentaires présentant des symptômes liés au virus jusqu'au moment de la prise en charge hors de l'école ;

4° Les collégiens, les lycéens et les usagers de l'enseignement supérieur lors de leurs déplacements et dans les salles de cours ainsi que dans tous les espaces clos lorsque la configuration de ces derniers ne permet pas le respect des règles de distanciation qui leur sont applicables ;

5° Les enfants de onze ans ou plus accueillis en application du II de l'article 32 lorsque le respect des règles de distanciation physique mentionnées à l'article 1er ne peut être garanti ;

6° Les représentants légaux des élèves.

Les dispositions du 1° ne s'appliquent pas aux personnels enseignants lorsqu'ils font cours et sont à une distance d'au moins un mètre des élèves. Elles ne s'appliquent pas aux personnels des structures mentionnées au II de l'article 32 lorsqu'une distance d'au moins un mètre avec les enfants accueillis est garantie. Les dispositions du 1° et du 2° ne s'appliquent pas aux professionnels des établissements d'accueil du jeune enfant définis à l'article R. 2324-17 du code de la santé publique, aux personnels des classes et écoles maternelles et aux assistants maternels lorsqu'ils sont en présence des enfants.

Chapitre 3 : Commerces, restaurants, débits de boisson et hébergements

Article 37 EUS

Dans les départements où l'état d'urgence sanitaire est en vigueur, le préfet de département peut, après avis du maire, interdire l'ouverture d'un centre commercial comprenant un ou plusieurs bâtiments dont la surface commerciale utile cumulée est supérieure ou égale à 70 000 m^2 et qui, du fait de son implantation dans un bassin de vie fortement peuplé et de sa proximité immédiate avec une gare desservie par plusieurs lignes de transport ferroviaire ou guidé et de transport public régulier de personnes routier, favorise des déplacements significatifs de population. Cette interdiction ne fait pas obstacle à l'ouverture, au sein de ces centres commerciaux, des commerces de détail pour les activités relevant de la liste figurant en annexe 3.

Pour l'application du précédent alinéa, on entend par centre commercial tout établissement comprenant un ou plusieurs ensembles de magasins de vente, et éventuellement d'autres établissements recevant du public pouvant communiquer entre eux, qui sont, pour leurs accès et leur évacuation, tributaires de mails clos. L'ensemble des surfaces commerciales utiles sont additionnées pour déterminer l'atteinte du seuil de 70 000 m^2, y compris en cas de fermeture de certains mails clos ou d'organisation indépendante des accès et évacuations des bâtiments.

Article 38

Modifié par Décret n° 2020-884 du 17 juillet 2020 - art. 1 (V) Le port du masque est obligatoire dans les marchés couverts.

Les dispositions du I de l'article 3 ne font pas obstacle à ce que les marchés, couverts ou non, reçoivent un nombre de personnes supérieur à celui qui y est fixé, dans le respect des dispositions qui leur sont applicables et dans des conditions de nature à permettre le respect des

dispositions de l'article 1er et à prévenir, en leur sein, la constitution de regroupements de plus de dix personnes.
Le préfet de département peut, après avis du maire, interdire l'ouverture de ces marchés si les conditions de leur organisation ainsi que les contrôles mis en place ne sont pas de nature à garantir le respect des dispositions de l'alinéa précédent.

Article 39
Modifié par Décret n° 2020-911 du 27 juillet 2020 - art. 1 (V)
Les établissements à vocation commerciale destinés à des expositions, des foires-expositions ou des salons ayant un caractère temporaire, relevant du type T défini par le règlement pris en application de l'article R. 123-12 du code de la construction et de l'habitation ne peuvent accueillir de public jusqu'au 31 août 2020.

Article 40
I. - Dans les territoires sortis de l'état d'urgence sanitaire, les établissements recevant du public relevant des types suivants définis par le règlement pris en application de l'article R. 123-12 du code de la construction et de l'habitation ne peuvent accueillir du public que dans le respect des conditions prévues au présent article :
- établissements de type N : Restaurants et débits de boissons ;
- établissements de type EF : Établissements flottants pour leur activité de restauration et de débit de boissons
- établissements de type OA : Restaurants d'altitude.

II. - Pour l'application de l'article 1er, les gérants des établissements mentionnés au I organisent l'accueil du public dans les conditions suivantes :
1° Les personnes accueillies ont une place assise ;
2° Une même table ne peut regrouper que des personnes venant ensemble ou ayant réservé ensemble, dans la limite de dix personnes ;
3° Une distance minimale d'un mètre est garantie entre les tables occupées par chaque personne ou groupe de personnes venant ensemble ou ayant réservé ensemble, sauf si une paroi fixe ou amovible assure une séparation physique.
III. - Portent un masque de protection :
1° Le personnel des établissements ;
2° Les personnes accueillies de onze ans ou plus lors de leurs déplacements au sein de l'établissement.

Article 40 EUS
Dans les territoires où l'état d'urgence sanitaire est en vigueur, l'accueil du public dans les établissements mentionnés au I de l'article 40 est organisé dans les conditions des II et III de ce même article et il est limité :
1° Aux terrasses extérieures et aux espaces de plein air ;
2° Aux activités de livraison et de vente à emporter ;
3° Au room service des restaurants d'hôtels ;
4° À la restauration collective sous contrat.

Article 41

I. - Dans les territoires sortis de l'état d'urgence sanitaire, les établissements suivants mentionnés au livre III du code du tourisme ne peuvent accueillir de public que dans le respect des dispositions du présent titre :

1° Les auberges collectives ;

2° Les résidences de tourisme ;

3° Les villages résidentiels de tourisme ;

4° Les villages de vacances et maisons familiales de vacances ;

5° Les terrains de camping et de caravanage.

II. - Les espaces collectifs des établissements mentionnés au I qui constituent des établissements recevant du public accueillent du public dans le respect des dispositions qui leur sont applicables et des règles fixées par le présent décret.

Article 41 EUS

I. - Dans les territoires où l'état d'urgence sanitaire est en vigueur, sauf lorsqu'ils constituent pour les personnes qui y vivent un domicile régulier, les établissements mentionnés au I de l'article 41 ne peuvent accueillir de public.

Par dérogation, les établissements mentionnés au 1° à 4° du I de l'article 41 peuvent accueillir des personnes pour l'exécution de mesures de quarantaine et d'isolement mises en œuvre sur prescription médicale ou décidées par le préfet dans le cadre de la lutte contre l'épidémie de COVID-19.

II. - Dans les mêmes territoires, les établissements thermaux mentionnés à l'article R. 1322-52 du code de la santé publique ne peuvent recevoir du public.

Chapitre 4 : Sports

Article 42

I. - Dans les territoires sortis de l'état d'urgence sanitaire, les établissements recevant du public relevant des types suivants définis par le règlement pris en application de l'article R. 123-12 du code de la construction et de l'habitation ne peuvent accueillir du public que dans le respect des dispositions du présent titre :

1° Établissements de type X : Établissements sportifs couverts ;

2° Établissements de type PA : Établissements de plein air.

II. - Les stades et les hippodromes ne peuvent accueillir de public que dans le respect des conditions suivantes :

1° Lorsque les personnes accueillies ont une place assise ;

2° Une distance minimale d'un siège est laissée entre les sièges occupés par chaque personne ou chaque groupe de moins de dix personnes venant ensemble ou ayant réservé ensemble ;

3° L'accès aux espaces permettant des regroupements est interdit, sauf s'ils sont aménagés de manière à garantir le respect des dispositions de l'article 1er.

Les dispositions du présent II ne s'appliquent pas aux pratiquants et aux personnes nécessaires à l'organisation de la pratique d'activités physiques et sportives.

Article 42 EUS

Dans les territoires où l'état d'urgence sanitaire est en vigueur, les établissements recevant du public relevant des types suivants définis par le règlement pris en application de l'article R. 123-12 du code de la construction et de l'habitation ne peuvent accueillir de public :
1° Établissements de type X : Établissements sportifs couverts ;
2° Établissements de type PA : Établissements de plein air.

Article 43 EUS

I. - Dans les territoires où l'état d'urgence sanitaire est en vigueur, les établissements d'activité physiques et sportives relevant des articles L. 322-1 et L. 322-2 du code du sport sont fermés, sous réserve des dérogations suivantes :
1° Dans le respect des dispositions de l'article 3, ils peuvent organiser la pratique d'activités physiques et sportives de plein air ainsi que de pêche en eau douce, à l'exception :

- des sports collectifs ;
- des sports de combat ;
- des activités aquatiques pratiquées dans les piscines au sens de l'article D. 1332-1 du code de la santé publique.

Ces établissements peuvent utiliser les équipements des établissements de type PA mentionnés au 2° de l'article 42 EUS.
2° Les sportifs inscrits sur les listes mentionnées à l'article L. 221-2 du code du sport et les sportifs professionnels mentionnés au 1° de l'article L. 222-2 du même code peuvent pratiquer des activités physiques et sportives au sein des équipements sportifs des établissements relevant des types X et PA, à l'exception de la pratique compétitive des sports collectifs et de combat ;
3° Les piscines des établissements relevant des types X et PA peuvent accueillir l'organisation des épreuves pratiques des examens conduisant à l'obtention d'un diplôme conférant le titre de maître-nageur sauveteur ou à l'obtention du brevet national de sécurité et de sauvetage aquatique et les formations continues mentionnées à l'article R. 212-1 du code du sport ;
4° Les établissements mentionnés au I de l'article 42 EUS peuvent également accueillir les enfants scolarisés et ceux bénéficiant d'un mode d'accueil en application de l'article L. 227-4 du code de l'action sociale et des familles peuvent également pratiquer des activités physiques et sportives, à l'exception de celles mentionnées aux a, b et c du 1° du présent I, au sein des équipements sportifs des établissements relevant du type X.
II. - Dans les mêmes territoires, les activités mentionnées au présent article ne peuvent donner lieu à des regroupements de plus de dix personnes, sauf pour les activités destinées aux sportifs inscrits sur les listes mentionnées à l'article L. 221-2 du code du sport, aux sportifs professionnels mentionnés au 1° de l'article L. 222-2 du même code, aux enfants scolarisés, à ceux bénéficiant d'un mode d'accueil en application de l'article L. 227-4 du code de l'action sociale et des familles et pour l'organisation des épreuves pratiques des examens conduisant à l'obtention d'un diplôme conférant le titre de maître-nageur sauveteur ou à l'obtention du brevet national de sécurité et de sauvetage aquatique et les formations continues mentionnées à l'article R. 212-1 du code du sport.

Dans les établissements de type PA, les dispositions du I de l'article 3 ne font pas obstacle à ce que, pour l'organisation des activités physiques et sportives autorisées par le présent article, ces établissements reçoivent un nombre de personnes supérieur, dans le respect des dispositions qui leur sont applicables et dans des conditions de nature à prévenir tout regroupement de plus de dix personnes.

Article 44

Modifié par Décret n° 2020-1035 du 13 août 2020 - art. 1 (V)

I. - Dans tous les établissements qui ne sont pas fermés en application du présent chapitre, les activités physiques et sportives se déroulent dans des conditions de nature à permettre le respect d'une distanciation physique de deux mètres, sauf lorsque, par sa nature même, l'activité ne le permet pas.

II. - Sauf pour la pratique d'activités sportives, le port du masque est obligatoire dans les établissements mentionnés au présent article.

Chapitre 5 : Espaces divers, culture et loisirs

Article 45

I. - Les établissements suivants recevant du public relevant du type P défini par le règlement pris en application de l'article R. 123-12 du code de la construction et de l'habitation ne peuvent accueillir de public : Salles de danse.

II. - Dans les territoires sortis de l'état d'urgence sanitaire, les établissements recevant du public figurant ci-après ne peuvent accueillir de public que dans les conditions prévues au présent article :

1° Établissements de type L : Salles d'auditions, de conférences, de projection, de réunions, de spectacles ou à usage multiple ;

2° Établissements de type CTS : Chapiteaux, tentes et structures ;

3° Établissements de type P : Salles de jeux ;

4° Établissements de type R : Établissements d'enseignement artistique spécialisé ; centres de vacances dans les conditions prévues au chapitre 2 du présent titre.

III. - Pour l'application de l'article 1er, les gérants des établissements mentionnés au 1° et 2° du II, organisent l'accueil du public dans les conditions suivantes :

1° Les personnes accueillies ont une place assise ;

2° Une distance minimale d'un siège est laissée entre les sièges occupés par chaque personne ou chaque groupe de moins de dix personnes venant ensemble ou ayant réservé ensemble ;

3° L'accès aux espaces permettant des regroupements est interdit, sauf s'ils sont aménagés de manière à garantir le respect de l'article 1er.

IV. - Pour l'application de l'article 1er, les gérants des établissements mentionnés au 3° du II organisent l'accueil du public dans les conditions suivantes :

1° Une distance minimale d'un siège ou d'un mètre est garantie entre chaque personne ou groupe de personne venant ensemble ou ayant réservé ensemble sauf si une paroi fixe ou amovible assure une séparation physique ;

2° L'accès aux espaces permettant des regroupements est interdit sauf s'ils sont aménagés de manière à garantir le respect de l'article 1er.

V. - Sauf pour la pratique d'activités artistiques, le port du masque est obligatoire dans les établissements autorisés à accueillir du public en application du présent article.

VI. - Les dispositions du V du présent article et du III de l'article 27 ne sont pas applicables, lorsqu'elles sont assises dans les conditions prévues aux 1° et 2° du III du présent article, aux personnes accueillies pour assister à des spectacles et projections dans les établissements mentionnés au II du présent article ainsi que dans ceux relevant des types X et PA. Toutefois, lorsque le port du masque est nécessaire eu égard à la nature des spectacles et aux comportements des spectateurs susceptibles d'en découler, l'organisateur en informe au préalable ces derniers.
Dans tous les cas, l'organisateur peut décider de rendre obligatoire le port du masque.

Article 45 EUS
Dans les territoires où l'état d'urgence sanitaire est en vigueur, les établissements recevant du public figurant ci-après ne peuvent accueillir de public :
1° Établissements de type L : Salles d'auditions, de conférences, de projection, de réunions, de spectacles ou à usage multiple, sauf pour les salles d'audience des juridictions, les salles de ventes, les accueils de jour de personnes en situation de précarité ainsi que pour les centres sociaux.
2° Établissements de type CTS : Chapiteaux, tentes et structures ;
3° Établissements de type P : Salles de jeux ;
4° Établissements de type R : Centres de vacances ; centres de loisirs sans hébergement ; établissements d'enseignement artistique spécialisé sauf pour la pratique individuelle ou en groupe de moins de quinze personnes.

Article 46
I. - Sont ouverts par l'autorité compétente dans des conditions de nature à permettre le respect et le contrôle des dispositions de l'article 1er et de l'article 3 :
1° Les parcs, jardins et autres espaces verts aménagés dans les zones urbaines ;
2° Les plages, plans d'eau et lacs ainsi que les centres d'activités nautiques.
II. - Le préfet de département peut, après avis du maire, interdire l'ouverture si les modalités et les contrôles mis en place ne sont pas de nature à garantir le respect des dispositions des articles 1er et 3.
Le préfet de département, de sa propre initiative ou sur proposition du maire, peut, en fonction des circonstances locales, décider de rendre obligatoire le port du masque de protection.
III. - L'autorité compétente informe les utilisateurs de ces lieux par affichage des mesures d'hygiène et de distanciation.

Chapitre 6 : Cultes
Article 47
I. - Les établissements de culte relevant du type V défini par le règlement pris en application de l'article R. 123-12 du code de la construction et de l'habitation sont autorisés à recevoir du public dans le respect des dispositions qui leur sont applicables et dans des conditions de nature à permettre le respect des dispositions de l'article 1er.
Toutefois, les personnes appartenant à un même foyer ou venant ensemble dans la limite de dix personnes ne sont pas tenues de respecter une distanciation physique d'un mètre entre elles dans ces établissements.

II. - Toute personne de onze ans ou plus qui accède ou demeure dans ces établissements porte un masque de protection.
L'obligation du port du masque ne fait pas obstacle à ce que celui-ci soit momentanément retiré pour l'accomplissement des rites qui le nécessitent.
III. - Le gestionnaire du lieu de culte s'assure à tout moment, et en particulier lors de l'entrée et de la sortie de l'édifice, du respect des dispositions mentionnées au présent article.
IV. - Le préfet de département peut, après mise en demeure restée sans suite, interdire l'accueil du public dans les établissements de culte si les conditions de leur organisation ainsi que les contrôles mis en place ne sont pas de nature à garantir le respect des dispositions mentionnées au présent article.

TITRE 5 : DISPOSITIONS PORTANT RÉQUISITION

Article 48

I. - Le préfet de département est habilité, si l'afflux de patients ou de victimes ou la situation sanitaire le justifie, à ordonner, par des mesures générales ou individuelles, la réquisition nécessaire de tout établissement de santé ou établissement médico-social ainsi que de tout bien, service ou personne nécessaire au fonctionnement de ces établissements, notamment des professionnels de santé.
II. - Dans la mesure nécessaire à l'acheminement de produits de santé et d'équipements de protection individuelle nécessaires pour faire face à la crise sanitaire, sont réquisitionnés, sur décision du ministre chargé de la Santé, les aéronefs civils et les personnes nécessaires à leur fonctionnement.
III. - Lorsqu'une telle mesure est nécessaire pour répondre aux besoins d'hébergement ou d'entreposage résultant de la crise sanitaire, le préfet de département est habilité à procéder à la réquisition des établissements mentionnés par le règlement pris en application de l'article R. 123-12 du code de la construction et de l'habitation, à l'exception de ceux relevant des types suivants :

- N : Restaurants et débits de boissons ;
- V : Établissements de cultes ;
- EF : Établissements flottants ;
- REF : Refuges de montagne.

IV. - Lorsque cela est nécessaire pour répondre aux besoins de mise en quarantaine ou de placement et maintien à l'isolement dans l'un des lieux d'hébergement adaptés mentionnés à l'article 25 du présent décret, le préfet de département est habilité à procéder à la réquisition de tous biens, services ou personnes nécessaires au transport de personnes vers ces lieux d'hébergement.
V. - Le préfet de département est habilité, si l'afflux de patients ou de victimes ou la situation sanitaire le justifie, à ordonner, par des mesures générales ou individuelles, la réquisition de tout bien, service ou personne nécessaire au fonctionnement des agences régionales de santé ainsi que des agences chargées, au niveau national, de la protection de la santé publique, notamment l'Agence nationale du médicament et des produits de santé et l'Agence nationale de santé publique.
VI. - Lorsque les laboratoires de biologie médicale ne sont pas en mesure d'effectuer l'examen de détection du génome du SARS-CoV-2 par RT PCR inscrit à la nomenclature des actes de biologie médicale ou d'en réaliser en nombre suffisant pour faire face à la crise sanitaire, le

préfet de département est habilité à ordonner, par des mesures générales ou individuelles, soit la réquisition des autres laboratoires autorisés à réaliser cet examen ainsi que les équipements et personnels nécessaires à leur fonctionnement, soit la réquisition des équipements et des personnels de ces mêmes laboratoires nécessaires au fonctionnement des laboratoires de biologie médicale qui réalisent cet examen.
VII. - Les I et VI du présent article sont applicables sur l'ensemble du territoire de la République. Le II est applicable à Wallis-et-Futuna.

Article 49

Modifié par Décret n° 2020-911 du 27 juillet 2020 - art. 1 (V)
I. - Afin de garantir la disponibilité des médicaments dont la liste figure en annexe IV du présent décret :
1° Leur achat est assuré par l'État ou, pour son compte, à la demande du ministre chargé de la Santé, par l'Agence nationale de santé publique ; à compter du 1er août 2020, l'achat est décidé par le ministre chargé de la Santé sur proposition de l'Agence nationale de sécurité du médicament et des produits de santé ; la liste des médicaments concernés est publiée sur le site internet du ministère chargé de la Santé ;
2° L'État est substitué aux établissements de santé jusqu'au 31 juillet 2020 pour les contrats d'achats qui n'ont pas encore donné lieu à une livraison ;
3° La répartition de l'ensemble des stocks entre établissements de santé est assurée par le ministre chargé de la santé sur proposition de l'Agence nationale de sécurité du médicament et des produits de santé qui tient compte, pour chaque établissement, de l'état de ses stocks, du niveau d'activité, notamment en réanimation, ainsi que des propositions d'allocation des agences régionales de santé.
II. - Pour l'application du présent article, les hôpitaux des armées, l'Institution nationale des Invalides, les structures médicales opérationnelles relevant du ministre de la Défense déployées dans le cadre de l'état d'urgence sanitaire, les services départementaux d'incendie et de secours mentionnés à l'article R. 1424-1 du code général des collectivités territoriales, le bataillon de marins-pompiers de Marseille mentionné à l'article R. 2513-5 du même code et la brigade de sapeurs-pompiers de Paris mentionnée à l'article R. 1321-19 du code de la défense sont assimilés à des établissements de santé.
Par dérogation au I, l'établissement de ravitaillement sanitaire du service de santé des armées mentionné au 13° de l'article R. 5124-2 du code de la santé publique peut acheter, détenir et distribuer les médicaments nécessaires pour répondre aux besoins spécifiques de la défense.

TITRE 6 : DISPOSITIONS RELATIVES AUX MESURES PERMETTANT DE FAIRE FACE À UNE REPRISE DE LA CIRCULATION DU VIRUS

Article 50

Modifié par Décret n° 2020-1035 du 13 août 2020 - art. 1 (V)
Le préfet de département peut, dans les zones de circulation active du virus mentionnée à l'article 4 et aux seules fins de lutter contre la propagation du virus, prendre les mesures définies par les dispositions suivantes :
I. - A. - Interdire les déplacements de personnes conduisant à la fois à sortir d'un périmètre défini par un rayon de 100 kilomètres de leur lieu de résidence et à sortir du département dans lequel ce dernier est situé, à l'exception des déplacements pour les motifs suivants :

1° Trajets entre le lieu de résidence et le ou les lieux d'exercice de l'activité professionnelle, et déplacements professionnels insusceptibles d'être différés ;
2° Trajets entre le lieu de résidence et l'établissement scolaire effectué par une personne qui y est scolarisée ou qui accompagne une personne scolarisée et trajets nécessaires pour se rendre à des examens ou des concours ;
3° Déplacements pour consultation de santé et soins spécialisés ne pouvant être assurés à distance ou à proximité du domicile ;
4° Déplacements pour motif familial impérieux, pour l'assistance des personnes vulnérables, pour le répit et l'accompagnement des personnes handicapées et pour la garde d'enfants ;
5° Déplacements résultant d'une obligation de présentation aux services de police ou de gendarmerie nationales ou à tout autre service ou professionnel, imposée par l'autorité de police administrative ou l'autorité judiciaire ;
6° Déplacements résultant d'une convocation émanant d'une juridiction administrative ou de l'autorité judiciaire ;
7° Déplacements aux seules fins de participer à des missions d'intérêt général sur demande de l'autorité administrative et dans les conditions qu'elle précise ;
8° Déplacements liés à un déménagement résultant d'un changement de domicile et déplacements indispensables à l'acquisition ou à la location d'un bien immobilier, insusceptibles d'être différés.
B. - Le préfet de département est habilité à adopter des conditions de déplacement plus restrictives à l'intérieur d'un département lorsque les circonstances locales l'exigent.
C. - Prévoir que les personnes souhaitant bénéficier de l'une des exceptions mentionnées au présent I se munissent, lors de leurs déplacements hors de leur domicile, d'un document leur permettant de justifier que le déplacement considéré entre dans le champ de l'une de ces exceptions.
I. - A. - Interdire ou réglementer l'accueil du public dans les établissements recevant du public relevant des types d'établissements définis par le règlement pris en application de l'article R. 123-12 du code de la construction et de l'habitation figurant ci-après :

- établissements de type L : Salles d'auditions, de conférences, de réunions, de spectacles ou à usage multiple sauf pour les salles d'audience des juridictions ;
- établissements de type M : Magasins de vente et centres commerciaux, sauf pour leurs activités de livraison et de retraits de commandes ;
- établissements de type N : Restaurants et débits de boissons, sauf pour leurs activités de livraison et de vente à emporter, le room service des restaurants et bars d'hôtels et la restauration collective sous contrat ;
- établissements de type P : Salles de danse et salles de jeux ;
- établissements de type S : Bibliothèques, centres de documentation ;
- établissements de type T : Salles d'expositions ;
- établissements de type X : Établissements sportifs couverts ;
- établissements de type Y : Musées ;
- établissements de type CTS : Chapiteaux, tentes et structures ;
- établissements de type PA : Établissements de plein air ;
- établissements de type R : Établissements d'éveil, d'enseignement, de formation, centres de vacances, centres de loisirs sans hébergement.

Les établissements relevant du présent A peuvent toutefois continuer à recevoir du public pour les activités figurant en annexe 5.
B. - Interdire la tenue des marchés, couverts ou non et quel qu'en soit l'objet. Toutefois, le préfet de département peut, après avis du maire, accorder une autorisation d'ouverture des marchés alimentaires qui répondent à un besoin d'approvisionnement de la population si les conditions de leur organisation ainsi que les contrôles mis en place sont propres à garantir le respect des dispositions des articles 1er et 3.
C. - Interdire, réglementer ou restreindre les rassemblements ou réunions au sein des établissements de culte à l'exception des cérémonies funéraires par des mesures strictement proportionnées aux risques sanitaires encourus et appropriées aux circonstances de temps et de lieu.
D. - Fermer les établissements mentionnés aux articles L. 322-1 et L. 322-2 du code du sport.
E. - Interdire ou restreindre toute autre activité dans les établissements recevant du public ou dans les lieux publics participant particulièrement à la propagation du virus.
III. - Suspendre les activités suivantes :
1° L'accueil des usagers des structures mentionnées aux articles L. 214-1, L. 227-4 et, lorsque des agréments ont été délivrés pour l'accueil de plus de dix enfants, L. 424-1 du code de l'action sociale et des familles, à l'exception des structures attachées à des établissements de santé, sociaux ou médico-sociaux et de celles mentionnées au 4° de l'article R. 2324-17 du code de la santé publique ;
2° L'accueil des usagers des établissements d'enseignement scolaire relevant du livre IV du code de l'éducation, à l'exception de ceux de son titre V, ainsi que l'accueil des usagers des services d'hébergement, d'accueil et d'activités périscolaires qui y sont associés ;
3° L'accueil des usagers des activités de formation des établissements d'enseignement supérieur mentionnés aux livres IV et VII du même code ;
4° La tenue des concours et examens nationaux de l'enseignement public et privé et des épreuves concourant au recrutement, à l'avancement et à la promotion des fonctionnaires et magistrats dans les établissements relevant des 1°, 2° et 3° ainsi qu'en tout autre lieu.
La suspension des activités mentionnées aux 2° et 3° intervient après avis de l'autorité académique. Toutefois, un accueil reste assuré par les établissements et services mentionnés aux 1° et 2°, dans des conditions de nature à prévenir le risque de propagation du virus, pour les enfants de moins de seize ans des personnels indispensables à la gestion de la crise sanitaire et à la continuité de la vie de la nation. Les usagers et leurs représentants légaux peuvent être accueillis à titre individuel dans les établissements mentionnés aux 2° et 3°. Les prestations d'hébergement mentionnées au 2° sont en outre maintenues pour les usagers qui sont dans l'incapacité de rejoindre leur domicile.

Article 50 EUS

Dans les territoires où l'état d'urgence sanitaire est en vigueur, le préfet de département peut, lorsque l'évolution de la situation sanitaire le justifie et aux seules fins de lutter contre la propagation du virus, prendre les mesures mentionnées à l'article 50 et interdire les déplacements de personnes hors de leur lieu de résidence à l'exception des déplacements pour les motifs suivants en évitant tout regroupement de personnes :
1° Trajets entre le lieu de résidence et le ou les lieux d'exercice de l'activité professionnelle et déplacements professionnels insusceptibles d'être différés ;

2° Déplacements pour effectuer des achats de fournitures nécessaires à l'activité professionnelle et des achats de première nécessité dans des établissements dont les activités sont mentionnées à l'annexe 5 ;
3° Déplacements pour motifs de santé à l'exception des consultations et soins pouvant être assurés à distance et, sauf pour les patients atteints d'une affection de longue durée, de ceux qui peuvent être différés ;
4° Déplacements pour motif familial impérieux, pour l'assistance des personnes vulnérables et pour la garde d'enfants ;
5° Déplacements brefs, dans la limite d'une heure quotidienne et dans un rayon maximal d'un kilomètre autour du domicile, liés soit à l'activité physique individuelle des personnes, à l'exclusion de toute pratique sportive collective et de toute proximité avec d'autres personnes, soit à la promenade avec les seules personnes regroupées dans un même domicile, soit aux besoins des animaux de compagnie ;
6° Déplacements résultant d'une obligation de présentation aux services de police ou de gendarmerie nationales ou à tout autre service ou professionnel, imposée par l'autorité de police administrative ou l'autorité judiciaire ;
7° Déplacements résultant d'une convocation émanant d'une juridiction administrative ou de l'autorité judiciaire ;
8° Déplacements aux seules fins de participer à des missions d'intérêt général sur demande de l'autorité administrative et dans les conditions qu'elle précise ou pour se rendre à des examens ou des concours.

TITRE 7 : DISPOSITIONS TRANSITOIRES ET FINALES

Article 51

I. - Pour l'application du présent décret en Nouvelle-Calédonie et en Polynésie française :
1° Les mots : « le préfet de département » sont remplacés par les mots : « le haut-commissaire de la République » ;
2° La référence aux types d'établissements recevant du public est remplacée par la référence aux types équivalents d'établissements selon la réglementation applicable localement.
II. - Pour l'application du présent décret à Wallis-et-Futuna, les mots : « le préfet de département » sont remplacés par les mots : « l'administrateur supérieur des îles Wallis-et-Futuna ».

2. Corrigé

Préfecture de X
Cabinet
Direction des sécurités
Affaire suivie par X, le X

Note à l'attention de Madame la directrice de cabinet
S/C de la directrice des sécurités

Objet : Doctrine d'utilisation des masques dans le cadre de la crise sanitaire COVID-19
Référence : Commande de la directrice des sécurités
Annexes :

- Annexe 1 : Fiche de procédure en vue de la rédaction d'un arrêté imposant le port du masque dans des zones non couvertes par les dispositions nationales
- Annexe 2 : Communiqué de presse relatif au port du masque dans certains lieux publics du département

La sortie, le 11 mai dernier, d'un confinement dicté par une crise sanitaire, sans précédent, provoquée par la COVID-19, a impliqué l'instauration de règles sanitaires prises en application notamment des analyses et conclusions du Haut Conseil de santé publique, et des recommandations de l'Organisation mondiale de la santé.
Toutefois, face à la dégradation de la situation sanitaire et l'augmentation des cas testés positifs à la COVID-19, conséquence de la reprise des activités et d'un relâchement dans l'observation stricte des mesures barrières, des dispositions complétant celles édictées au niveau national peuvent être prises par le représentant de l'État dans le département.
C'est dans cette optique que vous avez souhaité disposer, en amont de la prise d'un arrêté imposant le port du masque, d'éléments relatifs à la doctrine du port du masque tant dans les espaces publics clos (I) que dans certains lieux publics non fermés (II).

I. Le port du masque dans les lieux publics clos

Conformément aux déclarations du président de la République et du Premier ministre, le décret du 17 juillet 2020, modifiant le décret du 10 juillet 2020, a étendu le port du masque, outre les transports de passagers, aux lieux publics clos.
Ainsi, le port du masque devient obligatoire dans les établissements recevant du public pour toute personne âgée de 11 ans et plus.
Le décret établit la liste des établissements frappés par cette obligation. Il s'agit notamment des :

- établissements de type L : salles d'auditions, de conférences, de réunions, de spectacles ou à usage multiple y compris les salles de spectacle et les cinémas ;
- établissements de type X : établissements sportifs couverts ;
- établissements de type PA : établissements de plein air ;
- établissements de type CTS : chapiteaux, tentes et structures toile ;
- établissements de type V : établissements de divers cultes ;

- établissements de type Y : musées ;
- établissements de type S : bibliothèques, centres de documentation ;
- établissements de type O : hôtels et autres établissements d'hébergement, s'agissant de leur espace permettant des regroupements ;
- établissements de type R : établissements d'éveil, d'enseignement, de formation, centres de vacances, centres de loisirs sans hébergement ;
- établissements de type N : restaurants et débits de boissons, notamment lors des déplacements au sein de ces établissements ;
- établissements de type M : magasins de vente et centres commerciaux ;
- établissements de type W : administrations et banques.

Il importe de préciser que cette obligation affecte également les gares routières et maritimes, les aéroports ainsi que les marchés couverts.

Concernant les administrations, relevant des établissements type W, il est à noter que le port du masque est désormais obligatoire dans les espaces accessibles au public. Aussi, tout agent se trouvant dans les espaces susceptibles d'accueillir le public est tenu au port du masque de protection, même si son activité habituelle n'est pas de nature à le soumettre au contact du public (ex : un agent de passage dans le hall d'accueil).

S'agissant des usagers se présentant aux services d'accueil du public, il devra leur être indiqué par tout moyen que, lors de leurs démarches administratives, le port du masque de protection est de rigueur. Si toutefois des usagers se présentent sans masque de protection, l'administration peut les doter de masques jetables, issus des stocks de Santé publique France.

II. Le port du masque dans l'espace public ouvert

L'accélération de la circulation virale et le relâchement dans le respect des gestes barrières ont conduit le gouvernement à prendre le décret du 30 juillet 2020, prévoyant pour les préfets la possibilité de rendre obligatoire le port du masque de protection dans l'espace public extérieur, lorsque les circonstances locales l'exigent.

Cette éventuelle obligation constitue une mesure restrictive des libertés publiques, elle doit être appropriée, adaptée et proportionnée.

L'obligation du port du masque dans l'espace public extérieur doit être fondée sur des circonstances locales précises, et ne doit nullement viser sa généralisation à l'échelle du territoire du département dans son ensemble, le décret n'ayant pas envisagé cela sauf circonstances exceptionnelles qui le justifieraient.

Par ailleurs, la durée de l'obligation doit être en phase avec la situation épidémique, requérant une telle obligation.

Il importe de préciser, par ailleurs, que cette prérogative revenant au préfet en vertu du décret du 30 juillet 2020 s'inscrit dans le cadre de la police spéciale du préfet.

Par conséquent, le maire se trouve dessaisi de son pouvoir de police générale, dès lors qu'il porte sur le même objet, à savoir l'obligation du port du masque de protection dans l'espace public extérieur.

Néanmoins, il serait de bonne administration que les préfets se concertent avec les élus locaux, en premier lieu les maires des communes dont certains espaces publics ouverts seraient visés par l'obligation du port du masque de protection.

En outre, recourir à cette mesure de police spéciale implique une concertation étroite avec l'agence régionale de santé (la délégation départementale de l'agence régionale de santé dans notre cas) afin de déterminer le niveau de risque sanitaire et les périmètres pertinents de son application.
Enfin, il convient de retenir que le décret du 10 juillet 2020 a prévu une dérogation à l'obligation du port du masque pour les personnes en situation de handicap, munies d'un certificat médical le justifiant et qui mettent, néanmoins, en œuvre les mesures sanitaires de nature à prévenir la propagation du virus.

En regard de ce qui précède et en vertu des pouvoirs qui vous sont conférés par le décret du 30 juillet 2020, je vous prie de trouver en annexe à cette note le projet d'arrêté rendant le port du masque obligatoire dans certains lieux publics ouverts du département, ainsi qu'un projet de communiqué visant à informer le public des restrictions édictées par l'arrêté à venir.

Annexe 1 : Fiche de procédure

Fiche de procédure en vue de la rédaction d'un arrêté portant obligation de port du masque dans certains lieux publics ouverts, dans le cadre de la lutte contre l'épidémie COVID-19.

Le décret du 30 juillet 2020, attribue au préfet le pouvoir de rendre obligatoire le port du masque dans des lieux publics, notamment ouverts, lorsque cette obligation n'a pas été prévue par le décret du 10 juillet 2020.
La décision du préfet prendra la forme d'un arrêté préfectoral qui s'articulera autour des étapes décrites ci-après :

Étapes	Propositions
Intitulé :	Arrêté portant obligation de port du masque dans certains lieux publics ouverts, dans le cadre de la lutte contre l'épidémie COVID-19.
Visas des textes généraux : Il convient de viser les textes qui servent de fondement juridique à la décision prise par le préfet pour imposer l'obligation du port du masque dans des lieux publics non couverts :	• La loi n° 2020-856 du 9 juillet 2020 organisant la sortie de l'état d'urgence sanitaire. • Le décret n° 2004-374 du 29 avril 2004 relatif aux pouvoirs des préfets, à l'organisation et à l'action des services de l'État dans les régions et départements. • Le décret n° 2020-860 du 10 juillet 2020 prescrivant les mesures générales nécessaires pour faire face à l'épidémie de COVID-19 dans les territoires sortis de l'état d'urgence sanitaire et dans ceux où il a été prorogé.

Visas des consultations : Les consultations menées, notamment auprès des élus locaux et des autorités sanitaires, en amont de la prise de l'arrêté seront visées :	• Le rapport en date du X du délégué départemental de l'agence régionale de santé de X, portant propositions de mesures de prévention contre la propagation de la COVID-19 dans le département. • Les avis des maires des communes concernées par les lieux publics ouverts, objet de l'obligation du port du masque de protection.
Considérants : Il s'agit de rappeler les motivations qui président à la décision de rendre obligatoire le port du masque de protection dans les lieux publics visés. S'agissant d'un arrêté qui est de nature à restreindre les libertés individuelles, les considérants portant motivation de la décision s'imposent :	• Les préconisations de l'Organisation mondiale de la santé pour lutter contre la COVID-19, qualifiée d'urgence de santé publique de portée internationale. • Le caractère pathogène et contagieux de la COVID-19 ; • La circulation de la COVID-19 est très active dans le département, notamment dans des espaces publics extérieurs. • Le port du masque de protection est de nature à limiter la circulation du virus dans ces espaces publics extérieurs, marqués par une forte fréquentation.
Le dispositif : Il s'agit du contenu de l'arrêté, ses effets et les conditions de son exécution. Il sera composé de quatre articles :	Article 1er : À compter du X, à 8 heures, et pour une durée d'un mois, le port du masque de protection est obligatoire pour toutes les personnes âgées de onze ans et plus dans les espaces publics extérieurs suivants : • les parcs publics du département ; • les marchés publics de plein air du département ; • les brocantes et les vide-greniers tenus sur l'ensemble du territoire du département. Article 2 : L'obligation du port du masque prévue à l'article 1er du présent arrêté ne s'applique pas aux personnes en situation de handicap munies d'un certificat médical justifiant de cette dérogation et qui mettent en œuvre les mesures sanitaires de nature à prévenir la propagation du virus. Article 3 : Les dispositions du présent arrêté font l'objet d'une évaluation régulière. Article 4 : Le directeur de cabinet, le délégué départemental de l'agence régionale de santé de X, les maires des communes concernés sont chargés, chacun en ce qui le concerne, de l'exécution du présent arrêté qui sera publié au recueil des actes administratifs de la préfecture de X.
Éléments obligatoires à la validation de l'arrêté :	L'arrêté sera daté et signé par le préfet.

Annexe 2 : Communiqué de presse

Communiqué de presse

COVID-19 : renforcement des mesures barrières, port du masque obligatoire dans certains lieux publics ouverts, du département.

Compte tenu de la persistance d'une situation sanitaire plaçant le département, notamment certains lieux publics ouverts, en vulnérabilité avancée en regard de la COVID-19, le renforcement des mesures barrières s'impose à tous.
Aussi, après concertation avec les autorités sanitaires et les maires des communes concernées, Monsieur le préfet a décidé, par arrêté préfectoral, de rendre obligatoire le port du masque dans les lieux publics ouverts ci-après :
- les parcs publics ;
- les marchés publics de plein air ;
- les brocantes et les vide-greniers.

Cette mesure entre en vigueur le X à partir de 8 heures, pour une durée d'un mois.
Toute personne de onze ans et plus est appelée au strict respect de cette obligation.
Il est rappelé, par ailleurs, à tous que lutter ensemble contre la COVID-19, c'est :
- respecter une distance d'au moins un mètre avec les autres ;
- se laver régulièrement les mains ;
- tousser et éternuer dans son coude ou dans un mouchoir
- utiliser un mouchoir unique et le jeter ;
- saluer sans se serrer la main, éviter les embrassades.

PARTIE V

Sujet de cas pratique : annales de mars 2020

4 heures
Coefficient 5

1 Sujet

Le sujet corrigé ci-après est celui de l'épreuve supprimée le 18 mars 2020

Extrait de l'arrêté du 28 mars 2019 fixant les règles d'organisation générale, la nature, la durée, le programme des épreuves et la discipline des concours d'entrée aux IRA (art. 2) :

> *La 1re épreuve écrite d'admissibilité consiste en la résolution d'un cas pratique, à partir d'un dossier portant sur un ou plusieurs thèmes d'actualité des politiques publiques relevant de l'État. Cette épreuve vise à vérifier les qualités rédactionnelles des candidats, leur capacité d'analyse et de synthèse ainsi que leur aptitude à proposer des solutions de manière argumentée et organisée.*
> *La résolution du cas pratique prend la forme d'une note argumentée visant notamment à introduire les propositions de solution pratique du candidat. Ces propositions prennent la forme de documents annexes opérationnels de son choix (rédaction d'un courrier, fiche de procédure, projet de courriel, rétroplanning, organigramme, outil de communication, etc.). L'argumentaire utilisé par le candidat peut faire référence aux acquis de son parcours académique et professionnel. [...]*

N.B. Avant de commencer la lecture du dossier, il vous est recommandé d'en vérifier la composition et, le cas échéant, de signaler immédiatement aux surveillants toute anomalie (page manquante, document illisible...).
Il est interdit aux candidats de signer leur composition ou d'y mettre un signe quelconque pouvant indiquer la provenance de la copie.
Les feuilles de brouillon insérées dans les copies ne seront pas corrigées.

1. Résolution d'un cas pratique

Créée par la loi portant évolution du logement, de l'aménagement et du numérique (ELAN) du 23 novembre 2018, l'opération de revitalisation territoriale (ORT) est un outil nouveau à disposition des collectivités locales pour porter et mettre en œuvre un projet de territoire dans les domaines urbain, économique et social, pour lutter prioritairement contre la dévitalisation des centres-villes. Ce dispositif doit favoriser une mobilisation partenariale des collectivités, de l'État et de ses opérateurs, autour de priorités collectives en matière de vitalité du tissu commercial de proximité, d'adaptation et d'amélioration de l'offre de logements, de requalification des espaces publics et de valorisation du patrimoine bâti, de développement de l'accessibilité en ville et des liaisons entre le centre-ville et la périphérie.
La ministre de la Cohésion des territoires et des Relations avec les collectivités territoriales et le ministre chargé de la Ville et du Logement ont adressé une circulaire conjointe appelant les préfets à se mobiliser pour que les élus se saisissent de ce nouveau dispositif.
Le président de la communauté d'agglomération XYZ avec lequel le préfet s'est entretenu tout récemment, s'est montré volontaire pour une démarche de préfiguration d'une opération de revitalisation de territoire sur son intercommunalité. La communauté d'agglomération est formée de 30 communes dont certaines sont fortement urbanisées quand d'autres sont qualifiées de communes rurales. Le périmètre de l'intercommunalité épouse le territoire de 6 cantons. Deux communes bénéficient déjà du dispositif Action cœur de ville.
Le préfet et le président XYZ ont, ensemble, convenu d'organiser une réunion de présentation de ce nouveau dispositif et du processus d'élaboration qui pourrait être proposé aux élus à l'occasion de la prochaine réunion du bureau communautaire prévue dans deux mois.
Vous êtes chargé de mission « aménagement du territoire » à la préfecture. À ce titre, le préfet vous désigne en qualité de référent ORT. Il vous confie la préparation de cette réunion stratégique à laquelle il souhaite également associer les services de l'État et les opérateurs compétents. Il souhaite une réunion dynamique et qui permette d'engager la démarche au plus vite.
Il vous demande d'élaborer une note synthétique présentant concrètement le dispositif, les étapes d'élaboration d'une ORT et précisant le mode opératoire que vous proposerez de mettre en œuvre depuis le lancement de la démarche jusqu'à la signature de la convention ORT entre la collectivité, la ville centre, l'État et les partenaires.
Vous joindrez donc à votre note, selon votre choix, deux des quatre documents opérationnels indiqués ci-dessous qui viendront à l'appui de vos propositions.
1) Le tableau des opérateurs et partenaires à associer : vous présenterez, sous cette forme, la liste des opérateurs et partenaires devant être associés à la démarche en indiquant de manière synthétique les contributions pouvant être attendues d'eux dans le cadre des travaux d'élaboration du projet d'ORT.

2) Une fiche de composition du comité de pilotage : vous formulerez, au moyen de cette fiche, votre proposition de composition du comité de pilotage de la démarche d'élaboration du projet d'ORT rassemblant l'ensemble des décideurs et partenaires.
3) Le diaporama constitué au plus de 4 diapositives qui sera présenté lors de cette réunion : il a pour objet notamment de synthétiser les éléments de présentation de l'ORT, les avantages, pour l'intercommunalité, à conclure une convention ORT, et les modalités d'élaboration du projet global.
4) Un rétroplanning présentant les étapes préparatoires à la réunion de présentation du dispositif ORT et du mode opératoire devant les élus communautaires.

2. Liste des documents

- Document 1 : Article L. 303-2 du code de la construction et de l'habitation, 2 pages
- Document 2 : Circulaire du 4 février 2019 relative à l'accompagnement par l'État des projets d'aménagement des territoires (extrait). Ministère de la Cohésion des territoires et des Relations avec les collectivités territoriales, 14 pages
- Document 3 : Une aide fiscale dans votre commune – Le dispositif Denormandie – février 2019. Ministère de la Cohésion des territoires et des Relations avec les collectivités territoriales. 1 page
- Document 4 : Foire aux questions – ORT – 29 mars 2019 (extrait). Ministère de la Cohésion des territoires et des Relations avec les collectivités territoriales, 7 pages
- Document 5 : L'opération de revitalisation de territoire (ORT) (extrait). Un outil puissant à la disposition des élus locaux pour renouer et redynamiser un centre-ville et son agglomération – février 2019. Ministère de la Cohésion des territoires et des Relations avec les collectivités territoriales, 4 pages

3. Glossaire

ACV : Action cœur de ville
AEC : Autorisation d'exploitation commerciale
AMI : Appel à manifestation d'intérêt
ANAH : Agence nationale de l'habitat
ANRU : Agence nationale pour la rénovation urbaine
CAUE : Conseil d'architecture, d'urbanisme et de l'environnement
CCH : Code de la construction et de l'habitation
CEREMA : Centre d'études et d'expertise sur les risques, l'environnement, la mobilité et l'aménagement

Sujet de cas pratique

CGET : Commissariat général à l'égalité des territoires
DEAL : Direction de l'environnement, de l'aménagement et du logement
DHUP : Direction de l'habitat, de l'urbanisme et des paysages
DIIF : Dispositif d'intervention immobilière et foncière
EPARECA : Établissement public national d'aménagement et de restructuration des espaces commerciaux et artisanaux
EPA : Établissements publics d'aménagement
EPF : Établissements publics fonciers
EPFL : Établissements publics fonciers locaux
LHI : Lutte contre l'habitat indigne
NPNRU : Nouveau programme national de renouvellement urbain
OPAH : Opérations programmées d'amélioration de l'habitat
OPAH-RU : Opérations programmées d'amélioration de l'habitat-renouvellement urbain
PIG : Programme d'intérêt général
PLU : Plan local d'urbanisme
PLUI : Plan local d'urbanisme intercommunal
PNR : Parcs naturels régionaux
PNRQAD : Programme national de requalification des quartiers anciens dégradés
POPAC : Programme opérationnel de prévention et d'accompagnement en copropriété
SCOT : Schéma de cohérence territoriale
SEM : Société d'économie mixte
SPL : Sociétés publiques locales
SPLA : Sociétés publiques locales d'aménagement
SRU : Loi solidarité et renouvellement urbain
VIR : Vente d'immeuble à rénover

» Document 1 – Article L. 303-2 du code de la construction et de l'habitation

Créé par loi n° 2018-1021 du 23 novembre 2018 - art. 157 (V)

I.- Les opérations de revitalisation de territoire ont pour objet la mise en œuvre d'un projet global de territoire destiné à adapter et moderniser le parc de logements et de locaux commerciaux et artisanaux ainsi que le tissu urbain de ce territoire pour améliorer son attractivité, lutter contre la vacance des logements et des locaux commerciaux et artisanaux ainsi que contre l'habitat indigne, réhabiliter l'immobilier de loisir, valoriser le patrimoine bâti et réhabiliter les friches urbaines, dans une perspective de mixité sociale, d'innovation et de développement durable.

Ces opérations donnent lieu à une convention entre l'État, ses établissements publics intéressés, un établissement public de coopération intercommunale à fiscalité propre et tout ou partie de ses communes membres, ainsi que toute personne publique ou tout acteur privé susceptible d'apporter un soutien ou de prendre part à la réalisation des opérations prévues par la convention.

La possibilité pour une des entités mentionnées au deuxième alinéa du présent article d'être signataire de la convention est subordonnée à la condition que cette adhésion ne soit pas susceptible de la mettre ultérieurement en situation de conflit d'intérêts.

II.- La convention définit le projet urbain, économique et social de revitalisation de territoire concerné, favorisant la mixité sociale, le développement durable, la valorisation du patrimoine et l'innovation. Elle délimite le périmètre des secteurs d'intervention, parmi lesquels figure nécessairement le centre-ville de la ville principale du territoire de l'établissement public de coopération intercommunale à fiscalité propre signataire. Ce périmètre peut également inclure un ou plusieurs centres-villes d'autres communes membres de cet établissement.

La convention précise sa durée, le calendrier, le plan de financement des actions prévues et leur répartition dans les secteurs d'intervention délimités. Elle prévoit également les conditions dans lesquelles ces actions peuvent être déléguées à des opérateurs.

Le cas échéant, une concertation publique est engagée à l'initiative de l'établissement public de coopération intercommunale à fiscalité propre concerné préalablement à la signature de la convention mentionnée au deuxième alinéa du I du présent article.

III.- Une convention d'opération de revitalisation de territoire comprend tout ou partie des actions d'amélioration de l'habitat prévues à l'article L. 303-1. Lorsqu'elle comprend l'ensemble des dispositions mentionnées aux a à e du même article L. 303-1, elle tient lieu de convention d'opération programmée d'amélioration de l'habitat au sens dudit article L. 303-1.

La convention d'opération de revitalisation de territoire prévoit également tout ou partie des actions suivantes :

1° Un dispositif d'intervention immobilière et foncière contribuant à la revalorisation des îlots d'habitat vacant ou dégradé et incluant notamment des actions d'acquisition, de travaux et de portage de lots de copropriété ;

2° Un plan de relogement et d'accompagnement social des occupants, avec pour objectif prioritaire leur maintien au sein du même quartier requalifié ;

3° L'utilisation des dispositifs coercitifs de lutte contre l'habitat indigne ;

Sujet de cas pratique

4° Des actions en faveur de la transition énergétique du territoire, notamment de l'amélioration de la performance énergétique du parc immobilier et de la végétalisation urbaine et des bâtiments ;
5° Un projet social, comportant notamment des actions en faveur de la mixité sociale et d'adaptation de l'offre de logement, de services publics et de services de santé aux personnes en perte d'autonomie ;
6° Des actions ou opérations d'aménagement, au sens de l'article L. 300-1 du code de l'urbanisme, contribuant à l'aménagement des espaces et des équipements publics de proximité et prenant en compte les problèmes d'accessibilité, de desserte des commerces et des locaux artisanaux de centre-ville et de mobilité ainsi que l'objectif de localisation des commerces en centre-ville ;
7° Des dispositifs d'intervention immobilière et foncière visant la reconversion ou la réhabilitation des sites industriels et commerciaux vacants ainsi que des sites administratifs et militaires déclassés ;
8° Des actions destinées à moderniser ou à créer des activités ou des animations économiques, commerciales, artisanales, touristiques ou culturelles, sous la responsabilité d'un opérateur ;
9° Des actions ou opérations favorisant, en particulier en centre-ville, la création, l'extension, la transformation ou la reconversion de surfaces commerciales ou artisanales, au sens de l'article L. 325-1 du même code ;
10° Un engagement de la ou des autorités compétentes en matière de plan local d'urbanisme, de document d'urbanisme en tenant lieu ou de carte communale de procéder aux modifications des documents d'urbanisme, approuvés ou en cours d'approbation, nécessaires à la mise en œuvre des plans, projets ou actions prévus par la convention. En cas de transfert de cette compétence à l'établissement public de coopération intercommunale, en application de l'avant-dernier alinéa de l'article L. 5211-17 du code général des collectivités territoriales, l'établissement public de coopération intercommunale se substitue à la ou aux communes concernées par cet engagement.
Par dérogation aux dispositions du chapitre V du titre IV du livre Ier du code de commerce, la convention peut également prévoir que, dans les centres-villes mentionnés au II du présent article :
a) Les baux relatifs à un local commercial conclus postérieurement à la signature de la convention ne peuvent porter que sur ce local dans les immeubles qui abritent à la fois un ou plusieurs locaux commerciaux ainsi que des locaux destinés à l'habitation, à l'exception des locaux destinés au fonctionnement des activités commerciales ou artisanales et du local destiné à l'habitation occupé par le commerçant ou l'artisan qui exerce son activité professionnelle en rez-de-chaussée ;
b) Sont interdits, postérieurement à la signature de la convention, les travaux qui conduisent, dans un même immeuble, à la condamnation de l'accès indépendant aux locaux ayant une destination distincte de l'activité commerciale ou artisanale.
L'opération de revitalisation de territoire peut donner lieu à l'instauration du droit de préemption urbain renforcé prévu à l'article L. 211-4 du code de l'urbanisme et à l'instauration du droit de préemption sur les fonds artisanaux, les fonds de commerce, les baux commerciaux et les terrains faisant l'objet de projets d'aménagement commercial prévu à l'article L. 214-1 du même code. Le droit de préemption prévu au même article L. 214-1 peut être délégué à l'opérateur chargé de la mise en œuvre des actions prévues aux 8° ou 9° du présent III.

Les actions prévues dans une convention de revitalisation de territoire peuvent figurer parmi les actions inscrites dans les contrats de plan prévus à l'article 11 de la loi n° 82-653 du 29 juillet 1982 portant réforme de la planification.
Un bilan annuel et une évaluation tous les cinq ans des actions entreprises dans le cadre de l'opération de revitalisation de territoire et de leurs incidences financières sont présentés aux conseils municipaux des communes et à l'organe délibérant de l'établissement public de coopération intercommunale à fiscalité propre signataires de la convention.
NOTA :
Conformément aux dispositions du IV de l'article 157 de la loi n° 2018-1021 du 23 novembre 2018, à titre expérimental et pour une durée de cinq ans à compter de la promulgation de ladite loi, la mise en œuvre des actions mentionnées dans une convention d'opération de revitalisation de territoire prévue à l'article L. 303-2 peut donner lieu, par dérogation à l'article L. 442-1 du code de l'urbanisme, à la délivrance d'un permis d'aménager portant sur des unités foncières non contiguës lorsque l'opération d'aménagement garantit l'unité architecturale et paysagère des sites concernés et s'inscrit dans le respect des orientations d'aménagement et de programmation mentionnées à l'article L. 151-7 du même code. La totalité des voies et espaces communs inclus dans le permis d'aménager peut faire l'objet d'une convention de transfert au profit de la commune ou de l'établissement public de coopération intercommunale compétent.

Document 2 – Circulaire du 4 février 2019 relative à l'accompagnement par l'État des projets d'aménagement des territoires

République française
Ministère de la Cohésion des territoires et des Relations avec les collectivités territoriales
Direction générale de l'aménagement, du logement et de la nature
Direction de l'habitat, de l'urbanisme et des paysages

NOR : LOGL1905862J
(Texte non paru au *Journal officiel*)

La ministre de la Cohésion des territoires et des Relations avec les collectivités et le ministre auprès de la ministre de la Cohésion des territoires et des Relations avec les collectivités territoriales chargé de la Ville et du Logement à,

Pour attribution Mesdames et Messieurs les préfets de région, Mesdames et Messieurs les préfets de département

Résumé : la loi n° 2018-1021 du 23 novembre 2018 portant évolution du logement, de l'aménagement et du numérique (ELAN) comprend des mesures en faveur de l'aménagement des territoires, les contrats de projet partenarial d'aménagement (PPA) et les opérations de revitalisation de territoire (ORT), qui vont permettre de dynamiser l'émergence, la conception et la mise en œuvre concrète de projets locaux et renouveler les modalités de l'accompagnement de ces projets par l'État auprès des élus.
La présente instruction a pour objet de vous exposer le contenu de ces nouveaux outils pour vous permettre d'engager rapidement le dialogue avec les collectivités concernées pour promouvoir et concrétiser ces partenariats.

Catégorie : directive adressée par le ministre aux services chargés de leur application	Domaine : Transport, équipement, logement, tourisme, mer
Type : Instruction du gouvernement et/ou ☒ Oui ☐ Non	Instruction aux services déconcentrés ☐ Oui ☒ Non
Mots-clés liste fermée : Logement_Construction_Urbanisme	Mots-clés libres : projet partenarial d'aménagement _ opération de revitalisation de territoire_opérations d'aménagement
Texte (s) de référence : article 1er et 157 de la loi n° 2018-1021	
Circulaire(s) abrogée(s) : aucune	
Date de mise en application : immédiate	
Date de publication en vue de son opposabilité : /	
Pièce(s) annexe(s) : 1	
N° d'homologation Cerfa : /	

La loi portant évolution du logement, de l'aménagement et du numérique (ELAN) a récemment été promulguée. Elle traduit un fort consensus issu du débat parlementaire pour agir concrètement au service de tous les territoires et du cadre de la vie quotidienne des Français dans les champs du logement et de l'aménagement, pour réduire les inégalités et lutter contre la fracture territoriale. Les mesures de la loi en faveur de l'aménagement opérationnel vont permettre de dynamiser l'émergence, la conception et la mise en œuvre concrète de projets de territoires et il importe de renouveler notre approche de l'accompagnement de ces projets par l'État auprès des élus locaux.

Les opérations d'aménagement permettent de produire à moyen et long termes une solution intégrée de logements, de services, de mobilité ou encore d'offres éducative et culturelle adaptées aux aspirations des territoires et aux besoins de leurs habitants. Les mesures de la loi ELAN viennent privilégier le projet à la procédure pour accélérer les délais, réduire les coûts et concevoir des projets de qualité conjuguant l'innovation et la solidarité. Elle crée notamment deux outils nouveaux, le contrat de projet partenarial d'aménagement (PPA) et l'opération de revitalisation de territoire (ORT). Ceux-ci consacrent la volonté de l'État d'être un véritable partenaire opérationnel, en appui des collectivités qui le souhaitent, en vue de construire ensemble les centres-villes, quartiers, centre-bourgs de demain. C'est l'objet de la présente instruction.

1. Le projet partenarial d'aménagement (PPA)

Le PPA, créé par l'article 1 de la loi, traduit d'abord la volonté d'une démarche partenariale, à l'initiative des collectivités territoriales, avec les partenaires locaux et l'appui de l'État, pour porter un projet de territoire et en partager le cadre contractuel. Le PPA permet ainsi de mobiliser tous les acteurs d'un projet de territoire, urbain comme rural, pour l'accélérer durablement.

Le projet urbain, objet de ce contrat, peut en outre, avec l'accord des communes, se déployer dans le cadre d'une grande opération d'urbanisme (GOU). Ce périmètre reconnu par la loi permet d'instaurer un régime juridique spécifique, propre à faciliter la mise en œuvre de certaines opérations à un niveau intercommunal, notamment pour produire des logements sur des secteurs tendus, mobiliser le foncier public, reconquérir des friches urbaines ou encore transformer des zones d'activités ou des quartiers dégradés, déroger à certaines règles applicables aux projets pour employer un dispositif innovant grâce au permis d'innover.

Au printemps dernier, vous avez recensé des opérations d'aménagement susceptibles de donner lieu à un contrat de projet partenarial d'aménagement. Il s'agissait d'anticiper le vote de la loi pour entrer en phase opérationnelle dès le vote accompli.

Nous avons accordé la plus grande attention à tous ces projets et vous demandons à présent d'engager le dialogue avec les collectivités concernées pour concrétiser ces partenariats. Vous poursuivrez également la promotion du projet partenarial d'aménagement sur vos territoires, afin de susciter et appuyer d'autres projets opérationnels des élus locaux.

Pour vous soutenir dans cette démarche, j'ai nommé Madame Sabine Baillarguet cheffe de projet ministériel référente au sein de la Direction générale de l'aménagement, du logement et de la nature. Elle mobilisera sur votre demande les expertises techniques nécessaires aux projets que vous accompagnerez. Vous pourrez la recevoir à cet effet, afin d'étudier les modalités des collaborations qui pourront être engagées au niveau local.

2. L'opération de revitalisation de territoire

L'opération de revitalisation de territoire (ORT), créée par l'article 157 de la loi ELAN, est un nouvel outil au service des territoires, dont les élus peuvent se saisir pour mettre en œuvre un projet global de revitalisation de leur centre-ville. Il est porté, *a minima*, par la commune principale et son intercommunalité. La stratégie est élaborée à partir d'un diagnostic des besoins, des potentiels et des atouts du territoire, dans une approche multisectorielle et transversale.

L'objectif est de mettre en œuvre un projet territorial intégré et durable, pour moderniser le parc de logements et de locaux commerciaux et artisanaux ainsi que le tissu urbain de ce territoire, afin d'améliorer son attractivité. L'ORT prévoit notamment de lutter contre la vacance des logements et des locaux commerciaux et artisanaux ainsi que contre l'habitat indigne, de réhabiliter l'immobilier de loisir, de valoriser les espaces publics et le patrimoine bâti et de réhabiliter les friches urbaines, dans une perspective de mixité sociale, d'innovation et de développement durable.

La création des ORT pourra être très rapide pour les 222 villes du programme national Action cœur de ville (ACV) car elles disposent d'ores et déjà d'une convention d'initialisation signée, qui vaut projet de territoire. En raison des travaux déjà engagés, elle sera également facilitée pour les 53 villes de l'AMI centre-bourgs, les villes accompagnées dans le cadre de la mission patrimoniale conduite par Monsieur Yves Dauge ainsi que pour les villes relevant des programmes PNRQAD et NPNRU. Il convient qu'elles puissent bénéficier dès que possible de tous les bénéfices juridiques et fiscaux fournis par l'ORT.

En particulier, nous avons créé en loi de finances 2019 une aide à l'investissement locatif au bénéfice de logements rénovés, à laquelle les communes ayant fait l'objet d'une convention Action cœur de ville et les communes ayant signé une convention ORT seront automatiquement éligibles. Ce dispositif, dit « Denormandie ancien », doit permettre d'améliorer l'offre de logement et la qualité énergétique des bâtiments. Il participera à la maîtrise du coût du logement car les loyers devront être inférieurs aux loyers de marché.

Vous trouverez en annexe le détail du dispositif d'ORT qui renforce les moyens mis à disposition des élus pour mener à bien leurs opérations de revitalisation du territoire.

Selon les besoins du territoire et le projet des collectivités, l'ORT peut être coordonnée avec des projets d'aménagement urbain. Ainsi, un contrat de PPA (projet partenarial d'aménagement) et une convention d'ORT peuvent être signés dans un même document contractuel pour combiner les effets des deux dispositifs. Cette combinaison pourrait être adaptée dans la situation d'une opération d'aménagement comprenant le cœur urbain d'une commune-centre à revitaliser.

1) Nous vous demandons d'engager dès à présent le dialogue avec les collectivités pour transformer rapidement les conventions ACV et autres dispositifs (PNRQAD, NPNRU...) pré-cités en convention ORT afin qu'elles bénéficient dès que possible des outils juridiques de l'ORT.

2) Vous veillerez également à engager la promotion active du dispositif auprès de l'ensemble des collectivités pour susciter et appuyer les projets de revitalisation de leur territoire.

La mise en œuvre de cet outil législatif nouveau est pilotée par la direction du programme Action cœur de ville (Monsieur Rollon Mouchel-Blaisot) au sein du ministère de la Cohésion des territoires et des Relations avec les collectivités territoriales (MCTRCT). Il est chargé de l'animation et de la promotion du dispositif, de la coordination des services de l'État au sein du comité technique national (CTN) et s'appuie sur les services compétents de la Direction de l'habitat, de l'urbanisme et des paysages (DHUP) et de la Direction générale des entreprises (DGE).

★★★

La mobilisation de l'État pour faciliter les initiatives et la réalisation des projets des collectivités et de l'ensemble des acteurs publics et privés qui portent ces opérations d'aménagement doit être repensée pour renforcer la proximité opérationnelle et faciliter des solutions pragmatiques adaptées aux territoires. Nous attendons de votre action qu'elle lève les verrous procéduriers et mobilise les financements pour privilégier les dynamiques locales de projets et « le passage à l'acte ».

Pour y répondre, et après évaluation des besoins en lien avec les collectivités, vous organiserez localement l'appui technique des services de l'État et des établissements publics pour définir l'organisation de projet la plus efficiente au cas par cas.

Vous pourrez mobiliser, dans le cadre de ce partenariat renouvelé avec les territoires et outre les nouveautés de la loi précisées en annexe, les différents outils de la politique d'aménagement opérationnel au travers des établissements publics fonciers ou d'aménagement, les dispositifs du renouvellement urbain ou encore l'initiative Copropriétés présentée par le gouvernement en octobre 2018. Vous serez particulièrement attentifs à accélérer les projets de territoires nécessitant la mobilisation de foncier public afin que la conduite de ces négociations prenne aussi en compte le bénéfice pour la dynamique du territoire.

Nous attachons la plus haute importance à l'accélération de la politique de soutien aux opérations d'aménagement. Il vous appartient de faire connaître ces nouveaux dispositifs, les avantages qui y sont liés, et de permettre aux collectivités intéressées d'en bénéficier. Vous rendrez compte trimestriellement de la mise en œuvre de ces dispositifs, des difficultés éventuellement rencontrées et de toute suggestion qui vous paraîtrait opportune.

Face au défi de la fracture territoriale et d'une nécessaire nouvelle approche contractuelle avec les collectivités dans l'aménagement urbain, l'accompagnement de l'État doit se moderniser pour répondre à l'exigence des territoires pour les aider à concrétiser leurs projets.

Votre action doit incarner de ce fait un État facilitateur, accélérateur de projets et partenaire des collectivités territoriales, et nous vous en remercions par avance.

Fait, le 4 février 2019
Jacqueline GOURAULT
Julien DENORMANDIE

Annexe 2 : L'opération de revitalisation de territoire (ORT)

L'opération de revitalisation de territoire vise prioritairement à lutter contre la dévitalisation des centres-villes en s'appuyant sur deux principes :

- développer une approche intercommunale, notamment pour éviter des contradictions dans les stratégies urbaines, commerciales et de développement de l'habitat qui peuvent conduire à développer en périphérie une offre concourant à dévitaliser le centre-ville ;
- disposer d'un projet d'intervention formalisé intégrant des actions relevant de différentes dimensions (habitat, urbanisme, commerces, économie, politiques sociales…) dont la mise en œuvre doit être coordonnée. En effet, la formalisation du projet permet de lui donner une légitimité « politique » et une visibilité indispensable pour la mobilisation des

financeurs. Elle légitime et favorise l'émergence d'une direction de projet pour travailler de façon transversale, réduire les coûts de coordination et rendre plus fluide l'action publique.

L'ORT est un cadre partenarial intégrateur qui se matérialise par une convention signée entre l'EPCI, la ville principale de l'EPCI, tout ou partie de ses autres communes-membres volontaires, l'État et ses établissements publics, ainsi qu'avec toute personne publique ou privée susceptible d'apporter son soutien ou de prendre part à des opérations prévues par le contrat. Elle vaut OPAH lorsque son volet habitat comprend l'ensemble des items mentionnés à l'article L. 303-1 du code de la construction et de l'habitation.

1. L'ORT : outil juridique créateur de droits et accompagnement renforcé

L'ORT est un outil juridique créateur de droits. Ses effets sont d'application immédiate, ou différée lorsqu'ils nécessitent un décret en Conseil d'État. Les plus importants sont précisés dans la fiche technique 1. Ils visent notamment à :

- faciliter les procédures : droit de préemption urbain renforcé et droit de préemption sur les fonds et locaux artisanaux et commerciaux ; accélération de la procédure liée à l'abandon manifeste d'un bien ;
- expérimenter les outils : dispositif expérimental du permis d'aménager multisite pour les actions de l'ORT ;
- renforcer l'activité commerciale en centre-ville : exonération d'autorisation d'exploitation commerciale (AEC) pour les projets commerciaux qui s'implanteront dans un secteur d'intervention contenant un centre-ville identifié par la convention ORT, ainsi que pour les projets mixtes commerces-logements de ces mêmes centres-villes ; faculté donnée aux préfets de suspendre l'examen des projets d'implantation en périphérie ;
- faciliter la réhabilitation de l'habitat : outre les aides de l'Agence nationale de l'habitat (ANAH), nouveau dispositif d'aide fiscale à l'investissement locatif privé en faveur de la rénovation des logements voté dans la loi de finances 2019 ; financement par l'ANAH à destination d'acteurs institutionnels de travaux de rénovation dans le cadre de la vente d'immeuble à rénover (VIR) et du dispositif d'intervention immobilière et foncière (DIIF).
- libérer l'innovation au service des projets : des permis d'innover pourront être accordés, afin de déroger à des règles s'opposant à la réalisation des projets, sans qu'il soit pour autant porté atteinte aux objectifs poursuivis par les législations concernées (II de l'article 88 de la loi relative à la liberté de création, à l'architecture et au patrimoine de juillet 2016).

La signature d'une convention d'ORT permet aux opérations programmées d'amélioration de l'habitat-renouvellement urbain (OPAH-RU) existantes dans les villes-centres d'être prorogées de 5 ans maximum à partir de la date de la signature de l'ORT (avec une réévaluation possible de leurs objectifs et de leurs périmètres).

Enfin, la visibilité des projets fournie par l'ORT et l'accompagnement fort de l'État en termes de conseil et de mobilisation des partenaires financiers sont de nature à faciliter l'émergence des actions.

2. L'ORT : contenu et périmètres

La convention d'ORT précise :

- sa durée : une période minimale de cinq ans est recommandée ;
- les secteurs d'intervention ;

- le contenu et le calendrier des actions prévues, sachant que la loi prévoit qu'une ORT comprend nécessairement des actions d'amélioration de l'habitat[1] ;
- le plan de financement des actions prévues ;
- leur répartition dans les secteurs d'intervention délimités. Elle prévoit également les conditions dans lesquelles ces actions peuvent être déléguées à des opérateurs ;
- les modalités de pilotage, de suivi, de coordination et d'évaluation des actions.

Le choix des secteurs d'intervention doit s'effectuer dans le cadre d'une stratégie territoriale, fondatrice de l'ORT et basée sur un diagnostic partagé. La définition de ces secteurs d'intervention est importante, car ils emportent les effets juridiques de l'ORT.

L'un des secteurs d'intervention doit nécessairement concerner le centre-ville de la ville principale de l'EPCI signataire qui accueille obligatoirement une ou plusieurs actions retenues dans le plan d'actions. Le périmètre du centre-ville est identifié à l'échelle locale en s'appuyant sur un « faisceau d'indices » faisant sens[2]. En plus du secteur d'intervention correspondant au centre-ville de la ville principale, un ou plusieurs autres secteurs d'interventions de l'ORT peuvent le cas échéant être identifiés selon le projet associé à la stratégie territoriale : ce sont des secteurs dans lesquels il importe d'intervenir pour garantir le succès de la (re)dynamisation du cœur de l'agglomération. Ils peuvent être soit détachés soit contigus du centre-ville. Par ailleurs, des secteurs d'intervention peuvent concerner d'autres centres-villes au sein de l'ORT, si ce choix est cohérent avec la stratégie d'ensemble de revitalisation de la centralité principale. Ces secteurs bénéficient de l'exonération d'AEC. La fiche technique 2 (non jointe au dossier) fournit des éléments de méthode pour déterminer localement les périmètres de la stratégie territoriale et des secteurs d'intervention ainsi que la localisation des actions associées à l'ORT.

3. L'élaboration de l'ORT

Cet outil s'adresse à tout territoire qui veut mettre en œuvre un projet global de revitalisation. Certaines collectivités sont déjà engagées dans une dynamique de projet qui concerne leur centralité.

S'agissant d'abord des villes engagées dans le programme Action cœur de ville (ACV), les membres du comité local de projet peuvent initier facilement la transformation de la convention ACV en convention d'ORT. La fiche technique 3 prévoit les modalités de cette transformation qui se produira dans le cas général à l'issue de la phase d'initialisation du projet local Action cœur de ville mais offre également la possibilité d'une transformation dès à présent afin de permettre aux collectivités de bénéficier sans attendre des effets de l'ORT.

C'est plus généralement le cas pour les communes qui participent au programme national de requalification des quartiers anciens dégradés (PNRQAD), les 53 communes lauréates de l'AMI

1. « *Tout ou partie des actions d'amélioration de l'habitat prévues à l'article L. 303-1.* »

2. De façon indicative, l'histoire des lieux, ses fonctions symboliques et de représentation, la forme et l'âge du bâti, la densité (de population, de construction, de commerce, de bâtiments administratifs), le patrimoine historique, architectural et artistique, les fonctions de centralité permettant son rayonnement au sein du bassin de vie (sièges des administrations et collectivités, services publics, sièges sociaux d'entreprises, emplois, équipements, commerces et services, rues commerçantes, halles/marchés), son attractivité, etc. Selon les villes, le centre-ville de la ville principale peut prendre la forme d'un espace homogène ou être constitué en plusieurs parties du fait du relief (ville haute et ville basse) de frontières naturelles (constituées d'une rivière ou d'un espace boisé) ou d'infrastructures (autoroute, voie ferrée).

centre-bourg (qui ont toutes une OPAH-RU en cours qu'il convient d'enrichir avec des actions complémentaires portant notamment sur la redynamisation du commerce et de l'économie), les villes accompagnées au titre de la mission Dauge ainsi que les territoires bénéficiant du nouveau programme national de renouvellement urbain (NPNRU) dans leur centre ancien. Ces communes disposent déjà d'un projet. Elles ont besoin de l'ORT pour élargir leur champ d'action et bénéficier de ses effets juridiques. Elles ont déjà formalisé leur projet de revitalisation ainsi que les périmètres, les modalités d'intervention et les calendriers qui lui sont associés et peuvent s'appuyer sur une gouvernance locale et un cadre de travail stabilisés. Elles disposent ainsi de bon nombre d'éléments nécessaires à la signature d'une convention d'ORT. C'est pourquoi nous vous invitons à les encourager à la formaliser sans délai dès lors qu'elles remplissent les conditions nécessaires à la signature d'une telle convention.

Il est aujourd'hui essentiel que vous encouragiez également les autres collectivités qui veulent mettre en place des projets de territoire, car elles peuvent elles aussi bénéficier des avantages de l'ORT. Avec l'appui des services déconcentrés de l'État (et notamment des directions départementales des territoires – et de la mer –, des DEAL en outre-mer ainsi que des architectes des bâtiments de France au sein des unités départementales de l'architecture et du patrimoine) et de ses opérateurs (CEREMA, EPARECA, établissements publics fonciers et établissements publics d'aménagement, en fonction de leurs territoires d'intervention notamment) mais également d'autres ressources (ADEME, agence d'urbanisme, CAUE, EPF locaux, PNR notamment) et les financements de droit commun que vous prioriserez vers ces territoires, il convient d'aider les collectivités intéressées à bâtir une stratégie de territoire sur la base d'un diagnostic multisectoriel et transversal, et des actions concrètes qu'elles ont déjà engagées en mobilisant l'ensemble des acteurs locaux.

La création d'une ORT doit être facilitée par un dispositif souple, lisible et opérationnel afin de faire bénéficier des effets juridiques de l'ORT l'ensemble des collectivités qui veulent conduire un projet de territoire et qui auront délibéré à cet effet.

La convention d'ORT peut donc être rapidement signée : elle doit mentionner les premières orientations du projet urbain, économique et social de revitalisation du territoire, la délimitation (au moins dans un premier temps) du secteur d'intervention contenant le centre-ville de la ville principale de l'EPCI (les effets juridiques de l'ORT s'y déploient) ainsi que des premières actions dont la conception est suffisamment avancée.

Dans un second temps, les termes de la convention pourront venir se préciser par voie d'avenant en ajoutant si besoin d'autres secteurs d'intervention, d'autres actions. La fiche technique 4 prévoit son contenu et son processus d'élaboration.

4. L'ORT, une conduite en mode projet

La pertinence et la qualité du projet de revitalisation reposent sur la capacité de territorialiser, d'articuler et de faire converger ses objectifs dans un projet d'ensemble. Pour cela, vous encouragerez les collectivités à réunir les acteurs locaux et les porteurs des différentes politiques publiques et à travailler en mode projet.

Le pilotage de l'ORT est assuré au niveau local par un « comité local de l'ORT » composé des membres potentiellement signataires de la convention, sous la co-présidence de l'EPCI et de la commune principale. Vous veillerez à minimiser le poids de sa gestion pour l'ensemble des parties prenantes.

Vous encouragerez les collectivités à conduire une large concertation publique pouvant mener à de la co-construction, car l'action publique est plus efficace et mieux comprise de nos concitoyens lorsqu'ils y sont étroitement associés. Les modalités de cette concertation pourront être librement déterminées. Cette concertation devra être articulée avec les dispositions obligatoires de participation du public au titre du code de l'urbanisme, du code du patrimoine et du code de l'environnement.

5. Les priorités de l'État

Lors de la préparation de l'ORT, vous veillerez à faire valoir les priorités de l'État qui sont à mobiliser et prioriser en lien étroit avec les problématiques identifiées localement par les porteurs de projet.

Parmi ces objectifs, il s'agit notamment de promouvoir :

- la lutte contre l'habitat dégradé ou indigne pouvant, si nécessaire, mobiliser des moyens coercitifs ;
- la lutte contre le mal-logement et notamment contre la précarité énergétique, l'accessibilité et l'adaptation des logements aux personnes âgées dépendantes ;
- la production de logements locatifs sociaux (notamment dans les communes qui n'ont pas encore atteint leurs objectifs au titre de la loi SRU) ou intermédiaires afin de rendre la ville davantage inclusive et équilibrée socialement ;
- la création d'une offre de logements attractive pour le retour en centre-ville des ménages en préservant la mixité ;
- la protection et la mise en valeur du patrimoine bâti ;
- l'amélioration de la performance énergétique des bâtiments ;
- la revitalisation des commerces en cœur de ville et le maintien d'un tissu équilibré de services et d'équipements ;
- le développement de l'accessibilité en ville et des liaisons entre le centre-ville et la périphérie, la requalification des espaces publics, la promotion de la ville durable et inclusive.

Le plan Initiative copropriétés a renforcé les outils de traitement des copropriétés : vous veillerez également à les mobiliser en tant que de besoin sur les copropriétés situées dans les secteurs d'intervention de l'ORT (en centre-ville et dans les grands ensembles), quelle que soit la taille de ces ensembles immobiliers.

Vous vous assurerez de la cohérence de l'ORT avec le programme local de l'habitat et l'ensemble des documents d'urbanisme en vigueur. Dans cet objectif, vous veillerez à ce que les collectivités signataires fassent, si besoin, évoluer rapidement leur PLU ou leur PLUI de sorte à ne pas retarder la mise en œuvre des actions prévues. Les plans climat air-énergie territoriaux (PCAET) permettront également de soutenir cette dynamique.

Fiche technique 1 : principaux effets juridiques de l'ORT

Les effets juridiques de l'ORT sont d'application immédiate ou différée lorsqu'ils nécessitent un décret en Conseil d'État, parmi lesquels les plus importants sont cités ci-dessous.

Effets juridiques d'application immédiate :

- La convention d'ORT vaut convention d'opération programmée d'amélioration de l'habitat (OPAH) si elle en comporte toutes les dispositions listées à l'article L. 303-1 du CCH ;

Sujet de cas pratique

Elle vaut par ailleurs OPAH renouvellement urbain (OPAH-RU)[3] dès lors qu'est intégré *a minima* l'un des volets suivants en fonction des caractéristiques du parc :
- un volet immobilier et foncier : dispositif d'intervention immobilière et foncière (DIIF), opération de restauration immobilière, opération de recyclage immobilier, portage foncier, restructuration de logements,
- un volet habitat dégradé et lutte contre l'habitat indigne comprenant l'accompagnement social des occupants : remise sur le marché de logements vacants, travaux lourds de réhabilitation, mesures de polices spéciales LHI,
- un volet copropriétés fragiles ou en difficulté.

- Elle permet à la collectivité locale d'instaurer le droit de préemption urbain renforcé et le droit de préemption sur les fonds artisanaux, les fonds de commerce, les baux commerciaux et les terrains faisant l'objet de projets d'aménagement commercial.
- Elle facilite la mise en œuvre par les maires de la procédure liée à l'abandon manifeste d'une partie d'immeuble.
- Pour une durée de cinq ans, un dispositif expérimental permet aux actions mentionnées dans l'ORT de faire l'objet d'un permis d'aménager multisite.
- L'ORT instaure l'obligation d'information préalable du maire et du président de l'EPCI six mois avant la fermeture ou le déplacement d'un service public.
- L'ORT favorise le retour des commerces en cœur de ville, en exemptant d'autorisation d'exploitation commerciale (AEC) les commerces s'implantant dans un secteur d'intervention incluant un centre-ville identifié par la convention ORT.
- Les opérations immobilières « mixtes » logements-commerces en centre-ville de l'ORT sont encouragées en étant exemptées d'autorisation d'exploitation commerciale (AEC) dès lors qu'elles répondent à certaines conditions de répartition entre ces fonctions.

Effets juridiques nécessitant un décret d'application pour entrer en vigueur :

- Éligibilité de l'ensemble de la commune au nouveau dispositif d'aide fiscale à l'investissement locatif en faveur de la rénovation des logements, prévu par la LFI 2019 dit « Denormandie ancien ». Cette réduction d'impôt, applicable à compter du 1er janvier 2019, sera de 12 à 21 %, en fonction de la durée d'engagement de location, du montant de l'opération, dans la limite de 300 000 euros, sous réserve que les travaux de rénovation représentent au moins 25 % du coût de l'opération. Le contenu des travaux sera précisé par décret. Afin d'assurer la mise en œuvre du dispositif, la transmission de la convention d'ORT au directeur départemental des finances publiques doit être systématique.
- Possibilité pour l'ANAH de financer sous le régime de la vente d'immeuble à rénover (VIR), les vendeurs, maîtres d'ouvrage, établissements publics d'aménagement (EPA), organisme HLM, sociétés d'économie mixte (SEM), sociétés publiques locales (SPL) ou sociétés publiques locales d'aménagement (SPLA) pour des travaux de rénovation sur des

3. Lorsqu'une OPAH-RU est multi-site, les sites doivent tous être situés dans un ou plusieurs secteurs d'intervention. Dans certains cas devant rester exceptionnels, si certains des sites de l'OPAH-RU multi-site sont localisés dans une commune de l'intercommunalité qui n'est pas signataire de l'ORT, il convient alors de signer également une convention d'OPAH-RU multi-site indépendante de la convention d'ORT avec la commune considérée et l'EPCI. Mais vous veillerez dans ce cas à ce que la cohérence entre les deux conventions soit assurée par l'EPCI afin d'éviter tout risque de contradiction dans les projets et actions envisagées.

logements situés en périmètre d'OPAH-RU. Ce dispositif permet de faciliter l'accession sociale voire très sociale dans l'ancien.
- Aides de l'ANAH pour l'amélioration des logements dans le cadre du dispositif d'intervention immobilière et foncière (DIIF), à destination des EPA, des établissements publics fonciers (EPF), des établissements publics fonciers locaux (EPFL), organismes HLM, SEM, SPL, SPLA, concessionnaires d'opérations d'aménagement. Ce dispositif vise à permettre à ces opérateurs d'être bénéficiaires d'aides de l'ANAH en qualité de propriétaires bailleurs et donc de gérer un parc à loyer maîtrisé : ils pourront ainsi réguler le marché locatif privé tant en qualité de l'offre que dans un souci de mixité sociale.
- Possibilité pour le préfet de suspendre l'enregistrement et l'examen en commission départementale d'aménagement commercial (CDAC) de nouveaux projets commerciaux en périphérie des secteurs d'intervention de l'ORT et situés dans des communes de l'EPCI signataire de la convention d'ORT ou dans un EPCI limitrophe, afin d'éviter qu'un projet commercial ne nuise aux actions de l'ORT. Cette décision du préfet sera prise après une analyse au cas par cas, après avis ou à la demande de la collectivité. Cette suspension est d'une durée maximale de trois ans, pouvant être prorogée d'un an.

Les conventions d'ORT devront faire l'objet d'une publication administrative dès leur adoption.

Fiche technique 3 : transformation de la convention-cadre Action cœur de ville en convention d'ORT

La transformation de la convention-cadre Action cœur de ville en convention d'ORT s'effectue dans le cas général par voie d'avenant à l'issue de la phase d'initialisation du programme, dès lors que sera constaté que l'ensemble minimal des éléments d'une ORT prévu dans la loi figure dans la convention.

La transformation de la convention-cadre Action cœur de ville en convention d'ORT s'effectuera en général pendant la phase d'initialisation du projet local (durée maximale de 18 mois après la signature de la convention-cadre) sur les secteurs d'intervention qu'elle définit, comprenant une ou plusieurs actions matures mais pourra être anticipée pour mettre en place plus rapidement certains dispositifs liés à l'ORT, les autres étant ajoutés par la suite par avenant.

La procédure de transformation est une démarche simple car elle s'appuie pour l'essentiel sur les informations déjà communiquées dans la convention ACV. Elle est initiée dans ce cas par un courrier transmis au préfet du département, à l'initiative du comité local de projet.

Le courrier est cosigné par le président de l'EPCI, le maire de la ville principale et tout maire concerné par les actions matures sur son territoire. Ce courrier s'accompagne de la convention Action cœur de ville, que vient compléter le relevé de décision du comité de projet qui :
- confirme la stratégie de territoire définie dans la convention ACV ;
- confirme et précise le périmètre des secteurs d'interventions ;
- liste les actions matures en indiquant en quoi elles concourent à la stratégie territoriale en participant au renouvellement de l'attractivité du centre-ville.

Le préfet du département, après consultation du comité régional d'engagement financier (CRE), et après avoir constaté la présence de l'ensemble des éléments caractérisant une ORT selon l'article L. 303-2 du CCH, confirme sans délai par arrêté que la convention cadre Action cœur de ville vaut convention d'ORT.

Fiche technique 4 : contenu et processus d'élaboration de la convention d'ORT dans le cas de communes n'ayant pas bénéficié du programme Action cœur de ville

La convention d'ORT est un document simple qui s'adapte à la forme souhaitée par le comité local de l'ORT en fonction du projet (pas de modèle type, toutefois il est possible de s'inspirer du modèle figurant dans le guide Action cœur de ville ; se reporter au lien suivant : https://www.cget.gouv.fr/dossiers/action-coeur-de-ville.

Les éléments ci-dessous constituent le socle minimal attendu dans la convention au moment de sa signature. Ils sont enrichis au fur et à mesure de l'avancement du projet :

- l'objet et la durée de l'opération de revitalisation du territoire ainsi que les étapes du calendrier prévisionnel de mise en œuvre, selon le niveau de maturité du projet ;
- l'engagement des partenaires de l'ORT, sa gouvernance (présidence et membres du comité de pilotage), les moyens techniques et les grandes lignes d'animation du dispositif, de suivi/évaluation et d'association du public ;
- les éléments de diagnostic laissés au choix de l'intercommunalité et les premières orientations du projet urbain, économique et social de revitalisation, qui portent une attention particulière sur la requalification du centre-ville de la ville principale. À ce titre, la convention mettra en évidence la cohérence de ce projet de requalification avec les opérations et actions en cours sur le territoire portant sur l'habitat, le commerce, le développement économique, la transition écologique. Dans un premier temps, ce document peut consister en une courte synthèse argumentée ;
- la délimitation des secteurs d'intervention et dans un premier temps, d'au moins un secteur d'intervention correspondant au centre-ville de la ville principale de l'EPCI ;
- des premières actions (études / actions d'investissement) concernant le(s) secteur(s) d'intervention(s) dans lesquels les outils juridiques pourront s'appliquer. Sont définis : les objectifs, le maître d'ouvrage et les propriétaires concernés, le périmètre précis de l'intervention, la durée et le calendrier, le coût d'opération et le plan de financement, la conduite opérationnelle du projet, les éventuelles évolutions des documents d'urbanisme nécessitées par l'opération ;
- les modalités de suivi de la convention, permettant d'établir le bilan annuel prévu par l'article L. 303-2 du CCH, et d'évaluation des actions, en vue notamment d'établir l'évaluation à 5 ans également prévue par la loi.

La convention d'ORT vaut convention d'OPAH lorsqu'elle comprend l'ensemble des dispositions mentionné dans l'article L. 303-1 du CCH.

Dès accord des parties, la convention d'ORT peut être signée dans des délais courts par les partenaires du projet

- l'EPCI, la ville principale et facultativement des communes-membres sur délibération de leur conseil ;
- l'État et ses établissements publics ;
- toute personne publique ou privée susceptible d'apporter son soutien ou de prendre part à des opérations prévues par le contrat.

Ils siègent au comité local de l'ORT.

Cette convention peut être enrichie progressivement dans le temps par voie d'avenant au travers d'éventuels diagnostics supplémentaires, de nouveaux éléments de stratégie permettant de consolider le projet urbain, économique et social du territoire, ainsi que d'éventuels nouveaux secteurs d'intervention et de nouvelles actions matures (et/ou préciser / adapter les caractéristiques d'action matures définies à la signature de la convention d'ORT).

Nota : Il convient de faciliter et d'encourager la signature des conventions d'ORT pour les communes lauréates de l'AMI Centre-bourgs, les villes ayant bénéficié d'un accompagnement par la mission patrimoniale conduite par Monsieur Yves Dauge, ainsi que celles engagées dans les programmes nationaux PNRQAD et NPNRU. Elles disposent en effet déjà d'un projet validé en faveur de la revitalisation de leur territoire et elles ont déjà défini les périmètres, les modalités d'intervention et les calendriers associés à leur projet. Elles peuvent en outre s'appuyer sur une gouvernance locale et un cadre de travail qui ont fait leurs preuves. Pour ces communes, l'élaboration de leur convention d'ORT doit être l'occasion de confirmer et éventuellement compléter et enrichir leur projet de territoire par de nouvelles actions.

CONTACTS

Rollon Mouchel-Blaisot
Directeur du programme national Action cœur de ville
rollon.mouchel-blaisot@cohesion-territoires.gouv.fr

» Document 3 – Une aide fiscale dans votre commune – Le dispositif Denormandie

UNE AIDE FISCALE DANS VOTRE COMMUNE

Le dispositif Denormandie

Une aide fiscale dans votre commune

POUR QUI ?

Le Denormandie dans l'ancien est un dispositif fiscal voté dans la loi de finances 2019. Il s'adresse aux bailleurs qui :

1

achètent dans les communes éligibles au dispositif*

2

souhaitent mettre leur bien en location longue durée (6, 9 ou 12 ans)

L'aide fiscale porte sur l'acquisition et les travaux d'amélioration d'un bien avec pour objectif de renforcer l'attractivité des villes moyennes

Les bailleurs bénéficient d'une réduction d'impôt calculée sur la totalité de l'opération.

Pour une location de

6 ans : - 12 %

9 ans : - 18 %

12 ans : - 21 %

Exemple : pour l'achat d'un bien de 150 000 euros avec 50 000 euros de travaux, l'aide est de 42 000 euros pour une location de 12 ans, soit 3500 euros de déduction par an.

Le dispositif s'adresse aussi bien au particulier qui fait rénover qu'à celui qui achète à un promoteur qui a fait rénover le bâtiment.

» Document 4 – Foire aux questions – ORT

Ministère de la Cohésion des territoires et des Relations avec les collectivités territoriales
PH3/DHUP, le 29 mars 2019

1. APPUI À L'ÉLABORATION DE L'ORT

Communication auprès des collectivités

Quelle communication nationale est organisée à destination des élus pour leur présenter le dispositif ORT ?

Une communication à destination des collectivités est dès à présent disponible sous la forme de deux documents mis en ligne sur le site du ministère : la plaquette de présentation de l'ORT (6 pages) ainsi qu'un document présentant le dispositif Denormandie ancien.

Très rapidement devrait être également mis en ligne sur le site du MCTRCT la circulaire à destination des collectivités (reprenant les informations de l'instruction des ministres du 4 février 2019), parue sur Légifrance.

En outre, les SGAR ont été invités à organiser des journées régionales.

Appui des services déconcentrés

De quel appui les services déconcentrés pourront-ils bénéficier pour la mise en place des ORT ?

L'instruction des ministres explicitant l'ORT est parue le 4 février dernier.

Une animation nationale sous forme de séminaires en régions à l'invitation des DREAL et une offre de formations décentralisées en cours de formalisation sont prévues sur les modes d'accompagnement possibles des projets des collectivités par les services locaux de l'État (échanges de bonnes pratiques, outils méthodologiques, etc.).

Elle vient compléter le séminaire national des référents ACV régulièrement organisé par le CGET. En outre, la présente foire aux questions (FAQ) est destinée à être régulièrement enrichie.

Les DDT peuvent par ailleurs bénéficier d'un accès facilité à une expertise régionale ou nationale (CEREMA, chargés de mission territoriaux de l'ANAH et de l'ANRU) en fonction des enjeux identifiés avec les collectivités.

Appui à l'ingénierie

Quelle aide à l'ingénierie peut-on envisager dans le cadre de la formalisation de l'ORT ?

Lorsque le volet habitat est un élément structurant du projet de territoire, le financement à 50 % par l'ANAH de l'ingénierie pour l'élaboration de conventions d'ORT est directement lié à la mobilisation des dispositifs de l'ANAH, dans le cadre des études pré-opérationnelles puis dans le suivi de la phase de mise en œuvre.

Les moyens d'ingénierie des programmes existants pourront être mobilisés (chefs de projet Action cœur de ville, OPAH-RU et/ou AMI centre-bourgs).

2. TYPOLOGIES DE TERRITOIRES DE L'ORT

Villes en périphérie d'une agglomération

Une ORT est-elle possible en banlieue d'une grande ville, dans un contexte local de dégradation sociale et économique mais au sein d'un marché de l'habitat globalement tendu ?

L'outil ORT a été prévu pour des territoires dont la ville principale connaît des problèmes de dévitalisation, tels que sur le logement et le commerce. Certaines petites métropoles pourraient certes être concernées. Dans ce cas, une ORT est possible et peut profiter à la ville secondaire située en banlieue d'une grande ville dont le centre-ville est un secteur d'intervention de l'ORT.

En l'état actuel des dispositions législatives, ce dispositif n'est en revanche pas possible pour de grandes métropoles dont la ville principale est plutôt dynamique (Lille, Paris, Lyon) mais dont les communes périphériques sont fragiles et souhaiteraient pouvoir bénéficier des effets juridiques de l'ORT sur le logement ou le commerce. D'autres dispositifs contractuels existent tels qu'avec l'ANRU (NPNRU, PNRQAD), l'ANAH et l'EPARECA. Le dispositif PPA - GOU pourrait également être mobilisé.

EPCI multipolaire

Lorsque l'EPCI est multipolaire (souvent issu du regroupement de plusieurs EPCI), comment définir ce qu'est la ville principale ?

Le cas général est le suivant : l'EPCI dispose d'une seule ville principale, le projet de territoire correspond au même périmètre que l'EPCI et la ville principale correspond à la commune la plus importante en taille.

Mais il existe des cas particuliers (à faire remonter rapidement à la DHUP) : ce sont par exemple les EPCI issus de la fusion de plusieurs intercommunalités, ou d'un grand EPCI avec plusieurs villes dont la polarité est établie : plusieurs villes sont ainsi identifiées dans le projet de territoire comme ayant un rôle structurant (nombre d'habitants, rayonnement, attractivité...) sur tout ou partie de l'EPCI mais en application de la loi, seule l'une d'entre elle doit être considérée comme la ville principale de l'EPCI. Attention, dans ces cas particuliers, et en l'état actuel de la loi, la notion de ville principale est limitée à une seule ville au sein d'un EPCI et le risque de contentieux est réel si cette ville principale n'est pas signataire de la convention d'ORT.

Une convention d'ORT comprenant obligatoirement la ville principale de l'EPCI

La loi ELAN prévoit que la convention d'ORT comprend nécessairement le centre-ville de la ville principale de l'EPCI : la convention doit délimiter « *le périmètre des secteurs d'intervention, parmi lesquels figure nécessairement le centre-ville de la ville principale du territoire de l'établissement public de coopération intercommunale à fiscalité propre signataire.*

Ce périmètre peut également inclure un ou plusieurs centres-villes d'autres communes membres de cet établissement. »

Ceci signifie qu'il y a une seule ORT par EPCI associant obligatoirement la ville principale qui doit développer des actions sur son centre-ville. Il est possible d'inclure un ou plusieurs centres-villes d'autres communes membres de cet EPCI.

Lorsque plusieurs communes d'un EPCI souhaitent s'engager dans une ORT, les services déconcentrés de l'État les accompagnent pour formaliser un projet commun qui s'exprimera dans une unique convention d'ORT. Leur rôle est de faciliter le dialogue entre ces collectivités. Lorsque plusieurs communes d'un EPCI souhaitent s'engager dans une ORT et qu'une ou plusieurs d'entre elles font partie du programme ACV, la loi ELAN impose qu'elles signent une seule convention d'ORT. Si la ou les villes du programme ACV souhaitent continuer d'individualiser leur convention cadre ACV, il est possible qu'elles signent ensemble une convention d'ORT chapeau décrivant d'une part les éléments communs du territoire de l'EPCI donnant de la cohérence au projet global, dont la stratégie de territoire et d'autre part, reprenant le contenu de chacune des conventions cadre ACV avec les éléments propres à chacune des villes en matière de secteur(s) d'intervention et d'actions matures.

3. ÉLABORATION, TRANSFORMATION ET ÉVALUATION DE L'ORT

Transformation d'une convention ACV en convention d'ORT

Dans le cas d'une homologation de la convention cadre ACV en convention d'ORT avant la fin de la phase d'initialisation, pourquoi un relevé de décision a été préféré à un avenant qui de fait aurait été approuvé par le comité de projet ?

Il s'agit d'une mesure de simplification pour répondre à la demande de faire bénéficier rapidement des effets de l'ORT les communes engagées dans le programme Action cœur de ville et offrir l'opportunité d'un gain de temps pour les collectivités qui le souhaitent afin d'éviter de passer par un processus long de vote dans les instances délibérantes (conseils municipaux, communautaires, etc.).

En revanche, les collectivités le souhaitant peuvent naturellement procéder par avenant (pas besoin d'un arrêté du préfet dans ce cas). Par ailleurs les collectivités désirant attendre la fin de la phase de déploiement procéderont par avenant à la transformation de leur convention ACV en convention d'ORT (pas d'arrêté du préfet non plus dans ce cas).

L'ajout de nouveaux acteurs en plus de ceux associés au programme ACV est-il possible ?

Tout nouvel acteur peut être associé à tout moment et notamment dans la phase d'élaboration de l'ORT.

Évolution de l'ORT

L'ajout de nouveaux secteurs d'intervention doit-il faire l'objet d'un avenant ?

Oui, toute évolution des périmètres des secteurs d'intervention, toutes nouvelles actions, doivent être validés par avenant. Les signataires de l'avenant du côté des collectivités devront obtenir délégation de leurs assemblées délibérantes respectives.

Évaluation de l'ORT

Des conditions sont-elles prévues pour l'évaluation de l'ORT et quelles conséquences peuvent être tirées ?

La convention d'ORT précise les modalités de pilotage, de suivi, de coordination et d'évaluation des actions. Des indicateurs sont en cours de définition au niveau national afin de permettre un suivi national et une évaluation du programme ACV. Un certain nombre de ces indicateurs seront pertinents (à définir localement par le comité de l'ORT) pour évaluer la convention d'ORT.

4. THÉMATIQUES ET ARTICULATION DES ACTIONS

Ambition des interventions en ORT

L'ORT comprend des actions dans les différentes dimensions nécessaires à la revitalisation (habitat, urbanisme, commerces, économie, social) mais on ne précise pas l'envergure minimale nécessaire : toutes les thématiques doivent-elles être abordées ? Jusqu'où ?

C'est à la libre appréciation du comité local d'ORT d'en décider, en fonction des enjeux définis localement sur la base d'un diagnostic duquel découle la stratégie de territoire, en fonction également des opportunités du territoire et des opportunités de projet identifiées localement, ainsi que des contraintes diverses.

Le niveau d'ambition du projet devra être en adéquation avec les enjeux de revitalisation, quitte à définir un ordonnancement des actions étalées dans le temps pour répondre aux possibilités financières des collectivités et des capacités d'absorption par le marché. Et ce afin de ne pas passer à côté du « rendez-vous » offert par l'ORT.

Les interventions sur l'habitat sont obligatoires : la loi indique qu'une convention d'opération de revitalisation de territoire comprend tout ou partie des actions d'amélioration de l'habitat prévues à l'article L. 303-1 du CCH. Lorsqu'elle comprend l'ensemble des dispositions mentionnées aux a à e du même article L. 303-1, elle tient lieu de convention d'opération programmée d'amélioration de l'habitat au sens dudit article L. 303-1.

ORT et intervention sur l'habitat

Une ORT comprend nécessairement une OPAH RU ou bien d'autres dispositifs sur l'habitat sont-ils suffisants, tels que les POPAC, PIG, etc. ?

L'ORT ne comprend pas nécessairement une OPAH-RU mais comprend obligatoirement des interventions sur l'habitat.

L'ORT vaut convention d'OPAH si elle comporte toutes les dispositions de l'article L. 303-1 du CCH avec : périmètre, montant des aides, mesures d'accompagnement social, interventions urbaines. Elle vaut OPAH renouvellement urbain (RU) si elle intègre l'un des volets suivants :

- volet immobilier et foncier : restauration immobilière, portage et recyclage foncier ;
- volet habitat dégradé et lutte contre l'habitat indigne : remise sur le marché de logements vacants, travaux lourds de réhabilitation, mesures de police spéciale LHI, accompagnement social ;
- un volet copropriétés fragiles ou en difficulté.

D'autres dispositifs peuvent constituer une base de départ pour amplifier une politique sur l'habitat si le diagnostic montre un besoin.

Une OPAH RU portée par la ville principale de l'EPCI vient de se terminer. Elle devrait être reprise et étendue par l'intercommunalité mais seulement dans un délai d'un an. D'ici là, peut-on transformer une convention ACV en convention d'ORT avant la fin de la phase d'initialisation, même si aucune action sur l'habitat n'est effective avant cette date ?

Ce cas de figure est possible, dès lors que le relevé de décision du comité de projet, ainsi que la stratégie de territoire mentionnée dans la convention ACV font état de l'intention de reprendre et d'étendre l'OPAH RU dans la ville principale. La période d'un an pourra être mise à profit pour élaborer un plan d'action sur l'habitat sur la base de l'évaluation de l'OPAH-RU terminée. Une fois définitivement actée, d'ici un an, l'OPAH RU fera l'objet d'une fiche action mature qui sera intégrée à la convention d'ORT par voie d'avenant.

Quelle articulation entre une OPAH RU existante et une ORT ?

Plusieurs cas de figure peuvent se rencontrer et appellent les réponses suivantes :

- Cas 1 : il n'y a pas d'OPAH ou d'OPAH-RU en cours

Dans la convention d'ORT figure l'intention politique, l'affichage d'une ambition qui se traduit par une étude pré-opérationnelle à conduire pour fixer les objectifs qualitatifs et quantitatifs, les adresses concernées, en précisant les échéances pour enclencher cette étude = fiche action.

Quand la collectivité sera prête, elle ajoutera une fiche-action qui reprendra le contenu « habituel » d'une OPAH-RU (cf. les clauses-types définies par l'ANAH)

Durant ces périodes (préparation puis pilotage de l'OPAH-RU) l'ANAH peut participer au financement d'un chef de projet.

- Cas 2 : il y a une OPAH généraliste ou une OPAH-RU en cours
  - 1re situation, elle vient d'être lancée

L'OPAH est intégrée à la convention d'ORT sous la forme d'une fiche-action, après avoir revisité la stratégie, les objectifs et le périmètre de cette action Habitat au regard du projet global de territoire → en fonction de l'état du parc tendre vers une OPAH-RU.

L'OPAH peut être prolongée, elle aura alors la même durée que celle de la convention ORT.

  - 2e situation, elle va bientôt se terminer et n'est pas située sur un des secteurs d'intervention de l'ORT en préparation

Cette OPAH est un objet autonome et se poursuit tranquillement jusqu'à sa date d'échéance.

  - 3e situation, elle va bientôt se terminer et la collectivité voudrait la proroger

Dialogue entre les collectivités et la délégation locale de l'ANAH pour déterminer les apports d'une OPAH-RU au projet global de revitalisation.

Après analyse, l'OPAH est intégrée à la convention d'ORT sous la forme d'une fiche-action, après avoir revisité la stratégie, les objectifs et le périmètre de cette action Habitat au regard du projet global de territoire → en fonction de l'état du parc tendre vers une OPAH-RU dans le centre-ville de la ville principale.

Définition de nouveaux objectifs sur la même durée que celle de la convention ORT.

Rapport juridique liant l'ORT et les documents d'urbanisme

Comment garantir la cohérence, sans relation juridique explicite, entre la convention d'ORT et les documents d'urbanisme ?

La loi n'indique pas de rapport de compatibilité entre la convention d'ORT, qui n'est pas un document d'urbanisme, et les PLU, PLUI et SCOT. La cohérence entre l'opération d'ORT et ces documents d'urbanisme devra néanmoins être garantie sous la forme d'un engagement des collectivités signataires à faire évoluer leurs PLU et leurs SCOT en conséquence, avec un calendrier précis, sous peine de caducité de ladite convention.

L'article 4 de la loi ELAN modifie l'article L. 300-6-1 du code de l'urbanisme et prévoit que la mise de la compatibilité d'un des documents d'urbanisme peut être réalisée dans le cadre d'une procédure intégrée lorsqu'elle est rendue nécessaire par la réalisation d'une opération de revitalisation de territoire.

Outils fiscaux pour le logement : Denormandie dans l'ancien

Arrêtés et décrets :

- Arrêté du 26 mars 2019 relatif à la liste des communes ouvrant droit à la réduction d'impôt prévue au 5° du B du I de l'article 199 novovicies du code général des impôts
- Décret n° 2019-232 du 26 mars 2019 relatif aux conditions d'application de la réduction d'impôt sur le revenu au titre de l'investissement locatif prévue au 5° du B du I de l'article 199 novovicies du code général des impôts
- Arrêté du 26 mars 2019 relatif à la réduction d'impôt sur le revenu au titre de l'investissement locatif prévue à l'article 199 novovicies du code général des impôts, pris pour l'application du 3° de l'article 46 AZA octies-0 A de l'annexe III du même code

Quelles villes seront éligibles au nouveau dispositif dit « Denormandie ancien » (art. 226 de la loi de finance 2018) ?

Les villes éligibles sont celles dont le besoin de réhabilitation de l'habitat en centre-ville est particulièrement marqué :

- 1) Les communes participant au programme ACV
- 2) Les communes qui ont conclu une convention d'opération de revitalisation de territoire
- 3) les communes dont le besoin de réhabilitation de l'habitat en centre-ville est particulièrement marqué (villes PNRQAD selon conditions) dont la liste est fixée par l'arrêté

Quel secteur de la ville en ORT bénéficiera du Denormandie ancien ?

Le périmètre d'application est celui des zones de bâti continu de la commune (pas + de 200 m entre deux constructions).

Peut-on cumuler les avantages fiscaux du Denormandie dans l'ancien avec d'autres dispositifs ?

Le Denormandie dans l'ancien n'est pas cumulable avec le Malraux, ni avec les dispositifs de défiscalisation en outre-mer ou encore Louer abordable (voir E et F, article 199 novovicies du CGI).

Nota : le Denormandie dans l'ancien peut s'accompagner de subventions ANAH dans le cadre d'Habiter mieux.

Autres aides en faveur de la requalification des logements

La VIR et le DIIF peuvent-ils être détaillés et replacés dans les dispositifs mobilisés en ORT pour le logement ?

Le constat dans les centres-villes des villes en déprise :

- un habitat dégradé et une vacance développée ;
- un marché immobilier atone ;
- une offre locative de qualité médiocre.

4 outils pour agir sur ce parc : 1 d'application immédiate (Louer abordable) et les autres différée (décret ou arrêté)

Objectif : initier une dynamique pour relancer le marché et donner confiance aux investisseurs privés en s'appuyant sur des opérateurs publics : DIIF et VIR

Objectif : mobiliser les investisseurs privés et redonner de la valeur : Denormandie dans l'ancien et Louer abordable

- La VIR

Possibilité pour l'ANAH de financer sous le régime de la vente d'immeuble à rénover (VIR) des maîtres d'ouvrage (EPA, organisme HLM, SEM, SPL ou SPLA) pour des travaux de rénovation sur des logements situés en périmètre d'OPAH-renouvellement urbain, dans l'optique de leur vente à des propriétaires bailleurs.

Aujourd'hui l'ANAH finance directement des propriétaires bailleurs ou occupants en tant que personnes physiques pour les travaux qu'ils effectuent. L'objectif est de permettre à l'ANAH de financer également des opérateurs (personnes morales) sous la forme de la VIR, afin d'accélérer la requalification d'immeubles, souvent en situation de vacance. Une fois les biens rénovés, les opérateurs les revendent à des particuliers, bailleurs privés, qui n'auraient pu ou voulu engager des travaux par eux-mêmes. Cette aide de l'ANAH bénéficie indirectement aux futurs propriétaires bailleurs : le prix de vente tient compte de cette subvention et ces derniers s'engagent en retour à louer leur bien pendant 9 ans avec des loyers plafonnés.

- Le DIIF

Aides de l'ANAH pour l'amélioration des logements dans le cadre du dispositif d'intervention immobilière et foncière (DIIF), à destination des EPA, EPF, EPFL, organismes HLM, SEM, SPL, SPLA, concessionnaires d'opérations d'aménagement.

Ce dispositif élargi le public bénéficiaire des aides de l'ANAH : il vise à permettre à des opérateurs institutionnels publics et parapublics, dans des contextes de marchés souvent détendus, d'être bénéficiaires d'aides de l'agence en qualité de propriétaires bailleurs et donc de gérer un parc conventionné à loyer maîtrisé : ils pourront ainsi réguler le marché locatif privé tant en qualité de l'offre que dans un souci de mixité sociale.

ORT et outils de l'aménagement

Le permis d'aménager multisite peut-il être explicité ?

Cette possibilité est offerte aux projets de lotissement portant par exemple sur la division d'un terrain en vue de bâtir en centre-ville. Conditions cumulatives à respecter :

- être intégré dans les actions prévues dans la convention ORT ;
- s'inscrire dans le respect des orientations d'aménagement et de programmation (OAP) du PLU pour assurer une cohérence d'ensemble ;
- garantir l'unité architecturale et paysagère des sites concernés.

Nota : si le projet prévoit la création de voies et d'espaces communs, un transfert de ces espaces au profit de la commune ou de l'EPCI est conseillé pour éviter tout blocage en cas de désaccord avec les colotis en cas d'évolution apportée dans le temps.

» Document 5 – L'opération de revitalisation de territoire (ORT) (extrait). Un outil puissant à la disposition des élus locaux pour renouer et redynamiser un centre-ville et son agglomération

L'opération de revitalisation de territoire (ORT)

Février 2019

Un outil puissant à la disposition des élus locaux pour renouer et redynamiser un centre-ville et son agglomération

La revitalisation de nos territoires est une priorité du Gouvernement

L'ORT, créée par la loi portant évolution du logement, de l'aménagement et du numérique (Élan) du 23 novembre 2018 et portée par le ministère de la Cohésion des territoires et des Relations avec les collectivités territoriales, est un outil nouveau à disposition des collectivités locales pour porter et mettre en œuvre un projet de territoire dans les domaines urbain, économique et social, qui vise prioritairement à lutter contre la dévitalisation des centres-villes.

L'ORT vise une requalification d'ensemble d'un centre-ville dont elle facilite la rénovation du parc de logements, de locaux commerciaux et artisanaux, et plus globalement le tissu urbain, pour créer un cadre de vie attractif propice au développement à long terme du territoire.

L'ORT se matérialise par une convention signée entre l'intercommunalité, sa ville principale, d'autres communes-membres volontaires, l'État et ses établissements publics. Toute personne publique ou privée susceptible d'apporter son soutien ou de prendre part à des opérations prévues par le contrat peuvent également le co-signer.

Une ORT est portée conjointement par l'intercommunalité et sa ville principale.

UNE LARGE PALETTE D'OUTILS AU SERVICE D'UN PROJET DE TERRITOIRE MAÎTRISÉ

Les avantages concrets et immédiats de l'ORT

Une fois le projet de territoire défini par les élus en lien avec l'État et les partenaires, la convention d'ORT confère des nouveaux droits juridiques et fiscaux, notamment pour :

1. **RENFORCER L'ATTRACTIVITÉ COMMERCIALE EN CENTRE-VILLE**
   - Dispense d'autorisation d'exploitation commerciale et possibilité de suspension au cas par cas de projets commerciaux périphériques

2. **FAVORISER LA RÉHABILITATION DE L'HABITAT**
   - Accès prioritaire aux aides de l'Anah
   - Eligibilité au Denormandie dans l'ancien*

3. **MIEUX MAÎTRISER LE FONCIER**
   - Droit de préemption urbain renforcé
   - Droit de préemption dans les locaux artisanaux

4. **FACILITER LES PROJETS À TRAVERS DES DISPOSITIFS EXPÉRIMENTAUX**
   - Permis d'innover
   - Permis d'aménager multi-site

Comment se compose une convention ORT ?

UN DOCUMENT CONTRACTUEL DANS LEQUEL ON DOIT TROUVER :

- La durée
  Une période minimale de cinq ans est recommandée
- Le(s) secteur(s) d'intervention
  dont obligatoirement le centre de la ville principale
- Le contenu et le calendrier des actions prévues,
  sachant qu'une ORT comprend nécessairement des actions d'amélioration de l'habitat
- Le plan de financement des actions prévues
  et leur répartition dans les secteurs d'intervention délimités
- Un comité de pilotage local
  associant l'ensemble des partenaires publics et privés concernés

*

GRÂCE À L'ORT, DEVENEZ ÉLIGIBLE AU « DENORMANDIE DANS L'ANCIEN »

Un outil puissant de réhabilitation de l'habitat via l'investissement locatif.

Achetez un bien, faites 25 % du coût d'achat en travaux de réhabilitation, ***obtenez ainsi une déduction fiscale jusqu'à 21 % du coût total et louez à tarif abordable pendant 9 ans.***

Élaboration de l'ORT

L'ORT s'adresse à tout territoire qui souhaite engager un projet de revitalisation.

Certaines collectivités sont déjà engagées dans une dynamique de projet qui concerne leur centre-ville. Les 222 territoires du programme national Action Cœur de Ville pourront très rapidement transformer leur convention existante déjà signée en convention ORT.

En raison des travaux déjà engagés, la mise en place de l'ORT sera également facilitée pour les 53 communes lauréates de l'AMI centre-bourg, les villes bénéficiant du nouveau programme national de renouvellement urbain (NPNRU) et du programme national de requalification des quartiers anciens dégradés (PNRQAD).

Les préfets, services et opérateurs de l'État sont mobilisés pour accompagner les collectivités dans leur démarche.

QUI CONTACTER ?

Votre préfet de département ou de région

4 ÉTAPES POUR CONSTRUIRE UNE ORT

1. Définir un projet de revitalisation du territoire et les parties prenantes de l'ORT
2. Préciser le contenu de la convention (durée, secteurs d'intervention, calendrier, financements et gouvernance)
3. Faire délibérer l'intercommunalité, la ville principale voire les autres communes volontaires
4. Signer la convention d'ORT avec l'ensemble des partenaires puis la publier

Les périmètres d'étude et d'intervention

Le périmètre de la stratégie territoriale
comprenant tout ou partie de l'intercommunalité signataire de la convention d'ORT : il s'agit de l'échelle large de réflexion permettant de définir le projet urbain, économique et social de revitalisation sur laquelle repose le projet de redynamisation du cœur d'agglomération.

Les secteurs d'intervention opérationnels
dont un contient nécessairement le centre-ville de la ville principale de l'intercommunalité qui accueille obligatoirement une ou plusieurs actions retenues dans l'ORT (voir ci-après).

La définition des secteurs d'intervention est importante en raison des effets juridiques, commerciaux et fiscaux de l'ORT. En plus du secteur d'intervention correspondant au centre-ville de la ville principale, un ou plusieurs autres secteurs d'interventions de l'ORT peuvent être identifiés selon le projet associé à la stratégie territoriale : ce sont des secteurs dans lesquels il importe d'intervenir pour garantir le succès de la (re)dynamisation du cœur de l'agglomération. Ils peuvent par exemple concerner d'autres centres-villes au sein de l'ORT si ce choix est cohérent avec la stratégie d'ensemble de revitalisation de la centralité.

QUELLE DÉFINITION POSSIBLE DU « CENTRE-VILLE » ?

Le périmètre du centre-ville est identifié localement en s'appuyant sur un « faisceau d'indices » tels que, notamment, et de façon indicative, l'histoire des lieux, leurs fonctions symboliques et de représentation, la forme et l'âge du bâti, la densité (de population, de construction, de commerce, de bâtiments administratifs), le patrimoine historique, architectural et artistique, les fonctions de centralité permettant le rayonnement des lieux au sein du bassin de vie (sièges des administrations et collectivités, services publics, sièges sociaux d'entreprises, emplois, équipements, commerces et services, rue commerçantes, halles/marchés), l'attractivité des lieux, etc.

2 Proposition de corrigé

Note à l'attention de Monsieur le préfet

Objet : Présentation de l'opération de revitalisation du territoire (ORT) de la communauté d'agglomération XYZ

Les collectivités préoccupées par la dynamisation du cadre de vie et la revitalisation des centres-villes disposent d'un nouvel outil, l'opération de revitalisation de territoire (ORT). Issue de l'article 157 de la loi portant évolution du logement, de l'aménagement et du numérique (ELAN) du 23 novembre 2018, l'ORT est un dispositif juridique, favorisant les priorités collectives dans l'amélioration de l'offre de logements et de locaux commerciaux, tout en valorisant les espaces publics et le patrimoine bâti. Sa mise en œuvre, au service de ces objectifs ambitieux, suppose une implication forte et une concertation des services de l'État, des collectivités territoriales ainsi que de tous les opérateurs compétents.
Dans la perspective de la prochaine réunion de présentation de la future ORT de la communauté d'agglomération XYZ, cette note s'attachera à présenter le dispositif ainsi que le mode opératoire et les différentes étapes conduisant à une mobilisation partenariale

I. L'ORT, un antidote à la dévitalisation des centres-villes

A. Une intervention assise sur une logique intercommunale
L'ORT s'appuie sur une approche intercommunale et un projet d'intervention formalisé. L'approche intercommunale permet d'éviter des stratégies urbaines et commerciales divergentes, notamment quand les zones commerciales concourent à dévitaliser le centre historique. Le projet d'intervention formalisé intègre des actions relevant de différentes dimensions – habitat, urbanisme, commerces, économie, politiques sociales – dont la mise en œuvre nécessite d'être coordonnée.

B. Des leviers pour une revalorisation de l'habitat et des commerces de centre-ville
Le parc immobilier des centres-villes en déprise présente des caractéristiques comme un habitat dégradé, la vacance de locaux, un marché immobilier atone et une offre locative de qualité médiocre.
L'ORT offre aux collectivités locales quatre leviers pour agir sur l'état de ce parc.

- Deux leviers d'application immédiate, destinés à mobiliser les investisseurs privés et à redonner de la valeur aux biens :
  - « Louer abordable » : une convention ANAH avec et sans travaux et avantage fiscal sur les produits locatifs ;
  - le « Denormandie » dans l'ancien : un dispositif fiscal d'aide à l'investissement locatif en faveur de la rénovation des logements.
- Deux leviers d'application différée, s'appuyant sur des opérateurs publics, avec pour objectif de relancer le marché et donner confiance aux investisseurs privés :

- le dispositif d'intervention immobilière et foncière (DIIF) vise la régulation du marché locatif privé, tant en qualité de l'offre que dans un souci de mixité sociale, avec des aides de l'ANAH à destination des EPA, EPF, EPFL, HLM, SEM, SPL, SPLA et concessionnaires d'aménagement ;
- la vente d'immeuble à rénover (VIR) veut faciliter l'accession sociale dans l'ancien et la remise sur le marché de logements vacants, avec des subventions de l'ANAH aux vendeurs, maîtres d'ouvrage (EPA, bailleurs sociaux, SEM, SPL, SPLA) pour des travaux de rénovation dans l'optique de leur vente à des propriétaires bailleurs.

De plus, la collectivité locale peut instaurer le droit de préemption urbain (DPU) renforcé et le droit de préemption sur les fonds artisanaux, les fonds de commerce, les baux commerciaux et les terrains faisant l'objet de projets d'aménagement commercial. En ORT, ce droit de préemption sur les fonds artisanaux et fonds de commerce peut être délégué à l'un des opérateurs de l'ORT.

Enfin, l'ORT favorise le retour des commerces en cœur de ville, en exemptant d'autorisation d'exploitation commerciale (AEC) les commerces s'implantant dans un secteur d'intervention incluant un centre-ville identifié par la convention.

C. Une construction forcément partenariale

Une ORT se matérialise par une convention signée entre l'intercommunalité, sa ville principale, d'autres communes-membres volontaires, l'État et ses établissements publics. Toute personne publique ou privée susceptible d'apporter son soutien ou de prendre part à des opérations prévues par le contrat peut également cosigner ce document.

La réussite d'une ORT repose sur la capacité des acteurs à partager un diagnostic territorial, à coordonner leurs décisions et à maintenir les conditions d'une mobilisation forte.

L'ingénierie de l'État est particulièrement nécessaire pour la construction d'une stratégie partagée, à partir d'un diagnostic du territoire et d'études thématiques. Cela nécessite de mobiliser un réseau d'acteurs institutionnels comprenant la préfecture, les directions et unités départementales et des opérateurs (CEREMA, EPARECA, EPF et/ou EPA, ANAH, banque des territoires, Action logement).

II. Un mode opératoire à la fois cadré par une convention et élaboré dans la concertation

A. La convention d'ORT est portée conjointement par l'intercommunalité et sa ville principale

Par principe, il existe une seule ORT par EPCI et elle associe obligatoirement la ville principale qui doit développer des actions sur son centre-ville. Il est possible d'inclure un ou plusieurs centres-villes d'autres communes membres de cet EPCI.

Il s'agit cependant d'un outil souple, qui peut tenir compte des actions en cours. En effet, lorsque plusieurs communes d'un EPCI souhaitent s'engager dans une ORT et qu'une ou plusieurs d'entre elles font partie du programme Action cœur de ville (ACV), la loi ELAN impose qu'elles signent une seule convention d'ORT. Mais, si la ou les villes du programme ACV souhaitent continuer d'individualiser leur convention-cadre ACV, elles peuvent signer ensemble une convention d'ORT chapeau, décrivant la cohérence de leur action par rapport au projet global et à la stratégie de territoire et déclinant les éléments propres à chacune des villes en matière de secteur(s) d'intervention et d'actions.

B. Une convention au contenu clairement déterminé

La convention doit préciser son objet et son calendrier prévisionnel, de préférence sur cinq ans.

Elle comprend :

- les éléments de diagnostic territorial choisis par les collectivités et les premières orientations de la stratégie de revitalisation ;
- une délimitation des secteurs d'intervention et, dans un premier temps, au moins celui du centre-ville de la ville principale de l'EPCI ;
- la description des actions prévues dans ces secteurs d'intervention, dont une concernant l'amélioration de l'habitat ;
- le détail des conditions pour déléguer ces actions à des opérateurs ;
- l'engagement des partenaires, la gouvernance, l'animation, le pilotage, la coordination et l'évaluation des actions ;
- le mode d'association du public.

La convention peut être enrichie à tout moment par voie d'avenant.

C. Un préalable : l'impulsion donnée par les services de l'État

Dans ce processus, la réunion de préfiguration donne à l'État un rôle moteur. Cette réunion est stratégique, car elle permet de montrer l'intérêt de l'ORT. Le message sera d'autant mieux entendu si l'outil et le territoire sont décrits de concert et que le pilotage du projet comme la participation des citoyens sont abordés.

La description des avantages de l'ORT et de ses conditions de mise en œuvre, y compris en continuité des Actions cœur de ville (ACV), met en perspective sa concrétisation sous forme de convention fixant des secteurs d'intervention, une durée, un calendrier et un plan de financement des actions. La présentation d'un faisceau d'indicateurs territoriaux (les lieux, leur équipement, le rayonnement des bassins de vie, la part d'habitat dégradé et de mal logement, l'accessibilité, l'état du commerce…) rend palpables aux membres du bureau communautaire les opérations futures.

(Annexe 1 : Rétroplanning de la réunion de préfiguration)

La réussite du projet repose sur un diagnostic stratégique partagé. L'ORT demande de nombreux arbitrages entre les acteurs locaux et les porteurs de projets, et une capacité d'évaluation objective des résultats directs ou indirects. Pour ces raisons, un comité local de l'ORT, constitué avec les parties prenantes, est un outil de pilotage à constituer dès le lancement de la démarche. L'implication des acteurs politiques et économiques est importante, la capacité des porteurs de l'ORT à associer les citoyens, soit par la concertation soit même par des démarches de coconstruction, est également une condition du succès.

(Annexe 2 : Proposition de composition du comité de pilotage)

Une fois la démarche lancée et le contenu de l'ORT précisé, il restera à veiller à mettre en cohérence les documents d'urbanisme (PLU ou PLUI), à faire délibérer l'intercommunalité, la ville principale, voire les autres communes volontaires, à signer la convention d'ORT avec l'ensemble des partenaires, puis à la publier.

Annexe 1 : Rétroplanning de la réunion de préfiguration

Responsable	Objectifs	Semaine 1	Semaine 2	Semaine 3	Semaine 4	Semaine 5	Semaine 6	Semaine 7	Semaine 8
Référent ORT	Préparation matérielle de la réunion.	S'assurer que la communauté d'agglomération dispose d'une salle au jour et heure prévus, équipement matériel de vidéo-projection, micro…		Le préfet et les élus conviennent de la liste des participants et du courrier d'invitation.	Mise à la signature du courrier d'invitation finalisé (préfet, président de la CA, maire de la ville centre).		Envoi du courrier, demande de confirmation des présences.	Recensement des réponses. Relances éventuelles.	Réunion de préfiguration ORT.
Référent ORT	Prise de contact avec les partenaires d'une ORT (CDC, AL, établissements publics, chambres consulaires, conseil régional, conseil départemental).		Annonce de la réunion, de son ordre du jour, de sa date et localisation.						
Collège des chefs de service étendu à la DDFIP, INSEE, Unité territoriales des Directions régionales	Préparation des prises de parole. Intérêt du dispositif ORT. Indicateurs du territoire.	Convocation des participants.	Réunion de mobilisation présidée par M. le préfet qui passe commande aux services de l'État de leurs contributions et fait constituer des groupes de travail.			Arbitrage sur : les contenus à présenter ; les participants des services de l'État.			
Référent ORT			Animation d'un groupe de travail chargé de la présentation du dispositif ORT.						
Sous-préfet d'arrondissement			Animation d'un groupe de travail chargé de la description du territoire.						
Préfet, sous-préfet, référent ORT, participants appartenant aux services de l'État	Finalisation des documents, organisation des prises de parole.					Finalisation des documents, mise en forme selon la charte graphique. Fil conducteur des prises de parole au nom de l'État pendant la séance. Répartition des tours de parole avec les autorités territoriales.			

Annexe 2 : Proposition de composition du comité de pilotage

Le pilotage de l'ORT est assuré par un comité local de l'ORT composé des membres signataires de la convention, sous la co-présidence de l'EPCI et des communes signataires, et en présence du représentant de l'État.
Le rôle du comité local de pilotage est de définir la stratégie d'action, de valider les documents, de suivre l'avancement du projet et de communiquer sur les effets de l'ORT.
Il se réunit en fonction de l'avancement du projet, fait un bilan annuel des actions et produit une évaluation de l'ORT tous les cinq ans.

A minima, il comprend :
- les autorités territoriales ou représentants de l'EPCI, de la ville centre et des communes membres ;
- le préfet de département ou son représentant et/ou le référent départemental ;
- les représentants désignés par les financeurs (CDC, AL...) ;
- des instances de la société civile (porte-parole de la population et des associations).

En fonction des sujets et de l'implication de chacun, le comité local de pilotage peut associer provisoirement ou à plein titre tout autre acteur qui lui semble pertinent :
- représentants des conseils départementaux et régionaux ;
- organismes consulaires ;
- établissements publics ;
- acteurs privés et bailleurs ;
- personnalités qualifiées (personnalités connues par leur expertise dans le domaine concerné)...

Remarques :
- Il est important de bien souligner d'emblée la différence entre le comité local de pilotage et une équipe projet.
- L'équipe projet, sous le contrôle du bloc communal, a pour mission de coordonner les actions et les partenaires lors de réunions thématiques, et elle prépare les sessions du comité local de pilotage.

PARTIE VI

QCM : retour d'expérience sur l'épreuve de juin 2020

1 heure 30
Coefficient 2

En raison de la crise du coronavirus et du respect de la période de confinement, les épreuves écrites des 3 concours des IRA ont été reportées du 16 mars au 11 juin 2020. Pour pouvoir tout corriger à temps afin de faire passer les oraux, il a été décidé de limiter les écrits à une seule épreuve : le QCM de 120 questions. Il y a eu 58 questions de culture administrative et juridique (soit 48,33 %), 22 questions de finances publiques (soit 18,33 %), 23 questions sur l'organisation, le fonctionnement et les politiques des institutions européennes (soit 19,17 %) et 17 questions de culture numérique (soit 14,17 %). La norme de deux tiers de questions de culture administrative et juridique et de finances publiques a été respectée.

Les résultats de l'épreuve de QCM ont fait apparaître les bonnes et les mauvaises réponses des candidats au concours des IRA. Certaines questions concentrant les notes négatives sont suivies d'une étoile pour mieux les repérer. On a ajouté des indications concernant les résultats attendus. Ces questions sont celles qui ont concentré les difficultés des candidats et donc les notes négatives. Par conséquent, les autres questions sont considérées comme plus faciles pour des candidats ayant travaillé sérieusement. Ces 120 QCM donnent l'esprit dans lequel les épreuves sont réorganisées.

Sur la notation de cette épreuve, il faut se souvenir que chaque question peut donner lieu à une note négative en cas de mauvaise réponse.

Après analyses rapides des résultats des candidats de l'IPAG de Montpellier et de l'université de Corte, dans 3 groupes disciplinaires sur 4, la difficulté relative ressentie pour les questions était située quasiment au même niveau. Seules les questions sur les institutions européennes ont donné lieu à un plus fort taux de notes négatives, en raison de fortes incertitudes chez les candidats.

Ceci est dû à la complexité de la matière, ce qui est une constante déjà constatée dans les anciennes épreuves de questions à réponses courtes. L'organisation, le fonctionnement et les politiques des institutions européennes est un bloc qui dépasse les seules questions juridiques qui sont particulièrement complexes à assimiler. Par conséquent, on recommandera aux candidats de soupeser le risque de répondre aux questions d'institutions européennes sauf s'ils sont certains de la réponse. En cas de doute, il sera préférable de ne rien marquer quitte à avoir un zéro. Mais c'est dans l'objectif de ne pas perdre de points à l'épreuve de QCM.

1 Entraînement

1. Culture administrative et juridique

1. En France, le Conseil constitutionnel :
   a) donne un avis conforme sur les mesures prises dans le cadre de l'article 16 de la Constitution.
   b) comprend 9 membres dont une partie est nommée par le président de la République.
   c) peut constater, directement et sans délai, l'empêchement du président de la République d'exercer ses fonctions.

2. En France, le Conseil constitutionnel :
   a) a autorité sur tous les ordres juridictionnels.
   b) est une cour suprême.
   c) juge l'application du droit constitutionnel.

3. En France, chacune des deux assemblées parlementaires compte, d'après l'article 43 de la Constitution : (★)
   a) au maximum 6 commissions permanentes.
   b) au maximum 8 commissions permanentes et les deux assemblées ont choisi en pratique d'atteindre ce maximum.
   c) au maximum 8 commissions permanentes, mais ce plafond n'a pas été atteint dans la pratique.

4. La France compte : (★)
   a) 925 parlementaires.
   b) 577 parlementaires et 348 sénateurs.
   c) 477 députés et 308 sénateurs.

5. À quelle date est promulguée la Constitution de la Ve République ?
   a) 1er juin 1958
   b) 4 octobre 1958
   c) 6 novembre 1962

6. L'élection du président de la République au suffrage universel direct sous la Constitution de la Ve République a été mise en place par la loi constitutionnelle du :
   a) 1er juin 1958.
   b) 4 octobre 1958.
   c) 6 novembre 1962.

7. La commission mixte paritaire est composée de :

a) 14 parlementaires (7 sénateurs et 7 députés et autant de membres suppléants).
b) 16 parlementaires (8 sénateurs et 8 députés et autant de membres suppléants).
c) 18 parlementaires (9 sénateurs et 9 députés et autant de membres suppléants).

8. Le Premier ministre propose au président de la République : (★)

a) la nomination des membres du gouvernement.
b) la révocation des membres du gouvernement.
c) la nomination et la révocation des membres du gouvernement.

9. Quel texte proclame que l'organisation de la République est décentralisée ? (★)

a) L'article 1er de la Constitution
b) L'article 72 de la Constitution
c) L'article 1er de la loi du 2 mars 1982 relative aux droits et libertés des communes, des départements et des régions

10. L'article 16 de la Constitution du 4 octobre 1958 :

a) introduit la question prioritaire de constitutionnalité.
b) pose le principe du contrôle de légalité.
c) permet d'accorder des pouvoirs exceptionnels au président de la République.

11. Lequel de ces textes ne figure pas dans le bloc de constitutionnalité ?

a) La Déclaration des droits de l'homme et du citoyen de 1789
b) La Charte des droits fondamentaux de l'Union européenne de 2000
c) La Charte de l'environnement

12. Quelle est la durée du mandat des membres nommés du Conseil constitutionnel ?

a) 5 ans
b) 6 ans
c) 9 ans

13. L'Agence nationale de la cohésion des territoires créée par la loi du 22 juillet 2019 : (★)

a) a le statut d'établissement public de l'État.
b) est un service à compétence nationale avec mission de soutenir les collectivités territoriales dans la mise en place de leurs projets.
c) dispose d'un conseil d'administration composé, de façon paritaire, de représentants de l'État et d'élus.

14. Les métropoles issues de la loi de 2010 sont-elles des collectivités territoriales ?

a) Non, ce sont des EPA.
b) Non, ce sont des EPCI.
c) Non, ce sont des administrations déconcentrées.

15. Le Conseil économique, social et environnemental est :

a) composé de membres élus.
b) un organisme de régulation.
c) un organisme consultatif.

16. Qu'est-ce que la CADA, créée par la loi du 17 juillet 1978 ?

a) La commission d'administration des données administratives
b) La commission d'accès aux documents administratifs
c) La commission administrative du droit d'asile

17. Les cours administratives d'appel ont été créées :

a) par la loi du 31 décembre 1987.
b) par la Constitution du 4 octobre 1958.
c) par la décision du Conseil constitutionnel n° 89-261 DC du 28 juillet 1989.

18. La loi est adoptée quand :

a) elle est votée par au moins une des chambres du Parlement à la majorité absolue au terme de la première lecture.
b) elle est votée en termes identiques par l'Assemblée nationale et par le Sénat, au terme de deux lectures dans chaque chambre.
c) elle est votée en termes identiques par chacune des chambres du Parlement.

19. Le Secrétaire général du gouvernement est :

a) un élu choisi parmi les membres du Parlement.
b) un haut fonctionnaire issu des rangs du Conseil d'État.
c) un ministre qui exerce cette charge en sus de sa mission ministérielle.

20. Les membres du conseil départemental sont élus :

a) au suffrage universel direct.
b) au suffrage universel indirect.
c) au suffrage censitaire.

21. La région est désignée par la Constitution en tant que collectivité territoriale depuis :

a) l'adoption de la Constitution du 4 octobre 1958.
b) la révision constitutionnelle du 28 mars 2003.
c) la révision constitutionnelle du 1er mars 2005.

22. Quelle est la condition de validité d'une circulaire ?

a) Elle doit être signée par le Premier ministre.

b) Elle doit être approuvée par le Conseil d'État avec la mention « *Le Conseil d'État entendu* ».

c) Elle doit être publiée dans les conditions prévues par le Code des relations entre le public et l'administration.

23. Quel est le rôle de l'agent judiciaire de l'État ?

a) Représenter l'État devant les juridictions judiciaires quand la demande principale est pécuniaire

b) Défendre l'État devant la Cour européenne des droits de l'homme

c) Représenter l'État devant le Conseil constitutionnel lors des questions prioritaires de constitutionnalité.

24. En France, au 1er janvier 2019, on dénombre : (★)

a) 9 métropoles, 22 communautés urbaines, 366 communautés d'agglomération et 603 communautés de communes.

b) 12 métropoles, 35 communautés urbaines, 150 communautés d'agglomération et 725 communautés de communes.

c) 21 métropoles, 13 communautés urbaines, 223 communautés d'agglomération et 1 001 communautés de communes.

25. Quelles sont les missions de la Cour des comptes ?

a) Elle est saisie pour avis des plans, de tout projet ou proposition de loi, d'ordonnance ou de décret à caractère économique, social et environnemental.

b) Elle assiste le Parlement et le gouvernement dans le contrôle de l'exécution des lois de finances et de l'application des lois de financement de la Sécurité sociale ainsi que dans l'évaluation des politiques publiques.

c) Elle est chargée de donner son avis sur la légalité et l'opportunité des projets de lois et de certains projets de décrets.

26. Laquelle de ces directions ne figure pas dans la liste des directions départementales interministérielles ?

a) La direction des services départementaux de l'Éducation nationale

b) La direction départementale des territoires

c) La direction départementale de la cohésion sociale

27. Laquelle de ces institutions n'est pas une autorité administrative indépendante ?

a) La Commission nationale du débat public

b) La Commission nationale de concertation en matière locative

c) Le Défenseur des droits

28. La compétence « développement économique » relève :

a) de la région.
b) du département.
c) du Conseil économique, social et environnemental.

29. Le comité de l'administration régionale est présidé par :

a) un vice-président du conseil régional.
b) le président du conseil régional.
c) le préfet de région.

30. Selon l'arrêt Berkani du Tribunal des conflits du 25 mars 1996, les personnels non statutaires travaillant pour le compte d'un service public :

a) sont des agents contractuels de droit privé, quel que soit leur emploi.
b) à caractère administratif sont des agents contractuels de droit public, quel que soit leur emploi.
c) à caractère industriel et commercial sont des agents contractuels de droit public, quel que soit leur emploi.

31. Pour qu'un acte administratif unilatéral individuel soit opposable, celui-ci doit avoir en principe fait l'objet :

a) d'une notification.
b) d'une publication.
c) d'une notification et d'une publication.

32. Les actes des collectivités territoriales peuvent être annulés :

a) uniquement sur déféré préfectoral.
b) par le préfet.
c) par le juge.

33. Pour entrer en vigueur, un acte administratif réglementaire doit faire l'objet : (★)

a) d'un contrôle *a priori* par le juge administratif.
b) d'une mesure de publicité.
c) d'une publication au *Journal officiel de la République française*.

34. En matière d'exécution des actes administratifs unilatéraux, que signifie le privilège du préalable ? (★)

a) L'administration peut prendre une décision à l'égard d'un administré sans avoir à solliciter préalablement son avis.
b) L'administration a la faculté d'édicter un acte administratif unilatéral dont les effets seront différés dans le temps.
c) L'administration n'a pas besoin de recourir préalablement au juge pour obtenir des administrés récalcitrants l'exécution de ses décisions.

35. **Quels sont les trois éléments permettant d'engager la responsabilité de l'administration ?**

a) Un préjudice, une faute, un lien de causalité
b) Un préjudice, un fait générateur, un lien de causalité
c) Un préjudice matériel réparable, un fait générateur, un lien de causalité

36. **Un projet de loi doit être soumis au Conseil d'État : (★)**

a) obligatoirement, dans tous les cas.
b) lorsque le projet de loi prévoit cette consultation.
c) uniquement à la demande du gouvernement.

37. **La clause générale de compétence d'une collectivité territoriale signifie que :**

a) la collectivité intervient dans des domaines assez généraux.
b) la collectivité dispose de toutes les compétences votées par son assemblée délibérante.
c) la collectivité peut intervenir dans un domaine de compétences dès lors que l'intérêt de son territoire peut être invoqué.

38. **Le juge compétent pour contester un résultat issu des élections européennes est :**

a) la Cour de cassation.
b) le Conseil d'État.
c) le Conseil constitutionnel.

39. **Quelle autorité exerce le contrôle de légalité des actes des collectivités territoriales ?**

a) Le préfet
b) La chambre régionale des comptes
c) Le tribunal administratif

40. **En droit interne, la supériorité des traités internationaux sur la loi est imposée par :**

a) le droit de l'Union européenne.
b) la jurisprudence du Conseil constitutionnel.
c) l'article 55 de la Constitution de 1958.

41. **Parmi les procédures non juridictionnelles du contrôle de la légalité, la médiation est un recours qui s'incarne par : (★)**

a) le Défenseur des enfants.
b) le Défenseur des droits.
c) le Médiateur de la République.

42. **Qu'est-ce que la RAEP qui a été développée ces dernières années afin de diversifier les évolutions professionnelles dans la fonction publique ?**

a) La revalorisation des activités et de l'évolution professionnelles
b) La reconnaissance des acquis de l'expérience professionnelle
c) La reconnaissance par admission de l'expérience professionnelle

43. **De quelle manière un agent peut-il quitter la fonction publique ?**

a) Abandon de poste
b) Mise à disposition
c) Détachement

44. **La démission de la fonction publique : (★)**

a) prend effet à la date fixée par l'agent.
b) peut être orale.
c) est rejetée si l'administration garde le silence pendant 4 mois après le dépôt de la demande de l'agent.

45. **Les libertés d'opinion et d'expression :**

a) permettent aux fonctionnaires d'exprimer toutes les idées qu'ils souhaitent.
b) doivent se concilier avec le respect du devoir de réserve.
c) sont théoriques et constituent dans les faits en une obligation de silence pour les agents.

46. **Les obligations de probité et de moralité d'un agent public :**

a) ne peuvent lui être opposées que pendant les heures de service.
b) peuvent lui être opposées même en dehors des heures de service.
c) ne s'imposent pas aux militaires et magistrats de l'ordre judicaire.

47. **Quelle sanction n'est pas inscrite au dossier de l'agent ?**

a) L'avertissement
b) L'abaissement d'échelon
c) La radiation du tableau d'avancement

48. **Le devoir de réserve est une création : (★)**

a) Jurisprudentielle.
b) de la loi du 13 juillet 1983 portant droits et obligations des fonctionnaires.
c) de la loi du 20 avril 2016 relative à la déontologie et aux droits et obligations des fonctionnaires.

49. **Le fonctionnaire est titulaire :**

a) de son emploi.
b) de sa fonction.
c) de son grade.

50. **Dans le cadre de la loi de transformation de la fonction publique, les instances de dialogue social ont été réformées. Les commissions administratives paritaires voient leurs compétences modifiées. Quelles sont les questions qu'elles n'auront plus à traiter ? (★)**

a) Les demandes de révision du compte rendu d'entretien professionnel
b) L'examen des propositions de promotion et d'avancement
c) Les demandes de disponibilité des agents

51. **La loi de transformation de la fonction publique permet une harmonisation de l'échelle des sanctions disciplinaires pour les trois versants de la fonction publique. Quelle sanction concerne désormais les agents des trois versants ?**

a) L'avertissement
b) Le blâme
c) L'exclusion temporaire de fonctions d'une durée maximale de 3 jours

52. **En cas de suspension administrative, l'agent : (★)**

a) continue de percevoir son traitement indiciaire.
b) perçoit un demi-traitement.
c) ne perçoit plus aucun traitement.

53. **L'entretien professionnel dans la fonction publique a pour objet :**

a) d'examiner périodiquement avec le chef de service les conditions de travail.
b) d'évaluer le travail de l'année écoulée et de fixer des objectifs pour l'année à venir.
c) une procédure permettant aux fonctionnaires et agents publics de prévenir un contentieux.

54. **Quels textes régissent le statut des fonctionnaires de l'État ?**

a) La loi du 13 juillet 1983 et la loi du 11 janvier 1984
b) La loi du 13 juillet 1983 et la loi du 26 janvier 1984
c) La loi du 11 janvier 1984 et la loi du 9 janvier 1986

55. **Au 31 décembre 2017, au sein de la fonction publique d'État, la catégorie A représente environ : (★)**

a) 36 % des agents.
b) 46 % des agents.
c) 56 % des agents.

56. Au 31 décembre 2017, le pourcentage de femmes au sein de la fonction publique est d'environ :

a) 62 %.
b) 52 %.
c) 42 %.

57. La nomination d'un fonctionnaire se traduit juridiquement par :

a) la signature d'un contrat de travail.
b) la signature d'un contrat d'engagement de servir l'État.
c) un acte de nomination unilatéral.

58. Avant la loi de transformation de la fonction publique, les employeurs publics avaient la possibilité de recruter directement par contrat à durée indéterminée :

a) en l'absence de corps de fonctionnaires.
b) pour le remplacement momentané de fonctionnaires.
c) pour faire face à un accroissement temporaire ou saisonnier d'activité.

2. Finances publiques

59. Les membres du gouvernement : (★)

a) sont justiciables de la Cour de discipline budgétaire et financière.
b) sont justiciables de la Cour de discipline budgétaire et financière dans certains cas énumérés par la loi.
c) ne sont pas justiciables de la Cour de discipline budgétaire et financière.

60. Les acteurs des finances publiques sont :

a) les gestionnaires, les comptables, les fournisseurs.
b) les ordonnateurs, les comptables, les gestionnaires.
c) les prescripteurs, les fournisseurs, les ordonnateurs.

61. Votre régisseur est absent, pour assurer la continuité du service :

a) vous pouvez le remplacer.
b) vous pouvez déléguer cette mission à votre adjoint.
c) toutes les réponses sont fausses.

62. La Cour des comptes :

a) vérifie la disponibilité budgétaire.
b) contrôle et juge les comptes des comptables publics, contrôle la gestion des ordonnateurs et certifie les comptes de l'État.
c) valide les plafonds de crédits et d'effectifs.

63. **À quoi correspond la gestion de fait ?**

a) Aux opérations dont les comptables publics sont chargés
b) À l'ordre donné par l'ordonnateur au comptable de payer une dépense
c) Au maniement de deniers publics par une personne qui n'a pas la qualité de comptable public

64. **Le caractère libératoire du règlement d'une dette publique signifie que :**

a) le paiement est fait au profit du créancier ou de son représentant qualifié.
b) le paiement dégage le comptable public de toute responsabilité.
c) le règlement est effectué par virement bancaire.

65. **S'agissant des finances publiques des pays membres, le traité de Maastricht de 1992 fixe les critères de convergence suivants :**

a) un déficit public annuel inférieur à 6 % du PIB, une dette publique inférieure à 90 % du PIB.
b) un déficit public annuel inférieur à 5 % du PIB, une dette publique inférieure à 40 % du PIB.
c) un déficit public annuel inférieur à 3 % du PIB, une dette publique inférieure à 60 % du PIB.

66. **Quel grand principe budgétaire a été consacré par la loi organique relative aux lois de finances (LOLF) du 1er août 2001 ? (★)**

a) Le principe d'annualité
b) Le principe de sincérité
c) Le principe d'unité

67. **La cotisation sur la valeur ajoutée des entreprises (CVAE) est : (★)**

a) une taxe additionnelle à la TVA sur certains produits et services uniquement.
b) une des composantes de l'impôt sur les sociétés.
c) une des composantes de la contribution économique territoriale.

68. **Le premier budget de l'État voté et exécuté selon les principes de la LOLF est :**

a) le budget de l'année 2001.
b) le budget de l'année 2006.
c) le budget de l'année 2010.

69. **Le système des autorisations d'engagement et des crédits de paiement :**

a) est étendu à l'ensemble des dépenses des programmes budgétaires.
b) ne s'applique qu'aux opérations d'investissement.
c) n'est applicable qu'aux dépenses de fonctionnement courant.

70. **Quel a été le budget de l'État en 2017 ?**

a) 25,34 milliards d'euros de recettes et 32,67 milliards d'euros de dépenses
b) 253,4 milliards d'euros de recettes et 326,7 milliards d'euros de dépenses
c) 2 534 milliards d'euros de recettes et 3 267 milliards d'euros de dépenses

71. **La contribution économique territoriale :**

a) est en vigueur depuis 2015.
b) est affectée aux seuls départements.
c) se substitue à la taxe professionnelle.

72. **Un document orange présente : (★)**

a) une politique interministérielle concernant plusieurs programmes.
b) l'effort financier de l'État dans un domaine d'intervention donné, effort partagé par plusieurs ministères.
c) l'ensemble des moyens regroupés au sein d'une mission et alloués à une politique publique.

73. **La LOLF prévoit la possibilité de modifier la répartition des crédits entre des programmes de deux ministères distincts par :**

a) un décret modificatif.
b) un décret de transfert.
c) un décret de virement.

74. **Les montants encaissés au titre des contrôles fiscaux de l'année 2018 se sont élevés à environ : (★)**

a) 9 milliards d'euros.
b) 17 milliards d'euros.
c) 25 milliards d'euros.

75. **À quel pourcentage du PIB, correspond, fin 2018, le montant de la dette des administrations de sécurité sociale, au sens du traité de Maastricht ? (★)**

a) 31 % du PIB
b) 19 % du PIB
c) 9 % du PIB

76. **Quel article de la Constitution du 4 octobre 1958 prévoit le vote des projets de loi de finances par le Parlement ? (★)**

a) L'article 39
b) L'article 45
c) L'article 47

77. **Les projets de lois de finances doivent être déposés :**

a) en priorité à l'Assemblée nationale.
b) en priorité au Sénat.
c) à l'Assemblée nationale ou au Sénat, comme les projets de lois ordinaires.

78. **L'article 40 de la Constitution interdit aux amendements parlementaires :**

a) d'augmenter les ressources publiques.
b) de diminuer les charges publiques.
c) d'aggraver les charges publiques.

79. **Le principe de non-affectation implique que :**

a) toute recette doit être recouvrée en vertu d'une autorisation budgétaire.
b) toute dépense du budget doit pouvoir être financée par toute recette.
c) toute dépense du budget doit être financée par une recette particulière.

80. **Quel organe certifie la sincérité budgétaire des comptes de l'État ?**

a) Le Haut Conseil des finances publiques
b) Le Conseil constitutionnel
c) La Cour des comptes

3. Organisation, fonctionnement et politiques des institutions européennes

81. **Quel pays n'est pas candidat à l'entrée dans l'Union européenne ?**

a) L'Islande
b) La Macédoine du Nord
c) La Serbie

82. **Quel État ne fait pas partie de l'espace Schengen ? (★)**

a) La Croatie
b) Le Danemark
c) La Suisse

83. **Quelle est la date de la « déclaration Schumann » ?**

a) 27 mars 1957
b) 18 avril 1951
c) 9 mai 1950

QCM

QCM : retour d'expérience sur l'épreuve de juin 2020

84. **Quel traité a donné naissance à l'Union européenne ?**

a) Le traité de Lisbonne
b) Le traité de Maastricht
c) Le traité de Rome

85. **Quelle institution n'est pas une institution de l'Union européenne ?**

a) La Banque centrale européenne
b) Le Conseil européen
c) Le Conseil de l'Europe

86. **Le président du Conseil européen : (★)**

a) est élu par le Conseil européen, à la majorité qualifiée, pour deux ans et demi renouvelables une fois.
b) est élu par le Parlement européen, à la majorité absolue, pour cinq ans.
c) est désigné pour une présidence tournante de six mois.

87. **Les dépenses du budget de l'Union européenne sont réparties entre : (★)**

a) dépenses certaines et dépenses optionnelles.
b) dépenses opérationnelles et dépenses de fonctionnement.
c) dépenses d'investissement et dépenses de fonctionnement.

88. **Quel est le principal outil financier de mise en œuvre de la politique de cohésion européenne sur le territoire français ?**

a) Le Fonds social européen (FSE)
b) L'Initiative pour l'emploi des jeunes (IEJ)
c) Le Fonds européen de développement régional (FEDER)

89. **Qui pose les questions préjudicielles renvoyées à la Cour de justice de l'Union européenne ? (★)**

a) Les États membres de l'Union européenne
b) Les juridictions nationales
c) Tout justiciable

90. **Selon la procédure législative ordinaire prévue à l'article 289 § 1 TFUE : (★)**

a) le Parlement européen et le Conseil adoptent ensemble sur un pied d'égalité un acte législatif.
b) le Parlement européen a le dernier mot pour l'adoption d'un acte législatif.
c) le Parlement européen n'a qu'un pouvoir consultatif dans l'adoption d'un acte législatif.

91. Après le Brexit, combien de députés composeront le Parlement européen ?

a) 751
b) 750
c) 705

92. L'article 17 TUE stipule que la Commission européenne :

a) *« met en œuvre les actes législatifs contraignants ».*
b) *« contrôle le Parlement européen ».*
c) *« veille à l'application des traités ».*

93. La durée du mandat de la Commission européenne est de :

a) 6 ans.
b) 5 ans.
c) 4 ans.

94. La Commission européenne est-elle obligée de démissionner si une motion de censure est adoptée par le Parlement européen ? (★)

a) Oui
b) Non
c) Il n'existe pas de motion de censure dans le droit de l'Union européenne.

95. Quel est le nom du président actuel du Parlement européen ?

a) Charles Michel
b) David Sassoli
c) Jan Zahradil

96. En 2019, le budget de l'Union européenne (crédits d'engagement) s'élève à : (★)

a) 222,7 milliards d'euros.
b) 165,8 milliards d'euros.
c) 138,4 milliards d'euros.

97. Lorsque le Conseil vote sur une proposition de la Commission, la majorité qualifiée est atteinte si :

a) 55 % des États membres ont exprimé un vote favorable et la proposition est soutenue par des États membres représentant au moins 65 % de la population totale de l'UE.
b) la majorité absolue des États membres a exprimé un vote favorable et la proposition est soutenue par des États membres représentant au moins la moitié de la population totale de l'UE.
c) les deux tiers des États membres ont exprimé un vote favorable.

98. **Lequel de ces territoires n'est pas un pays et territoire d'outre-mer (PTOM) ?**

a) La Polynésie française
b) Saint-Barthélemy
c) Mayotte

99. **L'arrêt CJCE, 11 juillet 1974, Darsonville définit une mesure d'effet équivalent à une restriction quantitative comme étant : (★)**

a) toute réglementation commerciale des États membres, susceptible d'entraver directement ou indirectement, actuellement ou potentiellement le commerce intracommunautaire.
b) toute réglementation commerciale des États membres, susceptible de restreindre directement ou indirectement, actuellement ou potentiellement la concurrence sur un marché de produits.
c) toute pratique d'une entreprise, susceptible d'entraver directement ou indirectement, actuellement ou potentiellement le commerce intracommunautaire.

100. **La directive Seveso porte sur les établissements :**

a) agricoles.
b) de tourisme.
c) classés à haut risque industriel.

101. **L'article 47 de la Charte des droits fondamentaux de l'Union européenne : (★)**

a) prévoit le champ d'application de la Charte.
b) garantit le droit à un recours effectif.
c) garantit le droit au respect de sa vie privée.

102. **La Cour européenne des droits de l'homme est composée de : (★)**

a) 28 juges.
b) 47 juges.
c) 48 juges.

103. **Les juges siégeant à la Cour européenne des droits de l'homme sont : (★)**

a) désignés par chacun des États membres du Conseil de l'Europe.
b) nommés par le président de la Cour après examen de leur candidature par l'assemblée plénière des juges de la Cour.
c) élus par l'assemblée parlementaire du Conseil de l'Europe, sur proposition des États membres.

4. Culture numérique

104. Je peux utiliser un visuel trouvé sur les moteurs de recherche pour un journal interne :

a) si c'est pour une utilisation interne à l'administration publique.
b) si c'est pour un site qui n'a pas de vocation commerciale.
c) si j'ai l'autorisation de l'auteur.

105. Qu'est-ce qu'une donnée ouverte (en anglais « *open data* ») ?

a) Une information qui a vocation à être librement accessible et réutilisable
b) Une définition en ligne modifiable par tout internaute
c) Un système de partage libre de données en ligne

106. Qu'est-ce qu'une adresse IP ?

a) Un nom de domaine attribué à chaque machine
b) Une adresse attribuée à chaque machine
c) Une adresse attribuée à un compte de messagerie

107. Qu'est-ce que le protocole HTTP ? (★)

a) Un moyen permettant au client et au serveur d'échanger
b) Une adresse attribuée à une machine afin qu'elle puisse être identifiée
c) Un langage permettant d'intégrer des liens vers d'autres ressources

108. Qu'est-ce qu'un navigateur web ? (★)

a) Une forme particulière de jeu vidéo
b) Un moteur de recherche permettant d'établir une liste de ressources consultables
c) Un logiciel présent sur une machine permettant d'exécuter des demandes de consultation de ressources

109. Qu'est-ce qu'un cookie ?

a) Une application permettant de déchiffrer un courriel entrant sur une machine
b) Une application permettant de crypter une ressource lorsqu'elle circule sur les réseaux
c) Un fichier qui contient une donnée qui sera enregistrée sur la machine du client à la demande du serveur

110. Dans un logiciel de traitement de texte, une table des matières peut être créée :

a) par le copier/coller des titres du document.
b) par l'insertion de la table des matières automatique à partir des titres mis en forme à l'aide des styles.
c) par l'affichage du volet de navigation.

QCM : retour d'expérience sur l'épreuve de juin 2020

111. Qu'est-ce qu'un *cloud* (en français « nuage ») hybride ?

a) L'utilisation de *cloud* privé et public
b) Un *cloud* partagé entre plusieurs pays
c) Le fonctionnement du *cloud* avec des énergies renouvelables

112. La désignation d'un délégué à la protection des données est-elle obligatoire au sein des organismes et autorités publics ?

a) Oui
b) Non
c) Elle est fortement recommandée.

113. Une adresse courriel est une donnée :

a) exploitable librement.
b) à caractère personnel.
c) à caractère personnel si elle permet d'identifier directement son propriétaire.

114. La loi n° 2018-493 du 20 juin 2018 relative à la protection des données personnelles fixe la majorité numérique, c'est-à-dire l'âge à partir duquel un enfant peut consentir seul au traitement de ses données et de son image, à : (★)

a) 14 ans.
b) 15 ans.
c) 16 ans.

115. La création d'un traitement automatisé de données nominatives est subordonnée à :

a) la déclaration à la CNIL.
b) l'accord de la CNIL.
c) la nomination d'un responsable de la sécurité informatique.

116. Quelle action constitue une opération de traitement automatisé de données personnelles ? (★)

a) Répertorier les noms de rue d'une commune
b) Consigner dans un fichier informatique les adresses postales d'entreprises
c) Collecter les coordonnées de prospects via un questionnaire papier

117. Qu'est-ce que la neutralité de l'Internet ?

a) Le traitement égal de tous les paquets de données par le réseau
b) Le fait que des plates-formes ou gestionnaires de serveurs refusent de communiquer des données personnelles aux autorités publiques
c) L'interdiction posée par certains réseaux sociaux de payer des publicités à caractère politique

118. Qu'est-ce que la fracture numérique ?

a) L'absence de dématérialisation des services publics
b) L'indisponibilité occasionnelle du réseau internet sur un territoire
c) L'existence de disparités d'accès aux technologies informatiques

119. L'acronyme HADOPI signifie : (★)

a) Haute Autorité pour la diffusion des œuvres protégées sur Internet
b) Haute Autorité pour la diffusion des œuvres et la protection des droits sur Internet
c) Haute Autorité de défense des œuvres et de la propriété intellectuelle

120. Le droit à la déconnexion est :

a) la possibilité pour un employeur de mettre fin à la connexion sur Internet d'un agent pour des motifs déontologiques.
b) le droit pour un agent d'être en télétravail sans avoir accès systématiquement à un poste informatique.
c) le droit pour un agent de ne pas être en permanence joignable pour des motifs liés à l'exécution de son travail.

2 Corrigé

1. Culture administrative et juridique

1. b)
2. c)
3. c) Cette question a donné lieu à des notes négatives car elle était difficile. L'article 43 de la Constitution fixait le nombre maximal de commissions permanentes à 6 mais la réalité en comptait 8. La révision constitutionnelle du 23 juillet 2008 a aligné la Constitution sur la pratique afin de renforcer les pouvoirs du Parlement.
4. a) Cette question a donné lieu à beaucoup de notes négatives car elle était très difficile. Pourtant, selon l'article 24 de la Constitution, il y a en France 577 députés et 348 sénateurs = 925 parlementaires.
5. b)
6. c)
7. a)
8. c) Cette question a donné lieu à des notes négatives car elle était difficile. Pourtant, c'est le président de la République qui nomme et révoque les membres de gouvernement (article 8 de la Constitution).
9. a) Cette question a donné lieu à des notes négatives car elle était difficile. En effet, ce texte est issu d'une disposition mal connue issue de la révision constitutionnelle du 28 mars 2003.
10. c)
11. b)
12. c)
13. a) Cette question a donné lieu à des notes négatives car elle était difficile. Cette agence de l'État sert aux collectivités territoriales pour mener à bien leurs projets.
14. b)
15. c)
16. b)
17. a)
18. c)
19. b)
20. a)
21. b)
22. c)
23. a)

24. c) Cette question a donné lieu à des notes négatives car elle était difficile. Pourtant, il existe en France 21 métropoles et, par ce chiffre, on pouvait trouver facilement la bonne réponse. Il existe 19 métropoles de droit commun : Bordeaux, Brest, Clermont-Ferrand, Dijon, Grenoble, Lille, Metz, Montpellier, Nancy, Nantes, Nice, Orléans, Rennes, Rouen, Saint-Étienne, Strasbourg, Toulon, Toulouse et Tours. Il existe également 2 métropoles à statut particulier : Aix-Marseille et le Grand Paris. La métropole de Lyon est une collectivité territoriale à statut particulier car elle est également un département. Elle n'est donc pas comptabilisée dans les 21 métropoles. La première métropole a avoir été créée est celle de Nice (2011). Les plus peuplées sont le Grand Paris (7 millions d'habitants), Aix-Marseille (1,8 million d'habitants), Lyon (1,3 million d'habitants), Lille (1,1 million d'habitants), Bordeaux (775 000 habitants), Toulouse (760 000 habitants), Nantes (636 000 habitants) et Nice (545 000 habitants). Toutes les autres métropoles comptent moins de 500 000 habitants. La moins peuplée est celle de Brest avec 213 000 habitants. Au total, les 21 métropoles + Lyon rassemblent 19 millions d'habitants, soit 28 % de la population française.

25. b)

26. a)

27. b)

28. a)

29. c)

30. b)

31. a)

32. c)

33. b) Cette question a donné lieu à beaucoup de notes négatives car elle était très difficile. La mesure de publicité peut être une publication au *Journal officiel* mais ce n'est pas obligatoire.

34. c) Cette question a donné lieu à des notes négatives car elle était difficile. Le privilège du préalable signifie qu'un acte administratif s'impose comme acte exécutoire tant qu'il n'a pas été remis en cause par le juge de la légalité.

35. b)

36. a) Cette question a donné lieu à des notes négatives car elle était difficile. Pourtant, l'article 39 de la Constitution précise que tous les projets de loi sont délibérés en Conseil des ministres après avis du Conseil d'État.

37. c)

38. b)

39. a)

40. c)

41. b) Cette question a donné lieu à des notes négatives car elle était difficile. Pourtant le Défenseur des droits est une autorité administrative indépendante instituée par la révision constitutionnelle du 23 juillet 2008 (article 71-1 de la Constitution).

42. b)
43. a)
44. c) Cette question a donné lieu à des notes négatives car elle était difficile. Pourtant, le silence de l'administration gardé pendant plus de 4 mois vaut décision implicite de rejet. La décision de l'administration doit intervenir :

- dans les 4 mois suivant la réception de la demande de démission dans la fonction publique d'État (FPE) ;
- dans le mois suivant la réception de la demande de démission dans la territoriale (FPT) et l'hospitalière (FPH).

Le fonctionnaire ne doit cesser ses fonctions qu'à la date fixée par l'autorité compétente. En cas de refus de la démission, le fonctionnaire peut saisir la commission administrative paritaire (CAP), sauf dans la FPH. La CAP émet un avis motivé sur la demande de démission qu'elle transmet à l'autorité compétente.
L'absence de réponse de l'administration dans le délai imparti ne vaut pas décision implicite de rejet de la démission. En revanche, une fois le délai expiré, l'administration, si elle n'a pris aucune décision, est dessaisie de la demande de démission. Le fonctionnaire qui maintient sa demande doit formuler une nouvelle demande de démission.
45. b)
46. b)
47. a)
48. a) Cette question a donné lieu à beaucoup de notes négatives car elle était très difficile. L'obligation de réserve a été sanctionnée par la jurisprudence administrative dès 1935. Puis les lois portant statut général de la fonction publique ont repris ces acquis pour restreindre la liberté d'expression des fonctionnaires qui pouvait nuire au service public.
49. c)
50. b) Cette question a donné lieu à des notes négatives car elle était difficile. Depuis la loi du 6 août 2019, les attributions des commissions administratives paritaires (CAP) ne donnent plus d'avis préalable sur les décisions individuelles de mutation, de mobilité, d'avancement et de promotion. Elles sont réduites à l'examen des décisions individuelles défavorables aux agents.
51. c)
52. a) Cette question a donné lieu à des notes négatives car elle était difficile. Le fonctionnaire suspendu conserve son traitement, l'indemnité de résidence, le supplément familial de traitement et les prestations familiales obligatoires. Sa situation doit être définitivement réglée dans le délai de quatre mois.
53. b)
54. a)

55. c) Cette question a donné lieu à beaucoup de notes négatives car elle était très difficile. C'était le chiffre le plus gros qu'il fallait choisir car la fonction publique de l'État est majoritairement composée de cadres de catégorie A contrairement aux deux autres fonctions publiques. Dans la FPT, la catégorie A ne représente que 10 % (contre 76 % pour la catégorie C). Dans la FPH, la catégorie A ne représente que 32 % (contre 48 % pour la catégorie C).
56. a)
57. c)
58. a)

2. Finances publiques

59. c) Cette question a donné lieu à des notes négatives car elle était difficile. Selon les termes de la loi du 25 septembre 1948, les membres du gouvernement étant déjà responsables devant le Parlement, ils ne sont pas justiciables de la Cour de discipline budgétaire et financière (CDBF).
60. b)
61. c)
62. b)
63. c)
64. a)
65. c)
66. b) Cette question a donné lieu à autant de notes positives que de notes négatives. Le principe de sincérité a été introduit dans la LOLF car le Conseil constitutionnel refusait depuis 1993 de sanctionner le gouvernement pour violation d'un principe ne reposant sur aucun texte. Malgré son inscription à l'article 32 de la LOLF, le Conseil constitutionnel n'a jamais censuré le gouvernement pour une violation du principe de sincérité budgétaire.
67. c) La contribution économique territoriale créée par la loi de finances pour 2010 a remplacé la taxe professionnelle. Elle est composée de deux nouveaux impôts : la cotisation foncière des entreprises et la cotisation sur la valeur ajoutée des entreprises.
68. b)
69. a)
70. b)
71. c)
72. a) Cette question a donné lieu à des notes négatives car elle était difficile. Un document budgétaire orange est une annexe générale jointe au projet de loi de finances pour faire un point sur des politiques transversales. Il y avait 20 documents de politique transversale annexés au PLF pour 2020. Par exemple, on en trouve un sur la politique de la ville car elle est interministérielle.

73. b)
74. a) Cette question a donné lieu à des notes négatives car elle était difficile. Le rendement du contrôle fiscal est variable : 11,1 milliards d'euros en 2016, 9,7 milliards d'euros en 2017 et seulement 8,7 milliards d'euros en 2018 qu'on peut arrondir à 9 milliards d'euros. Pour 2019, on remonte à 11,3 milliards d'euros ce qui revient un peu au-dessus du résultat de 2016. La Cour des comptes a déposé un rapport en novembre 2019 expliquant que le contrôle fiscal n'était pas suffisamment performant.
75. c) Cette question a donné lieu à des notes négatives car elle était difficile. Fin 2018, la dette de l'ensemble des administrations publiques en France provenait de l'État pour un peu plus de 80 % (82,31 % très exactement), les administrations publiques locales pour quasiment 9 % (8,89 % très exactement) et les administrations de sécurité sociale pour quasiment 9 % (8,81 %).
76. c) Cette question a donné lieu à beaucoup de notes négatives car elle était très difficile. L'article 47 de la Constitution donne un délai général de 70 jours au Parlement pour adopter la loi de finances. L'Assemblée nationale dispose de 40 jours pour statuer en première lecture et le Sénat de 15 jours. Ces délais s'appliquent aux lois de finances initiales et rectificatives mais pas aux lois de règlement.
77. a)
78. c)
79. b)
80. c)

3. Organisation, fonctionnement et politiques des institutions européennes

81. a)
82. a) Cette question a donné lieu à beaucoup de notes négatives car elle était très difficile. L'espace Schengen comprend 22 des 27 États membres de l'UE (sauf l'Irlande, Chypre, la Roumanie, la Bulgarie et la Croatie) + 4 États non membres de l'UE mais de l'AELE qui sont la Suisse, la Norvège, l'Islande et le Liechtenstein. Par conséquent, la Croatie fait partie de l'UE, mais pas de l'espace Schengen. En revanche, le Danemark et la Suisse en font partie. Dans le même style de question, on peut noter les noms des 8 États membres de l'UE-27 qui ne participent pas à la monnaie unique, l'euro : Danemark, Suède, Pologne, Hongrie, Tchéquie, Roumanie, Bulgarie et Croatie. Inversement, les 19 États membres de la zone euro sont les 12 États qualifiés en 1998 : France, Allemagne, Italie, Belgique, Pays-Bas, Luxembourg, Irlande, Espagne, Portugal, Autriche, Finlande, Grèce puis les 7 autres États suivants : Slovaquie, Slovénie, Estonie, Lettonie, Lituanie, Chypre et Malte (2 pays en « Slov » + 3 pays baltes et 2 îles).

83. c)
84. b)
85. c)
86. a) Cette question a donné lieu à beaucoup de notes négatives car elle était très difficile. Le piège était la réponse c) qui correspondait à la présidence tournante de l'UE tous les 6 mois (Allemagne depuis juillet 2020, puis Portugal à partir de janvier 2021, enfin Slovénie à partir de juillet 2021. La France assurera la présidence de l'UE à partir de janvier 2022).
87. b) Cette question a donné lieu à beaucoup de notes négatives car elle était très difficile. La réponse c) n'est pas évidente à trouver car le traité de Lisbonne a aboli la distinction entre les dépenses obligatoires et les dépenses non obligatoires sans établir de statut juridique de dépenses opérationnelles et dépenses de fonctionnement.
88. c)
89. b) Cette question a donné lieu à des notes négatives car elle était difficile. Ce sont les juridictions nationales qui sont habilitées à poser des questions préjudicielles à la Cour de justice de l'Union européenne. Les articles 256 et 267 du TFUE fixent la procédure de ce type de recours dont l'initiative appartient aux juridictions nationales et non aux États ou aux justiciables.
90. a) Cette question a donné lieu à des notes négatives car elle était difficile. La procédure législative est une procédure de codécision dans laquelle le Parlement européen et le Conseil sont placés sur un pied d'égalité.
91. c)
92. c)
93. b)
94. a) Cette question a donné lieu à beaucoup de notes négatives car elle était très difficile. Le 15 mars 1999, la Commission européenne présidée par Jacques Santer a démissionné collectivement car elle savait que le Parlement européen avait publié un rapport sur les fraudes mettant en cause plusieurs commissaires européens dont la française Édith Cresson. Il n'y a même pas eu besoin pour le Parlement européen de voter de motion de censure (article 234 TFUE). Cette procédure doit être adoptée à la double majorité des deux tiers des suffrages exprimés représentant la moitié des membres du Parlement.
95. b)
96. b) Cette question a donné lieu à des notes négatives car elle était difficile. Pour 2020, le budget de l'UE s'élève en crédits d'engagements à 172,5 milliards d'euros. Pour 2019, le rapport financier indique que les crédits d'engagement consommés pour cette année se sont élevés à 180 milliards d'euros en raison de modifications intervenues en cours d'année (3 budgets rectificatifs et supplémentaires).
97. a)
98. c)

99. a) Cette question a donné lieu à des notes négatives car elle était difficile. Le droit communautaire veut promouvoir la liberté de circulation des marchandises par conséquent, une mesure nationale ne peut décider de restriction quantitative ou d'une mesure d'effet équivalent.
100. c)
101. b) Cette question a donné lieu à beaucoup de notes négatives car elle était très difficile. Cet article 47 garantit un droit à un recours effectif et à accéder à un tribunal impartial. C'est une question pointue de droits fondamentaux qui s'applique depuis le traité de Lisbonne.
102. b) Cette question a donné lieu à des notes négatives car elle était difficile. La bonne réponse était 47 juges car il y a 47 États membres du Conseil de l'Europe. Ces 47 pays sont les 27 États de l'UE et les 20 États suivants : Albanie, Andorre, Arménie, Azerbaïdjan, Bosnie-Herzégovine, Géorgie, Islande, Liechtenstein, Macédoine du Nord, Moldavie, Monténégro, Monaco, Norvège, Royaume-Uni, Russie, Saint-Marin, Serbie, Suisse, Turquie et Ukraine. Parmi les 47 juges, on trouve 1 président, 2 vice-présidents et 3 présidents de section
103. c) Cette question a donné lieu à beaucoup de notes négatives car elle était très difficile. La réponse a) n'est pas possible car chaque État ne peut que proposer un juge. La réponse b) ne prévoit aucune intervention des États. La c) est la bonne réponse car le pouvoir appartient à l'assemblée parlementaire du Conseil de l'Europe.

4. Culture numérique

104. c)
105. a)
106. b)
107. a) Cette question a donné lieu à beaucoup de notes négatives car elle était très difficile. Les lettres http signifient *Hypertext Transfer Protocol*. Ce protocole permet à un client d'échanger des données avec un serveur web. Il s'agit d'un protocole de transfert hypertexte.
108. c) Cette question a donné lieu à des notes négatives car elle était difficile. Un navigateur web est un logiciel et non un jeu vidéo ni un moteur de recherche. Pour faire des recherches sur Internet, il n'est pas possible de le faire sans navigateur. En revanche, le moteur de recherche n'est pas toujours indispensable.
109. c)
110. b)
111. a)
112. a)

113. b)
114. b) Cette question a donné lieu à beaucoup de notes négatives car elle était très difficile. L'âge de la majorité numérique a été fixé à 15 ans pour la caler sur la majorité sexuelle. En effet, ce sont des majorités très proches l'une de l'autre et, pour simplifier, on n'a pas voulu créer un âge différent.
115. a)
116. c) Cette question a donné lieu à des notes négatives car elle était difficile. La réponse a) n'était pas correcte car des noms de rues ne sont pas des données personnelles. La réponse b) ne correspondait pas à des données personnelles car il s'agissait d'adresses d'entreprises. Seule la réponse c) était la bonne car les prospects sont des personnes physiques susceptibles de devenir éventuellement des consommateurs.
117. a)
118. c)
119. b) Cette question a donné lieu à beaucoup de notes négatives car elle était très difficile. Une directive européenne de 2001 a été à l'origine d'un mécanisme de protection des droits d'auteur sur Internet. Une première loi du 12 juin 2009 a mis en place un système de protection des droits d'auteur pour éviter la copie illégale d'œuvres enregistrées. Une seconde loi du 31 décembre 2009 a complété le dispositif dans lequel la HADOPI réprime le téléchargement illégal.
120. c)

PARTIE VII

Conseils pour l'oral : l'entretien avec le jury

30 minutes
Coefficient 7

1 Que disent les textes ?

Il s'agit de l'arrêté du 28 mars 2019 fixant les règles d'organisation générale, la nature, la durée, le programme des épreuves et la discipline des concours d'entrée aux instituts régionaux d'administration, voici ses références : NOR: CPAF1908739A. L'article 4 précise :

> *L'épreuve d'admission consiste en un entretien avec le jury visant à évaluer les aptitudes du candidat et sa motivation à exercer les fonctions auxquelles prépare la formation délivrée par les instituts régionaux d'administration et, le cas échéant, à reconnaître les acquis de son expérience professionnelle. Il vise également à apprécier les qualités d'expression orale du candidat ainsi que son comportement face à une situation professionnelle concrète et sa capacité à encadrer une équipe.*
> *L'entretien débute par une présentation par le candidat de son parcours et de sa motivation et se poursuit par un échange qui comprend notamment une ou plusieurs mises en situation professionnelle. Au cours de cet échange, le candidat peut également être interrogé sur les enjeux des politiques publiques relevant de l'État ainsi que sur l'environnement administratif dans lequel elles sont mises en œuvre. Cette épreuve, d'une durée de 30 minutes dont 5 minutes au plus de présentation par le candidat, est affectée d'un coefficient 7.*

L'article 5 complète en donnant une indication précieuse :

> *En vue de l'épreuve d'admission, le jury utilise une grille d'évaluation dont le contenu est mis en ligne sur le site internet du ministère chargé de la Fonction publique.*
> *Un référentiel à l'attention des candidats, récapitulant les attentes du jury, est mis en ligne sur le site internet du ministère chargé de la Fonction publique.*

Pour faire simple, l'entretien est divisé en deux parties, d'abord la présentation du candidat, ensuite un échange consistant en des questions-réponses.

2 La présentation

Lorsque le jury vous invite à entrer dans la pièce où se dérouleront les oraux, dites quelque chose comme : « Bonjour monsieur le président, bonjour madame, bonjour monsieur. » Il est important de respecter un minimum de politesse.

Ne vous asseyez pas si on ne vous y a pas invité et attendez qu'on vous donne la parole avant de la prendre. Certains candidats croient marquer des points en s'imposant sans respecter les règles élémentaires de bienséance. Le jury peut sanctionner ce type d'attitude, mais surtout, cette attitude peut donner une tournure négative à l'entretien du simple fait d'un mauvais départ causé par le candidat lui-même. Il ne faut pas en faire trop non plus. Visez la neutralité et la courtoisie.

La présentation dure cinq minutes, ce qui est suffisant pour bien amorcer les choses. Lorsque le jury évalue les candidats sur sa grille d'évaluation, une rubrique spécifique permet de noter cette présentation. Si elle est trop courte, elle sera mal évaluée. Si le jury interrompt le candidat au bout de cinq minutes, c'est la même chose. Par conséquent, il est recommandé de respecter la durée de cinq minutes. C'est un point positif que de savoir montrer qu'on est capable de respecter la consigne. On remarque en s'entraînant à cette présentation qu'avec le stress, on a tendance à accélérer, ce qui peut faire dire en trois minutes ce qui devait l'être en cinq. Pour éviter ce danger qui peut être fatal, il faut s'habituer à chronométrer sa présentation avec une montre ou un petit compte-minutes. Le jour de l'oral du concours, il faudra être en mesure de surveiller son débit pour respecter la durée des cinq minutes. Le début du texte doit commencer par des mots comme : « Monsieur le président, madame, monsieur. » Rappelez votre nom et votre prénom et faites un résumé de ce que vous voulez que l'on retienne de vous, puis annoncez le plan de votre présentation.

Une grande partie des candidats divisent leur présentation en trois parties : 1) le cursus scolaire et universitaire, 2) les expériences et 3) les motivations. L'embêtant avec ce plan, c'est qu'il est standard. Tout le monde a le même. De plus, comme les études sont souvent semblables, le jury a l'impression d'entendre tout le temps la même chose. Il faut donc s'obliger à structurer son entretien autour de trois points tirés de votre histoire personnelle en essayant de retenir les choses les plus représentatives de votre personnalité. Ne cherchez pas à épater le jury et, en sens inverse, ne soyez pas trop modeste. Jouez la sincérité en racontant quelques histoires personnelles qui sont représentatives de vos expériences. Évitez aussi de faire ce que j'appelle l'« enfilage du collier de perles » : vous énumérez les choses dans l'ordre chronologique en pensant que c'est la bonne technique pour intéresser le jury. C'est exactement l'inverse. Si vous dites : « En 2017, j'ai obtenu ma licence en droit avec mention à Limoges, puis j'ai passé un master de droit en 2019 à Poitiers, ensuite j'ai fait un stage de trois mois à la préfecture de la Creuse, puis j'ai travaillé comme contractuel à la DGFIP pendant six mois tout en préparant les concours », l'ordre chronologique est ennuyeux et ne permet pas de mettre les choses en relief. Le chronologique manque de dynamisme.

Le secret d'une bonne présentation consiste à choisir dans son propre parcours les points les plus importants à mettre en avant. Ces points doivent être des atouts et ils doivent déboucher sur le métier d'attaché d'administration de l'État. Le candidat pourra présenter brièvement son cursus et annoncer que la présentation développera trois expériences qui ont été déterminantes pour lui. Prenons un exemple concret : la rencontre avec un attaché d'administration de l'État travaillant au sein d'une préfecture, un stage de trois mois à la DREAL au sein d'une équipe de 15 personnes, un contrat d'apprentissage d'un an au sein d'un service du ministère des Armées à Paris. Il est strictement interdit aux candidats de développer leurs qualités en disant : « Mes principales qualités sont d'être intelligent, doué d'un esprit de synthèse et d'un très bon rédactionnel. » Il est plutôt recommandé de décrire ce que l'on a fait pour que le jury qualifie de lui-même l'activité du candidat. Ainsi, si un candidat expose comment il a accompli un stage de trois mois dans le bureau du contrôle de la légalité d'une préfecture au sein d'une équipe où il assurait une veille juridique et produisait des notes juridiques, le jury pourra en tirer les conclusions suivantes : le candidat a sans doute un bon rédactionnel, il a des qualités de juriste et a intégré une équipe dans les services de l'État.

3 L'échange ou questions-réponses

Cet échange comprend des questions de très différents types. Les questions partent de ce que le candidat a dit, puis on s'éloigne progressivement pour s'avancer vers des zones dangereuses et inconnues.

1. Les questions portant sur la présentation

Tout ce que vous avez dit peut être retenu contre vous. Par conséquent, il faut être capable de tendre des perches mais en faisant attention de ne pas donner le bâton pour se faire battre. Le jury sera bienveillant mais si vous dites quelque chose qui donne envie de poser une question susceptible de vous déstabiliser, réfléchissez bien à ce que vous allez dire pour que votre petite présentation de cinq minutes soit parsemée de cailloux comme ceux du Petit Poucet. Ces cailloux blancs sont des éléments avantageux mis en relief et destinés à pousser le jury à poser des questions suscitées par le candidat.

2. Les questions de connaissances

À la différence de l'oral, dans d'autres concours comme celui d'attaché territorial, où les candidats doivent montrer qu'ils ont acquis une culture territoriale dans différents domaines comme les finances locales, les marchés, la gestion des ressources humaines ou d'autres domaines techniques, les questions de connaissance sont plus rares à l'entretien du concours des IRA. En effet, les connaissances ont été vérifiées à l'écrit, donc l'objet principal de l'oral n'est pas de tester les connaissances. Les jurys sont ainsi prévenus des priorités de l'oral. Toutefois, il ne faut pas rêver : les questions de connaissances ne sont pas absentes car elles sont souvent liées aux questions d'actualité. Si on vous demande si vous connaissez la loi Déontologie, vous devrez avoir la capacité d'en exprimer les axes forts. Il est donc important d'être très à jour sur l'organisation de l'État, les réformes en cours, les textes en discussion. On ne fera pas de cadeau à quelqu'un qui ignore l'organisation d'une préfecture ou celle des services déconcentrés de l'État. Les aspects financiers ne doivent pas être négligés non plus, en particulier le budget de l'État. Le texte officiel indique clairement que le candidat peut être interrogé sur les enjeux des politiques publiques relevant de l'État ainsi que sur leur environnement administratif.
Par conséquent, les connaissances attendues ne sont pas des connaissances théoriques et livresques mais pratiques et concrètes. D'où l'importance de visiter des services publics et de rencontrer des professionnels qui travaillent dans les services publics de l'État.

On conseillera de suivre tout ce qui est en ligne sur le site Service public ainsi que sur les sites des grands ministères : Éducation nationale, Intérieur, Armées, Enseignement supérieur. On conseillera d'aller sur les forums de discussion et de rechercher la discussion sur les pratiques administratives. Recueillir des témoignages est une tâche qui prend du temps et qu'il faut anticiper. Il est important de se placer longtemps à l'avance dans une attitude de découverte des administrations de l'État.

3. Les mises en situation

Elles sont destinées à vous tester pour voir comment vous réagissez. Est-ce que vous réagissez comme un étudiant qui n'a pas d'expérience ou comme un adulte capable de prendre les bonnes décisions ?

Le texte officiel précise bien que l'échange comprend une ou plusieurs mises en situation professionnelle. Pour comprendre en quoi consiste l'exercice, prenons un exemple concret. Le jury demande au candidat s'il est motivé pour encadrer et manager des équipes. La réponse est bien sûr affirmative. Puis le jury demande au candidat s'il a une expérience d'encadrement d'équipes. Le plus souvent, le candidat n'en a pas eu. Il faut alors ruser en disant quelque chose de vrai. Par exemple : au cours d'un stage de trois semaines en préfecture, j'ai vu précisément comment un chef de bureau encadrait son équipe, il répartissait le travail entre les différentes personnes, vérifiait l'avancement du travail et motivait son équipe en rappelant les objectifs à atteindre et les moyens de les accomplir. On a en effet le droit de ne pas avoir toutes les expériences. En revanche, on n'a pas celui de ne rien avoir à dire sur ce qui est attendu dans le métier que l'on envisage de faire. Il faut donc profiter de ce que l'on a vu ou compris sur le rôle d'un cadre de la fonction publique. Le jury peut alors poser une mise en situation précise au candidat. Vous êtes attaché d'administration de l'État et vous êtes adjoint à un responsable de service avec 15 agents à encadrer. Vous devez motiver votre équipe. Comment vous y prenez-vous ? Cette mise en situation est assez courante car le jury attend que les candidats se projettent dans leur futur métier de cadre. La réponse la plus courante consiste à dire qu'il existe un système de primes permettant de récompenser les agents. Le problème posé par cette réponse, c'est qu'en général, il n'y a plus de crédits pour financer des primes supplémentaires. Par conséquent, ce n'est pas dans cette direction qu'il faut aller. La bonne réponse consiste à montrer qu'on a bien compris que le rôle du cadre est d'être ce que nous pouvons appeler un distributeur de carottes.

Les agents peuvent être motivés par eux-mêmes mais la motivation s'entretient grâce à des carottes qu'il faut distribuer. Voici quelques exemples de « carottes » pouvant servir à motiver les équipes.

1. **La valorisation du travail accompli.** Le cadre va réunir son équipe pour expliquer que certains agents sont très opérationnels dans certains domaines précis. Il va dire que monsieur Philippe est le spécialiste des questions de sécurité au travail et que madame

Inès est la spécialiste du règlement sur la protection des données. Les deux personnes sont valorisées et identifiées comme des référents reconnus dans leur domaine de compétence. Cela ne coûte rien au budget et le service est mieux organisé. Petit à petit, il y aura d'autres spécialistes et le service fonctionnera beaucoup mieux.

2. La distribution des tâches. Après avoir fait un inventaire de la répartition des tâches, le cadre va se renseigner pour savoir si chacun aime son travail et si certains ne souhaitent pas cesser certaines tâches et en faire d'autres, l'objectif étant de permettre au cadre de dire à un agent que s'il travaille bien, il ne fera plus le travail concernant l'enregistrement des dossiers mais qu'au contraire, il commencera à les instruire.

3. Le positionnement géographique dans le service. Un agent peut demander à travailler en binôme avec une autre personne ou au contraire travailler seul parce qu'il trouve qu'il sera plus opérationnel. Le fait de montrer qu'une amélioration est possible est une carotte non négligeable. Certaines personnes peuvent aimer travailler seules ou au contraire à plusieurs.

4. La formation professionnelle. Un agent peut dire qu'il souhaite évoluer et se former. Le rôle du cadre pourra être de le récompenser en programmant de le faire bénéficier d'une formation. La formation pourra aider un agent à changer de service, ce qui va le motiver à travailler plus sérieusement. Si la formation concerne le service, elle pourra donner une plus grande motivation et une plus grande compétence à l'agent qui travaillera mieux.

5. L'adaptation des horaires de travail à certaines contraintes privées. Par exemple, si un agent doit accompagner ses enfants à l'école le matin et qu'il est souvent en retard, il pourra être motivant que son horaire soit adapté. Mais attention, la question des horaires est délicate et doit être décidée par la DRH. Il n'est pas question d'accorder des avantages indus, ce qui risquerait d'occasionner des difficultés au sein du service. Le rôle du cadre consistera à faciliter les choses pour que l'horaire soit mieux adapté. Ce qui est possible dans certains services ne l'est pas dans d'autres. Mais il faut savoir que cela existe.

6. L'entretien annuel d'évaluation. Lors de ce bilan, le cadre pourra valoriser les résultats obtenus au cours de l'année en faisant la liste détaillée de tous les points positifs de l'agent. Cette évaluation va jouer un rôle très important pour l'agent qui se sentira reconnu et apprécié professionnellement. Cet entretien peut être aussi l'occasion de proposer de nouvelles tâches ou responsabilités à l'agent, par exemple former une personne qui vient d'arriver.

7. L'avancement. Une partie de l'avancement se fait à l'ancienneté mais il existe aussi des étapes où il se fait au choix. Le cadre a son mot à dire et pourra faciliter l'accession à un grade supérieur. C'est une forte motivation pour les agents. En particulier, s'il faut motiver un agent qui est à trois ans de la retraite, on peut lui demander s'il sait comment est calculé le montant de la retraite. Le cadre peut lui expliquer que si son travail est plus performant, il pourra être promu, ce qui changera le niveau de sa pension. Cette carotte ne doit pas être utilisée trop souvent. On doit la garder pour certains cas seulement.

Cette liste de « carottes » pourrait donner lieu à un petit dessin représentant le cadre en train de distribuer ses carottes. On peut en rire mais c'est comme ça : un cadre doit penser à motiver ses équipes en ayant une attention pour chaque personne afin de la conduire à travailler le plus efficacement possible. Ces techniques de management ne sont pas toujours très développées dans le secteur public et c'est un tort. Il n'est pas question pour vous d'apprendre cette liste. Ce sont des exemples qui vous montrent comment le cadre doit agir et quels leviers il pourra utiliser pour motiver ses agents. L'important est d'être créatif et intelligent. Il faut bien comprendre que le job d'un cadre consiste à faire travailler des agents qui ne sont pas toujours motivés, qui sont fatigués et dont certains ne pensent qu'à tout faire pour ne pas travailler du tout. Il est donc important de montrer que l'on a des idées et que, même si on n'est pas encore opérationnel, on a réfléchi à différents leviers du management.

D'autres mises en situation sont également courantes comme les deux suivantes :

- vous êtes adjoint à un chef de service et un agent arrive le matin en état d'ébriété, comment réagissez-vous ?
- un problème se pose au sein de votre service, les agents veulent tous partir en congé au même moment : la première quinzaine d'août. Que faites-vous ?

La clé de la réponse est la même pour les deux mises en situation. Le candidat doit faire preuve des qualités d'un cadre, à savoir d'une personne qui a l'aptitude à l'encadrement et à se situer dans une chaîne institutionnelle, dans un collectif. Pour l'agent en état d'ébriété, il faut se rapprocher tout de suite de la DRH afin d'organiser collectivement la prise en charge de cet agent. Pour les congés, c'est la même chose. Le candidat pourra se sentir investi d'une mission suprême pour trancher la question des congés comme un superhéros. Dans ce cas, ce sera l'échec du candidat. Pour réussir, ce dernier doit d'abord se concerter avec la DRH pour ensuite utiliser le cas échéant sa marge de manœuvre de manager. Les mises en situation font appel à des qualités humaines et institutionnelles. Il faut penser collectif et non pas individuel. La pratique du coaching destinée à s'entraîner à répondre aux questions des jurys est déterminante pour réussir l'entretien.

Dans la pratique, l'autonomie des jurys dans chacun des 5 IRA fait qu'il existe des différences entre les épreuves. Un IRA posera presque exclusivement des mises en situation professionnelles alors qu'un autre insistera davantage sur la motivation et les connaissances de l'actualité. Ceci a été constaté matériellement au cours des oraux qui se sont déroulés en juin-juillet 2020. Il ne faut pas partir en se disant : l'entretien avec le jury se passera comme ceci ou comme cela. Ne partons pas avec des idées préconçues. Au sein d'un même IRA, les jurys appliquent des consignes communes mais les personnes membres du jury sont différentes. Les candidats doivent s'attendre à s'adapter à toutes les situations et à toutes les questions. La capacité d'adaptation et l'agilité à l'oral sont des atouts maîtres qui se travaillent à l'avance.

Conseils pour l'oral : l'entretien avec le jury

Deux conseils peuvent être donnés pour savoir s'adapter aux questions du jury :

- préparer à l'avance des fiches sur tout ce qui ressort de la présentation personnelle de 5 minutes. Tout ce qui est dit dans les 5 minutes peut donner lieu à des questions. Il est donc possible de se faire des fiches simples et complètes à partir des questions qui à coup sûr seront posées. Pour cela, entraînez-vous à faire votre présentation devant une personne totalement neutre et demandez-lui de vous indiquer les questions que votre discours donne envie de poser. Cela semble très simple et facile, mais, en réalité, c'est long et compliqué à préparer. Une fois les questions identifiées, il faut rédiger des fiches qui devront être vivantes et personnalisées. Préparez-vous à raconter de petites expériences qui ont été importantes pour vous en expliquant ce que vous avez appris ;
- s'habituer à répondre à des mises en situation pour être capable de montrer qu'on est bien capable de devenir cadre dans la fonction publique. Cette habitude sera d'autant plus facile que vous serez rationnel dans vos réponses et cohérent dans votre raisonnement. On n'attend pas d'un candidat externe qu'il fasse preuve de professionnalisme comme s'il avait 5 ou 10 ans d'expérience, mais d'un raisonnement logique. Si vous montrez trop que vous vous percevez comme un super-héros qui saura solutionner tous les problèmes, vous serez évidemment collé. Si au contraire, vous raisonnez à haute voix en montrant au jury que vous hésitez mais que vous réfléchissez et que vous comprenez l'enjeu de la mise en situation, vous serez reçu. Ce qui fera pencher la balance en votre faveur, c'est de montrer que l'on peut vous faire confiance car vous saurez vous adapter à l'organisation administrative. Voilà pourquoi la notion d'intégration à une équipe est capitale.

Vous n'imaginez pas le travail de fourmi que représente la préparation d'un entretien avec le jury. Commencez à y réfléchir à partir de votre cursus et de vos expériences dès maintenant. N'attendez pas d'être admissible pour préparer votre entretien oral.

Vous voilà parvenu(e) à la fin de cet ouvrage.
Les auteurs espèrent que vous l'avez trouvé utile.
En dépit de tous les soins mis à sa rédaction et de nos relectures,
il est possible que vous ayez besoin d'éclaircir un passage.

Si tel est le cas, vous pouvez poster vos questions sur ce groupe Facebook :
https://www.facebook.com/groups/preparationconcoursadministratifs/

34/38, rue Camille-Pelletan - 92309 Levallois-Perret cedex
Imprimerie La Sepec - 01960 Péronnas - 10803200950
Imprimé en France - 4e trimestre 2020

Service éditorial : Charlotte Debroise, Benjamin Dias Pereira, Laureen Gatien, Deborah Lopez, Myriam Pasek
Conception graphique : Catherine Aubin

Dépôt légal à parution
ISBN 978-2-7590-4512-9

PEFC 10-31-1470 / Certifié PEFC / Ce produit est issu de forêts gérées durablement et de sources contrôlées. / pefc-france.org